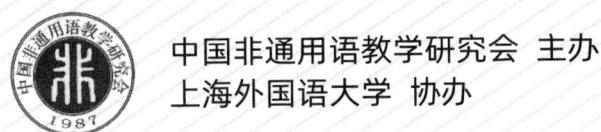

中国非通用语教学研究会 主办
上海外国语大学 协办

中国外语非通用语教学研究（第七辑）

ZHONGGUO WAIYU FEITONGYONGYU JIAOXUE YANJIU (DI QI JI)

钟智翔　程　彤　高陆洋 ◎ 主编

世界图书出版公司
广州·上海·西安·北京

图书在版编目（CIP）数据

中国外语非通用语教学研究. 第七辑 / 钟智翔，程彤，高陆洋主编. -- 广州：世界图书出版广东有限公司，2020.7

ISBN 978-7-5192-7658-4

Ⅰ. ①中… Ⅱ. ①钟… ②程… ③高… Ⅲ. ①外语教学－教学研究－中国－文集 Ⅳ. ①H09-53

中国版本图书馆 CIP 数据核字（2020）第 121959 号

书　　名	中国外语非通用语教学研究（第七辑） ZHONGGUO WAIYU FEITONGYONGYU JIAOXUE YANJIU (DI QI JI)
主　　编	钟智翔　程彤　高陆洋
策划编辑	刘正武
责任编辑	张东文
出版发行	世界图书出版广东有限公司
地　　址	广州市海珠区新港西路大江冲 25 号
邮　　编	510300
发行电话	020-84451969　84459539
网　　址	http://www.gdst.com.cn
邮　　箱	wpc_gdst@163.com
经　　销	新华书店
印　　刷	广州市迪桦彩印有限公司
开　　本	787 mm × 1092 mm　1/16
印　　张	29.25
字　　数	608 千字
版　　次	2020 年 7 月第 1 版　2020 年 7 月第 1 次印刷
国际书号	ISBN 978-7-5192-7658-4
定　　价	88.00 元

版权所有　侵权必究

咨询、投稿：020-84460251　gzlzw@126.com

（如有印装错误，请与出版社联系）

中国非通用语教学研究会
编辑委员会

主　任：钟智翔（信息工程大学教授、本会会长）
副主任：姜景奎（北京大学教授、本会副会长）
　　　　孙晓萌（北京外国语大学教授、本会副会长）
委　员：（以姓氏拼音字母顺序为序）
　　　　薄文泽（北京大学教授、本会常务理事）
　　　　程　彤（上海外国语大学教授、本会常务理事）
　　　　何朝荣（信息工程大学教授、本会秘书长）
　　　　姜宝有（复旦大学教授、本会常务理事）
　　　　李佐文（中国传媒大学教授、本会常务理事）
　　　　梁　远（广西民族大学教授、本会常务理事）
　　　　陆　生（云南民族大学教授、本会常务理事）
　　　　马福德（西安外国语大学教授、本会常务理事）
　　　　牛林杰（山东大学教授、本会常务理事）
　　　　全永根（广东外语外贸大学教授、本会常务理事）
　　　　唐　慧（信息工程大学教授、本会副秘书长）
　　　　徐永彬（对外经济贸易大学教授、本会常务理事）
　　　　文　铮（北京外国语大学教授、本会常务理事）
　　　　吴杰伟（北京大学教授、本会常务理事）
　　　　武友德（云南师范大学教授、本会常务理事）
　　　　赵　刚（北京外国语大学教授、本会常务理事）

《中国外语非通用语教学研究》
编辑部

主　编： 钟智翔
副主编： 程　彤　高陆洋　唐　慧
编　辑： 何朝荣　谢群芳　兰　强　廖　波
　　　　　　王　昕　龚晓辉　程兰涛　谭志词
　　　　　　帅洪福　杨绍权

目　　录

专稿特刊

呈贡斗南时期的国立东方语文专科学校 …………………………… 2
　　傅　璇　王继琴

语言研究

印度婆罗米文字的起源、特征与分化 ……………………………… 12
　　陈　炜
印地语复合词构词音变的类型与特征 ……………………………… 28
　　邱益芳
泰语言语拒绝策略如何通过不"合作"体现"礼貌" ……………… 41
　　沈清清　韩江华
缅语比喻词语研究 …………………………………………………… 56
　　宁　威　黄心蕾
斯瓦希里语时态标记-ki-的用法解析 ……………………………… 68
　　沈玉宁
现代南阿拉比亚诸语简介 …………………………………………… 85
　　李卫峰

文学研究

菲律宾诗歌《弗罗兰迪和劳拉》的经典意义 ……………………… 94
　　郑友洋
菲律宾"胡安智斗国王"型机智人物故事的文化蕴意 …………… 106
　　陈俊武
越南文学作品在中国的译介 ………………………………………… 115
　　覃新清

有声欣赏和有声传播视角下越南《金云翘传》衍译再创作的意义与实践 …………………………………………………………………… 125
  莫子祺 刘 莹
印度尼西亚文学的"爪哇化"现象 …………………………… 137
  唐 慧
从《士绅门第》看印尼爪哇普利亚伊 ………………………… 152
  康 芷
意大利作家帕里塞眼中的《亲爱的中国》…………………… 162
  杨 琳

文化翻译研究

从关于越南的电影看越南的人文思想 ………………………… 174
  罗文青 杨 夏
越南槟榔歌谣俗语之文化阐释 ………………………………… 183
  陶文文
从希腊语问候语看中希文化差异 ……………………………… 194
  汪景民
基于语块对比的汉-印尼翻译策略 …………………………… 205
  朱刚琴
汉语绘本泰译选词特征及翻译策略分析 ……………………… 221
  ——以几米绘本为例
  黄婷婷

国别区域研究

萨珊与罗马在也门的博弈及其与中国史、当代中东政治的一些比较 238
  ——基于《塔巴里史》和《巴拉米史》
  程 彤
中世纪伊斯兰"异闻书"内容特点浅析 ……………………… 247
  ——以 12—13 世纪波斯语异闻书为例
  王 诚
极限突围：美国极限施压下伊朗的防范与应对 ……………… 255
  黄宇豪

土耳其公立中小学教师资格制度解析 …………………………… 269
  韩智敏
越南中文门户网站在南海问题上的舆论造势及其影响 ………… 281
  卢珏璇
柬埔寨参与澜湄合作的进展及其角色与作用 …………………… 293
  卢军
泰国媒体中的"一带一路" ……………………………………… 303
  余东平 覃秀红
泰北华人与"澜湄合作"：优势、路径与对策 ………………… 314
  张露文 夏玉清
基督教在泰北阿卡族中的传播研究 ……………………………… 323
  ——以清莱府联华村为例
  张 娜
泰国军人频繁干政的原因 ………………………………………… 334
  熊 韬
缅甸民族源流及其与中国的关系 ………………………………… 351
  钟智翔
印度莫迪政府的印太认知 ………………………………………… 358
  纪志鹏
坦桑尼亚、肯尼亚旅游业发展比较研究 ………………………… 370
  宁 艺

非通用语教学研究

浅谈我国中东欧非通用语教育规划 ……………………………… 380
  董希骁
越南语外文网站建设与复合型课程改革探索 …………………… 391
  ——兼论外文网建设与中越人文交流
  冯 超
"越南概况"课程线上线下混合式教学模式初探 ……………… 398
  兰 强
任务型分组教学法在老挝语口语教学中的运用 ………………… 407
  周 梅

文化学的文学观与泰国文学史教学 …………………………………… 417
　　　吴圣杨

论泰语作为第二语言教学中的委婉语教学 …………………………… 424
　　　段召阳

目的语与非目的语环境下泰语学习者的泰语使用对比 ……………… 431
　　　刘娟娟　颜玉玲

"基础缅甸语"课程教学问卷调查与思考 ……………………………… 444
　　——以云南师范大学为例
　　　高　萍

"双一流"背景下意大利语专业文化类课程设置的几点看法 ………… 453
　　　王建全

后　记　/　457

专稿特刊

呈贡斗南时期的国立东方语文专科学校

云南大学　傅　璇　王继琴

一、战火中诞生

"……距离素以四季如春、风景如画的昆明不过数十里，是一个十分幽静而美丽的小村庄。这里树木参天，花草繁茂，小溪流水淙淙，田畴一片碧绿。距村子仅一二里地的滇池更具有迷人的魅力。湖面如镜、渔舟、远帆不时出没，水鸟成群地翱翔。岸边的浅水中可以游泳，沙滩上可以进行日光浴。沿湖有一片望不到尽头、绿影扶疏的柳树林，柳树边还不时有渔家姑娘在沙滩上晾晒渔网……"[1] 这段文字描述的是距昆明 20 千米处的呈贡斗南村，77 年前国立东方语文专科学校（英文名 National College of Oriental Studies，中文名简称"东方语专"）的诞生地。20 世纪 40 年代初，为了躲避战火，东方语专来到这片静谧安宁的小村庄，度过了初创的四年时光。

据了解内情的东方语专首任校长王文萱披露，早在抗日战争之前，南京教育部已有创办东方语专的计划。此皆因中国自古以来与周边东方国家和睦友好。而自 18 世纪以降，越南、缅甸、印度、朝鲜等东南亚国家相继沦为西方列强的殖民地，西方列强对中国领土也虎视眈眈。中国教育界有识之士遂呼吁，根据孙中山先生遗教"联合世界上以平等待我之民族，共同奋斗"的精神，应从速培养东方语文人才，联络周边东方国家共同反殖。囿于种种原因，此方案尘封已久，未能实现。就在太平洋战争爆发前的 1941 年秋天，民国教育部又重提筹办语文专科学校一事，但因国内战事犹急，国库艰涩，经费核拨未能兑现，故办校一事又拖延下来。1941 年 12 月 7 日，因日本偷袭珍珠港，紧接着英、美对日宣战，德、意对美宣战，太平洋战争旋即全面爆发。日军先后侵占了马来西亚、菲律宾、新加坡、印尼、缅甸、泰国、越南，二战的烽火已遍燃亚洲地区。英、美在上述等国的政治经济利益及军事行动遭到严重的威胁和打击，情势严峻。到了 1942 年春，蒋介石就任盟军中国战区统帅后，对缅、越等地做积极的反攻准备。而正与日军浴血抗战的中国人民也希望得到英、美、法盟军在道义与物质上的有效援助，这也呼应了驻守印度、缅甸、越南、老挝一带的英美盟军欲从中国军民获得支持的战时需求。

---

[1] 张敏. 传奇与人生 [M]. 北京：台海出版社，1997：213.

在这一情势下，对战时通译人才的需要显得尤为紧迫，政府遂迅速设办了一个东方语文训练班，为军事之需培养战时译员。同时，因此前考虑过南洋一带侨胞聚集，需要辅以教育驯化，培养战后海外工作干部及展开在这些地区的文化社情研究，这也是受了欧美诸国先行之启发。东方语专第三任校长、我国著名东南亚南洋研究专家姚楠先生在为《国立东方语文专科学校概况》作的序里有这样一段叙述："环顾欧美诸国，在东方拓土殖民市场之余，复培养专才，从事研究，或有科学发明，或作史地考察，不但能将所获资料，供政府施政参考，且足以促进东西文化之沟通，如英之远东非洲学院，法之巴黎大学东方学院，荷兰莱登大学之汉学院，苏联之东方大学，日本之同文学院，虽其目标未必尽同，然莫不规模宏伟，成绩斐然。反身自顾，未免相形见绌。"[①] 鉴此，为未雨绸缪培养专才，民国政府乃当机立断，决意创办东方语文专科学校，培养一批不仅通识东方各国语言，还要掌握第二外语——英语或法语，同时须具有相当专业知识的人才。所以，东方语文训练班和东方语文专科学校同时筹办，双方由一套人马负责管理，关系密切，但内容与性质却有所区别。而后人将东方语文训练班误认为是东方语文专科学校的前身是不符合史实的。关于这段历史，吴乾煌先生在文章《一段鲜为人知的史实》里披露了其真实情况。在泰国出生的华侨吴乾煌先生，是唯一一位既参加过东方语文训练班又参加过东方语专的前辈，因其丰富传奇的人生经历被誉为"东方传奇英雄"。他曾机智周旋，深入泰国北碧府一带，为盟军提供过战俘及侨民藏匿地的重大情报及日军其他绝密情报。文中清楚地说明东方语文训练班有其光荣的鲜为人知的历史，是应战时之需而设立的短期军事训练班，只办了一期就结束了，而东方语专是正规的高等院校，报考招生都是按规定程序进行的。

1942 年 3 月东方语专开始筹备。民国政府教育部聘张廷休、凌纯声、余俊贤、罗常培、王了一、汪懋祖、王文萱等七位组成筹备委员会，并指定张廷休为主任委员。后因张廷休事务繁忙无暇顾及，遂改由王文萱先生主持。是年 4 月，筹备委员会委员由渝赴滇，同时启办东方语专和教育部特设东方语文训练班，校址设在大理才村。这里原是民族文化书院旧址，面朝洱海，头枕苍山，景色秀美，屋舍宽敞，藏书丰富，是办学读书的极佳之地。除稍加添置教学用具外，其他无一调整皆可使用，故筹备工作进展迅速、顺利。不料，时至 5 月，滇西告急，缅境战事失利，训练班奉命东迁，辗转月余至呈贡龙街华侨第一中学。当时因东方语文训练班和东方语专人设管理合二为一，遂一起迁离东移。到了 7 月底东方语文训练班奉命结束，训练班工作就此告一段落，训练班实际只开班一期即告结束。囿于当时滇西交通堵塞有碍，东方语专无法迁返大理原址，几经周折后定址呈贡斗南村，落脚水月庵。这个战火硝烟中孕育的

[①] 国立东方语文专科学校概况［A］. 南京：中国第二历史档案馆档案，第69页.

"婴儿"——东方语专就此诞生了！这是 1942 年 7 月。

二、风雨里成长

抗战期间的斗南村，只有 500 多户人家。东方语专的校舍就安置在村北的水月庵里。在战火频仍、烽火连天的战争岁月，觅得此幽静之地培养国家急需人才，真可谓用心良苦，得老天护佑。东方语专的学校建制均按民国教育部颁发的专科学校组织法实施。校长之下设教务、训导、总务三个处及会计室，各司其职，此外还设招生委员会、公费及贷金委员会、图书出版委员会、经济稽核委员会、毕业考试委员会、学术设备委员会等，以专责成。这些委员会的委员均从教员中选出担任。学校安置停当，即着手招生。到了 9 月，规模初具，11 月 1 日正式开学，并将这一天定为校庆日。学校第一批招收越南、暹罗、缅甸、印度 4 个语科，学生 70 余人，学制 2 年。各科学生除学习该科语文外，越南语科学生须兼修法文，暹罗语科学生须兼修英文或法文，缅语和印语科学生须兼修英文。共同必修课科目有公民国文、史地、语音学、政治学、经济学、伦理学。学校第二年即 1943 年又招收新生 4 个班，约 100 人，紧接着 1944 年夏天又在昆明、重庆、贵阳、桂林等地招新生 90 余名。1944 年秋第一届学生毕业 31 人，其中印语科 9 人，越语科 11 人，缅语科 5 人，暹语科 6 人。1945 年秋又毕业了第二届学生 34 人，其中印语科 3 人，越语科 12 人，缅语科 14 人，暹语科 5 人。毕业生中，第一届有 4 人留校任教，第二届有 2 人留校任教，其余均奔赴军事部门，投入抗日服务。1945 年学校搬迁到重庆新开市和尚坡，1946 年 1 月复又招生开学，并增加了马来语科和韩国语科。至此，学校共有越、缅、泰、印、马、韩六语科，一年级六个班，二年级四个班，共有学生 100 多人，其中印语科 35 人，越语科 6 人，缅语科 27 人，泰语科 21 人，马来语科 32 人，韩国语科 30 人。东方语专从创办的 1942 年至 1945 年底，共招生四届，约为 430 人，毕业两届 65 人。

从 1942 年 7 月落脚呈贡斗南村至 1945 年底迁离，东方语专经历了四载寒暑，一路艰辛，一个从无到有的东方语文专科学校，经过众前辈聚力克艰的奋斗努力，从风雨飘摇的战争岁月里脱颖而出，为后来我国的东方语学科建设及东方学研究起到了开山拓土的奠基作用，其历史意义非同一般。先后担任东方语专校长的王文萱、汪懋祖、姚楠三位前辈元老及共事的同仁们，志向高远，胸怀大业，为培养国家急需的东方语文专业人才运筹帷幄，励精图治，殚精竭力，是值得后人永远感念的功臣！

1941 年受命参与国立东方语文专科学校筹建及主持工作的王文萱校长，多次奔波往返川滇道上，从查勘择定校址、聘请教职员工、准备招生事宜等，事无巨细，亲力亲为，直到 1942 年夏季东方语专招生，11 月 1 日开学。王校长和同仁们终于不负国家嘱托，在经济凋敝、物资匮乏、时局动荡、交通阻碍的情况下，克服千难万苦，让第一所东方语文专科学校出现在偏僻的西南边陲渔村。从此，让朗朗的读书声不绝于耳，让一颗颗怀揣爱国志向的心有所寄托，让一株株将要效力国家的幼材得到哺育成长。王文萱校长是浙江乌镇人，1908年生，和中国现代作家茅盾同乡。父亲为胶济铁路职工，家境贫寒。14岁靠亲友接济考入上海南洋中学，1926年考入北京交通大学。但因参加学生爱国运动被北洋政府缉捕，得朋友营救逃亡日本。在日本以优异成绩考入东京帝国大学经济系。1931年学成回国后，曾任教于中央政治学校及边疆学校。因对中国边疆民族文化教育感兴趣，参加了京滇（南京—云南）公路考察及西北考察团，深入湘黔云贵以及甘宁青藏新疆等少数民族聚集之边远地区，考察其历史文化、生活习俗、社会结构。1938年民国教育部在重庆设立边疆教育委员会，先生以专家身份任该委员会秘书，同时仍兼任边疆学校教授，及专门研究中国西北边远地区问题的《西北文献》杂志社主笔及社长等职。1944年，先生因长期操劳过度，心力交瘁，精力不济，请辞学校校长之职，乃转到国立西北大学受聘文学院边政系系主任。当时和王校长搭档的教务长是英国伦敦大学英国文学硕士张尧年先生。

1945年抗战胜利，王文萱先生偕夫人返北京省亲，借此留任铁道学院经营管理系教授，兼北京《世纪日报》主笔。中华人民共和国成立后先生迁居上海仍从事教育工作，1957年不幸被打成右派，身心备受折磨，随后虽予平反，但健康受损已不能复原，于1983年在上海病逝，享年75岁。

王文萱校长辞职后，由汪懋祖先生接掌第二任东方语专校长，任期至1945年底。汪先生早年留美，是声名具隆、德望皆重的老教育家。汪先生一到学校，见校舍紧缺，有碍发展，遂以迁校为职志，跑遍昆明近郊，查勘十余处，但终因当时各方条件掣肘未能实现迁址扩校。汪先生任职期间，因年迈多病，时常卧床，校务主要由教务长孙福熙主理。孙先生早年留学法国，是著名散文家。其兄孙伏园与鲁迅先生交际深厚，自20年代起同在北京各大专院校任教。汪校长夫人袁教授早年留美，与宋庆龄是同学。汪校长任职东方语专期间，夫人袁教授教英文课，为人和蔼，教学严谨，深受学生欢迎。汪教授因身体原因，任满一年至1945年遂辞去校长之职。

第三任校长姚楠先生，于1945年秋到呈贡斗南以新任校长的身份接收东方语专。接手之际就图谋学校发展。为使学校有更好的发展空间和与社会外界的交际联系，拟决定迁址重庆新开市和尚坡，原南洋研究所之地。姚楠先生是我国东南亚研究的拓荒者和南洋学会创建人。姚先生1912年生于上海，1929年17岁的姚先生就开始了从事东南亚研究和华侨史研究的学术生涯。无论是在颠沛流离时局动荡的岁月，还是"文革"混乱时期，姚先生都矢志不移，勤奋笔耕，研究不辍，为开拓事业，培育人才，毕生精力都奉献给了国家的东南亚研究和华侨史研究，是中国该研究领域的翘楚，在中外学术界享有很高的地位和声誉。1945年抗战胜利后，重庆政府决定撤销南洋研究所时，恰逢姚先生接管东方语专，为保住南洋研究所的资料设备，也可添补东方语专之缺，姚先生遂决定将东方语专迁到重庆。随即姚先生将东方语专从两年制改为三年制，增加了马来语和朝鲜语科，新开东南亚史地、经济、政治、社会等课程，聘请中央大学著名教授韩儒林、李旭旦、任美锷、史国纲等来校任教。一所只有300余名学生的大专院校，却拥有正教授12人、副教授10人，这样的师资阵容堪称超强大师组合，不仅说明了姚先生治学治校有方，也彰显了先生的人格魅力。还有一位被人们以"姚张"并提的张礼千先生，是姚先生的学术知音和同好，也是南洋学会创始人之一。在姚先生任校长期间，担任东方语专教务长，二人黄金搭档，强强联手，在学术界树立了良好的典范。张先生是一位德高望重的教育家和资深学者，在1946年东方语专又一次迁往南京紫竹林以后，姚张二人一直精诚合作，后来姚先生未担任语专校长之时，一直由张礼千先生任代理校长，直到1949年东方语专并入北京大学东语系为止。

东方语专自1942年开办到1949年，三任校长，两迁校址，一路风雨兼程，经历了备尝艰辛的斗南初创期，到图谋发展的重庆和尚坡建设期，再到初具规模的南京紫竹林时期，一步一个脚印，历经坎坷。后来有人将东方语专从斗南水月庵到新开和尚坡，再到紫竹林禅寺，这一次次迁移说成是与佛结缘，因了佛祖的护佑，所以东方语专才越走越好。

三、激情岁月水月庵

东方语专的启办创建是在国贫民弱的战争年代，其艰难程度可想而知。但是，当外敌入侵国家危难之际，中华儿女们没有退缩，而是勇敢地担起抗日救国的重责。就在水月庵里，创建东方语专的前辈元老和来自五湖四海的中华学子们，用自己美丽的青春和生命，演绎着一段段美丽动人的爱国抗日故事，奏响了一曲曲勤奋求学的动人乐章。

水月庵中月当空，滇池春色郁葱茏。
挑灯夜读当年事，莫付红尘一梦中。

1993年10月，在昆明举办"郑和研究国际会议"。趁会议之便，东方语专校友会中的东方学专家聚首斗南村。时隔半个世纪，原来的水月庵已不复存在。已达古稀之年的老校友们感慨万千，指点遗迹话当年，这首诗作就是东方语专首届毕业生、东方语专校友会台湾分会会长赵凌先生即兴而作的，老校友们听罢无不怅然动情，眼角盈溢着激动的泪花。

当年，水月庵坐落斗南村北，有前、后两院，前院用作学校办公室、仓库和医务室；后院的大殿和两边耳房、二层楼的东西两厢配殿就用作教室和宿舍，只是次年又招来新生扩充班级后，学生才到村里租住民房。庙里的泥塑神像用白纸糊在木板条上遮挡起来，而大雄宝殿则是兼做教室的大礼堂。教室里的课桌用块一尺宽、两米长的木板，搭在两头用泥砖支撑起来，还配上一条窄窄的长木凳，每张课桌可以坐四个人，但起落要十分小心，倘若用力过重就会碰撞得一地乱倒。因为教室都没有门窗，上课天晴还好，如果遇上厉害的风雨天，师生们就得忍受风吹雨打。有一天，风雨交加，上课铃响了，还不见老师来，这堂课是国文老师肖涤非教授的课。大家认为雨太大，老师不会来了。然而，过了没一会儿，肖老师一手拿伞一手拿讲义进了教室，长袍和鞋袜都沾满了泥污，但一脸只见慈祥温和的笑容，嘴里还不停地说着"对不起诸君，我来迟了"。肖老师这是踩着泥泞的乡间小道深一脚浅一脚地来上课，再难再辛苦也不会落下一堂课。

当时昆明虽地处边远，但抗战期间却集中了西南联大、云南大学和东方语专三所国立高校。东方语专有幸请来一拨联大和云大的著名教授和学者，比如潘光旦、费孝通、冯友兰、吴泽霖、戴世光、肖涤非、陈达等。他们学识渊博、执教认真，如国文老师孙福熙教授，社会学老师吴泽霖教授，历史学老师江应樑教授和朱杰勤教授，语音学老师葛毅卿教授，英语老师张尧年教授，南洋地理老师任美锷教授，等等，都是当时国内知名学者。此外，如翁同文、张英骏、魏荒弩、常任侠等几位年轻老师，在当时就已是取得相当成就的学者或作家了。他们除了上课，还常来做学术演讲。另外，学校还请来外籍教师讲授外语课，如来自印度的辛哈先生、许鲁嘉先生、罗易先生等。据说潘光旦教授身带残疾，行动不便，每次来学校都要拄杖而来。当时学校没有任何交通工具接送，也没有电话。从昆明城区来到斗南村，必须先乘火车然后步行4千米到学校，但潘光旦教授都会准时到达。他自比老牛，说老牛走路虽慢，但老牛早早动身即可保证准时到达，此段话一时在学校传为趣谈。肖涤非教授讲授一年级国文课，上课极其认真，还对同学们的作文每次都精批细改，一丝不苟。中华人民共和国成立后，肖老师一直在山东大学任教，是研究唐宋诗词和杜诗的著名专家。许良光教授教民族学和英文课。对没有选课而来听课的同学，许教授也一视同仁，要求这些同学必须完成他布置的作业才能继续听课。后来许教授长期在美国大学任教并当选台湾"中央研究院"院士。

看到当时的老师们为国家的抗日，为战时的学子，一腔热血，用老牛般的坚韧，忍辱负重，砥砺踽行，无论条件有多艰苦，都身心投入，甘之如饴地为学生上课，一丝不苟，令人难忘动容，感佩之至！

东方语专的教学课程很繁重，公共课程有国文、中国通史、外国通史、中国地理、世界地理、社会学、人类学、民族学、语音学等，各语文科还分别学习各有关国家的历史。此外，还经常有各种专题讲座，如讲华侨史。因为时不我待，两年就要毕业见分晓，而课程都是由国内一流的教授、学者讲授，学生们求知似渴地享受着老师们学富五车的学养和满腹经纶的深厚，感受着精彩的讲授和面对面的聆听。就读东方语专的学生可以享受国家公费，伙食费由国家负担，但每天的伙食只是两餐"八宝饭"和两碗青菜，即一碗白菜和一碗苦菜。"八宝饭"是大家戏称米饭里掺杂着沙子石子的红糙米，有时还有耗子屎。油水很少，荤菜几乎两三个月才能吃一次。有的同学斗胆尝试着吃了用桐油煮的菜，不到半夜就上吐下泻不得消停，折腾一宿。桐油是唯一能见到的不能吃的油，因为当时没有电灯，每个人可以领到一盏桐油灯放在床前，温馨的灯光就陪伴着学生们夜读入梦，为学子们的艰苦生活增加了一份温馨。

　　东方语专学生一部分是东南亚华侨，另一部分是来自沦陷区，大多家境贫寒，穷，是他们的本色。经济断供，囊中羞涩，但是，学生们不因穷而志短，反而乐观应对。不能到昆明城玩耍消费，同学们便常到滇池边散步、聊天、吹风赏景；假日到呈贡集市上去逛逛；或到呈贡的小茶馆里喝杯土糖泡红茶；或到斗南村小街关帝庙前的小摊上买碗豌豆粉或生腌田螺解馋，以增加点营养。学校还在课余组织唱歌、文娱活动。东方语专师生开展得最红火的就是篮球比赛。在水月庵前面有一块空地是打谷场，这里就成了东方语专的简易篮球场。各科学生都有自己的篮球队，教师和部分同学也组成了一支篮球队。每天课后的篮球比赛十分紧张激烈，吸引了全校师生和村民的注意力。教师队球技好，还被拉到校外附近的单位打比赛，有时赢了球还会有一点物质奖励。除了篮球赛，学校还分班组织各种文娱表演。一次会演中，男生第二宿舍的全体同学参照大家熟悉的一首《除军阀》歌曲的乐谱改写后表演："肚子饿了，肚子饿了，要吃饭，要吃饭，随便弄点小菜，随便弄点小菜，鸡蛋汤，鸡蛋汤。"这些自编自演、充满乐观主义和生活气息的节目内容，让大家享受了轻松的快乐时光。据云南籍的东方语专学生沈国藩先生回忆，在 1945 年阳春三月的一天，夜幕降临时分，在水月庵的一间阁楼里，师生们齐聚一堂，举办了一个内容丰富的野草联欢晚会。在烛影灯光的映照下，师生们引吭高歌，一曲曲用英、法、印、缅、泰、越语唱出的歌曲，响彻四方，一首翻译成缅文的《义勇军进行曲》，在缅籍教师林光灿先生的精心指导下，由学缅语的同学齐唱，唱出了全体爱国师生的心声，激动人心的旋律鼓舞着在座的每一个人。接着，是讲故事，小号、口琴、吉他、手风琴、独唱等节目，还有两位印度籍老师许布洛卡和辛哈先生表演令人叫绝的印度"柔术"，看得大家目瞪口呆，叹为观止。幽默的辛哈先生还即兴表演，操着昆明腔调，学着农村妇女到昆明街头收购旧衣烂裳的调子，高声地喊"有——旧衣——烂裳——我来买"，独特的拖腔韵味博得了大家的开心大笑和掌声。师生们多才多艺表演的热闹气氛笼罩了整个水月庵，动听的歌声和着乐器的美妙旋律飞出水月庵，穿过夜空，传遍整个斗南村，让寂寞的小渔村顿时沉浸在欢乐之中。水月庵的学子们似乎忘记了生活的穷苦带来的饥寒和学习的辛劳，用充满激情的青春书写着生命的美好和希望。学子们勤奋求学，以期早日学成一二门外语，充当战地译员，参加对日作战，以遂报国之志。

四、爱国赤子英名长存

东方语专的学子们不负众望，尤其是呈贡斗南时期就读的学生，毕业后大多奔赴抗日前线效命疆场，为抗日战争乃至第二次世界大战的胜利做出了贡献，有的做战地翻译，有的投身空军，驾驶战机与日寇激战蓝天的英雄健儿有苏有志、王希曾、李苍霖等学子。东方语专二期校友张光奎、沈卓群，还未毕业就投笔从戎。张光奎在美国盟军中任翻译官，中美军队密切配合，共获著名的龙陵大捷。抗战胜利后，于1947年赴北京大学深造，成为世界著名东方学专家季羡林先生早年的得意弟子，后从事外事工作。20世纪90年代任华东政法学院教授，高级律师。

前面提过的泰国研究会顾问吴乾煌先生，二战中加入英国盟军，曾蹈九死一生之地，获知日寇监押6万多盟军战俘和30多万亚洲劳工，修筑泰缅间铁路，以便掠夺战略物资。盟军据此可靠情报，对日寇实施毁灭性打击。吴先生为二战立下了汗马功劳。他后来定居泰国，事业发达。改革开放后，多次回国投资设厂。1993年和东方语专老校友重聚斗南村时，格外动情，呼吁校友们要人老志不老，既要把身体调理好，更要团结如既往，看到祖国和平统一之日的到来。最后还提议并指挥校友们合唱"团结，就是力量……"。笔落此处，忍不住泪目，再次被中华儿女的壮志豪情鼓舞，更为他们的高尚情操所叹服，耄耋之年仍然壮怀激烈，心系祖国大业，可敬的前辈，可爱的英雄！历史应该永远记住他们！

东方语专三期校友陈炎先生曾加入美国陈纳德将军之"飞虎队"，从事无线电报务，立下了战功。通过陈先生从电台发给飞虎队的作战情报和指挥空战的电讯而被击落的敌机累计就达297架。陈先生战后留在南京东方语专任教，后来随东方语专并入北大，一直任北京大学教授。陈先生多年从事中外关系史研究，深入探讨"西南丝绸之路"专题，后来又专攻"海上丝绸之路"问题，成果丰硕，著作等身。真可谓战时英雄，战后专家，一生为国，奉献毕生精力，赤子之心写就一生传奇。

和其他大学相比，从东方语专走出的学子人数不多，但有一批散居国外的前辈，都卓有建树。他们身在海外，心系祖国，一直从事着与祖国建设相关的华侨教育事业和文化传播；或成为工商企业界务实成功的实业家，比如，泰国研究会顾问吴乾煌先生、东方语专校友会台湾分会会长赵凌先生等；有终生致力于东南亚研究的专家，如一生"不求闻达，自甘寂寞"的葛志伦先生，是东方语专首届泰语科毕业生，其泰学研究成绩卓著，填补了该领域的空白。

东方语专从诞生之时，就承载了民族和历史的重任，既是中国自古以来与周边国家睦邻邦交政策之继承，也是与二战盟军合作抗日的见证，更是中华民族崇高的爱国主义与国际主义的结晶。二战后的东方语专，更是发扬其优秀传统，为了民族复兴和国家的建设，1949年归并于北京大学东方语言系。1986年，在东方语专校友会华东分会成立大会上，姚楠教授论及东方语专的历史地位时说："幸亏在党和各方面关怀下，东方语专的名誉得到恢复，明确了它的历史地位。""实事求是地说，东方语专的历史作用是不容磨灭的，它所产生的相当重要和长远的影响，在当前进行社会主义现代化建设、实行改革和开放时期，显得更加突出。校友们在各个部门担任的工作，作出的成绩，都受到国内外重视。有些校友们虽然退居二线，或者离休、退休，但是都在发挥余热，为实现四化而努力，历史可以作我们的见证。"①姚楠先生的一席话提醒我们，历史不该忘记那些一生坎坷受尽磨难、辛苦奉献奠定基业的前辈，斩断和历史的联系犹如断了根的树，不可能看到枝繁叶茂的未来。

2015年11月，笔者在范宏贵教授的提议下，一起来到斗南村，寻找水月庵。穿不过去的时间隧道遮蔽了73年前的物事，一切都静默无语，一切都了无痕迹。还好，在村里找到一位"线人"李茂林老汉。他1922年出生，算是斗南村的原住民，对东方语专有印象，但具体的事情并不太了解。老汉说："水月庵是学堂，我们是老农民，不能随便进去。"据他回忆，当时进进出出水月庵的学生，有皮肤很黑的男士（应该是印度籍老师），而女学生却很少。在老人指点下，我们来到了水月庵原址。原来水月庵在20世纪70年代中期就拆了，建成斗南村小学校，旁边还建了一个水塔。而如今小学校也搬迁新址了，只见一把大锁挂在旧旧的铁门上。

时光飞逝，岁月无情。当年的东方语专人一一谢世，离我们远去。笔者有幸因工作之缘认识了范教授，让我们有机会将这段发生在身边的历史，以粗笔拙文呈现给读者，让那些感动了我们的人和事留驻心间。回望远去的岁月，让我们双手合十，感恩逝去的前辈们，再低下我们的头颅，致以最深沉的爱和敬意！

参考文献

［1］陈炎．陈炎文集［M］．北京：中华书局，2006．
［2］付克．中国外语教育史［M］．上海：上海外语教育出版社，1986．
［3］张敏．传奇与人生［M］．北京：台海出版社，1997．
［4］中国第二历史档案馆档案．

---

① 在东方语专校友会华东分会成立大会上的讲话［J］．中国东南亚研究会通讯，1986（3/4）：8．

语言研究

印度婆罗米文字的起源、特征与分化

信息工程大学　陈　炜

【摘　要】 婆罗米文字是世界文字发展史上一个重要节点。它是南亚次大陆诸民族文字共同的源头，它的传播还对中南半岛诸民族文字产生重要影响。婆罗米文字产生的时间在公元前7世纪左右，但公元前5世纪婆罗米文字残片才零星出现。学界普遍承认婆罗米文字是辅音-音素文字元音化的产物，但具体起源尚无定论。婆罗米文字共有33个辅音音节字母、9个元音音节字母、9个依附型元音符号和若干辅音鼻化符号等专门符号。婆罗米文字以音节字母为基准，通过各种形式组合形成复杂的合体符号表示复辅音。婆罗米文字不是辅音-音素文字，不是元音附标文字，也不是纯音节文字，而是附标型音节文字。附标型音节文字以音节字母为核心，其他附标符号包括辅音符号、元音符号与声调符号等符号附着在音节字母四周。

【关键词】 婆罗米文字；附标型音节文字；辅音-音素文字

婆罗米文字是印度古代最重要，也是现今传播最广的文字之一。在婆罗米文字的南方系"后裔"——帕拉瓦文字的影响下，古高棉文字、古孟文字与泰文字等中南半岛诸民族文字相继产生。为更好地研究东南亚诸民族文字的特征，有必要将它们共同的源头——婆罗米文字做详细探讨。

现人们发现的最早可确定年代的婆罗米文字史料是阿育王时期（公元前273—前232年）35块刻有敕令的碑刻，碑刻上使用的是中部印度语言——普拉克里特方言。经过考古学家的推算，还有一些婆罗米文字遗物属于更早的时期，例如在阿杰迈尔地区伯勒利村的石柱上发现了公元前443年的残片，在尼泊尔境内毕巴拉瓦（Piprava）地区的一座佛塔内发现了一块公元前487年的器皿残片，这两处残片上的文字与阿育王石刻上的文字没有任何区别，学者普遍认为这两块残片上的文字也是婆罗米文字。[①] 此外，在印度中部省份一个名叫"爱兰"（Eran）的小村庄里还发现了一枚公元前4—前3世纪的古币（爱兰古币），上面刻着自右向左的婆罗米文字。[②]

---

① 秦庆冰. 印度文字的发展初探［G］//南亚东南亚研究辑刊：第1卷. 广州：世界图书出版广东有限公司，2013：58.

② 周有光. 世界文字发展史［M］. 上海：上海教育出版社，1997：228.

表 1　爱兰古币上的文字

ᨠ	ᨅ	ᨍ	ᨆ	ᨙ	ᨔ
a	dha	pa	ma	la	sa

婆罗米（Brahmi）这个名称并不是一开始就有的，直到公元前 3—4 世纪才开始在佛教和耆那教的典籍中出现。《佛陀传》提到佛陀释迦牟尼幼年学习书写文字，这时距离婆罗米文字的诞生已经过去了好几百年。对于文字真正的起源，人们的记忆似乎已经模糊，以至于印度民间认为是象头神嘉涅夏（Ganesh）发明了文字书写：传说他折断了自己的一根长牙做笔。① 从婆罗米（Brahmi）文字的名称看，有人推测这是万能的上帝"婆罗马"（Brahma，梵天大帝）发明的文字；有的人认为"婆罗米"跟祭祀阶层婆罗门有关，推测它为智慧的婆罗门所创造，即婆罗门的文字；还有一部分人则把"婆罗米"与"梵"联系起来，认为这是雅利安人发明的文字，目的是保护有关"梵"的知识（即吠陀），应该被理解为有关"梵"的知识的文字。

一、婆罗米文字的产生时间

从公元前 18 世纪印度河文明覆灭后，即从公元前二千纪到公元前 5—前 3 世纪婆罗米文字残片发现的这段时间里，南亚次大陆是否存在书写文字，学界目前尚无定论。

有学者认为这个时期内不存在文字，因为次大陆的居民习惯于口口相传。他们的观点首先被考古材料所证实，即从印度河文明到阿育王敕令的发现中间长达 15 个世纪没有出现任何刻有文字的遗物。另外他们的观点也在公元前 4 世纪造访印度的西方人口中得到了印证。曾经随同马其顿亚历山大大帝征伐印度的航海家奈阿尔科斯肯定地说，约在公元前 325 年，印度居民并不知道有文字；希腊作家麦加斯芬也证实了这点；他于公元前 305—前 302 年来到印度作为塞琉古王的使臣派往笈多王朝的君主旃陀罗笈多那里去。②

另外一部分学者则认为如果这段时期没有文字，很多事情将会变得难以解释，例如像《梨俱吠陀》《梭摩吠陀》《耶柔吠陀》《阿闼婆吠陀》《往世书》与《奥义书》等经典巨著，如果缺乏文字辅助，很难单凭人的记忆在几百上千年里通篇传诵下来。实质上很多古代印度流传下来的文献资料，如《本生经》

---

① ［新西兰］斯蒂文·罗杰·费希尔. 书写的历史［M］. 李华田，李国玉，杨玉婉，译. 北京：中央编译出版社，2012：92.

② ［苏］B. A. 伊斯特林. 文字的产生和发展［M］. 左少兴，译. 北京：北京大学出版社，1987：225.

《八章书》等，都证实印度至少在公元前 6 世纪至 5 世纪存在文字。属于这种材料的有：波你尼（Panini）著作中见到"文字"这个词 lipi；佛教经典集（公元前 5 世纪中叶）中提到的儿童玩字母的游戏（akkharika）；《神通游戏》（有关佛陀生平）中谈到，佛陀在童年时（公元前 6 世纪）曾经学习识字；佛教典籍中见到 lekha（文字）、lekhaka（书写人）、phalaka（学习写字用的小木板）等词。①

迪龄格（David Diringer）曾写道："根据这一领域专家如乔治·邓巴（George Dunbar）、乔治·肯尼迪（J. Kennedy）、里斯·戴维斯（Rhys Davids）和 V. E. 史密斯（V. E. Smith）等人的意见，公元前 800—前 600 年，印度的经济生活有明显的提高；发展了许许多多的行业——珠宝匠、高利贷者和织布工到贩卖鱼干的商人、杂耍艺人、星相家和理发匠。天文学也取得了显著的成就。这一时期也同海上贸易的发展相适应。航海商人利用海上季风，在公元前 7 世纪初期（或者公元前 8 世纪末期），在由印度西南海岸直到巴比伦的整个地区的港口之间进行贸易……当时巴比伦是一个重要的贸易中心；这种贸易极有可能早在这一时期之前就在进行了；贸易的发展有利于文字的传播这一事实是大家一致承认的。"② 同时，北印度摩揭陀国逐渐吞并其他国家，成为幅员辽阔的大国。根据上述条件，B. A. 伊斯特林认为到公元前 7 世纪，这一切社会条件的形成——高水平的经济生活、贸易的广泛发展、巨大国家的产生，通常有利于这些社会创制规整的文字。③ 此外，在贸易往来中各国的文字体系——音节文字（亚述-巴比伦文字）、辅音-音素文字（西部闪米特文字）都有极大的可能被印度商人接触到。

这样一来，迟至公元前 7 世纪，印度文字产生的内外条件都已经齐具了，可能由于书写载体不易保存等各式各样的原因导致这些文字材料没有流传下来，最终到公元前 5 世纪才出现零星的婆罗米文字残片。

二、婆罗米文字的起源

在推测了婆罗米文字大概产生的时间后，还有一个很关键的问题，即婆罗米文字的起源，在学界也有诸多说法。总的来看，婆罗米文字的起源分为"本土起源说"与"外来起源说"两个派别。

---

① [苏] B. A. 伊斯特林. 文字的历史 [M]. 左少兴，译. 北京：中国国际广播出版社，2018：196.

② D. Diringer. *The Alphabet: A Key To The History of Mankind* [M]. London: Hutchinson's Scientific and Technical Publications, 1953: 333.

③ [苏] B. A. 伊斯特林. 文字的历史 [M]. 左少兴，译. 北京：中国国际广播出版社，2018：197.

(一) 本土起源说

"本土起源说"起初以"达罗毗荼人创字说"和"雅利安人创字说"为主。以爱德华·托马斯（Edward Thomas）为代表的学者认为婆罗米文字是达罗毗荼人（Dravidian）根据入侵印度西部的雅利安人早期文字为原型创造而成的。而坎宁安·道森（Cunningham Dowson）等人则认为婆罗米文字的原型是早已在印度本土存在的图画文字——古埃及文字。起初有许多印度学者持有这两种观点，而当印度河文明被发现后，印度学者夏马夏斯特里、贾德佳和奥恰又把婆罗米文字与印度河河谷的印章文字联系在一起，提出了"印度河文字起源说"。

但"印度河文字起源说"最重要的缺陷在于自公元前18世纪中叶印度河文明的覆灭到公元前5世纪婆罗米文字碎片的发现，这期间长达一千年未发现任何有关文字的踪迹。仅因为在同一个地方的不同时期里发现了两种文字就断定它们之间存在延续关系的做法是武断的。（例如克里特岛曾发现了许多早期希腊文字，但它并没有对后来的克里特文字产生影响）

从文字类型上看，印度河文字是一种混合型音节-图形文字（syllabic-ideographic script），婆罗米文字是半字母-音素文字（semi-alphabet）。就目前学界对世界文字史的研究来看，所有音节-图形文字在演变为字母-音素文字前，都受到了其他文字的影响。[①] 而目前，尚没有哪位提出"印度河文字起源说"的学者曾严谨地考究过印度河图形文字在一千年中如何发展演变为半字母-音素文字的婆罗米文字。

此外，印度早期的吠陀文献也为反驳"印度河河谷起源说"提供了反向证据。例如，雅利安人移入印度后创作了口口相传的《吠陀经》，《吠陀经》有智慧之神（sarasvadi）而没有文字之神，也没有关于文字的任何传说。可见当时来到印度的雅利安人还没有文字，大概也不知道过去在印度河流域有过文字。[②] 卷帙浩繁的吠陀文献也没有提到通过书写的方式将内容记录下来，它只提到这些内容"将只会存在于用心记忆的人的脑海里"，这与印度古代的口述传统不谋而合。此外，婆罗门教的某些咒语也表明那时的印度文献是靠记忆与复述，而不是文字，如"当吠陀经被复述的时候，如果首陀罗故意偷听，那他的耳朵将会被灌满熔铅；如果他复述，那他的舌头将会被割掉；如果他把经文记在脑海里了，那他的身体将会被撕成两半"。上述种种证据都表明印度河文字与婆罗米文字之间存在很长时间的空档期，二者没有直接的联系。

---

① D. Diringer. *The Alphabet: A Key To The History of Mankind* [M]. London: Hutchinson's Scientific and Technical Publications, 1953: 329.

② 周有光. 世界文字发展史[M]. 上海：上海教育出版社，1997：250.

（二）外来起源说

"外来起源说"在内部分为"希腊文字起源说"与"闪米特文字起源说"。

James Prinsep, Raoul de Rochette, Otfried Mueller, Emile Senart, Goblet d'Alviella 等学者认为婆罗米文字直接起源于希腊文字，而 Joseph Halevy, Wilson 等学者认为婆罗米文字的诞生只是或多或少受到了希腊文字的影响。但迪龄格对此持反对观点，他认为："首先，印度人与希腊人的接触前印度人早已与其他使用字母-音素文字的人交往过很长的时间，而婆罗米文字创制的时间早于印度-希腊文明交流前一两个世纪。其次，希腊文字在闪米特文字基础上最大的突破就是引入了元音，而印度文字最主要的缺点就是它的元音解决方案不尽如人意。"①

目前大多数研究文字历史的学者支持"闪米特文字起源说"，他们都将婆罗米文字视为闪米特文字的后裔，这种学说首先由 Jones 在 1806 年提出，后来经过 Seetzen, Kopp, Lepsius, Weber 和 Buchler 等人的不断研究推进，又发展出了许多新的学说。

第一种说法是由 Benfey, Weber, Buchler 和 Jensen 等人提出，他们认为婆罗米文字起源于腓尼基文字，他们认为 1/3 的婆罗米文字与腓尼基文字完全一样，1/3 的字形相似，剩下的 1/3 可以基本对应上。法国著名的东南亚文字学和碑铭学专家乔治赛戴斯认为："这种叫作'婆罗米'的文字，虽然是由婆罗门教徒发明，但婆罗米文字并不是真正印度本土的文字，是婆罗门教徒将地中海东岸的腓尼基国的文字作为原型创制的。腓尼基人是第一个发明字母-音素文字的民族，这种文字与埃及文字和中国文字有所不同。"② 反对"腓尼基文字起源说"的学者认为没有历史证据表明在婆罗米文字诞生之初地中海东岸的腓尼基人与南亚印度人有直接来往，而且腓尼基文字也并没有对印度周边任何文字产生影响，因此"腓尼基文字起源说"不太能站稳脚跟。

值得注意的是印度学者 Raj Bali Ponday 博士曾提出了完全相反的观点，他认为是起源于印度本土婆罗米文字对腓尼基文字产生了影响。为了支撑他的观点，他给出了两方面证据：一是婆罗米文字从左向右的书写顺序与腓尼基文字一致，而与地中海东岸的闪米特诸文字从右向左的笔顺不一样（然而事实是早期的婆罗米文字就是从右向左书写，后期才发生调整）；二是史实表明古希腊人曾确信腓尼基人是通过海路到达地中海东岸的。他认为上述证据足够表明

---

① D. Diringer. *The Alphabet: A Key To The History of Mankind* [M]. London: Hutchinson's Scientific and Technical Publications, 1953: 335.

② ยอร์ช เซเดส์. *ตำนานอักษรไทย* [M]. กรุงเทพฯ: โรงพิมพ์ส่งเสริมอาชีพ สถานศึกษาวิชาช่างพิมพ์ของกรมอาชีวศึกษา, 2505: 3.

腓尼基文字是通过海路被带到地中海沿岸去的。[①]

Deecke、Canon Taylor 和 Sethe 等学者提出了第二种说法，即婆罗米文字起源于南闪米特文字。但这种观点仍然有很大的缺陷，虽然早期印度可能与阿拉伯南部地区有直接联系，但未见阿拉伯文化在早期对印度文化产生影响，而且更关键的是南闪米特文字的字形与婆罗米文字不太像。

里斯·戴维斯（Rhys Davids）认为婆罗米文字既不是起源于北闪米特文字，也不是起源于南闪米特文字，而是曾在幼法拉底河河谷使用的前闪米特文字——楔形文字。由于他提出这个论述后并没有给出可靠的证据和史料，所以持这种观点的人不多。

此外迪龄格、周有光都倾向于认为婆罗米文字是以阿拉美文字为原型创制的。迪龄格认为："虽然婆罗米文字与腓尼基文字外形相似，但这条同样适用于婆罗米文字与阿拉美文字。在我看来，所有的闪米特商人中，阿拉美商人是第一个与印度–雅利安商人建立起直接沟通桥梁的人。"[②] 支撑这一论述更有利的证据就是与婆罗米文字在南亚次大陆西北地区同一时期出现的佉卢文字，学界现在几乎公认它起源于阿拉美文字。

表 2　阿拉美文字、佉卢文字、婆罗米文字与泰文字对比

阿拉美文字	佉卢文字	婆罗米文字	泰文字
̃. ×. ×. ×. ×	ꓶ. ꓶ	H. ꓘ. ꓘ. H	อ
ꓬ. ꓬ. ꓮ. ꓮ. ꓮ	ꓳ. ꓳ	▯. ▯	ʍ
ꓩ. ꓩ. ꓩ	ꓩ. ꓩ	∧. ∧. ∧	ค
ꓩ. ꓩ. ꓳ. ꓩ. ꓩ	ꓩ. ꓩ. ꓩ	ꓩ. ꓩ. ꓩ	ท
ꓥ. ꓮ. ꓮ. ꓥ	ꓶ. ꓶ. ꓶ	ꓲ. ꓲ. ꓲ	ห
ꓩ. ꓩ. ꓩ. ꓩ. ꓩ	ꓩ. ꓩ	ꓲ. ꓲ. ꓲ	ว
ꓬ. ꓬ. ꓶ. ꓮ	ꓬ. ꓬ	Ɛ. Ɛ. Ƹ	ซ
H. H. H. ꓶ	ꓶ. ꓶ. ꓶ	ꓲ. ꓲ. ꓲ	ห
田. ⅋	ꓩ. ꓩ	ꓩ. ꓩ. ꓩ	ฒ

[①] Raj Bali Ponday. *Indian palaeography* [M]. New Delhi: Motilal Banarsi das Nepali Khapra Banaras, 1952: 11.

[②] D. Diringer. *The Alphabet: A Key To The History of Mankind* [M]. London: Hutchinson's Scientific and Technical Publications, 1953: 336.

（续表）

阿拉美文字	佉卢文字	婆罗米文字	泰文字
そ、ヘ、ス、て、て	ヘ、と	↓、山、↓	ย
ヘ、4、4、ら	ﾎ、ゐ	+、+	ก
し、L、b、L	귀、М	J、J、J	ล
4、9、ᄀ、ツ	U、U、U、f	ざ、8、8、8	ม
ら、ら、ら、ら、ら	ら、ら	T、T	น
ら、ヿ、з	P、P	d、d、E	ส
U、V	T、T、ヿ	▷、△、▷	เอ
ɔ、ɔ、з、ヘ	「、ﾉ	b、b	ป
μ、μ、ㅠ、ㅅ	P、P	d、d、E	ส
ら、ら、フ、ヘ	万、ゐ	+、+	ก
4、ら、ら、ら	ㄱ、Ζ、ヿ	l、l、l	ร
v、E、b	ᄁ	↑、∧、↑	ศ
ト、ナ、ト、ト	ら、ら	⊥、ト、⊥	ต

在"闪米特文字起源说"下虽然很多学者强调婆罗米文字的外源性，但 B. A. 伊斯特林则把起源于闪米特文字的婆罗米文字视为完全土生土长的。他认为："西部闪米特文字是辅音-音素文字，而婆罗米字母和佉卢文字是音节文字；西部闪米特文字（腓尼基文字和阿拉米文字）几乎不存在元音的表示法，而婆罗米字母和佉卢字母则准确地表示中印度诸语的辅音和元音。这证明了印度人对自己借用的闪米特文字的基础做了根本性改造。"①

三、婆罗米文字的特征

正如伊斯特林曾把深度印度化的婆罗米文字视为一种土生土长的文字，印度学者 V. kannaiyan 也说过似乎是印度的文字记录者把借来的闪族文字系统，按照他们懂得的语音规则，有意识地重新设计了一番。② 印度人是那时最优秀

---

① [苏] B. A. 伊斯特林. 文字的产生和发展 [M]. 左少兴, 译. 北京：北京大学出版社, 1987: 231—232.
② V. Kannaiyan. Scripts, in and around India [M]. Madras: Available with the Superintendent, Govt. Museum, 1960: 32.

的语言学家，西闪米特人的语言精巧程度直到19世纪初甚至20世纪初才开始接近他们。①古印度文字记录者们把他们的字母按发音部位（及其现代的做法）分类：先是元音和双元音，然后是辅音（不带元音/a/），完全按照发音部位在口腔里从后向前排列——软腭音、腭音、上腭音、齿音、唇音、半元音和摩擦音。②

表3 婆罗米文字辅音音节字母

	塞音				鼻音	边音	擦音	
	清音		浊音		浊音	浊音	清音	浊音
	不送气	送气	不送气	送气	不送气	不送气	送气	送气
软腭音	Ka	kha	ga	gha	ña			ha
硬腭音	ca	cha	ja	jha	ña	ya	śa	
卷舌音	ṭa	ṭha	ḍa	ḍha	ṇa	ra	ṣa	
齿音	ta	tha	da	dha	na	la	sa	
双唇音	pa	pha	ba	bha	ma	va		

表4 婆罗米文字元音音节字母

a	ā	i	ī	u	ū	ai	e	o

表5 辅音音节字母+与元音符号的合体符号

ka	kā	ki	kī	ku	kū	ke	ko	kai	kau

婆罗米文字共有9个元音音节字母（3个长元音字母可以视作3个短元音字母的变体）、9个依附型元音符号、33个音节型辅音字母和若干辅音鼻化符号等专门符号。33个音节型辅音字母表示一个辅音音素和元音[ǎ]的音节组合（CV），也可以通俗地理解为每个辅音字母自带元音[ǎ]。元音通过元音音节字母与依附型元音符号表示。音节型元音字母表示一个独立的元音音节，一般写在一个词或一句话的开头，所以又被称为"独立元音字母"或"字头元音字母"。依附型元音符号必须依附于辅音音节字母，附着在其四周，用于取代它

---

① Steven Roger Fisher. *A History of Language* [M]. London: Reaktion Books, 1999: 65.
② ［新西兰］斯蒂文·罗杰·费希尔. 书写的历史［M］. 李华田，李国玉，杨玉婉，译. 北京：中央编译出版社，2012：95.

自带的元音[ǎ]，本质上是一个元音音素，无法独立存在。在表示复合辅音等需要多个辅音字母同时参与的情形时（CCV, CCCV 等结构），就需要把多个对应的辅音音节字母组合成一个新合体型符号，这个合体符号只取每个辅音音节的辅音音素，新合体符号保留元音[ǎ]，例如辅音音节字母 ka 与 ta 组成合体符号后读作 kta，而不是 kata。若要表示其他元音，则在合体符号的四周再标注依附型元音符号。此外，还有一些类似辅音鼻化符号等专门符号，也是处在附属的地位，以附标的形态修饰元音音节字母或辅音音节字母。

表 6　婆罗米文字部分合体符号

	khya		mha
	tva		sta
	pta		rva
	pra		sya

早期婆罗米字母采用"右起式"，即从右向左的书写顺序，在经历了一行向左、一行向右、左右交替的所谓"牛耕式"的过渡性笔顺后，婆罗米文字最后以自左向右的书写顺序固定下来。

四、婆罗米文字的类型

上文已经描述了婆罗米文字的基本特征，对此不同学者对婆罗米文字的类型学产生了不同的见解。

B. A. 伊斯特林认为婆罗米文字属于音节文字，它的主要（非合体）符号只表示孤立的元音和辅音+元音[ǎ]的音组，而其余音节则由合体符号表示。[1] 他认为它们是在辅音-音素文字元音化的基础上形成，而不是在表词字的基础上形成。[2]

William Bright 将婆罗米文字称作"元音-音节文字"（alphasyllabary），婆罗米文字把每一个辅音-元音组合写作一个联合体，这个联合体称为 aksara（字母、音节）。其中，元音符号是辅音字母的附标物。[3] Peter T. Daniels 将婆罗米文字归类于元音附标文字（abugida），这种文字的每个字母都由一个辅音和

---

[1] ［苏］B. A. 伊斯特林. 文字的产生和发展［M］. 左少兴，译. 北京：北京大学出版社，1987：177.

[2] ［苏］B. A. 伊斯特林. 文字的产生和发展［M］. 左少兴，译. 北京：北京大学出版社，1987：222.

[3] Peter T. Daniels, William Bright. *The World's Writing System* [M]. Oxford University Press, 1996: 384.

一个特定的元音组成，其他元音则由修饰辅音字母的固定符号表示（abugida 是埃塞俄比亚文字，它由埃塞俄比亚传统字母表上的前4位辅音字母和元音字母组成）。他把元音附标文字单独提出来，认为是一种平级于图形-音节文字（logosyllabary）、音节文字（syllabary）、辅音-音素文字（abjad）和元音-音素文字（alphabet）的单独文字类型。还有的学者如 Fevrier 把这种文字称作"新音节文字"（neosyllabary），Householder 称作"伪元音-音素文字"（pseudo-alphabet），迪龄格称作"半音节文字"（semisyllabary）。① Peter T. Daniels 认为这些学者定义的术语都错误地传达出一个概念即"abugida"是元音-音素文字或音节文字的次生品或混合物。②

斯蒂文·罗杰·费希尔认为婆罗米文字也遵循元音附标文字（abugida）系统，每一个字都代表了暗含一个元音的辅音字母，其他的元音则由辅音字母上的统一改动来代表，它实质上是一种"辅音字母+附标"的图形音节。③他认为婆罗米文字与后来所有的印度文字都是辅音字母文字。

中国学者周有光认为婆罗米文字属于广义的辅音文字范畴。在他的定义下，狭义的辅音文字只写辅音字母，不写元音字母，例如阿拉伯文字；广义的辅音文字是从狭义辅音文字传下来的各种文字，它们通过加上小点子、小线条、小字母等附加符号表示原来不表示的元音。④

从上述观点可以看出虽然各位学者对婆罗米文字的具体类型认定不同，但他们基本都有一个共识，即婆罗米文字是辅音-音素文字元音化的产物。从这个基本点出发，不同学者得出了不同的结论，如广义的辅音文字、音节文字、元音附标文字或各种混合型文字等。

综合分析婆罗米文字的基本特征与上述学者的观点，婆罗米文字属于附标型音节文字。首先，辅音字母把辅音相同而元音不同的音节，看作等价的音段，用相同的字母书写；辅音是写出的、固定的，元音是不写出的、不固定的。⑤婆罗米文字在表达辅音相同而元音不为/ǎ/的音段时，需要额外添注元音符号；辅音是写出的、固定的，辅音字母自带元音/ǎ/。可以看出，婆罗米文字

---

① Peter T. Daniels 认为布莱特 Bright 将婆罗米文字称作"元音-音节文字"（alphasyllabary）是对婆罗米文字的一种功能性描述，而不是具体类别划分。Abugida 与 Alphasyllabary 所指都是每个辅音字母包含特定元音的文字类型，都可以译作"元音附标文字"。

② Peter T. Daniels, William Bright. The World's Writing System [M]. Oxford: Oxford University Press, 1996: 4.

③ [新西兰] 斯蒂文·罗杰·费希尔. 书写的历史 [M]. 李华田，李国玉，杨玉婉，译. 北京：中央编译出版社，2012：93—95.

④ 周有光. 比较文字学初探 [M]. 北京：语文出版社，2012：268—269.

⑤ 周有光. 比较文字学初探 [M]. 北京：语文出版社，2012：350.

的辅音字母表示的是一个固定的音节，而不是以辅音音素为中心的任意音域。周有光对广义辅音文字的定义只提到了在狭义的辅音文字上通过各种附加符号表示元音，这一定义包含的范围太广，没有考虑到婆罗米文字的辅音字母都是自带固定元音/ǎ/的辅音音节，在它的定义下广义辅音文字的辅音字母所秉含的元音仍然是不固定的，区别于狭义的辅音文字只是多了附标其他元音的符号，实质上现代阿拉伯文、乌尔都文、波斯文等附加元音符号的辅音–音素文字更贴合周有光所提到的广义辅音文字。虽然婆罗米文字是辅音–音素文字的元音化产物，但它并不能被称为辅音文字或广义的辅音文字，需要更准确的术语来定义它自带元音/ǎ/的辅音音节。

表7 婆罗米文字、辅音–音素文字与元音–音素文字示例

		i	
Na	Ga	Ra	婆罗米文字
N	G	R	辅音–音素文字
Nx	Gx	Rx	加 X 代号
N A	G A	R I	元音–音素文字

Peter T. Daniels, William Bright 与斯蒂文·罗杰·费希尔都把婆罗米文字称为元音附标文字（Abugida）或"元音–音节文字"（Alphasyllabary）。他们的共同点是都注意到了辅音字母的音节性质，但斯蒂文·罗杰·费希尔最后还是把它归类为辅音字母文字。Peter T. Daniels 关涉到了婆罗米文字的辅音音节属性，并把它单独归类到与音节文字、辅音音素文字等传统文字类型平级的元音附标文字。但元音附标文字并不是特指婆罗米文字，元音附标文字（Abugida）最初是用于描写埃塞俄比亚文字。埃塞俄比亚文字是通过把南部闪米特文字的辅音–音素符号元音化，变成音节符号的方法发展起来的。埃塞俄比亚文字的基础符号跟婆罗米文字一样，是用来表示由辅音+元音 a 组成的音节符号。以该基础符号为母版，通过添加附加符（短线等）或稍微改变字形（倒置等），运用于七种变体字形，分别表示该辅音音素与七个元音音素（ā, ǎ, ē, ě, u, i, o）组成的音节。埃塞俄比亚文字用来表达带根词干为辅音结构的闪米特语，该文字比任何其他一种文字都更均有音节符号的辅音–音素基础。[①] 起源于辅音–音素文字、辅音字母为固定的音节符号、元音符号附标在辅音字母四周，这是婆罗米文字与埃塞俄比亚文字的共同特征，所以 Peter T. Daniels, William Bright 与斯蒂文·罗杰·费希尔都把婆罗米文字归类为与埃塞俄比亚文字一样的元音附标文字（Abugida）。

---

① [苏] B. A. 伊斯特林. 文字的历史 [M]. 左少兴, 译. 北京：中国国际广播出版社，2018：207.

需要注意的是虽然婆罗米文字有同样的辅音音节字母和附标符号，但婆罗米文字还具有相同地位的元音音节——亦称独立元音字母或字头元音字母，元音音节字母同样适用于多种附标符号（不包括元音符号）。元音附标文字（Abugida）或"元音-音节文字"（Alphasyllabary）这一称呼的根本是突显辅音音节与附标元音的关系，符合埃塞俄比亚文字没有单独元音音节的特征（埃塞俄比亚文字有零辅音+附标元音表示纯元音音节，婆罗米文字也有零辅音+附标元音表示纯元音音节，但这与有单独字形的元音音节不同），但却不能准确地概括婆罗米文字元音音节的特征。

只有 B.A.伊斯特林在讨论婆罗米文字类型的时候同时关涉到辅音音节与元音音节的特征，把婆罗米文字划归为音节文字的一种。他以符号的音值为标准，将音节文字划分为三类：一是前亚楔形音节文字，符号可以表示几乎任何音节——孤立的元音，元音+辅音，辅音+元音，辅音+元音+辅音等；二是克里特–迈锡尼文字、塞浦路斯文字、埃塞俄比亚文字和日文（假名），符号只表示孤立的元音和辅音+某个（固定）元音的音组；三是印度各种不同文字体系，主要符号只表示孤立的元音和辅音+元音 ă 的音组，其余音节用合体符号表示。①婆罗米文字作为音节文字的一种，通过各种附标符号和合体形式表示不同的音素，克服了音节文字多符号性的缺点。此外，通过两个或多个辅音音节字母或它们部分字形要素组成新的合体形式表示两个或两个以上辅音的音节，克服了音节文字另一个主要缺点——难以表示相邻的辅音。所以婆罗米文字及其后代的文字就更加精巧、复杂，更适合表达普拉克里特诸语言等复杂的语言。

图 1　附标型音节文字模型

婆罗米文字的上述特征可以看出，它与其他音节文字在共享音节文字的特征时，又有明显的区别，所以婆罗米文字也不能被单一地划归为音节文字而没有任何区分。综上所述，研究婆罗米文字的类型学，既要考虑到它同时具备元音音节和辅音音节的特征，还要考虑到它各种附标符号表示不同的音素，所以

---

①　[苏] B.A.伊斯特林. 文字的产生和发展 [M]. 左少兴，译. 北京：北京大学出版社，1987：176—177.

婆罗米文字应该是附标型音节文字。附标型音节文字的每个音节只有一个音节字母，音节字母置于中间的音节区，其他附标符号以附标的形式围绕在四周，处于附标区。（见图1）

五、婆罗米文字的分化

由于交通不便、书写材料变化、书写人字迹等因素的影响，公元前3世纪后，婆罗米文字在印度开始产生众多变体。阿育王时期的婆罗米文字称作孔雀型（Maurya），后来巽伽王朝（Sunga，前185—前73）继承了孔雀王朝的文字，并发展成为巽伽字形。印度东南的羯陵伽王国分化出了羯陵伽（Kalinga）字形，同时德干高原以南的安德拉族（Andhra）也分化出了早期安德拉字形。

虽然婆罗米文字的字形变体多种多样，但它们都遵循共同的婆罗米文字原则：以元音音节和辅音音节为核心，其他区分音质的符号采用附标形态附着在其四周。尽管如此，由于各自字母和符号的字形差异较大，纵使共享同一套书写系统，认识一种文字不见得认识另外一种文字。

后来，印度文字的南北分化越来越明显，形成了"北方系"与"南方系"两大不同种类的文字。从文字的书写法看，以纸张的横线格为分界线，文字下端紧靠线条，像坐在线条上，叫作"乌鸦栖树式"或"蹲坐式"书写法，"南方系"文字采用这种书写法；文字的"顶线"紧靠上方线条，像挂在树上，叫作"蝙蝠悬梁式"或"悬挂式"书写法，印度"北方系文字"尤其是城字形（Nagari）文字的后代，都有一个"T字形"笔画作为字母骨架。从字形看，南北方的文字还产生了曲线圆化和直线方化的区别。从印度的奥里萨邦（Orissa）的北面边境起，画一条线，连接安德拉邦（Andra）和卡纳塔克邦（Karnataka）的北面边境，这一条线可以说是"圆化分界线"。[①] 这条线以南都有显著的圆化现象。由于印度南方的字母用铁针笔在贝叶上书写，直线容易划破叶面，曲线则不容易划破，所以"南方系"文字字形变得更加圆润。相比南方地区多用贝叶作为书写材料，北方地区则更多地使用纸张等，所以字形方化更加明显。

北方系文字系统涵盖德干高原以北的印度北部地区和周边地区的文字，包括尼泊尔文、孟加拉文和藏文等。北方系文字的发端主要是婆罗米文字的后裔之一——公元4世纪的笈多文字。笈多王朝（公元4—6世纪）时期，印度古典文化繁荣，婆罗米文字发展为笈多文字。这种文字在笈多王朝时期的石刻和赏赐文书上屡屡出现，是当时北印度的通用文字。笈多文字字母和符号的字形

---

① 周有光. 世界文字发展史［M］. 上海：上海教育出版社，1997：235.

与阿育王时期的婆罗米文字已经有了较大区别，初具天城体文字的雏形。印度学者沃恰博士在描述这种文字时说："在笈多王朝时期，笈多文字的一些字母的书写形式已与天城体文字开始有许多相似之处。以前字母头上的横线很小，在笈多时期已变得越来越长。以前的一些元音符号消失了，取而代之的是一些新的符号。"①

笈多文字随着笈多王朝的崛起而逐渐在印度北部、西北部和中部地区传播。从公元 600 年开始，在笈多文字的启发下又产生了城体（Nagari）、萨拉达文（Sarada）和藏文等。除了南亚次大陆外，笈多文字甚至被当时的商人和传教士传播到中亚地区，产生了中亚斜体笈多文［有阿格尼恩文（Agnean）和龟兹文（Kuchean）］和中亚草体笈多文［和阗文（Khotanese）］。

笈多文字的一个分支叫作悉达字母（Siddhamatrka），后演变成天城体文字（Devanagari）。天城体文字使用的地域主要在北印度，但目前发现的最古老的天城体文物是南印度拉喜特拉库特王朝的国王丹第·库尔迦在公元 754 年用天城体文字书写的赏赐证书，而在北印度发现的最早的天城体文物是在格恩诺吉地区发现的公元 898 年的赏赐证书。②

后来，天城体文字成了印度主要的文字，用于书写印地语、梵语、尼泊尔语、马尔瓦尔语和库茆尼语等。由于印度长期的分裂，天城体并没有成为印度唯一的文字，马拉蒂文（Marathi）、古吉拉特文（Gujarati）与古墨气文字（Gurmukhi）等还在部分邦使用。今天，天城体在印度与其他十来种主要的文字（包括拉丁文和波斯-阿拉伯文）共存，还有 190 多种次要文字。③

印度南方系文字系统涵盖了南印度德干高原及以南地区的文字系统，包括古拨达文字、迦兰达文字（Kannada）、迦檀婆文字（Kadamba）、帕拉瓦文字（Pallava）、泰米尔文字（Tamil）和泰卢固文字（Telugu）等。南印度文字记录的主要语言是达罗毗荼诸语言和梵语、马拉地语（Marathi）、索拉什特语（Saurashtri）等印度-雅利安语。

印度南方系文字成形于公元 4 世纪中叶，由于长期在贝叶上进行刻写，所以字形发生了显著的圆化。我国学者汪大年曾把缅文、骠文与帕拉瓦文字、迦兰达文字等进行对比，可以看出整个南方系文字都较为相似，其中迦檀婆文字与帕拉瓦文字除了少数几个字母有字形上的区别外，其余的字母几乎是一模一

---

① डॉ.बालेन्दु शेखर तिवारी, डॉ लक्ष्मी लाल वैरागी, *हिन्दी: स्वरूप और समस्याएँ* विजेन्दर कुमार संघी प्रकाशन, संस्करण: प्रथम, 1998 पृत्ठ 117. 转引自秦庆冰. 印度文字的发展初探［G］//南亚东南亚研究辑刊：第 1 卷. 广州：世界图书出版广东有限公司，2013：56.

② 秦庆冰. 印度文字的发展初探［G］//南亚东南亚研究辑刊：第 1 卷. 广州：世界图书出版广东有限公司，2013：63—64.

③ ［新西兰］斯蒂文·罗杰·费希尔. 书写的历史［M］. 李华田，李国玉，杨玉婉，译. 北京：中央编译出版社，2012：99.

样。所以迪龄格在描述南印度文字的种类时，会把帕拉瓦文字与迦檀婆文字归为一类，叫作迦檀婆-帕拉瓦文字。

后来，泰卢固文字从公元5世纪至公元10世纪在孟买、海得拉巴的南部、迈索尔和马德拉斯东北部流行。羯陵伽文字从公元7世纪到公元11世纪流行于马德拉斯的杰伽果儿及耿加姆的中部地区。泰米尔文字则于公元5—6世纪发源于马德拉斯地区，至今仍然是印度十分重要的文字。

六、结语

婆罗米文字是世界文字发展史上一个重要的节点，它不仅在闪米特文字的启发下形成了附标型音节文字，还把这种文字类型传遍整个南亚次大陆。随着印度与东南亚商贸、宗教与移民交流不断展开，婆罗米文字的南方系后裔——帕拉瓦文字在5—7世纪间源源不断地传入东南亚地区。在帕拉瓦文字的影响下，古高棉文字、古孟文字、卡威文字、缅文字、泰文字与兰纳泰文等东南亚诸民族文字相继产生，这些文字后经过演化成了现代泰国、老挝、缅甸与柬埔寨的正式书写文字，对东南亚的文字发展史产生了深远影响。

参考文献

［1］［苏］B. A. 伊斯特林. 文字的产生和发展［M］. 左少兴，译. 北京：北京大学出版社，1987.

［2］［苏］B. A. 伊斯特林. 文字的历史［M］. 左少兴，译. 北京：中国国际广播出版社，2018.

［3］［新西兰］斯蒂文·罗杰·费希尔. 书写的历史［M］. 李华田，李国玉，杨玉婉，译. 北京：中央编译出版社，2012.

［4］秦庆冰. 印度文字的发展初探［G］//南亚东南亚研究辑刊：第1卷. 广州：世界图书出版广东有限公司，2013.

［5］周有光. 世界文字发展史［M］. 上海：上海教育出版社，1997.

［6］周有光. 比较文字学初探［M］. 北京：语文出版社，2012.

［7］D. Diringer. *The Alphabet: A Key To The History of Mankind* [M]. London: Hutchinson's Scientific and Technical Publications, 1953.

［8］Peter T. Daniels, William Bright. *The World's Writing System* [M]. Oxford: Oxford University Press, 1996.

［9］Raj Bali Ponday. *Indian palaeography* [M]. New Delhi: Motilal Banarsi das Nepali Khapra Banaras, 1952.

［10］Steven Roger Fisher. *A History of Language* [M]. London: Reaktion

Books, 1999.

［11］V. Kannaiyan. *Scripts, in and around India* [M]. Madras: Available with the Superintendent, Govt. Museum, 1960.

［12］ยอร์ช เซเดย์. *ตำนานอักษรไทย* [M]. โรงพิมพ์ส่งเสริมอาชีพ สถานศึกษาวิชาช่างพิมพ์ของกรมอาชีวศึกษา ๒๕๐๕.

印地语复合词构词音变的类型与特征[①]

西安外国语大学 北京外国语大学 郎益芳

【摘　要】 音变研究在印地语语言学中既有悠久传统，又有重要价值。音变研究的主要内容连音音变在印地语词汇中大量出现，并在复合词构词音变中表现最为典型。文章采用描写语音学的研究方法，梳理印地语复合词构词音变的类型，静态地、共时地分析构词音变发生过程中的音变条件、方式、方向和结果，尝试探讨呈现于不同音变类型框架之外的音位特征和音变特征。

【关键词】 印地语；构词音变；音变类型；音变特征

受古代印度语言学音变传统的影响，连音音变现象在印地语复合词构词过程中非常普遍。印地语是拼音文字，采用天城体书写，具有较为严格的音素文字系统，音位由单独的字母标示，字母承载语音，能够精确而细致地记录语音。经过长期的语言发展，印地语中形成了丰富且数量众多的复合词，它们能够更加精练、准确、细腻地描绘事物，表达情感。了解和掌握复合词构词音变的规则和特征，将对印地语学习及研究起到积极的促进作用。

一、相关概念及术语

（一）音变及其分类

"संधि（Sandhi）"，意为"连接、结合、合并、交汇"[②]。经过印度古代语法学家的不断考辨，"संधि"语义逐渐明晰，在语言学术语中专指两个相互邻接的音节合并后发生的语音变化[③]。"संधि"的概念自19世纪起逐渐在西方语言学中被采用[④]。汉译梵文书籍中将"संधि"译为"音变"[⑤]，总称"句内连声法"和

[①] 本文系西安外国语大学重点项目"印地语复合词构词音变机制研究"（项目编号15XWA01）的阶段性成果。
[②] 北京大学东方语言文化系印地语言文化教研室，解放军国际关系学院多语种教研室. 印地语汉语大词典［M］. 北京：北京大学出版社，2000：1482.
[③] ［印］आचार्य रामचन्द्र वर्मा. शब्दार्थ-विचार कोश[M]. दिल्ली: राजपाल, 2012: 488.
[④] ［印］डॉ.भोलानाथ तिवारी. हिंदी भाषा की संधि संरचना[M]. दिल्ली: साहित्य सहकार, 1989: 18-21.
[⑤] ［德］A. F. 施坦勒茨. 梵文基础［M］. 季羡林，译. 北京：北京大学出版社，2009：7—16.

"字内音变"两种语音变化现象，汉译印地语语法中将"संधि"译为"连音"，专门指合成词之间连音的规则[①]。本文根据"संधि"的发生条件、音变结果和实际形态，综合两种汉译方式，将其译为"连音音变"[②]，简称"音变"。

印度传统语音学研究历史悠久且形成了独特体系。在古代，一般由语法学家对语言进行专门研究。公元前5世纪以前，印度的语法研究已达到了当时世界上任何民族都不能与之比拟的科学高度[③]。波你尼等语法学家通过对梵语语音的细致梳理和分类，归纳出音变的三种主要形式：元音音变（स्वर संधि）、辅音音变（व्यंजन संधि）和止音音变（विसर्ग संधि）[④]，为现代印度各地方语言的语音研究奠定了结构性基础，直接影响了现代印度语音研究的基本框架。现代印地语语音学家们继承梵语语音研究传统，对印地语连音音变做出了较为明确的界定[⑤]，也进行了更为细致的分类尝试[⑥]。其中，著名语言学家珀拉纳特·提瓦利（भोलानाथ तिवारी）在著作《印地语连音音变》（*हिंदी भाषा की संधि संरचना*）中提出三种印地语音变类型，第一类："词与词""词与后缀""前缀与词"的连音音变；第二类：名词、代词、形容词、动词和副词的连音音变；第三类：口语中的连音音变[⑦]。参考语音学的一般概念[⑧]，本文中将提瓦利提出的三种音变类型依次译为"构词音变"（词与词/词缀邻接形成的音变），"语法音变"（名词、形容词、代词、数词及动词等因词格变化而形成的音变）以及"语流音变"（口语中因语速、个体等因素产生的音变）。

---

① ［印］迦姆达·普拉沙德·古鲁. 印地语语法［M］. 殷洪元, 译. 北京：商务印书馆, 2016：78.

② 邱益芳. 印地语连音音变研究史综述［G］//东方语言文化研究. 西安：世界图书出版西安有限公司, 2018：24.

③ ［英］麦克唐奈. 学生梵语语法［M］. 张力生, 译. 北京：商务印书馆, 2013：7.

④ ［印］डॉ.भोलानाथ तिवारी. *हिंदी भाषा की संधि संरचना*[M]. दिल्ली: साहित्य सहकार, 1989: 18-21.

⑤ 印地语语言学家提瓦利强调，印地语语音学中连音规则虽然从结构上承袭了梵语音变的传统，但两者并不完全等同。语言学家们普遍认为，是否使用梵语的词汇或词缀，是印地语连音与梵语音变之间最明显的分界线。引自［印］डॉ.भोलानाथ तिवारी. *हिंदी भाषा की संधि संरचना*[M]. दिल्ली: साहित्य सहकार, 1989: 186.

⑥ 现代印地语语法专家古鲁在权威著作《印地语语法》中沿用了梵语的音变规则和分类方式，从音变位置和音变方式两个维度进行分类。按音变位置分为10类：（1）前音变；（2）后音变；（3）前始音变；（4）前末音变；（5）后始音变；（6）后末音变；（7）前末后始音变；（8）前多音变；（9）前后多音变；（10）增音音变。按音变类型分为9类：（1）缩音音变；（2）长音音变；（3）止音强化音变；（4）止音弱化音变；（5）轻音浊化音变；（6）浊音轻化音变；（7）后音同化音变；（8）脱音音变；（9）增音音变。引自［印］डॉ.भोलानाथ तिवारी. *हिंदी भाषा की संधि संरचना*[M]. दिल्ली: साहित्य सहकार, 1989: 23-24.

⑦ ［印］डॉ.भोलानाथ तिवारी. *हिंदी भाषा की संधि संरचना*[M]. दिल्ली: साहित्य सहकार, 1989: 96.

⑧ 岑麒祥. 语音学概论［M］. 2版. 北京：商务印书馆, 2013：21—35.

（二）语音的描写

语音的形态不是具体的，只有通过准确描述和精准记录，才能使语音以文字符号的形式被研究。一般地，印地语的语音描写分为元音和辅音两类。元音依据音延和口腔开张度特征，描写为短元音、长元音和复合元音。辅音依据送气情况、发音效果、发音方式和发音部位进行描写。具体地，依据送气情况，分为送气音和不送气音；依据发音效果，分为清音、浊音和鼻音；依据发音方式（气流运动情况），分为闭塞音、塞擦音、摩擦音、卷舌音、闪音、边音和半元音[1]；依据发音部位，分为喉音（软腭音）、腭音（上腭音）、顶音（卷舌音）、齿音和唇音[2]。当辅音的多个区别性特征同时出现时，语音描写遵循送气情况、发音效果、发音方式和发音部位的顺序[3]，例如辅音"क"被描写为"不送气清喉音"，"त"被描写为"清塞齿音"。音位的描写依据其在字母表中的位置，按类别或组别进行，同类元音是指彼此相同或只有音延差别的元音[4]，如"अ, आ"为"同类元音"，"अ, इ"为"不同类元音"，"त, थ, द, ध, न"为"同组辅音"，以同组首字母命名该组辅音，如"'त'组辅音"。描写复合词构词音变的结构时，前一个词/词缀描写为"前词"，后一个词/词缀描写为"后词"，相邻两个音节按其在词中所处位置分别描写为"尾音"和"初音"。

二、印地语复合词构词音变类型

印地语中复合词非常丰富，其中由两词（词或词缀）复合而成的复合词最为典型，能够较为全面地展现构词音变的诸多类型，且两词复合的构词音变方式能够在多词复合词中推衍应用，因而本文聚焦研究由两词复合而成的复合词构词音变。构词音变规则按照音变结构分为元音音变、辅音音变和止音音变三类，按照音变方式分为缩减（ह्रस्वीकरण）、长音化（दीर्घकरण）、脱落 （लोप）和增加（आगम）四类。

（一）元音音变

元音音变是指构成音变的两个音节都是元音，包含长音音变（दीर्घ संधि）、

---

[1] 金鼎汉，唐仁虎. 印地语基础教程：第一册 [M]. 北京：北京大学出版社，1992：3.
[2] ［印］डॉ.नरेश मिश्र. *भाषाविज्ञान*[M]. दिल्ली: निर्मल पब्लिकेशंस, 2014: 215-218.
[3] 燕海雄. 论东亚语言塞音的音变规则 [M]. 上海：中西书局，2011：68.
[4] ［德］A.F.施坦勒茨. 梵文基础 [M]. 季羡林，译. 北京：北京大学出版社，2009：8.

二合音变（गुण संधि）、三合音变（वृद्धि संधि）[①]、衍那音变（यण् संधि）、阿亚迪音变（अयादि संधि）[②]和聚合，共六类[③]。印地语中元音共有 11 个，分别为 "अ, आ, इ, ई, ऋ, उ, ऊ, ए, ऐ, ओ, औ"，除 "ऋ" 为特殊元音[④]以外，其余元音依次两两归为一类。

1. 长音音变

"长音音变"指复合两词中，前词尾音和后词初音是同类元音时，两个音节连音音变为同类长元音。形成长音音变的元音一般有 "अ, आ, इ, ई, उ, ऊ"。这一规则适用性很强，但也存在个别例外，如 "अगम + अति = अगमति"。此类音变中，音变结果为 "आ" 的长音音变最为常见[⑤]，音变结果为 "ई" 的长音音变一般与 "इन्द्र, इंद्रिय, ईश 或 ईश्वर" 等词汇相关[⑥]。示例[⑦]如下：

"आ" 长音音变（अ / आ + अ / आ = आ）：
उत्तर + अधिकार = उत्तराधिकार，कार्य + आलय = कार्यालय
महा + अनुभव = महानुभव，परंपरा + आगत = परंपरागत

"ई" 长音音变（इ / ई + इ / ई = ई）：
रवि + इंद्र = रवींद्र，भूमि + ईश्वर = भूमीश्वर
देवी + इच्छा = देवीच्छा，नदी + ईश = नदीश

"ऊ" 长音音变（उ / ऊ + उ / ऊ = ऊ）：
लघु + उतर = लघूतर，सिंधु + ऊर्मि = सिंधूर्मि
वधू + उत्सव = वधूत्सव，भू + ऊर्जित = भूर्जित

2. 二合音变

"二合音变"是指复合两词中，前词尾音为单元音 "अ, आ"，后词初音为 "इ / ई, उ / ऊ, ऋ" 时，邻接两个音节连音音变为 "ए, ओ, अर्"。此类音变中，后

---

① "गुण संधि" 和 "वृद्धि संधि" 在汉译文献中有两种译法。季羡林先生在《梵文基础》中根据梵语元音的音系层级特征，分别意译为"二合音变"和"三合音变"。殷洪元先生在《印地语语法》中将二者分别音译为"古那"和"弗栗提"，因后文论述时涉及元音音系层级变化，所以本文采用"二合音变"和"三合音变"的译法。

② 在古鲁著《印地语语法》中，殷洪元先生将"यण् संधि"音译为"衍那"，由于该语法著作中未提及术语"अयादि संधि"，借鉴殷先生的做法，本文将其音译为"阿亚迪"。

③ [印] डॉ.भोलानाथ तिवारी. *हिंदी भाषा की संधि संरचना*[M]. दिल्ली: साहित्य सहकार, 1989: 23.

④ "ऋ" 在梵语语音中是短元音，梵语字母中还有一个与之同类的长元音 "ॠ"，现代印地语中长元音 "ॠ" 已经消失，因而 "ऋ" 被列为特殊元音。

⑤ [印] डॉ.भोलानाथ तिवारी. *हिंदी भाषा की संधि संरचना*[M]. दिल्ली: साहित्य सहकार, 1989: 27.

⑥ [印] डॉ.भोलानाथ तिवारी. *हिंदी भाषा की संधि संरचना*[M]. दिल्ली: साहित्य सहकार, 1989: 28.

⑦ 本文示例摘选自提瓦利所著《印地语连音音变》或古鲁著、殷洪元译《印地语语法》，后文不再作注。

词较为常见的有 "इन्द्र, इंद्रिय, इच्छा, इतर, इश्वर" "उक्ति, उदय, उद्धार, उत्सर्ग, उत्तर" 以及 "ऋषि" 等。二合音变中也存在个别例外情况。示例如下：

अ / आ + इ / ई = ए
आर्य + इतर = आर्येतर,　परम + ईश्वर = परमेश्वर
यथा + इच्छा = यथेच्छा,　राका + ईश = राकेश
अ / आ + उ / ऊ = ओ
उत्तर + उत्तर = उत्तरोत्तर,　नव + ऊढ़ा = नवोढ़ा
गंगा + उत्तरी = गंगोत्तरी,　महा + ऊर्मि = महोर्मि
अ / आ + ऋ = अर्
सस + ऋषि = ससर्षि,　महा + ऋषि = महर्षि

3. 三合音变

"三合音变" 是指复合两词中，前词尾音为 "अ, आ"，后词初音依次为 "ए / ऐ, ओ / औ" 时，邻接两个音节依次音变为："ऐ, औ"。此类音变现象在印地语中很少见[①]。示例如下：

अ / आ + ए / ऐ = ऐ
हित + एषी = हितैषी,　मत + ऐक्य = मतैक्य
सदा + एव = सतैव,　महा + ऐश्वर्य = महैश्वर्य
अ / आ + ओ / औ = औ
बिंब + ओष्ठ = बिंबौष्ठ,　जीवन + औषध = जीवनौषध
परम + औषध = परमौषध,　महा + औदार्य = महौदार्य

4. 衍那音变

"衍那音变" 是指复合词中前词尾音为单元音 "इ / ई, उ / ऊ"，且后词初音与前词尾音不同类时，两个音节连音音变为 "य्, व्" 的一系列音变现象。需要说明的是，虽然衍那音变的结果是辅音，但根据元音音变的定义，其构成部分均为元音，因而在此范畴内讨论。这类音变在现代印地语词汇中较为少见[②]。示例如下：

इ / ई + अ / आ / उ / ऊ / ए / ऐ = य / या / यु / यू / ये / यै
यदि + अपि = यद्यपि,　इति + आदि = इत्यादि,　उपरि + उक्त = उपर्युक्त
प्रति + एक = प्रत्येक,　नदी + अर्पण = नद्यर्पण,　देवी + आदेश = देव्यादेश
सखी + उचित = सख्युचित,　नदी + ऊर्मि = नद्यूर्मि,　देवी + ऐश्वर्य = देव्यैश्वर्य
उ / ऊ + अ / आ / इ / ए / ओ = व / वा / वि / वे / वो

---

① ［印］डॉ.भोलानाथ तिवारी. *हिंदी भाषा की संधि संरचना*[M]. दिल्ली: साहित्य सहकार, 1989: 30.
② ［印］डॉ.भोलानाथ तिवारी. *हिंदी भाषा की संधि संरचना*[M]. दिल्ली: साहित्य सहकार, 1989: 31.

धातु + अर्थ = धात्वर्थ, साधु + आचार = साध्वाचार, साधु + इति = साध्विति
अनु + एषण = अन्वेषण, मधु + ओदन = मध्वोदन, वधू + आगमन = वध्वागमन

5. 阿亚迪音变

"阿亚迪音变"是指复合两词中前词尾音为"ए, ओ, ऐ, औ",且后词初音与前词尾音不同类时,两个音节连音音变为"अय, अव, आय, आव"的一系列音变现象。从规则的叙述来看,此类音变应当存在多种现象,但实际语言中符合此类音变现象的例词极少。示例如下:

ओ +इ / ई / ए = अवि / अवी / अवे
पो + इत्र = पवित्र, गो + ईश = गवीश, गो + एषण = गवेषणा

6. 聚合

除了上述两词复合构词时常见的五种连音音变规则以外,印地语中还有一种复合构词现象非常普遍,即相邻两个元音直接聚合,不发生音变。示例如下:

हम + उम्र = हमउम्र, नज़र + अंदाज = नज़रअंदाज
घर + आंगन = घरआंगन, बद + इंतज़ामी = बदइंतज़ामी
ना + उम्मीद = नाउम्मीद, हवाई + अड्डा = हवाईअड्डा
प्रभु + आदेश = प्रभुआदेश, लघु + उपन्यास = लघुउपन्यास

若仅看音变结果,那么音变结构的描写方式不是唯一的。例如"अवि"既可以描写为阿亚迪音变"ओ + इ",又可以描写为聚合现象"अ + वि"。但当音变实际发生时,前后两词的尾音和初音是确定的,因而复合词构词过程中发生的音变现象,其描写方式是唯一的,例如"पवित्र"仅可描写为"पो + इत्र"。

复合词构词音变中,元音音变规律性较强,除长音音变以外,其他各音变类型在实际使用中较为少见或极为罕见,语用价值有限。其原因可以从历史语言学角度加以分析。长音音变的发生条件相对单一,音变结构限制较少,没有音组变化或音系层级变化,且构成部分是单元音,其发音方式简单、易模仿,从语言经济原则来看,此类音变在历史发展中容易被掌握、流传,反之则容易被逐渐淘汰。同时,印地语中不断融入外来词汇,许多原有的音变规则不再适用,也加速了音变规则的简化。

(二)辅音音变

辅音音变是指构成音变的两个音节中至少有一个辅音或两个都是辅音的情况。音变结构有三种,即"辅音+辅音音变"(व्यंजन + व्यंजन),"辅音+元音音变"(व्यंजन + स्वर)和"元音+辅音音变"(स्वर + व्यंजन)。

1. 辅音+辅音音变

此类音变现象中较为常见的有以下三类：

（1）当前词尾音为"क्, ट्, त्, प्"，后词初音为其他浊音时，复合构词过程中，尾音依次音变为同组不送气浊音。示例如下：

क् + ग, ज, द, ब, भ, म, य, व = ग् + ग, ज, द, ब, भ, म, य, व्

दिक् + गज = दिग्गज, वाक् + जाल = वाग्जाल, दिक् + दर्शन = दिग्दर्शन

दिक् + बल = दिग्बल, दिक् + भ्रम = दिग्भ्रम, वाक् + मिता = वाग्मिता

वाक् + युद्ध = वाग्युद्ध, दिक् + विजय = दिग्विज

ट् + द, भ, य, र, व = ड् + द, भ, य, र, व्

षट् + दर्शन = षड्दर्शन, षट् + भाग = षड्भाग, षट् + यंत्र = षड्यंत्र,

षट् + रस = षड्रस, षट् + वर्ग = षड्वर्ग

त् + ग, द, ध, ब, भ, य, र, व = द् + ग, द, ध, ब, भ, य, र, व्

जगत् + गुरु = जगद्गुरु, वृहत् + दंती = वृहद्दंती, जगत् + धात्री = जगद्धात्री

सत् + बुद्धि = सद्बुद्धि, भगवत् + भक्त = भगवद्भक्त, जगत् + योनि = जगद्योनि

（2）若复合两词中，前词尾音为"त्"，后词初音为塞擦音"च्, छ्, ज्"、边音"ल्"或鼻音"न्, म्"，则"त्"被后词初音同化，示例如下：

त् + च्/छ्, ज्, ल्, न्, म् = च्च्/च्छ्, ज्ज्, ल्ल्, न्न्, न्म्

सत् + चरित्र = सच्चरित्र, महत् + छत्र = महच्छत्र, सत + जन = सज्जन

विद्युत + लता = विद्युल्लता, जगत् + नाथ = जगन्नाथ, जगत + माता = जगन्माता

（3）若复合两词中，前词尾音为不送气音"ब्, भ्"，后词初音为"ह"，则两个音节连音音变为同组送气浊音"द्, भ्"。若前词尾音为"ह"，后词初音仍为"ह"，则其中一个音节脱落，这种现象也被称为"辅音脱落"（व्यंजनलोप）。示例如下：

ब् + ह् = भ्

अब + ही = अभी, अब + ही = कभी, अब + ही = जभी

अब + ही = तभी, अब + ही = सभी

ह् + ह् = ह्

कहाँ + ही = कहीं, कहाँ + ही = जहीं, कहाँ + ही = तहीं

कहाँ + ही = यहीं, कहाँ + ही = वहीं

辅音+辅音音变较多地表现为逆序音变①，即在连音的两个音节中，后词初音影响力较大，主导前词尾音音变结果，也存在个别双向音变的现象。

---

① 音变的方向有顺序、逆序和双向三种。顺序音变指前词尾音影响力较大，引起后词初音发生音变；逆序音变指后词初音影响力较大，引起前词尾音音变；双向音变指前词尾音和后词初音相互影响，同时发生音变。

2. 辅音+元音音变

当构成复合词的两词中，前词尾音为"क्, ट्, त्"，后词初音为元音时，一般会触发音变，"क्, ट्, त्"变为同组浊音。示例如下：

क् + अं / अ / ई / ए = गं / ग / गी / गे

दिक् + अंत = दिगंत, प्राक् + अनुराग = प्रागनुराग

वाक् + ईश्वर = वागीश्वर, प्राक् + ऐतिहासिक = प्रागैतिहासिक

ट् + अं / अ / आ = डं / ड / डा

षट् + अंग = षडंग, षट् + अक्षरी = षडक्षरी, षट् + आनन = षडानन

त् + अं / अ / आ / ई / उ = दं / द / दा / दी / दु

जगत् + अंबा = जगतंबा, तत् + अनुसार = तदनुसार, चित् + आकाश = चिदाकाश,

जगत् + ईश = जगदीश, सत् + उपदेश = सदुपदेश

3. 元音+辅音音变

构成复合词的两词中，前词尾音为"इ, उ"，后词初音为"स"，则连音音变为"ष"。示例如下：

इ + स् / स्थ = इष् / इष्ठ

प्रति + सिद्ध = प्रतिषिद्ध, प्रति + स्था = प्रतिष्ठा, नि + सिद्ध = निषिद्ध

相较于元音音变，辅音音变略显复杂，但也呈现出一些特征。第一，辅音音变中有较为活跃的音变方式，例如浊音化、送气音化、擦音化等。第二，当两个音节都是辅音时，音变方向多为逆序，当音变结构中出现元音时，元音一般表现出较强的影响力，引起辅音音变。第三，辅音内部，不同音类在音变过程中的稳定程度各异，其中"क, त, स, श, ह"等较为活跃，清辅音"क, त"最易发生音变。第四，同一音变结果可以由多种音变方式或多次音变产生。

（三）止音音变

止音音变是指止音符号"ः"与其他音类连音音变的现象。止音在印地语词汇中常位于词末，因而仅存在"止音+元音"（विसर्ग + स्वर）和"止音+辅音"（विसर्ग + व्यंजन）两类音变结构。梵语词源的印地语词汇中止音较为多见，且复合两词一般词源相同，因而构成止音音变的两个词都是梵语词源的印地语词汇。

1. 止音+元音音变

此类音变中，止音常音变为辅音"र"，并与后词初音拼合，较为常见的前词有"निः, दुः, नः"。示例如下：

इः + आ, उ, ऊ = इरा, इरु, इरू

द्विः + आगमन = द्विरागमन, द्विः + उक्त = द्विरुक्त, द्विः + ऊढ = द्विरूढ

अः + अ / आ / ई / ऊ = अर / अरा / अरी / अरू

पुनः + अपि = पुनरपि, पुनः + आख्यान = पुनराख्यान

पुनः + ईक्षित = पुनरीक्षित, पुनः + ऊढ = पुनरूढ

2. 止音+辅音音变

此类音变的情况较为丰富，主要取决于前词尾音中与止音紧邻音节的情况。复合两词中，前词尾音若为"इ / ई / उ / अ +止音"，则止音音变为"र"。但存在个别特例，如，"अ, आ"，后接辅音"क्, प्"，止音不发生音变，"उः"后接辅音"क्, प्, फ्"时，止音音变为"ष्"，示例如下：

इः / ईः / उः / अः = इर् / ईर् / उर् / अर्

ज्योतिः + मंडल = ज्योतिर्मंडल, आशीः + वाद = आशीर्वाद

धनुः + यज्ञ = धनुर्यज्ञ, पुनः + जन्म = पुनर्जन्म

अः + क् / प् = अःक् / अःप्

प्रातः + काल = प्रातःकाल, स्वतः + प्रमाण = स्वतःप्रमाण

उः + क् / प् / फ् = उष्क् / उष्प् / उष्फ्

चतुः + कोण = चतुष्कोण, चतुः + पदी = चतुष्पदी, चतुः + फल = चतुष्फल

若前词尾音为"अः"，且后词初音为浊音，"अः"音变为"ओ"，示例如下：

अः + ग् / ज् / द् / ब् / य् / र् / ह = ओग् / ओज् / ओद् / ओब् / ओय् / ओर् / ओह्

सतः + गुण = सतोगुण, मनः + जव = मनोजव, अधः + द्वार = अधोद्वार

तपः + बल = तपोबल, छंदः + योजना = छंदोयोजना

मनः + रंजन = मनोरंजन, तिरः + हित = तिरोहित

若前词尾音是"辅音+止音"，且后接辅音"त्, च् / छ, ट्"时，止音音变为擦音"स्, श्, ष्"。若后接辅音为"स्, श्"时，止音或保持不变，或同化为后接擦音。示例如下：

ः + त् / च् / छ / ट् = स्त् / श्च् / श्छ / ष्ट्

मनः + ताप = मनस्ताप, तपः + चर्या = तपश्चर्या

शिरः + छेदन = शिरश्छेदन, धनुः + टंकार = धनुष्टंकार

ः + स् / श् = ःस् / स्स् / ःश्

तपः + स्वी = तपःस्वी, पुनः + स्थापन = पुनस्स्थापन, मनः + शक्ति = मनःशक्ति

止音音变结构中，"अः"既可表示否定前缀，又可作为前词辅音尾音的一部分，但仅后者符合止音音变的条件。止音在音变过程中非常不稳定，易被擦音同化，极易受到后词初音的影响，触发逆序音变。日常生活中，人们开始省略止音或保持止音不变，复合词构词中也逐渐呈现出止音简化、省略的趋势。

（四）基于音变方式分类的音变规则

复合词构词音变中，除上述基于结构的音变类型以外，还有基于方式的音变类型，描述音变规则时，两种音变分类互为补充。常见的音变方式有缩减、长音化、脱落、增加等。

1. 缩减

又称缩音或减音，是指语音音延缩短的现象。缩减大多是语音弱化的结果，主要表现为元音缩减（स्वर ह्रस्वीकरण），也有学者提出辅音缩减（व्यंजन ह्रस्वीकरण）。元音缩减是指在两词复合过程中，部分元音，或音延缩短或音系层级下降的现象。示例如下：

音延缩短：（आ - अ）
आधा + खिला = अधखिला，बात + कही = बतकही
कपड़ा + छान = कपड़छन，एक + साठ = इकसठ
音系层级下降：（ई/ए - इ，ऊ/ओ - उ）
तीन + पहला = तिनपहला，एक + तारा = इकतारा，कर्मचारी + वर्ग = कर्मचारिवर्ग
दूध + मुँह + आ = दुधमुँहा，घोड़ा + दौड़ = घुड़दौड़，दो + गुना = दुगुना

依示例可见，两词中，前词中的元音较为不稳定，相对容易发生缩减。同一复合词构词过程中，可出现一次或多次元音缩减，例如"एक + साठ = इकसठ"中发生了两次元音缩减，前词"एक"中的首位音"ए"缩减为"इ"，后词"साठ"中的长元音"आ"缩减为短元音"अ"。

2. 辅音的缩减与长音化

印地语语法中普遍认为辅音没有音延长短区别，亦没有音系层级区分，因此几乎不存在辅音缩减。但提瓦利教授认为，两个同组辅音复合，形成的复合辅音在发音时动作不变，音延为单个辅音的 1.5 倍，这类复合辅音可被认为是辅音的长音形式[1]。构成复合辅音的单个辅音则被认为是短音形式。例如"त्त"是"त"的长音形式，反过来，"त"是"त्त"的短音形式。依此说法，辅音缩减的示例有：खट्टा + मीठा = खटमीठा，前词中的复合辅音"ट्ट"缩减为"ट"。辅音长音化的示例有：छह + तीस = छत्तीस，स्व + छंद = स्वच्छंद，后词中"त，छ"分别被长音化为"त्त，च्छ"。

3. 脱落

也称脱音，是指两词复合过程中，前、后词当中部分音节消失的现象。元

---

[1] ［印］डॉ.श्यामसुंदर दास. *भाषा विज्ञान*[M]. नयी दिल्ली: प्रकाशन संस्थान, 2011: 48.

音、辅音、止音都有可能脱落，且脱音的位置不固定。元音中"अ，आ，इ，ए"等音节较为不稳定，易脱落。示例如下：

पानी + अकाल = पनकाल，आधा + खिला = अधखिला，राजा + कथा = राजकथा

अरुण + आभा = अरुणाभ，पानी + बिजली = पनबिजली，पीछे + लगा = पिछलगा

辅音中"न，ह，ख，ण，य"等音节较易脱落，若出现两个相同辅音，其中一个辅音自然脱落。示例如下：

तीन + कोना = तिकोना，इस + ही = इसी，चौ + बखरा = चौबरा

शाखा + उच्चारण = शाखोच्चारण，गंगा + आलय = गंगाल，स्वर्ग + गंगा = स्वर्गंगा

前文中已论述，止音有被逐渐省略或简化的趋势，这种现象也可理解为脱落，例如：अतः + एव = अतएव。

4. 增加

也称增音，指两词复合时，相邻处增加元音或辅音的现象。常见的增音有"आ，ई，ए，ओ，ओं"。示例如下：

एक + एक = एकाएक，आधुनिक + करण = आधुनिकीकरण

सर्व + सर्व = सर्वेसर्वा，मन + रंजन = मनोरंजन

हाथ + हाथ = हाथोंहाथ，स्व + छंद = स्वच्छंद，छह + तीस = छत्तीस

此外，提瓦利将辅音"न"或"ब"连接两词的现象列入增音范畴，例如："कुछ-न-कुछ，दिन-ब-दिन"。但本文认为，两词通过连字符"-"连接构成词组，属于语法现象，是否属于音变现象有待商榷。

一个复合词的构词音变过程中，同时发生多个音变方式的情况并不少见。例如"तीन + कोना = तिकोना""पानी + कपड़ा = पनकपड़ा""पीछे + लगा = पिछलगा"等音变过程中，缩减和脱落同时发生，"पानी + डूबी = पनडुब्बी"中缩减和增加同时发生。同时，一个音变过程亦可用多种音变方式解释，例如："धक्का + पेल = धकापेल"既可解释为脱落，亦可解释为缩减。

三、印地语复合词构词音变的特征

印地语构词音变与口语中发生的语流音变相对应，讨论静态的、书面的语音变化。它内容丰富，构成音变的音位结构相对完整，呈现出较强的规律性。以上从音变结构和音变方式两个维度较为全面地论述了两词复合过程中产生的各类音变现象。整体看印地语复合词构词音变，各音变类型的语音发展程度不同。元音音变发展非常充分，表现为规律性较强，音变条件广泛适用。相对地，辅音音变的发展不够充分，体现为音变条件较为复杂，类型多元，规则适用性较弱，且音变规则结构不完整。止音音变呈现出简化和消失的趋势。在此基础上，呈现出一些印地语构词音变的音位特征和音变特征。

（一）音位特征

音位特征主要指音位的活跃程度、稳定性以及影响力。音位的活跃程度依据音变结构中不同音位的参与度来判断。有的音位在音变结构中大量出现，或作为触发音变的条件，或作为发生变化的音节，而有的音位却很少参与语音变化。例如元音 "अ, आ, इ, ई, उ, ऊ" 活跃程度极强，它们在各音变类型中出现频次较高，辅音 "त, म, ह, स" 等音位在辅音音变和止音音变中出现较为活跃，而 "ज, ड, प, ब, य, ल, व" 等音位极少参与音变。从历史音变过程看，印地语语音中部分音位已经呈现出不稳定特征，较为突出的有元音 "ऋ, ए, ओ"、辅音 "च, छ, स, ह" 等，而唇音则非常稳定。音位的影响力依据音变结构中各音位的变化情况判断，影响力较大的音位在音变结构中容易对其他音位产生影响，触发其他音位发生音变。从大量印地语构词音变实例可见，音延长、音系层级较低的元音影响力较大，辅音中擦音、塞音、送气音和鼻音的影响力较大，而齿音、顶音的影响力相对较小。当元音与辅音同时出现时，元音影响力较大，稳定性强。活跃程度、稳定性和影响力是讨论音位特征的三个基本维度，通过它们能够较为全面地对音位特征做出描述。

（二）音变特征

音变特征主要指音变条件、方式、方向及结果。条件是音变发生的前提，方式和方向是音变的过程，音变结果同时受前三者制约。印地语复合词构词音变的每一种类型都有其具体的音变条件，音变条件越简明，规律性越强，反之音变条件越复杂，规律性越弱。从结构上看，元音、辅音和止音的音变条件逐渐复杂、零散，呈现出的规律性渐弱。一些音变条件或仅在理论上成立，缺少实践中的语用价值，或局限于特定语汇，缺乏普适性。印地语构词音变的方式多样，有元音音变、辅音音变、止音音变以及其他音变方式（缩减、长音化、脱落、增加），其中元音音变最为活跃，长音音变是元音音变中最为活跃的类型。从音变方向来看，逆序音变较为普遍，也有少量双向音变和顺序音变，因为音位的影响力决定音变的方向，而位于词首的音位一般影响力较强。一个构词音变过程中，音变方式和音变次数都不是唯一的，有的音变结果往往是多种音变方式或多次音变后形成的。

参考文献

[1] [印] डॉ.भोलानाथ तिवारी. *हिंदी भाषा की संधि संरचना*[M]. दिल्ली: साहित्य सहकार, 1989.

[2] [印] आचार्य रामचन्द्र वर्मा. *शब्दार्थ-विचार कोश*[M]. दिल्ली: राजपाल, 2012.

［3］［印］डॉ.नरेश मिश्र. *भाषाविज्ञान*[M]. दिल्ली: निर्मल पब्लिकेशंस, 2014.

［4］［印］डॉ.श्यामसुंदर दास. *भाषा विज्ञान*[M]. नयी दिल्ली: प्रकाशन संस्थान, 2011.

［5］［印］迦姆达·普拉沙德·古鲁. 印地语语法［M］. 殷洪元，译. 北京：商务印书馆，2016.

［6］［德］A.F.施坦勒茨. 梵文基础［M］. 季羡林，译. 北京：北京大学出版社，2009.

［7］［英］麦克唐奈. 学生梵语语法［M］. 张力生，译. 北京：商务印书馆，2013.

［8］北京大学东方语言文化系印地语言文化教研室，解放军国际关系学院多语种教研室. 印地语汉语大词典［M］. 北京：北京大学出版社，2000.

［9］岑麒祥. 语音学概论［M］. 2版. 北京：商务印书馆，2013.

［10］邱益芳. 印地语连音音变研究史综述［G］//东方语言文化研究. 西安：世界图书出版西安有限公司，2018.

［11］金鼎汉，唐仁虎. 印地语基础教程：第一册［M］. 北京：北京大学出版社，1992.

［12］燕海雄. 论东亚语言塞音的音变规则［M］. 上海：中西书局，2011.

泰语言语拒绝策略如何通过不"合作"体现"礼貌"

云南财经大学 沈清清　　四川大学 韩江华

【摘　要】本文以泰语言语拒绝策略为研究对象，分析这些言语拒绝策略对言语交际中的"合作原则"和"礼貌原则"的遵循情况及礼貌体现方式。分析结果显示两个原则在泰语言语直接拒绝策略和间接拒绝策略中的体现方式各有特点，且间接拒绝策略通过违反"合作原则"中"量的准则"来体现"礼貌原则"，且多数通过"得体准则"体现。另外，泰语日常会话中说话者（拒绝方）更愿意采用"O-导向"类准则，但具体选用哪种策略，取决于说话者及当时的语境。

【关键词】泰语；拒绝策略；合作；礼貌

言简意赅、真实可信、与主题相关是言语交际的首要要求，但这往往基于沟通效果来考量。在现实言语交际中，很多语境要求说话者既要保证沟通效果又要有礼貌，例如与对方意见不一致，必须拒绝对方时，在语用"合作原则"与"礼貌原则"中如何取舍才能既达到自己拒绝对方的目的，又能照顾到对方的情绪，是说话者必须考虑的。

泰语中的言语拒绝策略就属于说话人基于如此考量而采取的策略，即采用体现"礼貌原则"而违反"合作原则"的话语，致使听话者自己推敲说话人话语的深层含义。本文收集生活中常见的泰语拒绝话语，运用"合作原则"和"礼貌原则"对这些话语进行解读，探究泰语言语拒绝策略在"合作原则"和"礼貌原则"之间是如何取舍，又如何达到交际目的。

1　"合作原则"与"礼貌原则"

会话双方如何能顺利沟通？保尔·格赖斯于 1967 年在哈佛大学进行学术发言时提出了交谈中会话含义的"合作原则"，但这次发言只提出了该原则的部分概念，此次发言内容于 1975 年以 "Logic and Conversation" 为题发表，之后通过 "Further notes on logic and conversation"（1978）和 "Presupposition and conversational implicature"（1981）两篇文章补充"合作原则"的相关内容及准则[①]。保尔·格赖斯是"日常语言（Ordinary language philosophy）哲学派"的语言哲学家，他认为生活中实际使用的话语才是最重要的言语形式，在奥斯丁《How to Do Things with Words》（1962）一书中讨论到说话者所说的和说话者实际想表达的相关内容时，保尔·格赖斯通过"合作原则"详细解释了会话双方是怎样在对话中进行语义的传达。他认为双方能够顺利沟通是由于会话双方都积极遵守"合作原则"，即包含四个准则：量的准则、质的准则、关联准则和方式准则。但这并不代表交谈时违反了"合作原则"就不能沟通，反而有些情况，说话者会因某种目的而故意违反该原则，有目的地致使听话者必须推敲说话者所说话语的深层含义。这个必须要推敲的深层含义，保尔·格赖斯称之为"会话含义"（Conversational Implicature）。这时听话者必须推敲并领会说话者真正想说的意思，才能为双方继续顺畅沟通提供条件。英国语言学家杰弗里·利奇（Geoffrey Leech）在其《语用学原理》（*Principles of Pragmatics*，1983）一书中提出了"礼貌原则"，该原则可以解释为什么说话者有时候会故意违反"合作原则"。杰弗里·利奇（1983）提出的"礼貌原则"包括六个准则：得体准则、慷慨准则、赞誉准则、一致准则和同情准则。杰弗里·利奇在《礼貌语用学》（*The Pragmatics of Politeness*，2014）一书中提出"礼貌综合策略"（General Strategy of Politeness）（见图1），将"礼貌原则"进一步模型化及系统化，并从四方面对"礼貌原则"的准则做了界定[②]：

（a）准则指一种影响说话者交际行为的约束。
（b）这种约束旨在达到某个目的。
（c）这个目的达到程度可大可小，其程度与从中立/否定极点到肯定极点延伸的价值范围相关。
（d）各准则之间可相互产生冲突或者相互竞争[③]。

[①] สุจริตลักษณ์ ดีผดุง. *วัจจปฏิบัติศาสตร์เบื้องต้น* [D]. กรุงเทพฯ: สถาบันวิจัยภาษาและวัฒนธรรมเพื่อพัฒนาชนบท มหาวิทยาลัยมหิดล, 2009: 55.

[②] Geoffrey Leech. *The Pragmatics of Politeness* [M]. Oxford: Oxford University Press, 2014: 90.

[③] (a) Maxim is a constraint influencing speakers' communicative behavior. (b) The constraint is aimed at achieving a particular goal. (c) The goal can be achieved to a greater or lesser degree, being associated with a scale of value that extends from a neutral or negative pole to a positive pole. (d) Maxims can conflict or compete with one another in context.

The component maxims of the General Strategy of Politeness			
Maxims (expressed in an imperative mood)	Related pair of maxims	Label for this maxim	Typical speech-event type(s)
(M1) give a high value to O's wants	Generosity, Tact	Generosity	Commissives
(M2) give a low value to S's wants		Tact	Directives
(M3) give a high value to O's qualities	Approbation, Modesty	Approbation	Compliments
(M4) give a low value to S's qualities		Modesty	Self-devaluation
(M5) give a high value to S's obligation to O	Obligation	Obligation (of S to O)	Apologizing, thanking
(M6) give a low value to O's obligation to S		Obligation (of O to S)	Responses to thanks and apologies
(M7) give a high value to O's opinions	Opinion	Agreement	Agreeing, disagreeing
(M8) give a low value to S's opinions		Opinion reticence	Giving opinions
(M9) give a high value to O's feelings	Feeling	Sympathy	Congratulating, commiserating
(M10) give a low value to S's feelings		Feeling reticence	Suppressing feelings

图 1　礼貌综合策略组成标准[①]

从上图可以看出在杰弗里·利奇（2014）最新的"礼貌综合策略"中总共包含 10 个准则，分别为：慷慨准则（受话者需求高值）；得体准则（说话者需求低值）；赞誉准则（受话者品质高值）；谦逊准则（说话者品质低值）；S-O 义务准则（说话者义务高值）；O-S 义务准则（受话者义务低值）；一致准则（受话者意见高值）；意见无声准则（说话者意见低值）；同情准则（受话者情感高值）以及情感无声准则（说话者情感低值）。其中有关义务、意见和情感的四个准则是杰弗里·利奇在自己原来《语用学原理》（1983）一书中提出的礼貌原则（六个准则）中新增加的。杰弗里·利奇（2014）指出，在"礼貌综合策略"图中，灰色准则属于"S-导向"（说话者导向）类准则，白色则属于"O-导向"（听者导向）类准则，听者导向的准则明显要比说话者导向的准则更有力量，但有一个重要的例外，即"得体准则"（"S-导向"）比"慷慨准则""O-导向"更有力[②]。

2　语中的言语拒绝策略

在日常泰语中，拒绝策略可分为两种，即直接拒绝和间接拒绝。两种策略

[①] Geoffrey Leech. *The Pragmatics of Politeness* [M]. Oxford: Oxford University Press, 2014: 91.

[②] Geoffrey Leech. *The Pragmatics of Politeness* [M]. Oxford: Oxford University Press, 2014: 91-92.

在"合作原则"和"礼貌原则"的遵守和体现上均有各自特点。具体分析如下：

2.1 直接拒绝

直接拒绝即直言不讳地告诉对方不能满足对方的提议内容。其语言标志一般为否定词，常见结构为"动词+ไม่ได้"或"ไม่+动词"。相对于间接拒绝，直接拒绝是最简单且不需任何复杂策略的拒绝方式。但这一方式直接、强硬，不符合语用的"礼貌原则"，可能令对方感到伤心、尴尬等。对说话者而言话语简洁明了，但忽略了对方的感受。试看下表例子：

表1 直接拒绝

A	B	合作原则	礼貌原则	拒绝语气
（1）วันนี้ไปทานข้าวด้วยกันไหม	ไม่ไป	✓	✗	强 ｜ ｜ ｜ ∨ 弱
	ไปไม่ได้	✓	✗	
	วันนี้ไปไม่ได้	✓	✗	
	วันนี้ไปไม่ได้อะ	✓	✗	
	วันนี้ไปไม่ได้เลยอะ	✓	✗	

从上面的例子可以看出：在泰语言语拒绝策略中，直接拒绝策略遵守了"合作原则"但违反"礼貌原则"；且在遵循"合作原则"的前提下说话者"多说点"能起到相对弱化拒绝的语气的作用。

2.2 间接拒绝

间接拒绝是泰语日常交流中经常使用的拒绝方式。这种方式相对柔和，更容易沟通，有利于维系双方友好沟通的关系，因此，这类拒绝策略因"拒绝"这一行为给会话双方带来的负面效果最小。泰语中该类策略可分为以下十一种情况，其各自对"合作原则"和"礼貌原则"侧重各有不同。

2.2.1 解释原因

该策略指在拒绝对方后加以解释原因，或者直接告知原因而避免拒绝，其标志词为"动词+ไม่ได้"或"ไม่+动词"。该策略可充分表现说话者对提议者的尊重，且对所提议内容已经过认真考虑，有时也隐含自己主观并不想拒绝，但由于某种客观原因不得不拒绝。对提议者来说，能感受到对方真诚的态度，并且因为了解了被拒绝的客观原因，从情感上更容易接受自己被拒绝的事实。该策略一般不会带来拒绝的负面影响。该策略在生活中使用频率最高[1]。试看下面的例子：

表 2　解释原因

A	B												
（2）พรุ่งนี้ใส่เสื้อที่คุณน้าซื้อให้เมื่อวานนะ	ฉันใส่ไม่ได้อ่ะ มันแคบมากเลย												
	合作原则				礼貌原则								
	量	质	关联	方式	慷慨	得体	赞誉	谦逊	S-O义务	O-S义务	一致	意见	同情	情感
	✗	✓	✓	✓	-	✓	-	-	-	-	-	✓	-	-
（3）ขอยืมพจนานุกรมจีน-ไทยหน่อย	พอดีพี่เอยืมไปเมื่อวาน ยังไม่เอามาคืน												
	✗	✓	✓	✓	-	✓	-	-	-	-	-	✗	✓	-	-

从上表可以看出，通过解释原因来拒绝对方的策略违反"合作原则"中量的准则，通过遵守"得体准则"（减小说话者需求值）和"意见"（说话者意见低值）两个准则来体现"礼貌原则"。例句（2）中 B 在拒绝的时候没有贬损 A，也没有贬损送衣服的阿姨，在陈述拒绝原因的时候以低姿态客观陈述原因，避免因为意见不一致造成冲突；在例句（3）中，说话者在拒绝的时候不贬损任何人，客观陈述因为别人借走了还没还回来的事实，值得注意的是在该例句中，说话者通过陈述原因直接回避了语言上的拒绝。

2.2.2　表达歉意

该策略指说话人对自己无法满足对方的提议的事实，在拒绝前先提前达歉意或者先拒绝再表达歉意的方式，其拒绝语言标志词为：ขอโทษ โทษที 或 โทษ 等。该策略对说话者而言隐藏两个信息，一是主动为此次拒绝行为担责，二是表示抱歉；对提议者而言，因为对方的道歉使自己从情感上更易接受被拒绝的客观事实。试看下面的例子：

---

[1] สิทธิธรรม อ่องวุฒิวัฒน์ (2560) วารสารศิลปะศาสตร์ มหาวิทยาลัยแม่โจ้ ปีที่ 5 ฉบับที่ 1 ประจำเดือน -มกราคม มิถุนายน.

表3 表达歉意

A	B											
（4）พรุ่งนี้มางานวันเกิดฉันนะ	โทษจริงๆนะเว้ย ฉันไปงานวันเกิดแกไม่ได้จริง											
	合作原则				礼貌原则							
	量	质	关联	方式	慷慨	得体	赞誉	谦逊	S-O义务	O-S义务	一致	意见	同情	情感
	×	✓	✓	✓	-	✓	-	-	✓	-	×	-	-
（5）(เข้าไปร้านค้าก่อนเวลาทำการ)	ขอโทษจริง ๆ ตอนนี้เรายังไม่เปิดให้บริการ											
	×	✓	✓	✓	-	✓	-	-	✓	-	×	-	-

从上表可以看出，通过表达歉意来拒绝对方的策略违反"合作原则"中量的准则，通过遵守"得体准则"和"S-O 义务准则"来体现"礼貌原则"。例句（4）和（5）中 B 在拒绝的时候没有贬损 A，暗中将自己（S）对 A（O）的义务（参加你生日宴会的义务、招待顾客的义务）提高，且放低姿态在拒绝对方的时候先向对方道歉。

2.2.3 表示自己不需要

该策略是指在拒绝的同时，告知对方自己不需要对方所提议的内容。其拒绝的言语标志为"ไม่"，但该策略与直接拒绝的区别为，以说话人自己主观的或者客观的不需要达到拒绝对方的目的。该策略未给提议者留回旋的余地，从拒绝语气上来说语气比较强，拒绝结果可变性很小。这种策略可以单用，也可以和其他策略混合使用。试看下面的例子：

表4 表示自己不需要

A	B											
（6）ขออนุญาตแนะนำบัตรเครดิตแบ๊บนึงนะ	ไม่ล่ะ ตอนนี้ยังไม่ต้องการบัตรเครดิต											
	合作原则				礼貌原则							
	量	质	关联	方式	慷慨	得体	赞誉	谦逊	S-O义务	O-S义务	一致	意见	同情	情感
	×	✓	✓	✓	-	✓	-	-	-	-	×	✓	-	-

2.2.4 先表明主观意愿，再说明客观事实

该策略指说话人首先表达自己主观想接受对方提议的意愿，之后通过转折词表示客观上不能满足对方所提议内容，以此达到拒绝的目的。其常见的拒绝言语标志为"อยาก…แต่…"。该策略对说话人而言达到了拒绝对方的目的，也在情感上安抚了对方，顾忌了对方的感受；对提议者而言，对方愿意接受自己的提议意味着自己的提议已经得到对方的认可，只是因为某些客观原因导致被拒绝，从情感上就更加容易接受被拒绝的事实。试看下面的例子：

表 5　先表主观意愿，再说客观事实

A	B											
（7）พรุ่งนี้ไปเที่ยวทะเลด้วยกันดีไหม	ฉันอยากไปเที่ยวกับแกจริงๆ แต่ติดเรียนนะ											
	合作原则				礼貌原则							
	量	质	关联	方式	慷慨	得体	赞誉	谦逊	S-O义务	O-S义务	一致	意见	同情	情感
	×	✓	✓	✓	✓	✓	-	-	-	-	×	-	-
（8）ตอนนี้มาเรียนเปียโน จะมีโปรโมชั่นนะ	ฉันอยากมาเรียนเปียโนจริงๆ แต่ไม่มีตังค์อ่ะ											
	×	✓	✓	✓	✓	✓	-	-	-	-	×	-	-

从上表可以看出，该策略违反"合作原则"中量的准则，通过遵守"慷慨准则"和"得体准则"来体现"礼貌原则"。例句（7）、例句（8）中 B 在拒绝的时候首先告诉对方很愿意去做 A 提议的事情，在情感上表现了慷慨，其次在拒绝的时候没有贬损 A，巧妙应对当二人意见不一致的时候所带来的尴尬等局面。

2.2.5 表示感谢

该策略指在拒绝前或者拒绝后对提议者表示感谢，其语言标志为"ขอบคุณ"或"ขอบคุณ…แต่…"。对说话者而言，既达到拒绝的目的，又充分照顾到提议者的感受；对提议者而言，对方的感谢在一定程度上缓解了提议者被拒绝所带来的尴尬，并在情感上有一定安抚作用。试看下面的例子：

表6　表示感谢

A	B											
（9）เสาร์นี้มาเที่ยวที่บ้านไหม จะจัดงานเลี้ยงที่บ้าน	ขอบคุณที่ชวนนะเพื่อน แต่ฉันไปไม่ได้											
	合作原则			礼貌原则								
	量	质	关联	方式	慷慨	得体	赞誉	谦逊	S-O义务	O-S义务	一致	意见	同情	情感
	×	√	√	√	√	√	-	√	√	-	×	-	-	-

从上表可以看出，该策略违反"合作原则"中量的准则，通过遵守"慷慨准则""得体准则"和"S-O 义务准则"来体现"礼貌原则"。例句（9）中 B 在拒绝的时候不贬低对方，提高自己对对方的义务值（去赴宴的义务）、放低自己的姿态表明感谢，再通过感谢表现出情感上的慷慨。

2.2.6　提供其他选择

该策略指说话人以提供其他选择的方式委婉拒绝或者拒绝以后补充提供其他选择，其语言标志为"ลอง..."。这个策略对说话者而言，能达到拒绝的目的，又能以所提供的帮助减少因自己拒绝对方给对方造成的负面影响；对提议者而言，被拒绝后还有其他选择，不会因为被拒绝而感到提议无望。试看下面的例子：

表7　提供其他选择

A	B											
（10）ขออนุญาตออกใบรับรองการศึกษา	คิดว่าตอนนี้ยังออกใบรับรองไม่ได้ แนะนำให้ไปติดต่อกับคณะของเธอไปก่อน											
	合作原则			礼貌原则								
	量	质	关联	方式	慷慨	得体	赞誉	谦逊	S-O义务	O-S义务	一致	意见	同情	情感
	×	√	√	√	-	√	-	-	√	-	×	√	-	-
（11）ฉันไม่ได้กินข้าวมาหลายวัน ขอตังค์ 15 บาท	อ้วย น่าสงสารจริง เดี๋ยวไปซื้อข้าวมาให้นะ											
	×	√	√	√	-	√	-	√	-	×	√	√	-

从上表可以看出，该策略违反"合作原则"中量的准则，通过遵守"得体准则""S-O 义务准则"和"意见无声准则"［例句（10）］/"同情准则"［例句（11）］来体现"礼貌"。例句（10）和（11）中 B 在拒绝的时候不贬低对

方，还主动提高自己对对方的义务值（出证明或者帮助对方有饭吃的义务），借助 คิดว่า 的字眼通过个人观点弱化拒绝的语气，并且还额外为对方提供帮助，恰当照顾了对方的情绪。

2.2.7 延期邀约

该策略指说话人当下不能接受提议，在拒绝后主动发出延期邀约。这个策略主要与时间有关，所以大多可以直接从语言中看到将来时标志词，如"เอาไว้...หน้า"或"...หน้า"。该策略中，于说话者而言，以主动邀约的方式来弥补自己拒绝对方所带来的负面影响，可借此表达自己的诚意；对提议者而言，对方主动邀约能大大减低被拒绝带来情感伤害，因为所提议的事情只是当下被拒绝，在将来还是可能实现的。试看下面的例子：

表 8　延期邀约

A	B											
（12）เดี๋ยวไปทานข้าวด้วยกันนะ	เอาไว้เป็นโอกาสหน้าได้ไหม											
	合作原则				礼貌原则							
	量	质	关联	方式	慷慨	得体	赞誉	谦逊	S-O 义务	O-S 义务	一致	意见	同情	情感
	×	✓	✓	✓	-	✓	-	-	✓	-	×	-	-
（13）ส่งการบ้านเช้านี้เลยนะ	เดี๋ยวเย็นนี้จะรีบส่งไปให้ครับ อาจารย์											
	×	✓	✓	✓	-	-	-	-	✓	-	×	-	-

从上表可以看出，该策略违反"合作原则"中量的准则，通过遵守"得体准则"和"S-O 义务准则"来体现"礼貌原则"。例句（12）和（13）中 B 在拒绝的时候不贬低对方，提高自己对对方的义务值（和对方吃饭或交作业的义务）来体现"礼貌"，例子中都没有直接回答，通过延期邀约方式委婉拒绝了当下的提议。

2.2.8 转移话题，回避提议

该策略指说话者不正面回答所提议之事，以转移话题的方式来回避，达到委婉拒绝的目的。该策略无明显语言标志词。该策略对说话者而言，本质是直接拒绝，但碍于需要维护双方关系或其他原因而采用转移话题的拒绝策略，如果提议者理解该策略的用意，会停止提议，也不会再次提出，但如果提议者不了解策略用意，仍然继续提出提议，很可能直接导致双方交谈不欢而散。试看下面的例子：

表9 转移话题、回避话题

A	B											
（14）วันนั้นแกโกรธเขาทำไมอ่ะ	แกจะเริ่มเรียนกี่โมง											
	合作原则				礼貌原则							
	量	质	关联	方式	慷慨	得体	赞誉	谦逊	S-O义务	O-S义务	一致	意见	同情	情感
	×	✓	×	✓	-	✓	-	-	-	-	×	-	-
（15）เมื่อวานเธอทะเลาะกับแฟนหรือ	วันนี้เราไปกินข้าวที่ไหนดีอ่ะ											
	×	✓	×	✓	-	✓	-	-	-	-	×	-	-

从上表可以看出，该策略违反"合作原则"中"量准则"和"关联准则"来"得体"地体现"礼貌原则"。例句（14）和（15）中B通过不相关的内容婉转拒绝对方继续该话题，在过程中不贬低对方。

2.2.9 犹豫或者不确定

该策略指说话人对提议者表现出犹豫或者不确定，以此婉转拒绝，其语言标志多为"เออ..." "อาจ" "อาจจะ" "คง" "น่าจะ" "ไม่แน่ใจว่า..."等。于说话者而言，该策略避免立刻拒绝的尴尬，通过言语上犹豫或者不确定给提议者发出拒绝前兆，为对方留下心理准备的时间，起到情感缓冲的作用。试看下面的例子：

表10 犹豫或不确定

A	B											
（16）วันนี้ทำสีผมมาเพื่องานนี้เลยหรือเปล่า	เออ...											
ป่าว	คือแค่อยากเปลี่ยนสีบ้าง											
	合作原则				礼貌原则							
	量	质	关联	方式	慷慨	得体	赞誉	谦逊	S-O义务	O-S义务	一致	意见	同情	情感
	×	✓	✓	×	-	✓	-	-	-	-	×	-	-

从上表可以看出，该策略违反"合作原则"中"量准则"和"关联准则"

来"得体"地体现"礼貌原则"。例句（16）中 B 通过"เออ"的犹豫时间让对方提前知道答案再拒绝避免突兀。

2.2.10 找借口

该策略指说话人通过其他借口来拒绝对方的提议。该策略无明显语言标志。于说话者而言，避免直接与对方意见冲突，于提议者而言，能知道被拒绝的理由，该策略类似"解释原因"策略，区别在于所解释的内容真假概率高低，前者所解释内容因是借口所以不一定属实，但后者因要体现说话人的真诚而使解释内容属实的概率增大。试看下面的例子：

表 11　找借口

A	B											
（17）ขอเวลาสัดสองนาทีมาดูโครงการใหม่ของเรานะ	พอดีต้องรีบไปรับลูก											
	合作原则			礼貌原则								
	量	质	关联	方式	慷慨	得体	赞誉	谦逊	S-O 义务	O-S 义务	一致	意见	同情	情感
	✗	✗	✓	✓	-	✓	-	-	-	-	✗	-	-

从上表可以看出，该策略违反"合作原则"中"量准则"和"质准则"（非绝对）来"得体"地体现"礼貌原则"。例句（17）中 B 通过要去接孩子的借口委婉拒绝对方。值得注意的是这种策略中采用的借口一般是不给对方留回旋余地的借口，或者说对方不好意思再提要求的借口，如果这类策略所用的借口内容属实，该策略就可以归入"解释原因"策略。

2.2.11 引入第三方

该策略指说话者通过引入第三方的方式间接拒绝对方。该策略无明显语言标志。于说话者而言，避开以自己的身份拒绝对方，而是将矛盾暗中转接到第三方，通过第三方委婉拒绝对方。试看下面的例子：

表12　引入第三方

A	B													
（18）บ่ายนี้เราหนีไปเที่ยวตลาดกันดีไหม	คุณครูบอกเมื่อวานว่าห้ามขาดเรียน													
	合作原则				礼貌原则									
	量	质	关联	方式	慷慨	得体	赞誉	谦逊	S-O义务	O-S义务	一致	意见	同情	情感
	×	✓	✓	✓	-	✓	-	-	-	-	-	×	-	-
（19）แก้วจะกลับ แก่ไปส่งเขาหน่อยซิ	แฟนสั่งไว้ว่าไม่ให้ไปส่งผู้หญิงคนอื่นอ่ะ ให้ไอ้วิทย์ไปเถอะ													
	×	✓	✓	✓	-	✓	-	-	-	-	-	×	-	-

从上表可以看出，该策略违反"合作原则"中"量准则"并通过"得体准则"和"谦逊准则"［例句（19）］体现"礼貌原则"。例句（18）和（19）中B借用第三人不允许来拒绝对方。例句（19）的"谦逊准则"体现在说话人把自己放在"听女朋友话"这样一种有可能在对方面前丢面子的姿态说话，达到拒绝对方的目的，除此以外，还为对方提供了选择，即让 วิทย์ 去送。

3　研究结论

本文分析基于普通日常拒绝情景，即说话人无恶意，说话目的为拒绝对方的某种请求，无故意说谎、故意让对方曲解的情况进行分析，且均以拒绝方作为说话者角度分析。为便于直观查看分析过程，各个策略的分析汇总简表如下：

表13　策略分析汇总简表

策略	合作原则				礼貌原则									
	量	质	关联	方式	慷慨	得体	赞誉	谦逊	S-O义务	O-S义务	一致	意见	同情	情感
2.1	✓	✓	✓	✓	×	×	×	×	×	-	×	×	×	×
2.2.1	×	✓	✓	✓	-	✓	-	-	-	-	×	✓	-	-
2.2.2	×	✓	✓	✓	-	-	-	✓	-	-	-	-	-	-
2.2.3	×	✓	✓	✓	-	-	-	-	-	-	-	✓	-	-
2.2.4	×	✓	✓	✓	✓	✓	-	-	-	-	×	-	-	-

（续表）

策略	合作原则				礼貌原则									
	量	质	关联	方式	慷慨	得体	赞誉	谦逊	S-O义务	O-S义务	一致	意见	同情	情感
2.2.5	✗	✓	✓	✓	✓	✓	-	✓	✓	-	✗	-	-	-
2.2.6	✗	✓	✓	✓	-	✓	-	-	✓	-	✗	✓	✓	-
2.2.7	✗	✓	✓	✓	-	-	-	-	-	-	-	-	-	-
2.2.8	✗	✓	✗	✓	-	-	-	-	-	-	✗	-	-	-
2.2.9	✗	✓	✓	✗	-	-	-	-	-	-	✗	-	-	-
2.2.10	✗	✗	✓	-	-	✓	-	-	-	-	✗	-	-	-
2.2.11	✗	✓	✓	✓	-	-	-	-	-	-	✗	-	-	-

从上表可看出：（1）直接拒绝策略遵守合作原则中"量"的准则，但违反礼貌原则中"慷慨、得体、一致、同情"（赞誉及谦逊关联性弱）原则，导致提议者的积极面子会受威胁；（2）间接拒绝策略则因说话人额外的需求导致违反"量"的原则，也就是说，当说话人要采用间接拒绝方式时，他（她）可以采取在交谈所需要的信息基础上多增加给对方的交谈信息的方式达到目的；（3）在 2.2.8（转移话题，回避提议）策略中，违反"量的准则"，同时也违反"关联准则"，通过"文不对题"的方式达到间接拒绝的目的；（4）在 2.2.9（犹豫或者不确定）策略中，说话人选择违反"量的准则"和"方式准则"达到间接拒绝的目的，在拒绝前通过犹豫，不清楚明白地告诉对方答案，以此给对方发出拒绝前兆，避免立刻拒绝带来的突兀感，缓解被拒绝的尴尬；（5）就"质的准则"而言，所列出策略中只有 2.2.10（找借口）可能违反该原则，当然，这仅仅基于一般情况从概率角度得出的结论，在实际生活中，说话者可能因不考虑维系双方友好关系而以"夸大其词"的话语违反"质的原则"，如讽刺性语言；（6）如果出现交谈没有遵从"合作原则"的情况，那是说话者出于"礼貌原则"考虑的结果，也可以理解为，在交谈中，有时候说话者要遵循"礼貌原则"，就需要违反"合作原则"；（7）为了体现"礼貌准则"，泰语言语拒绝策略主要通过违反"合作原则"中"量的准则"来达到目的；（8）泰语言语拒绝策略所体现的"礼貌原则"，主要通过"得体准则"来实现，其次是"S-O 义务准则""意见准则""慷慨准则""谦逊准则"和"同情准则"；（9）泰语言语拒绝策略中，通过"赞誉准则"和"情感准则"来体现礼貌的概率最低；（10）在泰语言语拒绝策略中，说话者更愿意采用"O-导向"类准则而非"S-导向"类准则，且所体现"礼貌原则"的主要途径通过"得体准则"来体现，这点可以验证杰弗里·利奇（2014）在其"礼貌综合策略"图中指出的听者导向的准则明显要比说话者导向的准则更有力量，但有一个重要的例外，即

"得体准则"("S-导向")比"慷慨准则""O-导向"更有力[①]的观点。

4 结语

生活中的语言是最好的语言研究素材来源,可以通过对语言使用的观察进而了解该语言本身以及语言使用者的思维、文化等等。本文通过对泰语日常拒绝策略的分析可以推断,其语言使用者在实际生活中会尽量避免拒绝别人,引起正面冲突,倘若不得不拒绝,则会采用间接拒绝的方式礼貌地拒绝。Hofstede(1987)将社会分为"集体主义型"社会和"个人主义型"社会,通过本文研究,可以看出泰国社会属于"集体主义型"社会,而非"个人主义型"社会,即社会成员对彼此"相互共存"比较重视,成员会尽量维系彼此的友好关系,同时也需要得到其他成员的认可,所以在拒绝策略中也体现出说话者尽量为对方考虑,在拒绝话语选择上侧重优先"礼貌原则"而非"合作原则"。

参考文献

[1]冯桂芹. 国内"拒绝"语研究综述[J]. 黄山学院学报, 2009(1): 107—111.

[2]洪岗, 陈乾峰. 中美新闻发言人拒绝策略对比研究[J]. 外语教学与研究, 2011(2): 209—219, 319—320.

[3]吴建设. 拒绝语的表达方式[J]. 四川外语学院学报, 2003(4): 106—109.

[4] Brown P, Levinson S. *Politeness: Some Universals in Language Usage* [M]. Cambridge: Cambridge University Press, 1987.

[5] Geoffrey N. Leech. *The Principles of Pragmatics* [M]. London: Longman, 1983.

[6] Geoffrey N. Leech. *The Pragmatics of Politeness* [M]. Oxford: Oxford University Press, 2014.

[7] Hofstede G. *Culture's consequences: international differences in work-related values* [M]. Beverly Hills: Sage Pub, 1987.

[8] John L. Austin. *How to Do Things with Words* [M]. Cambridge: Harvard University Press, 1962.

[9] Paul H. Grice. *Studies in the Way of Words* [M]. Cambridge, MA: Harvard

---

[①] Geoffrey Leech. *The Pragmatics of Politeness* [M]. Oxford: Oxford University Press, 2014: 91-92.

University Press, 1989.

［10］Paul H. Grice. *Logic and conversation* [G]// Cole P, Morgan J L. *Syntax and Semantics 3: Speech Acts in.* New York: Academic Press, 1975: 41-58.

［11］Paul H. Grice. *Further note on logic and conversation* [G]// Cole P. *Syntax and Semantics 9: Pragmatics.* New York: Academic Press, 1978: 113-128.

［12］สุจริตลักษณ์ ดีผดุง. *วัจจปฏิบัติศาสตร์เบื้องต้น* [M]. นครปฐม: สถาบันวิจัยภาษาและวัฒนธรรมเพื่อพัฒนาชนบท มหาวิทยาลัยมหิดล., 2006.

［13］นัทธฤทัย สีหะเกรียงไกร. *กลวิธีการปฏิเสธเพื่อปกปิดความจริงในภาษาไทยของวัยรุ่น* [D]. กรุงเทพฯ: มหาวิทยาลัยศิลปากร, 2006.

［14］สิทธิธรรม อ่องวุฒิวัฒน. *การตอบปฏิเสธการแสดงความปรารถนาดีในภาษาไทย: การศึกษากลวิธีทางภาษาและข้อคำนึงที่เป็นเหตุจูงใจ* [J]. วารสารศิลปศาสตร์ มหาวิทยาลัยแม่โจ้, 2017, 5 (1): 105-120.

［15］ศิรวัตร ไทยแท้. *กลวิธีความสุภาพในการปฏิเสธการขอร้องของผู้โดยสารจากมุมมองวัจจปฏิบัติศาสตร์*[J]. วารสารมนุษยศาสตร์, 2011, ปีที่ 18 ฉบับที่ 2 (กรกฎาคม-ธันวาคม 2554).

缅语比喻词语研究

国防科技大学　宁威　黄心蕾

【摘　要】 比喻词语是由比喻手法产生的词语，它是词语中最富有民族文化色彩的代表之一。缅语比喻词语既有一般比喻词语的共性又有其特性。缅甸人民爱用比喻、善用比喻，在日常生活与文学作品中经常使用比喻词语。它是缅甸人民智慧的结晶。缅语比喻词语的喻体、喻义都反映了缅甸人民独特的文化。因此，研究缅语比喻词语有助于深入了解其文化内涵，从而实现中缅跨文化交际的成功。本文以认知学、跨文化交际学、语言文化相关理论为指导，通过分析大量例子，对缅语比喻词语的喻体、喻义等进行研究，并对比缅汉比喻词语差异。

【关键词】 比喻词语；缅甸语词汇；语言研究

比喻词语是词语中最富有民族文化色彩的代表之一，具有鲜明的"民族个性"。比喻词语具有言简意赅、形象鲜明、寓意深刻、富有哲理等特点，是一个民族文化及其语言的精华所在。比喻词语所附加的联想意义具有很强的民族性，它的产生基于语言使用者受其民族文化传统熏陶而产生的审美想象。脱离了特定的民族文化背景，其文化联想就不复存在或发生变化。因而，比喻词语最能反映一个民族的历史背景、传统习俗、宗教信仰、价值观念等文化因素。

一、缅语比喻词语

缅语比喻词语是缅甸人民长期以来世代习用的固定词组和短语，简明扼要、形象生动，具有特定的典故或渊源，是缅甸民族文化的积淀和智慧的结晶。"凡是切实自然的修辞，必定是直接或间接的社会生活的反映"[①]。缅甸独特的山川、地理、河流、气候等自然环境以及文化传统、风俗习惯等社会活动对比喻词语产生了不同程度的影响。缅语比喻词语喻体的选择取向和数量范围，不仅反映出缅甸地域文化、生活环境等物质领域文明，还体现出缅甸人民的思维模式、宗教神话、风俗习惯等精神领域文明。

缅语比喻词语在缅甸人民的言语交际中扮演着重要角色。缅甸人民爱用比

---

① 陈望道. 修辞学发凡 [M]. 上海：上海人民出版社，1976：124.

喻善用比喻，生活实践中产生了大量的比喻词语，在日常谈话和文学作品中经常使用比喻词语。这使得缅甸人民说话风趣幽默，能够委婉地表达出自己的感情；使得缅甸文学作品生动形象、语言表达幽默辛辣、深刻隽永。

缅语比喻词语是缅语比喻句的进一步浓缩。一些经典的比喻经过长期反复使用后，喻词逐渐省略，比喻形式消失，自然沉淀成为形式固定、简洁明快的比喻词语。本体转化为比喻词语的喻义，喻体成为比喻词语的喻体。因而缅语比喻词语同样具有喻体和喻义。语言学上把这样固定下来的比喻就称为"死比喻"。比喻句和比喻词语之间的关系见下图：

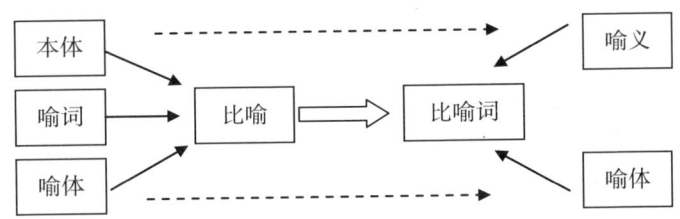

如比喻句"ရန်သူတို့ခွေးပြေးသလိုဝက်ပြေးသလိုပြေးသည်（敌人们狼狈逃窜）"中，"ခွေးပြေးဝက်ပြေး（像猪狗一样跑）"是喻体，"逃窜"是本体，"သလို（像）"是喻词。这个比喻得到了广泛的认可，喻词逐渐消失，凝结为比喻词语"ခွေးပြေးဝက်ပြေး（像猪狗一样跑）"。本体"逃窜"成为比喻词语的喻义。如"ခွေးစားဝက်စား（像猪狗一样吃）"比喻"狼吞虎咽"；"ခွေးသေဝက်သေ（像猪狗一样死）"比喻"不得好死"。比喻词语固定下来之后，就有了与之对应的固定的喻义。如"ပြုတ်မနူး（煮不烂的豆子）"比喻"愚笨的人"这个词语的喻义已经得到了广泛的使用，并固定下来。

二、缅语比喻词语的喻体

喻体和本体是构成比喻词语的两大部分，本体可以时隐时现，但喻体却必不可少。人们总是选择身边最为熟悉的事物作为喻体。认知语言学研究表明，基本范畴是人类对事物进行区分最基本的心理等级，是认知的重要基点和参照点。人们总是参照自己熟知的、有形的、具体的经验来认识抽象的、复杂的概念和经验[①]。喻体的选择取向和数量范围深受该民族主体文化的影响，体现了语言特征和审美价值。同样，缅甸人民往往选择生产、生活中所接触到的自己最为熟悉的事物作为喻体。这些喻体从独特的视角反映了缅甸人民特有的生活环境、生产方式和宗教信仰。

---

① 王寅. 语言符号象似性研究简史：认知语言学讨论之一 [J]. 山东外语教学，2000（3）：3.

（一）缅语比喻词语常见喻体

缅语比喻词语中喻体丰富多彩，来源广泛。既有源自生产、生活的物质实体，如动植物、自然环境等，也有来源于宗教信仰和文学作品的精神形象。缅甸人民本身以及赖以生存的一切外部条件都可以作为喻体来比喻人和事，寄托和表达缅甸人民的情感。在此仅选取最常见的几类进行阐述。

喻体来源于动物。动物与缅甸人民生产、生活息息相关，其形态和特征也成为缅甸人民最易取喻的对象。象与缅甸人民的生活息息相关，在古代，它不仅是缅甸人民生产生活的重要帮手，战时也作为象兵出征。直至今日，象仍然在林业中发挥着重要的作用。缅甸人民喜爱并崇拜大象，创造了许多与大象有关的比喻词语。如用"ဆင်ကန်းတောတိုး（瞎象冲进山）"比喻一个人做事冒失、乱闯乱撞；"ဆင်ခြေများ（象脚多）"比喻借口多；"ဆင်ကြံကြံ（像大象那样思考）"比喻暗中策划；"ဆင်ခြေထောက်（象脚）"比喻"粗腿病"；"ဆင်မည်းသာ（母象走路）"比喻"庄重娴雅的女性的走路形态"；在缅语中，以象为喻体的比喻词语多达上百个。象在缅语中出现的频率如此之高，表明它同缅甸人民的生活关系十分密切。又如，乌鸦是缅甸特有的"三多"现象（乌鸦多、僧侣多、寺庙多）之一。以乌鸦为喻体的比喻词语如："ကျီးကန်းပါးစပ်（乌鸦嘴）"比喻干裂的嘴角；"ကျီးကန်းမျက်စိ（乌鸦的眼睛）"比喻惊恐的目光；"ကျီးကြည့်ကြောင်ကြည့်（像猫和乌鸦一样地看）"比喻警惕地张望。

喻体来源于植物。缅甸植物种类繁多，这些植物是缅甸人民赖以生存的物质基础。缅甸人民熟悉喜爱各种植物，把它们当作是大地母亲赋予的礼物。缅甸人民往往由植物的形态、结构、生活习性及其用途等产生种种联想，产生了许多以植物为喻体的比喻词语。花和水果也常常作为喻体使用，如，"ခရေပွင့်（一种花的名称）"比喻"表突出强调时使用的符号"；"ငှက်ပျောဖူး（香蕉的蕉包）"比喻"佛塔上像蕉包的部分"；"သံပရာဝိုင်း（切开的酸柑）"形容"形状似切开酸柑的铁锅"；等等。

相比较而言，来自植物的喻体不如来自动物喻体丰富。植物自身缺乏明显的运动能力和感觉器官，因而在人们头脑中所激发出的情感不如因动物所激发的那么强烈，所以用植物进行设喻远不如用动物进行设喻有广度和深度。

喻体源自自然环境。一个民族所处的自然环境会对人们喻体的选择产生影响，这种影响往往体现在比喻词语的喻体中。同样，缅语比喻词语的喻体反映了缅甸人民所处的生活环境。缅甸独特的山川、地理、河流、气候等对缅语比喻词语产生了不同程度的影响。如：仰光多雨，但不会下得很久，说下就下说停就停。变化太快，让人难以琢磨。缅甸人就用"ရန်ကုန်မိုး（仰光的雨）"比喻女孩的心阴晴不定，变化快。缅甸勃固省临海，盛产盐。勃固盐供应全国，因此缅甸人用"ပဲခူးဆား（勃固盐）"比喻到处掺和、插手的人。

喻体源自人体器官。人们对自己的身体器官十分熟悉，喜用它们来做喻体。同样，缅甸人民也常常用人体器官作为喻体使用。缅语中，以人体各部分器官为喻体的比喻词语，据统计数量多达上百个。如，"ခြေနင်းခံ（脚踩物）"比喻"被踩躏的处境、低贱的生活"；"ခြေရာဖျောက်（弄掉足迹）"比喻"销声匿迹"；又如，"နှလုံးတုန်（心抖动）"比喻"害怕"；"အသည်းယား（胆子痒）"比喻"跃跃欲试"。"သပွတ်အူ（丝瓜肠子）"比喻"错综复杂的事情"等。

喻体源自文学作品。缅语比喻词语中有大量喻体源自属于精神文化范畴的缅甸宗教神话、文学作品、寓言典故等。缅甸佛本生经故事家喻户晓，佛本生经故事中主人公的言行操守，都深深地映入了缅甸人民的脑海。因此缅甸人喜用佛本生经故事主人公作为喻体，赋予它们固定的喻义。如，在"တေမိဇာတ်တော်ကြီး"中，"တေမိ"是一位王子，他小时候看到父亲惩罚大臣，心中十分害怕。"တေမိ"生怕自己长大后成为国王也会犯下杀戮之罪，因此不愿意当国王。帝释化身为一位女神叫他装哑巴，就可避免当国王。从此"တေမိ"就开始装哑巴，无论国王、王后如何引诱、恐吓他，他都不说话。现在缅甸人经常用"တေမိ"来比喻沉默寡言、缄默的人。如，"ဝေဿန္တရာ"乐善好施，不仅施舍了自己的食物、衣服，还施舍了自己的一双儿女。现在人们把乐善好施的人称为"ဝေဿန္တရာ"。又如，缅甸人民现在常用"မဟောသ"来比喻"聪明的人"；"ရုစကာ"比喻"အစားကျူး（贪吃的人、专门干坏事的人）"等。缅甸寓言故事也成为喻体的重要来源。如，森林之王狮子的嘴巴很臭，他让小动物来闻。他吃掉了说他嘴臭的熊和说他嘴香的猴子。聪明的兔子借口自己鼻塞闻不到狮子的嘴是什么味道，终而逃过一劫。据此，缅甸人民就用"နှာစေး（鼻塞）"来比喻佯装不知道，兔子也成为缅甸文化中聪明人的象征。

（二）喻体反映的文化特征

语言中表示某一类事物的词汇数量是衡量一种文化对之关注程度的指标。社会语言学家的研究表明：一种语言的文化中心词汇比文化边缘词汇详尽，反映文化现象的词汇数量与它在文化上的重要性成正比[1]。同样，若某种现象或事物在缅甸民族的文化中占有重要地位，缅语中一定会出现大量以该现象或事物做喻体的比喻词语。缅语比喻词语喻体的数量范围反映出缅甸特有的热带文化、农耕文化、佛教文化特征。

1. 反映热带文化

缅语比喻词语喻体的选取范围反映出明显的热带文化特征。喻体常用的动

---

[1] 常敬宇. 汉语词汇与文化[M]. 北京：北京大学出版社，1995：57.

物、植物等都是极具代表性的热带动植物。以衣、食、住、行为喻体的比喻词语也都深受热带自然环境的影响。

缅甸有丰富的热带动植物资源，喻体也反映出热带文化的特征。如："花色蜥蜴（ပွတ်ကျား）"比喻"无用的人"；"变色龙（ပုတ်တင်ညို）"比喻"善于奉承迎合的人"等。缅甸天气炎热，缅甸人不论男女多着筒裙，产生了许多以筒裙为喻体的比喻词语。如："ချေးတောင်းကျိုက်（男子把筒裙底边从胯下向后提起掖至腰间）"比喻"放手大干"。这些喻体充分显示出热带地域的文化特征。

2. 反映农耕文化

缅甸是个传统的农业国家，因而缅语比喻词语的喻体选取也反映出浓重的农耕文化气息。

如，缅甸是一个稻米之国，有许多以稻米为喻体的比喻词语。用"မျိုးစေ့ချ（播种）"来比喻"为将来打下基础"；又如，"စကားကြီးဆယ်မျိုး（十大说话方式）"中也有两种说话方式是以稻米为喻体的。"ကောက်ပင်ရိတ်လို့ပြောနည်း（割稻子的说话方式）"比喻"抓住对方说话中的要害加以反驳的说话方式"。

缅语中还有许多以其他农作物、家畜作为喻体的比喻词语。牛是农业生产中必不可少的帮手，缅语中以牛为喻体的比喻词语也非常多。如："နွားကျ（像牛一样）"比喻"一个人特别笨，像牛一样"；"ကြက်ပျံမကျ（鸡飞起来就落不下来）"比喻"水泄不通、拥挤不堪"；"ကြက်ဖျင်း（胆小的鸡）"比喻"懦夫、无用的人"；等等。这些喻体都与农业生产紧密相关，展示出缅甸农耕文化特征。

3. 反映佛教文化

众所周知，缅甸是一个佛教国家，百分之八十以上的人信仰佛教。佛教不仅影响了缅甸的文学、艺术、语言、风俗习惯等各个方面，而且深入到缅甸人的思想感情、道德情操、心态理念之中。缅语比喻词语带有深刻的佛教烙印。除了上面提到过佛教经典中的人物可用作喻体之外，许多佛教建筑、佛教习俗都可以作为比喻词语的喻体。如，"ကျောက်ထီး（佛塔旁的石伞）"比喻"应当受尊重的人或物"；"ပလ္လင်（台子）"指佛的宝座，"ဗောဓိပလ္လင်"指菩萨的宝座，缅甸人民把"ပလ္လင်（台子）"借过来，构成比喻词语"စကားပလ္လင်"，比喻"主要话题前的铺垫"等。

佛教中的习俗也是喻体的重要来源。如，"ဝါဆို"是缅甸的结夏节。缅甸和尚在每年缅历四月十五到七月十五斋戒期间，都不得远离所居的庙宇。在结夏节之后，方可出门远足、云游四方。因此，"ဝါဆို"一词表示"磨磨蹭蹭、耽误太久"。

三、缅语比喻词语的喻义

喻义是指该词语通过比喻而获得的义项,是相对于其字面意义而言的。含有喻义是比喻词语的重要标志之一。喻义通过"相似联想"产生,没有联想就不可能产生喻义。这种联想的习惯与方式受到民族生活环境、社会习俗、民族心理等多方面因素的影响,具有鲜明的民族文化特色。缅甸人民的文化传统,尤其是文化心理,对于喻义的产生和褒贬起着重要的激发和引导作用。同样,通过分析缅语比喻词语喻义的褒贬,可以了解缅甸人民的价值取向。

(一) 喻义的产生

缅语比喻词语的喻义并不是随意附加在语言符号上的,而是根据该词语本身特点、与自然环境、社会环境的关系产生的。一般而言,喻义的产生依据主要有以下几种:

依据事物本身的特征。客观事物的特征往往成为喻义产生的依据。以动物为喻体的比喻词语其喻义大多是依据动物的特性产生的。如"ပိုးဟပ်ဖြူ(一种刚脱壳的白颜色蟑螂)"喻义为"肤色苍白的人";"ငါးကျင်းခြောက်(晒干后就显得精瘦且呈黑色的鲇鱼干)"喻义为"又瘦又黑的人";"အရေလဲ(蛇、蝉等)"喻义为"改头换面"。以植物为喻体的比喻词语也与该植物特性有关。如"ပိတောက်ပန်း(紫檀花)"每年在过年时才开放,所以缅甸人称它为"忠诚之花""新年之花"。这些词语的喻义与本义联系十分紧密,较容易理解。

依据事物与自然环境的关系。缅甸人民通过观察客观事物与自然环境之间的关系,并将这种关系映射到其他事物上,赋予它们喻义。如"မျောက်သစ်ကိုင်းလွတ်"(猴子松开了抓住的树枝。指猴子从一个树枝跳到另一个树枝的时候,松开原本抓住的树枝,也没有抓住新的树枝而掉下去)喻义为"无依无靠"。又如,"ဆူးကြားမှာသီးတဲ့ဗူး(刺丛中结的葫芦)"比喻"进退维谷"等等。这些词语的喻义与本义联系并不紧密,需要稍加联想才能够理解该词语所蕴含的喻义。

依据事物与社会环境的关系。缅甸社会环境对喻义也有很大的影响。社会环境包括缅甸民族的风俗习惯、宗教信仰、民族心理等。人们根据客观事物与社会环境的关系,赋予这些客观事物某种喻义。如,缅甸人认为脚掌有旋纹是爱外出的标志,因此用"ခြေထောက်ဝှေ့ပါ(脚掌有旋纹)"比喻"爱外出"。有的词语是依据缅甸穿着习惯而产生喻义,如,缅甸人民无论男女老少一般都穿筒裙,不穿长裤,只有军人才穿长裤。就用"ဘောင်းဘီရှည်အစိုးရ(长裤子政府)"借喻"军人政府"。又如,缅甸小乘佛教允许僧侣出家之后可以还俗,继续结婚生子过普通人的生活。就用"သင်္ကန်းယား(袈裟痒)"来比喻"不想当和尚,想还俗"。

（二）喻义反映价值取向

缅语比喻词语的本义是一些普通的名词、动词或形容词。缅甸民族通过比喻联想赋予这些普通词语喻义，使它们成为具有缅甸特色的比喻词语。这些词语就具有了不容忽视的美学价值和感情色彩。这种感情色彩反映了缅甸文化的更深一个层次——心理文化。缅语比喻词语的喻义能够体现缅甸人民道德情操、民族精神、民族心理、审美观念等多方面的价值取向。

反映道德情操。缅甸人民十分尊敬长辈，敬重师长。喻义中体现这种道德情操的比喻词语比比皆是。如：他们把父母、老师与佛、法、僧放在一起，比作"အာနန္ဒာငါးပါး（五大无量）"。"အာနန္ဒာ"的本义为释迦牟尼的十大弟子之一。信奉佛教的缅甸人，视佛法僧为至高无上的无量。把父母和佛法僧放在一起比作五大无量，体现了他们尊敬长辈、敬重师长的道德观。又如"ရွာလွန်ရွက်တိုက်（过了要停靠村庄还扬帆）"喻义为"忤逆，不听师长的话"。"过了村庄还扬帆"很明显是件很愚蠢的事，喻体的感情色彩映射到喻义中，可以看出缅甸人民认为"忤逆，不听师长的话"同样是件很愚蠢的事。

反映民族精神。讲求团结是缅甸民族精神中十分重要的一点。缅甸是传统的农业国家，繁重的农业劳动需要人们在生产生活中相互协作。在漫长的历史长河中形成了团结的民族精神。此外，缅甸又是个多民族的国家，倡导团结精神对于统一稳定的缅甸尤为关键。缅语比喻词语中，也有许多词语的喻义体现了这一点。如，"ထမ်းပိုးထမ်း（共同拉车）"喻义为"齐心协力、并驾齐驱"。又如缅甸寓言中把集体的力量比作"ထင်းစည်းတစ်စည်း（一捆柴）"，把个人的力量比作是"ထင်းတစ်ချောင်း（一根柴）"。其中所包含的喻义为"一个人的力量是很弱小的，外界压力轻易就可以压断。但大家的力量就很强大，能够抵御外界的压力"。

缅甸人民心地善良，勤劳勇敢。比喻词语的喻义中也处处体现着这种精神。如"လှိုင်းကြီးလှေအောက်၊ တောင်ကြီးဖဝါးအောက်（再大的浪也在船下，再高的山也在脚下）"喻义为"再大的困难也可以克服"。把困难比作是大浪高山，再大的浪、再高的山缅甸人民都能够征服，喻义中展示了缅甸人民勇敢的民族精神。缅甸人民，尤其是女性十分勤劳。如"ထဘီခါးချုပ်（把筒裙穿至腰部）"喻义为"女性积极地干活"。缅甸人民把懒汉戏称为"ထဘီနားခိုစား"（躲在女式筒裙旁边），即靠老婆生活的人。又如"ဖင်လေး（屁股重）"喻义为"懒惰"。缅甸人民表达懒惰的比喻词语透露出戏谑讽刺的感情色彩。由此我们可以看出缅甸人民崇尚勤劳、憎恶懒惰的价值观。

反映审美观念。受到缅甸文化的影响，缅甸人民对许多事物都形成了自己独特的审美观念。通过分析缅语比喻词语的喻义中所蕴含的感情色彩，也可以窥见他们独特的审美观念。

对于恋爱结婚，世界上大多数民族都把它与幸福、甜蜜等字眼联系起来。缅甸人却把谈恋爱比作"အပူရှာ（找热）"；把结婚称为"အိမ်ထောင်ကျ（掉进家庭的监狱）"。缅甸地处热带，人们怕热喜凉。喻体的感情色彩间接反映了喻义的感情色彩，上文中的喻体"ပူ（热）""ထောင်ကျ（坐牢）"带有贬义。因此，与之相对应的喻义"恋爱""结婚""爱情"也就带上了贬义的色彩。在这样审美观念的指导下，"အပျိုကြီး（老处女）"在缅甸是一个褒义词，泛指样貌长得很年轻的成年女性，甚至可以用它来赞扬一个样貌年轻的已婚女性。

受佛教影响，缅甸人民做事的时候总是喜欢"အေးအေးပေါ့（不慌不忙、慢条斯理）"。缅甸人民用"ခွေးစားဝက်စား（像狗和猪那样吃）"比喻"狼吞虎咽"。猪和狗在缅甸都是十分低贱的动物。相应的喻义"狼吞虎咽"在缅甸也是一种很粗鲁的行为。在缅甸文化中，象地位崇高，是一种象征吉祥的动物。与象有关的比喻词语多为褒义。缅甸人把走路走得慢比作是"ဆင်မလျှောက်သလို（母象走路）"，体现出他们认为走路应当慢慢走，要稳重端庄的审美取向。

综上，喻义是民族文化的产物，反映了缅甸人民的价值取向，给比喻词语打上了深深的文化烙印。

四、缅汉比喻词语的文化差异

缅汉两种语言中都存在着大量的比喻词语，它们之间既有相似之处又有差别。"每一种语言在词语上的差异都会反映这种语言的社会产物、习俗以及各种活动在文化方面的重要特征。"①

（一）差异类型

缅汉比喻词语的差异，反映了两国人民绚丽独特的民族文化。缅汉比喻词语的文化差异主要体现在喻体与喻义的不对应。总的来说，缅汉比喻词语差异形式分为以下几个类型：

喻体相同、喻义相似。喻体相同、喻义相似是指在两种语言中，相同喻体所体现的喻义重合或者相似，所表达的感情色彩也相似。这种相似性建立在中缅两国人民客观生活环境相似和人类认知心理趋同的基础之上。如名词中的"လက်တွင်း（手心）"比喻"控制范围"。汉语中也经常说"敌人逃不出我们的手心"，其中"手心"的喻义也是"控制范围"。如动词中的"ျားပန်းခံ（蜜蜂采蜜）"喻义为"繁忙、忙碌"，汉语中"蜜蜂采蜜"也有同样的喻义。又如

---

① 许余龙. 对比语言学［M］. 上海：上海外语教育出版社，2002：25.

"မြစ်ဖျား ခ（河流发源于）"喻义为"从……开始",汉语中同样用"发源、起源"来比喻"从……开始"。

喻体相同,喻义相异。在缅汉两种语言中,有许多喻体相同但喻义却有差别很大的比喻词语。两国人民对于同一种事物的理解以及赋予该事物的内涵往往不同,这使得同一事物在缅汉两种语言中延伸出的喻义大相径庭。这样的例子不胜枚举。如,乌龟在汉文化中是长寿的象征,所以中国人还常常用龟壳做成精美的饰品佩戴,取其吉祥长寿之意。然而在缅甸"လိပ်（乌龟）"喻义为"自私的人"。"လိပ်မျိုး（龟类）"喻义为"只顾私利者"。又如陀螺,中国人民用陀螺比喻"忙碌的人",常说"他连轴转,忙得像个陀螺"。缅甸人民用"ရုဲ（陀螺）"比喻"圆滑的人",含有明显的贬义。在缅文化中,"ကျီးသာ（乌鸦叫）"是吉祥的兆头,认为"ကျီးသာလို့ ဧည့်လာသည်（乌鸦叫客来到）"。而乌鸦在汉文化中是不祥之鸟,乌鸦叫象征有不幸的事情发生。

喻义相同,喻体相异。喻义相同、喻体相异是指在表达同一喻义时,缅汉两种语言中所借用的喻体不尽相同。中缅两国人民时常把某种反应或情绪与某些物体的品质或特性联系起来,不同的民族联想到的物体是不同的。如,欲表达"不受管束的人",汉语中借用"脱缰的野马"表达,缅语中则用"နွားသိုးကြိုးပြတ်（断了绳子的公牛）"来表达。又如,喻"贪污、侵占公共财产的人",汉语中用"硕鼠",它源于我国的《诗经》,缅语中用"ခြကောင်（白蚁）"。

喻体仅在一种文化中有喻义。喻体仅在一种文化中有喻义是指某些事物在一种语言中有喻义,而在另一种语言里找不到喻义。在缅汉两种语言中,大部分的喻体都带有本民族特有的文化特色。因而存在喻体仅在本民族文化中有喻义,而在另一种文化中却无对应联想的情况。

有的词仅在汉语中有喻义,如中文的菊花与缅文"ဂန္ဓမာပန်း",指称意义都是一种多年生草本开花植物。在中国文化里,菊花的喻义是隐逸、雅静。缅语中菊花没有这样的喻义。有的词则仅在缅语中有喻义,如"ဆင်ဖြူ（白象）"在缅文化中的喻义为"吉祥、尊严、睿智"。缅甸人把白象作为祥瑞之兆。缅甸传说认为,当拥有众多美德的君主或政府统治这个国家时,白象就会出现。古代缅甸国王常常自称是"ဆင်ဖြူရှင်（白象的所有者）"。提起白象,在中国人民的脑海里,就不会有这样丰富的联想喻义。又如,缅甸拳术中有一招"လေးလွတ်（提膝试探虚实）"比喻"虚张声势",在汉语中则没有相应的喻义。

（二）差异产生的原因

缅汉比喻词语的差异主要是由两个民族不同的文字体系、生活环境、历史传统、认知心理等因素造成的。它们给比喻词语附上了鲜明的文化色彩。

语言文字不同。中缅两国人民常常用自己的文字作为喻体，赋予它们喻义。因而文字体系不同，客观上也会引起缅汉比喻词语喻体、喻义的不对应。如，"သဝေထိုး"是缅甸语元音符号"ေ"的名称，缅甸人根据它的书写形状，联想到"东拐西拐、东逛西逛"的喻义。中缅两国人民还都常常用谐音来构成比喻。如"柳"与"留"同音，就用"柳枝"来比喻离别。蝙蝠的"蝠"与"福"谐音，就用"蝙蝠"比喻"福气"。在缅语中，因为"薄"与"机灵"都是"ပါး"，因此用"ရွှေတောင်စက္ကူ"（瑞东生产的一种很薄的纸）比喻"很机灵的人"，二者的共同特点是都很"ပါး"。

生活环境不同。比喻词语脱离不了该民族生活环境的影响，特定的生活环境又赋予比喻词语特殊的喻义。生活环境包括缅汉两个民族的自然地理、生态环境、气候建筑、山川市镇名称等。它们都会造成缅汉比喻词语喻体、喻义的不对应。如，缅甸气候炎热，因此缅甸人民提到"ပူ"（热），其喻义则为"麻烦"。如，"အပူမီးတောက်（上火）"喻义为"忧伤"；"အပူကပ်（贴着热）"喻义为"缠磨"；"သွေးပူ（热血）"喻义为"激动、冲动"。缅甸人民十分喜欢"အေး（凉）"。"အေး（凉）"的喻义为"了结、平息、平静"。"အေးချမ်း（安定）""အေးငြိမ်း（平静）"这些褒义词都与"凉"有关。而中国大部分地区处于温带，冬天较为寒冷。中国人很喜欢"热"。热血、热情、热心、热土都给人一种积极向上朝气蓬勃的感觉。热火朝天的喻义为"积极地做某事"。

文化传统不同。比喻词语受民族文化传统的影响较大。文化传统主要包括历史背景、风俗习惯、文学作品等方面。不论缅语还是汉语，历史上都会沉淀大量具有强烈民族色彩的比喻词语。如，缅甸历史中"ဟစ်တိုင်"是古代帝王规定允许百姓申冤告状的地方，现在它的喻义为"群众对不合理现象提出的意见"。又如"အဇာတသတ်"是缅甸古代一位弑父的王子的名字，现在其喻义为"杀父者或虐待父母的人"。中国文学也留下了许多经典的比喻词语。如，宋代诗人周敦颐《爱莲说》中写道莲花"出淤泥而不染，濯清涟而不妖；中通外直、不蔓不枝"。用"莲花"来比喻"清白、正直、不同流合污的人"。

认知心理不同。民族认知心理的不同也是造成缅汉比喻词语差异的重要原因。在现实生活中，人们对客观事物形成一定的情感态度，进而赋予这些客观事物褒贬不同的喻义。对待某些事物，由于缅汉两个民族不同的认知心理，有时相同的喻体也会呈现褒贬不同的喻义。如，在汉语里，"နဂါး（龙）"是一种虚构的神话动物。在封建社会，龙是帝王的象征。历代帝王都称自己为"真龙天子"。龙是中华民族的象征，是中国文化的一种图腾。中国人骄傲地称自己是"龙的传人"。在缅甸佛教文化中，缅甸人民认为"နဂါး（龙）"总是沉睡不醒，只有在佛祖轮回时才会醒来。因此，缅甸人赋予"နဂါး"喻义"嗜睡者"。

五、结语

缅语比喻词语是缅语中最具民族文化特色的词语之一,其喻体的选择取向深受缅甸热带文化、农耕文化、佛教文化的影响。喻义受到缅甸人民社会习俗、民族心理等精神文化层面的影响,具有鲜明的民族文化特色。缅汉两种语言中都存在大量的比喻词语,它们之间既有联系又有差别。缅汉比喻词语之间存在的差异导致中缅两国人民在语言交际中产生困难。若不了解缅甸的民族文化,一味地以中国文化的认知心理去理解缅语比喻词语,难免会导致文化冲突,在语言交际中形成障碍。因而需要对两者继续深入探索,以期实现跨文化交际的成功。

参考文献

[1] လှသမိန်၊ တင်စားစကားလုံးများ၊ မြန်မာဘန်းစကား၊ ရန်ကုန်၊ ပတ္တမြားမောက်စာပေ၊ ၆-၂၀၀၅

[2] မောင်ခင်မင်၊ ထွေထွေရာရာဥပစာ၊ စကားသမုဒ္ဒရာသမုဒ္ဒရာ၊ အားမန်သစ်စာပေ၊ ၇-၂၀၀၆

[3] ခေတ်သစ်၊ မြန်မာဆိုရိုးစကား၊ ရန်ကုန်၊ တက္ကသိုလ်များပုံနှိပ်တိုက်၊ ၁၀-၁၉၉၆

[4] အောင်စိုး၊ မြန်မာ့ဆောင်၊ ရန်ကုန်၊ စာပေဗိမာန်ပုံနှိပ်တိုက်၊ ၇-၁၉၉၆

[5] ပန်းချီဦးဘကြည်၊ ဇာတ်တော်ကြီးဆယ်ဘွဲ့၊ Quality Publishing House၊ ၇-၂၀၀၀

[6] တက္ကသိုလ်သခံ၊ သင်္ကြန်နှစ်သစ်ဦးမင်္ဂလာ၊ မြဝတီ၊ မြဝတီစာပေတိုက်၊ ၄-၂၀၀၅

[7] ပြည်ထောင်စုမြန်မာနိုင်ငံတော်အစိုးရပညာရေးဝန်ကြီးဌာနမြန်မာစာအဖွဲ့၊ မြန်မာစကားပုံ၊ ရန်ကုန်၊ ဦးသာရင်ပုံနှိပ်တိုက်၊ ၇-၁၉၉၆

[8] 程希岚.修辞学新编[M].长春:吉林人民出版社,1984.

[9] 北京大学东方语言文学系缅甸语教研室.缅汉词典[M].北京:商务印书馆,1990.

[10] 耿占春.隐喻[M].上海:东方出版社,1993.

[11] 胡中文.试析比喻构造汉语新词语[J].语文研究,1999(4):19—26.

[12] 胡壮麟.认知隐喻学[M].北京:北京大学出版社,2004.

[13] 黄开福.汉英比喻的对比和对译[M].武汉:华中师范大学出版社,2007.

[14] 金国旗.词义理据和隐喻分析[D].上海:华东师范大学,2007.

[15] 李谋,姜永仁.缅甸文化综论[M].北京:北京大学出版社,2002(8).

[16] 刘凤霞.论比喻构造词语的类型[D].天津:天津师范大学,2003.

[17] 邵丽莉. 喻体的民族文化观照 [J]. 修辞学习, 1995（6）: 14—15.

[18] 王介南. 缅甸颜色词语的国俗语义分析 [J]. 南亚东南亚语言文化研究, 2001（1）.

[19] 王全珍. 试论缅汉语国俗语义差异 [J]. 南亚东南亚语言文化研究, 2001（1）.

斯瓦希里语时态标记-ki-的用法解析[①]

南京大学　浙江师范大学　沈玉宁

【摘　要】 斯瓦希里语是非洲一门重要的交际语言。和印欧语系的语言相比，尼日尔-刚果语系的斯瓦希里语具有特殊的动词系统：动词的核心——动词词干——位于动词的末位，在这个动词词干的前方可以嵌入各种表达人称（主语/宾语）、时态、肯定/否定的前缀[②]。由于在动词中可以包含大量的语法功能词素，并且这些包含的词素一般不会有发音或拼写上的变体，所以斯瓦希里语在形态类型学上被称为"黏着语"[③]。在大量词素之间确认某个前缀（比如时态）的确切意义是语言描述者的工作，如果一个单独的、构成完整的动词可以表达完整的句子信息（或称独立句式），描述这个动词所包含的时态标记并不困难。而如果句子的完整时态信息是通过多个动词所包含的时态标记互动所表达的（以下称复合句式），在确定这个（或这些）时态标记信息时就需要更多的例子支持。本文通过分析-ki-的时态在复合句式中的分布及其与其他时态标记互动的实例，对这些时态的组合做出解释。笔者认为对于-ki-各种用法（即特定的"组合时态"或"时态互动"，-ki-作为一种不完整时态）的正确解析要比为-ki-找寻一个通用的、独立于语境的命名标签重要得多。这篇关于时态分布的研究也证实了-ki-在特定的文本环境中——-ki-与位于它之前的、面向过去的时态互动，并且此时互动的时态被嵌入从句或近似助动词的动词结构中——确实具有"一般、习惯、重复"的意义，但这种意义的体现并不是强制的。

【关键词】 斯瓦希里语；时态标记；-ki-

一、斯瓦希里语的独立句式和复合句式

斯瓦希里语独立句式的核心元素是动词。和中文不同，斯瓦希里语中一个

[①] 一个缩减的斯瓦希里语翻译版本已发表于非洲本土学术杂志《国际班图语语言学杂志（2019年特辑）》(*JAKIKI: Jarida la Kimataifa la Isimu ya Kibantu, Toleo Maalumu 2019*)。

[②] 少量时态变形通过后缀，并引发动词词干变形。

[③] Greenberg J H. *A Quantitative Approach to the Morphological Typology of Language* [J]. International Journal of American Linguistics, 1960, 26 (3): 178-194.
Creider C, Hudson R. *Inflectional morphology in Word Grammar* [J]. Lingua, 1999, 107 (3-4): 163-187.

构成完整的动词可以是一个完整的句子（例 1a）。主语的信息是通过这个动词的主语前缀来表达的①，也可以在这个动词的前方加入名词、人称代词等名词短语，进行补充说明（例 1b）。一般来说，动词里的主语前缀是必须出现的（例 1c）。

例 1a：

A- li- ku- penda
他/她（主）- 过去时- 你（宾）- 爱

他/她曾经爱过你。

例 1b：

Asha a- li- ku- penda
阿莎 他/她（主）- 过去时- 你（宾）- 爱

阿莎曾经爱过你。

例 1c：

*Asha li- ku- penda

斯瓦希里语复合句式的时态相对复杂，是多个动词和这些动词所携带的时态标记互动的结果②。在例 2a 中，alikuwa 这个动词（动词词干-wa"是"）类似助动词，通过自身的过去时标记-li-将整个句子的时间信息限定在过去，再通过语义核心动词 amelala（动词词干-lala"睡觉"）所包含的完成时标记-me-对于这个过去发生的事件进行详细的时态信息描述。（如无特别的说明，例句的行间标注来自 1971 年内部发行的《斯汉辞典》）。

例 2a：

A- li- kuwa a- me- lala.
他（主）- 过去时- 是 他（主）- 完成时- 睡觉

他当时睡着了。（例子来自：Ashton, 1944: 249）

例 2b：

Wa- na- cheza dansi huku wa- ki- imba.
他们（主）- 现在时- 跳舞 舞蹈 这里 他们（主）- 同时/当时 -唱歌

他们在这里一边跳舞一边唱歌。（例子来自：曹勤等，2008: 6）

在（例 2b）里的动词 wakiimba（动词词干-imba"唱歌"），时态标记-ki-与位于它之前的-na-（"现在时"）互动，得出这时的-ki-的作用是链接"同时

---

① 表示"动作"的部分，比如例 1a 里的"爱"，斯瓦希里语研究者习惯称之为动词词干（verb stem）。

② 在语言学的术语中，动词的语法体系有"时态（tense/tempus）"和"体（aspect）"的区别，这两个说法有时也和"语情态（mood）"并称动词的"时体情态（简写为 TAM 或 TMA）"范畴。本文中出现的"时态标记"的说法，如果没有特别说明，则指的是"时态（tense/tempus）"和"体（aspect）"的集合。

发生的两个动作"（曹勤等，2008：6）。而章培智也认为这是一种只有在附属动词中才会标注的时态，"这种补充说明主要动词的情况，相当于一种状语"（章培智，1990：379）。总而言之，复合句式中时态标记的复杂性来自多个时态的互动，这种互动只有在通过分析大量例句，并对不同时态组合进行整理归纳后，才能解释得清楚。

二、对-ki-时态的语法描述现状

　　Ashton 认为有两个不同的-ki-。第一个-ki-有"简单的时态"和"复合的时态"两个层次：在"简单的时态"的层次，-ki-表达了一种"未完成的、持续的或是不完整的动作"，在功能上可以对应英语中的现在分词（同例 2b）或条件短语（例 3a）；在"复合的时态"的层次，-ki-时态的"适用范围更广"，实现分词功能时可以指向现在或过去，实现条件短语功能时可以是一种对于不真实事情的假设，也可以是对一种真实可能发生事情的预设（Ashton，1944：138，257）。她认为这种功能解读上的差别是由英语翻译的特点所引起的，对于斯瓦希里语来说，不管是"简单的时态"还是"复合的时态"的层次，-ki-时态的意思是相同的，并且是"同一个-ki-"的时态（Ashton，1944：258）。除此之外，她认为还存在着另一个-ki-的标记，用于注解"在过去或在将来的一种或持续的或重复的动作"（例 3b-c）（Ashton，1944：138）[①]。

例 3a：
U-　　ki-　　mw-　　ona　Hamisi,
你（主）- 假设- 他（宾）- 看见　哈米斯
mw-　　ambie　　na-　　m-　　taka.
他（宾）- 告诉.祈使　我.现在时- 他（宾）- 想/要
如果你看到哈米斯，告诉他我想见他。（Ashton，1944：249）

例 3b：
A-　li-　kuwa　na　mbwa　a-　liye-　kuwa　a-　ki-　enda
他- 过去时- 是　和　狗　他- 过去.从句.它- 是　他（主）-习惯- 去
na-ye　ku-winda.
和-它　不定式-打猎。
他以前有一只总是带去打猎的狗。（Ashton，1944：250）

例 3c：

---

　　① 虽然在 Ashton 自己给出的例子中，也有并不是明确指向过去或将来的句子：Nendeni ... mkawaimbie nzige usiku kucha, wanapokuwa wakipumzika chini.（Ashton，1944：252）"去给那些在下面休息的蝗虫唱歌唱一整夜。"这里的-na-一般被理解为"现在时"或"进行时"，即没有明确的对于过去或将来的指向。

Mwaka   u-   ja-   o   tu-   ta-   kuwa   tu-   ki-   kaa
3.年①   3.-   来-   3.从句   我们- 将来时-   是   我们- 持续-   住
katika   nyumba   yetu   mpya.
在   家   我们的   新

明年我们就会住在我们的新家了。（Ashton，1944：251）

Polomé 对-ki 的描述，主要来自研究两个（或以上）时态标记所指向的意思之间的冲突/对立，在他看来，在意思上-ki 可以和-me 相对，也可以和-ka 相对②。首先，他认为-ki 作为未完成时的标记，是和完成时时态-me 相对的，并指出-ki 时态标志着"一个动作在所设想的时间内正在进行着"，这个"所设想的时间"需要让-ki 与其他的时态（比如将来时，祈使语态）连接使用时才能被标明出来，并且这时这另一个动作"是同时发生的，并且在发生的过程中"③④。正因如此，在（例 4）的例子里，Polomé 将"ukimwona"注解为"在[你]看到他的过程中"⑤。其次，他认为-ki 也可以和-ka 的时态进行对比（-ka 可以标注一件接着会发生的事情，而-ki 表达这件事情正在持续中），但是他认为-ka 仅仅标注了时间，而-ki 则赋予了这个事件相对的"独立性"，正因如此，-ki 的时态也可以用于"为一个会附随的事件设定一个条件"⑥。

例 4：
U-   ki-   mw-   ona,
你（主）- 假设-   他（宾）- 看见
mw-   ambie   a-je   kwa   haraka.
他（宾）-   告诉.祈使   他-.祈使   在   急/快

如果你看到他，告诉他让他快点来。（Polomé，1967：116）

章培智在《斯瓦希里语语法》中将-ki 时态的意思总结为"表示动作发生的假设条件、可能性和持续性"⑦⑧。相较国外的学者，此书里非常详细地列举

---

① 用数字对斯瓦希里语的名词组（noun class）进行编号参考了 Schadeberg T C. *A sketch of Swahili morphology* [M]. 3 rev.ed. Köln: Rüdiger Köppe, 1992: 37.

② Polomé E C. *Swahili language handbook (Language Handbook Series xvii)* [M]. Washington, D.C.: Center for Applied Linguistics, 1967: 116-117.

③ Ibid., p.116.

④ Polomé 将"时态"（Time）和"体"（Aspect）分开处理，他认为未完成时-ki 和完成时-me 属于动词的"体"（Ibid., p.116）。他将祈使语态命名为"adhortative"（Ibid., p.116）。

⑤ Ibid., p.116.

⑥ Ibid., p.117.

⑦ 章培智. 斯瓦希里语语法［M］. 北京：外语教学与研究出版社，1990：379.

⑧ 可能是由于教学原因，章培智对于-ki 时态的词素——相对于语义核心的动词词干来说处于前方的前缀——使用了"中缀"的说法。在语言学术语中的中缀一般指在一个

出了很多例句。但是在对-ki-时态进行细化解释时，他似乎没有遵循特定的框架，文中有时只标出含义［比如（1）］；有时只说明-ki-时态的句法特征［如（2）］；有时既标出含义又给出句法特征并且详细限定可能出现进行互动的其他时态［如（3）］。

（1）表示持续的、未完成或正在进行的动作。

（2）用 KI 构成的短语或句子，补充说明主要动词的情况，相当于状语。

（3）表示条件"如果、假如、倘若"的意思，从句用 KI 时态，主句通常用 TA，HU，假定式等时态。（章培智，1990：379—381）

曹勤、孙宝华和冯玉培（以下简称曹勤等）编著的《新编斯瓦希里语》虽没有明确说明有两个不同的-ki-时态，但是根据-ki-时态标记在具体使用时分布的不同，给出了不同的解释方式①。

（1）-ki-时态表示"如果"、"假如"等意思，用在条件句中，后面的动词一般多用将来时。

（2）和 huku 一起使用，表示同时发生的两个动作。（曹勤等，2008：6）

经过这一章节的梳理，我们可以得知：无论是国外的学者还是中国的学者，对于-ki-时态的理解都不尽相同。差别不仅在于学者们阐述-ki-时态的时候给出的含义，也在于他们的阐述方式以及这种阐述方式背后的研究方法，毕竟这些不同时期编著的语法面向的是不同的读者人群。

在本文的写作过程中，非常遗憾未能参考东非学者对于斯瓦希里语语法的描述，特别是用斯瓦希里语描述语法的文献，以及 Mohamed A. Mohamed（2001）的《现代斯瓦希里语语法》(*Modern Swahili Grammar*)。

三、-ki-时态的用法解析

同样形式的语法标记可能含有不同的意义，意义上的差别可能源自本身就是同形异义的不同词素，也可能是同一个词素在不同的语境中"渲染"出不同的意义。更扎实的分析应该通过分析-ki-时态在不同环境中出现时所表达的意义，最后再尽可能地总结出-ki-时态（如果只有一个-ki-时态的话）"基本"的含义。从方法上来说，这种对于不同的"分布"进行单独分析的方式最接近曹勤等的做法（见第二章）。

（或多个）位置"切"开一个词素、加入这个中缀（或这个中缀的多个部分）从而加入其他的语义内容的情况，多出现于非亚语系闪米特语族的语言中。

① 曹勤等（2008）在原文中并没有提到"分布"这个词而是选择了"用法"，在类似复习的单元提到"其[-ki-时态]用法之一是用在条件句中，表示'如果'、'假如'、'要是'等意思"（摘自曹勤，孙宝华，冯玉培. 新编斯瓦希里语：2［M］. 北京：外语教学与研究出版社，2008：21）。

Schadeberg 几经修改、最新版本在 1992 年发表的《斯瓦希里语形态学摘要》(*A Sketch of Swahili Morphology*)是斯瓦希里语学界少数试图通过"分布"来对复杂句式中的时态进行诠释的文献①。在这份摘要中,他还指出-ki-有习惯时(habitual)的用法②。Göbelsmann 关于斯瓦希里语时体情态系统的文章也影响了本文,本文可以为 Göbelsmann 对-ki-时态的部分理解提供例证和支持(比如将-ki 理解为一种"同时/当时"),但是笔者对他将-ki-在某些例句中理解为"同时与完成时的集合"的说法并不认同③,因为本文更强调-ki-时态的具体意义是由其与其他时态互动而来。在互动决定意义这一点上,笔者可能更接近 Contini-Morava 将-ki-归入一个"依存系统(System of Dependency)"的做法,她将-ki-时态理解为一种"背景化(backgrounded)",她的研究非常细致,但是着眼点放在了-kuwa"是"这个动词词干和与其紧密相连的动词时态互动的情况,单独对于-ki-时态的描述却较少④。

Rieger 在 2011 年的《斯瓦希里语论坛》(*Swahili Forum*)上发表评论,批评斯瓦希里语学者虽然对时态(比如-ki-或-me-)有过功能上的描述,可是没有试图将这些时态进行"系统的整合"⑤⑥。很可惜,她所谓的"系统的整合"只关注时态与时态之间意思上的差别(最好的例子是 Polomé 将-ki-和-me-以及-ki-和-ka-进行的对比分析),并不关注特定时态在句法上和其他时态的互动⑦。而实际上,在斯瓦希里语过往的语法书中,复合句式中的时态(比如-ki-时态)即便是功能上的描述也是很不足的。所以,笔者认为虽然"系统的整合"很有必要,但是更详尽的、通过"分布"展开的、对于单一时态进行功能上的描述是这种"整合"的前提。

为了减少查询的工作量,本文使用四本来自坦桑尼亚和肯尼亚的中篇小说

---

① Schadeberg T C. *A sketch of Swahili morphology* [M]. 3 rev.ed. Köln: Rüdiger Köppe, 1992: 37.

② Ibid., p.33.

③ Göbelsmann C. *Tempus, Aspekt und Modalität* [M]// Miehe G, Möhlig W J G. *Swahili-Handbuch*. Köln: Rüdiger Köppe, 1995: 112-113.

④ Contini-Morava E. *Deictic explicitness and event continuity in Swahili discourse* [J]. Lingua, 1991, 83: 287.

⑤ Rieger D. *Swahili as a tense prominent language: Proposal for a systematic grammar of tense, aspect and mood in Swahili* [J]. Swahili Forum, 2011, 22: 133.

⑥ Rieger 对斯瓦希里语学者的批评继承了著名班图语言学者 Derek Nurse。Nurse 对于班图语各语言的分析者将单一时态进行独立分析、不试图将其融入一个整体的形态/语义系统(coherent morphosemantic system)的做法表示过担忧(Nurse D. *Aspect and Tense in Bantu Languages* [M]// Nurse D, Philippson G. *The Bantu Languages*. London: Routledge, 2003: 90)。

⑦ Rieger D. *Swahili as a tense prominent language: Proposal for a systematic grammar of tense, aspect and mood in Swahili* [J]. Swahili Forum, 2011, 22: 133.

或短篇小说集作为研究文本，用于定位-ki-时态和其他时态的互动情况。这四本文献分别是 Adam Shafi 的《Kuli》(1979)、Ken Walibora 的《Siku Njema》(1996)、Abdallah Saffari 的《Joka la Ndimu》(2007)，以及 Iribemwangi 整理的短篇小说集《Kunani Marekani?》(2011)[①]。除 Walibora (1996) 中-ki-时态出现的频率相对低一些，其他三位作者/编者的文献里-ki-时态出现的频率在每百词 1.1 次到 1.4 次[②]。除此之外，为了涵盖其他文体，也少量参考了 Barwani 等学者整理的斯语采访稿《Unser Leben vor der Revolution und danach – Maisha yetu kabla ya mapinduzi na baadaye》(2003)。

（一）与面向过去的时态标记互动

1. -li-位于-ki-时态的前方

与-ki-时态搭配最多的是位于-ki-前方的-li-时态（"过去时"）。两个时态标记所属的动词在绝大多数情况下指向相同的主语（例 5a），但是指向不同主语的情况也是被允许的（例 5b）[③]。前方的过去时-li-已经限定时间在过去，-ki-的意思是"当时"，描述这个"当时"发生的事情仍在进行中［比如（例 5a）中做出门的准备工作］，也可以被理解为短句正描述着一种不会暂时改变的状态［比如（例 5b）中容光焕发不是一次性的］。

例 5a：

A-　　li-　　jibu　　a-　　ki-　　ji-　　tayarisha　　ku-　　toka.
他（主）- 过去时- 回答　他（主）- 当时- 自己- 准备　　不定式-出去
他（这么）回答道，当时他正准备出门。（Saffari, 2007: 42）

例 5b：

Kila　　mmoja　　a-　　　li-　　furahi　　ku-ona
每　　一个　　他（主）- 过去时- 高兴　　不定式-看见

[①] 组成文献库的书籍：(1) Shafi A S. *Kuli* [M]. Dar es Salaam: Tanzania Publishing House, 1979. (2) Walibora K. *Siku Njema* [M]. Nairobi: Longhorn, 1996. (3) Saffari A J. *Joka la ndimu* [M]. Dar es Salaam: Huda Publishers, 2007. (4) Iribemwangi P I. *Kunani Marekani?* [M]// Iribemwangi P I. *Kunani Marekani? na hadithi nyingine*. Nairobi: Target Publications, 2011. 补充文献：(5) Barwani S A, et al. *Unser Lebenvor der Revolution und danach – Maisha yetu kabla ya mapinduzi na baadaye* [M]. Köln: Rüdiger Köppe, 2003.

[②] 《Kuli》1.34 次/100 词，《Sikunjema》0.74 次/100 词，《Joka la ndimu》1.18 次/100 词，《KunaniMarekani》1.3 次/100 词。

[③] 实际上，章培智（1990）描述-ki-时态的时候（1）中的例子都是主语变换的情况，而（2）的例子都是主语不变的情况（详见章培智. 斯瓦希里语语法 [M]. 北京：外语教学与研究出版社，1990：379—381）。

uso   wa   Mama   u-   ki-   ng'ara.
3.脸 3.连接词 妈妈 3- 当时- 发光

每一个人看到妈妈容光焕发的样子都很高兴。（Iribemwangi，2011：23）

前方的-li-可以搭配动词词干-wa（"是"），这个组合可以被理解为一个助动词，这时的-ki-可以有两种非常接近的解读方式。第一种和上文中提到的（例5a-b）例子相同，表示"当时"的情况（例6a），第二种则表示这个动作是一般会发生的（一种惯例）或是可以重复进行的（例6b）。

例6a：

Kwa   mfano   a-   li-   kuwa   a-   ki-   tu-   ambia
用例子 她（主）- 过去时- 是 他（主）- 当时（*）- 我们（宾）- 告诉

kuwa   Zainabu   Makame   ni   nduguye.
连词   扎伊纳布   马卡梅   是   兄弟/姐妹.他的

比方说她当时告诉我们扎伊纳布·马卡梅是她的姐妹。（Walibora，1996：66）

例6b：

Kwa   kweli   Selemani   a-   li-   kuwa
用   真实   塞雷曼   他（主）- 过去时- 是

a-   ki-   oga   kwa   nadra   sana.
他（主）- 一般- 洗澡 用   罕见的 非常

说真的塞雷曼以前一般极少洗澡。（Walibora，1996：20）

除位于前方的-li-可以搭配动词词干-wa（"是"），-ki-时态也可以搭配这个动词词干。这时，包含-ki-的动词可以被理解为系动词，也具有类似助动词的功能。可是，无论是作为系动词还是实现类似助动词的功能，-ki-时态的意思和本章最开始的例子（例5a-b）中相同，表示"当时"（例7a），主语也可以更换（例7b）①。实现类似助动词的功能时，最常搭配的时态是完成时-me-（例7c），也可以使用否定时态（例7d）。

例7a：

Maskini   a-   li-   chomoka   mbio
可怜的人 他（主）- 过去时- 抽出   快跑

a-   ki-   wa   uchi   wa   mnyama
他（主）- 当时- 是 11.裸露 11.连接词 动物

可怜的人他一下子跑出来，当时全身赤裸，就像动物一样。（Iribemwangi，2011：24）

---

① 在有些例句（比如例7b）中，可能给人一种该动作是"长期地、重复进行"的印象，但是这个意思来自动词词干-wa，而非时态标记-ki-。

例 7b：
Vikundi vingi vya taarab vi- li- m- taka
8.团　　8.很多　8.连接词　塔拉卜音乐　8-　过去时-　她（宾）-　想要
a-　　　ki-　wa　bado　shule-ni.
他（主语）-　当时-　是　仍然　学校-地点
很多塔拉卜乐队想要她（加入），她那时还在上学。（Walibora，1996：2）

例 7c：
Kutwa hiyo ni- li- fanya kazi
整天　这个　我（主）-　过去时-　做　工作
ni- ki- wa ni- me- tambarika mno.
我（主）-　当时-　是　我（主）-　完成时-　被拖拽　非常
这一整天我都在工作，当时我（就）已经很累了。（Walibora，1996：34）

例 7d：
Wafanyakazi wa- li- anza ku- kimbia
工人　　他们（主）-　过去时-　开始　不定式-　跑
i- ki- wa hata hawa- oni wa- na- ko- endea.
9-　当时-　是　甚至　他们（否）-看（否）　他们（主）-　现在-　15.从句-　去
工人们那时开始跑起来，甚至当时他们都看不清去的地方。（Shafi，1979：185）

2. -liR-位于-ki-时态的前方

高频搭配里也有位于-ki-前方的从句标记-liR-。由于-li-作为从句的时态前缀可以链接的名词组较多，所以在本文中统称为-liR-。在文献中出现的-liR-无一例外都搭配动词词干-wa（"是"），并且都组成类似助动词的短语。如前文中提到的与-wa-搭配的-li-"过去式"一样，这时的-ki-也有两种解读的可能，一种表达"当时"，一种表达"重复，习惯"，具体指向的含义需要研究动词词干的特征与前方时态的互动来确定。比如在（例 8a）中的-lipo-和-rudi 确定了这是一个不可能重复的动作。

例 8a：
Tu- lipo- kuwa tu- ki- rudi Kisauni
我们（主）-　过去（？）.从句.16-　是　我们-　当时/持续-　回　基萨乌尼
ha- ku- zungumza sana.
他（否）-　过去（否）-　说话　很
在我们回基萨乌尼的路上，他没有怎么说话。（Walibora，1996：99）

例 8b：
Ni-　ka-　amka　haraka　kwenda　ku-　m-　fungulia
我（主）- 接着- 起身　　快速　　去　　不定式- 他（宾）- 为…打开
a-　liye-　kuwa　a-　ki-　bisha　mlango-　ni.
他- 过去（？）.从句.他- 是　他- 当时/重复- 敲　　门- 　地点
我（于是）赶快起身去给在门口敲门的人开门。（Walibora，1996：82）

需要注意的是，虽然在此次查询的文献中没有出现，-liR-也可以和-wa 搭配构成系动词，这时-ki-时态标记有可能含有"重复"的含义（例 8c），并且-ki-也可以出现在非从句的短句里。但是在整个句子中，"当时"的含义仍旧得以保持，母语者也很难明确指出这时的"过去/当时"主要来自-lipo-还是-ki-。笔者的解读是鉴于-lipo-更完整地诠释了"过去的一个时间点"，这时后面出现的-ki-强调了这件事情的可持续性或可重复性[①]。

例 8c：
Ni-　lipo-　kuwa　Cairo
我（主）- 过去（？）.从句.16- 是　　开罗
vile　vile　wakhti　ni-　lipo-　kuwa　mwanafunzi
那样　那样　时间　我（主）- 过去（？）.从句.16- 是　　学生
ni-　ki-　saidia　ku-　sema　katika　redio　Cairo.
我- 重复/当时（？）- 帮助　不定式- 说　　在　　广播　开罗
我在开罗的时候，也就是我在做学生的那段时间，我时常在开罗电台做播音员。（Barwani et al，2003：23）

3. -ki-时态位于-me-时态的前方

在本文中完成时-me-被笼统地归入面向过去的时态标记[②]。在（例 7c）中，含有-ki-时态的类似助动词的动词结构与完成时-me-搭配组成了一个从句，为主句表达了"我当时已经很累了"这个状态。这时的-ki-表达的"当时"来自它与之前的过去时标记-li-的互动。需要注意的是-ki-和-me-的组合应该理解成一个整体，并不意味着-ki-时态具有该特定含义，只是当这个整体与-li-互动时，可以让-ki-显示出"当时"的含义，并且这样的例子并不罕见（例 9）。这个整体也可以和将来时标记-ta-互动，见后文的例句（例 11d）。

例 9：

---

① 实际上此句也可以用-li-替代-ki-时态："Wakati nilipokuwa mwanafunzi nilisaidia kusema katika redio Cairo."

② 将-me-理解为为完成时的有 Polomé（1967）和 Schadeberg（1992），在一定程度上也包括 Ashton（1944），而 Rieger（2011）则认为属于"最近过去时"。

Stella　　　a- li-　　toka　　jiko-ni　　a-　　ki-　wa　tayari
斯黛拉　她（主）- 过去时- 出来　厨房-地点　他（主）- 当时- 是　准备好
a-　　me-　　mw-　　andalia　babake　staftahi.
他（主）- 完成时- 他（宾）- 准备　　爸爸.他的　早饭

斯黛拉从厨房出来，当时她已经为爸爸做好了早饭。（Iribemwangi，2011：81）

（二）与面向将来的时态标记互动

1. -ki-时态位于-ta-的前方

在文献中-ki-也经常位于-ta-（将来时）的前方，这时的-ki-可以表达一种假设，即如果满足特定条件，则将来时-ta-所表达的事件（动作）将会发生（例10a）。有些学者（比如 Ashton）可能是为了英语翻译的便利，在描述-ki-时态所表达的假设时指出该事情可以是真实可能发生的，也可以是一般不可能发生的。我认为这样的描述是不必要的，因为说话人对于该事情发生可能性的评价并不是由-ki-时态所表达的，而是通过在-ki-时态前方加入特定连词的方式来实现的（比如 kama "如果"，hata "即使"，ingawa "尽管"），而这些成分是否存在都不会影响句子的合语法性（例10b）。

例10a：
Tu-　　ki- sema　taratibu tu-　　ta-　sikilizana.
我们（主）- 假设- 说　　慢　我们（主）- 将来时- 互相听
我们如果慢点说就能听懂对方了。（Shafi，1979：185）

例10b：
(Kama)　　ni-　　ki-　rudi　nyumba-ni　wiki　hii,
（如果）　我（主）- 假设- 回　　家-地点　星期　这个，
ni-　　ta-　ku-　letea　vedio-kaseti.
我（主）- 将来时- 你（宾）- 带来　录像带
如果我这星期回家，我将给你把录像带带来。（章培智，1990：381）

这时的-ki-也可以搭配动词词干-wa（"是"）。作为系动词时，意思和上文相同，表示"假设"（例10c）。如果是实现类似助动词的功能时，虽然也表示"假设"，但是这时-ki-和-ta-的组合只能展示一个不完整的从句，比如例10d中"如果你们将来不原谅我，……"。

例10c：
...pia　ni-　　ki- wa　huko　ni-　ta-　chapisha　karatasi
也　我（主）- 假设- 是　那里　我- 将来时- 印刷　　纸片
并且如果我在那里，我也会把纸片印出来。（Shafi，1979：172）

例10d：
Ni-ta-elewa
我（主）-将来时-理解
i-ki-wa　　　m-ta-kataa　　　　　　　ku-ni-samehe.
9-假设-是　　你们（主）-将来时-拒绝　　不定式-我（宾）-原谅
如果你们将来不原谅我，我也能理解。（Iribemwangi，2011：32）

2. -ta-位于-ki-时态的前方

将来时-ta-位于-ki-时态前方的情况非常复杂，一部分用法可以理解为-ki-....-ta-这种组合的话题化用法，即为了突出一个重点/话题（这里指假设条件满足后会发生的情况），将这个句子成分（含有-ta-的短语）提前到句子的开头（例11a），证据是即使将-ta-置于-ki-短语的后方，句子意思也不会发生剧烈的改变（例11b）。

例11a：
Msalaba　huo　u-　ta-　kuwa　mwepesi
3.十字架　3.这个　3-　将来-　是　　3.轻
tu-　ki-　shirikiana　ku-　u-　beba
我们-　如果-　互相协助　不定式-　3-　背/运
这个十字架会是轻的，如果我们一起背的话。（Iribemwangi，2011：20）

例11b：
Tu-　ki-　shirikiana　ku-　u-　beba　msalaba　huo
我们-　如果-　互相协助　不定式-　3-　背/运　3.十字架　3.这个
u-　ta-　kuwa　mwepesi
3-　将来-　是　　3.轻
如果我们一起背这个十字架的话，它会是轻的。（笔者自己的例句）

在另一部分用法中，-ta-....-ki-的组合考虑更早之前出现的时态标记，总的来说，可以帮助-ta-时态实现一些将来时——这个强调某一个时间点的时态——所缺少的时态含义。比如在例11c中的-ki-强调了"去找工作"这个行为的持续性以及可重复性。

例11c：
Kwani　jana　mama　si　ni-　li-　kw-　ambia　kuwa
为什么　昨天　妈妈　不是　我（主）-　过去-　你（宾）-　告诉　连词
n'-　ta-　kuwa　ni-　ki-　enda　ku-　tafuta　kazi
我（主）-　将来时-　是　　我（主）-　持续-　去　不定式-　找　工作
huko　gati-ni?
那里　码头-地点

79

妈妈昨天我不是和你说了我会去码头找工作了吗？（Shafi，1979：24）

还有一些更为复杂的例句，甚至有四个附带时态信息的单词[①]与相应连词互动，使得这时的时态标记-ki-有了更多的诠释空间，比如在例 11d 中，-ki-既可以理解为"当时"，也可以理解为一种"假设"[②]。

例 11d：

Kama ndivyo ni- ta- kuja
如果   是这样 我（主）-将来时-来/到

hata ni- ki- wa ni- me- vaa magwanda au makombo.
即使 我-当时/假设-是 我（主）- 完成时- 穿 工作服   或   旧衣服

如果是这样的话，那我会来，就算（那时）我穿着工作服或旧衣服。
（Shafi，1979：120）

3. -ki-位于虚拟语气/祈使句的前方

时态标记-ki-后方可以出现虚拟语气/假定式/祈使短句（以下简称祈使短句），本文不讨论祈使短句在动词"时体情态（TMA）"系统中的归属问题，而是把祈使短句归于面向将来的时态，因为这些希望发生（或希望不发生）的事情对于说话的场景来说都是一个将来的事件。这时搭配祈使短句的-ki-时态表达一种假设（例 12a）。有些时候，无法真正得知这时祈使短句的使用是源自-ki-和祈使短句的互动，还是来自-ki-所搭配的动词词干（比如这里的-penda 爱）和祈使短语的互动（例 12b-c）。

例 12a：

Tu-   ki- wa na chakula na nguo
我们（主）- 假设- 是 和 饭   和 衣服

tu-   ridhike na mambo hayo.
我们（主）- 满意   和 事情   这些

如果我们有吃的和喝的，我们就对这件事情满意。（Walibora，1996：37）

例 12b：

Wa-   li- kuwa maskini, u-   ki- penda wa-   ite
他们（主）- 过去- 是   贫人   你（主）- 假设- 喜欢   他们（宾）- 叫.祈使

---

① （1）ndivyo 无具体时间指向；（2）-ta-将来时；（3）-ki-与之后的-me-组成一个整体；（4）-me-完成时。

② 比如删除 Kama ndivyo "如果是这样的话"的部分，或删除 hata "即使"的部分，则读者会增加-ki-作为"假设"的解读倾向。

maskini wa mwisho.
2.穷人 2.连接词 最后

他们当时很穷，如果你愿意的话，也可以说他们已经穷到家了。
（Iribemwangi，2011：32）

例12c：
Na- penda ni- wa- ite
我（主）.现在时- 喜欢 我（主）- 他们（宾）- 叫.祈使
maskini wa mwisho.
2.穷人 2.连接词 最后
我想把他们叫作已经穷到家了的人。

（三）与面向现在的或面向无明显绝对时间指向的时态标记互动

1. -ki-位于hu-时态的前方

在文献中-ki-与现在时或无明显绝对时间指向的时态标记互动较少，比如-ki-时态可以出现在hu-时态（"习惯时"）的前方，这时的-ki-表示"假如"（例13a）。时态-ki与hu-互动的实例——就像Rieger指出的一样——在现代斯瓦希里语仅出现在一些格言中[①]。章培智的语法书中，也不乏关于-ki-和hu-时态搭配的格言（例13b）。

例13a：
Ukweli u- ki- dhihiri
3.真相 3- 假如- 是清楚的
uongo hu- ji- tenga
虚假 习惯时- 自己- 分开
真相一出现，虚假的事物会自动散退。（Saffari，2007：38）

例13b：
Paka a- ki- ondoka
猫 他（主）- 假设- 离开
panya hu- tawala.
老鼠 习惯时- 统治
猫儿一走开，老鼠闹翻天。（章培智，1990：380）

---

① Rieger D. *Swahili as a tense prominent language: Proposal for a systematic grammar of tense, aspect and mood in Swahili* [J]. Swahili Forum, 2011, 22: 122.

2. -ki-位于-na-时态的前方

在所查询文献中出现-ki-位于-na-前方的例子并不多,并且几乎都是-ki-搭配动词词干-wa("是")组成助动词,这时-ki-所表达的意思是通过其与更早之前的时态或之后的时态进行互动产生的。如果之前是-li-时态(过去时),-ki-表示"当时"(例 14a);如果之后是祈使句,则-ki-表示"假设"(例 14b)。

例 14a:

A- li- ji- zuia a- ki- wa a-
他(主)- 过去- 自己- 阻止 他(主)- 当时- 是 他(主)-
na- amini kwamba...
现在时- 相信 连词

他(那时)阻止了自己,当时他正相信……(Shafi,1979:71)

例 14b:

I- ki- wa u- na- ona hizo [pesa] hazi-toshi
9- 假设- 是 你(主)- 现在时- 看见 10.这 [10.钱] 否定.10-足够.否定
ka- tafute zako!
去①- 找.祈使 10.你的

要是你觉得这些钱不够用,那你自己去找吧!(Iribemwangi,2011:154)

3. hu-和na-位于-ki-时态的前方

由于例子不多、和-ki-时态互动的位置相同,并且含有相近的语义,本文将位于-ki-前方的 hu-时态(习惯时)和-na-(现在时)合并为一章。时态 hu-位于-ki-前方的例子来自章培智的语法书,例 15a 里的-ki-意思为"当时",或者换句话说,-ki-的时态标记链接了由习惯时 hu-所引发出的每一个时间点。

在文献中出现的例子(例 15b)中,位于-ki-时态前方的-na-("现在时")实际上是由 amba-的提取式从句引发的,这里的现在时-na-并不是严格意义上链接现在发生的事件,而是对于"当今"的记者在某一个时间段内可能的行为模式进行描述,可以是昨天、前天,也可以是明天、下个月等将来的某一个时间点,时间指向并不固定。

例 15a:

Kila baada ya chakula cha jioni,
每 之后 连接词 7.饭 7.连接词 傍晚

---

① Polomé 将在可以出现在祈使语气(adhortative)中的-ka-词素称为 subsecutive,即一件事情接着另一件事发生(Polomé,1967:119)。但是他认为这个-ka-暗示了英文 going "去"的意思(Polomé,1967:119)。

Shao Chen　na　Shao Fang　hu-　enda　uwanja　wa　mpira
小陈　　　和　　小方　　习惯时-　走　3.操场　3.连接词　球
ku-　tembea　wa-　ki-　zungumza　kwa　Kiswahili.
不定式-　散步　他们（主）-　当时-　会话　　用　斯瓦希里语
每天晚饭后，小陈和小方总要去操场上，一边散步一边用斯语会话。（章培智，1990：379）

例15b：
Wanahabari　ambao　wa-　na-　ku-　hoji
2.记者　　　　从句.2　2-　现在时（？）-　你（宾）-　采访
hata　u-　ki-　wa　kwenye　chumba　chako　cha　ku-　lala　hasa!
甚至　你-　当时-　是　在　　7.房间　　7.你的　7.连接词　不定式-睡觉　尤其！
那些记者，甚至是你在自己卧室（睡觉）的时候他们都要采访你！（Iribemwangi，2011：60）

四、结语

本文试图通过研究-ki-时态在四篇中篇小说/小说集中的分布情况，分析其与其他时态进行互动时的例句来解释-ki-时态的具体用法和含义。首先，-ki-时态作为"当时"的含义被解读时，多依赖于它与位于它之前的时态进行互动，这些互动的时态大多是面向过去的时态（比如-li-或-liR-），也可以是没有明确绝对时间指向的时态（比如 hu-或从句中的-na-）。其次，-ki-时态作为"假设"被解读时，多依赖于它与位于它之后的时态的互动，这些互动的时态可以是将来时-ta-，这时也可能有话题化的用法（-ta-时态短语被提前），也可以是祈使短句或习惯时 hu-。再次，-ki-确实有可能拥有"重复/一般/习惯"的解读方式，但是仅出现在其与位于它之前的、面向过去的时态互动时，并且此时这些面向过去的时态必须是从句（比如-liR-）或类似助动词的动词结构（-likuwa），我建议将这些时态统称为"不完整时态标记"（fragmentary TMA marker），即需要附带其他具有时态标记的动词短语才能组成完整句子的情况。并且即使前方出现不完整时态，-ki-作为"重复/一般/习惯"的解读方式也只是有可能被"激活"，而不是必须，比如此时和-ki-搭配的动词词干也会影响解读。

本文仅分析了-ki-时态与斯瓦希里语中使用频率较高、表达肯定意义的一些时态互动的情况，尚未能完整分析-ki-与所有时态标记是如何互动的。一方面受限于语料库的容量，一方面也受限于目前斯瓦希里语语法描述的深度——无论国内外——都未能更完全地剖析动词的"时体情态（TMA）"标记及其互动情况。同时我们也应注意到，除了时态标记的互动以外，连词对于时态互动时时间框架的确定有着不容忽视的作用,对于其用法的详细解释,特别是它们与时态如何互动的分析也会让我们对斯瓦希里语的语法有更为深入的理解。

参考文献

[1] 曹勤, 孙宝华, 冯玉培. 新编斯瓦希里语: 2 [M]. 北京: 外语教学与研究出版社, 2008.

[2] 章培智. 斯瓦希里语语法 [M]. 北京: 外语教学与研究出版社, 1990.

[3] Ashton E O. *Swahili Grammar (including Intonation)* [M]. London: Longmans, 1944.

[4] Barwani S A, et al. *Unser Lebenvor der Revolution und danach – Maisha yetu kabla ya mapinduzi na baadaye* [M]. Köln: Rüdiger Köppe, 2003.

[5] Contini-Morava E. *Deictic explicitness and event continuity in Swahili discourse* [J]. Lingua 83, 1991: 277-318.

[6] Creider C, Hudson R. *Inflectional morphology in Word Grammar* [J]. Lingua, 1999, 107 (3-4): 163-187.

[7] Greenberg J H. *A Quantitative Approach to the Morphological Typology of Language* [J]. International Journal of American Linguistics, 1960, 26 (3): 178-194.

[8] Göbelsmann C. *Tempus, Aspekt und Modalität* [M]// Miehe G, Möhlig W J G. *Swahili – Handbuch*. Köln: Rüdiger Köppe, 1995: 109-120.

[9] Iribemwangi P I. *Kunani Marekani?* [M]// Iribemwangi P I. *Kunani Marekani? na hadithi nyingine*. Nairobi: Target Publications, 2011: 1-15.

[10] Nurse D. *Aspect and Tense in Bantu Languages* [M]// Nurse D, Philippson G. *The Bantu Languages*. London: Routledge, 2003: 90-102.

[11] Polomé E C. *Swahili language handbook (Language Handbook Series xvii)* [M]. Washington, D. C.: Center for Applied Linguistics, 1967.

[12] Rieger D. *Swahili as a tense prominent language: Proposal for a systematic grammar of tense, aspect and mood in Swahili* [J]. Swahili Forum, 2011, 22: 114-134.

[13] Saffari A J. *Joka la ndimu* [M]. Dar es Salaam: Huda Publishers, 2007.

[14] Schadeberg T C. *A sketch of Swahili morphology* [M]. 3 rev.ed. Köln: Rüdiger Köppe, 1992: 37.

[15] Shafi A S. *Kuli* [M]. Dar es Salaam: Tanzania Publishing House, 1979.

[16] Walibora K. *Siku Njema* [M]. Nairobi: Longhorn, 1996.

[17] Mohammed M A. *Modern Swahili Grammar* [M]. Nairobi: East African Educational Publishers, 2001.

现代南阿拉比亚诸语简介[①]

上海外国语大学东方语学院　李卫峰

【摘　要】 本文对国内学界尚未开展研究的南阿拉比亚诸语做了简要介绍，包括了该组语言的成员、命名由来、在闪语族内部划分中的地位、汉译的考量。而后又检视了该组语言被识别发现的历程和主要学术研究成果。最后作者探讨了 MSAL 语言研究对中国学术和"一带一路"倡议的意义，和开展当地田野调查的可能性。

【关键词】 南阿拉比亚诸语；译名；谱系划分；一带一路；田野调查

现代南阿拉比亚诸语（Modern South Arabian languages，以下简称 MSAL），是亚非语系（旧称闪含语系[②]）闪语族中的一个分支。主要分布在也

[①] 本文受国家语委"十三五"科研规划 2018 年度重点项目"'一带一路'沿线关键本土语言研究"（ZDI135-78）资助。

[②] 闪含语系，英文为 Hamito-Semitic 或 Chamito-Semitic languages，法文为 les langues chamito-sémitiques，德文为 semitohamitische 或 hamitosemitische Sprachen，俄文为 семито-хамитские 或 хамито-семитские языки，阿文为 اللغات الحامية السامية，"含闪"多于"闪含"。笔者猜想，这一术语有可能是从德语或俄语文献中翻译过来的，译者在斟酌"闪含"和"含闪"时，考虑到后面"语系"二字皆为仄声，"闪含"二字为仄平，"含闪"为平仄，按照"一三五不论，二四六分明"的一般原则，"闪含语系"的平平仄仄，更符合汉语韵律，故最终定名"闪含语系"，并在大陆语言学界沿用至今。
1781 年德国学者 August Ludwig von Schlözer 将上述语言和腓尼基语、格厄兹语用闪语 semitische Sprachen 统称之。19 世纪中期又陆续将赛伯邑语（示巴语）、阿卡德语、索科特拉语等语言列入其中。1850 年德国外交家兼语言学家 Johann Ludwig Krapf 将非闪语的非洲语言如埃及语、努比亚语、古实语等称为含语 hamitische Sprachen。19 世纪 60 年代德国埃及学家 Karl Richard Lepsius 认为含诸语和闪语有共同祖语，于是首先使用了闪含语系这个名字，但知者甚少。奥地利语言学家 Friedrich Müller 在他的著作《语言学基础》（*Grundriss der Sprachwissenschaft*, Wien 1876-88）中也用了这个术语，至此闪含语系这一术语才广为接受。但法国语言学家 Marcel Cohen 在（1924）通过基本词汇的比较，认为含语族并不存在，将含语族下的几个语支提升为语族。但他沿用了闪含语系的旧名。
1950 年美国语言类型学家兼人类学家 Joseph Greenberg 提议将闪含语系改名为亚非语系，因为：第一，含语族已被证不存在。第二，"含米特"一词，由于《圣经》记载中含的诅咒（见《创世纪》9：18—27），隐含种族歧视。第三，语言学上的分类和《圣经》记载有出入。如迦南是含的后代，但迦南次组却属于闪语族，而以拦（Elam）是闪的后代，而以拦的语言却不属于闪语族。该语系的地理分布主要在西亚北非，故此 Greenberg 认为

门、阿曼的佐法尔省（محافظة ظفار）以及与二者相邻的沙特及其他海湾国家的一小片地区。其中哈尔苏斯语（Ḥarsusi）、吉巴勒语（Jibbali 或 Shehri、Šḥerɛt）、巴特哈尔语（Baṭḥari）分布在阿曼境内，马赫拉语（Mehri）、霍布约特语（Hobyót）分布于也门境内，索科特拉语（Soqoṭri）分布在也门索科特拉群岛上。其地理分布详见图1。

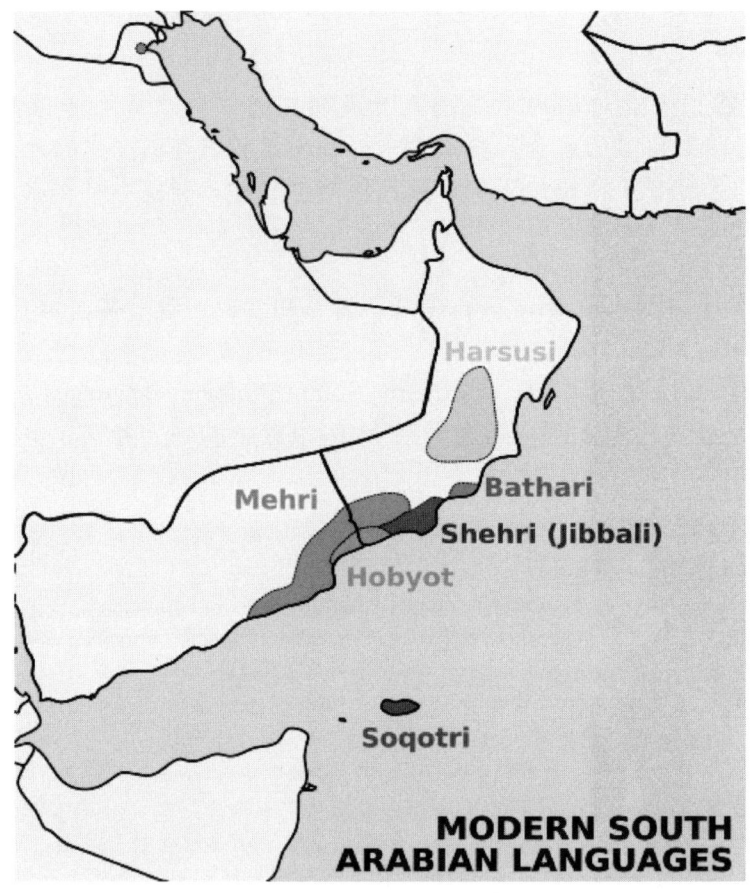

图1　现代南阿拉比亚诸语分布图

资料来源：https://en.wikipedia.org/wiki/Modern_South_Arabian_languages。

南阿拉比亚诸语（South Arabian Languages）国内一般译为南阿拉伯语。实际上，该术语是指阿拉伯半岛（阿拉比亚）南部居民的多种语言，与阿拉伯语（Arabic）有较大差别，并非原始阿拉伯语的分支或现代阿拉伯语的若干种

亚非语系更为合理。此术语现已被国际学术界广泛接受，笔者觉得中国学界也应接受"亚非语系"，而弃用"闪含语系"这一旧称。

方言。在下面表 1 中，笔者仅列出阿拉伯语、哈尔苏斯语和西北闪语的现代希伯来语的阴、阳两性基数字一到十，从中即可知阿拉伯语与哈尔苏斯语的差异，要远大于阿拉伯语与希伯来语的差异。① 特别是数字"五""六""七"，哈尔苏斯语保留了东闪语支、南闪语支 h，而阿拉伯语和希伯来语则完成了 h 到咝音 s, š 的创新。从而也支持了阿拉伯语与西北闪语的亲缘关系比阿拉伯语与 MSAL 的亲缘关系更近这一结论。

表 1 哈尔苏斯语、阿拉伯语、希伯来语基数词比较

数字	哈尔苏斯语	阿拉伯语	现代希伯来语
1	ṭād / ṭət	wāḥid / wāḥidaï	eḥad / aḥat
2	tərō / tərɔ́t	ʔitnāni / ʔitnatāni	šnaim / štaim
3	śəláyś / śāf(t)áyt	tlātaï / tlāt	šloš / šlošah
4	ʔōrba / rəbot	ʔarbaʕaï / ʔarbaʕ	arbaʕ / arbaʕah
5	káyməh / kəmmōh	kamsaï / kams	ḥameš / .ḥmišah
6	háttəh / yətet	sittaï / sitt	šeš / šišah
7	hōba / həbáyt	sabʕaï / sabʕ	šebaʕ / šibʕah
8	təmōni / təmōnēt	tamāniyaï / tamānin	šmoneh / šmonah
9	sē / sāʔáyt	tisʕaï / tisʕ	tešʕ / tišʕah
10	ʕōśər / ʕaśərēt	ʕašaraï / ʕašr	ʕeser / assarah

在英语中有三个形容词与"阿拉伯"相关：Arab, Arabic, Arabian，它们语义侧重点分别强调：民族、语言、地理。故 South Arabian Languages，即是从地理分布角度命名这些语言。而法语、德语、阿拉伯语中对应的形容词都只有一个（包含了它们各自的各种性、数、格、指形式），即 arabique, arabisch, عربي。以前的中文文献中，因对 MSAL 缺乏了解，对 Arabian 的语义侧重点也未加详审，故而将 South Arabian Languages 误译为南阿拉伯语。为不致混淆，笔者建议将其译为南阿拉比亚诸语。

普通语言学中，学界沿用"语系—语族—语支—语言"这样的四级层次划分，但闪语族众语言的谱系划分层次远多于四级，因此笔者参照汉藏语系界的经验②，将整个语言谱系层次定为：语系—语族—语群—语支—次支—语组—次组—语言。印欧语和闪语都有复数标记，而汉语缺乏复数标记。在遇到类似"×× languages"的术语时，笔者建议采用"××诸语"对译之。下面便是目前闪

---

① Robert Hetzron, ed. *The Semitic Languages* [M]. London: Routledge, 1997: 395.
② 孙宏开. 关于汉藏语系分类研究中的一些问题 [J]. 国外语言学，1995（3）.

语界最通行的谱系分类法[①]（生僻语言的名字，这里仅列出其英文名）：

表2　闪语族谱系分类简表

- ●东部语群
    - ▲阿卡德语支
    - ▲埃卜拉语
- ●西部语群
    - ▲埃塞俄比亚闪（南闪）语支
        - ■格厄兹语
        - ■提格列语
        - ■提格里尼亚语
        - ■南部次支
    - ▲现代南阿拉比亚语支
        - ■西部次支
            - ★Mehri, Harasusi, Bat'hari
            - ★Hobyot
        - ■东部次支
            - ★Jibbali
            - ★索科特拉语
    - ▲中闪语支
        - ■古代南阿拉比亚次支
        - ■北阿拉比亚次支
            - ★Dadanitic 语等
            - ★阿拉伯-Safaitic 语组
        - ■西北闪语次支
            - ★乌加里特语
            - ★阿拉姆-迦南语组
                - ✳迦南次组
                    - ✳希伯来语
                - ✳阿拉姆次组

南阿拉比亚诸语，又分为古代南阿拉比亚诸语（Old South Arabian Languages，简称 OSAL）和现代南阿拉比亚诸语。实际上，二者没有直接的谱系关系。MSAL 并非 OSAL 的直系后代。地理分布上更靠近埃塞俄比亚的 OSAL 包含了哈达拉毛语、塞伯邑语（示巴语）、古太白语、希木耶尔语等，因为这些语言已经消亡，但留下来大量这些语言的石刻铭文，所以也被学界称为 Epigraphic South Arabian Languages。在俄罗斯/苏联学术传统中被称作

[①] Huehnergard John, Pat-El Na'ama. *The Semitic Languages* [M]. 2nd ed. London and New York: Routledge, 2019: 3.

Ṣayhadic Languages。从表 2 来看，OSAL 在最新的谱系细分中，已经被归入中闪语支；而 MSAL 则独立成为西部语群的一个语支。二者无直接的亲缘关系，仅是因分布地域都在阿拉伯半岛南部而均被冠以 Arabian 之名。

下面是六种 MSAL 的简介：

哈尔苏斯语（Ḥarsusi，اللغة الحرسوسية），与马赫尔语最接近，估计有 600—1000 名哈尔苏斯人将其母语，分布在阿曼祖法尔省جدة الحراسيس（Jiddaï al-Ḥarāsīs）地区。1981 年就有学者断言哈尔苏斯语将在两三代人之后消亡。

吉巴勒语（Šḥeret，اللغة الشحرية），顾名思义就是"山地语言"，主要分布于阿曼祖法尔省海滨城镇和附近山区及附近阿拉伯海中库里亚穆里亚群岛（جزر خوريا موريا，Khuriya Muriya）群岛的 al-Hallaniyah（جزيرة الحلانية）岛上，与索科特拉语较接近，还可以分为西部、中部、东部三个方言。母语者估计为 1 万—3 万人。

巴特哈尔语（Baṭḥari，اللغة البطحرية），分布于阿曼祖法尔省库里亚穆里亚群岛对岸，目前只有不到 100 人还能说这种语言，属于极度濒临灭绝的语言。这种语言与马赫拉语接近，部分巴特哈尔人会说马赫拉语，而不会说巴特哈尔语。巴特哈尔语中有跟阿拉伯语 ain 一样的咽音，一般认为是语言接触的作用。

马赫拉语（Mehri，اللغة المهرية），主要分布于也门、阿曼两国边境地区，因也门马赫拉省而得名。估计有 10 万—18 万人说。马哈拉人在卡塔尔、阿联酋、科威特打工，因而这些地方也有马赫拉母语者。主要有阿曼马哈拉语、也门马赫拉语两种方言。

霍布约特语（Hobyót，لغة هوبيوت），分布在也门最东部与阿曼最西部交界处。母语者人数均不超过 1000 人。

索科特拉语（Soqoṭri，اللغة السقطرية），主要分布在亚丁湾中的索科特拉群岛（主岛索科特拉与两个离岛 Abd al Kuri 岛和 Samhah 岛），母语者约有 5 万人。"索科特拉"一词源自梵语 Dvipa Sukhadhara，意为"有福之岛"。岛上物种奇特，有龙血树和乳香树。Lieutenant Wellstedt 于 1835 年来到岛上，搜集了 236 个索科特拉语单词。2014 年，俄罗斯 Vitaly Naumkin 博士在带队考察该群岛 5 年后，为索科特拉语制定了一个以阿拉伯字母为基础的文字方案，如图 2。①

---

① Vitaly Naumkin, Leonid Kogan, et al. *Corpus of Soqotri Oral Literature* [M]. Leiden: Brill, 2015.

(1)

عاچه سِفاقه
المرأة الذكية

١	طاد عاج فآنى بزمان باعلِ عاچه وحل ساس حاه حل ساس مده، بعدأْلِ حل فُتارك ألْفو وكّان مسكن.	في زمن الماضي تزوج رجل امرأةً ومكث معها قترة من الزمن، ثم افتقر الناس في هذه البلاد وصاروا مساكين.
٢	عَاْمُر: هاي تكيئُي حاه، بار هو أسافر. عمارو: إيدي شاك دِالله تاعد. وطاهر عاج وسفُار.	قال الرجل لزوجته: هل لك أن تبقي هنا، وأنا أسافر للبحث عن عمل؟ قالت الزوجة: اذهب يد الله معك. فسافر الرجل.
٣	وأتغرّب لحَاه برنهم، الله أعلم ألُو داه بلاد،	واغترب وعمل، ولم يُعرًف في أيّ بلد.

图 2 索科特拉语文献

MSAL 在伊斯兰教兴起之前就已存在。后来阿拉伯学者也注意到了这些语言与标准的阿拉伯语有诸多不同。但是他们只是把它们作为不正确的阿拉伯语对待，并没有把它们看作不同的语言。比如阿布·穆罕默德·哈桑·本·艾哈迈德·本·雅古白·哈姆丹尼（أبو محمد الحسن بن أحمد بن يعقوب الهمداني）曾在自己的著作中，提到过马哈拉人说话像外国人。[①]

现代南阿拉比亚诸语是直至 19 世纪中叶才由西方学者记录并识别的。1835 年，英国学者 S. J. R. Wellsted 出版了 *Memoir on the Island of Socotra* 一书，书中记录了他在一年前搜集的用拉丁字母和阿拉伯字母分别转写记录下来的 236 个索科特拉语单词，并将其翻译成英语和阿拉伯语。1838 年，法国驻吉达领事菲尔让斯·菲涅耳（Fulgence Fresnel，法国阿拉伯学家 Sylvestre de Sacy 学生、物理学家奥古斯丁·菲涅耳弟弟）在其 *Cinquième Lettre sur l'histoire des Arabes avant l'islamisme à M. Stanislas Julien*（Djeddah, février 1838）一书中，描写了两年前识别的 Shereṭ 语。马赫拉语于 1840 年被识别。1898 年，奥地利维也纳皇家科学院（Kaiserliche Akademie der Wissenschaften）组织了由 Maximillian Bittner, Alfred Jahn, David Heinich Müller 为首的南阿拉比亚探险队（Südarabische Expedition），对阿拉伯半岛南部做了科学考察。1937 年英国阿拉伯学家 Bertram Sidney Thomas 在他的 *Four Strange Tongues of South Arabia* 一书中，首次提到了哈尔苏斯语。巴特哈尔语也于 1937 年被识别，霍布约特语迟至 1981 年才被识别。

[①] Abu Muhammad al-Hasan Hamdani. *Sifat Jazirat al-'Arab* [M]. tr. by Chaim Rabin. Ancient West-Arabian. London: Taylor's Foreign Press, 1951: 43.

Wolf Leslau 于 1938 年出版了《索科特拉语词汇》(*Lexique Socotri*)，Edwald Wagner 于 1953 年出版了《马赫拉语句法》(*Syntax der Mehri-Sprache*)。Thomas Muir Johnstone 在 1960—1980 年代走访了 MSAL 分布的各个角落，搜集了大量卡式磁带录音，一共发表了 15 篇论文和 3 部字典，分别为 *the Harsusi Lexicon*（1977）, *The Jibbali Lexicon*（1981）及 *the Mehri Lexicon*（1987）。目前，Miranda Morris 及 Naumkin 带领的团队一共搜集了 1132 首索科特拉语民歌或诗歌，Harry Stroomer, Alexander Sima 等学者收集了 700 份左右的马赫拉语语料。

2013 年法国国家研究机构（Agence Nationale de la Recherché）启动了 OmanSaM（ANR-13-BSH2-0001）项目。该项目从 2013 年 10 月至 2017 年 9 月间，聚集了一批 MSAL 研究者从不同角度对 MSAL 做了包含人类学、语音学、词汇学、句法学等学科的跨学科考察与研究。其主要目的为：1）将巴特哈尔语、霍布约特语、哈尔苏斯语、吉巴勒语的口头材料记录、转写、标注、翻译。2）为六种 MSAL 编写 1000 条核心词汇的跨语言词典。3）采集分析 MSAL 辅音的声学、发音学特征。4）为 MSAL 设立比较语法的参数。整个项目的成果发表在 2017 年（第 9 卷）第 1、2 期合刊的 *Brill Journal of Afroasiatic Languages and Linguistics* 上。

国内对 MSAL 的研究尚未展开，这六种语言的名称尚无统一汉译。笔者希望本文所用译名能够被中国学界所接受。但《中国国家地理》2014 年第 4 期刊载了系列文章，详细介绍索科特拉群岛地理、物产，其中涉及了语言。

MSAL 是中闪诸语和南闪诸语之间的过渡。在语音上，MSAL 中所谓的强势音（emphatic consonants）的有咽化音（pharygenealized）和挤喉音（ejective）两类。MSAL 中保留了 s, š, ś 三组咝音的对立。这些语言中还保留了 ɫ 这个音位，而在阿拉伯语中这个音仅保留在 الله（安拉）一词之中。这些特征都是研究闪语族谱系分类和拟构原始闪语（Ursemitisch）的重要切入点。

在形态变化上，MSAL 在口语中，唯一保留了双数代词，但在年轻人口中双数使用日渐减少。在句法上，索科特拉语的否定虚词位于被否定词之后。

在比较闪语界里，谱系分类中最大的争议就在于南阿拉比亚诸语、阿拉伯语到底是归入南闪语支，还是同西北闪语共同组成中闪语支。学术上的主要争议在于，按哪一种标准来衡量判断这些语言之间的差异，从而断定此二者更倾向于另外哪一支。其原因在于，二者在语音、形态、句法等方面，兼有西北闪语和南闪语支的特征，处于过渡阶段。在此笔者大胆假设，存在南闪→MSAL→阿拉伯语→西北闪语这样一条演化链条。

MSAL 都没有文字，母语者人数稀少。而且说以上六门语言的人，均能使用阿拉伯语，在强势的阿拉伯语作为通用语的大环境下，很容易更倾向于使用阿拉伯语，而他们下一代倾向于成为阿拉伯语的单语者。它们均处于濒临消失的危险之中。这就为语言学家提供了观察语言灭绝很好的样本。语言学家可以考察语言的消亡，消亡后的语言对代替它的语言产生何种影响，这种影响有多深，能维持多久等一系列问题。

　　MSAL 分布于也门、阿曼地区，这一地区位于红海—印度洋航线中心位置，关系到中国至东非、地中海航路的畅通，构成连接亚非欧三大洲的海上生命线，战略位置极为重要，乃是"一带一路"的关键点之一。例如，索科特拉群岛主岛索科特拉岛，面积 3600 平方千米，是这条关键航路上的关键点。同时岛上 37% 的植物（共 825 种）、90% 的爬行动物和 95% 的蜗牛都是岛上独有的。由于其稀有生物品种多，被誉为印度洋的加拉帕戈斯。2008 年列入联合国教科文组织世界遗产名录。英国和苏联曾以此岛为军事基地。

　　在历史上这里既是乳香之路（Incense Route）的起点，又是阿拉伯半岛乃至近东的闪族文明与南亚次大陆的印度文明之间交流的中转站。为了更全面、更深入理解阿拉伯半岛，这里的历史、文化也值得研究。同时这类研究也对解读当今时政有一定意义。比如也门的马赫拉省有分裂倾向，当地马赫拉语母语者的自我认同也是诱发因素之一。

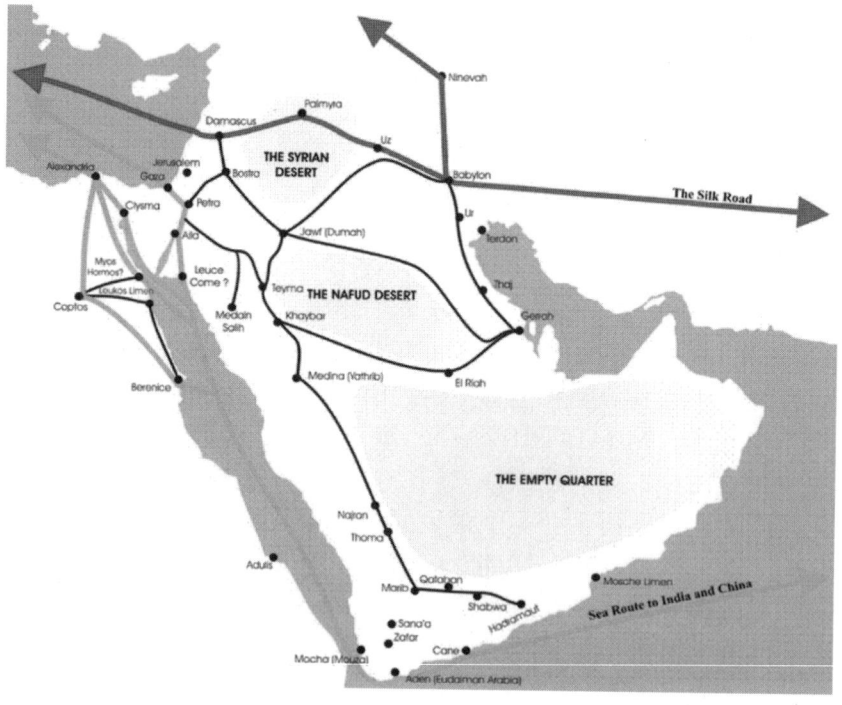

　　在条件允许的情况下，中国学界可以参照法国、俄罗斯等国的科学考察经验，对这一地区做一次系统的、跨学科的田野调查，了解当地地理、物产、语言、人文、历史等情况。为决策层提供一手的，更为详尽、客观的考察报告。同时也可作为训练"一带一路"田野考察的练兵场。

文学研究

菲律宾诗歌《弗罗兰迪和劳拉》的经典意义①

北京大学 郑友洋

【摘　要】 在菲律宾文学史上，《弗罗兰迪和劳拉》是一部被赋予经典地位的长诗。它的体裁属于"阿维特"体，是西班牙殖民时期流行的骑士传奇文学中的一种。它的内容涉及暴君篡位统治、主人公遭囚禁等情节，后世菲律宾学者视之为对西班牙殖民统治的讽刺和反抗，《弗罗兰迪和劳拉》因此成为民族文学的经典。本文一方面考察对《弗罗兰迪和劳拉》政治内涵的解读，另一方面联系其诞生的社会历史语境来探讨它的特点，试图更为全面地理解它的经典意义。

【关键词】 他加禄语诗歌；弗罗兰迪和劳拉；巴拉格达斯；菲律宾文学

《弗罗兰迪和劳拉》（*Florante at Laura*）是创作于 19 世纪的他加禄语"阿维特"体长诗（Awit）。"阿维特"是一种传统的菲律宾诗歌体裁，特点是单一尾韵，每节 4 行，每行 12 音节。在西班牙殖民时期，"阿维特"与源于西班牙谣曲的叙事诗体裁"克里多"（Corrido）构成了菲律宾流行的骑士传奇文学（Metrical Romance）所采用的两种形式。菲律宾的骑士传奇文学大都由匿名作者创作，《弗罗兰迪和劳拉》的作者也遵循了这个传统。他在正文前的部分《致赛丽亚》表明，这首诗献给昔日的爱人（以赛丽亚为代称）。他在末节提到了爱人姓名的首字母"M. A. R"，并自署为"F. B"。如今菲律宾人一般采用赫门尼基多·克鲁斯（Hermenegildo Cruz）的考证，将弗朗西斯科·巴拉格达斯（Francisco Balagtas，1788—1862）作为诗歌的作者。巴拉格达斯曾将其姓氏改为巴尔塔萨（Baltazar）（Melendrez-Cruz，1985：325），本文使用的是他更为人熟知的名字，即巴拉格达斯（Lumbera，1986：102）。

巴拉格达斯出生于布拉干省的农民家庭，曾就读于当地的教会学校。他 11 岁来到马尼拉汤多区一户富裕家庭做仆人，并得到受教育的机会。他在一生中曾两次入狱，一般认为《弗罗兰迪和劳拉》的写作与他的狱中经历有关。流行的推断认为，巴拉格达斯第一次入狱是因一名富有的情敌伪造控告，这名情敌也爱上了他的爱人"M. A. R"（Melendrez-Cruz，1985：326）。1838 年，巴拉格达斯获释，是年出现了《弗罗兰迪和劳拉》的第一版（Lumbera，

---

① 本文为 2019 年度国家社会科学基金项目"菲律宾当代文学的现实主义潮流研究"（批准号：19BWW032）阶段性成果。

1986：103）。

一、《弗罗兰迪和劳拉》的经典地位

在菲律宾文学史上，巴拉格达斯与《弗罗兰迪和劳拉》都占有重要地位。《弗罗兰迪和劳拉》被奉为菲律宾文学经典，自 20 世纪 60 年代起便是全国中学生的必读文本（Mabanglo，2000：53）。诗人自身也相应地受到重视。他的家乡毕加镇（Bigaa）更名为"巴拉格达斯"；他的生日（4 月 2 日）被定为"巴拉格达斯日"，每年由政府、学校筹办庆祝活动（Monleon，1983：29—30）。1924 年，他加禄语言学会在会议上决定将菲律宾人传统的娱乐活动"杜普洛"赛诗会（Duplo）更名为"巴拉格达斯会"，并于 1925 年的"巴拉格达斯日"首次举办（Libiran，1985：5）。诗人巴拉格达斯与作为文学经典的《弗罗兰迪和劳拉》已经成为菲律宾民族文化的符号。菲律宾驻俄罗斯大使馆曾在 2017 年 9 月举行仪式，表彰俄罗斯外交官员索罗金（Valery Sorokin）将《弗罗兰迪和劳拉》译为俄语。菲律宾驻俄大使索列塔（Carlos D. Sorreta）在仪式上说，《弗罗兰迪和劳拉》是一部永恒经典，值得供更多人阅读；索罗金的翻译对促进菲律宾文学在俄罗斯的传播是个重大贡献，也体现了他对菲律宾的热爱（DFA，2017）。这则新闻说明《弗罗兰迪和劳拉》在官方外交中被视为菲律宾民族文学的代表作，同时也是国家的象征。《弗罗兰迪和劳拉》的经典意义并不局限于它的文学价值，它对于菲律宾民族国家而言还具有特殊的社会文化价值。

与同时代产生的众多"阿维特"诗作相比，《弗罗兰迪和劳拉》不仅流传时间长，而且流传范围广。自 1838 年之后，它在不同时期都保持着再版记录。在 1838 年至 1901 年之间，它共计发行了 12 版（Melendrez-Cruz，1985：331）。帕特里夏·朱丽拉（Patricia May B. Jurilla）在《〈弗罗兰迪和劳拉〉与菲律宾图书史》一文中列举了较为完整的出版记录，从中可见《弗罗兰迪和劳拉》在 20 世纪的每个年代都有新版本出现；它在 20 世纪还有更多的呈现形式，如报纸连载、小说改编、英文诗歌、漫画、舞台剧、音乐剧、芭蕾、电影、有声书等（Jurilla，2005：144，178）。《弗罗兰迪和劳拉》不仅出版次数多，而且有多语种的译本。它在菲律宾国内被译为班板牙语、宿务语、比萨扬语等方言，外语译本则有西班牙语、德语、英语和法语等（Jurilla，2005：144）（Melendrez-Cruz，1985：331）。与其他西班牙殖民时期的菲律宾骑士传奇作品相比，《弗罗兰迪和劳拉》得到了较好的保存和宣传。它没有在新文学体裁的冲击下失传，反而不断衍生出新版本、新形式，这得益于它在菲律宾民族文学中占据的经典地位。《弗罗兰迪和劳拉》为何能从众多的骑士传奇文学中脱颖而出，成为经典之作？它的内容与菲律宾民族国家有什么联系？和同时代的同类作品相比，它的哪些特质使其具有特殊的时代意义？这些是本文考察的问题。通过梳理《弗罗兰迪和劳拉》的经典化过程，解读诗作在内容、主题和创作手法上的特点，笔者尝试从《弗罗兰迪和劳拉》被定为经典的 20 世纪和它诞生的 19 世纪这两个视角来理解它对于菲律宾社会的意义。

二、对《弗罗兰迪和劳拉》政治内涵的解读

《弗罗兰迪和劳拉》的完整题目是《阿尔巴尼亚王国的弗罗兰迪和劳拉的生平：取自古希腊帝国时期的不同历史画面，并由一个喜爱他加禄语诗歌的人呈现》。全诗共有 399 个诗节，主要刻画了阿尔巴尼亚王国公爵布里赛奥之子弗罗兰迪的命运。在诗歌开篇，他被捆绑于阿尔巴尼亚一处黑暗森林的无花果树上，面临被狮子吞食的威胁。波斯王子阿拉丁将其救下，并听他诉说往事。弗罗兰迪回忆自己被父亲送到雅典师从安忒诺耳，并因超过了同乡阿多佛的风头而遭嫉妒的经历。阿多佛是阿尔巴尼亚一位伯爵之子，他曾在学校的戏剧表演中试图杀害弗罗兰迪。弗罗兰迪的朋友米南多将其救下，阿多佛因此事离开雅典。之后弗罗兰迪也接到父亲的来信将其召回，原因是他的母亲、克洛特纳国公主福瑞斯卡逝世。弗罗兰迪回国时，克洛特纳正受到波斯军队的进攻。阿尔巴尼亚国王林赛奥派弗罗兰迪前去支援。在国王的宫殿里，弗罗兰迪遇到公主劳拉并对其一见倾心。弗罗兰迪在克洛特纳的战场上得胜，回国时却发现阿尔巴尼亚已被波斯王子阿拉丁占领。他在战斗中救下劳拉，因此获得她的芳心。弗罗兰迪解放王国，成为阿尔巴尼亚英雄，又招致阿多佛的嫉恨。此后，当弗罗兰迪离开阿尔巴尼亚与土耳其军队交战时，他再度被父亲召回。他只身回国时发现阿多佛已杀死国王林赛奥和父亲布里赛奥，僭越为王。他把弗罗兰迪放逐到森林，并告诉弗罗兰迪，劳拉已屈从于自己。

波斯王子阿拉丁是苏丹阿里阿达卜的儿子。苏丹意欲霸占儿子的爱人弗雷丽达，以战事失利为由将阿拉丁处死。弗雷丽达假意委身，向国王求情改判其为流放，自己假扮成战士逃出波斯。她在路上遇到正强迫劳拉服从的阿多佛，用箭将他射死，救下劳拉。两对爱人在森林中相遇，回到阿尔巴尼亚。弗罗兰迪和劳拉称王称后，阿拉丁携弗雷丽达改宗天主教，并在苏丹死后继承波斯王位。

《弗罗兰迪和劳拉》的情节涉及王国易主、好人受难、王位复归等元素，这为后世对作品的政治内涵进行解读提供了多种可能。这种解读主要依赖于对几组象征的阐释。《弗罗兰迪和劳拉》的故事背景设定在遥远的年代与地点——古希腊时期、阿尔巴尼亚王国，这种做法可以逃避殖民政府和教会对出版物的严格审查（Jurilla，2005：132）。需要逃避审查的内容，则是在这个看似与菲律宾无关的故事之下蕴含的影射和象征。阿尔巴尼亚王国被暴君篡位、荼

毒，象征了菲律宾人受西班牙殖民统治的压迫；弗罗兰迪象征一位勇敢而有力的菲律宾人；阿拉丁象征当时未接受天主教信仰的菲律宾人，他们也有虔诚的内心；劳拉和弗雷丽达象征殖民地女性，不论信仰何种宗教，她们都一样珍视荣誉、生命与爱情（Monleon，1983：21）。这些象征代表了一种对《弗罗兰迪和劳拉》的标准化解读，即巴拉格达斯通过这部诗歌表达了控诉与反抗的主题。菲律宾作家洛佩·桑托斯（Lope K. Santos）在 1955 年写作《〈弗罗兰迪和劳拉〉的四个反抗》一书，认为《弗罗兰迪和劳拉》表面上是一部普通传奇，实际上包含四个反抗的主题，即反抗残暴的政府；宗教信仰的冲突与政教合一；溺爱孩子、嫉妒、争夺爱人等不良社会风俗；当时低劣的文学创作水平。其中，前两个"反抗"的内容分别针对殖民地社会的政治与宗教状况，与诗歌中的控诉主题有直接的联系。以弗罗兰迪在森林中的独白为例：

13 "Mahiganting langit! Bangis mo'y nasaan?
　　ngayo'y naniniig sa pagkagulaylay;
　　bago'y ang bandila ng lalong kasam-an
　　sa Reinong Albania'y iwinawagayway."
　　复仇的上天，愤怒安在？
　　你正悠闲地静默、休息，
　　那至恶的旗帜却正在
　　阿尔巴尼亚王国飘扬。

14 "Sa loob at labas ng bayan kong sawi,
　　kaliluha'y siyang nangyayaring hari,
　　kagalinga't bait ay nalulugami,
　　ininis sa hukay ng dusa't pighati."
　　在我不幸的祖国内外，
　　背叛者正在称王，美好
　　良善之人却陷于困境，
　　在悲苦的坟墓中愤怒。

弗罗兰迪在诗歌开篇的独白被视为对殖民统治的直接控诉，传递了"强烈的社会政治信号"（Melendrez-Cruz，1985：328）。也就是说，作者借阿尔巴尼亚影射了当时殖民政府的统治，以及殖民地人民的境况。此外，作品中对宗教元素的处理也可与作者对现实的态度相联系。他将反派人物阿多佛设定为基督徒，而拯救弗罗兰迪的则是穆斯林阿拉丁。这种设定被视为作者对控制着殖民地社会的天主教会的一种反叛，他暗示拯救与解放需要同胞的帮助，而不该期待神圣力量。故事中的穆斯林最终皈依天主教，则符合当时骑士传奇文学的套路，也是规避审查的一种策略（Melendrez-Cruz，1985：329）。上述解读体现了后世菲律宾学者对《弗罗兰迪和劳拉》政治内涵的关注。在这种解读中，

《弗罗兰迪和劳拉》是一部借旧时他乡之事来讽喻社会现实的作品,作者对情节、人物的安排设定都透露出他逃避审查的用心。而之所以要进行这种虚构,是因为他想通过诗歌表达对殖民政府和天主教会的控诉,用文字进行反抗。

挖掘《弗罗兰迪和劳拉》的政治内涵并将作品与菲律宾人的民族主义情感相联系,这种思潮始于美国对菲律宾的殖民统治。"正是在美国统治的头十年,菲律宾见证了一股本土文学的复兴浪潮,尤其是由反殖民或支持独立的情感所塑造的小说、诗歌和戏剧……没有哪部作品比《弗罗兰迪和劳拉》更合适地表达了民族主义。"(Jurilla,2005:139)从《弗罗兰迪和劳拉》中读出的反殖民统治精神与这一时期菲律宾人的民族主义诉求相契合。巴拉格达斯和他的诗歌在菲律宾人面对新殖民者时被赋予更重要的意义,成为已经独立却再度易主的菲律宾国家的象征。在这个背景下,人们将《弗罗兰迪和劳拉》作为他加禄语文学最发达时期的标志。它是那一时期的最佳作品,是对西班牙殖民时期菲律宾的社会状况的反映(Jurilla,2005:133)。巴拉格达斯被誉为"他加禄语文学王子""第一位民族诗人"和"最好的菲律宾诗人";《弗罗兰迪和劳拉》则是"最好的他加禄语诗歌""他加禄语的明珠"(Jurilla,2005:147)。向诗人与诗歌倾注的民族主义情感促成了《弗罗兰迪和劳拉》的经典化。侧重作品的政治内涵的解读则成为理解《弗罗兰迪和劳拉》的标准范式。

在美国统治时期,殖民官方同样推崇《弗罗兰迪和劳拉》。美国殖民政府希望菲律宾人将民族主义情绪对准西班牙的统治,从而忽略当下的殖民现实。因此在解读《弗罗兰迪和劳拉》的政治内涵时,"反抗西班牙统治"这一元素被突出。《弗罗兰迪和劳拉》与何塞·黎萨的两部小说一起被译成英文,"作为反抗西班牙殖民统治之遗产的有效武器"(Jurilla,2005:140)。根据这一时期的官方解读,劳拉象征自由,弗雷丽达象征公正,而阿拉丁则代表美国。这种说法旨在塑造美国的温和形象,它是"救星而非侵略者"(Jurilla,2005:148)。至20世纪50年代,菲律宾人开始以自己的视角书写历史,《弗罗兰迪和劳拉》在很长一段时间内仍被解读为对"西班牙殖民之下的菲律宾历史"的展现。此后,《弗罗兰迪和劳拉》中隐含的政治情感也被用于针对美国的殖民统治。例如一本出版于1983年的教学用书在其导读部分明确否定了将阿拉丁喻为美国的说法:"巴拉格达斯真的能梦见美国人将拯救菲律宾吗?而我们真的被拯救了吗?我们难道不是被另一个大国——美国占领了吗?我们战胜西班牙建立的第一共和国的成功果实,不是被他们窃取了吗?阿拉丁和美国哪里相似?"(Monleon,1983:21—22)《弗罗兰迪和劳拉》对菲律宾人而言是一部政治寓言式的诗歌,它的寓意在20世纪的不同历史时期得到了不同的阐释。这些阐释从诗歌的政治内涵出发,将阿尔巴尼亚看作菲律宾的化身,菲律宾人从弗罗兰迪的控诉中寻找共鸣。对诗歌政治内涵的解读使它具有民族主义意义上的重要性,从而成为民族文学的经典。在这个过程中,《弗罗兰迪和劳拉》

与菲律宾国家的概念在菲律宾人的民族意识中被联系到一起。

三、社会历史语境下的《弗罗兰迪和劳拉》

对《弗罗兰迪和劳拉》政治内涵的解读是促使它被赋予民族文学经典地位的重要因素。同时，也有学者认为这种解读方式偏离了作者原意，应该将《弗罗兰迪和劳拉》置于它诞生的社会历史语境，考察其自身的文学价值和时代意义。例如弗洛伦蒂诺·沃尔内多（Florentino Hornedo）解释了《弗罗兰迪和劳拉》展现的政治观念，认为巴拉格达斯的世界观并没有脱离他所处的时代，他眼中的理想政体形式仍是君主专制。巴拉格达斯的学习与生活经历使他崇尚柏拉图"哲学家王"的概念，认可贤明君主的统治。弗罗兰迪取代阿多佛成为阿尔巴尼亚的统治者，给国家带来和平繁荣，这一结局反映了巴拉格达斯"保留政治结构，更换统治者"的思想（Hornedo，2009）。又如比恩贝尼多·伦贝拉（Bienvenido L. Lumbera）用形式主义的方法考察《弗罗兰迪和劳拉》，称它是"他加禄语诗歌的定型之作"（Lumbera，1986：112—137）。他认为，巴拉格达斯在创作中既遵循了传统诗歌的写作特点，也在修辞和叙事方面有所革新，树立了他加禄语诗歌的典范。"巴拉格达斯诗中的特征成为他加禄语诗歌的固定品质，《弗罗兰迪和劳拉》被认可为19世纪由菲律宾本土诗人创作的最好的文学产品。"（Lumbera，1986：135）他从诗歌创作的角度出发，肯定《弗罗兰迪和劳拉》的文学价值。上述观点代表了另一种对《弗罗兰迪和劳拉》经典意义的阐释，即剥离作品被赋予的政治内涵，讨论它在19世纪的菲律宾历史语境中的意义。《弗罗兰迪和劳拉》是一首创作于西班牙殖民时期的菲律宾诗歌。巴拉格达斯的世界观、写作技法等体现了学校教育和传统文化的双重印记，《弗罗兰迪和劳拉》的流传与接受途径同当时大部分的骑士传奇文学无异。《弗罗兰迪和劳拉》在其诞生的历史语境下是否具有特殊的时代意义？如何理解它与19世纪同类作品的关系？对这些问题的探讨为解读《弗罗兰迪和劳拉》的经典意义提供了不同思路。

《弗罗兰迪和劳拉》诞生的19世纪既是西班牙殖民后期，也是菲律宾本地知识分子得到启蒙的时期。约翰·布兰克（John D. Blanco）在论文《本土的呼应：晚期殖民语境下菲律宾人的启蒙（1837—1891）》中提出，巴拉格达斯的《弗罗兰迪和劳拉》体现了19世纪殖民地人民对本土文学的独特审美尊严的要求。《弗罗兰迪和劳拉》是这一启蒙时期的产物，它反映了菲律宾知识分子日益增长的审美需求（Blanco，2001）。伦贝拉认为，巴拉格达斯希望通过《弗罗兰迪和劳拉》满足"文雅读者的感知力要求"，他对19世纪他加禄语文学的一大贡献在于用"彬彬有礼的城市语言"代替了传统诗歌中的乡村口语（Lumbera，1986：111—116）。《弗罗兰迪和劳拉》对古希腊、罗马神话典故的运用就是一个例子。巴拉格达斯曾在圣胡安勒特兰学院（Colegio de San Juan de Letran）学习（Lumbera，1986：102），在此期间修过拉丁语、哲学、神学、教会法、修辞学等课程。这段学习经历在《弗罗兰迪和劳拉》的写作技法中得到了体现（Melendrez-Cruz，1985：325），用典是其中一项明显的内容。在正文前的《致读者》部分，巴拉格达斯提醒人们要到脚注中寻找解释：

5 "Ang may tandang letra alinmang talata,
　di mo mawatasa't malalim na wika,
　ang mata'y itingin sa dakong ibaba,
　buong kahuluga'y mapag-uunawa."
　有些文字我做了标记，
　语言深奥，你难以理解。
　请让双眼往下方看去，
　全部的意思你便懂得。

在诗歌中，他将来源于神话的人物、典故糅入对修辞手法的运用。比如当弗罗兰迪回忆自己初见劳拉那日的场景时，他说：

275 "Siyang pamimitak at kusang nagsabog
　　ng ningning ang talang kaagaw ni Venus—
　　anaki ay bagong umahon sa bubog,
　　buhok ay naglugay sa perlas na batok."
　　黎明中突然升起一颗
　　令维纳斯也失色的星
　　她犹如从水晶中初升
　　秀发散落在珍珠项背

276 "Tuwang pangalawa kung hindi man langit
　　ang itinatapon ng mahinhing titig;
　　O, ang luwalhating buko ng ninibig,
　　Pain ni Cupidong walang makarakip."
　　她的温柔凝视称得上
　　仅次于上天堂的乐事，
　　爱情饱受赞美的花蕾，
　　是丘比特无影的诱饵。

此处巴拉格达斯化用维纳斯诞生的场景描绘劳拉之美，用丘比特的典故表示弗罗兰迪已坠入爱河。《弗罗兰迪和劳拉》中有大量使用典故的段落，这透露出巴拉格达斯创作"文雅"诗歌的用意。他在《致读者》中写道："尽管诗歌充满善意的短处，那些愿意深究的人终能获益。"（Monleon，1983：42）与许多注重娱乐功能的骑士传奇文学不同，《弗罗兰迪和劳拉》蕴含对读者的更高期待：作者希望这部诗歌能提供更好的审美体验，也希望读者能对作品进行细究。

《弗罗兰迪和劳拉》的文学特征反映了19世纪受启蒙的菲律宾知识分子对本土文学的审美价值的寻求。而对于当时的大部分殖民地民众而言，《弗罗兰迪和劳拉》仍是一部口头传唱的"阿维特"。由于天主教会控制出版机构的运行，当时的出版物以宗教主题为主，并不服务于个人的独立阅读。世俗性质的文学作品在很大程度上以手抄本流传或依赖于口头传播（Jurilla，2005：135）。与同时代的骑士传奇文学一样，《弗罗兰迪和劳拉》既以手抄本的形式流传，也由业余歌者或行吟诗人在社交集会、节庆和仪式的场合演唱。其中，歌手的演唱与民众的记诵是更主要的传播方式，"当时的大部分人并不阅读巴拉格达斯的诗歌"（Lumbera，1986：x）。《弗罗兰迪和劳拉》能够成为当时的流行作品，是因为它符合传统诗歌的创作原则，适应口头传唱的需要。从体裁上看，"阿维特"是一种便于用传统的他加禄情歌旋律（Kumintang）进行演唱的诗体。在内容上，巴拉格达斯善用谚语。在结构上平行对仗的谚语能使诗句更方便地被人引用，同时令诗歌兼具说教的功能，因此谚语是他加禄语传统诗歌中的重要内容。巴拉格达斯继承了传统民间诗歌的格言风格，《弗罗兰迪和劳拉》中有不少被记诵的谚语警句，例如：

261 "Aniya'y 'Bihirang balita'y magtapat,
　　 kung magtotoo ma'y marami ang dagdag."
　　 他说："真实的消息鲜有，
　　 真消息，亦有添油加醋。"

262 "At saka madalas ilala ng tapang
　　 ay ang guniguning takot ng kalaban;
　　 ang isang gererong palaring magdiwang,
　　 mababalita na at pangingilagan."
　　 因此勇气常常就毁于
　　 对敌人所假想的恐惧；
　　 纵是常走胜运的战士，
　　 听完情报也畏手畏脚。

又如黎萨在小说《不许犯我》中引用的这一节诗：

246 "Kung ang isalubong sa iyong pagdating
　　 ay masayang mukha't may pakitang-giliw,
　　 lalong pag-ingata't kaaway na lihim,
　　 siyang isaisip na kakabakahin."
　　 他若跟大家来迎接你，
　　 还面露喜色、充满怜爱，

更需小心这隐秘之敌,

心里正盘算着对付你。

黎萨在小说中感慨巴拉格达斯是很好的诗人,也是一位思想者。《弗罗兰迪和劳拉》自其诞生的时代起便被称为"人民的智慧集锦",作为作者的巴拉格达斯也被视作"贤人"(Melendrez-Cruz,1985:328)。通过遵循传统的写作方式,巴拉格达斯使他的诗歌具备广为流传的可能性,并能够给当时的听众和读者留下深刻印象。

在体裁、传播方式与内容方面,《弗罗兰迪和劳拉》与同时代的众多骑士传奇文学相似。它在叙事方面与这些作品一样以欧洲为背景;以穆斯林皈依天主教为结局;在故事的开始暂时颠倒的道德秩序在最后得以拨乱反正,善良战胜邪恶。在这类作品中,《弗罗兰迪和劳拉》得到更广泛的传唱和认可,并最终成为民族主义情感的象征。这在一定程度上反映了《弗罗兰迪和劳拉》的艺术品质,同时也促使人们关注诗歌中的现实主义色彩。《弗罗兰迪和劳拉》的故事符合骑士传奇的虚构特征,这种特征由索莱达·雷耶斯(Soledad S. Reyes)总结为"传奇模式"。这是菲律宾文学中与现实主义传统相对的另一种模式,以非现实和乌托邦为特征。这种模式塑造了骑士传奇文学等菲律宾流行文学类型。她认为这类作品看似逃避现实,但也与现实有紧密关系。它可以表现"在一种文化中被否认的希望和渴望、被社会压迫的欲望和目标"(Reyes,1984:170)。在骑士传奇流行的年代,生活中常见的读物和唱诵对象还有讲述耶稣生平的宗教赞美诗(Pasyon),但"无疑菲律宾人更愿意读千篇一律的关于国王公主的叙事"(Reyes,1984:170)。这些作品宣扬骑士精神、歌颂贵族生活,其主要情节围绕对宫廷爱情的追求展开,"这些话语是人们对美好生活的认识与愿望。通过创造一个理想世界,这些文学作品颠覆了它所不可能反映的现实。"(Reyes,1984:168)例如,西班牙殖民时期的菲律宾人可以通过这些以王公贵族为主角的故事表达内心对"雅致"文化的向往(Lumbera,1986:116)。又如,这些人物与情节虽是作者的想象而不是真实的菲律宾社会的一部分,但主人公遭受的曲折和苦难能够激发人们对殖民经历的共鸣。通过故事中简单分明的善恶对立和最后道德秩序的恢复,骑士传奇文学可以帮助读者与听众更好地理解自己穷困、受压迫的生活,"以快乐的结局安抚现实中的问题"(Reyes,1984:169—173)。作为虚构性质的骑士传奇文学,《弗罗兰迪和劳拉》也通过这种模式与同时代菲律宾人的生活现实产生联系。

在《弗罗兰迪和劳拉》的故事中,以描写苦难来引起共鸣的模式尤为明显,因此它被视作一部以关注社会现实为基调的作品(Jurilla,2005:146)。《弗罗兰迪和劳拉》相对弱化了骑士传奇文学中常见的娱乐功能,比如它略去了故事的奇幻元素。遭受厄运的弗罗兰迪依靠阿拉丁得到拯救,而不是有神力的上帝、精灵或动物。骑士传奇文学最强调的爱情主题在《弗罗兰迪和劳拉》

中也是社会政治主题的副线。在诗中，弗罗兰迪如何追求劳拉并获得她的垂青并不是主要情节，爱情故事的主线在于他与劳拉的结合遇到来自阿多佛的阻挠。相比之下，作者更强调苦难的主题。从数量上看，全诗有近一半的篇幅（170 节）用于描述弗罗兰迪被捆在树上感叹命运（Melendrez-Cruz，1985：330）。通过弗罗兰迪的演说，巴拉格达斯构造出一个被邪恶统治者祸害的王国。这些写作上的安排通过民众的想象与认知产生效果。人们可以将虚构的苦难与真实的日常遭遇联系起来，从而理解现实中存在的不公、压迫、统治者对权力的滥用等等，"弗罗兰迪被绑在树上的场景抓住了 19 世纪菲律宾人的想象"（Jurilla，2005：146）。《弗罗兰迪和劳拉》的内容与主题都有一定的现实指涉性，这使得它与同时代流行的其他骑士传奇文学相比，更能唤起听众或读者的强烈情感。这同时也是它被后世赋予大量政治内涵的基础。

四、结论

对一部文学经典而言，能够经受时间的检验流传至今是一项重要品质。"根据传统的说法，文学经典是由著名作者及其主要作品连成的一个序列，它靠自身的品质经过时间的检验，是理想中的'文化统一体'的一部分。"（Smyth，2000：vii）文学经典的这一标准强调作品超越时空的价值，视其为一种既定的文化传统的组成部分。在以菲律宾为例的一些前殖民地国家，对文学经典的判断则有不同的考虑，因为殖民经历使其缺乏一个"独立的、自我生产的文学传统"（Mallari，2000：58）。"经典"意味着一组受到制度性认可的模范作品，比如构成一个国家的民族文学的作品（Smyth，2000：vii）。在反殖民浪潮中建立的新兴国家，其民族文学往往被定位成"反殖民的"或"本土的"文学，其经典作品大多由当代人赋予其意义并确定其地位。对菲律宾来说，其民族文学的起源与反对西班牙殖民统治的民族主义运动联系在一起（Mallari，2000：58）。在这种情况下，《弗罗兰迪和劳拉》通过一系列侧重政治内涵的解读成为表达菲律宾民族主义思想的重要文本。官方的认可与推广则巩固了《弗罗兰迪和劳拉》作为民族文学的经典作品的地位。以《弗罗兰迪和劳拉》为代表，菲律宾形成了一个"介入文学"（litterature engagee）的传统（Melendrez-Cruz，1985：331），即作家带着一种反思特定时代的现实处境的使命感进行写作。这是作为民族文学经典作品的《弗罗兰迪和劳拉》对菲律宾文学的影响。

《弗罗兰迪和劳拉》成为文学经典的过程与菲律宾民族主义思想的发展有关，因此人们更关注它对于菲律宾国家与社会的意义："除了文学品质，是什么保证了《弗罗兰迪和劳拉》能够存活？是它巨大的历史、社会和文化价值。"（Jurilla，2005：131）《弗罗兰迪和劳拉》在其诞生的 19 世纪被广为传唱，是一部已有影响力的流行作品。将它置于当时的历史语境中，理解它在19世纪的背景下所体现的特点，同样可以发现这部诗歌对于当时社会的意义和价值。从文学创作的角度来看，巴拉格达斯的写作一方面标志着19世纪菲律宾启蒙知识分子的文学审美需求，另一方面也是对传统诗歌精神的继承。从受众的角度来看，《弗罗兰迪和劳拉》是一部更具现实意义的骑士传奇文学。相较之下，它更好地触动了殖民地人民的情感。因此，《弗罗兰迪和劳拉》作为今日菲律宾民族文学的一部经典，它的意义既源于20世纪民族主义思想的投射与塑造，也沿袭于它在19世纪的菲律宾这一历史语境中所具有的特殊性。

参考文献

［1］Blanco J D. *Vernacular counterpoint: Filipino enlightenment in a late colonial context, 1837-1891* [D]. Berkeley: Univ. of California, 2001.

［2］DFA. *PHL embassy honors Russian diplomat for translation of "Florante at Laura"* [EB/OL]. (2017-09-29) [2019-10-22]. https://dfa.gov.ph/newsroom/news-from-our-foreign-service-postsupdate/14147-phl-embassy-honors-russiandiplomat-for-translation-of-florante-at-laura.

［3］Hornedo F H. *Discourse of power in Florante at Laura* [EB/OL]. (2009-10-25) [2020-04-11]. https://kuntrakrusada.wordpress.com/2009/10/25/hornedo-kuntra-almario/.

［4］Jurilla P M B. *"Florante at Laura" and the history of the Filipino book* [J]. Book history, 2005, 8 (1): 131-197.

［5］Libiran P R. *Balagtasan: Noon at Ngayon* [M]. Metro Manila: National Book Store, 1985.

［6］Lumbera B. *Tagalog poetry, 1570-1898: tradition and influences in its development* [M]. Quezon City: Ateneo de Manila University Press, 1986.

［7］Mabanglo R E S. *The classics of Tagalog literature* [M]// David S. *The canon in Southeast Asian literature*. Richmond: Curzon, 2000: 51-57.

［8］Mallari L J. *Literary excellence as national domain: configuring the masterpiece novel in the Philippines and Malaysia* [M]// David S. *The canon in Southeast Asian literature*. Richmond: Curzon, 2000: 58-75.

［9］Melendrez-Cruz P. *Florante at Laura* [M]// Castro J V. *Anthology of ASEAN literatures: Philippine metrical romances*. Manila: Nalandangan Inc, 1985: 325-333.

［10］Monleon F B. *Florante at Laura* [M]. Quezon City: Abiva Publishing House, 1983.

［11］Reyes S S. *The romance mode in Philippine popular literature* [J]. Philippine studies, 1984, 32 (2): 163-180.

［12］Smyth D. *The canon in Southeast Asian literature: literatures of Burma, Cambodia, Indonesia, Laos, Malaysia, Phillippines, Thailand and Vietnam* [M]. Richmond: Curzon, 2000.

菲律宾"胡安智斗国王"型机智人物故事的文化蕴意

信息工程大学　陈俊武

【摘　要】 胡安（Juan）是菲律宾民间故事中的"箭垛式人物"，在菲律宾所有的"胡安"故事，当属"胡安智斗国王"型故事异文数量最多，传播最为广泛。"胡安智斗国王"型故事通常采用"三叠式"的叙事结构，一方面满足菲律宾民众日常生活无法实现的心理愿望，具有娱乐大众的功能；另一方面又通过故事讽刺上层阶级的愚昧无知和底层群众的虚荣好强，具有"双讽刺"的文化蕴意和社会功能。

【关键词】 机智人物；民间故事；菲律宾文学；胡安

菲律宾各民族在其历史发展进程中创作出种类繁多的民间文学，形成了独具"地方性"特色的精神财富。其中在民间故事这一类型板块中，有一个名为"胡安"的箭垛式人物格外显眼。"胡安"故事[①]几乎遍布整个菲律宾，四面八方的人不约而同地将胡安作为民间笑话的主人公，赋予其丰富多彩的人物形象和跌宕起伏的叙事情节。每当提起"胡安"故事，菲律宾人总能娓娓道来，胡安滑稽荒唐的形象已经深入人心。

在所有菲律宾机智人物胡安故事中，当属"胡安智斗国王"型故事流传甚广，此类故事也是胡安·布松故事中拥有最多异文的亚类型故事之一。本文将重点关注菲律宾机智人物故事中的"胡安智斗国王"型故事，分析比较各个异文中"智斗国王"的基本叙事结构，并从文本出发，阐释"胡安智斗国王"的娱乐和讽刺两大社会功能，从而探索故事背后的社会文化蕴意，揭示讲述故事的菲律宾人本身的民族性特征。

---

① 根据芬兰历史地理学派学者对民间文学类型的分类，可以将菲律宾"胡安"故事分为两大类型：一类是以"胡安·布松"（Juan Pusong）为代表的机智人物故事；另一类是以"胡安·塔玛德"（Juan Tamad）为代表的傻瓜故事。菲律宾机智人物故事讲述的是胡安通过偷奸耍滑、坑蒙拐骗的方式，获得自己渴望的某种利益；而在傻瓜故事中，胡安往往是愚昧无知、懒惰成性，最终在完成任务的过程中闹出一个个笑话。

一、"胡安智斗国王"型故事叙事结构分析

民间笑话往往以故事形体短小、人物较少、情节简洁著称，简短精练的叙事结构才能产生浅显易懂的喜剧效果。因此在世界各地的民间笑话中，为了增强故事的喜剧效果，通常采用"三叠式"的叙事结构。

"三叠式"结构是民间故事中一个特殊的结构模式，也是民间故事中一种常用的表现手法。"三叠式"结构通常表现为同一类型的事件要经常反复才能完成，或者说是通过三个类型的情节单元来叙述一个完整的故事，从而使故事跌宕起伏、生动形象，也使得人物形象更加鲜明。[①]

菲律宾的机智人物故事基本结合"三叠式"的结构展开叙事，使得情节更加饱满生动，整体喜剧效果实现一波三折，胡安机灵狡猾的形象也能在"三叠式"的故事中更加突出和深刻。在"胡安智斗国王"型故事中，胡安通过三次行骗，先后欺骗国王、青年或村民，面对"危险"一步一步化险为夷，最后逃之夭夭或登上国王的宝座。根据"三叠式"的叙事结构理论可将"胡安智斗国王"型故事情节分为：（1）耍滑头惹怒国王被捕入狱；（2）巧骗年轻人置换位置；（3）重回皇宫欺骗国王投海。

"三叠式"之第一段为胡安耍滑头惹怒国王被捕入狱。在这一次欺骗中，胡安通常是违背了国王的指令，或者没有保质保量地完成国王交予的任务。瓦莱地区（Waray）的《胡安卖鹦鹉》故事讲述的就是胡安谎称找到了国王梦寐以求的鹦鹉并要求国王加价购买，结果欺骗国王掉进粪坑。[②] 比科尔地区（Bikol）的《胡安与国王》的故事则是胡安承诺为国王捕鱼，结果一无所获，国王要求胡安不得踏上这片土地，结果胡安耍赖称站在自己拉车的土堆上，而没有站在国王的土地上。[③] 在第一次欺骗中，胡安行骗的方式较为复杂多变，但胡安第一次行骗往往没有得到好下场，胡安也因机灵犯错惹怒国王，并最终被逮捕入狱，也为之后胡安越狱和再次回归埋下了伏笔。在第一次行骗过程中，胡安的做法均为挑衅或者恶作剧，受骗人的反应也只是激动或愤怒，暂时没有造成实质性的破坏，更多的是胡安本身娱乐好玩的心态作祟。

"三叠式"之第二段为胡安巧骗青年置换位置，脱身越狱成功。胡安在被捕入狱后，国王计划将胡安投海处死。根据故事情节安排，通常有一位青年路过关押胡安的地方。青年可能有不同身份，要么是一位农民，要么是一位学

[①] 罗淑珍．民间故事"三叠式"结构浅析［J］．齐齐哈尔大学学报（哲学社会科学版），2009（5）：74—76．

[②] Eugenio, Damiana L. *Philippine Folk Literature: The Folktales* [M]. Quezon City: Univ of the Phillipines Pr, 2001: 354.

[③] Eugenio, Damiana L. *Philippine Folk Literature: An Anthology* [M]. Quezon City: Univ of the Phillipines Pr, 2013: 321.

生，也可能是一位异地的王子。胡安也会趁此机会与这位青年搭上话。在第二次欺骗中，胡安最常用的说辞就是国王要求自己第二天与公主结婚，自己又不情愿。而青年一听与公主结婚甚是心动，便与胡安置换位置，胡安也因此逃脱。等到次日行刑的时候，笼子里的年轻人叫天天不应叫地地不灵，对着守卫喊道同意跟公主结婚，结果守卫以为被关押的胡安已经神志不清，也没搭理他，就将其扔进大海里。此外欺骗村民的方式还有其他多种，例如陶苏格地区（Tausug）的《苏禄的骗子——布松》故事中，胡安谎称在关押自己的麻袋里能看到逝去的父母，村民心动也就同意与胡安换位置。[①] 总之，村里的青年往往是经不起胡安的诱惑，总是想着占小便宜，这样的诱惑一般是当地人日常生活中求之不得的一种愿望，胡安恰恰利用了青年这种幻想进行行骗，因此基本每每成功，青年人则因一时贪心而丢了性命。

"三叠式"之第三段为胡安重回皇宫欺骗国王投海。胡安越狱之后，可怜的青年也被投海处死。胡安则回到皇宫中，这一出现也让国王很是惊讶。胡安又一次在国王面前胡编乱造，有的故事说胡安欺骗国王在海底里遇到了国王逝去的祖先，祖先们很想见到国王，希望国王投海见面；另一说则是胡安欺骗国王海底里有足够多的金银珠宝，国王很心动也想投海。结果国王便为自己制作了一个一样的麻袋或铁笼，命令手下将自己投入海底，最后也命丧大洋。第三次行骗是胡安坏主意最终得逞的一次，有些故事讲述胡安因为欺骗国王投海，而自己最终也当上了国王，有的则是说胡安在行骗成功之后逃之夭夭。总之，"三叠式"胡安智斗国王最终导致无辜无知的青年和国王双双丧命，而奸诈狡猾的胡安通过言语和行动上的欺骗保全性命。

"三叠式"的智斗国王故事中，胡安多次行骗的情节能满足机智人物故事中主人公"机灵"性格的反复表现，使得叙事更加生动饱满。民间故事歌手的叙事编排使故事更加紧凑，让听众认识更多元丰富的胡安形象。通过总结叙事结构可以看到，狡猾不是胡安偶尔的行为，而是成为胡安性格中最典型的特征，行骗这一行为也成为胡安"谋生"、立足社会的重要手段之一。可以说，如果从情节本身分析机智人物胡安，其实胡安并不是真的"机智"，更多的是阴险和刁滑，因此"三叠式"结构是加深胡安"负面"形象的上佳叙事选择。此外，在丰富故事情节的同时，"三叠式"结构也同样能增强民间故事，特别是民间笑话的喜剧效果，让听众享受娱乐、回味无穷。

---

① Eugenio, Damiana L. *Philippine Folk Literature: An Anthology* [M]. Quezon City: Univ of the Phillipines Pr, 2013: 325.

二、"胡安智斗国王"型故事的民间娱乐功能

中国民间文学学者万建中在《民间文学引论》中指出:"幽默笑话是调节氛围、教育民众的经典口头文学形式。"[①]民间笑话是田间地头农民创作出来的民间文学作品,之所以在农闲之时创作民间笑话,也是为了在辛苦劳作之余,在社会娱乐条件较为简陋的环境之下,讲述一些能够缓解疲惫并调节生产氛围,使得民众开心快乐的故事。因此世界各地才有民间笑话的出现。

民间笑话之所以引人入胜,正是因为它取材于生活中的片段,讲述老百姓喜闻乐见、耳熟能详的事情。虽然故事形体短小、情节简洁,但是正因为通过讲述百姓内心潜意识的想法,激起听众的想象,从而能讲到百姓心坎上,实现故事歌手和故事受众双方的共鸣,这也使得故事有很强的艺术力量。至于民间笑话如何能够引发当地人发笑,如何保证民间歌手讲述的"笑话素"(jokemes),即汉语中所说的"梗"能让平民百姓都听懂、接受并理解民间笑话中的"幽默",关键要看故事情节能否满足群众心中对娱乐的追求,即宣泄一种求之不得的欲望。

讲述"胡安智斗国王"故事的民间歌手们,正是巧妙地抓住民众源于生活又高于生活的娱乐消遣心理,给这一类型故事的情节安排得更加变化多端。但是总的来说,无论是胡安行骗的方式和技巧,还是国王、青年受骗的冲动和无知,所用的这些民间笑话的"梗",背后都显示出菲律宾民众心里对现实生活中难以企及的一份渴望。

通过本文上述对"三叠式"叙事结构的分析,可以看到胡安欺骗青年人最常用的手段是谎称自己被安排跟公主结婚,因抗旨被关押在此;而欺骗国王则是说在海底里能见到国王逝去的祖先,祖先希望能和国王相见。类似的施骗手段反复多次地出现,能够反映出这是当地人集体无意识的心理。通过这样的畅想,满足自己内心的幻想和欢愉。也许这样的情节安排结果都会使主角的行为让人啼笑皆非,但这样的欢乐往往是当地人的宣泄和表达。

以下举胡安欺骗国王投海这一回合为例,说明"胡安"类型的民间笑话故事中的"包袱"其实是菲律宾社会民俗和人民集体无意识的一种体现。许多地方讲述胡安越狱回宫的故事,都采用海底里见到国王祖先的情节。胡安越狱成功回宫见到国王,国王急忙问胡安怎么活下来的,这时胡安撒谎称在海里见到了国王的祖先,列祖列宗希望能见到国王。国王一听到祖宗心里很激动,便说自己也要投海,于是为了去见祖先,制作笼子将自己投进了大海。在这里读者不禁会问,为什么祖先的力量会如此强大,足够让国王不假思索便想要满足拜见祖先的愿望呢?这一切看似曲折离奇,其实背后是菲律宾根深蒂固的祖先崇

---

① 万建中. 民间文学引论[M]. 北京:北京大学出版社,2006:194.

拜信仰的体现。

在菲律宾原始民间信仰中，有着非常浓郁的祖先崇拜的传统。菲律宾社会非常重视死者丧葬仪式，而且入土方式非常特殊，"瓮葬"的丧葬习俗沿用至今。所谓"瓮葬"，即在二次葬礼上，将死者的骨灰装在特制的土陶罐里面。陶罐呈橄榄形，中部鼓起。当骨灰进罐之后需要盖上罐盖，罐盖也是整个陶罐最为精致的部位。罐盖顶部雕刻有一艘船，船上通常有一到两个人，其中一人端坐，另一人手持船桨呈滑动状。

菲律宾人对于装有祖先骨灰的陶罐十分敬重，原始菲律宾人认为，人去世之后，灵魂会乘坐"灵魂之舟"漂向彼岸，在这一过程中，需要摆渡人手持船桨驾驶扁舟完成死者的灵魂摆渡工作。因此菲律宾人相信，祖先并没有真正离去，只是灵魂随着"灵魂之舟"驶向了现实世界的彼岸，在水中某个现实世界所看不到的地方，那便是祖先灵魂"存在"的地方。

有了这样原始祖先崇拜信仰，菲律宾人一方面渴望祖先在另一个世界对现世的庇佑，另一方面他们只能将这样的思念寄托在心里，但愿能漂到彼岸与自己怀念的祖先重逢。因此，当胡安对国王讲述海里有其祖先并想与国王见面时，不仅国王会相信，故事的听众也会在此产生共鸣。这不是一种愚昧，而是内心渴望的一种释怀，是对祖先的崇敬和思念。能见到自己逝去的祖先，这是现世无法完成的愿望，但同时又是内心的一片追求。

同理可得，"迎娶公主"或"追求金山银山"，并不是青年或国王不知道这种追求的后果，而是这确确实实源于现实生活的一种幻想，人们在田间地头休息时，正是需要做着类似的"白日梦"消遣。在农民的现实世界中，基本不可能出现公主和大量财富，类似的幻想与其憋在心里，不如都付笑谈中，让想法成为一种自娱自乐的方式。这种想法和希冀寄托在民间文学，尤其是民间笑话当中，虽然大家都这样盲目地追求现世中不存在的事物往往落下一个悲剧的下场，但是通过这样的讲述，宣泄自己内心的情绪以博听众一笑，未尝不是慰藉内心的一种更加委婉和诙谐的途径。

民间笑话所用的笑话素，源于生活又高于生活。"胡安智斗国王"型故事里所提到的"包袱"，均为菲律宾平民百姓在现实生活中幻想和虚构，百姓需要这样的民间文学来宣泄和释怀。而民间歌手通过如此加工，也切实反映出民间文学娱乐百姓、自娱自乐的社会作用。

三、"胡安智斗国王"型故事的社会讽刺功能

民间笑话是民间文学中独特的讽刺艺术形式。它往往从现实事物发展中最关键的地方着手，用巧妙的人物对话或自白来揭露矛盾，三言两语间把虚伪、

愚蠢、迂腐、贪婪等丑恶现象和人物本质披露无遗。[1]

世界各地的民间笑话，特别是机智人物故事，当属讽刺阶级敌人的作品最为丰富。故事通过讲述社会地位较低的劳动人民用智慧战胜统治阶级的刁难、欺辱，来保全自己的幸福生活，故事的目的是深刻揭露官僚、地主和封建文人的贪婪、无耻、愚蠢可笑的丑恶本质，充分表达大众百姓对阶级敌人的仇恨以及彰显集体智慧和优异的艺术才能。特别是在中国，不同民族都有自己的"箭垛式"机智人物，如维吾尔族的阿凡提、藏族的阿古登巴、蒙古族的巴拉根仓等，这些人物的故事不约而同地讲述智斗地主阶级的故事，从侧面对阶级敌人进行嘲讽。因此这一亚类型的民间笑话往往说明，"多少世纪以来，被奴隶社会、封建社会以及资本主义社会中统治阶级长期剥夺的各地的劳动大众，正是要在喜剧的艺术中，发泄他们对剥削者的仇恨，嘲笑他们的无知，宣判他们的罪行"[2]。

菲律宾的"智斗国王"型故事讲述的同样是阶级斗争的故事，故事的矛盾双方在于胡安与国王和青年之间。胡安作为社会底层，与身边的社会上层发生纠葛，胡安在面临生命危险的情况下，会想方设法与社会上层进行斗争。这是一个主人公胡安保全生命的故事，所进行的"坑蒙拐骗"也是其明哲保身的方式之一，最后喜剧式的结局象征着斗争的胜利，表现出的社会文化蕴意也是劳动大众通过自身机智灵活的斗争战胜了社会上层的刁难，用类似这样的故事标榜平民百姓的智慧。

菲律宾民间的故事歌手们巧妙创造了胡安这一聪明又无赖的形象，无论是国王、贵族，还是苏丹，在菲律宾群岛各地的民间故事中都不约而同地成为被戏耍的对象。虽然在现实生活中，以胡安为代表的普通百姓接受着上层阶级的支配和统治，但民众们通过创造胡安这个脍炙人口的人物在口头传统中对统治者进行一系列的愚弄、挖苦和嘲笑，从而释放和缓和了普通民众与上层统治阶层之间的社会关系矛盾，民众借用"胡安"系列故事表达了反抗权威、要求平等的愿望。[3]

机智人物故事讲述阶级斗争的场景，是民间文学中最常见的题材之一。民间故事歌手往往会在阶级矛盾比较尖锐的地点和年代创作关于智斗阶级敌人的民间笑话，一方面取材于现实生活更能让听众心领神会，同时也是借此机会抨击阶级敌人的丑恶嘴脸。然而，在菲律宾国内，阶级斗争似乎并不一直是社会生活的主旋律。无论原始社会还是殖民统治时期，阶级矛盾固然存在，统治与被统治的情况也不曾改变，但这样的矛盾并不像亚洲其他地区那么激烈。因为

---

[1] 钟敬文. 民间文学概论 [M]. 上海：上海文艺出版社，1980：54.
[2] 铎尼克. 马克思主义的美学观 [M]. 上海：文光书店，1950：81.
[3] 史阳. 菲律宾民间文学 [M]. 银川：宁夏人民教育出版社，2011：87.

原始菲律宾的"巴朗盖"（Barangay）社会，是一个以血缘关系为纽带的社会基层组织，巴朗盖首领——大督（Datu）与底下的各个社会阶层基本是血缘庇护关系。虽然阶级矛盾不可避免，加之殖民者来临之后让各地区大督辅助殖民当局开展基层管理工作，导致底层阶级与大督等上层阶级的矛盾有所加强，但总的来说，菲律宾社会的主要矛盾来自部落与部落之间，以及之后当地人与殖民者之间。而阶级矛盾，特别是农民与地主的矛盾，从古至今就没有十分强烈，这样的社会生产关系总体较为温和。

因此，如果从文本出发，仔细揣摩菲律宾"胡安智斗国王"故事中的人物角色以及情节变化，便可以看到"胡安智斗国王"故事中与其他地区的机智人物故事有所不同。在阶级矛盾不算激烈的菲律宾，讲述机智人物故事并不只是为了讽刺阶级敌人，同时也是为了自嘲自乐。这样对于自身行为的讽刺，是"一种对生活上的缺陷和对自己缺点所发出的柔和的打趣和隽雅的嘲笑"①

相较于世界上，特别是东方民间机智人物故事中的配角或反面角色，菲律宾"胡安智斗国王"的故事里，配角的形象并不全然是负面的，无论是被替换位置的青年还是最终投海的国王，他们并非故意为难或者刁难胡安。相反，他们一次又一次成为狡猾的胡安所欺骗的对象，最终统统"上钩"，落得悲剧的下场。而反观胡安，虽然被定义为"机智人物"的他机灵聪明，但仔细观察胡安的行为本身，似乎也无法跟正面形象挂钩，而更多地体现出阴险、狡猾、诡计多端。因此，从角色的角度分析，这一类故事并不完全符合传统民间文学中"机智人物故事"的人物形象，因此在文本中角色有其隐晦性和特殊性。

其实胡安在"智斗国王"型故事中一方面表现出来的是遭遇危险时惜命保身的心态，另一方面，胡安之所以会被捕，更多是因为他是社会规则的破坏者，原本和谐稳定的社会环境，因为胡安的破坏变得混乱不堪。胡安本意是与阶级敌人斗争，但是结果却是他经常率先发难、破坏规则，这样的行为就应该受到社会的谴责和惩罚，对于"投海"的惩罚也是因为胡安偷奸耍滑，罪有应得。胡安之所以会做出各种"机智"行为让身边其他人难堪，从心理学的角度分析，这是对胡安虚荣心的一种满足。胡安作为社会底层，需要通过这样的方式引人注目，行骗事件本身并不完全是因为对社会的不满，更多的是自己精心的设计。

通过对菲律宾"胡安智斗国王"型故事的角色分析，可以看到其实这一亚类型故事与世界上其他民族很多类型的机智人物故事既有相同的社会蕴意，又独具菲律宾特色——通过讲述故事达到"双讽刺"的社会效果。与其他"智斗国王或权贵"故事相同，故事讲述的都是阶级斗争故事，社会底层利用自己的方式对社会上层迫害自己性命的行为表示反抗，诉说平民百姓心中的积怨。但

---

① 杜雷林．克雷洛夫评传［M］．上海：时代出版社，1950：58．

与此同时，此类故事讲述施骗者胡安的"机智"，但是这种行为却是一种狡猾和奸诈，是坑蒙拐骗的"机智"，胡安往往总想着保全自己而损害他人。作为社会的底层，菲律宾的胡安做出这样的行为得到社会上层的关注并加以戏耍，无疑是平民百姓内心虚荣心的体现。笔者认为，不同于中国各民族对阿凡提、巴拉根仓等"箭垛式"机智人物的称颂，菲律宾人对于"胡安智斗国王"型故事中的胡安往往是一种反思，胡安的插科打诨的行为，理应是被社会所唾弃和谴责的，但是将这样的行为当作民间笑话，又能引发社会的一种思考和共鸣，也是对自身民族性的反思和反省。

四、结语

胡安是菲律宾民间文学，尤其是机智人物故事类型的箭垛式人物，丰富多彩的叙事结构也使得胡安的形象在菲律宾南北无人不知、无人不晓。"胡安智斗国王"故事之所以会受欢迎，笔者认为这与当地人娱乐生活和自我讽刺的心态分不开，这恰恰就是民间文学在社会中所发挥的娱乐功能和讽刺功能。在"智斗国王"故事中，无论是与祖先相见、与公主结婚，抑或是投入大海寻找金银珠宝，都是胡安坑蒙拐骗的方式，而无论是王公贵族还是平民百姓，统统抵挡不住这样的诱惑。这些行为一方面是为了满足平民百姓日常所幻想但又无法实现的梦，另一方面也是菲律宾人会不顾一切追求美好的一种心理映射。这样的叙事结构既能巧妙抓住当地平民百姓的心理，又能实现会心一笑的娱乐，因此多元行骗方式的展示，是菲律宾人自娱自乐的体现，也符合机智人物故事这一民间笑话的娱乐功能。

然而自娱自乐的背后，不免是对社会和自身的冷思考。世界各地都在讲阶级斗争故事，菲律宾自然也不例外，在纷繁复杂的历史发展中，阶级斗争也是亘古不变的话题，智斗国王的目的也是彰显平民百姓的智慧。然而胡安的坑蒙拐骗行为本身也该受到社会的唾弃，这种为了凸显其自身特立独行的心理而打破社会规则的行为结果也应当受到惩罚。这种虚荣好胜的心理是社会底层普遍存在的现象，他们也渴望通过这样的方式获得社会的"赞誉与认同"，因此将这种心理讲述到民间故事中，既是对上层阶级无知的讽刺，也是对自身虚荣心理的讽刺。

总而言之，菲律宾人津津乐道讲述"胡安智斗国王"故事，不仅是满足娱乐本身，同时背后还隐藏着多重的文化蕴意和社会作用，在嬉笑怒骂之中反思和探索自我。

参考文献

[1] 弗拉基米尔·雅可夫列维奇·普罗普. 故事形态学 [M]. 北京: 中华书局, 2006.

[2] 弗拉基米尔·雅可夫列维奇·普罗普. 神奇故事的历史根源 [M]. 北京: 中华书局, 2006.

[3] 河合隼雄. 童话心理学 [M]. 海口: 南海出版公司, 2015.

[4] 万建中. 民间文学引论 [M]. 北京: 北京大学出版社, 2006.

[5] 钟敬文. 民俗学概论 [M]. 2版. 北京: 高等教育出版社, 2010.

[6] 祁连休, 冯志华. 中外机智人物故事大鉴 [M]. 北京: 知识出版社, 1993.

[7] 祁连休. 外国机智人物故事选 [M]. 重庆: 重庆出版社, 1984.

[8] 史阳. 菲律宾民间文学 [M]. 银川: 宁夏人民教育出版社, 2011.

[9] 赵俊荣. 辛格儿童故事中的傻瓜形象研究 [D]. 石家庄: 河北师范大学, 2012.

[10] 马英才. 中国民间故事中机智人物故事的文化意蕴 [D]. 石家庄: 西北师范大学, 2010.

[11] 杨雪, 李寄萍. 东北民间"机智人物"型故事类型分析 [J]. 吉林师范大学学报 (人文社会科学版), 2008, 36 (5): 25—27.

[12] 祁连休. 试论中国各民族机智人物故事的幽默情趣 [J]. 海南热带海洋学院学报, 1997 (2): 69—76.

[13] Eugenio, Damiana L. *Philippine Folk Literature: An Anthology* [M]. Quezon City: Univ of the Phillipines Pr, 2013.

[14] Eugenio, Damiana L. *Philippine Folk Literature: The Folktales* [M]. Quezon City: Univ of the Phillipines Pr, 2001.

[15] Bayliss C K. *Philippine Folk-Tales* [J]. The Journal of American Folklore, 1908, 21 (80): 46-53.

越南文学作品在中国的译介①

广西民族大学　覃新清

【摘　要】 文章通过对我国1949年以来翻译出版的越南文学书籍，以及我国期刊登载的汉译越南文学作品进行统计分析，梳理中国译介越南文学的译作、译者、出版刊物等情况，阐释其特点和在我国的影响。

【关键词】 越南文学；译介；中国

中越两国历史渊源深厚，在古代中国有很多文学作品在越南传播，很少看到越南文学作品在中国传播。到了近代，随着社会历史环境的变迁等诸多因素，自我国建国以来，也陆续有越南的文学作品翻译介绍到中国。尽管数量不多，比重不大，但是对于充实我国的文化内涵也起到了一定的积极作用，不同的历史时期呈现出不同的特点，产生了不同的影响。

本文以《全国总书目》（1949—2013年）、期刊《全国新书目》（1994—2018）、《世界文学》（1953—2018）、《外国文艺》（1978—2018）、《译林》（1979—2018）、《外国文学》（1980—2018）中的资料为依据，对我国1949年至今译介越南文学作品的基本情况进行了统计，具体如下：

类型 \ 数量 \ 年份	1949—1959	1960—1966	1967—1977	1978—2000	2001—2017
图书	36	58	2	4	7
期刊上登载的越南文学作品	11	45	0	1	24

根据统计，1949年至今我国翻译出版的越南文学作品有107本，杂志上登载翻译的越南文学作品81篇，包括小说、诗歌、散文、剧本等不同体裁。通过对这些文学作品的查阅，可以一窥越南文学作品在我国的译介情况。

---

① 基金项目：广西民族大学青年基金项目"越南文学作品在中国的译介研究（1945年至今）"（项目编号：2015MDQN015）。

一、1949 年至今我国译介的越南文学作品概况

（一）"文革"前反帝反封建题材作品的集中译介

通过对《全国总书目》(1949—2013)和《全国新书目》(1994—2018)的统计，截至 2018 年我国翻译出版的越南文学作品有 107 本，其中有 94 本是在 1949—1966 年间翻译出版的，可以说建国至"文革"前的这段时间是越南文学作品在我国集中译介的时期，这些作品几乎涵盖了所有的文学类型。比如，有民间文学《越南民间故事》[①]、《石狮子》[②]、《螺蛳和老虎》[③]等；儿童文学《找妈妈》[④]、《胡伯伯的孩子》[⑤]、《越南小英雄金童》[⑥]等；戏剧《消灭恶狼》[⑦]、《烈火燃烧起来了》[⑧]、《蚌、蛎、螺、蚬》[⑨]、《和大姐》[⑩]等；报告文学《一个南越士官的日记》[⑪]、《像他那样生活》[⑫]、《光辉的榜样》[⑬]等；长篇小说《矿区》[⑭]、《决堤》[⑮]等；诗集《越北》[⑯]、《阳光与土壤》[⑰]。小说和诗歌的译著以多

[①] 朱文，阮辉想，阮登玉，清靖. 越南民间故事 [M]. 刘统文，平明，陈汉章，译. 上海：少年儿童出版社，1956.

[②] [波] 鲁克洛夫斯基 (编著). 石狮子 [M]. 阎童，译. 上海：少年儿童出版社，1957.

[③] 武玉潘，等. 螺蛳和老虎 [M]. 维真，译. 昆明：云南人民出版社，1957.

[④] [越] 阮辉想. 找妈妈 [M]. 昌瑞颐，译. 上海：少年儿童出版社，1956.

[⑤] [越] 冯冠. 胡伯伯的孩子 [M]. 洛涵，黄辣，译. 上海：少年儿童出版社，1957.

[⑥] [越] 德麟. 越南小英雄金童 [M]. 李堂轩，译. 上海：少年儿童出版社，1962.

[⑦] [越] 刘友福，阮梦玉. 消灭恶狼 [M]. 陈占元，译. 仇重，改写. 上海：儿童读物出版社，1955.

[⑧] [越] 潘武. 烈火燃烧起来了 [M]. 金英，译. 阮越，校对. 上海：新文艺出版社，1957.

[⑨] [越] 黄州骥（整理）. 蚌、蛎、螺、蚬 [M]. 林荫，译. 北京：中国戏剧出版社，1959.

[⑩] [越] 学菲. 和大姐 [M]. 王勇，译. 北京：中国戏剧出版社，1960.

[⑪] [越] 润武. 一个南越士官的日记 [M]. 苏铁，译. 上海：上海文艺出版社，1961.

[⑫] [越] 潘氏娟（口述），陈庭云（整理）. 像他那样生活 [M]. 英之，灵望，译. 北京：人民文学出版社，1965.

[⑬] 越南人民军出版社（编）. 光辉的榜样 [M]. 岱学，根基，译. 上海：作家出版社，1965.

[⑭] [越] 武辉心. 矿区 [M]. 黄敏中，译. 北京：作家出版社，1956.

[⑮] [越] 阮庭诗. 决堤 [M]. 岱学，译. 上海：作家出版社，1965.

[⑯] [越] 素友. 越北 [M]. 颜保，彭乃梁，译. 北京：作家出版社，1956.

[⑰] [越] 制兰园. 阳光与土壤 [M]. 黄永鉴，等译. 北京：作家出版社，1963.

作者的合集为主，多选取其中一篇的篇名作为书名，如诗歌合集《向中国致敬》①、《战斗的南越》②等；小说、故事合集《鱼篓》③、《南方风暴》④、《运枪记》⑤等。

"文革"前，我国刊登外国文学的期刊主要是 1953 年创刊的《译文》（后更名为《世界文学》）。据统计，1953—1966 年间，该刊物刊登的越南文学作品占译介总数的 4.1%，按国别分类译介数量排在第 6 位。⑥该刊物在这一阶段不仅翻译越南的文学作品，同时也密切关注越南国内的文学动态，报道越南的各类文学文艺会议概况，还有我国学者对译介的越南文学作品的评论。如罗晓丹《活着的卓娅，活着的刘胡兰——读〈越南儿女〉》⑦、李季《血泪和书寄天涯——越南〈南方来信〉读后》⑧等。

这一阶段我国译介的越南文学作品数量较多，体裁也比较丰富，作品内容主要集中在三方面：一是揭露法国、美国、封建势力的暴行；二是越南人民英勇顽强反帝反封的事迹和精神；三是对祖国统一和建设美好家园的信心。从译介作家的选择上来看，主要选择素友、阮廷诗、阮公欢等这一类当时在越南比较有影响力的爱国文学家的作品，译介作品的选择主要倾向于作品的内容，而不是针对某一作者的作品进行译介。

（二）"文革"开始之后的越南文学作品译介

"文革"开始后，我国的外国文学翻译"进入了自晚清起大规模译介外国文学作品以来的最低潮"⑨，即使之前广受追捧的亚非文学作品的翻译也是少之又少。根据对 1967—1977 年间的《全国总书目》的检索，只有两本译介越南文学的专著：《越南南方短篇小说集》⑩、《越南短篇小说集》⑪，而且这两本

---

① ［越］素友，等. 向中国致敬［M］. 安志信，等译. 北京：人民文学出版社，1959.
② ［越］素友，青海，等. 战斗的南越［M］. 黎箭，等译. 北京：作家出版社，1964.
③ ［越］武氏常，等. 鱼篓［M］. 李翔，等译. 南京：江苏人民出版社，1962.
④ ［越］江南，等. 南方风暴［M］. 岱学，等译. 上海：作家出版社，1965.
⑤ ［越］陈栓，等. 运枪记［M］. 岱学，等译. 上海：少年儿童出版社，1966.
⑥ 卢志宏，王琦. 翻译文学期刊构建的"世界文学"图景：以建国初期的期刊文学译介为例［J］. 外国语文，2014（3）：129.
⑦ 罗晓丹. 活着的卓娅，活着的刘胡兰：读《越南儿女》［J］. 世界文学，1959（12）：160—161.
⑧ 李季. 血泪和书寄天涯：越南《南方来信》读后［J］. 世界文学，1964（6）：19—21.
⑨ 马士奎. 文革期间的外国文学翻译［J］. 中国翻译，2003（3）：65.
⑩ 人民文学出版社（选编）. 越南南方短篇小说集［M］. 北京：人民文学出版社，1972.
⑪ 人民文学出版社（选编）. 越南短篇小说集［M］. 北京：人民文学出版社，1973.

小说集也并非全是中国译者翻译的，有部分是直接选用越南出版的中文翻译。如《越南短篇小说集》收录的 23 篇小说中，有 1 篇选自越南外文出版社的中文译文，有 3 篇选自《新越华报》的中文译文。

"文革"结束至 1991 年中越关系恢复正常化以前，都很难再看到越南文学作品的专著出版，翻译介绍外国文学的杂志上也不再有越南文学的译作，或者是介绍越南文学动态的短讯。这段时期我们能看到的越南文学作品大多在一些按照国别和地区划分汇编而成的民间故事、寓言、童话等合集中，而且这一阶段出版的这类合集中的越南文学作品，也并非都译自越南语。比如朱兆顺的《世界民间故事选》[①]、姜继的《东南亚民间故事》[②]中都收录了越南的作品，前者选译自苏联的出版物，后者则是根据英文版的丛书编译；有些则只知道收入的是越南的作品，但中文翻译来源不详，如殷康、禾静编的《亚洲童话》[③]中收入的越南作品。只有少数的合集明确注明中文译本的越文来源和译者，如栾文华等编的《东南亚民间故事选》[④]。可见，这一时期不仅我国翻译的越南文学作品的数量减少了，而且直接译自越南语的翻译文学作品也变少了。该现象不仅与该阶段我国社会文化需求有关，同时也与中越两国关系的发展密切相关。

1991 年中越关系正常化后，随着我国改革开放和市场经济的进一步发展，文学翻译也逐渐随着社会文化、市场需求等多方面的因素发生变化。经济、社会等各方面均不发达的越南，其文学作品在我国的译介难以再像"文革"前一样受追捧。

二、译者及刊登越南文学作品的刊物

（一）译者

从我国已经翻译出版的越南文学作品来看，有独译译作的译者早期主要有伍汉、颜保、黄敏中、谭玉培、岱学、黄轶球等，这些译者以归国华侨和民国时期创办的前国立东方语文专科学校越南语专业毕业生为主。20 世纪 90 年代后有独译译作的译者有李亚舒、赵玉兰、祁广谋、夏露等，以科研机构和高校学者为主。从已经翻译出版的作品来看，独译作品占的比重并不大，大部分翻译出版的越南文学书籍还是以合译作品集形式为主。译者也都是在某一段时期

[①] 朱兆顺（译）. 世界民间故事选 [M]. 南京：江苏人民文学出版社，1981.
[②] 姜继（编译）. 东南亚民间故事：中册 [M]. 福州：福建人民出版社，1982.
[③] 殷康，禾静（编）. 亚洲童话 [M]. 上海：上海文艺出版社，1991.
[④] 栾文华，张志荣，祁连休（编）. 东南亚民间故事选 [M]. 武汉：长江文艺出版社，1982.

内进行越南文学的翻译，例如 50、60 年代的大部分译者也只是在建国至"文革"前的那段时期翻译一些简短的文学作品收录在作品集或刊登在报刊上，"文革"后大都转向其他工作，不再进行越南文学作品的翻译，因此很难看到长期持续进行越南文学汉译的译者。2000 年后偶有越南文学翻译作品出版和登载在期刊上，这些译者以越南语专业的学生和从事越南语教学的高校教师为主。如王彦、咸蔓雪编译的《越南民间故事》[①]，祁广谋译的《金云翘传》[②]，赵玉兰的《〈金云翘传〉翻译与研究》等。此外也有一些作品是精通越南语的文学爱好者们和越南人翻译的，如前驻越南大使李家忠在《外国文艺》上先后发表了 7 篇越南短篇小说译作[③]，并同越南人傅天放将越南的畅销书《昨夜我梦见了和平》[④]译成中文出版；还有现任中国驻越南大使馆文化参赞彭世团译的小说《海螺》[⑤]。越南人阮氏秋恒、阮玉诗译的《茫茫田野》[⑥]，则是 21 世纪后少有的由越南人进行汉译，在我国发表出版的作品。

我国越南文学作品的翻译除了由通晓越南语的译者进行外，还有一些是由国内掌握其他语种的人员通过作品的其他语种转译而来，转译的现象在"文革"以前比较明显。如《石狮子》是苏联的雅·聂姆庆斯基将波兰的伏·鲁克洛夫斯基编写的越南民间故事集译成俄文，中国的译者阎童再根据俄文版翻译成中文。春苔翻译的《越南民间故事》[⑦]则是根据法文版翻译而来。黄轶球翻译的《金云翘传》[⑧]也是参考喃字版本，根据法文本翻译而来。马祖毅翻译的《面包树》[⑨]则是根据英文版翻译而来。"文革"以后随着越南文学翻译热潮的退却，越南文学翻译骤减的同时，这种转译的情况也已难觅踪迹。

---

① 王彦，咸蔓雪（编译）. 越南民间故事［M］. 沈阳：辽宁少年儿童出版社，2001.
② ［越］阮攸. 金云翘传［M］. 祁广谋，译. 广州：世界图书出版广东有限公司，2011.
③ ［越］杜宝珠. 海防情缘［J］. 外国文艺，2004（6）：108—117.
［越］伯勇. 男人的眼泪［J］. 外国文艺，2007（1）：117—124.
［越］黄明祥. 再婚［J］. 外国文艺，2007（6）.
［越］梅语. 出国梦［J］. 外国文艺，2007（6）.
［越］兆训. 养女［J］. 外国文艺，2007（6）.
［越］阮孟俊. 家里人［J］. 外国文艺，2007（6）.
［越］凤舞. 后生可畏［J］. 外国文艺. 2008（3）：97—102.
④ ［越］邓垂簪. 昨夜我梦见了和平［M］. ［越］傅天放，李家忠，译. 北京：华文出版社，2010.
⑤ ［越］陈战. 海螺［J］. 彭世团，译. 世界文学，2018（5）：167—192.
⑥ ［越］阮玉思. 茫茫田野［J］. ［越］阮氏秋恒，阮玉诗，译. 世界文学，2014（7）：144—182.
⑦ 春苔（译）. 越南民间故事［M］. 北京：作家出版社，1958.
⑧ ［越］阮攸. 金云翘传［M］. 黄轶球，译. 北京：人民文学出版社，1959.
⑨ ［越］阮公欢，等. 面包树［M］. 马祖毅，译. 南京：江苏文艺出版社，1959.

（二）刊登越南文学作品的主要刊物

我国刊登外国文学翻译作品的杂志，在"文革"以前主要是《世界文学》（1953—1958 年称为《译文》），该杂志也是我国刊登越南翻译文学作品最多的杂志，1953—1966 年间刊登在《世界文学》上的汉译越南文学作品就有 56 篇。"文革"期间，该杂志曾一度停刊，"文革"结束后重新恢复出版。同时随着改革开放的进行，我国也先后陆续创办了其他刊登外国文学作品的杂志，主要的有《外国文艺》（1978 年创刊）、《译林》（1979 年创刊）、《外国文学》（1980 年创刊）等。20 世纪 80 年代后，这些杂志刊登的外国文学以欧美、日本等发达国家的文学作品为主，偶尔也会刊登像越南这样的亚非拉国家的汉译文学作品，比如《外国文学》在 1981—1986 年间就刊登有汉译的印尼、柬埔寨、缅甸、老挝等东南亚国家的文学作品。《译林》《外国文艺》《世界文学》也都曾刊登过少量汉译的越南文学作品，但也多是集中在某一段短暂的时间里比如某几年或者某几期中刊登有越南文学作品。很难再看到像创刊初期的《世界文学》一样，每年都有一两期介绍刊登有越南文学的译作。

三、我国译介越南文学作品的特点及其影响

（一）政治因素主导越南文学作品的汉译

20 世纪 50、60 年代，新中国成立之初，既面临国内各种斗争，又面临着国际复杂的关系形势。反封建、反帝国主义、反殖民等共同的斗争路线，使得我国与亚非拉国家的关系更为密切。茅盾在《译文》（《世界文学》的前身）杂志 1953 年的发刊词中就指出了对翻译文学的选择："……要求从文艺作品上更亲切地感受到苏联和人民民主国家劳动人民在建设他们的美好生活，从事创造性劳动时所表现的奋发和喜悦，也要求从文艺作品上更真切的看到资本主义国家的和殖民地半殖民地的人民如何勇敢而坚定地为和平为民主而斗争……"[①]因此，刚刚建立不久，又还在为统一做斗争的越南文学作品就备受我国翻译界的青睐。政治主导性一直是越南文学作品给中国读者留下的主要印象，也是 20 世纪五六十年代许多越南文学作品得以在我国翻译的主要原因。

我们现在再来翻看这一时期翻译的越南文学作品，会觉得这些作品并无特别引人注目的手法，也无十分华美的语言表达，或者是独特的情节设置，甚至有些只是非常口语化的书信。正如越南译者在越南汉译出版的小说集《一号坑道钟表匠》序言中写的："这个选集主要是向读者介绍越南的历史环境及越南

---

① 茅盾. 发刊词[J]. 译文，1953（1）：2.

人在严峻考验中的生长梗概,而没有奢望介绍出色的作品。"①当时中越两国对越南有关文学作品的汉译,文学性不一定是首要的选择。"五六十年代中国热情翻译东欧、东德以及越南、阿尔巴尼亚、朝鲜、罗马尼亚、古巴等国的文学作品,其目的不在'文学',而是将翻译作为增进友谊、加强国家之间亲和关系的手段。同时,借助这些国家文学的翻译,来丰富自身的政治意识形态话语,增强政治权利的合法性和权威性"②。方平先生谈在"文革"中翻译文学作品时也提到:"……那个时候除了古巴、越南、阿尔巴尼亚的作品外,外国文学都批倒批臭了……"③

这种政治的主导和取向性在特定时期作品的翻译数量上也体现得非常明显,如 1965 年是我国翻译各类越南文学作品最多、时效性最强的一年。《像他那样生活》、《槟知姑娘》④都是 1965 年在越南出版,当年中文译本就在中国翻译出版,还有不少刊登在报刊上的翻译作品亦是如此。从历史背景看,1965 年也是美国对越南战争全面升级的一年,而我国除了在各大报刊上全面撰文声讨美国,也在当年翻译了不少越南的文学作品。这些翻译活动都与当时的政治社会环境息息相关,翻译的行为主要不是关注文学的审美性,更多的是一种文化认同下的声援。

到了 20 世纪 70—80 年代,一方面因为我国自身的政治环境,一方面因为两国之间的政治关系,越南文学作品的翻译基本处于停滞状态。到了 20 世纪 90 年代,中越两国关系正常化之后,越南文学作品的翻译出版尽管仍需要例行出版审核,但是政治因素的主导作用已经不复建国初期那么强势,更多的是由市场需求、译者、出版机构等多个因素来综合决定。

(二)反压迫和战争题材一直备受青睐,古典文学翻译少而单一

从作品的年代来看,我国翻译的越南文学作品绝大部分都是近现代和当代的文学作品。而越南从 19 世纪下半叶起至 1975 年南北统一前,或处于被殖民或处于战乱中,经历了一段曲折漫长的民族独立解放斗争时期。因此这也使得这一时期的越南文学家,或者是在这样的社会背景下成长起来的文学家创作的作品不可避免地具有浓重的反压迫和战争色彩。建国初期,为配合我国反帝反殖民,支持亚非拉国家,支持社会主义国家的政治需要,我国翻译的越南文学作品也大多是反压迫抗战题材或者是以战争为背景展开的作品。改革开放后,

---

① 越南外文出版社.一号坑道钟表匠[M].河内:越南外文出版社,1971.
② 查明建.文化操纵与利用:意识形态与翻译文学经典的建构——以 20 世纪五六十年代中国的翻译文学为研究中心[J].中国比较文学,2004(2):90.
③ 方平,许钧.翻译的得与失[J].译林,1998(2):203.
④ [越]潘氏如冰.槟知姑娘[M].北京:作家出版社,1965.

我国翻译的越南文学作品不乏像《出国梦》①、《退休将军》②等反映和平年代生活的作品，同时也延续了对反压迫和战争题材的青睐，如有译著《熄灯》③、《绝对机密：越战第一大间谍案内幕》④、《昨夜我梦见了和平》；还有刊登在杂志上的小说《笑林幸存者》⑤、《风仍吹过田野》⑥、《阿沉》⑦等。我国的越南文学翻译似乎在不轻易间挂上了反压迫和战争的标签。

　　战争，也一直是近现代越南文学作品在世界文学中十分鲜明和独特的视角。近年在世界上比较有影响力的几本越南文学作品，如保宁描写越南战争给人们带来痛苦的小说《Nỗi Buồn Chiến Tranh》⑧；根据烈士、战地女医生邓垂簪在越战期间的日记整理出版的《Nhật ký Đặng Thùy Trâm》⑨；包括近年获得多个文学奖项的美籍越南裔作家阮清越的《The Sympathizer》⑩无一例外都与战争息息相关。战争题材的越南文学作品不仅受我国译者青睐，同时也受到世界上其他国家译者和读者的青睐。这种共性或许也会使得译者在对作品的选择和翻译上有所借鉴，比如《Nhật ký Đặng Thùy Trâm》，越文直译为《邓垂簪日记》，而中文译本在翻译书名时并没有选择越文书名的直译，而是选择英文译本名《Last night I dream of peace》的直译——《昨夜我梦见了和平》。

　　与对反压迫和战争题材文学作品翻译钟爱有加，翻译数量多相反的，是我国对越南古典文学翻译只有《金云翘传》这一枝独秀。不仅"在长达半个多世纪的过程中，国内学界对越南古典文学研究的中心仍然是《金云翘传》"⑪，而且我国学者对它的翻译也是比较关注。目前我国学者翻译出版的译本一共有四个，分别是黄轶球《金云翘传》⑫、罗长山《越南世界古典文学名著——〈金

---

① [越]梅语. 出国梦 [J]. 李家忠，译. 外国文艺. 2007（6）：96—101.
② [越]阮辉涉. 退休将军 [J]. 白洁，译. 译林，2011（5）：117—124.
③ [越]吴必素. 熄灯 [M]. 李亚舒，译. 北京：文津出版社，1996.
④ [越]友梅. 绝对机密：越战第一大间谍案内幕 [M]. 祝仰修，成汉平，译. 北京：军事谊文出版社，1999.
⑤ [越]武氏好. 笑林幸存者 [J]. 祁广谋，译. 译林，2005（3）：152—156.
⑥ [越]武氏春霞. 风仍吹过田野 [J]. 白洁，译. 译林，2009（5）：142—146.
⑦ [越]范发. 阿沉 [J]. 田小华，译. 中国作家，2013（19）：64—68.
⑧ 1987 年在越南第 1 次出版，中文译本为《战争哀歌》，英文译本为《The sorrow of the war》，已翻译出版有中、英、法、日等多个语种译本。
⑨ 2005 年在越南第 1 次出版，直译为《邓垂簪日记》，我国出版的中文译名为《昨夜我梦见了和平》（2010），英文译名为《Last night I dream of peace: The diary of Dang Thuy Tram》，此外还有法文、意大利文、泰文等译本。
⑩ Nguyen Viet Thanh. *The Sympathizer* [M]. New York: Publishers Group West, 2015. 中译本：[美]阮清越. 同情者 [M]. 陈恒仕，译. 上海：上海译文出版社，2018.
⑪ 刘志强. 20 世纪 50 年代以来国内关于越南《金云翘传》的翻译与研究 [J]. 广西民族大学学报（哲学社会科学版），2015（4）：144.
⑫ [越]阮攸. 金云翘传 [M]. 黄轶球，译. 北京：人民文学出版社，1959.

云翘传》》①、祁广谋《金云翘传》②和赵玉兰《〈金云翘传〉翻译与研究》③。

当然，我国对越南古典文学翻译的单一性不仅是因为越南古典文学现存数量较少的原因，同时也与越南本国文字使用变迁有关。越南古代长期使用汉字，现在使用的拉丁国语字到19世纪后半叶才开始逐渐进行普及，用来进行文学创作。所以许多古典文学作品都是用汉字或者喃字创作。汉字文学对于我国的读者来说自然不需翻译，而喃字我国掌握的人并不多，直接进行喃字文学翻译的更是几乎没有。拿《金云翘传》的翻译来说，黄轶球翻译的版本是根据1933年河内福安版喃文本和Alexandre de Rhodes出版社1942年于河内出版的法文版本译出，该法文版本则是由越南人阮文永（Nguyễn Văn Vĩnh）翻译成法文的。赵玉兰则根据陶维英拉丁国语字版《翘传》翻译而来。不论从何种版本翻译而来，这些译者都为中国读者呈现了这一越南经典名著。而黄轶球的翻译更是在一定程度上推动了我国对越南《金云翘传》和越南古典文学的研究，以及中越两国对《金云翘传》的比较研究。

（三）越南文学作品在中国的影响

诗人桑克（1967—）在回忆自己小时候看各种外国文学书时提到"外国书看得也不少，但是没有什么明确的认识。苏联的，越南的……胡志明伯伯和农民伯伯，乱七八糟的"④。王小波也在他的《沉默的大多数》一文中提及："我上小学六年级时，暑期布置的读书作业是《南方来信》。那是一本记述越南人民抗美救国斗争的读物……"⑤在那个外国文学翻译比较匮乏的年代，尽管越南文学作品在我国大量译介是受当时政治环境的影响促成的，但这些作品为中国的读者所知晓，在那个年代的读者记忆中留下了一定的印记，也成为一个时代文化的缩影。

显然，像越南这样的弱势民族文学在我国译介数量的多少主要是由译入语环境即我国文学空间中的社会文化功能所决定的。当我国的社会环境急需越南各类反帝反封建类文学时，就开始大量地译介，在越南语翻译人才不足的情况下，还通过其他英法俄等语种作品转译，甚至被翻译文学所在国——越南也加入到汉译活动中来。例如《鹪鹩鸟之歌》⑥、小说集《笛声》⑦，包括曾经风靡

---

① ［越］阮攸. 越南世界古典文学名著：金云翘传［M］. 罗长山，译. 河内：越南文艺出版社，2006.
② ［越］阮攸. 金云翘传［M］. 祁广谋，译. 广州：世界图书出版广东有限公司，2011.
③ 赵玉兰.《金云翘传》翻译与研究［M］. 北京：北京大学出版社，2013.
④ 桑克. 我的门，我的窗［J］. 世界文学，2013（4）：235.
⑤ 王小波. 沉默的大多数［M］. 上海：三联书店，2013：5.
⑥ ［越］秋盆. 鹪鹩鸟之歌［M］. 河内：越南外文出版社，1965.
⑦ ［越］阮诗，等. 笛声［M］. 河内：越南外文出版社，1971.

一时的《南方来信》等这些作品都是越南译者翻译成中文后在我国发行传播的。然而当译入语环境不再需要这类文学作品时，其一时虚高的译介地位就会迅速消失了。

"文革"后我国对外国文学翻译的政治意识形态限制逐渐放开，刚刚经历战争、欠发达的亚非国家的文学无法满足改革开放后我国读者对世界文学的追求，他们更多的是向往欧洲、美国、日本等这些发达地区和国家的文学。五六十年代成长起来的读者回忆时也提到："……我读到过越南、缅甸、泰国、马来西亚作家们的作品，现在再想了解他们的情况，倒反而困难了……"[①]作为发展中的小国，越南的文学在浩瀚的世界文学海洋中处于比较边缘的位置，较难再像20世纪五六十年代那样在我国广泛传播，引起我国读者的较大关注。

但随着我国改革开放的推进，外国文学译介获得了一种更加开放多元的译入语环境，使得像越南这样小国家的文学也能够与西方强势文学同时在中国文化和文学空间中进行竞争，既争夺读者，也争夺作家和研究者的青睐。尽管与当前世界上的强势文学的影响力相比它的空间更小，受众面更窄。然而正如习近平主席2014年3月27日在联合国教科文组织总部的演讲中提到的"人类文明因多样才有交流互鉴的价值"。当前我国多元的文化氛围在一定程度上也会促进越南文学在一定的范围内传播和发展，发挥自身的创生性。不断充实我国的文学宝库，丰富读者们的文学视野，促进双方的文化交流。

---

① 车前子. 回忆 [J]. 世界文学, 2005 (3): 132.

有声欣赏和有声传播视角下越南《金云翘传》衍译再创作的意义与实践[①]

广西民族大学相思湖学院 莫子祺　云南农业大学 刘 莹

【摘 要】 越南《金云翘传》作为中越文学文化交流的伟大硕果，由于其原著中古词语繁多，内容相对晦涩难懂，而多数中文译本翻译效果仍不够理想，因此，在中国，除了少数人根据研究需要进行中越文对比和通读以外，多数越南语学习者尤其在校大学生皆无心通读，对越南《金云翘传》可以说是知之甚少，更别说进行双语对比和鉴赏了。这对于学习越南语的国人来说是一个遗憾，也是中国越南语界教育和研究领域的一个缺憾。本论文主要在有声欣赏和有声传播的视角下，以诗歌衍译理论为指导，论述越南传世诗作《金云翘传》进行中文衍译再创作的意义与实践，从而为弥补这一缺憾做出些许积极的贡献。

【关键词】《金云翘传》；有声欣赏；有声传播；衍译

一、越南《金云翘传》及传播现状

对越南语言文学有所了解的人都知道，越南《金云翘传》（*Kim Vân Kiều Truyện*）是18世纪末至19世纪初越南著名诗人阮攸的一部长达三千多行的"六八体"传世诗作。越南《金云翘传》，又称《翘传》（*Kiều Truyện* 或 *Truyện Kiều*）或《断肠新声》（*Đoạn Trường Tân Thanh*）（以下必要时简称《翘传》），是越南诗人阮攸以中国明末清初青心才人的章回小说《金云翘传》为蓝本，采用越南民族文字喃字，并使用越南民族喜闻乐见的"六八体"诗歌样式进行成功移植和创作的[1]前言P1，后经越南多位学者翻译成越南拉丁国语字版本。可以说，越南《翘传》是中越两国文学文化交流史上的一朵奇葩。在《翘传》的诵读与传播方面，对内，《翘传》在越南文学史上居于顶峰地位，得到越南广大人民群众的喜爱和传颂，可谓家喻户晓，妇孺皆知；对外，阮攸的《翘传》也已经被译为法、中、俄、英、德、日、波兰、西班牙等国文字，尤其在中国

[①] 此文为2017年度广西壮族自治区中青年教师能力提升项目"有声欣赏视角下越南《金云翘传》衍译再创作研究与实践"的阶段性研究成果，项目编号：2017KY1335。项目主持人：莫子祺。

也涌现出了4个中文译本。然而,由于越南《翘传》诗作篇幅长,原著中古词语繁多,内容相对晦涩难懂,因此,多数中文译本翻译效果不够理想,在中国的传播现状也不够理想。如何解决这个问题,这正是本课题研究的出发点。

二、越南《翘传》进行有声欣赏和有声传播的可行性

"有声欣赏"是指借助声音来表达和接收文学作品内容的文学欣赏方式[2]P49。在文学欣赏方面,除了我们常见的无声默读式阅读欣赏以外,其实还有另外一种出现更早、应用更广泛的欣赏方式——有声欣赏。"有声传播",顾名思义,就是通过有声朗诵、吟咏或演播的方式对文学作品进行传播和传承。在当今时代,文学作品的传播方式有多种多样,但从有无声音方面看,主要包括两种:一种是无声的传播方式,即文本阅读方式;另外一种就是有声的传播方式,就当前来讲,较为流行的有声传播方式就是通过各种新媒体对文学作品进行有声演播和传播。

那么,为什么要对越南《翘传》进行有声欣赏和有声传播呢?

第一,对文学作品进行有声传播是时代发展的一种趋势。目前中国非常注重对传统文化的传承和传播,其中就包括对古典文学作品的传承和传播。李笙先生认为:"有声欣赏是一种最古老的、涵义广泛而应用极广的固有文学欣赏方式,随着科学技术的发展和广播电视的普及,文学欣赏又出现向有声欣赏回归的势头:现在的读者更愿意以收听(收看)广播电视的方式来欣赏文学作品的内容而不愿意去阅读其文字文本。"[2]P49在当今生活节奏越来越快、新媒体快速发展的时代背景下,通过移动新媒体收听信息内容的平台和软件越来越多,因而也有越来越多的民众选择通过收听的方式来接收信息,因为他们在听觉注意的同时可以把双眼和双手解放出来。而移动新媒体的传播方式不受时间、地点和人数的限制,即任何人在任何时间、任何地点(当然需要确保新媒体平台和软件能够正常使用)都可以接收移动新媒体缓存的或者正在直播的信息内容。可见,通过新媒体对古典文学作品进行有声传播,不失为一种相对低成本而高效率的文学传承传播方式。

第二,对越南文学作品进行有声传播是促进中越文学文化交流的一种有效方式。当前,中国在文化外交方面也十分注重中国文化对外交流与传播,党的十七大报告也提出了"走出去"和"引进来"紧密结合的重大国家战略,这其中也包括了古典文学文化方面的"走出去"和"引进来"。而越南《翘传》作为越南古典文学的顶峰代表作之一,尤其作为中越古代文学文化交流的重大硕果之一,确实值得在一定程度上"引进来",至少应该让更多的越南语学习者对这部作品有所了解,更高的目标则是通过相对低成本、高效率的传播方式,让广大的越南语学习者能够对越南《翘传》进行中越双语的对比学习、欣赏和

传承,而这个相对低成本、高效率的传播方式,就是我们当今时代所流行的移动新媒体有声传播方式。

第三,对文学作品尤其对古典诗歌进行有声欣赏和有声传播,能够满足人们更高精神生活的需求。人的需求是多层次多方面的,人们对文学作品的理解和感知,尤其对诗歌的理解和欣赏,是一种高层次、高品位的精神生活。众所周知,文学作品的朗诵有着巨大的感染功能,因为文学朗诵"声音裹挟着意义,语言包容着和谐,文字生发着底蕴,朗诵造就着美感"[3]。可见,通过移动新媒体对文学作品进行有声欣赏和有声传播,不失为文学作品得到进一步广泛传播传承、在一定程度上发挥其社会价值的一种有效方式。

诗歌是诗人借以抒情言志的、有着高度凝练语言和韵律美的一种文学体裁,也是最古老最具文学特质的一种文学体裁,其在人类文明的发展长河当中具有十分重要的地位。从文学朗诵的角度看,诗歌偏重于热烈感情的抒发和声音韵律的节奏感,因而其在有声欣赏和有声传播方面将会收到更好的欣赏效果和传播效果。比如,我们发现目前中国已经出现了越来越多的新媒体有声文学节目,其中就包括中国古典诗歌的诵读、演播节目,如"学习强国"学习平台里面的视听节目《中国诗词大会》《经典咏流传》等;如微信公众号"为你读诗""读首诗再睡觉"等;再如,在"喜马拉雅 FM""红蜻蜓 FM"和"荔枝 FM"等音频分享平台上,都有各诗词爱好者在上面分享的诗歌朗诵、诗词鉴赏系列节目,而且这些古典诗歌的诵读、演播系列节目都在诗歌有声欣赏和有声传播方面取得了良好的效果。可见,通过"有声欣赏"的方式,人们可以轻松实现对文学作品思想内容的理解和对文学作品社会价值的感知,尤其古典诗歌抑扬顿挫的"有声欣赏"方式,更是可以让人们轻松感知古典诗歌的韵律美和意境美,给人们带来一种宁静而惬意的诗意生活,这种诗意生活虽然短暂,但它在人们喧嚣而快节奏的现实生活当中显得尤为宝贵。

第四,对越南《翘传》进行有声欣赏和有声传播也是该诗作在中国得到进一步传播的需要。如前所述,由于种种原因,越南《翘传》的多数中文译本翻译效果不够理想,在中国,除了少数人根据研究需要进行中越文对比和通读以外,多数的越南语学习者尤其在校大学生皆无心通读,对越南《翘传》可以说是知之甚少,更别说进行双语对比和鉴赏了。这对于学习越南语的国人来说是一个遗憾,也是中国越南语教育和研究领域的一个缺憾。为此,针对中国广大越南语学习者和《翘传》爱好者,如何进行通俗易懂而不失美感的《翘传》中文衍译再创作,如何以声音为媒介进行高效率而不失美感的经典诵读和传播,已经成为摆在我们面前的一项颇有意义的研究课题。

三、从有声欣赏和有声传播角度看越南《翘传》衍译再创作的必要性

越南《翘传》要针对中国读者或听众达到较好的欣赏效果和传播效果，有声欣赏和有声传播只是一个途径，我们还需要一个适于有声欣赏和有声传播的越南《翘传》中文译本。

截至目前，在中国已经出现了4个《翘传》中文译本，包括黄轶球译《金云翘传》[4]（以下简称"黄译本"）、罗长山译《金云翘传》[5]（以下简称"罗译本"）、祁广谋译《金云翘传》[6]（以下简称"祁译本"）、赵玉兰译/著《〈金云翘传〉翻译与研究》[1]（以下简称"赵译本"）。然而，综观当前在中国已有的4个《翘传》中文译本，我们认为这4个中文译本仍然不是进行有声欣赏和有声传播的最佳版本。

首先，从"黄译本"可以看出，"译者的古文修养深厚，译文的语言和风格都比较接近原作，作为中国第一个中文译本，功不可没"[1]序P3。但由于黄轶球先生为文学专业出身而并非越南语专业出身[7]P145，因此"由于译者对原文有些地方理解不够准确，致使译文中出现了不少偏误或错译"[8]P48。而"罗译本"采用的是现代自由诗体，违背了原作古体诗的语言风格，使得原诗中的含蓄和典雅遗失殆尽，且内容上也存在随意性太强，有失偏颇的问题[8]P48。

其次，"祁译本"是于2011年在中国翻译出版的，我们从"祁译本"可以看出，译文当中古代诗体和现代自由诗体约各占一半，译文也基本上达到忠实原诗内容，但读起来有时会让人感觉有"用词不够精练，诗文不够优美"之嫌。例如133—138句：

133　Dùng dằng nửa ở, nửa về,
　　　Nhạc vàng đâu đã tiếng nghe gần gần.
　　　Trong chừng thấy một văn nhân,
　　　Lỏng buông tay khấu, bước lần dăm băng.
　　　Đề huề lưng túi gió trăng,
　　　Sau chân theo một vài thằng con con.
　　　盘恒许久姐弟们要踏上归途，
　　　忽听到马蹄轻捷铃声近。
　　　依稀是一个文人，
　　　信马由缰逍遥自在走过来。
　　　马背上挂的是风月行囊，
　　　马后边跟随着几个书童后生。

一看该译文，总让人感觉译文中用词不够凝练，诗文不够优美，例如"忽听到"改成"忽闻"是否更凝练一些，"走过来"改为"走来"是否更文雅一

些?而"姐弟们"是否多了一个"们"字,而"马后边"去掉一个"马"字、"跟随着"去掉一个"着"字是否会更好一些?

再如 197—200 句和 223—226 句:

197 Đã lòng hạ cố đến nhau,
　　Mấy lời hạ tứ ném châu gieo vàng.
　　Vâng trình hội chủ xem tường,
　　Mà xem trong sổ đoạn trường có tên.
　　孤寂时幸得你眷顾探访,
　　香烟缭绕,更兼洒泪相赠诗篇
　　断肠会主读了你的真情告白,
　　细查籍册知道你也是断肠会中人。

223 Giọng Kiều rền rĩ trướng loan,
　　Nhà huyên chợt tỉnh hỏi cơn cớ gì:
　　"Cớ sao trằn trọc canh khuya?
　　Màu hoa lê hãy đầm đà giọt mưa."
　　鸾帐里翠翘涕泣悲恸,
　　惊动了慈母来问询:"夜阑更深,
　　我儿为何还翻来覆去睡不着?
　　泪光点点,恍若是梨花带雨。"

该译文乍一读起来就会让人感觉其中的"真情告白"似乎有"用词不当"之感,其中的"睡不着"改为"无法入睡"、"知道"改为"方知"是否更文雅一些?而"恍若是"中的"是"字去掉是否更好一些!

再者,从文本阅读的角度看,《翘传》"赵译本""在诗体选择、忠实原文、遣词造句、引经据典、对仗押韵等方面都可谓达到了相当的高度,在越南《翘传》的中文翻译方面取得了史无前例的成就"[9]。不过,如果从有声欣赏和有声传播的角度看,或许"赵译本"也还不是进行有声欣赏和有声传播的最佳译本,因为"赵译本"由于极力讲求中国古体诗的语言形式,在一定程度上存在着"上下衔接不够清晰、古味过重、语言过于凝练"等不太适合有声朗诵和有声抒情的问题,因而也不太适合"相对通俗易懂"的诗歌有声欣赏方式和有声传播方式。

比如:

45 Gần xa nô nức yến anh,
　　Chị em sắm sửa bộ hành chơi xuân.
　　Dập dìu tài tử giai nhân,
　　Ngựa xe như nước, áo quần như nêm.
　　Ngổn ngang gò đống kéo lên,

> Thoi vàng – vó rắc, tro tiền – giấy bay.
> Tà tà bóng ngả về tây,
> 52 Chị em thơ thẩn dan tay ra về.
>
> 姐弟携手，郊外远足，
> 一路风光，莺飞燕舞。
> 才子佳人，熙来攘往，
> 好一派车水人潮景象！
> 旧冢新坟满目凄然，
> 冥钱灰烬漫天飘散。
> 夕阳西下天色渐晚，
> 姐弟怅然携手回返。

从上述译文来看，"赵译本"的这部分译句也基本达到"忠实原文，用词凝练，诗句优美，押韵对仗"等诗歌翻译标准和中国古体诗特性。但我们发现，前面的 45—48 句主要描述翠翘姐弟三人外出踏青、一路欢愉的欢快情景，但紧接着笔锋一转，第 49 句马上转为描述墓地上旧冢新坟、冥钱飘洒、灰飞烟灭的凄然景象，可见第 48 句与第 49 句之间有着很大的转折，而"赵译本"当中出于"语言凝练"的需要，第 48 句与第 49 句之间并没有什么明显的表示转折的词语。那么，如果从有声欣赏和有声传播的角度出发，我们在翻译这些诗句的时候，如果加上一些表示转折关系的相关词汇，有声欣赏和有声传播的效果是否会更好一些呢？为此，我们尝试将上述诗句译为：

> 姐弟三人收拾行装，
> 携手远足郊外踏青。
> 一路上莺歌燕舞，春意盎然，
> 车如流水熙来攘往，一派车水人潮景象！
> 然，荒原之中旧冢新坟满目凄然，
> 冥钱灰烬漫天飘散。
> 夕阳西下天色渐晚，
> 姐弟携手怅然回返。

我们发现这样的译句大多使用"四字格"的形式，大体上保持了译句的工整对仗，即在一定程度上保持了原诗的"古味"，更重要的是比"赵译本"增加了"一路上"和表示转折关系的"然"字，读起来会让人感觉上下文衔接更顺畅，更清晰。此外，为了突出姐弟三人郊外踏青一路上轻松愉悦的心情，第 47、48 句在描述一路上的欢快景象时运用了自由体诗，甚至用"车如流水熙来攘往"和"一派车水人潮景象"重复强调又有何妨？

那么，针对中国读者和听众，通过移动新媒体平台对越南《翘传》进行有声欣赏和有声传播需要怎样的一个中文译本？其翻译标准又是什么？这是我们在中国对越南《翘传》进行有声欣赏和有声传播的一个前提条件,也是我们需要首先解决的一个问题。

首先,一种文体的朗诵表现形式主要取决于文学作品的本体特征。越南《翘传》作为一部长达3000多句的六八体叙事诗,它的最重要的一个本体特征,就是其属于古典诗歌,特别讲求语言的凝练性和韵律美,因此对越南《翘传》进行有声欣赏和有声传播的中文译本的第一个要求,就是要尽量保持古体诗歌的特性,在诗体选择上至少要以"古体"为主,要在忠实原文的基础上,尽可能保持原诗的"古味",保证其语言的凝练性和抑扬顿挫的韵律美。

其次,从受众的听觉接受能力和接受效果来看,由于越南《翘传》原为越南人运用越南民族文字喃字和越南民族文学体裁"六八体"创作的六八体叙事长诗,而我们对越南《翘传》进行有声欣赏和有声传播的对象是中国的越南语学习者和外国文学爱好者,因而译本要求行文较为清晰流畅,听众能听懂,易接受。反之,若中国听众难以理解的话,那我们对越南《翘传》进行有声欣赏和有声传播将失去其应有的意义。

因此,"既要基本保持原诗的古体特征,又要保证有声演播时相对的通俗易懂""既易于有声欣赏和有声传播,又不失典雅凝练的语言艺术美"的《翘传》衍译本再创作就显得十分必要。

四、衍译理论指导下的越南《翘传》衍译再创作实践

"衍译"理论是清华大学罗选民教授在《衍译:诗歌翻译的涅槃》一文中首次针对诗歌翻译提出的:"诗歌的衍译指在尊重原诗固有形式的前提下,译者充分发挥诗人的才能,浸润在两种不同的语言和文化之间,孵化出新的诗作,其译作在精神上与原作一致,但诗歌已脱胎换骨,没有留下翻译的'挣扎'痕迹,即达到钱锺书先生所说的'化境'"[10]。如此看来,为了获得较好的有声欣赏和有声传播效果的《翘传》中文译本,或许我们运用衍译理论对越南《翘传》进行衍译再创作是再恰当不过的了。

首先,以《翘传》的开篇诗句为例:

1　　Trăm năm trong cõi người ta,
　　　Chữ tài chữ tinh khéo là ghét nhau.
　　　Trải qua một cuộc bể dâu,
　　　Những điều trông thấy mà đau đớn lòng.
5　　Lạ gì bỉ sắc tư phong,
　　　Trời xanh quen thói má hồng đánh ghen.

祁译：
人生百年多少坎坷欢喜，
才和命从来是相互排斥。
历经了沧海桑田的变化，
看到的难免沉痛和悲伤。
说什么此消彼长，有得必有失，
红颜天妒却是千古至理。

赵译：
百年人生途未央，
才命偏作两相妨。
历经一场沧桑变，
所见之事甚堪伤。
彼啬斯丰不足奇，
天妒红颜成惯常。

从上述译文来看，祁译文仍然是存在"用词不够凝练，诗文不够优美"的问题，如其中的"相互排斥""的变化""看到的"等词的运用在一定程度上会让人感觉比较平淡无味，译文也没有押韵。赵译文基本上做到"忠实原文，用词凝练，对仗押韵"，完全符合中国古体诗的规律，可以说"赵译本"的上述译句相对优美一些，而从文本阅读的角度来看，这样的翻译水平已经达到相当的高度。那么，如果从有声欣赏和有声传播的角度出发，我们可否把诗句译得既保持一定的"古味"，又易于抒发感情呢？按照诗歌衍译理论，我们尝试译为：

人生百年，多少坎坷多少欢喜，
自古以来，才与命偏作两相妨。
曾经的沧海桑田，如今的坎坷沉浮，
所见所闻，无不让人沉痛悲伤。
说什么此消彼长，说什么有得必有失，
天妒红颜，红颜薄命，却是千古伦常。

我们认为，这样的译法既尽可能保持译句的工整对仗，但又不完全拘泥于中国古体诗"语言凝练、工整对仗"的语言形式，而是在必要的时候可长可短，同时尽可能考虑到诗句的押韵"妨""伤""常"，更重要的是，这样的译法也更易于进行富有感情的有声朗诵和有声欣赏。此外，这样的译法也并没有偏离原作的内容和思想，其内容和思想与原作基本保持一致，但读起来更加顺畅、和谐，即没有留下翻译的"挣扎"痕迹，基本达到衍译所谓的"化境"。

再如 171—186 句：

171 Kiều từ trở gót trướng hoa,
　　　Mặt trời gác núi chiêng đà thu không.
　　　Gương nga chênh chếch dòm song,
　　　Vàng gieo ngấn nước cây lồng bóng sân.

175 Hải đường lả ngọn đông lân,
　　　Giọt sương gieo nặng cành xuân la đà.
　　　Một mình lặng ngắm bóng nga,
　　　Rộn đường gần với nỗi xa bời bời:

文学研究

"Người mà đến thế thì thôi,
180 Đời phồn hoa cũng là đời bỏ đi!
Người đâu gặp gỡ làm chi,
Trăm năm biết có duyên gì hay không?"
Ngổn ngang trăm mối bên lòng,
Nên câu tuyệt diệu ngụ trong tính tình.
185 Chênh chênh bóng nguyệt xế mành,
Tựa ngồi bên triện một mình thiu thiu.

祁译：
翠翘回到画帘绣阁，
日已西沉，城楼又报初更。
明月悄悄移步窗台，
水面金波闪烁，庭院树影婆娑。
东墙下海棠摇曳身姿，
春夜里霜气凝重，花枝斜指长空。
一个人对月遐想，
思今日之奇遇，念人生之纷繁：
"人生如淡仙不过如此，
繁华一时转瞬一切成空。
与金郎缘何能邂逅相遇，
是否姻缘能缔结百年连理？"
情怀百转，愁绪难遣，
终题下一首绝句抒发性情。
月光照绣阁，
翠翘伏案小憩昏昏入梦。

赵译：
翠翘回到绣房，
初更漏钟已响。
天上明月窥窗棂，
银波满庭笼树影。
海棠枝头弯向东邻，
叶面露珠滚落纷纷。
寂寞闺中，翠翘对月长叹，
思近虑远，不禁感慨万千：
"歌女此生，万事皆休，
曾经的繁华，顷刻化乌有。
为何与他不期而遇，
莫非此乃因缘相聚？"
思绪万千，心事重重，
遂书佳句，寄情诗中。
浑不觉，月儿西斜照深闺，
凭栏独坐，少女昏昏入睡。

从上述译文来看，我们发现"祁译本"译文除了存在"用词不够凝练，诗文不够优美"的问题以外，还存在语言形式过于凌乱、不够优美的问题，例如上述译句长短不一，没有古体诗的工整对仗之美，也没有押韵，无法达到"抑扬顿挫、朗朗上口"的诗歌韵律美。不过祁译文当中也有一些译句译得非常不错的，如"水面金波闪烁，庭院树影婆娑""思今日之奇遇，念人生之纷繁"，这两句译句中的前后分句对仗工整，内容表达到位，意境十分优美。而上述"赵译本"译文则基本上保持了"用词简洁凝练、语言押韵对仗"等古体诗之特性，不过从有声欣赏和有声传播的视角看，上述赵译文仍然稍嫌过于凝练，部分内容表达不到位，如"*Mặt trời gác núi*"和"*cành xuân la đà*"的情境似乎已经略过不译。那么，按照诗歌衍译的理论，借鉴两位前辈上述译句之精华，我们可否尝试将上述越文诗句译为：

171　心事重重，翠翘回到珠帘绣阁，
　　　日已西沉，城楼初更早已报过。
　　　屋外皎洁明月，悄然移近窗台，
　　　水池金波闪烁，庭院树影婆娑。
175　春夜轻风吹拂，海棠摇曳欲邀东邻，
　　　叶面露珠凝重，花枝婀娜遥望长空。
　　　寂寞闺中，翠翘独自对月遐思，
　　　思今日之奇遇，念人生之纷繁：
　　　"人生如淡仙，亦不过如此，
180　曾经的繁华，顷刻化乌有。
　　　今日何缘，与金郎相逢邂逅，
　　　谁知他日，可有缘结连理否？"
　　　翠翘情怀百转，思绪万千，
　　　遂题绝句一首，抒发性情。
185　浑然不觉，月儿西斜照深闺，
　　　伏案小憩，翠翘已昏昏入梦。

　　我们认为，这样的翻译基本保障了译句的长短基本一致，每一联诗句的上下句对仗工整，而不至于译句长短不一，此长彼短，过于凌乱；基本保障了"用词较为凝练、意境较为优美"的古典美，又达到"译文内容全面到位、上下前后衔接顺畅"等易于朗诵抒情之特性。例如171译句中比原文增加了"心事重重"的意境，既表明了自从经历淡仙显灵、邂逅金郎之后，翠翘心潮澎湃、此起彼伏的心境，又为后面"翠翘遐想和梦见淡仙"埋下伏笔，起到了"承前启后"的作用。同时，"心事重重"四字正好为172句的"日已西沉"留下了翻译的空间，达到上下句对仗工整、内容表达到位的效果。达到类似翻译效果的还有181—182译句中的"今日缘何"和"谁知他日"，达到了"今日"与"他日"的对比效果，为后面"翠翘多次遭遇不幸、命运坎坷、无法顺利报答金重恩宠"埋下伏笔。而183译句中的"思绪万千"则是对"情怀百转"的加强、强调，恰好又为184译句中的"抒发性情"留下翻译空间，达到了上下句对仗工整的翻译效果。

　　从有声欣赏和有声传播的角度出发，按照衍译再创作的诗歌翻译理论，我们还可以对更多的诗句进行衍译再创作，例如以下诗句：

347　Lặng nghe lời nói như ru,　　　　　默默聆听金重坦陈心声，
　　　Chiều xuân dễ khiến nét thu ngại ngùng…　翠翘感动于心羞报于容。
　　　Rằng: "Trong buổi mới lạ lùng,　　　答道："彼此初会，尚且陌生，
350　Nể lòng có lẽ cầm lòng cho đang!　　君之情义我已心领，铭记心中。

	Đã lòng quân tử đa mang,	感念君之真情爱宠，
	Một lời vàng tạc đá vàng thủy chung."	愿海誓山盟定始终。"
	Được lời như cởi tấm lòng,	听闻此言，金重不禁心花怒放，
	Giở kim thoa với khăn hồng trao tay.	遂将金钗、红巾递至佳人手中。
355	Rằng: "Trăm năm cũng từ đây,	再道："百年姻缘始于今日，
	Của tin gọi một chút này làm ghi!"	谨以此微物为信，纪念永志！"
	Sẵn tay bả quạt hoa qùi,	翠翘亦摘下贴身之物，施礼回赠，
	Với cảnh thoa ấy, tức thì đổi trao.	将锦帕、葵扇并金钗，交予金生。
	Một lời vừa gắn tấc giao,	两人细语缠绵如胶似漆，
360	Mái sau dường có xôn xao tiếng người.	忽闻屋后喧闹人声嘈杂。
	Vội vàng lá rụng hoa rơi,	两人急忙分开，有如落叶飞花，
	Chàng về thư viện, nàng rời lầu trang.	金重返回书房，翠翘重上妆楼。
	Từ phen đá biết tuổi vàng,	从此，金石盟誓心相印，
	Tình càng thấm thía, dạ càng ngẩn ngơ.	彼此，意更缠绵情更浓！
365	Song tương một dải nông sờ,	湘江虽浅，天各一方，
	Bên trông đầu nọ, bên chờ cuối kia.	头尾相思，却难相见。
	Một tường tuyết trở sương che,	高墙森严，有如风霜雪雨层层阻挡，
	Tin xuân đâu dễ đi về cho chăng.	书简难传，只盼鸿雁送信飞鸽传情。

五、结语

综上所述，从有声欣赏和有声传播的角度出发，运用衍译理论对越南六八体长诗《翘传》进行衍译再创作实践，有着十分重要的理论意义和现实意义，也有着较大的可行性和可操作性。照此推理，如果我们在参考前人翻译成果的基础上，运用衍译理论对越南六八体长诗《翘传》进行全篇的衍译再创作，或许我们将可以达到一个"既通俗易懂又不失诗歌艺术之特质，既保证上下衔接顺畅又保持一定的古味，既易于有声欣赏又不失典雅凝练的语言艺术美"的《翘传》中文衍译本，这将会对越南《翘传》在中国的传播、中越古典诗歌的互译与交流具有一定的推动作用。

参考文献

[1] 赵玉兰.《金云翘传》翻译与研究[M]. 北京：北京大学出版社，2013.

[2] 李笙. 论文学有声欣赏[J]. 贵阳师专学报（社会科学版），1993（1）：49—53，60.

[3] 张颂. 朗诵美学 [M]. 修订版. 北京：中国传媒大学出版社，2010.

[4] 阮攸. 金云翘传 [M]. 黄轶球，译. 北京：人民文学出版社，1959.

[5] 阮攸. 金云翘传 [M]. 罗长山，译. 河内：越南文艺出版社，2006.

[6] 阮攸. 金云翘传 [M]. 祁广谋，译. 广州：世界图书出版广东有限公司，2011.

[7] 刘志强. 20世纪50年代以来国内关于越南《金云翘传》的翻译与研究 [J]. 广西民族大学学报，2015（4）：143—149.

[8] 赵玉兰. 重译《金云翘传》的动因及对一些问题的思考 [J]. 东南亚纵横，2010（3）：45—50.

[9] 莫子祺. 试论越南《金云翘传》赵玉兰译本的翻译成就 [J]. 百色学院学报，2018（6）：52—59.

[10] 罗选民. 衍译：诗歌翻译的涅槃 [J]. 外语教学理论与实践，2012（2）：60—66.

印度尼西亚文学的"爪哇化"现象

信息工程大学 唐 慧

【摘 要】 地域性"乡土寻根文学"的兴起，尤其是"爪哇化"的出现，是20世纪七八十年代印度尼西亚文坛最为突出的现象之一。从爪哇作家们创作的文学作品中不仅能感受到浓郁的爪哇情调，更能触摸到有关爪哇文化的脉息变化，洞悉爪哇人的价值观和人生观。文学的"爪哇化"不仅从一个侧面揭示了爪哇作家们对传统文化的"寻根溯源"，更包含着对民族精神特质的探索与反思，从文学作品中读者可以获得对爪哇文化的直观理解。

【关键词】 印度尼西亚文学；爪哇化；民族传统文化

20世纪七八十年代，印度尼西亚文坛出现了一批带有鲜明地域民族文化特色的文学作品，形成一种新型的具有文化反思意味的"乡土寻根文学"，其中以爪哇文化为背景的作品影响尤为最大，有学者称之为"印度尼西亚文学的爪哇化"[①]。从这些爪哇作家[②]创作的文学作品中不仅能感受到浓郁的爪哇情调，更能获得对爪哇文化的直观理解，洞悉爪哇人的价值观和人生观。"爪哇化"现象的出现是一代爪哇作家适应社会发展需要，积极拓展文学反映现实生活的深度与广度的结果。这种现象大大强化了文学创作与社会现实的密切关联，为印度尼西亚现当代文学向民族化迈进开创了一条新路，也是印度尼西亚作家以自己独特的声音和鲜明的区域民族文化特征参与世界性文化与文学交流和对话的一种有益尝试。

一、从"苏门答腊"到"爪哇"

17世纪以后，印度尼西亚逐步沦为荷兰的殖民地。在统治前期，殖民者只顾竭泽而渔，加强对殖民地的经济垄断和掠夺，而在文化上还无暇顾及，所

---

① 梁立基. 印度尼西亚文学史[M]. 广州：世界图书出版广东有限公司，2014：436.
② 本文中的"爪哇作家"是指爪哇族作家。爪哇族人大多生活在爪哇岛上，但不是所有生活在爪哇岛的都是爪哇族人。从印度尼西亚的行政区域划分来看，爪哇岛分为三个省两个特区，生活在东爪哇省、中爪哇省和日惹特区的土著人通常为爪哇族人；而生活在西爪哇省的多为巽达族人。

以西方文化对殖民地的渗透和影响还十分有限。不过在频仍的殖民战争摧残下，印度尼西亚文学已经奄奄一息。[①]进入 20 世纪以后，在内外因素的作用下，印度尼西亚现代民族运动正式拉开帷幕，无产阶级和民族资产阶级作为最先觉醒的两个阶级，同期登上了印度尼西亚现代历史的政治舞台。作为观念形态的文学，必然也要反映这两个阶级的思想意识和社会存在。所以，在早期的印度尼西亚现代文学中，有两种不同阶级属性的文学：一种是无产阶级的革命文学，一种是民族资产阶级的民族文学。由于无产阶级革命文学具有鲜明的革命性和斗争性，揭露殖民统治的罪恶，所以从一开始就受到殖民政府的打压和封杀，在 1926 年大起义失败后便销声匿迹了。而民族资产阶级开创的现代文学从表现的思想内容和创作特点来看，大致可分为两种类型：一是以反殖民主义和宣扬爱国主义为主的民族主义文学；一是以要求个性解放和反对封建礼教为主的个人反封建文学。由于殖民政府担心非官方的读物会"破坏国家的秩序和安宁"，于 1908 年专门成立"土著学校和民间读物管理委员会"，以"提供有关选择供土著民阅读的好的读物"。所谓"好的读物"当然是指有利于或至少是无害于殖民统治的读物。为进一步加强和完善该机构，1917 年"土著学校和民间读物管理委员会"改名为"图书编译局（Balai Pustaka）"，在出版方面定下了政治标准，那就是必须不违反"道义政策"和有利或无害于殖民统治。[②]此外，图书编译局还定下语言标准，必须使用官方的"高级马来语"，还专门雇用了许多苏门答腊的马来文人充当文字编辑，负责修改来稿的语言，从而形成了千篇一律的语言风格，被称作"图书编译局语言风格"。[③]

几年之后，图书编译局便成为印度尼西亚最大的带有垄断性的集出版、印刷和发行为一体的官方图书出版机构，而它所制定的语言标准则为掌握"高级马来语"的马来文人提供了发表作品的机会和便利条件。苏门答腊，尤其是米南加保的马来文人纷纷投奔旗下，成为图书编译局的作家队伍，使那一时期图书编译局出版的小说无论在内容上还是语言风格上都带有浓厚的地域色彩。作品中的故事多以米南加保社会为背景，矛头主要指向封建包办婚姻和限制个性解放的陈规陋习，对殖民统治者来说丝毫不构成威胁，在客观上却可以起到转移视线的作用。这就是 20 世纪二三十年代图书编译局大力扶植个人反封建文学，使其得以蓬勃发展的原因所在，也正由于此，在印度尼西亚现代文学发展初期的文坛上苏门答腊作家一枝独秀。[④]

---

① 季羡林. 东方文学史［M］. 长春：吉林教育出版社，1995：931.

② Yudiono K S. *Pengantar Sejarah Sastra Indonesia* [M]. Jakarta: Penerbit PT Grasindo, 2010: 66-71.

③ 梁立基. 印度尼西亚文学史［M］. 广州：世界图书出版广东有限公司，2014：281.

④ 印度尼西亚现代文学发展初期具有重要影响力的一批作家，如麦拉里·希里格尔

20世纪30年代中后期，随着民族运动的发展，个人反封建已经不再是时代的突出主题，文学需要反映更本质的社会矛盾和现实，图书编译局已经不能控制时代潮流的发展，逐渐失去垄断的地位。印度尼西亚独立后，在新生代作家和诗人中，苏门答腊人仍然占相当大的比例，但米南加保人的优势已不复存在。来自群岛不同地方的作家带着各自浓厚的"乡土气息"创作出了各具特色的作品。50年代中期以后，大多数作家卷入了不同的政治阵营，带着各自对文艺及人生的理解投入了意识形态领域的纷争。部分作家在进入60年代后大都因政治原因或停止了文学创作，或作品的艺术水平明显下降，或热衷于探讨其他更切合解决政治、经济和文化危机的实际问题。与此同时，印度尼西亚文坛上出现一批年轻的作家，他们没有自己的组织，也没有统一的文艺纲领，创作风格也各不相同，但有一点比较相似，那就是来自印度尼西亚各地，其中以爪哇岛的爪哇族和巽达族作家居多。他们青春年少，受国外影响较小，作品的地方色彩比较浓厚，多反映地方社会的民情风俗，保存着比较醇厚的地方风味。尽管这一时期的年轻作家们创作的作品都与本乡本土的文化有不解之缘，但这些"新人"无论从艺术功力还是作家群体的声势来看都不及老一代作家。加之在当时印度尼西亚国内政治斗争激烈以及两种文艺路线矛盾日益尖锐的情况下，他们虽然注重民族性革命和地方性生活特色相结合，但表现手法还欠成熟老练，没有出现备受关注的名篇巨作。

进入20世纪70年代后，随着印度尼西亚经济社会的发展和现代生活方式的普及，在荒诞派文学盛行的同时，之前曾出现的"带有乡土气息"的文学进一步发展为对民族深层文化和精神特质的探索与反思，其中以爪哇文化为背景的作品影响最大，出现了文学的"爪哇化"现象。称其为"爪哇化"，不仅仅是指接连出现了好几部引起"轰动效应"的长篇新作，其作者都是爪哇族人，反映的都是爪哇人的价值观、人生观和道德观，更重要的是与以往的爪哇作家不同，他们对爪哇深层文化的挖掘主要具有以下特色：一是以巧妙的文学叙事方式探寻爪哇传统文化根脉，揭示影响民族心态及价值观的深层因素；二是以生动的形象塑造爪哇文化传统孕育的典型人物，并对其在历史和现实中的命运进行极富感染力的描写；三是以细腻的笔触剖析时代变迁和新旧交替中的文化心态，反思并寻找传统与现代、世界性与民族性的更好结合。"爪哇化"现象的出现并非偶然，而是与印度尼西亚社会发展以及外来文化思潮的影响有着密切关联。

（Merari Siregar）、马拉·鲁斯里（Marah Rusli）、阿卜杜尔·慕伊斯（Abdul Muis）、苏丹·达迪尔·阿里夏巴纳（Sutan Takdir Alisyahbana）、努尔·苏丹·伊斯坎达尔（Nur Sutan Iskandar）、尔敏·巴奈（Armijn Pane）等均来自苏门答腊。

二、"爪哇化"现象产生的背景

1965 年 9 月底印度尼西亚发生了震惊世界的"九·三〇事件",政局发生大逆转。随着政权的更迭,文艺界两种对立的文艺路线和文艺思潮的对抗局面暂告结束,出现了西方现代主义和泛人性论之类的普遍性思潮的回流,使作家们热衷于文学形式上的标新立异,而在思想内容上却日益远离现实政治。苏哈托上台后致力于振兴萧条的经济和调整对外政策方略,但是出版业的不景气难以很快为文学的发展提供稳固的阵地。尽管 1968 年纯文学艺术性杂志《地平线》的创刊表明印度尼西亚文坛开始出现了希望,但真正的转机是从 70 年代开始的。随着学术氛围日益浓厚,各种文学研讨会、学术交流会频繁举行,知名刊物、基金会和研究所等机构经常举办写作大奖赛、国际写作活动等,这一切无疑刺激了文学的发展,优秀作家和作品不断涌现。这一时期印度尼西亚文坛出现以下几种现象。

一是欧美各现代主义作家作品及艺术思想、表现手法的输入使印度尼西亚出现了一批荒诞派作家,并在文坛形成"厚势",小说界也一度兴起"哲学玄思"之风气。不少作家以搞"试验文学"为名,纷纷向西方现代派看齐,热衷于形形色色的标新立异。各种非文学,甚至反文学、反文化性质的文学"怪胎"竞相面世。但也有一些较为成熟的作家,透过色彩斑斓的外衣,去发现西方现代派文学有价值的特征,从中找到新的文艺理念、新的创作方法和新的表现形式,伊万·希马杜邦(Iwan Simatupang)就是其中的代表。他在思想上接受存在主义哲学影响,以此形成自己审视社会的独特目光,同时运用"新小说派"的手法,表现他对五六十年代风云变幻的印度尼西亚社会之感受,"用最荒诞的形式表现当代社会的荒诞性以及当代人对常规理性和客观真理的疑惑和由此而产生的复杂的心理状态"[①]。他的代表作《祭奠》(*Ziarah*,1969)一经出版立即受到广泛重视,被认为"为印度尼西亚文学打开了新的一页"。这一时期出现的著名作家还有布杜·威查雅(Putu Wijaya)、布迪·达尔玛(Budi Darma)和达纳尔托(Danarto)等。他们的作品看似荒诞不经,其实在荒诞的背后充满了作者对社会现实的不满和嘲讽。这批现代派作家也被认为是印度尼西亚现代文学的重要革新者。

二是一些有声望的老作家陆续发表带有历史反思特点的作品,或以回顾民族历史为主题,焦点或定格在反思"旧秩序"年代的政治与社会弊端,或越过这段历史,深刻思索民族的文化历史进程。这类作品在创作手法上遵循现实主义传统,并且向民族化、大众化迈进;体裁上以长篇小说为主,由此形成了印

[①] 梁立基. 印度尼西亚文学史 [M]. 广州:世界图书出版广东有限公司,2014:427.

度尼西亚文学史上罕见的长篇小说创作的繁荣期。其中最具代表性的作家首先是"新作家派"主将达迪尔·阿里夏巴纳（Sutan Takdir Alisyahbana）于20世纪70年代初发表的三部曲《蓝色洞穴》（Grotta Azzura）以及1978年发表的《优胜劣汰》（Kalah dan Menang），但这些作品的中心内容都局限在宣扬和证实作者过去的"西方派"文化论点。这一时期还在积极从事创作的另一位老作家是莫赫达尔·卢比斯（Mochtar Lubis），他发表的小说《虎！虎！》（Harimau, Harimau!，1975）和《死亡与爱情》（Maut dan Cinta，1977）都充满着对过去历史的反思，带有政治讽刺漫画的特色。相比之下，放眼更大的历史空间，思考民族觉醒进程主题的代表作是普拉姆迪亚（Pramoedya Ananta Toer）于80年代初陆续发表的布鲁岛小说四部曲《人世间》（Bumi Manusia）、《万国之子》（Anak Semua Bangsa）、《足迹》（Jejak Langkah）和《玻璃屋》（Rumah Kaca）[①]。《人世间》一出版即成为畅销书，在五个月内连续四次再版，并很快被译成多国文字。普拉姆迪亚在作品中倾注了一个作家所具有的深邃的历史眼光，把个人、家庭的遭遇与民族、国家的命运密切联系在一起，通过感人的艺术形象深刻地反映了1898年至1918年印度尼西亚民族觉醒的历史进程，讴歌了为民族独立而英勇斗争的印度尼西亚人民。评论家巴特基特里认为："（这部小说）不会比那些荣获诺贝尔奖的巨著逊色。"[②]

三是女性主义文学异军突起，令人瞩目。印度尼西亚进入"新秩序"时期后，政局相对稳定，经济有较大发展，都市建设速度大大加快，市民队伍日益庞大，他们是书刊市场"通俗小说"主要的消费者。"通俗小说"因畅销而越来越受到出版商的青睐，加上有电影、电视等大众视听艺术的"推波助澜"，进入20世纪70年代后便大有超过"严肃文学"之势。一批新起的青年作家能拔出流俗，写出比较能表现"青年人生活气息"的作品，给人耳目一新之感。[③]这些作家中女性成员显著增加，并且新作迭出，其中最有代表性的是玛尔卡·特（Marga T.）、玛丽亚娜·卡多波（Marianne Katoppo）、蒂迪·萨依特（Titie Said）、杜蒂·赫拉蒂（Toeti Heraty）等。她们的作品多从女性的角度来表达女性的心声，探讨妇女在现代社会中的地位和作用，为印度尼西亚文坛带来一股新风。如果说70年代出现的新秀和"校园小说"为"通俗文学"挽回了声誉，也缩短了"通俗文学"与"严肃文学"的距离，那么以恩哈·蒂妮（Nh. Dini）作品为代表的一些描写女性问题的严肃小说则受到了文学界的

---

① 《人世间》《万国之子》《足迹》已有中文译本，北京大学出版社分别于1982、1983、1989年出版。
② ［印尼］普拉姆迪亚·阿南达·杜尔. 人世间［M］. 北京大学普·阿·杜尔研究组，译. 北京：北京大学出版社，1982：1.
③ 梁立基. 印度尼西亚文学史［M］. 广州：世界图书出版广东有限公司，2014：419.

普遍赞誉。蒂妮曾嫁给一位法国外交官，这使她有机会对西方人的道德观、婚恋观、性自由和女权运动等进行细致的观察，然后以她作为一位东方女性固有的细腻写下了域内外众多女性的命运和遭遇，指出印度尼西亚妇女在现代化大潮中面临的种种问题和困惑。蒂妮在 70 年代陆续发表了十几部大小作品，她用平和的语调、流畅的语言、细腻的感情讲述了女性内心所蕴含的直觉、本能、情绪等，引起广大读者共鸣。①

四是在荒诞派文学盛行的时候，一些地方出生的作家，却朝相反的方向发展，从"向外看"转为"向内看"，回归本乡本土的传统文化寻找灵感和创作源泉。威尔丹·雅丁（Wildan Yatim）以米南加保传统社会为背景的小说《风波》（*Pergolakan*，1974）、凯鲁尔·哈伦（Chairul Harun）描写米南加保传统母系社会的作品《遗产》（*Warisan*，1979）、巴拉吉特利（Parakitri）描写巴达克复杂的家族宗法关系的《驼背》（*Si Bongkok*）、柯利·拉涌·兰班（Korrie Layun Rampan）以达雅克文化为背景的小说《祭祀》（*Upacara*，1978）、克尔讼·勃克（Gerson Poyk）带有东努沙登加拉群岛特色的小说《老师》（*Sang Guru*，1971）和《爱的绿洲》（*Cumbuan Sabana*，1979）、阿斯巴尔（Aspar）描写苏拉威西地区布吉斯族渔民生活的小说《潮流》（*Arus*，1974）等，都属于此类作品。但从影响力来看，还是那些以爪哇文化为背景的小说最为人称道，出现了爪哇作家在印度尼西亚文坛"独领风骚"的现象，这与独立前苏门答腊作家"一枝独秀"的情景恰恰形成鲜明的对照，学者们把上述现象称为"印度尼西亚文学的爪哇化"。"爪哇化"现象的代表性作家主要有芒温威查雅、阿尔斯文托·阿特莫维罗托、里努斯·苏尔亚迪、阿赫马·多哈里、乌玛尔·卡雅姆等。他们的作品对爪哇各阶层人物在时代变迁和新旧交替中的文化心态进行了深刻的剖析，对当时的文坛可谓是一种有力的拓展与刷新。这些作品的价值还在于，它们比克利福德·格尔茨、弗兰兹·马格尼斯·苏赛诺、昆查拉宁格拉特、沙多诺·卡托迪尔佐等印度尼西亚国内外著名的"爪哇学"专家的学术性著作更加通俗和形象化，更易于在艺术欣赏中获得对爪哇文化的直观理解。

总之，20 世纪七八十年代是印度尼西亚文学发展的一个特殊时期，一方面由于新秩序政权实行全面开放政策，西方各种现代主义流派大受青睐，出现了一批"向外看"的荒诞派作家，通俗小说和女性文学也势头猛增，占领了文学市场的半壁江山。另一方面，随着社会经济的发展和现代生活方式的普及，一部分作家把目光投向集中地保留着民族传统文化的乡村，并创作出了一批具有深刻历史文化意识的乡土寻根文学，"爪哇化"现象就是在这样的背景下应

---

① Maman S. Mahayana, Oyon Sofyan, Achmad Dian. *Ringkasan dan Ulasan Novel Indonesia Modern* [M]. Jakarta: Penerbit PT Grasindo, 1992: 202.

运而生。与荒诞派作家相比，乡土寻根文学除了表现浓厚的地方文化传统之外，也比较贴近当地当时的社会现实，在一定程度上反映了印度尼西亚的社会矛盾和人们对现实的困惑和不满。这些文学作品包含着作家的复杂情感：他们把越来越被人淡漠了的本乡本土传统文化再次展现在人们面前，或证实它的落后或原始，或发掘其中被忽视了的价值，或崇尚古朴和风情猎奇，或表现乡土文化的湮没，或探讨传统文化走向自新之路。①

三、"爪哇化"在文学作品中的体现

爪哇岛是印度尼西亚的政治经济和社会文化中心，生活在这个岛屿上的爪哇族是印度尼西亚最大的部族，它不仅拥有丰富的文学遗产，而且经济、文化水平高，在印度尼西亚各族文化中历史悠久和影响深远。因此，"印度尼西亚文学的爪哇化"这一现象的出现并非偶然。在现代爪哇人的生活中，根深蒂固的传统文化仍然牢牢地在发挥着作用。作为自然经济的产物和印度宗教文化长期影响的结果，爪哇人的传统宇宙观是"天人合一"，他们把"顺受"（nerimo）、"认命"（nerimopandum）、"无争"（pasrah）、"甘愿"（ridlo）和"听从"（sumarah）当作是做人的基本准则。②乌玛尔·卡雅姆认为：正是由于这些准则中的消极因素一代代积淀、凝聚和强化，个人、群体乃至民族的悲剧便一次次不可避免地总要发生。③当然，文学作品的价值并不仅仅体现在它揭示了某个个人、群体乃至民族的命运悲剧，而是在于它以可鉴赏的艺术形式将一些抽象的概念和理论形象化，同时又将鳞爪琐碎和直观经验的东西集中概括化。在"爪哇化"的形成过程中，作家们微妙地呈现了许多唯爪哇独具的"特色"，概而括之，主要体现在以下几方面。

（一）充满爪哇神秘主义色彩

在印度尼西亚文化中，爪哇文化占有突出的重要地位。在伊斯兰教传入之后，印度文化遗产与伊斯兰教的融合，成为爪哇文化的一个重要特点。爪哇的伊斯兰教受印度宗教文化和当地社会的影响，这些影响使得伊斯兰化过程较为缓慢和部分地偏离正轨，一种特殊的印度教——爪哇文化被保存了下来。它的重要内容包括了带有印度教色彩的爪哇神秘主义和伦理观念。美国文化人类学家克利福德·格尔茨在《文化的解释》中这样描述道："爪哇人的宗教（或者

---

① 王向远. 东方文学史通论［M］. 北京：高等教育出版社，2013：399.
② 梁立基. 印度尼西亚文学史［M］. 广州：世界图书出版广东有限公司，2014：436.
③ ［印尼］阿赫马·多哈里. 爪哇舞妓［M］. 严萍，龚勋，译. 太原：北岳文艺出版社，1992：414.

说至少是爪哇人的宗教的这一变种）最终是神秘主义的：依靠精神锻炼，在纯粹的 rasa①中发现上帝。而且爪哇人的精神气质（及美学观念）相应地是一种没有享乐的以自觉感情为中心的：情绪平静、情感平淡、心若止水都是受到称赞的心理状态，是真正高尚的性格的标志。"②而爪哇作家们在作品中力图用笔触去挖掘的也正是这些。

哈里亚迪（Harijadi S. Hartowardojo）1930 年生于勃兰邦岸，50 年代已开始写小说，对社会问题比较关注。他于 1971 年发表的小说《被放逐的人》（*Orang Buangan*）描写爪哇农村社会里传统观念与现代意识的冲突，如传统巫医与现代西医、迷信与科学的对立等。作者着重揭露爪哇内地还十分盛行的对"神秘力量"的迷信和崇拜，小说主人公丹特利在中爪哇内地当农村教师，差一点就成为这种愚昧和迷信的牺牲品，他被指控是神秘瘟疫的祸首。哈里雅迪于 1976 年发表的另一部小说《与死亡的协议》（*Perjanjian dengan Maut*）更是充满爪哇的神秘主义色彩。小说以日本占领后期的反日斗争和"八月革命"初期捍卫独立的战争为背景，描写主人公如何在南海女神的庇护下逃脱一次又一次的劫难。小说的爪哇传统文化气氛相当浓厚，把神话传说与现实生活结合起来，别有一番情趣。尽管有评论家认为该作品是成功之作，但也出现了另一种声音，认为"小说的故事情节过于杂乱、失衡"③。或许，要看懂此类具有爪哇本土宗教文化特色的作品，并非易事。

爪哇日惹作家昆托维佐约（Kontowijoyo）的作品也带有浓厚的爪哇神秘主义色彩。1976 年他发表的《山上的步道》（*Khotbah di Atas Bukit*）是一部富有想象力的哲理小说。主人公巴尔曼是一位退休的公务员，女儿想让他在山上的别墅里安享晚年，并找了一个人伺候他。在一次散步时巴尔曼偶遇一位和自己年岁差不多长相也相似的看山人乌玛姆。一席交谈后，巴尔曼对人生有了新的感受，而后来乌玛姆的去世更让他顿悟，发出了"如果我们无欲无求，那我们就解放了"④的感慨。在这样的思想下巴尔曼也确实过上了自由自在的宁静生活。然而当他想给别人指点迷津，让大家也像他一样获得幸福时，蜂拥而至的人群又让他困惑不堪，他朝听者们喊道："生活不值得继续！"随后消失无影。小说反映出作者对现实社会的困惑与迷惘，同时也折射了这样一个社会现实：不少爪哇人相信超自然的"神秘力量"，认为通过苦行、冥想、斋戒、禁

---

① rasa 是印度尼西亚语单词，意思是"感觉、感受"。
② [美]克利福德·格尔茨. 文化的解释 [M]. 韩莉，译. 南京：译林出版社，2014：166.
③ Maman S. Mahayana, Oyon Sofyan, Achmad Dian. *Ringkasan dan Ulasan Novel Indonesia Modern* [M]. Jakarta: Penerbit PT Grasindo, 1992: 188.
④ Maman S. Mahayana, Oyon Sofyan, Achmad Dian. *Ringkasan dan Ulasan Novel Indonesia Modern* [M]. Jakarta: Penerbit PT Grasindo, 1992: 193.

欲能与上苍沟通，获得刀枪不入、长生不老、医治百病的魔力，玄术及神秘主义在爪哇人中仍很流行。

20世纪50年代就声名鹊起的连特拉（W. S. Rendra）是位地道的爪哇诗人作家，他深深了解自己的爪哇本性，所以一直住在梭罗而不愿移居雅加达。他的不少诗歌带有爪哇的民谣曲调，从爪哇民间故事和传奇中汲取灵感，写一些带有爪哇民间史诗色彩的作品。进入70年代，连特拉的诗歌创作除了表达寂寞之感，也表现回归本土文化的倾向。他于1971年出的诗集《普鲁斯致波妮》（*Blues untuk Bonnie*）和1972年出的诗集《旧鞋诗》（*Sajak-sajak Sepatu Tua*），反映诗人对现实的不满和对被损害者的深切同情，充满着伤感和寂寞的心情。他的作品含有源于爪哇神秘主义的神秘色彩，追求宇宙万物的和谐统一，体现天人合一。在《我写这个传单》（*Aku Tulis Pamilet ini*）一诗中，他发出了这样的感慨："在生活的污泥浊水里／我仿佛看到可辨认的字迹／显然我们，啊，都是人类自己！"①爪哇人把世界上的任何事物都看成"经验的整体"，将它们纳入一个大的循环链之中，这不同于西方人的世界观，后者认为世界是可以范畴化的。因此，爪哇人看事物不存在什么"理论的"或"实践的"区别，他们崇尚经验、直觉、实用，理想的精神境界可以达到心灵的安宁、静默和平衡。②

（二）体现爪哇传统伦理价值观

爪哇人相信天命，认为"人生的祸福均由天定"③。因此，爪哇人的人生态度是听天由命、随遇而安、安分守己、安于现状。历史上爪哇封建王朝的统治较久，对王族贵胄的崇拜演变为现当代对权威和上司的绝对服从。在封建时代的家庭中，爪哇妇女没有受教育及参加社交活动的权利。少女常常被幽禁，她们的生活道路只有一条，那就是嫁人、生儿育女。尽管现代社会中这一情况大有改观，但封建残余仍有留存。

阿尔斯文托（Arswendo Atmowiloto）是位多产的作家，1948年出生于梭罗。他的小说主要以爪哇现代年轻人的生活为题材，描述他们的思想状况和生活态度。他于1976年发表的第一部长篇小说《混杂的影子》（*Bayang-bayang Baur*）描写年轻人的爱情婚姻问题，在传统与现代的文化氛围中许多人毁于生

---

① 梁立基. 印度尼西亚文学史［M］. 广州：世界图书出版广东有限公司，2014：441.
② ［印尼］阿赫马·多哈里. 爪哇舞妓［M］. 严萍，龚勋，译. 太原：北岳文艺出版社，1992：415.
③ 宋希仁. 中国伦理学百科全书：东方伦理思想史卷［M］. 长春：吉林人民出版社，1993：295.

活的放荡和不检点以及社会的道德败坏。他的另一部小说《马杜比和朱敏登的婚配》(*Kawinnya Martubi dan Juminten*)描写农村里还盛行的指腹为婚的陋习，两个从小就被父母配对的人最终不能成婚。爪哇人关于性与婚姻有几条伦理"戒律"：一是禁止男女婚前和婚外私通，私通者一律迫其成婚；二是妻子若与人私通，丈夫可以休妻，反之则不行；三是发生性关系者必须是夫妻……①阿尔斯文托的小说涉及了爪哇人在婚姻家庭方面的伦理意识，为读者提供了丰富的文化信息。

出生于中爪哇的耶索（Jasso Winarto）于 1978 年发表的长篇小说《二人世界》(*Dua Manusia*)也有自己的特色。小说通过夫妻生活出现的种种矛盾反映不同文化教育背景的冲突和相互依存。二人世界是二人各自的世界，互相排斥但又互相需要。妻子是一位生活上很传统和保守的医生，丈夫是一位生活上很自由和奔放的艺术家，两种截然不同的性格使夫妻之间经常闹矛盾，但经过生死的考验之后，夫妻还是对二人世界的简朴生活感到满意。小说所描写的家庭矛盾，表面上是性格不同所引起的，其实是文化教育上的差异造成的，只要彼此能相互沟通和宽容，矛盾是可以解决的。

乌玛尔·卡雅姆（Umar Kayam）是东爪哇作家，1932 年生于牙威（Ngawi）。他的作品比较有深度，文笔精练，结构紧凑，把爪哇和西方两种不同的文化气质和谐地糅合在一起。他以写短篇小说为主，1972 年出短篇小说集《曼哈顿的万家灯火》(*Seribu Kunang-kunang di Manhattan*)，1975 年出另一部短篇小说集《斯利·苏米拉与巴乌克》(*Sri Sumirah dan Bawuk*)，收入他的十篇作品。《斯利·苏米拉》(*Sri Sumirah*)是其中的代表性作品，描写一对当老师的爪哇夫妻生活。妻子斯利·苏米拉从小就被奶奶灌输爪哇传统文化思想，对丈夫百依百顺，容忍丈夫去迎娶第二个妻子。其实斯利·苏米拉的内心在剧烈地反抗，但囿于爪哇人顺天认命和出嫁从夫的传统思想，她还是选择了接受。丈夫终于被她的温顺无争的精神所感动，放弃了娶第二个妻子的念头。爪哇家庭的夫妻问题经常出现在乌玛尔·卡雅姆的作品里，尤其对爪哇妇女的典型气质有细致的描述。他的另一部具有代表性的作品《巴乌克》(*Bawuk*)也体现出这个特点。小说描写一位爪哇妇女对丈夫的坚贞不移，在丈夫因涉嫌"九·三〇事件"而被捕之后，她仍不顾家族的反对而继续忠于自己的丈夫。②乌玛尔·卡雅姆所描写的爪哇妇女都带有悲剧色彩，她们深受爪哇传统思想的约束，然而她们的内心却很坚强，外柔内刚。

---

① 转引自［印尼］阿赫马·多哈里. 爪哇舞妓［M］. 严萍，龚勋，译. 太原：北岳文艺出版社，1992：416.

② Umar Kayam. *Seribu Kunang-kunang di Manhattan--Kumpulan Cerpen Umar Kayam* [M]. Jakarta: PT Pustaka Utama Grafiti, 2003: 99-140.

"爪哇化"最为突出的诗人是里努斯·苏雅迪（Linus Suryadi AG.）。[①]他生于日惹附近的农村，从小受爪哇传统文化的熏陶。1981年他发表的长篇叙事诗《巴丽燕的自白》(*Pengakuan Pariyem*)是爪哇化的典型作品。《巴丽燕的自白》描写一位爪哇妇女的心灵历程。巴丽燕是个来自偏僻农村的女佣，她安于自己的命运，但内心仍蕴含着对人生哲理的深刻理解。里努斯通过她把爪哇人逆来顺受、听天由命、服从权威的价值观念和生活态度生动而又形象地展现了出来，同时也揭示了爪哇人充满着矛盾的性格：一方面非常谦虚温和，另一方面又极其自尊敏感。

（三）刻画爪哇传统社会的独特阶层

"普利亚伊（Priyayi）"是具有爪哇传统特色的社会阶层，要了解爪哇的文化结构和社会结构，首先得了解这一阶层。对于 Priyayi 一词，有学者将其译为"官绅"或"官僚贵族""爪哇精英"等。但这些词其实都无法涵盖"普利亚伊"作为爪哇社会独特阶层的含义。美国文化人类学家克利福德·格尔茨从信仰伊斯兰教是否虔诚这个角度把爪哇社会分为 Santri（桑特里）、Abangan（阿班甘）和 Priyayi（普利亚伊）三个阶层，但有学者不认同这种观点，认为阶层之间存在重合，难以区分。另有学者认为，爪哇传统社会里有官绅阶层和平民阶层之分。官绅阶层又可分为王室和贵族，前者是荷兰殖民统治之前最高的统治者；后者则由国家职员和知识分子组成。平民阶层（wong cilik）由农民、工匠和其他干粗重活的劳动者组成，占人口的大约 85%。爪哇的贵族多生活在城市而不在农村，大都是政府里的官僚、文书、教师等一类的靠领取薪金生活的阶层。荷兰人统治印尼之后，官绅阶层被利用来作为服务于殖民政权统治的工具，用作公务员，……在荷兰人办的糖厂、进出口部门、运输部门等当个小职员、小管理员之类的。[②]

事实上，无论"官绅"还是"官僚贵族"乃至"精英"都无法完全展现 Priyayi 的样貌，但可以肯定的是，始于马塔兰王朝（Mataram）时期的普利亚伊阶层从一开始就是为便于统治而产生的，是国家行政管理体系中的组成部分，他们中既有官吏和绅士，也有贵族和精英，是覆盖爪哇社会上下，囊括政治、经济、文化等领域的一个独特阶层。虽然印度尼西亚独立之后社会发生了深刻的变革，但"普利亚伊"阶层依然存在。乌玛尔·卡雅姆于 1991 年发表的 *Para Priyayi: Sebuah Novel*（《士绅门第》）为我们探究普利亚伊在爪哇传统社会中的地位和影响、发展与变化打开了一扇窗。乌玛尔·卡雅姆不仅仅是一

[①] 梁立基. 印度尼西亚文学史[M]. 广州：世界图书出版广东有限公司，2014：441.

[②] 蔡金城. 论爪哇文化的兼容性[J]. 东南亚研究，1997（3）：62.

位出色的作家，还是一位资深教授、印度尼西亚科学院院士。他对爪哇文化和爪哇社会有深刻的了解，把自己多年来在这一领域的研究和成果用文学的艺术形象加以图解说明，通过描写不同时代的普利亚伊们，向人们清晰地展示了爪哇社会中这一独特阶层的特性与实质，使人们对爪哇传统社会和文化的了解更加丰富和立体。正由于此，《士绅门第》这本小说不但具有文学价值，也有学术价值。[①]

  小说描写了一个普利亚伊大家庭的三代家史。这个大家庭的创立者原是一个雇农的儿子苏达索诺，他有幸得到栽培有了上学念书的机会，后来当了农村教师，从而跻身普利亚伊阶层，他的三个子女也成为拥有体面工作和地位的普利亚伊。从荷兰殖民统治到日本占领，从"八月革命"到"九·三〇事件"经过几十年风风雨雨的变迁，原先兴旺发达的普利亚伊家族也逐渐走入历史的尾声。在小说的结尾部分，作者提出了"什么是普利亚伊精神？"这个问题，然后借这个大家庭的养子兰迪普的话把它概括："普利亚伊精神就是为平民阶层服务的精神（semangat pengabdian kepada masyarakat wong cilik）。"[②] 历史上，普利亚伊阶层一直都是为统治阶级服务的，但随着历史的发展，为社会大众服务成为适应时代需要的最好选择。事实上，从作者笔下的普利亚伊家族兴衰史，我们不难发现，无论苏达索诺还是兰迪普，他们都出身卑微，而后才跻身普利亚伊阶层，在他们身上集中体现了这一阶层特有的美德：克制、机敏、凡事谦让、温和、不动怒[③]，而这些品质就是普利亚伊精神的实质。

  同样将笔触伸向普利亚伊阶层的还有阿尔斯文托（Arswendo Atmowiloto）的长篇小说《花裙蜡染匠》（*Canting*，1986）。作者对现代印度尼西亚社会中残存的爪哇日惹宫廷贵族的生活做了细致的描述，揭示了他们的价值观念、贵族心态、审美趣味和生活方式，以及他们以爪哇传统的"滤色镜"对历史与周围发生的事件所做出的评价。[④] 作者以文学家的眼光所提供的（虚构的）关于爪哇普利亚伊阶层的生动资料可以视为对这方面学术著作的一种佐证、补充或修正。

（四）审视爪哇传统文化与现代化之间的关系

  芒温威查雅（Y. B. Mangunwijaya）于 1986 年发表的长篇小说《织巢莺》

---

  ① 梁立基. 印度尼西亚文学史［M］. 广州：世界图书出版广东有限公司，2014：437.

  ② Umar Kayam. *Para Priyayi* [M]. Jakarta: Pustaka Utama Grafiti, 1993: 306.

  ③ ［法］罗曼·贝特朗. 与福柯一道思考神秘的现代爪哇：可能写出"非意图论"的政治史吗［J］. 郭建业，译. 国际社会科学杂志（中文版），2008（2）：75.

  ④ Maman S. Mahayana, Oyon Sofyan, Achmad Dian. *Ringkasan dan Ulasan Novel Indonesia Modern* [M]. Jakarta: Penerbit PT Grasindo, 1992: 257-259.

(*Burung-Burung Manyar*)使他名声大噪,成为"东盟文学奖"的获得者。这部小说的成功不仅在于故事生动紧凑,人物形象鲜明,语言简练诙谐,小说中既充满紧张、剧烈与粗犷,同时又不乏饱含温柔和亲密的浪漫。[①] 作者通过描写织巢莺编织鸟巢的细致和坚韧,来暗示印度尼西亚民族在当今的建设时代应树立起具有自己特色的"自我形象"(citra diri)。此外,小说中不少人物的名字与爪哇"皮影戏"中的人物名字一样,人物的最后关系与戏中的角色关系十分吻合,作家对民族优秀传统文化的积极态度,从中可窥见一斑。

如果说"爪哇化"现象的出现是 20 世纪 80 年代印度尼西亚小说创作的一个突出点,那么阿赫马·多哈里(Ahmad Tohari)于 1981、1985、1986 年先后推出的力作《爪哇舞妓》三部曲[分别题为《杜古巴鲁的摇钱树》(*Ronggeng Dukuh Paruk*)、《清晨的扫帚星》(*Lintang Kemukus Dinihari*)和《月晕》(*Jantera Bianglala*)]则一下子把这个突出点变成评论界的热门话题,他也成为那些试图从文化的层面上重新审视现代城市的文明进步与农村社会的保守落后之间矛盾和统一的众多作家中最具代表性的一位。他创作的三部曲被誉为既是生动的爪哇乡村文化史,又是内容丰富、饶有趣味的民俗小说;既可以看作是一个悲剧性的爱情故事,又可视为爪哇农村传统文化的横截面记录[②]。小说描写的是杜古巴鲁村年轻漂亮的舞姬斯琳蒂尔的命运遭际。杜古巴鲁村是愚昧、迷信、贫困、封闭的爪哇乡村社会的缩影,村民们顺于自然,安于天命,恪守古训,故步自封,对祖宗魂灵顶礼膜拜,对长老祖师唯命是从,没有独立自由的个体和发展充实的人格,只有静默的精神状态、纯朴的社会人情、原始的情欲冲动和落伍的价值观念。[③] 然而,时代前进的步伐一次又一次地惩罚了杜古巴鲁,使它失去了值得炫耀的自尊、骄傲和体面。舞姬斯琳蒂尔的盛衰也就是杜古巴鲁村的盛衰,斯琳蒂尔的精神崩溃也就是杜古巴鲁村的崩溃。作者把杜古巴鲁的希望寄托在曾是斯琳蒂尔的情人、当过兵的、见过世面的青年拉苏斯身上。拉苏斯自幼丧母,为"恋母情结"所折磨,在失去心上人后便决心离乡出走,他想在个人精神解脱和民族责任感羁勒之间寻找一个平衡点。经过种种磨炼后他终于又回到村里来,并决心去改变家乡愚昧落后的面貌。在小说的末尾处,作者借主人公之口发出了这样的感慨:"我必须帮助杜古巴鲁重新认清自己,然后带它到超越寰宇的万物之主面前找回失落的和

---

① Maman S. Mahayana, Oyon Sofyan, Achmad Dian. *Ringkasan dan Ulasan Novel Indonesia Modern* [M]. Jakarta: Penerbit PT Grasindo, 1992: 234.

② 梁立基. 印度尼西亚文学史[M]. 广州:世界图书出版广东有限公司,2014:436.

③ [印尼]阿赫马·多哈里. 爪哇舞妓[M]. 严萍,龚勋,译. 太原:北岳文艺出版社,1992:413.

谐。"① 透过小说可以看到，作者对自己的家乡及其传统文化充满着爱和恨，爱其纯朴善良，恨其愚昧落后。这三部曲是作者爱和恨的交响曲，它形象化地揭示、建设性地批评了爪哇乃至整个印度尼西亚民族在传统人格、心态和价值观念等方面存在的糟粕，告诫人们在面对现代文化的冲击和挑战时，若要保持民族文化的延续就必须反思自己的历史与文化，扬其精华，弃其糟粕。

值得注意的是，除了浓郁的爪哇文化情调、独具特色的地方风物外，爪哇作家们还乐于把大量的爪哇语词汇，尤其是涉及文化价值观念、传统信仰和礼仪习俗的爪哇语谚语熟语或词汇融入他们的作品中，这也是"爪哇化"现象中普遍存在的特点。这种创作方法，一方面以多彩的爪哇语词汇对迄今尚在发展中的印度尼西亚语进行了哲学意义和美学价值上的补充，为读者提供了鲜活而宝贵的文字信息，增加了爪哇色调的浓厚度；但另一方面，爪哇语的过多加入却又让非爪哇族的人阅读起来产生了一定困难，无形中使"爪哇化"带上了某些负面的标签。

四、结语

如果说印度尼西亚现代文学发展初期出现的"苏门答腊文人一枝独秀"现象是在荷兰殖民统治者的支配性影响下产生的，那么"爪哇化"现象则是印度尼西亚作家独立自主地把鲜明的民族风格与开放的世界意识密切结合的一种体现。他们在作品中大量展示本民族特有的文化传统、价值观念、风俗民情和生活方式等，这种展示不是抱残守缺的复古，也不是自我陶醉的玩味，而是站在时代的高度对民族传统文化的重新审视。应该看到，文学的"爪哇化"是适应社会发展需要而出现的一种现象，这种现象有效地遏制了因西方现代派长驱直入而带来的淡化现实、淡化背景的淡化趋向，通过挖掘民族文化之根，让读者在现代中看到原始，在世界文化体系中摆正自己的民族文化的位置，以反思民族文化，最终赓续民族文化。这样的"寻根"和"反思"带有自我剖析和民族批判的强烈色彩。正如意大利史学家克罗齐所言："一切历史都是当代史。"爪哇作家们把笔触伸向过去，伸向更深层的民族文化根脉之中，其动力也正来自他所处的时代。

参考文献

［1］［法］罗曼·贝特朗. 与福柯一道思考神秘的现代爪哇：可能写出"非意图论"的政治史吗［J］. 郭建业，译. 国际社会科学杂志（中文版），

---

① Ahmad Tohari. *Ronggeng Dukuh Paruk* [M]. Jakarta: Penerbit PT Gramedia Pustaka Utama, 2003: 395.

2008（2）：73—91．

［2］［美］克利福德·格尔茨．文化的解释［M］．韩莉，译．南京：译林出版社，2014：166．

［3］［印尼］阿赫马·多哈里．爪哇舞妓［M］．严萍，龚勋，译．太原：北岳文艺出版社，1992：413．

［4］蔡金城．论爪哇文化的兼容性［J］．东南亚研究，1997（3）：59—63．

［5］季羡林．东方文学史［M］．长春：吉林教育出版社，1995．

［6］李美贤．印尼史［M］．台北：三民书局，2005．

［7］梁立基．印度尼西亚文学史［M］．广州：世界图书出版广东有限公司，2014．

［8］梁立基．世界四大文化与东南亚文学［M］．北京：经济日报出版社，2000．

［9］徐琴．文化身份的建构与书写［M］．广州：中山大学出版社，2017．

［10］尹湘玲．东南亚文学史概论［M］．广州：世界图书出版广东有限公司，2011．

［11］王向远．东方文学史通论［M］．北京：高等教育出版社，2013．

［12］朱刚琴．实质重于表象：从瑟玛尔形象看印尼爪哇文化的特点［J］．东南亚研究，2017（2）：61—72．

[13] A. Teeuw. *Pokok dan Tokoh dalam Kesusastraan Indonesia Baru* [M]. Jakarta: Penerbit P. T. Pembangunan, 1955.

[14] A. Teeuw. *Sastera Baru Indonesia* [M]. Kuala Lumpur: Penerbit Universiti Malaya, 1978.

[15] Aveling, Harry. *Rumah Sastra Indonesia* [M]. Magelang: Indonesia Tera, 2002.

[16] E. Ulrich Kratz. *Sejarah Sastra Indonesia Abad 20* [M]. Jakarta: Kepustakaan Popular Gramedia, 2000.

[17] Jakob Sumardjo. *Pengantar Novel Indonesia* [M]. Jakarta: PT. Karya Unipress, 1983.

[18] Maman S. Mahayana, Oyon Sofyan, Achmad Dian. *Ringkasan dan Ulasan Novel Indonesia Modern* [M]. Jakarta: Penerbit PT Grasindo, 1992.

[19] Yudiono K S. *Pengantar Sejarah Sastra Indonesia* [M]. Jakarta: Penerbit PT Grasindo, 2010.

从《士绅门第》看印尼爪哇普利亚伊

广东外语外贸大学　康芷

【摘　要】普利亚伊是印尼爪哇本土的一个社会阶层，在爪哇社会有着特殊的地位与含义。本文以印尼著名作家乌玛尔·卡雅姆的小说《士绅门第》为研究对象，抓住其中普利亚伊的典型代表人物进行分析，了解其在不同阶段的变化历程，挖掘爪哇普利亚伊阶层的特性与实质，探讨该阶层所体现的爪哇文化和价值观，以加深对印尼爪哇文化的认识。

【关键词】《士绅门第》；普利亚伊；爪哇文化

从马打兰王朝时期开始发展起来的普利亚伊阶层，在爪哇社会占据了非常重要的地位。研究了解爪哇社会，离不开对普利亚伊阶层的探讨分析。目前国外对爪哇普利亚伊阶层的研究并不多，较为出名的是美国著名人类学家格尔茨早期对爪哇社会的研究，他将爪哇社会分为三个阶层，包括"桑特里"（Santri：强调宗教意识，虔诚履行宗教义务），"阿班甘"（Abangan：更多强调本土原始信仰和印度教因素），以及"普利亚伊"（Priyayi）。这一说法后来受到诸多学者的批判，他们认为普利亚伊与阿班甘和桑特里这两个阶层是有所重合的[1]。此外，巴黎国际问题研究中心的罗曼·贝特朗围绕着普利亚伊与爪哇政治的关系进行过研究分析[2]；海瑟·萨瑟兰论述了普利亚伊的政治作用和社会地位[3]；美国耶鲁大学人类学专家J. 约瑟夫·埃灵顿教授对普利亚伊阶层的品质特性进行了研究[4]。而国内对爪哇普利亚伊的研究局限于对国外经典文献的翻译，目前尚未见到有学者专门针对普利亚伊展开深入研究。笔者尝试着以印尼小说《士绅门第》（*Para Priyayi: Sebuah Novel*）为研究基准文本，梳理普利亚伊的发展及其变化历程，探究其实质。

---

[1] Heather Sutherland. *The priyayi* [J]. Indonesia, 1975 (19): 57-77.
[2] 罗曼·贝特朗. 与福柯一道思考神秘的现代爪哇：可能写出"非意图论"的政治史吗 [J]. 郭建业，译. 国际社会科学杂志（中文版），2008（2）：73-94.
[3] Heather Sutherland. *The priyayi* [J]. Indonesia, 1975 (19): 57-77.
[4] J. Joseph Errington. *Self and self-conduct among the Javanese "priyayi" elite* [J]. American Ethnologist, 1984, 11 (2): 275-290.

一、研究背景

（一）普利亚伊的含义及其发展

耶鲁大学人类学专家 J. 约瑟夫·埃灵顿教授认为，普利亚伊是"国王的亲戚和（或者）王室的仆人"，是"沟通人与神之间的半精神调节者"。[①]普利亚伊（Priyayi）的来源可溯源到马打兰王朝时期。该词由"Para"和"Yayi"组成，意为"国王的弟弟妹妹们"，包括贵族、行政官员、法官。[②]而随着马打兰王朝的扩张，领土统治的难度增加，为了更好地统治领土，更好地管理精英分子，马打兰王朝对行政管理体系进行重组，更多出身平凡但能力杰出的下属食客成了普利亚伊的主要代表。[③]阿尔都塞在论证其意识形态与主体建构中指出："在具体的社会生产过程中，为了维持社会的正常运转，统治阶级必须通过多种或强制或温和的方法，以自己的信念、态度去召唤、培训劳动者，使后者不仅从事于社会大生产，而且还具备一种臣服于生产秩序和社会观念的心理素质。"[④]作为为了便于统治而由马打兰王室扶持起来的普利亚伊，自然也有着浓厚的统治阶层赋予的色彩和自身特色。为了维持普利亚伊阶层独有的特征与存在，普利亚伊对自己的形象进行了构建。出身不再是衡量是否是普利亚伊的标准。普利亚伊大多出身平凡，掌握经典爪哇文化，被认为有哲学思想，信奉神秘主义，懂礼仪，重礼节，并在王朝的行政管理领域上发挥着特定的作用。[⑤]

对于"Priyayi"这个词汇，国内外有着多种不同的翻译，有的将其译为"爪哇贵族"，认为普利亚伊等同于贵族；有的将其译为"爪哇精英（Jawa Elite）"，视其为爪哇的精英阶层。笔者认为，普利亚伊的确带有"贵族"阶层或者"精英"阶层的一些特性，但普利亚伊与爪哇的贵族以及精英阶层有着一定重合性的同时，也具有自己的独特之处。在对意译和音译等选择进行权衡后，本文决定采取国内普遍使用的音译方式，将"Priyayi"译为"普利亚伊"。

[①] J. Joseph Errington. *Self and self-conduct among the Javanese "priyayi" elite* [J]. American Ethnologist, 1984, 11 (2): 275-290.

[②] Heather Sutherland. *The priyayi* [J]. Indonesia, 1975 (19): 57-77.

[③] 罗曼·贝特朗. 与福柯一道思考神秘的现代爪哇：可能写出"非意图论"的政治史吗 [J]. 郭建业，译. 国际社会科学杂志（中文版），2008（2）：73—94.

[④] 魏俊雄. 阿尔都塞主体思想简论 [J]. 传承，2012（4）：62, 65.

[⑤] Heather Sutherland. *The priyayi* [J]. Indonesia, 1975 (19): 57-77.

（二）《士绅门第》的内容梗概和相关研究

《士绅门第》围绕着主人公萨斯特罗达尔索诺（Sastrodarsono，下文简称为萨斯特罗）的一生展开，讲述了萨斯特罗从刚步入普利亚伊阶层，到经历一系列的变化与挑战后构建了属于自己的普利亚伊家族并将其壮大的过程。作者通过刻画一代代不同的人物，描绘了不同时代背景下的普利亚伊们，向读者展示了爪哇人心中真正的普利亚伊形象。小说中的主要人物关系如下图所示。

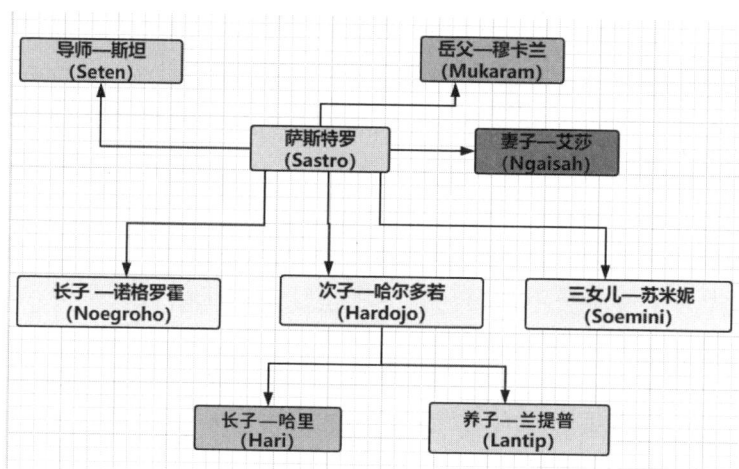

《士绅门第》由印尼著名作家乌玛尔·卡雅姆旅美时创作，于 1991 年完成。乌玛尔·卡雅姆不仅是一位出色的作家，更是一位出色的文化学家和社会学家。他对爪哇文化和爪哇社会有着较深刻的了解，出版过诸多与爪哇文化有关的书籍，并于 1987 年获得了东盟文学奖。在创作《士绅门第》时，作者以爪哇文化和爪哇理想为依托，阐释了自己对爪哇普利亚伊的理解，通过书中人物的言行举止，传达了爪哇价值观。① 这本小说被称为爪哇的"百科全书"，在 1992 年首次出版后，多次加印再版。许多学者围绕他的作品展开了研究，如研究该书的文体，② 研究分析普利亚伊的语言礼节，③ 同时也有分析其身份认同和社会流动性④。笔者拟通过分析萨斯特罗家族的普利亚伊特性，来探讨爪哇人心中的理想人物形象。

---

① *Para Priyayi (1991)* [EB/OL]. [2019-09-09]. http://ensiklopedia.kemdikbud.go.id/sastra/artikel/Para_Priyayi.

② Abdul Rochman. Stilistika novel *Para Priyayi* karya Umar Kayam [J]. NOSI, 2014, 2 (3): 264-274.

③ Iin Alviah. Kesantunan berbahasa dalam tuturan novel *Para Priyayi* karya Umar Kayam [J]. Seloka: Jurnal Pendidikan Bahasa dan Sastra Indonesia, 2014, 3 (2): 128-135.

④ Ahwan Fanani. Identitas dan mobilitas sosial priyayi dalam novel *Para Priyayi* karya Umar Kayam [J]. Sabda, 2017, 12 (1): 42-51.

二、《士绅门第》中普利亚伊的形象解读

出于历史原因以及研究文本《士绅门第》所描述的内容局限,本文对普利亚伊的分析范围限定于荷兰殖民时期到印尼独立后,具体而言,从 19 世纪末 20 世纪初到 20 世纪 60 年代;以时间为节点,将普利亚伊分成四个时期五种类型,从普利亚伊的日常行为模式和价值观对其进行解读。

(一)荷兰殖民时期保持传统的普利亚伊

这一时期的普利亚伊以主人公萨斯特罗的人生导师斯坦(Seten)和马尔托莫卓(Martoatmodjo)为代表人物。斯坦是生长在爪哇传统乡村地区的知名普利亚伊,马尔托莫卓是县城学校的校长,后因参与民主运动而被流放到外岛。二者是该时期最为坚持传统的普利亚伊的代表。

17 世纪初,荷兰殖民者来到印尼这片土地,到二战前已经有三百多年的历史。一开始荷兰殖民对印尼的影响并未深入到传统的印尼社会中去,尤其在广大的爪哇农村地区,本土文化根深蒂固,荷兰殖民者的影响几近于无。直到 19 世纪末的最后 20 年里,荷兰基本建立起了统治管理结构,包括爪哇、苏门答腊和新几内亚西部等。[①] 在这个时期,爪哇社会在一定程度上开始受到荷兰的影响,但在传统的爪哇社会,普利亚伊依旧保持着自身的传统。

传统普利亚伊注重生活情调,仪式感强。如斯坦的生活,清晨是漫步散心,马车上赏景,累了可在前厅小憩,饮一壶热咖啡,尝一碟小食,饭时餐桌菜肴丰盛多样,饭后闲暇读报、观赏哇扬戏、欣赏加美兰演奏。他们重视爪哇语,熟练掌握各种等级的爪哇语。对于普利亚伊而言,语言的使用是一种礼仪。萨斯特罗认为自己身为农民的父母之所以礼仪语言得体很可能是因为和斯坦接触较多,受到了斯坦的影响。他们注重等级,但与普通农民相处融洽。如斯坦也会给租了自己田地的农民的孩子起名,教导其学识,鼓励其读书成才等。

斯坦在萨斯特罗婚礼上为其挑选了哇扬戏《苏曼特里·纳格尔》(*Sumantri Ngerger*),认为该故事的主人公苏曼特里是普利亚伊最好的榜样。苏曼特里出身普通平民,聪明强壮,也骄傲自负,试图挑战权威,但终究敌不过真正的君主的力量,最后认错并臣服于国王。"平民无论多厉害,在国王的力量面前,只是萤火点点。"与苏曼特里一样,普利亚伊出身平凡,但一切都是为了效忠于国王。这一思想始于马打兰王朝。马打兰王朝时期统治阶级对普利亚伊所灌输的忠君爱国的思想代代流传。在荷兰殖民时期,传统的普利亚伊

---

① 米尔顿·奥斯本. 东南亚史[M]. 郭继光,译. 北京:商务印书馆,2012:70—72.

也不曾忘记自己的原有使命，他们不停地以自己的方式努力，以求国家兴盛。县城学校的校长马尔托莫卓因为阅读先进报刊，参与运动，被荷兰政府审查监督，最终流放外岛。但他在被流放许多年后，仍然坚持自己开办学校，教育普通百姓。斯坦向萨斯特罗表示："我想要的是发展更多先进的普利亚伊，而不是那些只在乎虚名在普通平民面前装腔作势的普利亚伊。"当时的荷兰政府实行"道义政策"，在教育上实行双轨制，建立的荷兰学校只面向贵族和社会精英的子女，而对普通平民所实行的教育则局限于最简单的"读、写、算"。①很多普利亚伊坚持自己扶助普通平民，他们所推崇的"先进的"指的并不是掌握先进技术或开放思想等，而是指最初普利亚伊所具有的优良道德品质。

荷兰殖民时期传统的普利亚伊们应是如此：有学识，有能力，外在注重言行举止和礼仪细节，内在不忘本，强调尊卑，忠君爱国，在国家受到压迫时能毫不犹豫挺身而出。这点在荷兰殖民时期则表现为，在殖民政府压迫下坚持对普通百姓教育方面的扶持，宣扬先进思想。

（二）荷兰殖民时期深受荷兰影响的普利亚伊

荷兰殖民者在印尼进行统治的时候，重用地方贵族和土著精英。普利亚伊作为爪哇的重要阶层，自然受到了荷兰殖民者的青睐。于是，有一批普利亚伊开始受影响而逐渐西化，形成了该时期荷兰殖民背景下有着鲜明特色的新一代普利亚伊。这里以文中主人公萨斯特罗的岳父穆卡兰（Mukaram）为代表，穆卡兰是荷兰殖民政府管辖下的烟草买卖局局长。

比起传统的普利亚伊，深受荷兰影响的普利亚伊在日常消遣娱乐方面有了更多的方式，如打牌（Kesukan）。对他们而言打牌是最喜爱的日常消遣，也是一种社交途径。这种活动在一定程度上被赋予了小团体及政治倾向的色彩，被认为是普利亚伊的社交圈。而除了爪哇语之外，他们对荷兰语的重视程度大大地提升。是否掌握荷兰语甚至成为判断是否是合格的普利亚伊的标准之一。在相亲的时候，穆卡兰这般介绍自己的女儿："……这是我的女儿，还小，还有点笨，只在乡村学校读过几年书，在糖厂工作过一年，也没有其他的了。不过还是会一点荷兰语，像一、二……"显而易见，穆卡兰把会荷兰语（哪怕只是最简单的几句）作为夸耀自己女儿的重点。

相比传统的普利亚伊，这批深受荷兰影响的普利亚伊更注重自身利益，更懂得明哲保身。比起长远的家国民族，他们更关注自身。活在当下，不思远忧，随机而动，成了这批普利亚伊们在传统思想和西方文化交错影响下最为突出的特点。穆卡兰等人更为注重现世当下的生活与享受，当被询问到是否应该

---

① 梁立基.印度尼西亚文学史［M］.北京：昆仑出版社，2003：387.

参与马尔托莫卓的先进报刊交流读书会时，穆卡兰和他的牌友们给出了相似的答案："最好不要参与其中。"诚然，接受西方影响的普利亚伊们深受西方利己主义的影响。

在荷兰殖民时期深受荷兰影响的普利亚伊们淡化了传统里忠于国家、服从于王的思想，染上了西方个人主义的色彩。他们重视荷兰语，行为日益西化，更为注重自身利益。在一定程度上，这一批普利亚伊与上文斯坦所认为的先进的普利亚伊是不同的。甚至于，相较先进的普利亚伊而言，这一批普利亚伊是倒退而行的。

（三）传统与殖民交替影响下的普利亚伊

20世纪20年代左右的新生一代普利亚伊们，处于传统与殖民的交替影响下。这个时期，荷兰政府对爪哇当地的控制更为明显，不仅兴办荷兰学校，控制乡村学校，给予普通百姓和官绅精英阶层截然不同的教育方式，成立图书出版社，控制市面上的图书出版。①"更为分化的阶级体制、更为官僚化而更非个人化的政府形式，以及社会背景的更加多样化，导致了原本严格的地域纽带被削弱，而意识形态纽带则更为宽泛。"②在县城里，以穆卡兰为代表的普利亚伊们接受了西化，而在传统的爪哇农村，诸如斯坦和马尔托莫卓之类的老一辈普利亚伊还在努力向年轻人传达着代代流传的忠君爱国思想。在这两种影响的交错下，造就了新生的一代普利亚伊。

萨斯特罗成长于一个普通的小村落，在成为普利亚伊之前，他对普利亚伊的认知来自祖辈、父辈代代相传下来的认知，以及对当地传统普利亚伊的认识。萨斯特罗与斯坦的融洽关系使得他对普利亚伊的认识深受斯坦影响。而当他成为普利亚伊，则在瓦那加西县里受到了来自岳父的影响，结交了很多当地的普利亚伊。他的生活方式和思维方式开始发生改变。萨斯特罗就是在传统的普利亚伊的教育下和深受荷兰文化浸染的普利亚伊的影响下，在矛盾交错中成长为一名合格的普利亚伊。

在生活上，普利亚伊重视细节，讲究秩序，连菜肴餐具上桌的顺序也按照规矩来，房间摆设更不例外，无论是床具的摆放还是四周的摆件，都有着一定的要求。他们重视仪式，对生活中大大小小的事都怀有仪式感。比如取名和升学等，都会有特定的仪式。在兰提普即将入学时，萨斯特罗为其取学名，并举办改名升学仪式。

这一代的普利亚伊重视爪哇语和荷兰语。萨斯特罗的儿女们基本都掌握了

---

① 梁立基. 印度尼西亚文学史［M］. 北京：昆仑出版社，2003：472.
② 克利福德·格尔茨. 文化的解释［M］. 韩莉，译. 南京：译林出版社，2014：182.

这两种语言。在日常娱乐消遣上，普利亚伊们除了晚饭后在房间打开录音机欣赏爪哇传统乐器加美兰演奏外，也热衷于打牌。

普利亚伊们家族意识强烈，重视家族的所有成员。在做决定的时候，普利亚伊不仅考虑自身，还要权衡给家庭带来的影响，比如在私办学校这件事上，萨斯特罗会优先考虑家庭的利益。在重大事情面前，普利亚伊们会召集整个家族尤其是主干家族的人协商讨论。作为整个家族的大家长，萨斯特罗并没有所谓的"大家长专制"，反而十分民主。这种民主不是少数服从多数，而是大家分别给出自己的观点和看法，但最终的选择由当事人决定。在二儿子决心要和一个不同宗教信仰的姑娘结婚时，萨斯特罗虽然内心极为不赞同，但并未直言，而是有所保留地给出自己的意见。大家和小家，在普利亚伊家族中，有着良好的融合。普利亚伊们注重大家，关怀所有家庭成员，尊重个人意见，将家族意识和分寸掌握得恰到好处。

普利亚伊讲究克制自己，无论是什么场合都必须注重自身礼仪和情绪，无论是什么活动，遇到了任何变故，普利亚伊的第一反应都是自我克制。这种克制不单单是肉体上的克制，也是情感上的克制。当萨斯特罗被日军无理地扇耳光时，无比愤怒之下也只说出类似"没有教养"这等话语。而无论是兰提普的母亲去世，还是妻子家里遭遇变故，萨斯特罗都希望他们能够克制自己的情绪。爪哇人骨子里所信仰的天人合一深深地影响着普利亚伊们。在这一代的普利亚伊们看来，活在当下，珍惜现有的一切是最重要的。正如爪哇俗语所言："来这世间走一遭，不过是为了趁热喝杯咖啡（Mampir minum）。"当兰提普的母亲去世时，萨斯特罗安慰他，他的母亲只是回到了神的身边，而作为留下来的人应该要感恩。

处于传统与殖民过渡影响下的这一代普利亚伊对于国与王的思想感情是一个不断演变的矛盾过程。从小接受的传统教育告诉他们应该忠君爱国，应该为国王献出自己的一切。而当他们成长起来，接触到更多的人，认识了更多西化的普利亚伊后，他们的思想发生了变化。这一代普利亚伊受到传统思想和西方思想的双重影响，对荷兰的统治持有较为复杂的态度。荷兰殖民者对爪哇普利亚伊采取招揽怀柔的政策，大部分处于这个阶段的普利亚伊仍选择了服从。当萨斯特罗面临是否参与进步活动的选择时，当他犹豫是否继续坚持私办学校时，他所考虑的，更多是自己和家庭的得失利弊。在这一代普利亚伊的青中年时期，利己主义思想隐约占据上风。而当他们踏入了老年时期，经历了荷兰殖民统治和日据时期后，才意识到什么是真正的忠君爱国。因此，萨斯特罗会鼓励儿子参军御敌，会向儿孙讲述传统爪哇英雄的故事，传递英雄的精神。

这一代普利亚伊是最为矛盾与多变的一代，从传统到受西化影响，最终到传统的普利亚伊因子占据上风，他们依旧一直保持着许多传统普利亚伊的优良品质，如克己重礼等；同时，他们也在一定程度上开始西化，接受西式教育，重视荷兰语，思想更为开放。而当这一代的普利亚伊最终成熟时，他们也开始回归到最为传统的普利亚伊的样子。

在萨斯特罗成家之后，父母嘱咐他勿要忘本。年轻的他认为可能是父母年迈怕远离子女。但随着岁月的流逝，年老的萨斯特罗意识到了当初父母嘱咐的真正含义：无论是农民还是普利亚伊，都生于这片土地，应忠于这片土地。这也是最为传统的爪哇普利亚伊的根本所在。

（四）殖民与独立过渡时期的普利亚伊

生长于 20 世纪后的新一代普利亚伊，接受的几乎是全盘的荷兰教育。他们几乎不再受到传统的爪哇普利亚伊文化的熏陶，相反，西方文化在他们身上留下了不可磨灭的印记。萨斯特罗的儿女们诺格罗霍（Noegroho）、哈尔多若（Hardojo）以及苏米妮（Soemini）便属于这一代的普利亚伊。

新一代的普利亚伊们更为西化，他们擅长荷兰语，讲究开放自由，对许多传统礼仪的重视程度减轻，对自身的素质追求进一步提高。萨斯特罗的二儿子哈尔多若追求自由恋爱。与上一辈的父母之命、媒妁之言不同，哈尔多若自己找到了恋人，开始了恋爱关系。而他几乎没有考虑到自身与恋人宗教不同的问题，甚至觉得婚礼不在特定场所举办似乎也无所谓。在性别方面，女性不再被认为无需接受更高层次的教育，而是被鼓励着追求更好的发展。苏米妮提出要暂缓婚约继续求学时，萨斯特罗背后与妻子商量，认为她所学的已经够了，最终还是要回归家庭相夫教子；但苏米妮的兄长却支持她继续求学。可以看出，新一代的普利亚伊在思想上深受西方影响，开放性和包容性比老一辈的普利亚伊更强。

等级观念本是一直存在于爪哇普利亚伊文化里的思想。但这一思想更多的是强调对于君王、上司的尊敬。而对于下一级，普利亚伊一直保持着温和谦逊的态度。不同于斯坦和萨斯特罗对待普通农民的温和有礼，这一代的普利亚伊与平民的距离感明显增加。哈尔多若在看到农民的孩子跑进了自家院子和自己的孩子玩耍时，略带不满，表示出对卫生和素质问题的担忧。

忠君爱国思想对于这一代的普利亚伊而言，是从一个懵懂进入到突然被动全盘接受的过程。年轻时的普利亚伊成长于荷兰殖民时期，并未过多地意识到国家主权问题，而到了独立前后，可以说是被动地参与到战争中去。但是，在参与之后，忠君爱国也成了他们誓死捍卫愿为此献出生命的信仰。诺格罗霍被选中参军；哈尔多若放弃了高薪的荷兰政府管理下的教师工作，接受了梭罗王宫的邀请，低薪为国王服务。

处于殖民与独立过渡时期的普利亚伊在很多方面，无论是行为上还是思想上，都烙着西方文化的印迹。他们追求开放、包容与自由，追求女性权利。但无论在成长的过程中他们经历了什么，最终他们依旧会觉醒传统的普利亚伊思想，成为先进的普利亚伊。

（五）现代的普利亚伊

20世纪三四十年代到印尼独立前，印尼社会极为混杂，日军占领当局取代荷兰殖民者，印尼人民奋起反抗争取独立。复杂多变的环境，成就了这风云诡谲时代下新一代的普利亚伊。在这里以书中的兰提普（Lantip）和萨斯特罗的孙子为例进行分析。

这一代的普利亚伊在生活方面，大部分和传统的普利亚伊们相似。传统的哇扬戏、吟唱诗歌和加美兰乐器演奏依旧是普利亚伊的日常娱乐方式。兰提普对普利亚伊的认知基本来自萨斯特罗，自小学习吟唱诗歌，跟着萨斯特罗欣赏加美兰演奏，在学校时组织的节目也依旧是爪哇的传统表演。

对于现代的普利亚伊们而言，忠君爱国这一思想自懂事起便对他们产生着深刻的影响。成长于战乱时期的普利亚伊，目睹了日军的残暴，见到了百姓流离失所，他们奋发而起，参与到争取独立的战斗中去。书中萨斯特罗的长孙主动参战，最后为国捐躯。同时还有更多的人意识到国土的重要性，开始以传统唤醒大家的觉悟，如召开会议宣扬爪哇语等。

从马打兰王朝开始，当被国王赐予了"普利亚伊"这一称呼后，这一群人便被与普通的平民区分开。有的人将他们视为爪哇的贵族，称其为官僚贵族；有的人称其为精英，是爪哇的精英阶层。但在传统的普利亚伊心中，他们一直都是普通的渺小的人，敬畏着自然神灵与君王。后来随着荷兰殖民的进入，崇尚西式的思想在一定程度上影响到他们。而到了现代的普利亚伊，一切似乎回归到了原处。在萨斯特罗夫人的葬礼上，兰提普多次提到普利亚伊与普通平民的关系。作为全家人公认的家中最优秀的普利亚伊，兰提普被长辈们询问什么是他心中的普利亚伊时回答说："其实我从来不知道，这对我而言已不再重要了。"

如果说传统的普利亚伊眼中的先进是维持着传统的普利亚伊思想，接受西式影响的普利亚伊眼中的先进是指有发达的技术知识和开放的思想，那现代的普利亚伊则是集二者之成。他们学习了先进的知识，掌握了先进的技术，开放包容，但他们依旧坚持着传统的普利亚伊思想，忠诚勇敢。

三、结语

纵观普利亚伊的发展历史，可以发现，从马打兰王朝到当今时代，本质上而言普利亚伊从未改变过，始终是以服务于国王、服务于国家的身份而存在的。它是爪哇人民的理想人物形象，普通百姓视其为奋斗目标，它也是国家国王所信赖的存在，不忘守家卫国。在殖民时代，有一部分普利亚伊也曾受到殖民思想的影响，产生了一些改变。但从《士绅门第》中可以看出，爪哇人民对普利亚伊依旧充满着信任与期待。小说中塑造了各个阶段形形色色的普利亚伊，从各种正面描写和侧面描写中我们可以看出作者所批判的是在殖民者影响下过于注重个人主义的普利亚伊，所向往和推崇的是坚持传统理念、忠君卫国的普利亚伊。这是作者笔下刻画出来的理想形象，也是爪哇人民心中对普利亚伊的理想形象构建。相信这个阶层在经历了多重考验与挣扎后，依旧会成为新一代优秀的普利亚伊，成为新一代优秀的爪哇人民。普利亚伊自始至终被寓意着美好与期待，高尚与理想。

参考文献

［1］克利福德·格尔茨. 文化的解释［M］. 韩莉，译. 南京：译林出版社，2014.

［2］梁立基. 印度尼西亚文学史［M］. 北京：昆仑出版社，2003.

［3］罗曼·贝特朗. 与福柯一道思考神秘的现代爪哇：可能写出"非意图论"的政治史吗［J］. 郭建业，译. 国际社会科学杂志（中文版），2008（2）：73—94.

［4］米尔顿·奥斯本. 东南亚史［M］. 郭继光，译. 北京：商务印书馆，2012.

［5］魏俊雄. 阿尔都塞主体思想简论［J］. 传承，2012（4）：62，65.

［6］Abdul Rochman. Stilistika novel *Para Priyayi* karya Umar Kayam [J]. NOSI, 2014, 2 (3): 264-274.

［7］Ahwan Fanani. Identitas dan mobilitas sosial priyayi dalam novel *Para Priyayi* karya Umar Kayam [J]. Sabda, 2017, 12 (1): 42-51.

［8］Heather Sutherland. *The priyayi* [J]. Indonesia, 1975 (19): 57-77.

［9］Iin Alviah. Kesantunan berbahasa dalam tuturan novel *Para Priyayi* karya Umar Kayam [J]. Seloka: Jurnal Pendidikan Bahasa dan Sastra Indonesia, 2014, 3 (2): 128-135.

［10］J. Joseph Errington. *Self and self-conduct among the Javanese "priyayi" elite* [J]. American Ethnologist, 1984, 11 (2): 275-290.

［11］*Para Priyayi (1991)* [EB/OL]. [2019-09-09]. http://ensiklopedia.kemdikbud.go.id/sastra/artikel/Para_Priyayi.

意大利作家帕里塞眼中的《亲爱的中国》[①]

南开大学　杨　琳

【摘　要】 1966 年意大利作家戈弗雷多·帕里塞来到中国，通过游记《亲爱的中国》讲述他的见闻。本文试图通过对游记的文本分析，探讨作家眼中的中国形象和文学表达方式。游记，即对异域的一种文学表达，与其说让我们了解作者所到访的国家，不如说是一个洞察作家思想观念的良机。当他感到亲近中国和中国文化时，首先是对中国人有一种亲切感。帕里塞通过感性的方式展现中国形象，他对中国人有着深厚的情感。

【关键词】 意大利；戈弗雷多·帕里塞；游记；中国形象

一、引言

戈弗雷多·帕里塞（1929—1986），叙事文学作家、剧作家和记者，是 20 世纪意大利文坛上最重要的作家之一。1966 年他作为特派记者来到中国并写下多篇文章，发表在意大利发行量最大的报纸之一《晚邮报》上，之后结集成书以《亲爱的中国》为名于同年出版，并于 1972 年再版。这本游记成为帕里塞最著名、最受欢迎的旅行文学作品。

虽然帕里塞是在"文化大革命"的起始之年 1966 年来到中国，他的游记并没有很多关于"文化大革命"的内容，而是充满田园化的诗意。他对中国和中国人充满了深厚的情感。这一点从作品名"亲爱的中国"就可以看出来。"亲爱的中国"更具体说来是"亲爱的中国人"或"亲爱的中国人民"。正如作者游记的最后写道："在中国人民身上我感受到和平以及他们身后的伟大文明，他们的品质令我感到亲切和感动，于是我就自然而然地想到了这个书名。"[②]

帕里塞对中国和中国人的情感与他作品的创作背景有关。作者来到中国的 20 世纪 60 年代，意大利经历了很多经济和社会变革。随着经济发展，消费主义愈加盛行，人们的生活方式和思想观念都发生着巨大变化。敏感的知识分子对此有反思、有困惑："在六十年代的最初几年，对戈弗雷多·帕里塞来说，

[①] 本文为天津市哲学社会科学规划课题 "20 世纪意大利旅行文学中的中国形象研究"（批准号：TJWW18-002）阶段性研究成果。

[②] Parise G. *Cara Cina* [M]. II ed. Torino: Einaudi, 1972: 151.

面临着深刻的文化认同危机。正如他们那一代其他的知识分子,一方面,他面临着意大利的经济发展所引发的社会现实的冲击;另一方面,他设法去认识和描述这些变化。"[1] 1965 年,帕里塞出版了长篇小说《厂主》,"主题是关于现代工作关系中人的异化"[2],并表达了他"对农业文明的怀念"[3]。在一年后出版的《亲爱的中国》中,作家把自己的田园化理想寄托在依然是农业国的中国,与《厂主》这部作品中工业化的意大利构成鲜明的对比。当时相对独立于西方世界的中国,在帕里塞眼中,是另一个世界。中国是这个作家投射自己理想的国度,他在旅行前已有的期待影响着他眼中的中国形象。

二、帕里塞眼中的中国形象

游记《亲爱的中国》根据不同的主题分为 19 章,各章的标题为:"到达""北京""政治神学""中国的天主教徒""工资和花销""演出""明陵—长城—颐和园""新一代""知识分子的无用感""针灸""需要耐心的无聊旅行""乡村与农民""善意与狂热主义""军队的结构""中国的弗洛伊德""女人与谎言""一位中国的资本家""爱""结论"。每一章都采用日记体,在标题下标出了城市名。游记是按照旅行的时间和地点变化的顺序编排的。帕里塞到过的四个城市是广州、北京、南京、上海和香港。游记小篇幅的剪影式记述与最开始在报纸上发表的需要有关。若通篇看整本游记,其叙述是有连贯性和整体性的。游记的第一部分以对中国和中国人的整体叙述为主;第二部分则侧重于具体的人物描写。作者在最后两章谈自己对中国人的思考,在"结论"章谈了旅行本身。

帕里塞在游记中非常重视对人的观察和描写。从文中反复出现的、关于中国人特点的词汇可以看出,他欣赏普通的中国人。描写他们的典型词汇有:"微笑""热情""节俭""贫穷""害羞""好奇""礼""简单""朴素"。帕里塞对中国人的观察细致入微。一些有代表性的场景和人物描写展现了作者心目中的中国形象。通过分析这些场景和人物描写,可以看到帕里塞感知和认识中国及中国人的方式是直觉和感情。

游记最开始,作者到达广州后,描写黄昏时珠江上的一幅传统画面和渔民的日常生活场景。"我刚到广州几个小时:正是黄昏时分,湿热的季节正如西

---

[1] Santoro V. *L'odore della vita Studi su Goffredo Parise* [M]. Macerata: Quodlibet, 2009: 11.

[2] Manacorda G. *Storia della letteratura italiana contemporanea 1940-1965* [M]. Roma: Editori Riuniti, 1974: 456.

[3] Sgavicchia S. *Storia generale della letteratura italiana (Volume XII)* [M]. Milano: F. Motta, 1999: 65.

西里的春天，空气中飘着茉莉花和槐花的香味。我在珠江岸边漫步，看着静静驶入港湾的帆船，蝙蝠翼形的大船帆一个个蓦然落下。船家们在北边的村庄做完小买卖回来……在船尾站着一个男子和一个长发飘飘、穿着黑亮色的睡衣、肩披蓑衣的女孩。他们徐徐地划桨，那样子就像威尼斯的船夫。"① 而作家意识到这是西方人眼中典型的异域风景，他不满足于对中国的刻板印象。"这是一幅传统中国的画面，一幅具有异域风情，却令我们熟悉的画面，是国外的彩色照片和幻灯片上看到的中国。正如所有千篇一律的场景，一旦常规化，就突然失去了意义。离帆船几米远的地方，在街上是与传统画面完全不同的另一番景象：在高大的欧式古老建筑下，许多工人和农民在散步，他们中间有男有女，穿着相似，就是新中国人们的装束，可以在毛泽东的照片上看到。"② 帕里塞观察着中国的不同层面，既有传统的中国，也有代表大众文化的新中国。

帕里塞以他特有的敏感和觉察力，关注着普通人的日常生活场景。"骑自行车的人们拨动车铃，出租车司机不停地按着喇叭，以提醒那些容易分心的行人和骑自行车的人。他们心不在焉地前行时，还透露着自然、天真的惊奇表情。这种惊奇或心不在焉的神情好像是所有人的共同特点，很亲切、很可爱，那样子就像刚刚能掌握平衡、摇摇晃晃走路的孩子。孩子学走路时的专注，面带微笑的惊异表情，对周围环境的毫不在意，透出了中国孩子的单纯和善良，让人忍不住想立刻把他们逗个遍、亲个遍。而这种神态在成人中间也可以见到：这边有一位一边按着车铃，一边心不在焉地骑自行车的人；那边有一位行人好奇又吃惊地瞪大眼睛看着我这边，一下子在马路中间撞上了骑自行车的人。嘭，两个人撞上了，头碰头，四脚朝天。他们两人站起来，挠挠头，开始时有点不好意思，因为我在看着他们。他们若无其事地掸掉对方身上的土，小声说着什么，接着，因为我笑着看他们，他们感觉到不能再装着什么都没有发生，于是两人都笑了，还对我示意，好像在说：我们什么事都没有。"③ 通过生动的描写，展现了中国人简单、质朴的一面。在这段描述中，帕里塞不仅是个观察者，他也是一个人物，通过目光、微笑与中国人交流。许多微小动作和细节的描写有一种感染人心的力量。在这一刻，因为作者带着情感去观察中国人，他在心理上很亲近中国。在帕里塞的文字中，我们可以看到他对中国人的掩藏不住的善意。

游记中有对中国女性的细致描写。帕里塞详细描写了他在不同场合遇到的女人：拖着重车的女工人，腼腆、聪慧的女大学生，如天使般美丽的女医生。作者从观察一个群体出发，然后把焦点放在一个人身上，描写她们的神情和举

---

① Parise G. *Cara Cina* [M]. II ed. Torino: Einaudi, 1972: 10.
② Parise G. *Cara Cina* [M]. II ed. Torino: Einaudi, 1972: 10.
③ Parise G. *Cara Cina* [M]. II ed. Torino: Einaudi, 1972: 12.

止，试图进入她们的内心世界。"我看到了许多拖重车的女人……我们拦下一辆车，我想和其中的一个女人直接谈谈。她摘下头顶的白毛巾擦擦汗，腼腆地跟我握握手，然后很不好意思地对我微笑。"① 在北京大学，在一群学生当中，一位聪颖的女学生吸引了作者的注意力。"我为什么能猜到她的出身？因为她思维敏捷、表达流利，说话时自信、开朗，腼腆中带着几分贵族气……她的脸微微泛红，眼睛往下看着，双手低垂好像在祈祷。"②

帕里塞描写一位女中医更加详尽，就像在讲述一本小说里的人物。"我们出来后，女大夫摘掉了纱布口罩：她是我到中国后见到的最美的人……她的面色有些苍白，眼角有几道淡淡的皱纹，额头宽阔、光洁如新生儿，几乎都能看到从高到低分布的血管。她的黑眼睛既温柔、愉悦，又深邃、忧郁。眼睫毛又黑又长。她的嘴小而饱满，沉默时好像嘴唇都在颤动，牙齿整齐、完美而散发光彩，红润的脸颊上有一个酒窝。正如中国所有的女人一样，她一点妆都没有化。"③ 细心的观察给了作者遐想的空间。"这些是我看到和听到的，但不是她的美之所在，因为真正的美总是神秘的：可以感觉到，但说不出来。只能通过遐思和幻想去穿透那层神秘。而神秘的事物却是不能穿透的，于是又回到幻想，回到遐思。"④ 即将出发时，作者甚至流露出失望之情。"遐思结束了：明天我要去南京了，我再也见不到她了。"⑤ 帕里塞对神秘的东方女性的想象集中体现在这位女医生身上。"在帕里塞的访谈、小说和游记中，反复出现这些'小故事'，表现着作者的观察力和想象力，不局限于用描写，而是用影射的手法。当帕里塞在《亲爱的中国》被一位会针灸的女医生吸引时，就明确指出了遐想的作用。"⑥ 在中国旅行为作者提供了文学想象的空间。

谈到中国女性的美，帕里塞写道："在西方，人们说中国女性没有女人味。这不是真的。我见过数十位中国女性。从卑微的推手推车的搬运女工到地位重要的女性知识分子。有一些女人很美：如此有气质、有古韵而又自然，无法言喻，那种美接近女性世界中独一无二的玛丽莲·梦露。⑦ 有些女人，按照西方的审美标准不是很美，但她们的外表和眼神、一举一动，都如蝴蝶般轻柔。还有些女人，在农村和工厂从事繁重的劳动，她们不漂亮，可能有些丑，但是因为她们艰苦的经历，她们的乐观和人情味，让这些女人立刻变得很美，

---

① Parise G. *Cara Cina* [M]. II ed. Torino: Einaudi, 1972: 39.
② Parise G. *Cara Cina* [M]. II ed. Torino: Einaudi, 1972: 64.
③ Parise G. *Cara Cina* [M]. II ed. Torino: Einaudi, 1972: 77-78.
④ Parise G. *Cara Cina* [M]. II ed. Torino: Einaudi, 1972: 78.
⑤ Parise G. *Cara Cina* [M]. II ed. Torino: Einaudi, 1972: 81.
⑥ Crotti I. *Tre voci sospette Buzzati, Piovene, Parise* [M]. Milano: Mursia, 1994: 166.
⑦ 帕里塞在 1961 年的美国之行，通过作家杜鲁门·卡波特（Truman Capote），认识了玛丽莲·梦露（Marilyn Monroe）。

非常美。"①在 20 世纪 60 年代的中国，女人穿着的式样和颜色都很单一，所以西方人对中国女人有一种刻板印象，而帕里塞否定了这种偏见，用诗意的语言讲述他对中国女性的肯定看法，发现不同女人身上的美。"这种美，我再说一遍，是来自'礼'。因此评价中国女人的工具不应是像在西方那样是使用眼睛，而应该是用直觉。"②帕里塞用直觉感受中国，重视挖掘中国女性的内在品质。

三、游记的特点：对比、对话和叙述性

在《亲爱的中国》中，帕里塞把中国与意大利、美国做比较。通过这些类比，可以看到作者是如何构建中国形象的。帕里塞以意大利的类似事物为参照描写中国的所见所闻，比较对象可以是一处风景、一个人物、一座建筑。例如，广州的气候与西西里岛相似；中国翻译的热情像意大利修道院中的实习修士一般；京剧中的人物如同意大利即兴喜剧中的人物。在一座北京的教堂里，"如果我们用相机取景拍照，这就是一张伦巴第或维内托教堂的照片或明信片：相似的新古典主义风格……教堂内部也没有不同……同样的安静……同样的干净，同样是用扫帚和喷水壶打扫过的，同样的乡村宗教氛围……眼前的地方仿佛到过很多次"③。在异乡看到与家乡相似的场景拉近了作家与中国的距离。"帕里塞创造出独特的异国情怀，他有一种在新的环境中发现熟悉事物的洞察力。例如，在北京的一座教堂中看到伦巴第教堂的形状，从一只中国的船上看到贡多拉的轮廓……"④帕里塞把自己熟悉的场景投射到新的事物上，能让作者想到本源文化的事物更能吸引其注意力。

中国的人和物会让作者想起意大利的乡村。北京的教堂神甫就像意大利的乡村教堂神甫；中国的人民百货商场让人想起乡间的商店；北京的露天市场就像一个乡村的市场。帕里塞经常联想起意大利的乡村，因为他在找寻着一个简单的田园世界，一个没有被西方的物质主义影响的地方。"在五十年代以后，帕里塞感到无法忍受，渴望逃离新的意大利现实。"⑤作者对把自己对本真的生活方式的渴望寄托在中国。

---

① Parise G. *Cara Cina* [M]. II ed. Torino: Einaudi, 1972: 122.
② Parise G. *Cara Cina* [M]. II ed. Torino: Einaudi, 1972: 122.
③ Parise G. *Cara Cina* [M]. II ed. Torino: Einaudi, 1972: 30.
④ Gianluigi S. *Il circuito della prosa. Letteratura e giornalismo in Goffredo Parise* [C]// Serafini C. *Parola di scrittore – letteratura e giornalismo nel Novecento*. Roma: Bulzoni, 2010: 492.
⑤ Damiani R. *Parise reporter in Asia* [C]// Crotti I. *Goffredo Parise, Atti del convegno promosso dall'Istituto per le lettere, il teatro, il melodramma della Fondazione Giorgio Cini, Venezia, 24-25 maggio 1995*. Firenze: Olschki, 1997: 103.

帕里塞到中国旅行是受到 1961 年美国之行的启发。在 1968 年的一次文学对话中，当帕里塞被问到为何感到有必要去中国时，他回答道："在我去美国旅行以后，在那里我看到了什么是大众文明。因此我想看看世界上存在的另一个大众文明。我觉得对比很重要。于是我去了中国两个月……然后我表达出了我所感受的东西。"[①] 因此，在《亲爱的中国》中，除了对比中国和意大利外，帕里塞也将中国和美国做比较。"帕里塞对美国形成的看法，与他在 1966 年游记中对中国社会生活的观察形成了一个对比。"[②] 在游记的结论章中，作者写道：中国和美国是"世界上两个最大的大众社会。既相反又相同。……简而言之，在边境这边是马克思主义的意识形态或政治神学，在边境那边是消费主义的意识形态或政治神学。一边是思想，另一边是金钱。"[③] 这一结论是基于作者在中国的具体观察："除了在旅馆和公众娱乐场所，是看不到电视的，一般也见不到冰箱、吸尘器和电器，因为从各方面来看，美国离中国还很遥远。"[④] 通过对比，作者眼中的中国形象更加清晰、明确。"帕里塞总是倾向于对比……对照中国的大众社会和美国的大众社会……这种比较使用了两级的结构，推动不再单一的讨论，体现他的记者身份。"[⑤] 中国和美国对帕里塞来说都属于"他国"，帕里塞用客观的视角来观察两个国家。

游记的另一个特点是作者在书中引用了大量对话。作者提问，他所遇到的中国人回答。对话者包括不同年龄、不同职业的人：年轻的翻译、年长的神甫、辛勤的女工人、一位中国朋友、充满好奇心的学生、"漠然"的知识分子、美丽的女中医、笑容神秘的公社主任、对政治狂热的学校主任、会说法语的政治家、著名的神经学家、妇女协会代表、上海的资本家。作者通过记录下他们的声音，展现了中国人的内心世界，为读者提供了一幅关于中国人的丰富的、有代表性的图景。帕里塞记录下这些对话，不加评论或分析，为读者留下了想象和思考的空间，也可以让读者通过对话直接了解中国人所思所想。在第一章，作者记录自己与翻译的对话。从年轻翻译的话语，很容易看出意识形态、政治宣传对他的影响，这与"文化大革命"的历史背景息息相关。通过这位翻译的回答，可以想见当时其他中国年轻人的想法。

帕里塞选择大篇幅的记录对话还与其有限的旅行条件有关。正如对当时所有的外国旅行者一样，旅行路线都是中国旅行总社安排好的。很多地方都已经

---

① Cancogni M. *L'odore casto e gentile della povertà – Conversazione con Goffredo Parise* [J]. Fiera letteraria – settimanale delle lettere, delle arti e delle scienze, 1968, XLIII (34): 16.

② Santoro V. *L'odore della vita Studi su Goffredo Parise* [M]. Macerata: Quodlibet, 2009: 41.

③ Parise G. *Cara Cina* [M]. II ed. Torino: Einaudi, 1972: 150.

④ Parise G. *Cara Cina* [M]. II ed. Torino: Einaudi, 1972: 37.

⑤ Crotti I. *Tre voci sospette Buzzati, Piovene, Parise* [M]. Milano: Mursia, 1994: 164.

被其他外国作家描述过了。"帕里塞先参观了广州市，然后去过北京的紫禁城、天坛、颐和园、明陵、长城、大学、某个学校、某个剧院，接下来去南京，到过某个人民公社，再去上海和某个汽车生产厂。他看到的都是许多人之前都看到过的。再描写也没什么用了。他没有再描写古迹或工厂，而是试图让人们讲话。"[1] 引用中国人的话语更能体现新意。

帕里塞的游记具有叙述性的特点。游记一开始就表现了"我"的存在。作者就像一位小说人物行动并观察着。"我刚到广州几个小时……我在珠江岸边漫步，看着静静驶入港湾的帆船……"[2] 他经常提醒读者自己的思考和想法："这些是我在紫禁城中想到的。"[3] 帕里塞强调与人物的互动。"他们的衣服很旧。有一个人既可笑又活泼，衣服上的补丁数不过来，而且所有补丁颜色都不一样。但是他也很聪明，立刻注意到我在看他的衣服。"[4] 当作者观察学生的时候，他把自己也作为学生的观察对象。"为了表达他作为外国人的视角，帕里塞不仅记录他的观察，而且记下他被当地人观察的时刻。"[5] 多视角的表达，展现其敏感与细腻。

当作者参观北京的一所教堂时，详细描写发现、感受及思考的过程。"我停下，把目光再次投向那边：一切正常，再也熟悉不过，我的眼前重现了一个见过多次的地方。尽管如此，有什么不对劲的地方：缺少一样东西，一个重要的细节，非常的重要，但我无法立刻捕捉到。缺少这样东西，会影响完整性。如果可以这么说，我是不是连教堂都不确信了……噢，对了，我想到是什么了，我感觉到了，就到眼前了：缺的是味道，香的味道……也就是天主教仪式中那富有生命力的味道。"[6] 作者是一位积极的观察者，让读者清晰地了解他的动作、想法和感受。游记中的作者与叙述的主人公重合。这种叙述适合作者表达自己对中国人的情感与内心世界。

游记中的帕利塞是一位活跃的人物。当看到别的患者使用针灸后，他也想试一试。"女大夫戴着口罩，微笑地看着我。笑过后，我手上已经有四根针了，而我什么都没感觉到，一点感觉都没有。"[7] 在一家卡车厂，作者受邀试开一辆新卡车。"在一片大笑声中，我必须上车去完成我的任务。因为开车太容

---

[1] Pellegrino A. *Verso Oriente – Viaggi e letteratura degli scrittori italiani nei paesi orientali (1912-1982)* [M]. Roma: Istituto dell'Enciclopedia Treccani, 1985: 145-146.

[2] Parise G. *Cara Cina* [M]. II ed. Torino: Einaudi, 1972: 9.

[3] Parise G. *Cara Cina* [M]. II ed. Torino: Einaudi, 1972: 17.

[4] Parise G. *Cara Cina* [M]. II ed. Torino: Einaudi, 1972: 64.

[5] Wolfs K. *Viaggiare senza bagagli, Lo scrittore-viaggiatore italiano come critico culturale. 1950-2000* [D]. Antwerpen (Belgium): Universiteit Antwerpen, 2005: 111.

[6] Parise G. *Cara Cina* [M]. II ed. Torino: Einaudi, 1972: 30-31.

[7] Parise G. *Cara Cina* [M]. II ed. Torino: Einaudi, 1972: 76-77.

易了，我没有局限于在工厂里绕圈，而是上了大路，我出了大门，上南京的马路上转了一个多小时。另一辆满载中国人的车子跟着我，他们不知道是命令我回去，还是让我继续开。我从后视镜中看到，他们在热烈地讨论着，冲我微笑。"① 驾车后，作者还给出建议："挂挡有些难，怎么说呢，换挡时嘎嘎作响。大家都很吃惊，立刻检查，试了又试。没有响声。因此让车子嘎嘎作响的是我，这个专门从西方来的人。"② 这些情节可能是文学虚构。在这样充满欢笑与自嘲的生动画面中，叙述的元素是很明显的。在这个片段中，帕利塞是一位人物，更确切地说，是一位与其他中国人物一起行动的主角。正如我们之前提到的，帕利塞注意运用不同的视角描写：当他开卡车的时候，在后视镜中看到中国人在另一辆车上跟着他；同时对他微笑。双方动作互相对应就像是在一个故事中的情景。"我们知道读的不是分析，而是故事。帕利塞总是在讲故事。"③ 游记中有些部分情节性强，也常常有主观"我"的存在和关于作者本人的行动描写。

四、结语

帕里塞在一次访谈中表达对游记的看法："（记述）一次旅行、一次在某国的调查，对我来说就像写小说。我用同样的心情去对待，否则我宁愿什么都不做。中国（之行）就是这样……一般一位记者感到需要去传达他所看到的东西，这是他的职业。而我在报道中就像在一部小说中那样表达。对我来说，报道和小说同时诞生，开始可能很简单，就是一个想法，或是在报纸上读的消息。报道就是小说，而作者就是某一情景的主人公。"④ 在《亲爱的中国》中，帕里塞的经历就像一位小说人物。"帕里塞的《亲爱的中国》肯定是他新闻体作品中作家身份最突出的书籍。"⑤

在旅行中，风景与人是吸引旅行者的基本元素。帕里塞感兴趣的是人，而不是风景，这是他为什么没有描写太多风景的另一个原因。"我几乎没有讲到风景，首先因为在中国的旅行，就像我已经解释的那样，一个如此充满矛盾的旅行需要把很多精力给大脑，剩下很少的精力留给眼睛；还因为自然风光没有太打动我……从北到南景观的差别很大，但是对于欧洲人的眼睛来说，只有经

---

① Parise G. *Cara Cina* [M]. II ed. Torino: Einaudi, 1972: 100-101.

② Parise G. *Cara Cina* [M]. II ed. Torino: Einaudi, 1972: 101.

③ Marabini C. *Letteratura bastarda giornalismo, narrativa e terza pagina* [M]. Milano: Camunia, 1995: 304-305.

④ Cancogni M. *L'odore casto e gentile della povertà – Conversazione con Goffredo Parise* [J]. Fiera letteraria – settimanale delle lettere, delle arti e delle scienze, 1968, XLIII (34).

⑤ Altarocca C. *Goffredo Parise* [M]. Firenze: la Nuova Italia, 1977: 158.

过很远的距离后才能感受到变化，因为在欧洲我们习惯了快速的变化。"[1] 帕里塞在旅行中的焦点是人，使用语言是一种展现他们的思想和情感的有效方式。"在书中重要的不是土地，而是人，是居民。"[2] 帕里塞对当地人的兴趣，还因为他除了作家身份之外，也是一名记者。游记在成书前，先分别发表在报纸上。"尽可能地让中国人说话，构成帕里塞的游记的一个思路。因为这个原因，这部六十年代的游记具有新闻作品的特点。"[3]《亲爱的中国》是一部具有新闻体特点的作品，体现了游记这一文学体裁在形式上具有灵活性和丰富性。

"游记作家用眼睛看的同时，还有一个内在化的过程，即'从眼睛转移到更加内在的层面：直觉'……通过直觉的感受写下的篇章，构成了作家游记中最有诗意的部分。"[4] 帕里塞在创作中，"更依靠直觉，而不是理性"[5]。除了直觉外，作者还强调旅行所激发的感情。"在一次旅行结束后，'数据'、'信息'或理性分析都不重要，重要的是感情，通过一些偶然的机会对人或事物怀有的感情。"[6] 在参观紫禁城的时候，帕里塞扶起一位摔倒的中国老人，当他听到对方说谢谢时，感受到了自己对中国人民的情感，"不能不说是一种感动。我审视着这种情感，现在是如此稀少，我发现我能体会到情感的原因有很多，特别多，但首先是因为，她们一点都不庸俗。"[7] 帕里塞在旅行之前，就希望在中国找到新的创作灵感，与中国人的情感联结正是他追寻的结果，作者所感受到的东西是他心目中渴望的。"发现中国人没有被物质所左右，而在行动中表现出爱与真诚，能让接近他们的人感受到'亲切和感动'。在这些接触中帕里塞重新发现了本初情感的真实，又找到了在他的小说人物身上已经失去的内在现实。"[8]

对帕里塞来说中国的现实是复杂的，既有历史传统的一面，也有当时社会现实的一面。帕里塞从一开始就意识到这两方面，同时不满足于任何一面。在中国和中国人面前，帕里塞用情感直觉去感受和理解中国人的品质，使他超越了文化差异。他还与自己的家乡保持紧密的联系。故土维内托和意大利代表回归自我，因为认识自我意味着认识自己的文化，将中国看到的事物与已知的维

---

[1] Parise G. *Cara Cina* [M]. II ed. Torino: Einaudi, 1972: 148.

[2] Devoto G. *Cara Cina* [N]. Corriere della Sera, 1973-06-04 (4).

[3] Pellegrino A. *Verso Oriente – Viaggi e letteratura degli scrittori italiani nei paesi orientali (1912-1982)* [M]. Roma: Istituto dell'Enciclopedia Treccani, 1985: 147.

[4] Santoro V. *L'odore della vita Studi su Goffredo Parise* [M]. Macerata: Quodlibet, 2009: 29-30.

[5] Siciliano E. *Una dedica a Goffredo Parise* [J]. Nuovi Argomenti, 1996, 9 (otto.-dic.): 15.

[6] Parise G. *Guerre politiche* [M]// Callegher B, Portello M. *Opere*. Milano: Mondadori, 1987: 962.

[7] Parise G. *Cara Cina* [M]. II ed. Torino: Einaudi, 1972: 22.

[8] Petroni, Paolo. *Invito alla lettura di Goffredo Parise* [M]. Milano: Mursia, 1975: 111.

内托或意大利的事物进行比较，是一种认识加深自我认识的方式。两种文化的相似点能够帮助作者更好地理解中国。他通过对中国的观察来反思自己。在不同文化之间的碰撞中，帕里塞的游记展现了他敏锐的观察力和觉察力。

参考文献

［1］Altarocca C. *Goffredo Parise* [M]. Firenze: la Nuova Italia, 1977.

［2］Cancogni M. *L'odore casto e gentile della povertà – Conversazione con Goffredo Parise* [J]. Fiera letteraria – settimanale delle lettere, delle arti e delle scienze, 1968, XLIII (34).

［3］Crotti I. *Tre voci sospette Buzzati, Piovene, Parise* [M]. Milano: Mursia, 1994.

［4］Damiani R. *Parise reporter in Asia* [C]// Crotti I. *Goffredo Parise, Atti del convegno promosso dall'Istituto per le lettere, il teatro, il melodramma della Fondazioni Giorgio Cini, Venezia, 24-25 maggio 1995*. Firenze: Olschki, 1997: 99-111.

［5］Devoto G. *Cara Cina* [N]. Corriere della Sera, 1973-06-04 (4).

［6］Gianluigi S. *Il circuito della prosa. Letteratura e giornalismo in Goffredo Parise* [C]// Serafini C. *Parola di scrittore – letteratura e giornalismo nel Novecento*. Roma: Bulzoni, 2010.

［7］Manacorda G. *Storia della letteratura italiana contemporanea 1940-1965* [M]. Roma: Editori Riuniti, 1974.

［8］Marabini C. *Letteratura bastarda giornalismo, narrativa e terza pagina* [M]. Milano: Camunia, 1995.

［9］Parise G. *Cara Cina* [M]. II ed. Torino: Einaudi, 1972.

［10］Parise G. *Guerre politiche* [M]// Callegher B, Portello M. *Opere*. Milano: Mondadori, 1987.

［11］Pellegrino A. *Verso Oriente – Viaggi e letteratura degli scrittori italiani nei paesi orientali (1912-1982)* [M]. Roma: Istituto dell'Enciclopedia Treccani, 1985.

［12］Petroni P. *Invito alla lettura di Goffredo Parise* [M]. Milano: Mursia, 1975.

［13］Santoro V. *L'odore della vita Studi su Goffredo Parise* [M]. Macerata: Quodlibet, 2009.

［14］Sgavicchia S. *Storia generale della letteratura italiana (Volume XII)* [M]. Milano: F. Motta, 1999.

[15] Siciliano E. *Una dedica a Goffredo Parise* [J]. Nuovi Argomenti, 1996, 9 (otto.-dic.).

[16] Wolfs K. *Viaggiare senza bagagli, Lo scrittore-viaggiatore italiano come critico culturale. 1950-2000* [D]. Antwerpen (Belgium): Universiteit Antwerpen, 2005.

文化翻译研究

从关于越南的电影看越南的人文思想[①]

四川外国语大学　罗文青　杨夏

【摘　要】本文梳理了越南电影的历史和现状，并将其分为"越南本土电影""海外越侨执导的电影""他国拍摄（或合拍）的关于越南的电影"三类进行了分析，还从"关于越南的电影"如何体现越南的人文思想进行了剖析。通过电影我们可了解越南的文化和人文思想，但电影体现出来的人文思想不应受"他者"的角度影响，应该从本土的、真实的现实生活中去感悟越南的人文思想。

【关键词】越南电影；人文思想；哲学

随着现代社会的发展，电影已深入到人类社会生活的方方面面，是人们日常生活不可或缺的一部分。通过观看反映国家或地区的电影艺术作品，可以让我们了解这个国家或地区的人文思想，因此，梳理"关于越南"的电影来了解越南的人文思想，是我们近来在做的一个尝试。

在当今"一带一路"背景下，寻求国与国之间、民族与民族之间民心相通、文明交流互鉴变得日益重要。习近平总书记在2019年2月20日中国-东盟媒体交流年开幕式上的贺信指出：中国和东盟国家山水相连、人文相通，友好交往源远流长。媒体作为开展交流合作、促进民心相通的桥梁，可以为中国-东盟关系发展发挥更大作用。希望双方媒体做友好交往的传播者、务实合作的推动者、和谐共处的守望者，讲好共促和平、共谋发展的故事，为共建更为紧密的中国-东盟命运共同体做出更大贡献。

一、"关于越南"的电影概貌

关于越南的电影一般可以分为三类，一类是越南拍摄的本土电影，二是海外越侨拍摄的关于越南的电影，三是其他国家拍摄（或者是合拍）的关于越南的电影。

[①] 本文为四川外国语大学央地共建项目"'一带一路'背景下非通用语国家国别问题研究创新团队建设"阶段性成果。

（一）越南拍摄的本土电影

越南的电影发展史可以分为四个阶段：法国殖民期（1886—1945 年）、战争期（1945—1975 年）、重建期（1975—1986 年）、发展期（1986 年至今）。

1. 前两个阶段（1886—1975 年）的越南影片的内容大部分是反映抗法、抗美战争的题材。

在法属时期越南没有自己的电影业，电影院上映的都是外国影片。1945 年"八月革命"后，越南中央新闻通讯部成立了电影机构，之后在 1943—1950 年拍摄了一些新闻纪录片，1956 年越南文化部成立电影局，1958 年成立了越南电影制片厂，1959 年拍摄了第一部故事片《同一条江》（*Chung một dòng sông*）（导演阮鸿仪、范好民）。1945—1960 年的 15 年中，越南总共发行了 297 部新闻片、80 部纪录片和 5 部故事片。这个时期，越南还和苏联、中国、捷克斯洛伐克、波兰、民主德国和保加利亚等国家合作了 12 部影片。[1]

在 20 世纪 60 年代，越南的电影创作主要投入在反映北方社会主义建设、为统一祖国而斗争的政治任务中，主要拍摄的是纪录片，此外拍摄一些反映工农业生产建设的故事影片《柑橘园》（*Vườn Cam*）（1960，导演范文科）、《白烟》（*Khói Trắng*）（1963，导演阮进利、黎少）、《浮村》（*Làng Nổi*）（1964，导演陈武、辉成）等，以及反映越南人民参加革命斗争的影片《阿甫夫妇》（*Vợ Chồng A Phủ*）（1960，导演梅禄）、《思厚姐》（*Chị Tư Hậu*）（1963，导演范其南）、《中线炮火》（*Lửa Trung Tuyến*）（1961，导演范文科）等；反映抗美救国斗争的故事片《在十七度线上》（*Trên Vĩ Tuyến 17*）（1965，导演李泰宝、一轩）、《阮文追》（*Nguyễn Văn Trỗi*）（1966，导演裴庭鹤、李泰宝）、《年轻的战士》（*Người Chiến Sĩ Trẻ*）（1965，导演海宁、阮德兴）、《琛姑娘的松林》（*Rừng O Thắm*）（1967，导演海宁）、《前线在召唤》（*Tiền Tuyến Gọi*）（1969，导演范其南）等。

1966 年，由辉成导演的故事片《起风》（*Nổi Gió*）是第一部反映越南南方人民抗美斗争的故事片。这时期还拍摄了第一部儿童故事片《金童》（*Kim Đồng*）（1963，导演农益达）和第一部动画片《活该的狐狸》（*Dáng Đời Thằng Cáo*）（1960）。初创的电影学校的首届学员也拍摄出故事片《两个士兵》（*Hai Người Lính*）和《小青鸟》（*Con Chim Vành Khuyên*）等。

进入 70 年代以后，影片有《回故乡之路》（*Đường Về Quê Mẹ*）（1971，导演裴庭鹤）、《17 度线上的日日夜夜》（*Vĩ Tuyến 17 Ngày Và Đêm*）（1972，导演海宁）、《出征之歌》（*Bài Ca Ra Trận*）（1973，导演陈得）、《山村女教师》

---

[1] 丁静，武文滨，张振奎. 十五年来越南电影事业的发展[J]. 电影艺术，1960（9）：70—72.

（*Cô Gái Vùng Cao*）（1970，导演农益达）、《阿力夫妇》（*Truyện Vợ Chồng Anh Lực*）（1971，导演陈武）、《返回蒲草区的人》（*Người Về Đồng Cói*）（1973，导演白叶）等。

1975年，南方解放，实现了南北统一。越南除继续拍摄战争题材的影片外，从1979年起，出现了一批以城市社会为背景，直接反映现代越南社会生活问题的影片，如《道路》（*Những Con Đường*）（1979，导演农益达）、《和谐的生活节奏》（*Nhịp Sống Hài Hòa*）（1981，导演英俊）、《远与近》（*Xa Và Gần*）（1983，导演辉成）等。

这个阶段成立了一些和电影相关的机构和学校等，如越南电影资料馆、越南电影戏剧学院、越南电影艺术工作者协会、《电影》杂志，并从1970年开始举办越南电影节，每两年举办一次，设金荷花奖、银荷花奖。

这个时期的越南电影《阿福》《琛姑娘的松林》和当时的朝鲜电影《卖花姑娘》在中国上映并为大家所知。在当年，越南电影以自身独特的文化内涵与艺术表达，无意中丰富了我国社会文化。1979年中越战争爆发后，越南电影离开了中国人的视线。

2.后两个阶段（1975年至今）越南电影得到一定的发展，开始出现较多的反映当下时代越南社会的剧情影片。

随着经济改革开放，1983年全越南约有1220个国营放映单位，有298座电影院。从80年代"革新开放"开始，越南电影从过去偏重政治宣传，转向了更为全面地反映社会和人民生活，延续了现实主义的创作传统，按照现实生活形象描绘凡人小事。[①]一批批以现代城市生活为背景、反映现代越南社会生活现实问题的电影渐次出现在大众视野。

故事片题材开始走向多元化，导演们从生活的多个层面来关注越南的社会现实。阮鸿笙执导的《荒原》（*Cánh Đồng Hoang*）和《东北风季节》（*Mùa Gió Chướng*）继续正面抒写革命战争生活。龙文导演的《西贡别动队》（*Biệt Động Sài Gòn*）、黎黄华执导的《翻转的牌局》（*Ván Bài Lật Ngửa*）等描绘了在美国控制区工作的爱国间谍、特种部队的壮举。邓一明的《第十月来临时》（*Bao Giờ Cho Đến Tháng Mười*）、阮庆杜的《妈妈不在家》（*Mẹ Vắng Nhà*）等歌颂的是人间美好温情。辉成执导的《回到干涸的土地上》（*Về Nơi Gió Cát*）、邓一明执导的《触得到的城市》（*Thị Xã Trong Tầm Tay*）等反思的是战争伤痕以及家庭重建问题。阮鸿笙执导的《旋风地带》（*Vùng Gió Xoáy*）、黎德进执导的《安静的小镇》（*Thị Trấn Yên Tĩnh*）批判了和平时期的教条主义和官僚主义风气。海宁执导的《初恋》（*Mối Tình Đầu*）和《沙滩》（*Bãi Biển Đời*

---

① 张葵华.有意味的两极："革新开放"后越南电影的底层叙事［J］.艺术探索，2018，32（6）：29—38.

Người）关注的是破坏分子在战后混迹到社会建设队伍中来的问题。①

80 年代，纪录片也向着多元的社会题材开掘。《漫长的回乡路》（*Đường Về Tổ Quốc*）和《越南-胡志明》（*Việt Nam – Hồ Chí Minh*）以史诗般风格记录了感人的革命片段。《一个人眼中的河内》（*Hà Nội Trong Mắt Ai*）、《丛日地区的教堂》（*Người Công Giáo Huyện Thong Nhật*）探讨和平时期的社会问题。《水偶戏的艺术》（*Múa Rối Nước*）介绍了民族传统艺术。纪录片创作由于离开了熟悉的战争环境，还不能在新的社会环境中找到感觉，因此整体上艺术含量不高。②

进入 90 年代，初期由于商业录像和电视在越南流行，越南拍摄电影非常少，1993 年故事片产量只有 5 部，而录像带产量则多达 90 部。③直到 21 世纪伊始，越南政府才加大发展电影事业，2004 年的越南电影节上，《长腿的姑娘们》（*Những Cô Gái Chân Dài*）获得银荷奖。从此，越南电影开始注重国际交流，重视本土意识、国际视野和时代气息。"电影从过去的偏重政治宣传，转向更全面的反映社会和生活，并注重娱乐性。"④

其中值得一提的有，2000 年在河内举办了第 45 届亚太国际电影节，包括《番石榴季节》（*Mùa Ổi*, 2002）、《没有丈夫的码头》（*Bến Không Chồng*, 2001）、《流沙岁月》（*Đời Cát*, 2000）在内的 5 部优秀越南影片参评。越南本土资深导演邓一明创作的《番石榴季节》（《番石榴熟了》），曾在第 45 届亚太国际电影节上和王家卫的《花样年华》一起成为关注的焦点。青年导演阮青云的《流沙岁月》曾在第 45 届亚太国际电影节上一举夺得最佳故事片、最佳女主角、最佳女配角三项大奖，该片还在 2000 年的法国阿米昂电影节上被授予特别奖。阮青云比较有影响的作品还有《梦游的女人》（*Người Đàn Bà Mộng Du*, 2003）、《无名的尤加利树》（*Cây Bạch Đàn Vô Danh*）等。《梅草村的光荣岁月》（*Mê Thảo, Thời Vang Bóng*, 2004）出自女导演越灵之手，先后获得过 2003 年在巴黎 The Waiionie Brussels 文化中心举行的"法语电影节"（the Francophone Film Festival）二等奖、意大利柏加摩（Bergamo）电影节的黄玫瑰奖。《共居》（*Chung Cư*, 2000）是越灵导演的另一部代表作。比较有影响的越南本土电影还有刘仲宁创作的《没有丈夫的码头》等。吴光海执导的《飘的故事》（*Truyện Của Pao*, 2000）、刘皇执导的《穿白色丝绸的女人》（*Áo Lụa*

---

① 章旭清. 越南百年电影事业回顾（19 世纪末—21 世纪初）[J]. 东南亚研究，2012，2（18）：107—111.

② 章旭清. 越南百年电影事业回顾（19 世纪末—21 世纪初）[J]. 东南亚研究，2012，2（18）：107—111.

③ 章旭清. 越南百年电影事业回顾（19 世纪末—21 世纪初）[J]. 东南亚研究，2012，2（18）：107—111.

④ 杨然. 步入新世纪的越南电影[J]. 东南亚纵横，2002（3）：67.

Hà Đông，2006）、武玉堂执导的《迷失天堂》（*Hot Boy Nổi Loạn*，2011）、王德的《得失之间》（*Của Rơi*，2004）、黎黄的《酒吧姑娘》（*Gái Nhảy*，2003），还有 2018 年越南影片《女裁缝》（*Cô Ba Sài Gòn*）、《晴》（*Nắng*）等也颇有影响。

（二）旅居国外的越侨拍摄的关于越南的电影

在当代越南电影的发展进程中，海外越侨导演占据着重要地位。20 年间，不同代际的越侨导演在越南电影发展中扮演的角色不尽相同。首先肯定要提及法籍越裔导演陈英雄拍摄的"越南三部曲"：《青木瓜之味》（*Mùi Đu Đủ Xanh*，1993）、《三轮车夫》（*Xích Lô*，1995）、《夏天的滋味》（*Mùa Hè Chiều Thẳng Đứng*，2000）。在我看来是最体现越南人文情怀的电影之一。另外由越侨导演裴东尼美越合拍的《恋恋三季》（1998）也非常好看。其他的还有美籍越裔导演阮武严明的《牧童》（*Mùa Len Trâu*，2004），美籍越裔胡全明导演的《变迁的年代》（*Thời Xa Vắng*，2004），美籍越裔女性导演段明芳拍摄的《沉默的新娘》（*Hạt Mưa Rơi Bao Lâu*，2005），越裔美籍导演武国越的《绿地黄花》（*Tôi Thấy Hoang Vàng Trên Cỏ Xanh*，2015），越侨阮春智导演的《越南往事》（*Lửa Phật*，2013）等。

这些电影由于语言有英语或法语字幕的原因，比越南本土拍的大多没有外文字幕的电影更被我们中国观众所知。

（三）外国拍摄的关于越南的电影

在 20 世纪，外国和越南以合拍电影为主，主要是纪录片和政治片，20 世纪 90 年代后，外国以越南为题材拍摄的电影以法、美、中拍摄的最多，韩、日也有一些关于越南的电影。

1. 首先要提法国拍摄的关于越南的电影。因为法国是越南艺术电影最主要的资金来源。这一方面是由于法国和越南的历史关联，另一方面得益于法国作为世界艺术电影大本营的定位及其对于世界艺术电影的扶持。其中有两部最引起我们的关注，那就是 1992 年在法国上映的《情人》和《印度支那》，后者获得第 65 届奥斯卡奖最佳外语片奖。不管是《印度支那》还是《情人》都牵扯到跨越种族的情感纠结，充满了回忆与感伤。他们眼中和记忆中的越南是金黄色的伤感地带，并最终以西方文化和情感视角，将个人成长记忆与东方情境交织成了一场怅然若失的情感迷梦。在法国影片当中，越南是作为遥远神秘的殖民地而成为慰藉现实心灵、寄托浪漫情怀的一种美丽的幻象（如《情人》《印度支那》）。

2. 其次要提美国拍摄的关于越南的电影，大多为越战电影。何为"越战"？越南战争（1955—1975 年），简称越战，又称第二次印度支那战争，越南共产党称抗美救国战争（越南语：Chiến Tranh Chống Mỹ Cứu Nước），为越南共和国（南越）及美国对抗越南民主共和国（北越）及"越南南方民族解放阵线"（又称越共）的一场战争。越战是二战以后美国参战人数最多、影响最重大的战争。北越政府军和南越解放军最终打败了南越政府军队，统一越南。

美国拍有多部著名越战电影：首先是奥利弗·斯通"越战三部曲"，即《野战排》（1986）、《生于七月四日》（1989）、《天与地》（1994），其他的是《在越南最后的日子》（2014）、《战争之路》（2002）、《血色战报》（1989）、《早安越南》（1987）、《越战创伤》（1989）、《汉堡高地》（1987）、《猎鹿人》（1978）、《沉静的美国人》（2002）等十部；其他的还有《全金属外壳》（1987）、《现代启示录》（1979）、《我们曾是战士》（2002）、《阿甘正传》（1994）、《北越归来》（1984）等。越南在美国越战片中，是地狱般的战场，湿热阴郁的东南亚丛林沼泽，丧失的生命，心灵的伤痕，灵魂的噩梦（如《现代启示录》《天与地》）。

3. 最后要提及我国拍摄的关于越南的电影。《高山下的花环》（1984）、《闪电行动》（1987）、《蛇谷奇兵》（1984）、《铁甲 008》（1980）、《新兵马强》（1981）、《花枝俏》（1980）、《长排山之战》（1981）、《雷场相思树》（1987）、《无影侦察队》（1989）、《自豪吧，母亲》（1980）、《不该凋谢的玫瑰》（1981）、《芳华》（2017）。还有一些中越合拍的电影，如《河内，河内》（2007），这是一部由中国云南民族电影制片厂和越南作家协会电影制片公司联合拍摄的电影，讲述了中国姑娘苏苏只身前往越南的故事，凸现了中国两国的传统友谊和文化交流。《红河》（2009）由章家瑞导演执导，张家辉、张静初等演员主演的悲情文艺片，讲述了中越边境上的爱情故事。2016 年上映的《越囧》是首部中国大陆与越南合作拍摄的电影，2016 年 10 月在中国上映。该片讲述了 40 岁的潘氏集团太子爷，请了婚介所老板做婚姻顾问，带着一个会半桶水越南语的女汉子白小白做翻译，前往越南追求大牌女明星的故事。另外，在香港影片中，也有一些关于"越南"或"越南人"的电影，但是在影片中越南的形象都是一个乱世，一个军火泛滥，贫穷又混乱的国度，如《投奔怒海》《英雄本色 3》。

二、从人文思想分析"关于越南"的电影

这里介绍给我印象深刻的、能体现越南人文思想的几部电影。

1.《番石榴熟了》讲述了一个发生在越南普通城市人家的故事。东方庭院安静自如，作为情感象征的番石榴树上寄予了无限留恋。一部极具本土特色的电影，通过讲述一个平凡而又不甚普通（童年的意外跌落导致其智力停留在孩

童状态）的青年男子阿华及其家族兴衰，勾连起 20 世纪 70 年代越南解放前后至 80 年代经济体制改革期间的社会历史变迁与人情变故。

2.《绿地黄花》（2015）关于亲情、爱情和乡情的记忆。故事发生在 1980 年越南中部的一个贫穷农村，讲述了两兄弟之间在成长过程中的系列故事。一同玩耍、看家、相扶相助，弟弟崇拜哥哥，但哥哥却嫉妒弟弟因聪明多受父母夸奖。直到大火烧毁了邻居的房子，兄弟情面临崩溃……他们要如何来修补破碎的感情？跟随两兄弟的回忆，可领略越南小城镇简单淳朴的慢节奏生活。

3.《天与地》是华纳兄弟影片公司发行的战争传记电影，由奥利弗·斯通执导，汤米·李·琼斯、姚志丽、陈冲等主演。该片于 1993 年在美国上映。该片是奥利弗·斯通"越战三部曲"的最后一部，影片描写一名越南的乡下少女在战争期间挣扎求生，后来跟一名美国军官发生爱情，并跟他到美国定居。最终她凭自己的力量在美国建立事业，并且在越南开放之后回到故乡去帮助家人。这部电影虽然没直接讲述越战，但向我们呈现了一个战后越南人的生活状态，以及战争对美国人和越南人的影响。

从以上介绍的越南电影中，我们发现"关于越南"的电影体现出来的人文思想有以下几点：（1）儒家思想的教育——孝顺，善良，忠良；（2）家庭和亲情；（3）家国情怀和家园意识。

《青木瓜之味》对越南的记忆是记忆中安稳静好的时光岁月，呈现无论是色彩、构图还是镜头运动，都显现了东方奇观之美，伊甸园式优雅的东方奇观与越南殖民影片中的景观展示相去甚远。幽婉得近乎静止的时间、阳光下的蚂蚁、滴水的青木瓜、白瓷盆里的清水……体现了不乏温情的越南式家庭。移动静缓的镜头通过梅的视点，扫过意趣盎然的宅院、雕花木窗、丰润的木瓜树、老婆婆的木鱼、佛像，为影片增添了一份属于东方的温婉与优美。以生动逼真的画面描绘出了越南的自然风情：高立的茅屋、滚滚的波浪、漂流的小舟、阳光下的牛群、远方的森林，这一切再现了人们对于乡土田园的真切留恋。《绿地黄花》贫穷封闭的乡村景色在导演的特殊镜头下尽情展示，情窦初开的少年在田垄上奔跑，集市中穿梭，磕磕碰碰的兄弟情谊，一切显得那么真实，没有任何的虚假和刻意，让人想起单纯美好的童年。

在多部电影中，都有越南国土的一望无垠的绿油油稻田，牧童缓行的农家欢乐，反映他们对家园、对国土的热爱和眷恋之情。如《天与地》《牧童》等等。《女裁缝》中，作为传统越南文化元素的"奥黛"则有了更多元的含义，它的传统的美丽，它在现代时尚中的被遗忘与被嫌弃，以及与现代的融合，都体现了一个发展中国家对传统文化认知的变化，也体现了越南想从那种被别人描述、被别人想象、被别人当作背景和景观的情形中去找寻和塑造自己的努力，体现了越南人民的家国情怀。

越南本土电影、海外越裔电影和美法越南电影分别立足于三种文化姿态来描述关于越南的印象与想象、历史与现实，这样就生成了关于越南电影的三副面孔。越南本土电影以母国留守者姿态，直面当下越南特定的社会历史现实，在守望中担负起为民族谱写寓言社会的责任。海外越裔电影体现着被母国与国籍国双重文化放逐者身份，在对故土的深情回望中，既不避讳展示母国文化与国籍国文化的冲突与交融，又充分调动本土元素勾起人们对母国传统文化的深切体验。而美、法战争殖民电影尽管也洋溢着异国情调的越南风情，但终究仍是以西方强势文化的集体无意识为中心，以"他者"的姿态，想象性地构建着关于这个民族的情貌。

三、结论

电影是人类知道其确切产生时间和成长历程的艺术，是 20 世纪以来发展迅速、影响巨大的媒体，是政治、经济、文化三位一体的创意产业。我们在欣赏越南电影时，不应受"他者"的角度影响，应该从本土的、真实的现实生活中去感悟越南的人文情怀，希望更多精通越南语、了解越南社会文化的人去关注越南的电影和越南的人文，真正做到"交流互鉴"。在《女裁缝》结尾，传统的"奥黛"和现代时尚成功融合，观念差异的缝隙被亲情弥合，是一个理想的"大团圆"的结局。但在现实中，发展中国家，包括日益走向世界舞台中央的中国，在电影中找到自身国家形象的民族特色，找到在世界文化中的存在感，通过国家形象彰显本民族的文化自信，是需要不断努力探索的共同课题。

越裔导演站在西方视角以追忆和人道主义同情的姿态完成了形式上的现实主义叙事；本土导演基于个人关于本土的切身体验，冷静专注地再现了挣扎在现实生活流中的个体，达到一种现实主义主题上的深刻。二者的共生共存对越南电影发展的整体影响是，一方面极易造成域外观众对越南的某些刻板认知，另一方面体现了当前越南电影发展路径的多元化。

早期域外观众对于越南的刻板印象多来源于以越南战争为题材的影片：被茂密的热带雨林环绕，聪明、难以捉摸的越南人。形成一种关于当前越南社会的刻板印象：腐败混乱、贫穷落后。关于越南的刻板印象还会有另外一面：清新的乡间，宁静的庭院，荷塘里的白衣飘飘，朴实、善良、坚韧、乐观的越南人。而本土导演作为越南现实的亲历者和参与者，自觉地保持一种冷静客观的态度记录弱者在残酷现实下被欺压甚至被戕害的命运，对底层人民的生活状态，关于人的思考。

参考文献

［1］丁静，武文滨，张振奎. 十五年来越南电影事业的发展［J］. 电影艺

术，1960（9）：70—72.

　　［2］杨然. 步入新世纪的越南电影［J］. 东南亚纵横，2002（3）：67—68.

　　［3］张葵华. 有意味的两极："革新开放"后越南电影的底层叙事［J］. 艺术探索，2018，32（6）：29—38.

　　［4］章旭清. 越南百年电影事业回顾（19世纪末—21世纪初）［J］. 东南亚研究，2012，2（18）：107—111.

越南槟榔歌谣俗语之文化阐释

四川外国语大学成都学院　陶文文

【摘　要】 槟榔文化是越南社会文化习俗的重要内容，歌谣俗语是越南人民传播和传承槟榔文化价值的重要方式。本文收集整理并分析了具有代表性的越南槟榔歌谣俗语，解构槟榔在社交、爱情、风俗、家庭等方面所蕴含的文化象征与文化内涵。

【关键词】 越南；槟榔；歌谣俗语；文化阐释

一、引言

槟榔，学名 Areca catechu L.，为棕榈科槟榔属常绿乔木，多产于我国南方至东南亚的广大热带区域。作为"亚洲槟榔文化圈"中较为典型的国家，越南种植及食用槟榔的历史较早，据《齐民要术》载，汉武帝时林邑（今越南中部）曾将槟榔进贡关中扶荔宫；《西洋朝贡典录校注》记载，占城人"常食曰槟榔，裹以蒌叶，包以蠡灰，食不绝口"等。除经济、药用和食用价值外，槟榔对于越南人而言，更为重要的意义是传统观念、民俗文化的象征符号。越南槟榔文化主要通过仪式展演与语言传唱（传承与歌唱）的方式来体现。槟榔作为民俗文化符号，是越南婚丧、祭祀、庙会及日常待客等民间活动中的重要物媒，体现了实物文化价值；除此之外，越南民间传说、俗语歌谣等文学语言中也有丰富的以槟榔为意象和主题的作品，体现了精神文化价值。越南槟榔文化是民俗仪式与民间文学、实物价值与精神象征的紧密有机结合。

越南语中的槟榔为 trầu cau，指槟榔果、蒌叶和石灰（有时也用蚌灰）三者的结合。最能体现越南人对槟榔的集体记忆的当属民间传说《槟榔的故事》（Sự tích trầu cau），最早见于越南古代神话传奇作品集《岭南摭怪》。《槟榔的故事》是越南人构建和解读槟榔所象征的精神内涵、淳风美俗的主要来源。值得注意的是，《岭南摭怪》成书于18世纪，而越南槟榔文化出现远早于此。由于地缘、生态和族群等多元互动关系而产生的槟榔文化，是越南人传承和加深族群精神世界、传统观念以及情感表达方式的重要途径；在此前提下，越南人要为这种重要的精神实物创造可靠的产生依据，从而构建以槟榔文化为中心的集体观念，通过不断地重复槟榔文化的仪式展演和语言传唱，重温和巩固社会记忆及价值体系。

二、越南槟榔歌谣俗语的文化内涵

（一）社交信号

谈话是社会关系中必不可少的交际手段。越南文化重视人际交往，认为主动交谈、询问是对他人关心和热情的体现。但开启话题未免有些尴尬，越南人则巧妙地利用槟榔来营造谈话的轻松氛围，让彼此敞开心扉、畅所欲言，因此越南俗语有云："槟榔是谈话的开始（*Miếng trầu là đầu câu chuyện*[①]）""槟榔是待客谈话的开始（*Miếng trầu là đầu trò tiếp khách*）"。不管初识还是熟稔，见面谈话前，先互相请吃槟榔，这就是越南的"请槟榔（*Tục mời trầu*）"习俗。

初次见面，打听籍贯、年龄和家庭情况未免唐突，为避免对方的尴尬，越南人便用槟榔来拉近距离，了解了彼此的情况，这是成为朋友的开始：

Tiện đây ăn một miếng trầu

Hỏi rằng quê quán ở đâu chăng là?[②]

来这吃片槟榔，便问老家在何处？[③]

槟榔是开启话题、建立友谊的媒介，因此在越南人的观念中，槟榔代表了对他人的尊重、礼貌和重视；越南人以礼为上，在交往中也是以客为先，因此在待客时一定要有槟榔，并且要请客人先用：

Có trầu thì giở trầu ra

Trước là đãi bạn, sau ta với mình.

有槟榔就剥槟榔，先是待客，再到你我。

同烟、酒一样，槟榔是越南人日常聚会聊天必不可少的食品，既能缓和气氛，又能放松心情。烟、酒主要是男性使用，而槟榔则是男女皆可食用，甚至很多时候女性嚼槟榔更甚。

不管认识不认识，坐下来抽根烟、吃口槟榔，就算是相识了：

[①] 文中歌谣俗语均以斜体表示，下同。

[②] 本文所列歌谣俗语整理及选取自：（1）Nguyễn Lân. *Từ điển thành ngữ tục ngữ Việt Nam* [M]. NXB Văn học, 2010；（2）阮春镜. 越南歌谣库藏 [M]. 河内：文化出版社, 1995（转引自：阮氏芳簪. 越南槟榔食俗及其意义阐释：以越族和戈族为例 [D]. 北京：中央民族大学, 2010）；（3）Phạm Thị Nhung. *Trầu Cau Trong Đời Sống Văn Hóa Dân Tộc* [EB/OL]. (2009-03-15) [2019-05-10]. https://tailieu.vn/doc/trau-cau-trong-doi-song-van-hoa-dan-toc-phan-1--6017.html；（4）Lê Nguyên Hợp. *Văn hóa trầu cau, ý nghĩa trường tồn* [EB/OL]. (2015-08-23) [2019-05-10]. http://vicongly.com/xem/11929/van-hoa-trau-cau-y-nghia-truong-ton.html；（5）Trần Hưng. *Nét đẹp trong văn hóa trầu cau của người Việt* [EB/OL]. (2017-04-05) [2019-05-10]. http://www.tindachieu.org/2017/04/net-dep-trong-van-hoa-trau-cau-cua-nguoi-viet.html.

[③] 本文俗语歌谣中文均为作者自译，翻译方法以直译为主，个别词汇及表达采用意译。

Xưa kia ai biết ai đâu

Chỉ vì điếu thuốc, miếng trầu nên quen.

从前谁又认识谁，只因那根烟、那口槟榔才熟稔。

Gặp nhau ăn một miếng trầu

Gọi là nghĩa cũ về sau mà chào.

相见吃槟榔，便如老友相问候。

对于不熟悉的人，越南人便借用槟榔来试探对方的态度，间接表露情感。对方爽快地接纳槟榔便是最礼貌的回应方式。相反，如果不接受槟榔，就会被认为是不礼貌和不尊重对方。越南北宁省的官贺民歌中有唱词道：

Ăn một miếng trầu, gặp đây ăn một miếng trầu

Không ăn cầm lấy, không ăn cầm lấy cho nhau vừa lòng

Trầu này trầu tính trầu tình

Ăn vào cho đỏ môi mình môi ta.

见面就吃口槟榔吧；不吃拿着也高兴；槟榔啊槟榔，染红你我的嘴。

包槟榔的手法和吃槟榔的方式可以传递出亲近或隔阂的交际信号：

Thương nhau cau sáu bổ ba

Ghét nhau cau sáu bổ ra làm mười.

亲近则六个槟榔分成仨，讨厌则六个槟榔剥成十。

越南人认为，在人际交往中，从包槟榔的手法和吃槟榔的方式可以观察出一个人的性情和态度：槟榔片下刀均匀，蒌叶呈精美的凤尾状，这样的人细腻考究；若槟榔片厚薄不均、蒌叶包裹随意，说明主人性格粗犷；细细咀嚼品味槟榔者性格斯文沉稳，满嘴嚼食囫囵吞咽者则显露急躁粗鲁个性：

Thân em như miếng cau khô

Người thanh ham mỏng, người thô ham dầy.

槟榔如其人，雅士淡薄、粗人贪多。

剥槟榔的刀具十分锋利，因此在越南俗语中，比喻一个人的眼神锐利便说"眼利如槟榔刀（*Mắt sắc như dao cau*）"。

越南人家里，常备的待客之物是烟酒、茶叶和槟榔。槟榔的摆盘体现出对客人的重视程度，要选用圆大饱满的槟榔果和新鲜嫩绿的蒌叶，蒌叶剪成凤尾状，盛放在朱漆的槟榔盒或精美的盘子中，更考究一点的人家还使用镶壳朱漆槟榔盘等。越南俗语有云："寒暄比宴席还重要（*Lời chào cao hơn mâm cỗ*）。"寒暄的同时，要递上亲手包裹的槟榔，才能体现情谊；接递槟榔的同时，要伴随着寒暄和关心的话语，才是越南人尊崇的交际礼节。槟榔作为开启寒暄和交往的关键，蕴含着越南人热情好客、含蓄内敛的传统性格内涵。

（二）爱情隐喻

槟榔是男女婚恋信物和忠贞不渝的隐喻，象征着男女爱意的含蓄表达。槟榔作为爱意的象征体现在民间传说《槟榔的故事》中，夫妻同生死、共存亡，丈夫化作槟榔树，妻子变成蒌叶树，彼此交融、相互依存：

Miếng trầu ăn kết làm đôi

Lá trầu là vợ, cau tươi là chồng

Trầu xanh, cau trắng, chay hồng

Vôi pha với nghĩa, thuốc nồng với duyên.

吃一片槟榔结成对；蒌叶是妻，槟榔是夫；

蒌叶青，槟榔白，胭脂红；石灰掺情义，味浓情缘深。

越南人性格内敛含蓄，在表达爱意时更多的是隐喻暗示、以物传情、以歌结情。槟榔作为爱情物媒和象征，贯穿了越南男女从萌发爱意、表白交往到婚姻生活的全部过程。男女青年借助槟榔来间接地表达情感或者试探心意。在爱情萌生的阶段，小伙子胆怯、羞于表达自己的情感，甚至连槟榔也不敢亲自送给对方：

Thương em chẳng dám trao trầu

Để trên bó mạ, gió nam lầu thổi qua.

爱你却不敢将槟榔交给你，只好放在秧苗上，给南风吹了去。

勇敢的男青年以槟榔为由，旁敲侧击地试探女孩的心意：

Nhà em đất tốt trồng cau

Cho anh trồng ghé bụi trầu gần bên.

妹妹家的沃土种槟榔，让哥哥把蒌叶种在你家旁。

男子还可以借槟榔为喻，夸赞姑娘的美貌，表露爱慕之情，赢得心上人的欢心：

Phấn trắng hơn vôi, vôi nồng phấn lạt

Bởi anh thương nàng, mới lạc tới đây.

脂粉白过灰，灰浓脂粉淡；只因爱慕你，才流落至此。

Trầu lên nửa nọc trầu vàng

Khéo khen phụ mẫu sinh nàng dễ thương.

金黄槟榔爬了半支架，巧赞父母生得姑娘俏。

大胆的小伙子用槟榔向心仪的姑娘表达倾慕之情：

Có trầu mà chả có cau

Làm sao cho đỏ môi nhau thì làm.

蒌叶少了槟榔伴，如何才能染红唇。

Vào vườn hái quả cau non

> Anh thấy em giòn muốn kết nhân duyên.

园中采下嫩槟榔，哥哥瞧见俏妹妹，祈愿结成好姻缘。

越南俗语有云："一片槟榔就成了人家新娘（Miếng trầu nên dâu nhà người）"，意思是女孩接受了男孩的槟榔，就是意会和接受对方的表白。因此，越南姑娘们自小就受到父母教导叮嘱，要谨慎矜持，不能轻易收下异性的槟榔：

> Miếng trầu ăn nặng bằng chì
> Ăn rồi em biết lấy gì đền ơn
> Thưa rằng bác mẹ đã răn
> Làm thân con gái chớ ăn trầu người.

一片槟榔重千斤，吃了如何来相还，父母早已训在先，他人槟榔不要吃。

但若郎有情、妾有意，小伙子可以大胆地表达心意，姑娘们也可以接受或主动表露爱慕之情：

> Trầu xanh, vôi đỏ, cau vàng
> Cơi trầu bịt bạc, thiếp mời chàng ăn chung.

蒌叶青，石灰红，槟榔黄；我有镶银的槟榔盒，请哥哥一同来品尝。

但女孩们仍然腼腆害羞，只有在两人单独相处的时候才敢将槟榔交予对方：

> Đôi ta sang một con đò
> Nhìn quanh vắng khách trao cho miếng trầu.

我俩同上一条船，眼看四周客散去，才把槟榔交给你。

旧时社会尚未有如现今的开放观念，并不是任何人都有主动追求爱情的权利，尤其女性大多在爱情和婚姻中都处于被动的地位。主动追求爱情不符合旧时女性的矜持形象。但有了槟榔这种爱情隐喻的象征之物，既可减轻女性的顾虑，亦维护了她们矜持腼腆的传统形象；满足了人类天性的欲求，又适应了社会观念的约束。旧时的越南女性，如果请普通朋友吃槟榔，可以用布袋或巾帻包裹，称为"口袋槟榔（trầu túi）"和"巾帻槟榔（trầu khăn）"；而对于自己爱恋的小伙子，为了显示出珍重和爱慕之意，越南姑娘会用肚兜来装槟榔，这就叫作"肚兜槟榔（trầu dải yếm）"。肚兜是旧时女子的贴身之物，小伙子收到女子所赠"肚兜槟榔"，便顿然能感受到女孩的深情与托付终身的期望：

> Trầu đã có đây, cau đã có đây
> Nhân duyên chưa định, trầu này ai ăn?
> Trầu này trầu túi, trầu khăn
> Trầu này dải yếm, anh ăn trầu nào?

蒌叶有，槟榔齐；姻缘未定，谁来吃？口袋槟榔、头巾槟榔、肚兜槟榔，哥哥选哪种？

小伙子吃了"肚兜槟榔",便是郎情妾意,但姑娘仍热切期待对方的回答:

Trầu em buộc dải yếm đào
Hỏi người tri kỷ ăn vào có say?
我的槟榔肚兜包,敢问知己吃醉否?

槟榔中含有槟榔素（arecolien）,与蒌叶、石灰混合食用,会发生强烈的化学作用,刺激神经系统,导致身体发热、头脑微晕。热恋中的男女青年,一边嚼槟榔一边谈情说爱,分不清是因槟榔而醉,还是因情而醉:

Tay ai như ngọc, như ngà
Đưa trầu ta tưởng đưa miếng vàng
Anh say nhan sắc của nàng
Hay say vì miếng trầu vàng, cau tươi?
谁的如玉纤纤手,送我槟榔好似金;我为姑娘美貌迷,还是槟榔使我醉？

恋爱的男女相约,槟榔是必不可少的由头,但相见时,槟榔反而成了配角:

Gặp nhau ăn một khẩu trầu
Không mặn vì thuốc, say nhau vì lời.
相见吃槟榔,不醉槟榔醉蜜语。

情窦初开的青年,巧借槟榔的隐喻,将对良人的爱慕、爱情的向往和良缘的渴望寄予槟榔,创造了一曲曲鸾凤和鸣的"槟榔歌谣"和"槟榔之语"。

（三）传统礼仪

越南是农业大国,地处热带,自然物产丰富。农村、村社地区的发展长期依赖自然条件,越南人民从远古时期起就产生了自然崇拜,具体表现为对自然物和自然力的崇拜。槟榔作为热带地区易种植、好生长、极常见的植物,是越南劳动人民自然崇拜的重要内容。槟榔是越南重要传统礼仪、祭奠仪式中必不可少的物品（祭品或礼品）。时至今日,槟榔文化仍然常见于越南传统生活方式中,广泛地存在于农村地区,是越南人精神心灵世界的意象化和象征物。

最能体现槟榔礼俗之贵地位的是越南婚俗礼节。越南民间自古便有"非槟榔不成礼（Phi trầu cau bất thành lễ）"的俗语。越南河内市石室县勤俭乡富礼村（làng Phú Lễ, xã Cần Kiệm, huyện Thạch Thất, Hà Nội）至今仍较完整地保留着"唉槟榔"的习俗。在富礼村,本村男子求娶外村女子需备足百只槟榔为聘礼；外村男子求娶本村女子需备齐千只槟榔为聘礼；若是本村男女成亲,要备两千只槟榔作聘。

对越南人来说,嫁人娶妻是人生大事,其中少不了"槟榔之礼（Lễ trầu

cau)"。农业社会，平常百姓家很少有金银玉器这些贵重物品，但槟榔在热带地区则很常见，越南俗语说"三个铜钱一把槟榔（ba đồng một mớ trầu cau）"，可谓最平易近人的民间礼品。条件稍好的家庭，婚礼上要准备"槟榔百颗、蒌叶百片"，即使贫困人家最简朴的婚礼，也少不了一串槟榔和蒌叶盘。

深受中国文化影响的越南，嫁娶之事同样是"父母之命、媒妁之言"，槟榔自然是说媒环节的重要礼品之一：

Mâm trầu hũ rượu đàng hoàng

Cậy mai đến nói phụ mẫu nàng mới xong.

槟榔盘、好酒坛才体面，请媒向姑娘父母说媒才成事。

相亲时，男方家需携带茶、酒、槟榔和蒌叶（所有物品必须是双数）到女方家：

Chiếc khăn nhiễu tím đội đầu

Quai thao, nón thúng, cơi trầu cầm tay

Xu xê, bánh cốm, bánh dầy

Anh nhờ cả mẹ cùng thầy đưa sang.

紫色绉巾戴在头；斗笠、槟榔拿在手；夫妻饼、嫩米饼、糍粑；哥哥托父母送到家。

关于相亲时送槟榔的原因，越南民间还有一种说法：槟榔是一种家家可种、随处可见、价格便宜但又能体现珍重和情谊的物品，所以假若相亲后哪一方反悔，则只需通告对方家庭，不需要诉讼和赔偿，所以越南俗语也说："相亲槟榔拿不回（Miếng trầu chạm ngõ là miếng trầu bỏ đi）"。

相亲之后便是正式提亲。男方到女方家提亲，槟榔是最必不可少的。槟榔越多、越新鲜，盛装器物和摆盘越精美，越体现出男方对女方的重视和礼节的周到。如果女方家接受了男方家的槟榔，则表示答应了这门婚事，随后女方家便要将槟榔当作"报喜之物"（相当于喜糖）分给邻里乡亲；即使是不吃槟榔的乡亲，也要礼貌地收下，沾喜气，同时也要给新婚夫妻祝福。女方家向乡亲分发槟榔，亲事才算得到家族集体的公认。

Trầu têm cánh phượng cau vừa chạm xong

Miếng trầu có bốn chữ tòng

Xin chàng cầm lấy vào trong thăm nhà

Nào là chào mẹ chào cha

Cậu, cô, chú, bác mời ra xơi trầu.

蒌叶包成凤，槟榔才雕好；一片槟榔四字从；请你拿到我家来；问候父亲母亲，请各位亲戚吃槟榔。

提亲时，男方要将摆盘精美体面的槟榔送到女方家，女方接受了槟榔意味着遵从夫妻之道，女方家族都来吃槟榔，也表示对男方家的尊重。

Từ ngày ăn phải miếng trầu

Miệng ăn môi đỏ, dạ sầu đăm chiêu

Biết rằng thuốc dấu bùa yêu

Làm cho quên mẹ, quên cha

Làm cho quên cửa, quên nhà

Làm cho quên cả đường ra, lối vào

Làm cho quên cá dưới ao

Quên sông tắm mát, quên sao trên trời.

今日吃过槟榔片，红唇一口，但却满是愁；知已为情定终身；忘却父母、家园、去路归程；忘却池塘之鱼、凉爽小河、天上星辰。

这首歌谣体现了姑娘吃过男方家提亲的槟榔就意味着两人婚事已定，除了幸福和美满，也满是忧伤，因为即将嫁作他人妇，家乡以后只是故乡，也生动表达了待嫁姑娘对父母、家乡的依恋和不舍。

提亲之后，男女双方需以槟榔祭拜月老（ông Tơ bà Nguyệt），为新婚姻缘求得幸福圆满：

Trầu này thực của em têm

Trầu phú, trầu quí, trầu nên vợ chồng

Trầu này bọc khăn tơ hồng

Trầu này kết nghĩa loan phòng từ đây.

此乃槟榔由我包，富贵槟榔成夫妻；槟榔巾帻红线包，鸾凤和鸣情义深。

除婚俗聘礼外，槟榔在越南其他传统礼节中也是必不可少之物，如祭祖、祭神、祭天地、丧葬等民俗活动，但在这些活动中以槟榔为主题的歌谣俗语远没有婚俗中这么丰富。

（四）家庭观念

越南民间传说《槟榔的故事》中，将槟榔、蒌叶和石灰分别比作丈夫（哥哥）、妻子（嫂嫂）和弟弟（小叔子）。两兄弟原本相依为命，哥哥成家后，由于一次误会，弟弟出走，哥哥出门寻觅，嫂嫂继而追随，三人相继化为石头、槟榔和蒌叶，从此永远地交织在一起。这个故事体现出越南传统的家庭观念：血浓于水、忠贞不渝、生死相依。

Tách riêng, thì đắng, thì cay

Hòa chung, thì ngọt, thì say lòng người

Tách riêng, xanh lá, bạc vôi

Hòa chung, đỏ thắm máu người, lạ chưa?

分开，是苦、是涩；交融，是甜、是醉；分离，叶绿灰白；融合，红似鲜血，怪否？

这首歌谣的隐含之意是：家庭团聚圆满则甜蜜幸福，家庭分离就让人痛苦不堪；槟榔、蒌叶和石灰三者混合而得的红色汁水，象征着"血浓于水"。

越南人也有"百善孝为先"的传统家庭观念，即使是远嫁的女儿也要惦记着为父母包好槟榔：

Ai về tôi gửi buồng cau

Buồng trước kính mẹ, buồng sau kính thầy.

谁回我给寄槟榔，前面一串给亲娘，后面一串给爹爹。

嫁作他人妇后，为丈夫包好每天要食用的槟榔被认为是女性应尽的本分。但仍然有品行低劣、不知感恩的男人嫌弃糟糠之妻，向同村其他女子求槟榔：

Có trầu têm cho anh một miếng

Anh có vợ nhà làm biếng không têm.

有槟榔给哥哥吃一片，我家婆娘懒得包。

这句歌谣是越南男性移情别恋的写照，同时也反映出在一些越南传统家庭中男女不平等的现象，妻子不包槟榔就被丈夫嫌弃。但槟榔歌谣更多的是歌颂夫妻相敬如宾、相亲相爱：

Cô ấy mà lấy anh này

Chẳng phải đi cấy, đi cầy nữa đâu

Ngồi trong cửa sổ têm trầu

Có hai thằng bé đứng đầu hai bên.

姑娘嫁给小伙子，再不用下地耕作；坐在窗边包槟榔，两个小孩站在旁。

虽然重男轻女、男尊女卑的传统观念占绝对地位，但在越南歌谣中，仍能透过槟榔看出夫妻互相尊重、平等互爱的家庭关系。

此外，槟榔在俗语歌谣中还用于比喻女性的美貌和时间的流逝等。如越南俗语形容豆蔻年华、刚发育的青春少女是"嫩槟榔果（cau buồng càn non）"：

Trên đầu em đội khăn vuông

Nhìn xuống dưới ngực, cau buồng còn non.

妹妹头上顶方巾，胸脯好似嫩槟榔。

长到桃李年华、亭亭玉立的小姑娘正似"适合采摘的嫩槟榔（cau non vừa độ hái）"；而身材丰满的姑娘则是"嫩黄蒌叶（lá trầu nõn vàng）"，蒌叶是圆润的心形，如胖女孩的娇艳妩媚，是越南文化中"以丰为美"的体现；越南人形容谙于打扮的成熟女性是锋利的刀子剥老槟榔，口感胜似嫩槟榔：

Cau già, dao sắc lại non

Nạ dòng trang điểm lại giòn hơn xưa.

刀子锋利槟榔仍嫩，徐娘半老青春再现。

旧时越南百姓没有多少"零食"，槟榔是他们为数不多的打发闲暇时光的嗜好物，时光在咀嚼槟榔中度过，用槟榔比喻时间流逝便因此而产生：

Thương nhau hẹn lại năm sau

Cho trầu ra lộc, cho cau trổ buồng.

爱就相约到来年，槟榔成串蒌叶绿。

三、结语

越南民间文学作品中保留了大量以槟榔为主题的口传文学资料，据不完全统计，越南现保存有至少350首槟榔歌谣。从这些数量众多的歌谣俗语中，我们可以感受到槟榔在越南人的日常生活、风俗礼节以及情感观念中的重要地位。借助歌谣俗语这个传播途径，蕴含在社交礼仪、爱情以及家庭观念等方面的槟榔文化内涵得以世代流传、不断深化，最终成为越南传统民俗的精神媒介和文化符号。

参考文献

［1］贾思勰，谬启愉. 齐民要术校释［M］. 北京：农业出版社，1982.

［2］黄省曾，谢方. 西洋朝贡典录校注［M］. 北京：中华书局，2006.

［3］戴可来，杨保筠. 岭南摭怪等史料三种［M］. 郑州：中州古籍出版社，1991.

［4］廖建夏. 亚洲槟榔文化圈探析［J］. 东南亚纵横，2011（3）：84—90.

［5］邹燕燕. 越南槟榔文化初探［J］. 东南亚研究，2008（1）：91—94.

［6］唐启翠，安华涛. 生态、仪式与象征符号：黎族槟榔歌谣的文化通观［J］. 社会科学家，2012（5）：141—146.

［7］吴盛枝. 中越槟榔食俗文化的产生与流变［J］. 广西民族学院学报（哲学社会科学版），2005（6）：24—26.

［8］阮氏芳簪，越南槟榔食俗及其意义阐释：以越族和戈族为例［D］. 北京：中央民族大学，2010.

［9］覃柳姿. 石灰瓶：被遗忘的越南文化符号［J］. 百色学院学报，2015（3）：129—132.

［10］Nguyen Lân. *Từ điển thành ngữ tục ngữ Việt Nam* [M]. Hà Nội: NXB Văn học, 2010.

［11］Phạm Thị Nhung. *Trầu Cau Trong Đời Sống Văn Hóa Dân Tộc* [EB/OL]. (2009-03-15) [2019-05-10]. https://tailieu.vn/doc/trau-cau-trong-doi-song-van-hoa-dan-toc-phan-1--6017.html.

［12］Lê Nguyên Hợp. *Văn hóa trầu cau, ý nghĩa trường tồn* [EB/OL]. (2015-08-23) [2019-05-10]. http://vicongly.com/xem/11929/van-hoa-trau-cau-y-nghia-truong-ton.html.

［13］Trần Hưng. *Nét đẹp trong văn hóa trầu cau của người Việt* [EB/OL]. (2017-04-05) [2019-05-10]. https://www.tindachieu.org/2017/04/net-dep-trong-van-hoa-trau-cau-cua-nguoi-viet.html.

从希腊语问候语看中希文化差异

信息工程大学　汪景民

【摘　要】 希腊语中的问候语与汉语有很大的不同，最大的不同是一些问候语既用于见面打招呼问好又用于告别说再见，而一些问候语却只能用于告别，此外还有一些问候语只用于周初和月初，以及适用于各种生活场景的问候用语。希腊语中的问候语属于典型的祝愿用语，这种祝愿语在希腊人的日常生活交际中使用非常广泛，反映了希腊人对于他人的美好祝愿和祝福，体现了希腊既是一个文明古国又是一个礼仪之邦。中国也素有"礼仪之邦"的美誉，但与希腊相比，中国人的问候语却贫乏得多，这是由于两国人民对于传统"礼仪"概念不同所导致的一种文化差异。

【关键词】 希腊语；问候语；礼仪；文化差异

问候语（greeting）是人们每天见面打招呼时的用语，在日常生活中具有重要作用，我们每天的生活几乎都是从打招呼问好开始的。它既是一种招呼用语用于日常寒暄，也是一种礼貌用语和文明礼仪，是个人修养和礼貌的体现。问候语作为一种言语交际行为，在各国各民族的日常交际中都不可或缺，然而，同样是日常问候，不同国家、不同民族的问候方式和问候语却千差万别，不了解这些差异的话不仅会造成文化休克，甚至还会闹出笑话，造成尴尬。因此，问候语作为开启他人心灵的钥匙和敲门砖，在跨文化交际中发挥着重要作用。

希腊语中有丰富的问候语形式，而且具有极强的时间特征与情景特征，与汉语差别较大，常会使刚开始学习希腊语的中国人因难以理解而"蒙圈"，感到无所适从，从英语得来的问候语经验基本上套不到希腊语里。具体说来，希腊语里的问候语主要有以下几种形式：

一、时段问候

（一）通用形式

希腊人友好热情，在路上与他人相遇时，即便他们素不相识，但也会向对方致以问候，以示友好。如果道路狭窄，他们总是让对方先行，尤其是对外国人。希腊语中最常用的问候语是 Γεια σας（您好、你们好）和 Γεια σου（你好），任何场合、任何时间段都可以使用，甚至年轻人或朋友、熟人之间还可以直接简化为 Γεια，类似英语的 Hi、汉语的"嗨"。此外，希腊语中还有一个词 Χαίρετε 用于问候，但是只有第二人称复数形式，没有单数形式，说明这种问候形式一般用于比较正式的场合表示尊敬，相当于汉语的"您好"或者"你们好"。无论是 Γεια σας（您好、你们好）和 Γεια σου（你好），还是 Χαίρετε（您好、你们好），都可以在任何时间、任何场合使用。

（二）每日问候

同英语里的 Good morning, Good afternoon, Good evening 和 Good night 一样，希腊语中也有与每天的不同生活时段相对应的问候语。然而，由于希腊人的生活作息与中国人很不一致，因此，希腊语中与每日作息时间相关的问候语在用法上与汉语并不完全一致，甚至可以说差异很大。

同其他西方国家一样，希腊人没有早晨和上午的区别概念，使用的是同一个词 πρωί，一般指 3:00—12:00。因此，"早上好"或者"上午好"在希腊语里都是 Καλημέρα 或者 Καλή μέρα，也可以加上人称代词"您"构成尊敬形式 Καλημέρα σας 或者 Καλή σας μέρα（祝您早上好，祝您上午好），与英语的 Good morning 和汉语的"早上好""上午好"在使用时间上基本上一致。

希腊人与中国人在时间观念上有差异的是其他时间段，其相应的问候语也存在极大差别。Μεσημέρι 在希腊语中是"中午"的意思，中国人的"中午"概念一般是 11:30—14:00，因为我们一般在中午 12 点左右吃午饭，午饭后通常还要休息一下，北方人往往还会睡午觉。然而希腊人的"中午"概念则是从 12 点一直持续到 17 点，长达 5 个小时，似乎休息的时间更长。为什么会这样呢？如果希腊人"中午"从 12 点一直休息到 17 点，那么他们下午怎么上班？17 点后一般天就要黑了，尤其是冬天，如果下午不上班的话，是不是希腊人一天只工作 4 个小时？其实不是这样的，希腊人也是 8 小时工作制，只不过他们的工作时间一般是从早上 7 点持续到 15 点，中间不休息，连续上班，吃午饭的时间一般在下班后 15 点左右。早上那么早上班，中午又那么晚下班吃午饭，中间如果不进食谁也受不了，因此希腊人一般会在 10 点左右吃一两块 τοστ（三明治面包片）、小吃或者 φρούτο（水果）充饥，同时再喝杯咖啡提神。咖啡是希腊人的最爱，简直就是他们的命，希腊人很难想象离开咖啡他们的生活会怎么样，因此在希腊，无论城市还是乡村，到处都可以看到咖啡馆，而且生意还都不错。

在"中午"这个时间段里，希腊人见面时一般会互相致以 Καλησπέρα 或者 Καλησπέρα σας 的问候，告别时则用 Καλό μεσημέρι（中午好），让人觉得十分奇怪。Καλησπέρα 是由 καλή 和 εσπέρα 组合而来的，εσπέρα 的意思是"晚

195

上"，因此 Καλησπέρα 用英语说就是 Good evening，希腊人编写的数本权威希腊语教材如《交际希腊语》(Επικοινωνήστε ελληνικά)、《外国人学新希腊语》(Τα νέα ελληνικά για ξένους) 也都是将 Καλησπέρα 注解为 Good evening，但实际上希腊人使用 Καλησπέρα 打招呼的时间并不是晚上，从中午 12 点过后就开始用了，而真正的"中午好"问候语 Καλό μεσημέρι 在希腊语里反倒是告别语，所以这会让初学希腊语的学习者感到十分迷茫，不知道为什么会这样，以至于在使用 Καλό μεσημέρι 的时候常常出错，甚至闹笑话。

希腊人的 απόγευμα（下午）是从 17:00 延续到 20:00。由于上午和中午已经连续工作了 8 个小时，所以这个时间段希腊人一般是不工作的，要么去海边游泳，要么运动健身，要么和朋友逛街、喝咖啡聊天儿，等等。但是服务行业这个时间段一般需要工作，很多商店、服装店、通信营业厅、药店等常常在"中午"关门休息两个小时左右，17 点以后再继续营业。超市则是从早上 8:00 一直连续工作到 20:00，周日才关门休息。在"下午"这个时间段，希腊人见面时仍然会互相致以 Καλησπέρα 或者 Καλησπέρα σας 的问候，而字面上真正的"下午好"Καλό απόγευμα 仅用于告别语，这种情况同"中午"时段的问候语 Καλό μεσημέρι 在用法上基本一致。

希腊人的晚上（βράδυ 或者 νύχτα）从 20:00 以后开始，晚饭一般在 21:00—23:00 之间进行，因此希腊人的夜生活相对来说比较丰富，而这个时间段中国人一般在看电视甚至洗漱睡觉了，而希腊人的夜生活才刚刚开始。希腊餐馆里最热闹的时间是 22:00 左右，老人、年轻人常常在这个时间到餐馆吃饭、喝酒、聊天，客流量此时达到一个小高峰。在真正晚上的时间段，希腊人见面打招呼反而不使用 Καλησπέρα 了，一般使用 Γεια σας（您好）和 Γεια σου（你好），而字面意义上的"晚上好"Καλό βράδυ 和 Καλή νύχτα 仅用于告别，其实翻译成汉语"晚安"或者英语 Good night 更确切一些。

总的来看，从中午开始直到晚上，希腊人的生活节奏比中国人慢了 3—4 个小时，应该说希腊人的这种生活作息并不健康。由于晚上睡觉很晚，会影响第二天的工作，前一天晚上睡眠不足只好通过第二天下班后的午休来补充，因此希腊男人中有相当一部分过早谢顶可能与这种不健康的作息规律有关。周末希腊人睡觉时间会更晚，常常到凌晨一两点钟才睡觉，尤其是希腊人的婚礼通常安排在周末，白天新人和亲朋到教堂举行结婚仪式，晚上新郎、新娘全家及亲朋好友到饭店用餐庆祝，彻夜狂欢到第二天凌晨五六点钟才散，连参加婚礼的小孩子们也能坚持到凌晨两三点钟才睡觉。所以，同其他欧洲国家一样，希腊实行夏时制用以节约能源的确具有一定的现实意义，可以使希腊人的生活作息强制性地前移一个小时，应该能节约不少电能。而中国之所以 20 世纪 80 年代只实行了几年夏时制便放弃，是因为除了夏时制开始和结束时需要调快或调慢一个小时造成航班、火车、汽车时刻表调整引起混乱，给人们的出行带来极大麻烦以外，中国人的生活作息规律相对健康，不会全民"熬夜"浪费电能也是一个重要考虑因素。

总结可见，希腊人打招呼问候一般在每天十二点之前使用 Καλημέρα 或者 Καλημέρα σας，十二点至晚上八点之间使用 Καλησπέρα 或者 Καλησπέρα σας，晚上八点以后用 Γεια σας 或者 Γεια σου。希腊语里的 Καλό μεσημέρι（中午好）、Καλό απόγευμα（下午好）和 Καλο βράδυ（晚上好）、Καλή νύχτα（晚上好）仅用作告别语，与英语里的 Good noon, Good afternoon, Good evening 并不是对应的，在用法上大相径庭，这是希腊语初学者所应该注意的。

（三）兼具问好与告别的问候语

希腊语中表示"再见"的问候语一般可以用 Αντίο 或 Αντίο σας, Τα λέμε 表示，可以用于任何时间段、任何场合。此外，前面所述的 Καλό μεσημέρι（中午好）、Καλό απόγευμα（下午好）和 Καλο βράδυ（晚上好）、Καλή νύχτα（晚安）都用于告别，使用场景与时间段密切相关。但与英语和汉语不同的是，Χαίρετε（您好）、Γεια σας（您好）和 Γεια σου（你好）、Γεια（嗨），Καλημέρα（早上好或者上午好）和 Καλημέρα σας（祝您早上好或者上午好）除了见面打招呼外，还可以表示"再见"用于告别，这是让人很难以理解的地方。比如《外国人学新希腊语》（*Τα νέα ελληνικά για ξένους*）第 9 课对话：

A — Καλησπέρα, Μαρία.（下午好，玛丽娅。）

B — Γεια σου, Κώστα. Πού πηγαίνεις;（你好，高斯塔。你去哪儿？）

A — Πάω σ' ένα φίλο μου. Με περιμένει στο σπίτι του κατά τις επτά. Τι ώρα είναι τώρα;（我去一个朋友家。他大概七点在家里等我。现在几点了？）

B — Δεν ξέρω, το ρολόι μου λέει εξίμισι, αλλά δεν πάει καλά, πάει μπροστά.（不知道。我的表显示是六点半，但是我的表走得不准，经常走快。）

A — Το δικό μου δε δουλεύει, σταμάτησε, και δε θέλω να πάω ούτε νωρίς ούτε αργά. Θέλω να είμαι εκεί στην ώρα μου.（我的表不走了，停了。我不想去得太早也不想去得太晚。我想七点正好到那儿。）

B — Ρώτα εκείνο τον κύριο, στη στάση. Εγώ σ'αφήνω τώρα, γιατί θα πάω σινεμά με μια φίλη μου.（你去问问车站那边的那位先生。我现在得走了，因为我要和我的一个朋友去看电影。）

A — Γεια σου, Μαρία, και καλή διασκέδαση.（再见，玛丽娅，祝你玩得开心。）

B — Ευχαριστώ, Κώστα, επίσης!（谢谢，高斯塔，也祝你玩得开心。）

上面这段对话里，B 在两人刚见面时打招呼说 Γεια σου，A 在两人道别时也说 Γεια σου，显然前者是说"你好"，后者是说"再见"。这种用法仅见于法语的 salut 和意大利语的 ciao，主要用于熟人和朋友等以"你"相称的人之间，皆可用于表达"你好"和"再见"的意思。

那么，为什么希腊语里的 Χαίρετε（您好）、Γεια σας（您好）和 Γεια σου（你好）、Γεια（嗨，Καλημέρα（早上好或者上午好）和 Καλημέρα σας（祝您早上好或者上午好）既可以用于见面打招呼问好，又可以用于告别说再见呢？这是因为希腊语的招呼语其实是一种祝愿用语，表示对他人致以美好的祝愿和祝福。Χαίρετε（您好）是动词 χαίρω（开心，高兴）的第二人称复数形式，意思是您或者你们高兴，那么 χαίρετε 用作打招呼问候时其实是祝您或者你们开心的意思；Γεια σας（您好）或者 Γεια σου（你好）中的 Γεια 是从单词 υγεία（健康）来的，也就是说 Γεια σας 或者 Γεια σου 实际上是"祝您（或你）健康"的意思。同样的道理，Καλημέρα 是 Καλή（好）和 ημέρα（一天）组合而成的，Καλημέρα 或者 Καλημέρα σας 意思就是祝你（或您）拥有美好的一天，类似于英语的 Have a nice day。以此类推，Καλό μεσημέρι（中午好）、Καλό απόγευμα（下午好）和 Καλό βράδυ（晚上好）用作告别语就不难理解了，意思分别是"祝你拥有美好的中午""祝你拥有美好的下午"和"祝你拥有美好的晚上"。汉语中一些祝愿语如"祝你成功！""祝你一路顺风！"等也是用在人们与他人告别时才说的。

不过，无论如何，同样的问候语既用于见面打招呼说你好，又用于告别说再见，而且数量又这么多，在世界各国语言中是非常罕见的，中国人乍一接触往往会觉得难以理解，直接会造成文化休克，甚至在与希腊人告别时不敢贸然使用这种问候语，而希腊人却早已习以为常，一点儿不觉得尴尬。

希腊人在上午与他人告别时，还经常说 Να έχετε μια καλή ημέρα，译成汉语是"祝你拥有美好（或愉快）的一天"，和英语的"Have a nice day"一模一样，属于典型的祝福用语。

（四）特殊时段

每周的星期一，希腊人见面时通常都会互相致以 Καλή εβδομάδα 或 Καλή βδομάδα，意思是祝你拥有美好的一周或者祝你一周顺利，译成英语是 Have a good week，但汉语没有这样的说法，基本上无法翻译，因为我们没有这样的习惯。比如《交际希腊语》（*Επικοινωνήστε ελληνικά*）第 1 册第 22 课：

Δευτέρα πρωί στο γραφείο...（星期一早上在办公室……）

Τούλα — Καλημέρα, Καίτη. Καλή βδομάδα.（早上好，凯蒂。祝你一周顺利。）

Καίτη — Καλή βδομάδα, Τούλα μου.（也祝你一周顺利，杜拉。）

Τούλα — Τελικά, δεν ήρθες χθες το βράδυ στο σινεμά.（你昨天晚上最终还是

没去看电影。）

Καίτη — Ναι, ήμουν κουρασμένη. Έμεινα στο σπίτι και είδα μια παλιά ελληνική κωμωδία στην τηλεόραση.（是的，我累了。我待在家里看电视，看了一部古希腊喜剧。）

与此相对应，每个月月初的第一天，希腊人见面时还会互相致以 Καλό μήνα，意思是祝你拥有美好的一个月，译成英语是 Have a good month，汉语同样也无法翻译。每当希腊友人问起 Καλή εβδομάδα 和 Καλό μήνα 用汉语怎么说，笔者都坦诚相告，汉语没有这样的表达。

希腊语中每周一的问候语 Καλή εβδομάδα 和每月第一天的问候语 Καλό μήνα 体现出希腊人典型的祝福行为，在向他人致以美好祝愿的同时也会获得他人相同的美好祝愿，如同中国人春节期间的相互祝福"过年好！"。

而希腊人周末时互相致以 Καλό σαββατοκύριακο（周末快乐），节日或新年时互相致以 Χρόνια πολλά（节日快乐）等，则与汉语、英语等基本上一致。

二、寒暄问候

希腊人同大部分西方人一样，见面后常常问候对方"Τι κάνεις;（你怎么样？）""Πώς είσαι;（你怎么样？）""Είσαι καλά;（你好吗？）""Πώς τα πας;（你怎么样？近来好吗？）"或者"Τι κάνετε;（您怎么样？）""Πώς είστε;（您怎么样？）""Είστε καλά;（您好吗？）"，基本上每天见面时都会这样寒暄，即使昨天刚刚这样问候过对方，今天见面时依然会这样寒暄，并不觉得尴尬。这种问候形式回答的时候很简单，一般说 Καλά（好）、Πολύ καλά（非常好）、Μια χαρά（很好）、Αρκετά καλά（相当好）、Εντάξει（还不错）、Όπως πάντα（同往常一样）、Τα ίδια（同往常一样）、Έτσι κι έτσι（马马虎虎）、Όχι και τόσο καλά（不好）、Χάλια（很糟）等，既可以以实相告，也可以含糊其词，纯粹就是一种问候形式，对方并不是真的问候你的身体或者关心你的生活如何。如果真实询问一个人的身体健康状况，希腊人通常是问"Πώς είναι η υγεία σου;（你的身体怎么样？）"或者"Πώς είναι η υγεία σας;（您的身体怎么样？）"。

中国人之间一般多日未见或者久别重逢时才会问对方生活怎么样，或者知道对方身体有恙的时候才问候对方身体怎么样，说话人是真正关心对方的生活如何或者对方的身体是否健康。在这种情景下，被询问的人往往会以实相告，当然，在生活不如意或者身体欠佳的情况下，被询问人为了面子也可以含糊其词搪塞过去。如：

林逸蓝回到宿舍，刚伸开酸麻的腰和脚，就听看门老人喑哑的喊声："林逸蓝电话！"

听筒里传来外星一般遥远的问话："我是应涤凡。你怎么样？"

"我……很好……论文今天答辩……"林逸蓝极力使自己的手不哆嗦,声音不打颤。

"论文当然会是很优秀的!这毫无疑义!我说的不是这个,我是指——"电线那端的高大男子顿挫了片刻,急切地寻找着恰当的词汇。"我是指……一切……一切都好吗?"

林逸蓝当然知道这"一切"的含义。她已经成功地控制了自己的情绪。她用清澈明朗的声音回答:"我一切都好!"(毕淑敏《硕士今天答辩》)

一个多月前,主人公林逸蓝和已婚男人应涤凡之间发生了不可描述之事,林逸蓝查出怀孕后最终打掉了腹中的孩子,所以才发生了应涤凡打电话询问林逸蓝身体之事,而从林逸蓝吞吞吐吐的答语里我们可以推知,她身体其实并不好。后来应涤凡问的"一切都好吗?"指的是林逸蓝身体和生活两个方面是否受到那件不可描述之事的影响。在现实生活中,中国人一般不会每天无缘无故询问别人"你怎么样?"或者"你好吗?",许多在中国学习的留学生常常从自身母语习惯推而广之,每天见面就问候中国人"你好吗?""你怎么样?",往往把中国人问候得一头雾水,就是因为他们不了解双方语言中看似对等的问候语背后却蕴藏着不同的民族文化差异和生活习惯。

三、情景问候

希腊语中还有一些问候语跟生活情景密切相关,这一类的问候语在希腊语中特别丰富,几乎所有生活场景都有相应的表达。

希腊人在看见别人要去吃饭或者正在吃饭的时候,会致以 Καλή όρεξη,类似于法语的 Bon Appétit,意思是祝您(你)胃口好。中国人没有相应的表达,一般是正在吃饭的人见到未吃饭的人时以邀请对方共同进餐的语言形式表示礼貌和热情,与希腊人在礼节礼貌用语主体上正好相反。中国人说"请慢用"一般也仅限于餐厅服务员对享受其具体餐饮服务的客人或者同桌吃饭的客人先行离席时对别人使用。希腊人吃过饭后,还会祝对方 Καλή χώνεψη,意思是祝您(你)消化愉快,这是很让人诧异的,因为中国人从来没有这样祝福别人的,汉语根本无此表达。吃过午饭后,希腊人与他人告别时通常还会说 Όνειρα γλυκά(做个好梦),可见希腊人睡午觉的习惯是非常普遍的。

希腊人在日常生活、工作中使用的一个高频情景问候语是 Καλή συνέχεια,意思是祝您(你)继续愉快工作,译成英语是 Wish you a good continuation of your work,通常用在看见别人正在工作或者打扰别人工作后道别时,在汉语里没有这样的表达,汉语里比较接近的用语是"您接着忙"。这种问候形式在希腊非常普遍,几乎可以在任何形式的工作场合下使用。

希腊语中的 Καλός(好)是一个高频词,几乎可以构成任何场景下使用的问候语。比如希腊人会对一个正准备上课的老师或者学生致以 Καλό μάθημα（祝您上课愉快！祝你上课有收获！），看见别人正在阅读的时候致以 Καλό διάβασμα（祝你阅读愉快！），看见别人正在进行打球、踢球等体育运动时会致以 Καλό παιχνίδι（祝你运动愉快！），看见别人正在跑步时会致以 Καλό τρέξιμο（祝你跑步愉快！），看见别人正在训练时会致以 Καλή άσκηση（祝你训练愉快！），看到别人去考试或者比赛时会致以 Καλή τύχη（祝你成功！）或者 Να έχεις καλή τύχη（祝你取得成功！），看到别人去购物或者正购物时会致以 Καλά ψώνια（祝你购物愉快！），得知别人去娱乐消遣会致以 Καλή διασκέδαση（祝你玩得开心！），看到别人开车上班或者开车回家会致以 Καλό δρόμο（路上平安！），看见别人出门旅行会致以 Καλό ταξίδι（旅途平安！一路顺风！）等等，不胜枚举。

四、问候语体现的中希文化差异

众所周知，语言是文化的载体，而文化是历史的积累、传承与发展。问候语虽然简短，但往往能从细微之处体现一个国家的文化。中国人以前见面时往往互相问候"您吃了吗？"反映出中国人以前因生产率低下而把解决温饱问题视为生活的一件大事，能吃饱肚子是幸福生活的象征。相比之下，希腊语里问候形式非常丰富，体现了希腊人特别注重与他人的交际、交流、交往，反映了希腊作为礼仪之邦的一种礼仪文化。中国和希腊同为文明古国，我们素来自称是礼仪之邦，而希腊也是礼仪之邦，但是与希腊人比起来，我们的语言礼仪形式显然要苍白得多，也贫乏得多，这种差异究竟是因为什么呢？

其实，中国的传统礼仪和希腊的传统礼仪完全是两个概念。中国作为礼仪之邦的所谓传统"礼""仪"实际上是维护封建社会阶级差别的行为准则，在封建社会无时不在，无处不有，行走、坐卧、宴饮、婚丧、祭祀甚至征战都有具体的礼仪规范和要求[①]。中国传统礼仪文化的思想精髓是儒家思想，体现的是封建社会"三纲五常"所规定的人伦关系与人际道德规范，实际上是封建社会"尊卑有序、上下有别"的社会行为准则，是不平等的人际交往形式，比如下级见上级、臣子见君王时必须低头、弯腰、跪下，不得允许不能抬头直视对方，甚至达官显贵出行时普通百姓必须肃静、回避。这种不平等的人际交往形式维护的是封建社会阶级差别的社会秩序，更多体现的是卑者对尊者、下级对上级、幼者对长者的礼仪，这一点尤其在经典蒙学读本《弟子规》中体现得淋漓尽致，对个人修养礼仪、礼节的要求更多强调的是怎么做而不侧重怎么说，自然没有体现平等交流的统一、丰富的言语礼节应用于所有人群的社会交往。

---

① 冷琼. 中国传统文化与现代礼仪[J]. 文教资料，2016（14）：57.

新中国成立后，实行人民代表大会的政治制度，人民当家做主，真正实现了人人平等、男女平等、民族平等，现代礼仪文明才强调在所有人群的相互交往中彼此尊重对方，体现人格修养的文明礼貌，人们相互之间的问候形式也逐渐与世界接轨。

中国从古至今都是一个农业大国，广大劳动人民是社会的主体，他们创造了巨大的社会财富和丰富的精神文明，但是却处于社会的底层。农民是劳动人民中的绝对主体，他们的生存状况基本上可以代表古代大多数中国人的生存状况。中国古代的农民不仅要从事辛苦的农业生产劳动，向国家交纳赋税，而且还要服力役、杂役、军役等繁重的徭役。遇到昏庸之君在位的年景，由于吏治腐败，贵族官僚、豪门大户会趁机恶意圈占、兼并土地，广大自耕农往往在一夜之间变得一无所有，不得不租种豪门大户的土地而变为佃农接受二次盘剥[①]。在生产力低下的古代中国，农民用田地里极其有限的产出不但要供养家人，还要交纳沉重的赋税甚至地租，依靠风调雨顺才能勉强糊口度日，遭遇天灾人祸连温饱问题都不能解决，中国历朝历代发生的农民起义莫不是因为农民日子实在过不下去才导致的。可以说，对于古代和近代绝大多数中国人来说，能吃饱饭、解决温饱问题一直是他们为之奋斗的人生目标和理想，因此，人们见面打招呼时往往互相问候"您吃饭了吗？"，并把"您吃胖了！"作为幸福生活期许的寒暄用语。

而作为西方文明的摇篮和发源地，古希腊的社会制度与古代中国的社会制度完全不同，现代民主制度的雏形就起源于古希腊。"民主"的概念诞生于公元前 5 世纪的希腊雅典，现代西方国家语言中的"民主"一词"democracy"就来源于希腊语 δημοκρατία，该词由古希腊语单词 δῆμος 和 κράτος 组成，δῆμος 的最初意思是"地区""选区"，后来指代选区里的"选民""人民"，而 κράτος 的意思是"政权""管理""统治"。因此，所谓"民主"就是指"人民的统治"或者"人民的管理"。在古希腊，民主是一种由自由民掌握国家主权，实行公民直接选举国家官吏和直接进行民主决策的国家形态[②]。在这种民主政治的社会制度下，人人平等自由，人们在社会交往中彼此相互尊重，体现一种平等的人际交往形式，因此才会在人们的日常生活中出现平等互动的问候形式。

在生产、生活方面，希腊山脉纵横，缺少大河，平原面积小，土地贫瘠，不利于农业生产，农业其实并不发达。但由于希腊地处地中海东部，位于欧洲东南角、巴尔干半岛的南端，是连接欧亚大陆的海上跳板，渔业资源丰富，航海运输发达，加之传统手工业的繁荣，商业贸易活跃，在农业生产不能满足人

---

① 蒋海升. 资政通鉴·中国历代农民问题 [M]. 济南：泰山出版社，2009：121.
② 刘艺工. 简论古代希腊的民主与法治 [J]. 天津法学，2014（2）：5.

民生活需要的情况下，希腊人向一望无际的大海图强获取资源，生活相对富足。纵观希腊历史，除了波斯入侵、罗马征服、奥斯曼帝国统治等民族矛盾外，希腊内部基本上没有尖锐的统治阶级与被统治阶级之间的矛盾，发生民不聊生、人民被迫造反起义的历史情景基本上没有出现。也就是说，温饱问题并不是希腊各阶层劳动人民面临的迫切问题，"仓廪实而知礼节，衣食足而知荣辱"，追求更幸福、更美好的生活才是希腊人向往的生活目标。因此，适应各种生活场景的祝愿和祝福成了人们相互交往中最常见的话题，久而久之形成了希腊语中丰富的祝愿型问候语，反映出希腊人民勤劳善良、热情奔放、自由浪漫的民族性格。

五、结语

任何人群的交往都是从打招呼问候开始的，问候语作为开启他人心灵的钥匙和敲门砖，在跨文化交际中发挥着举足轻重的重要作用。中国和希腊同属于文明古国，各自在漫长的历史岁月中积淀了悠久灿烂的文化，勤劳善良、热情友好是两国人民共同的民族特质。近些年来，随着中国和希腊在政治、经济、贸易、旅游等领域的深入交流，越来越多的中国人走出国门赴希腊领略爱琴海文明，探寻西方文明的发展源头。古希腊由于是四大文明古国之一，所以现今希腊人对同样具有悠久历史的中国深有好感，对中国人也十分友好、热情，中国人与他们交谈时会有很多话题。如果能够学一些基本的希腊语问候语，那么不仅能够拉近与希腊人的心理距离，有助于在希腊当地顺利进行社会交往，而且对了解希腊人的生活和思想将大有裨益。尽管希腊语与汉语在问候语方面存在极大差异，但有差异才更说明有研究和了解的必要，才会激起学习和研究的兴趣，进而走进希腊民族丰富而深邃的内心思想世界。

参考文献

［1］蒋海升. 资政通鉴·中国历代农民问题［M］. 济南：泰山出版社，2009：121.

［2］冷琼. 中国传统文化与现代礼仪［J］. 文教资料，2016（14）：57—58.

［3］刘艺工. 简论古代希腊的民主与法治［J］. 天津法学，2014（2）：5—9.

［4］中文百科在线：希腊人［EB/OL］. http://www.zwbk.org/MyLemmaShow.aspx?lid=104592#5.

［5］Αριστοτέλειο Πανεπιστήμιο Θεσσαλονίκης Ινστιτούτο Νεοελληνικών

Σπουδών. *Τα νέα ελληνικά για ξένους* [M]. Θεσσαλονίκη: University Studio Press, 2015: 58.

［6］Κλεάνθης Αρβατιτάκης, Φρόσω Αρβανιτάκη. *Επικοινωνήστε ελληνικά 1* [M]. Ελλάς: Εκδόσεις Δέλτος, 2016: 32-33, 210.

基于语块对比的汉-印尼翻译策略

广东外语外贸大学　朱刚琴

【摘　要】 语块理论是我国外语教学研究的热点之一,而汉语-印尼语翻译实践也需总结归纳。本文拟借助语块定义及英汉语语块分类,通过比较汉语、印尼语语言差异,对印尼语语块进行分类,并探讨语块翻译教学与实践。

【关键词】 印尼语;翻译策略;语块对比

语块是在自然话语中普遍存在的一种多词汇单元结构(Altenberg,1998)。它数量众多,形式多样,兼具词汇与语法特征,常被认为以整体方式储存在心理词典中,使用时作为一个独立词条整体提取(Wray,2002)。基于使用的语言观认为:母语使用者广泛依赖语块进行交际(Langacker,2008)。二语习得研究业已证实,语块能力是二语综合能力的一个重要指标,二语学习者能否具有母语者似的选择能力和流利能力,能否如母语者似的进行流利正确和地道的表达,取决于他们心理词典中储存了多少语块以及在运用时这些语块能否整体快速提取(Cortes,2004)。近年来语块习得已成为二语习得研究领域关注的重点问题。[①] 尽管如此,国内印尼语界还未曾有学者把语块理论用于印尼语教学研究,笔者拟借助外语教学和二语习得语块理论研究成果,尝试对印尼语语块进行分类,探讨汉印尼语块翻译策略。

一、语块研究

1. 英语语块定义及语块分类

1975年Becker首次提出"语块"概念,他发现语言的记忆和存储、输出和使用不是以单个词为单位,而是以固定或半固定模式化的语言板块结构来进行的,这些板块结构构成了人类交际的最小单位。随后,学者们一直尝试使用不同的定义来诠释语块。Wray比较全面地定义了语块,认为语块是一串预制的连贯或不连贯的词或其他意义单位,它以整体形式存储在记忆中,使用时无

---

① 王凤兰,于屏方,许琨.基于语料库的汉语语块分类研究[J].语言与翻译,2017(3):16.

需语法生成和分析,可直接整体提取。[①]

由于语块研究的角度不同,语块分类也有所不同,最有影响的是 Nattinger, DeCarrico 和 Lewis 的分类。Nattinger 和 DeCarrico 按结构将语块分为 4 类:(1)多词词组,指固定词组,如"for example";(2)习惯表达,指某些整体存储的句子语块,包括警句、谚语、格言以及社交套语等,如"You bet.";(3)限制性结构短语,类似汉语关联词,如"neither… nor…";(4)句子框架,如"It is… that…"等。Lewis 从结构和功能上把语块也分为 4 类:(1)聚合词,指习语类的固定词组,如"hold on";(2)搭配,指出现频率高的单词组合,如"entertain the hope";(3)惯用话语,指形式固定或半固定的具有语用功能的词汇组合,如"Would you mind…";(4)句子框架和引语,仅指作为语篇结构手段的书面连接语,如"firstly, … and finally"等。[②]

2. 汉语语块分类

国内一些学者对汉语语块分类进行了研究,如广东外语外贸大学王凤兰教授等(2017)在对外汉语教学视角下,从语义、语法、语用等角度对语块进行多维度的分类,详见下表。[③]

表 1　汉语语块分类

语义标准				语法标准								语用标准	
惯用语	成语(含固定短语)	俗语	歇后语	搭配					框式结构			话语标记语	社交客套语
				同层结构				跨层结构					
				名词性结构	动词性结构	主谓结构	其他结构	基本词汇化结构	未词汇化结构	双项双框式	单项双框式	双项单框式	单项单框式

---

① 叶小宝. 基于语块理论的汉英翻译教学策略[J]. 淮北师范大学学报, 2014(6): 169—170.

② 叶小宝. 基于语块理论的汉英翻译教学策略[J]. 淮北师范大学学报, 2014(6): 170.

③ 王凤兰, 于屏方, 许琨. 基于语料库的汉语语块分类研究[J]. 语言与翻译, 2017(3): 17.

表2 同层结构语块分类

大类	小类	举例
名词性结构语块	定中结构语块	经济条件、发展方向、生活方式、自然风光、大嗓门、快节奏
	指量名结构语块	这个时候、这辈子、这个岁数、那种感觉、那段时间、那个过程
	数量名结构语块	一缕阳光、一座山、一顿饭、一种可能、一首歌、一束花、两码事
	量化结构语块	大多数、若干年、每次、所有人、全世界、有些情况
动词性结构语块	动宾结构语块	办签证、打电话、谈恋爱、做生意、刷卡、找工作、掉眼泪、钓鱼
	状中结构语块	随身携带、高速发展、互相帮助、热烈欢迎、衷心祝愿、深入了解
	连动结构语块	外出就餐、出去玩儿、看图说话、倒杯茶喝、买本书看
	动补结构语块	避开、变成、意识到、摔倒、坐落在、爱上、比不上、露出、受到
主谓结构语块		记忆深刻、交通便利、精力旺盛、阳光明媚、经验丰富、气候宜人、经济发达
其他结构语块	虚义方位结构语块	表面上、基本上、课堂上、社会上、一路上、事实上、某种程度上
	"动词+于"结构语块	归结于、莫过于、相当于、取决于、有利于、有助于、来源于
	"动词+着"结构语块	意味着、洋溢着、伫立着、标志着、充满着、照耀着、怀着、藏着、试着、冒着

表3 跨层结构语块分类

类别		举例
双音节基本词汇化结构语块		不太、还没、不再、总会、只能、才能、从未、就像、总要
未词汇化结构语块	两个词语义相近	可能会、一定要、必须得、全部都、然后再、但是却
	两个词语义不同	并没有、从来不、是为了、是因为、决不能、倒不如、最好还是
	"~是"结构	或许是、尤其是、确实是、实在是、就算是、关键是、几乎是、完全是、真的是
	"~就"结构	动不动就、根本就、然后就、从小就、本来就、后来就

二、汉语、印尼语的主要差异及印尼语语块分类

任何两种语言之间，异是相对的，同是普遍的，相似性要远大于差异性，同质性是翻译得以存在的基础，而异质性则是翻译过程中的重重阻力。[①]汉语–印尼语翻译也不例外，必须在汉语和印尼语语言文化的认识和了解基础上，对两者进行比较，找出两者在语言、思维方式和文化上的异同。本文只从语言层面做浅显的比较。

1. 汉语印尼语的语言差异

印尼语属于南岛语系中的马来–波利尼亚语族，以拉丁字母为拼音文字；汉语属于汉藏语系，是象形文字。两种语言在音、形、义、词法、句法、语法等方面都存在差异。语言从形态看可分为综合性语言和分析性语言。综合性语言是指主要通过词语本身的形态变化来表达语法意义的语言；分析性语言是指主要通过虚词、词序等手段，而非词语本身形态来表达语法关系的语言。

印尼语的丰富词缀是改变词根或词性以及表达语法意义的重要方式，如 me-, me-kan, me-i, memper-(i/kan) 的动词词缀表示主动语态，di-, ter-, ke-an 的动词词缀表示被动语态，ber-an 的动词词缀表示互相、多次或重复，ter-可表示最高级，se-nya 可表示极限级或语气功能，se-可表示语气功能；印尼语的词序和虚词也是重要的语法手段，词序和虚词尤其是关联词和语气词是印尼语表达地道与否的重要因素；故可以说印尼语既是综合语，又是分析语。尽管汉语中也有表示时、数等语法意义的词尾变化，但数量很少，基本上是一种分析性语言，主要依赖虚词和词序。[②]

两者在词类、构词、词序、句子结构上存在的主要差异如下：

第一，汉语量词发达，印尼语量词数量有限且可省略。

第二，印尼语有不定代词如 seluruhnya（整个），semuanya（全部），segalanya（一切），seseorang（一个人），sesuatu（某事/物）等，汉语无不定代词。

第三，印尼语有关系代词如 yang, bahwa 等，汉语无关系代词。

第四，印尼语有冠词，如 si, sang, hang 等，但使用非常有限。

第五，印尼语和汉语都有关联词，由于汉语复句关联词由联合（包括并列、承接、递进、选择）关系关联词和偏正（包括因果、条件、假设、让步、目的、转折、紧缩）关系关联词组成；而印尼语复句关联词由联合（包括并列、顺承、转折、选择、同位、总分）关系关联词和主从关系关联词组成，后

[①] 田传茂，杨先明．汉英翻译策略［M］．上海：华东师范大学出版社，2013：17．
[②] 田传茂，杨先明．汉英翻译策略［M］．上海：华东师范大学出版社，2013：36．

者包括主语从句、谓语从句、宾语从句、定语从句、状语从句、补语从句；状语从句又可细分为 10 类：时间关系、条件关系、假设关系、目的关系、让步关系、对比关系、因果关系、结果关系、方式和工具关系，[①] 故汉语缺少印尼语中的主语从句、谓语从句、宾语从句、补语从句等的引导词。

  第六，尽管印尼语可用语调表示语气，但也跟汉语一样有丰富的语气词，除了表示确定语气的如-lah, dong, toh, dong, nih；停顿语气如 sih；疑问语气如 ya, -kah, -tah；反问语气如 masa(k), kan, kok；假设语气如 seandainya, andaikan；测度语气如 ya, barangkali；祈使语气如 coba, silakan, jangan, mari, ayo；让步语气如 pun, se-等之外，还有表示婉转的语气词，如 ya, -lah, -nya, se-nya, 以及动词前缀 ter-或夹缀 ke-an 表示的能动语气。

  第七，汉语最小单位是语素，汉语语素绝大多数都是单音节，语素基本上可以跟字互相对应。汉语有自由语素、黏着语素和半自由语素之分。汉语前缀如：老、阿、初、第、本、非、无、不、反、超、单、多、准、副、泛、亲、双、半、自、前、后、大、小、微、新等；汉语后缀也就是黏着语素，主要是名词，如：子、儿、头、巴、员、派、分子、器、品、机、学、主义、性、度、法、化、型、手、家、师、者、士、生、汉、鬼、迷等[②]。印尼语最小的书写单位叫词素，印尼语只有自由词素和黏着词素之分。印尼语有丰富的词缀，包括前缀、中缀、后缀、夹缀；前缀包括 ber-, me-, memper-, ke-, pe-, se-, di-, diper-, ter-等；中缀包括-el-, -er-, -em-, -in-；后缀包括-an, -kan, -i；夹缀包括 ber-kan, ber-an, me-i, me-kan, di-i, di-kan, memper-i, memper-kan, diper-i, diper-kan, ke-an, per-an, pe-an, se-nya 等。印尼语中有各种外来词，如梵语、阿拉伯语、荷兰语、英语等，所以也有各种外来词缀。外来前缀如：non-, tuna-, anti-, de-, ultra-, ekstra-, bi-, uni-, multi-, pan-, mono-, poli-, semi-, oto-, pra-, pasca-, makro-, mikro-, maha-, mala-, neo-, mega-等；外来后缀如：-is, -sasi, -isme, -logi, -man, -wan, -wati 等；印尼语的黏着词素，除词缀外，还包括一些不能单独使用而必须加词根构成副词、名词、语气词等的音节或音节组合，如-nya, se-nya, se-等。

  第八，印尼语定语大多后置，而汉语定语前置。若定语为形容词、代词、名词、动词时，定语后置。如：ruang kelas（课室），kamar mandi（浴室），cara belajar（学习方法），buku saya（我的书），kuliah bahasa Indonesia（印尼语课）；若数词或数量词充当定语时，定语前置。如：dua orang（两个人），beberapa jilid buku（几本书）；若两个及以上词为修饰语时，则根据与中心词

---

  ① Hasan Alwi, dll. *Tata Bahasa Baku Bahasa Indonesia (Edisi Ketiga)* [M]. Jakarta: Balai Pustaka, 2000: 385-414.
  ② 田传茂，杨先明. 汉英翻译策略［M］. 上海：华东师范大学出版社，2013：38.

关系远近排列，关系越近，越紧跟中心词。如：mobil baru paman saya（我叔叔的新车）；若其中有指示代词，则置于最后，如：mobil baru itu（那辆新车）。

第九，印尼语状语位置比较复杂，因为副词、形容词、时间名词或短语、介宾结构都可充当状语。若为副词时，既要看其修饰的是动词、形容词还是整个句子，还要看副词本身；若为形容词时，可在动词之前，也可在动词之后；若只有时间状语和地点状语的其中之一时，可灵活；若同时有时间状语和地点状语时，一般是时间状语置于句首，地点状语置于句尾。若状语为程度副词时，一般置于被修饰的形容词或动词之前，sekali（非常）例外。下面分别举例说明：

若状语为程度副词或情态副词时，必须置于被修饰的动词或介宾结构之前。如：

Mereka *paling* suka main sepak bola. 他们最喜欢踢足球。

Rumah ini *agak* baru. 这房子挺新。

Suratmu *sangat* kuharapkan. 很希望能收到你的信。

Pertanyaan ini sulit *sekali*. 这个问题很难。

Saya *ingin/hendak/mau* menjadi seorang insinyur. 我想成为一名工程师。

若状语为时间副词、范围副词、频度副词时，部分必须置于被修饰的动词之前，部分也可置于句首。范围副词 juga（也）可置于谓语前或后，也可置于句尾；范围副词 belaka（全/都）只能置于句尾。如：

Dia *belum/baru* datang. 他没/刚来。

Mereka sudah/segera berangkat. 他们已经/马上出发。

Kini ibuku *hanya* tahu main HP. 我妈现在就会玩手机。

Ayahnya *jarang/sering* makan di rumah. 他父亲很少/经常在家吃饭。

Tadi dia duduk di sini. Dia *tadi* duduk di sini. 他刚还在这里坐呢。

Dulu dia *pernah* mengajar di GDUFS. Dia dulu pernah mengajar di GDUFS. 他以前在广外教过书。

Kadang-kadang kami berdiskusi di rumahnya. Kami kadang-kadang berdiskusi di rumahnya. 有时我们在他家讨论。

Kami *juga* ikut. Kami ikut *juga*. 我们也去/参加。

若状语为语气副词时，一般可置于句首或句中，saja（仅仅，而已）和 lagi（又）置于句尾。如：

Barangkali dia tidak tahu. Dia *barangkali* tidak tahu. 他可能不知道。

Semoga kamu selalu sehat. 希望我们一直健康。

Kok datang *lagi*? 怎么又来了？

Dia hanya tahu merepotkan orang lain *saja*. 他就知道麻烦别人。

若状语为形容词，可置于动词前或后，如：
Kita harus *tekun* belajar. 我们必须认真学习。
Ekspor batu bara meningkat (dengan) *pesat*. 煤炭出口快速增长。
若状语为时间名词或短语、介宾时间短语时，位置可灵活；若状语为介宾地点短语时，可置于句首或句尾。如：
Minggu ini Pak Henry akan pulang ke Indonesia. 亨利老师这周要回印尼。
Pak Henry akan pulang ke Indonesia *minggu ini*.
Pak Henry *minggu ini* akan pulang ke Indonesia.
Pada tahun 2018, impor negeri kita meningkat pesat. 2018 年我国进口快增。
Impor negeri kita meningkat pesat *pada tahun 2018*.
Di ruang kelas ada banyak peta. 教室里有许多地图。
Ada banyak peta *di ruang kelas*.
Kami biasanya membaca buku *di asrama*. 我们一般都在宿舍看书。
若同时有时间名词或短语和介宾地点短语为状语时，一般时间状语置于句首，地点状语置于句尾。如：
Kemarin suamiku membeli sebuah sepeda baru *di kota Shenzhen*. 我老公昨天在深圳买了一辆新自行车。
Tahun ini dia akan mengunjungi teman *ke Jakarta*. 今年他会去雅加达探望朋友。
因此，印尼语状语位置可以说部分比较固定，部分比较灵活，无法一概而论。

第十，印尼语谓主结构即倒装句普遍，而汉语多主谓结构。如：
存现句：<u>Ada banyak orang di ruang kelas</u>. 教室里有好多人。
    谓语 主语   地点状语
谓语（代词或名词+lah）+主语：
Dialah dalang kerusuhan itu. 他就是那次骚乱的幕后策划。
谓语（代词或名词或名词短语+lah）+ yang 结构主语从句：
Adiknya(lah) yang pernah dibicarakan banyak orang. 他妹妹被很多人热议过。
感叹句：Betapa manisnya gadis itu! 那女孩多可爱啊！

第十一，印尼语除口语外，一般都不能省略主语；而汉语多无主句或主语省略句，有主语时，多为人称主语。如：
Dia tetap makan di rumah setiap hari meskipun telah bercerai. 尽管已离异，他还是每天回家吃饭。
Kami kehujanan kemarin sore. 昨天下午我们淋雨了。

第十二，印尼语被动句使用频繁，汉语多主动句。如：

Mobilku telah dipinjam oleh adikku. 弟弟借了我的车。
Dia kecurian mobilnya kemarin malam. 他的车昨晚被偷了。
Belajar di ruang kelas tanpa AC pada musim panas terasa tak tertahankan. 夏天在没空调的课室上课简直没法忍受。

第十三，印尼语复句形式更为多样，尤其是主从复句。印尼语所有成分都可以是从句，如主语从句：Dialah *yang pernah membantu saya*.（他就是帮过我的那个人）；Tidak benar *kalau bahasa Indonesia dikatakan mudah dipelajari*.（说印尼语很好学不对吧）。谓语从句：Ruang kelas ini *banyak jendelanya*.（这间教室窗户很多）。宾语从句：Dia mengatakan *bahwa anggota keluarganya berjumlah 100*.（他说他们家有一百个人）。定语从句：Pesan *agar kami berhati-hati di perjalanan* datang dari guru bahasa Inggris.（英语老师嘱咐我们路上要注意安全）；状语从句分为：时间、条件、让步、目的、假设、因果、结果、对比、工具、方式等；补语从句大多需借助连接词，如：Dia berkata *bahwa anggota keluarganya berjumlah 100.*（他说他家有一百个人呢）。

第十四，印尼语主句位置取决于从句长短，故重心可前可后。如：Setelah menyelesaikan PR, *dia diajak temannya main HP*（作业完成后，朋友邀他一起玩手机）；*Kami pasti akan menang* asal dia tidak mengkhianati kami（只要他不出卖我们，我们肯定会赢）。汉语复句多为后重心。如：只要我同意，*他就会同意*。

2. 印尼语语块分类

根据上述汉语和印尼语的语言比较，借鉴学界对语块的定义和分类，尤其是第二语言习得研究者对汉语的语块分类，笔者拟对印尼语语块进行如下分类：

表4　印尼语语块分类

语义标准	语法标准										语用标准	
固定搭配	搭配											
	同层结构							跨层结构			话语标记语	社交客套话
	名词性结构			动词性结构			其他结构		并列复句关联词结构	主从复句关联词结构	篇章关联词结构		
习语 / 谚语	中定结构	定中结构	yang结构名词化	+nya结构名词化	动宾结构	状中结构	动补结构	动词+介词结构	互补结构	pada+名词+nya结构	se-结构	-nya结构语气化	关联词结构			

印尼语的固定搭配语块主要指 ungkapan 和 peribahasa。

印尼语名词性结构语块可分为：中定结构、定中结构、yang 结构名词化、-nya 结构名词化等。

最常见的是中定结构语块，可分两种形式：中心词+定语、中心词+yang+定语。前者的定语可以是名词（orang *Indonesia* 印尼人）、名词短语（buku *bahasa Indonesia* 印尼语书）、形容词（buku *baru* 新书）、动词（kamar *mandi* 冲凉房）、动宾结构（suara *melafalkan bahasa Indonesia* 印尼语朗读声）、动补结构（cara *belajar bahasa* 学语言的方法）、介宾结构（sepeda *di toko* 店里的自行车）；后者的定语可以是形容词（rumah yang *besar* 大房子）、形容词短语（rumah yang *luas sekali* 很宽敞的房子）、动词（saran yang *diajukan* 提出的建议）、动词短语（teman yang *sangat disukai* 很投缘的朋友）、介宾结构（oleh-oleh yang *di atas rak buku* 书柜上面的礼物）、动宾结构（orang yang *membeli buku* 买书的人）、动补结构（anak yang *berpikir dewasa* 思想成熟的孩子）、动词+介宾结构（buku yang *dibeli olehnya* 他买的书）；但若修饰语为数词、数量词时，则采用中定结构。如：satu kamar, sebuah kamar（一间房），beberapa orang（几个人），sejumlah partai（一些党）。

yang 结构名词化语块包括 yang+形容词或形容词短语（yang *gembira* 开心的，yang *sangat tinggi* 很高的）、yang+动词或动词短语（yang *duduk* 坐着的，yang *suka berbaring* 爱躺的）、yang+动宾结构（yang *makan nasi* 吃饭的）、yang+动补结构（yang *berpikir picik* 思想狭隘的）、yang+动词+介宾结构（yang *dibersihkan olehnya* 他打扫的）。

-nya 结构名词化语块包括两类：形容词或不定数词或动词+nya 结构和选择性词组+nya 结构语块。

形容词或不定数词+nya，如：luasnya（宽敞），sempitnya（狭窄），banyaknya（多），sedikitnya（少），semuanya（全部），segalanya（一切）；动词（词根性动词、及物动词的被动或完成体）+nya，如：adanya（存在），datangnya（到来），berangkatnya（出发），dibentuknya（成立，形成），didirikannya（成立），terjadinya（发生）。

选择性词组+nya 结构名词化语块有三种形式：第一，用 atau 连接起来的形容词或个别数词或动词及其否定形式+nya 构成的词组。如：pergi atau tidak perginya（去或不去），betul atau tidak betulnya（正确与否）。第二，省略否定形式中的形容词或动词。如：tepat atau tidaknya（正确与否），berangkat atau tidaknya（出发与否）。第三，两个意义相反的形容词或动词组成的词组，连词 atau 也可省略。如：baik atau buruknya（好坏），banyak sedikitnya（多少），berhasil atau tidaknya（成功与否），naik turunnya（起伏，涨跌）。

印尼语动词性结构语块包括动宾结构、状中结构、中状结构、动补结构、动词+介词结构、互动结构语块等。

动宾结构以动词+单宾语为主，如：membeli mobil（买车），menjual buku（卖书），menggemari lagu itu（喜欢那首歌）；但以 me-kan 为夹缀的部分动词需跟双宾语（间接宾语+直接宾语），如：memetikkan adiknya pisang（帮弟弟摘香蕉），membelikan ibu baju（给妈妈买衣服）。

状中结构较简单，即形容词或副词或不定数词+动词。如：rajin belajar（勤奋学习），cepat-cepat masuk（快进），santai-santai menghadapi（淡定应对），sangat dibutuhkan（很需要），banyak berubah（变化大），jauh berbeda（差别大）；中状结构既可以是动词+形容词或副词，也可以是动词+介词 dengan+形容词或副词。如：berkembang (dengan) pesat（发展迅速），menurun (dengan) tajam（急降），masuk (dengan) diam-diam（悄悄进入），menang telak（完胜），kalah jauh（完败）。

印尼语动补结构语块有两种情况，一种是以 ber-和 ber-kan 为前缀或 ke-an 为夹缀的部分不及物动词须加名词、动词或动宾结构做其补语，意义才完整。如：bertukar pendapat（交换意见），berhenti sekolah（辍学），berniat membalas dendam（存心报复），berlomba memancing ikan（比赛钓鱼），kehabisan akal（黔驴技穷），kemasukan ular（进蛇了），kedatangan tamu（来客人了）；另一种是及物动词须加动词或动宾结构做其补语，如：mempersilakan Li Li masuk（请李丽进来），membimbing kami membaca puisi（指导我们朗读诗歌），menyuruh adik berbaring（叫弟弟躺下）。

动词+介词结构如：berpijak pada（立足于），bergantung pada / tergantung pada（有赖于），terletak pada（位于）。

互动结构语块有三种形式，分别是：saling+动词、词根+前缀 me+词根、前缀 ber+词根重叠+an 或 ber+词根+an。第一种如：saling mencintai（互爱），saling melengkapi（互补），saling membantu（互帮）；第二种如：tolong-menolong（互帮），kejar-mengejar（追逐），kenal-mengenal（互相认识）；第三种如：berpeluk-pelukan（相拥），berpandang-pandangan（对视），berdesakan（挤来挤去），berpelukan（相拥）。如：

印尼语其他同层结构语块包括 pada+名词+nya 结构、se-结构、se-nya 结构、-nya 结构、关联词结构。

第一类如：pada umumnya（一般来说），pada dasarnya（基本上），pada hakikatnya（本质上），pada khususnya（特别是）。

第二类 se-结构语块表示"尽可能地……"。如：sesuka hati（随心），semau-mau（随心所欲），sedapat mungkin（尽可能）。

第三类 se-nya 结构语块表示极限级。如：sebaiknya, sebaik-baiknya（最好），setidaknya, sekurangnya（至少），setinggi-tingginya（至高），semanismanisnya（至甜）。

第四类-nya 结构语块表示语气或押韵。如：rupanya, agaknya（似乎，好像），pendeknya（总之），memangnya（真的是），untungnya（幸好是），celakanya（倒霉的是），sayangnya（可惜的是），syukurnya（庆幸的是），enaknya（美得你），topinya（帽子），malasnya（懒得你），biasanya（一般来说），maunya（按我的想法）。

第五类关联词语块有：... pun tidak...（连……也……），hanya... saja, hanya... belaka（只有/只是……而已），sama sekali (tidak)...（完全不……），jangan/tidak... sama sekali（千万别……），satu sama (yang) lainnya（彼此），antara... dan/dengan...（在……与/和……之间），dari... ke/sampai/hingga..., dari... sampai dengan...（从……到……），sejak... hingga/sampai...（自……到……），tidak ada yang lain selain...（除了……别无其他），dan sebagainya（诸如此类），dan lain-lain（等等）。

印尼语跨层结构语块有三类：联合复句关联词、主从复句关联词和篇章关联词。

第一类联合复句关联词语块：baik... maupun...（不管……还是……），tidak hanya... tetapi juga..., bukan hanya... melainkan juga...（不仅……而且……），pertama-tama... kemudian / lalu..., mula-mula... kemudian...（首先……然后……），bukan... melainkan...（不是……而是……），apa (kah)... atau...（是……还是……），atau... atau..., entah... entah...（是……抑或……），... pun... apalagi...（连……也……，更何况……），jangankan... pun...（连……也……更别提……），hanya... baru...（只有……才……），hanya... tetapi...（……反而……），di samping... juga..., selain... juga...（除了……也……），kecuali... semua...（除了……都……），kecuali... yang lain semua...（除了……其他都……），di satu pihak... di pihak lain...（一方面……另一方面……）。

第二类主从复句关联词语块：ke mana（去哪），di mana（在哪），dengan siapa（跟谁），untuk siapa（为谁），dengan apa（有什么），untuk apa（为啥），walau (pun)... tetapi (harus, tetap)..., meski (pun)... tetapi (harus, tetap)..., biar (pun)... tetapi (harus, tetap)..., kendati (pun)... tetapi (harus, tetap)..., sungguh (pun)... tetapi (harus, tetap)..., sekalipun... tetapi (harus, tetap)...（尽管……但是……），... kecuali jika/kalau（除非……才……），betapapun（不管怎样），siapa pun（无论是谁），apa pun（无论是什么），ke mana pun（无论去哪），se+形容词重叠（就算……也……），seakan-akan, seolah-olah（仿佛），oleh karena（因为），mentang-mentang（就凭），sampai-sampai（竟至于），... demikian... sehingga..., sedemikian rupa... sehingga...（如此……以至于），begitu segera..., se-... segera（一……就……）, sekadar untuk, hanya sekadar untuk, hanya untuk（只是为了）, terutama, teristimewa（尤其是）, antara lain, di antaranya（其中）。

第三类篇章关联词语块：Meskipun begitu/demikian, Walaupun begitu/demikian, Biarpun begitu/demikian, Sungguhpun begitu/demikian（尽管如此）, Pertama... Kedua... Akhirnya（第一……第二……最后……）, Ketika itu, Waktu itu, Saat itu（当时）, Sementara itu（与此同时）, Sebelum itu, Sebelumnya（在那之前）, Sesudah itu, Sesudahnya, Setelah itu, Sehabis itu（在那之后）, Sejak itu（自此）, Selain itu, Di samping itu, Kecuali itu（此外）, Tambahan pula, Lagi pula（何况）, Begitu/Demikian juga, Begitu juga halnya dengan（同样情况）, Akan tetapi（然而，但是）, Oleh karena/sebab itu, Karena/Sebab itu（因此）, Jika/Kalau begitu/demikian（如此，那么）, Seandainya begitu（如若那样）, Untuk itu（为此）, Sehubungan dengan hal itu（因此）, Dengan demikian（如此一来）, Dengan kata lain（换言之）, Sebaliknya（反之）, Kalau tidak（否则，不然）。

印尼语话语标记语如：biasanya（通常来说）, umumnya（一般来说）, rupanya（看起来，好像）, misalnya, umpamanya（比如说）, agaknya（似乎，好像）, pendeknya, pokoknya（总之）, sesungguhnya, sebenarnya（事实上，说真的）, sewajarnya, selayaknya, seharusnya, sepantasnya（本应该，最好）, jujur saja（坦白说）, menurut aku（在我看来）, dengan kata lain（换句话说）, omong-omong（话说）等等。

印尼语社交客套语如：Terima kasih（谢谢）, Selamat hari lahir（生日快乐）！Selamat jalan（一路平安）！Selamat pagi（早安）！Selamat siang（午安）！Selamat malam（晚安）！Silakan（请）！Syukur（幸好）, patut disyukuri（值得庆幸）, Maaf（对不起）, mohon maaf, mohon maaf lahir dan batin（请原谅）, Jangan sungkan-sungkan（别客气）！Banyak merepotkan（打搅了）！Numpang tanya（借问）! Permisi（借过）等等。

三、基于语块对比的汉语印尼语翻译策略探讨

通过对印尼语语块进行分类，对照汉语语块，笔者提出基于语块对比的具体翻译策略：

第一，汉语定中结构语块和指量名结构语块→印尼语中定语块。如：

政治问题（masalah politik）

贸易冲突（konflik perdagangan）

那个时候（waktu itu）

这个阶段（tahap ini）

第二，汉语数量名结构语块→印尼语中定结构语块。如：

一座山（sebuah gunung）

两种可能（dua macam kemungkinan）

第三，汉语状中结构语块→印尼语中状或状中结构语块。如：

高速发展（berkembang pesat）

热烈欢迎（menyambut dengan hangat）

悄悄进来（diam-diam masuk, masuk diam-diam）

慢慢吃（pelan-pelan makan, makan pelan-pelan）

第四，汉语连动结构语块→印尼语动词+介词+动词或名词。如：

出去逛逛（keluar untuk berjalan-jalan）

进来吃饭（masuk untuk makan）

看图说话（berkata berdasarkan gambar）

第五，汉语并列、递进、选择、转折、让步、目的、条件、假设、对比复句关联词语块→印尼语相应复句关联词语块。如：

不是……而是……（bukan... melainkan...）

不管……还是……（baik... maupun...）

一方面……另一方面……（di satu pihak... di lain pihak...）

除了……也……（di samping/selain... juga...）

除了……都……（kecuali... semua..., kecuali... yang lain semua...）

不但……而且……（tidak hanya... tetapi juga...）

不仅是……还是……（bukan hanya... melainkan juga...）

甚至……（bahkan, malahan）

尤其是……（teristimewa, terutama）

不是……就是……（apa (kah)... atau...）

要么……要么……（atau... atau..., entah... entah...）

但是（可是）……（tetapi, padahal）

虽然……但是……（meskipun... tetepi...）

尽管……依然……（meskipun... tetap...）

……反而……（hanya... tetapi...）

连……也……更何况……（... pun... apalagi...）

连……也……更别提……（jangankan... pun...）

就算……也……（se+形容词重叠）

（只是）为了……而……（hanya untuk..., hanya sekadar untuk...）

为了……起见（untuk, agar, supaya）

以免……（agar tidak..., supaya tidak...）

如果……就……（jika…）
只有……才……（hanya… baru…）
只要……就……（asal, asalkan）
无论……都……（bagaimanapun, betapapun, siapa pun, apa pun, ke mana pun）
除非……才……（kecuali jika/kalau）
要是（若是）……就……（andaikan, seandainya, umpamanya, sekiranya）
（就）好比……（bagai, bagaikan, bak, seperti）
就像……，正如……（sebagaimana）
仿佛……（seolah-olah, seakan-akan）

第六，汉语顺承复句关联词语块→印尼语顺承复句、时间状语从句关联词语块。如：
先……然后……（pertama-tama/mula-mula… kemudian/lalu…）
于是……便……（-lah pun…）
一……就……（begitu… segera…, se-… segera）

第七，汉语因果复句关联词语块→印尼语因果、结果复句关联词语块。如：
因为……所以……（karena… maka…）
由于……（oleh karena…, oleh sebab…）
既然……就……（… dengan… sehingga…）

第八，汉语"的"字结构定语可用 yang, bahwa, agar, supaya, ketika, tempat, di mana, mengapa, kapan, bagaimana 等引导的定语从句。如：
穿红衣服的女孩很漂亮。（Cantik sekali gadis yang berpakaian merah itu.）
海南运来的水果都很甜。（Buah-buahan yang didatangkan dari Pulau Hainan manis semuanya.）
他拿了我上周借的书。（Dia mengambil buku yang kupinjam minggu lalu.）
或：Buku yang kupinjam minggu lalu telah diambilnya.
那是我刚洗干净的衣服。（Itulah baju yang baru kucuci.）
我很听奶奶的话。Saya menuruti apa yang dikatakannya nenek saya.
父母亲要我们提防骗子的叮嘱，我们会牢记在心。（Kami akan selalu ingat pada nasihat orang tua agar kami tidak tertipu.）
我还记得我们第一次见面的地方。（Saya masih ingat tempat di mana kita bertemu pertama kali.）
现在这个时代是最适合年轻人发展的时代。（Zaman ini zaman ketika kaum pemuda dapat mengembangkan diri sebaik-baiknya.）

第九，汉语因果关系复句可用 sehingga, sampai, maka, sampai-sampai 引导

的结果状语从句。如：

进攻时要出其不意，打得敌人措手不及。（Seranglah musuh di luar dugaannya sehingga musuh panik.）

我们部队如果准备徒步过河，就应等水流平缓之后。（Pasukan kita harus menunggu sampai air mengalir dengan normal jika ingin menyeberang sungai.）

古代皇帝地位最高，因此有关皇帝或皇帝做的事都用上"钦"字。（Pada zaman dahulu, kaisar berada di lapisan yang tertinggi sehingga aksara 钦 digunakan untuk segala sesuatu yang berkaitan dengan kaisar atau dilakukan oleh kaisar.）

第十，汉语"就是或正是"或"有"字结构可用印尼语 yang, bahwa, jika, kalau 等引导的主语从句。如：

他就是我们要远离的人。（Dialah yang harus kami jauhi.）

那样做就不对。（Salah betul jika berbuat begitu.）

有的就是不来。（Ada juga yang tidak mau datang.）

有空来我家坐坐吧。（Mampirlah ke rumah saya kalau ada waktu.）

请排队上车。（Mohon antre ketika mau naik ke bus.）

过马路要小心。（Berhati-hati ketika menyeberang.）

畜类改掉野性，需要驯化。（Ternak dipiara oleh manusia agar tidak liar lagi.）

参考文献

[1] 房玉清, 等. 实用汉语语法 [M]. 北京：北京语言大学出版社, 2017.

[2] 黄燕萍. 高校英语翻译教学中语块化教学方法的应用 [J]. 教学探究, 2018（3）：67—68.

[3] 李艳翠, 孙静, 周国栋. 汉语篇章连接词识别与分类 [J]. 北京大学学报（自然科学版）, 2015（2）：307—314.

[4] 唐慧, 王辉, 陈扬. 印度尼西亚语语法 [M]. 广州：世界图书出版广东有限公司, 2018.

[5] 田传茂, 杨先明. 汉英翻译策略 [M]. 上海：华东师范大学出版社, 2013.

[6] 王凤兰, 于屏方, 许琨. 基于语料库的汉语语块分类研究 [J]. 语言与翻译, 2017（3）：16—21.

[7] 吴可佳. 语块化教学模式在英语翻译教学中的应用研究 [J]. 湖南税务高等专科学校学报, 2017（3）：59—61.

[8] 叶小宝. 基于语块理论的汉英翻译教学策略 [J]. 淮北师范大学学

报，2014（6）：169—173．

［9］朱刚琴．基础印度尼西亚语：3［M］．广州：世界图书出版广东有限公司，2011．

［10］Altenberg B. *On the phraseology of spoken English: the evidence of recurrent word combinations* [M]. Oxford: Oxford University Press, 1998.

［11］Cortes V. *Lexical bundles in published and student disciplinary writing: Examples from history and biology* [J]. English for Specific Purposes, 2004, 23 (4): 397-423.

［12］Hasan Alwi, dll. *Tata Bahasa Baku Bahasa Indonesia (Edisi Ketiga)* [M]. Jakarta: Balai Pustaka, 2000.

［13］Langacker W. *Cognitive Grammar: A Basic Introduction* [M]. Oxford: Oxford University Press, 2008.

［14］Wray A. *Formulaic language and the lexicon* [M]. Cambridge: Cambridge University Press, 2002.

［15］Zhu Gangqin. *Asal Usul dan Evolusi Aksara Han Zi (2)* [M]. Jakarta: PT. Legacy Utama Kreasindo, 2018.

汉语绘本泰译选词特征及翻译策略分析
——以几米绘本为例①

广西民族大学　黄婷婷

【摘　要】 本文旨在从几米绘本及其泰译版本分析研究，探讨绘本泰译的选词特征以及翻译过程中会遇到的问题。结合多模态话语分析理论和几米绘本文本具有双重读者特殊性、题材内容与角色的多样性、情感线与价值观清晰、文字细腻文体清新、图片精美而形象的特点，提出在绘本翻译过程里可参考的泰译策略，望为翻译同类作品的译者提供借鉴和参考，以使汉语绘本泰译传旨达意，形神兼备。

【关键词】 几米绘本；绘本泰译；选词特征；翻译策略

引言

简洁明快是当今信息时代传播的主要模式，因此"读图时代"也使绘本这类特殊的文学作品逐渐被人们重视。在阅读绘本的过程里，"读文"训练抽象思维；"读图"培养形象思维和直观思维，图像直接作用于我们的视觉，消解文字理解的间接性。这项与图片紧密相关的精神体验，突破抽象逻辑的局限，弥补理性思维不足，与当今快节奏生活方式相适应，唤起读者审美的愉悦，绘本的出现具有社会必然性。

"绘本"的概念源于西方。在亚洲，日本绘本从20世纪50年代开始起步，我国台湾地区的绘本大致从20世纪60年代后期开始起步，80年代后渐入佳境。绘本并没有特别严格与统一的定义，"图画书"对应英文"picture book"，"绘本"对应的是日语"絵本"，目前中国所指的绘本也包括图画书，但绘本并不简单等同于"有画的书"，也不等同于其他带插图的儿童读物。世界著名的儿童文学理论家兼作家培利·诺德曼认为："绘本是通过大量连贯性的图画与相对较少的文字（或没有文字），互相结合来传递信息或讲述故事的书。"② 瑞士学者 Mafia Nikolajeva 和美国学者 Carole Scott 合著的《How Picture

---

① 本文是2016年度广西壮族自治区中青年教师基础能力提升项目"汉语绘本泰译的选词特征及技巧研究"（项目编号KY2016LX070）的研究成果之一。

② 许宏．童心课堂：基于儿童文化的小学品德本课堂 [M]．杭州：浙江教育出版

Books Work》对绘本的定义概括为：绘本书是依靠文字语言和视觉图片的相互关系来共同起到故事情节的叙述作用的图书类型，绘本书中的图片作为书的内容在每一页中都出现，并对故事叙述的完整性起到不可缺少的工具性作用。[①]日本绘本之父——松居直在《我的图画书论》中提到："图+文=一般有插图的书，图×文=绘本。"[②]

笔者认为从理论层面来说，绘本有不同标注的定义，我国绘本图画书研究学者彭懿的定义比较具体、准确，他认为："绘本是用图画与文字共同叙述一个完整故事，是图文合奏，通过这两种媒介在两个不同的层面上交织、互动来讲述故事，在绘本里，图画不再是文字的附庸，而是图书的生命。"[③]

几米，本名廖福彬，台湾绘本作家，笔名来自英文名 Jimmy。1998 年开始创作绘本，同年首度出版《森林里的秘密》和《微笑的鱼》，获得中国时报开卷最佳童书、联合报读书人最佳童书奖。1999 年出版《向左走，向右走》，开创成人绘本的新型式。作品风靡两岸三地，美、法、德、希腊、韩、日、泰等国皆有译本。几米创作的绘本没有明确的读者类别区分，通常采用儿童或动物作为视角参与，附带具有儿童纯真性的口吻、表情、心理活动和趣味性的儿童游戏，直接展现和传达成人世界里的思想、观念和感受。

目前泰国市面上出版的几米绘本泰译版本主要是由王道明（อนุรักษ์ กิจไพบูลทวี Anurak Kitpaiboonthawee）和 ชุตินันท์ เอกอุกฤษฏ์กุล Chutinan Ekukritkul 承担翻译，两位译者在翻译中国现代文学作品和汉语绘本上有很丰富的经验。笔者通过对几米作品的泰译版本的探究，运用相关翻译理论及多模态话语分析理论，总结针对绘本泰译的选词特征，提出相应的汉语绘本泰译策略，以使汉语绘本的泰译更为完美贴切，望为翻译同类作品的译者提供一定的借鉴和参考。

一、多模态话语分析理论与绘本翻译

在多媒体和信息技术快速发展的今天，非语言模态广泛应用于信息交流，话语分析已经从原来的单模态分析转向多模态分析。模态（Modality）是指交流的渠道和媒介，包括语言、技术、图像、颜色、音乐等符号系统。[④]多模态

社，2013：69.

[①] Nikolajeva M, Carole Scott. *How Picture Books Work* [M]. London and New York: Routledge, 2006: 23.
刘敏. 成人绘本研究：以几米绘本为例[D]. 武汉：华中师范大学，2008：1.
[②] 松居直. 我的图画书论[M]. 长沙：湖南少年儿童出版社，1997：78.
[③] 彭懿. 图画书这样读[M]. 北京：接力出版社，2018：17.
[④] 贾佳，龚晓斌. 多模态话语分析视阈下题画诗《画鹰》的英译研究[J]. 语文学

话语指运用听觉、视觉、触觉等多种感觉，通过语言、图像、声音、动作等多种手段和符号资源进行交际的现象。①多模态理论认为语言是一种社会符号，意义靠语言模态和非语言模态传达而达成。绘本具备文字和图画两种模态，是语言文本和非语言的综合体，因此绘本属于多模态性质。

当前我国对于绘本翻译这方面的研究仍有限，研究成果多数是英译方面的期刊论文和硕士论文，还不能为绘本翻译实践提供充足的理论指导。目前值得借鉴的是 2018 年劳特利奇出版社出版的《Translating Picture books: Revoicing the Verbal, the Visual, and the Aural for a Child Audience》(《绘本翻译：为儿童读者重新表达文字、视觉和听觉元素》)，该书概括了绘本的定义、特征和生成过程，从不同理论视角审视绘本翻译的主体、影响因素、译者的决策以及译者决策背后的原因。当中特别提到的是，"绘本这种多模态文本是图文互动的产物，译者同时身为读者，必须具备解读图文信息的能力；绘本作为最难翻译的文本类型之一，其译本的质量会产生深远的影响。"②这也肯定了绘本翻译是需要从多模态话语理论角度去分析，进而总结出相应的翻译策略，近年来，多模态翻译研究是一个新领域，在多模态话语分析中不仅可以研究语言系统在社会交际过程中所发挥的作用，还可以研究图像、音乐、颜色等其他符号系统在这一过程中最后所产生的效果，这样对话语意义的解读会更加全面和准确。

二、几米绘本文本特点

几米的作品画面线条简单色彩清新，采用富含诗意的文字在清新、空灵、唯美的意境中浮现多种情绪——快乐、悲悯、关怀、寂寞、向往、期待等等，结局往往都会感觉是一种美好的存在。根据几米绘本的存在风格和价值等角度，概括出以下的文本特点：

（一）双重读者的特殊性

虽然几米的作品被称为成人类绘本，但是迎合的是成年人和儿童双重读者的审美与价值观。从成人的角度来看，几米的绘本富含人生道理和治愈功能，而从儿童的角度出发，作品几乎是在图画里寥寥几句文字，这无疑提供给儿童有无限想象的空间。作品多数以小孩作为主角，站在孩子的角度思考，用孩子的口吻表述，比如在《我的错都是大人的错》就准确地描述了孩子们在生活里

刊·外语教育教学，2015（10）：50．
① 朱永生．多模态话语分析的理论基础和研究方法[J]．外语学刊，2007（5）：83．
② 陈翠虹．翻译研究新领域：绘本翻译：《绘本翻译：为儿童读者重新表达文字、视觉和听觉元素》评介[J]．湖州职业技术学院学报，2018（4）：50．

的心声，但每个大人曾经是孩子，只是很少有大人记得作为孩子时内心的快乐与苦闷。这本书如果是儿童阅读，他们可以在图画中体会并表达出自己的心声，如果是成人阅读，则重新经历了孩子内心世界的喜怒哀乐，并重新认识了孩子。因此，在翻译时不能一贯采用成人或儿童作为某一视角和口吻去决定译入语。

（二）题材内容与角色的多样性

几米在绘本里叙述的故事性戏剧表达很强，虽然选取的内容来自平凡的生活，但不同的作品呈现的题材会让读者耳目一新，时而生动活泼，时而唯美清新文艺，采用平缓的故事情节激发不同理解层次的人产生想象力和深刻感触。叙述故事选用的主角多为纯真孩童、温暖型动植物或是美好的事物，例如兔子、鱼、花朵、月亮、星空等。以这些角色语言表达情绪和思想，让读者体会到幽默轻松，除去城市里厚重、深沉的差异化感觉，满足了人们对快乐的需求，作品也因此富有幻想、本真和哲理。

（三）情感线与价值观清晰

几米作品以人为本，没有年龄、性别、种族、文化等区别，也不涉及宗教、伦理、道德的范畴，遵循全人类一致的信息——情感，他准确把握情感主线（亲情、友情、爱情），所写所画与读者心境不谋而合，不宣扬不批判，准确映射各年龄层人类的生活感受，但文字里富含哲理的安慰治愈却又使人心存幻想和梦想，往往最终读完他的作品不会对这世界失望，依然充满善意重拾初心，获得情绪释放与心灵救赎。由于几米本人的患病经历，作品会因此更具感染力，对人生和生命有更深刻的领悟，给读者一定的精神激励，具有审美、认知和教育的价值。

（四）文字细腻文体清新

在图书归类上，绘本归于文学读物类，绘本文字并不是简单的"图说"，是叙述故事带有文学意味的语言表达。几米的文字简洁而富有诗意、蕴含哲理，讲究心灵感受和情感共鸣的契合。而几米采用的文体更像散文诗，融合了诗的表现性和散文描写性，有诗的情绪和幻想，也有散文的外观和内涵，形散而神不散，有时天马行空给读者美和想象空间。

（五）图片精美而形象

人的视觉可以成为一种语言和文化，绘本的视觉语言在于组织和采用图画的颜色、构图、线条等元素影响读者艺术认知，起到传情达意的效果，通过这些视觉文本去观照世界外物,揭示生活的内涵、精神现象或审美蕴含。几米作品多采用鲜亮的色彩和丰富的图画填补文字达不到的部分,实现强烈的视觉美感,非语言的画面会更好地在读者内心产生共鸣。因此,译者在翻译时需要对与画相配的文字进行准确的把握,把图画和文字之间的叙述纽带译到最佳效果。

三、绘本泰译选词特征与翻译策略

翻译策略的使用,会根据翻译过程的不同情况而决定,当中涉及原作的受众、文本的类型特点等因素,笔者通过结合上述概括出的几米绘本文本特点和其译本进行分析,进而总结以下绘本泰译选词特征和翻译策略。

(一)绘本泰译选词特征

1. 简洁平易性

绘本的文字具有简洁平易特性,针对的多数是成人和儿童双重性读者,由于儿童读者掌握词汇不多,难以理解深奥的词汇,因此在翻译为泰语的时候应考虑到低龄儿童的理解能力,尽可能选择简单、易懂、亲切的词语。虽说是浅显简单的词,但在实际翻译操作中也并非易事。

【例1】原文:球儿宝告诉绷带马:"忘了你那寻找不到的失落童年吧。
忘了自己为什么会变成这样的迷惑吧,
忘了所有的烦恼,努力找寻快乐吧,
很多事情永远别问为什么,我们并不是为了寻找为什么的答案而活着的。"
绷带马似懂非懂,疑惑地望着天空。
——《奇迹迷路了》
译文:บอลลูนบอกม้ามัมมี่ว่า "ลืมวัยเยาว์ที่เธอตามหาไปเถอะ
ลืมไปว่าทำไมตัวเองจึงรู้สึกหลงทาง ลืมความกังวลทั้งหลาย
ไล่ตามความสุขดีกว่า หลายสิ่งในโลกนี้ ไม่ควรถามว่าทำไม
เราไม่ได้มีชีวิตอยู่ เพื่อตามหาคำตอบว่าทำไม"
ม้ามัมมี่รู้สึกเหมือนจะเข้าใจ เงยหน้ามองท้องฟ้างง ๆ
——《เมื่อปาฏิหาริย์เลือนหาย》

原文里描述一头已经长大了的绷带马,想竭力找回自己失去的童年,最后这段是一个小孩安慰绷带马的话语。译者所选用是简单易懂的词语,符合一个孩子嘴里说出来的话,更倾向于口语化。比如:寻找(ตามหา)、迷惑(หลงทาง)、烦恼(ความกังวล)、似懂非懂(รู้สึกเหมือนจะเข้าใจ)。

【例2】原文：忽然 想在花瓶里插上一朵花
忽然 想安静沉思
忽然 感慨时光匆匆
为什么老是会
忽然 兴起某个念头
然而"忽然"到底怎么回事？
———《布瓜的世界》

译文：จู่ ๆ ก็อยากจะปักดอกไม้สักดอกไว้ในแจกัน
จู่ ๆ ก็อยากจะนั่งคิดอะไรเงียบ ๆ
จู่ ๆ ก็รู้สึกปลงกับเวลาที่เร่งรีบ
ทำไมนะ ต้องจู่ ๆ ถึงจะเกิด
ความคิดอะไรสักอย่างอยู่เรื่อยเลย
แล้วเจ้า "จู่ ๆ" เนี่ย
มันเป็นยังไงกันแน่
———《ทำไม》

几米创作拥有敏锐的触觉，用简单而接近生活的问题展露生活的哲理，译者在翻译时也是站在了平凡生活口语化的角度，选用生活化用词，直截了当表现话语里带有的疑惑情绪。比如：忽然（จู่ ๆ）、安静沉思（นั่งคิดอะไรเงียบ ๆ）。

另外，在几米的作品里，通常设计温暖唯美的动物或事物作为主角，借以抒发情绪或情感，但译者在翻译这些名词时，会尽量选用贴近生活、浅显易见的词语，符合低龄读者的理解能力和认知规律。比如：恋爱的云（เมฆหลงรัก）、眼镜小乖（เด็กแว่น）、黑面娃娃（หนูดำ）、兔漂（กระต่ายบิน）、球儿宝（บอลลูน）、驴头妹（ลาน้อย）、纸片人（ตัวกระดาษ）等。

2. 形象童趣性

几米绘本诠释故事的主角一般为孩童、孩童喜欢的动物或唯美的事物，有戴着彩虹眼镜的小乖和粉色小象，常为学习而烦恼的包子头，住在彩虹糖果屋的天使娜娜，始终带着微笑表情的鱼等，比如在"失乐园"这一系列的绘本，用不同的人物或事物作为故事的主角，就像小时候看动画片的卡通人物各具特色却又深入人心，译者在翻译的时候也进行了一定的选词，使人物形象更符合当地特色。例如：黄秋秋（ออทัม）、绑带马（ม้ามัมมี่）、飞飞儿（เหินหาว）、王大明（เรืองรอง）、白小天（ทิวา）、黑小夜（ราตรี）、火小魔（ภูตไฟ）、变色阿凤（คาเมเลียน）等。

【例3】作品《布瓜的世界》（泰译《ทำไม》）借由儿童的天真视角提出许多"为什么"，展现一些都市生活大人和小孩都会有的疑惑与迷茫。书中从60个主题进入不同的疑问，各个主题的题目译者均以儿童的思想和口吻进行选词翻译，使用象声词、语气词或者简化词汇的方式以达到童趣的意味，使得主题更富有形象性和吸引力。比如：谁的烦恼（ความกลัดกลุ้มของใครหนอ）、岁月（กาลเวลา）、无尽的唉（เฮ่อ……）、天定胜人（ฟ้าเหมือนมนุษย์）、孔融让梨（แบ่งปัน）、跳跳跳（ดึ๋ง ดึ๋ง ดึ๋ง）、蛙鸣鸟啼（กบอ๊บ ๆ นกจิ๊บ ๆ）、救赎与沉沦（ตกหลุมกับล่องลอย）。

3. 图文互动性

与话语分析联系最紧密的是视觉和听觉模态，Kress & Leeuwen 在《图像识读：视觉涉及的语法》里提出图像和文字是有联系的，视觉结构不只是形式，与生成、传播和阅读是紧密联系的，在语义上也是非常重要的。[①] 而翻译绘本是面对文字和图画这两种模态的存在，这两种模态相互作用产生意义传达，译者在翻译的过程中，对翻译选词的策略是基于这两种模态的相互关系而做出的判断。

【例4】原文：苹果的颜色跟樱桃一样红吗？
我可以幸运地找到最甜美的那一颗吗？
——《地下铁》

译文：สีแดงของลูกแอปเปิ้ลจะเป็นสีแดงเดียวกับลูกเชอรี่ไหมนะ
ฉันโชคดีพอจะหยิบได้ลูกที่หวานหอมที่สุดลูกนั้นหรือเปล่า
——《ในใจ...ไกลกว่าสายตา》(*Sound of Colors*)

选自作品《地下铁》的这个例子，讲述的是盲人女孩在自己想象和现实之间寻找属于自己世界的故事，书里的句子基本是盲女孩的心声，在这里译者用了通感的手法，女孩想用视觉找到"最甜美的那一颗"这种愿望难以实现了，因此用了"หยิบ"这个词，准确地译出了盲人凭感觉去触摸的偶然性和机遇性。

---

① Kress G, Theo Van Leeuwen. *Reading Images: The Grammar of Visual Design* [M]. 2nd ed. London: Rouledge, 2006: 47.

【例5】原文：不管人生有没有缺角，
欢笑的脸总是令人愉快，
——《布瓜的世界》
译文：ไม่ว่าชีวิตคนเราจะมีส่วนที่ขาดหายไปหรือไม่ก็ตาม
ใบหน้าที่ยิ้มแย้มก็มักจะทำให้ผู้อื่นมีความสุข
ส่วนใบหน้าที่กลัดกลุ้มก็ย่อม ทำให้ผู้อื่นเป็นทุกข์ได้เช่นกัน
——《ทำไม》

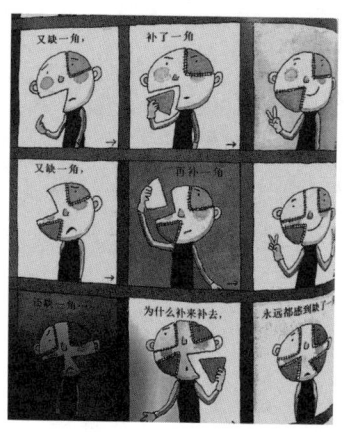

　　这是《布瓜的世界》主题"失落的一角"的内容，图画采用了"多格"的形式讲述人的脸上都会缺一角，永远不会缝补完美，在最后一句点明作者的用意，"欢笑的脸总是令人愉快"，而这句话的图画却是完整的人脸，译者根据这句以逗号结束的话语和图画的勾勒，把这段话通过增译的方法翻译完整了，最后加入这句"ส่วนใบหน้าที่กลัดกลุ้มก็ย่อม ทำให้ผู้อื่นเป็นทุกข์ได้เช่นกัน"（而忧愁的脸却会令人痛苦）。

【例6】原文：为什么独享一切时，
并没有想象中那么愉悦？
——《布瓜的世界》

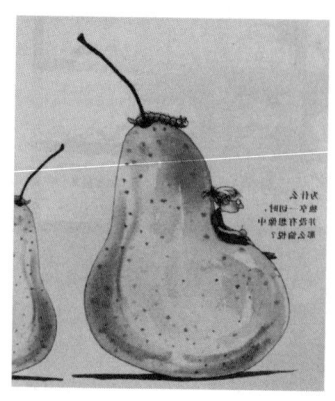

译文：ทำไมนะ เวลาที่ลิ้มรสความสุขอยู่คนเดียว
ถึงได้ไม่มีความสุขมากมายเหมือนกับที่จินตนาการไว้เลย
——《ทำไม》

译者把"分享"这个词译为"ลิ้มรสความสุ 品尝幸福的味道",是根据这张图里的女孩拿着雪梨,她在品尝这个雪梨的时候却是孤独一个人,并没有想象中的快乐。因此绘本翻译需要配合图画来理解文字深含的意义才能准确选择最恰当的词语进行翻译。

4. 语境相符性

【例7】原文：瞧！她又掉进她的梦幻里了。
在这样残酷的世界,
该说她幸福还是不幸福呢？
——《奇迹迷路了》

译文：ดูสิ! เธอตกอยู่ในห้วงแห่งความฝันอีกแล้ว
ในโลกที่โหดร้ายนี้
จะว่าเธอโชคดีได้หรือเปล่าหนอ
——《เมื่อปาฏิหาริย์เลือนหาย》

原文叙述一个小女孩在六岁生日时,从小抚养自己的外公送了一个亲手做的扑蝶网,而第二天外公突然去世了,女孩每天只能用这个网捕捉生命中转眼消逝的美丽,但现实却是一无所获,女孩只能沉醉在梦幻里。为了接近儿童口吻,译者在译文里增加了语气助词 สิ 和 หนอ,借以抒发感情,在最后的反问句"幸福"一词,译为 โชคดี 是根据文中情景语境而决定的,即根据所描写人物的经历与心境决定词义。

【例8】原文：幸好故事中总有这样的画面……
小约翰轻轻地靠着老约翰,
老约翰也轻轻地靠着小约翰。
——《布瓜的世界》

译文：โชคดีที่เรื่องต่าง ๆ มักจะมีฉากแบบนี้เกิดขึ้นด้วยเสมอ...
เจ้าหนูจอห์นแอบอิงลุงจอห์น
ลุงจอห์นก็อิงแอบเจ้าหนูจอห์นเช่นกัน
——《ทำไม》

这段话的主题是"老剧本",译者在翻译的时候融入语境,把"画面"一词译为"ฉาก 幕,背景",更符合作者在这一主题里的中心思想：人生常有的故事剧本恰恰就像一部人生电影。

5. 诗意音乐性

几米作品的音乐性是由简洁有力的律动画面和词句组成的，图画和文字不断重复又慢慢变奏，隐约存在的节奏和层次感。可以从几米的字里行间看到比喻、拟人、对偶、排比、反复、反问等修辞手法，增强感情强度，让文字更富含力度与深情。

【例9】原文：有时候，我觉得世界是没有边界的；
有时候，我觉得世界是没有出口的迷宫；
有时候，我觉得已走到世界的尽头。
　　　　　　　　——《地下铁》

译文：บางครั้ง ฉันรู้สึกว่าโลกใบนี้ช่างไร้ขอบเขต
บางครา ฉันรู้สึกว่าโลกใบนี้เหมือนเขาวงกตที่ไร้ซึ่งทางออก
บางเวลา ฉันรู้สึกว่าได้เดินมาถึงที่สุดปลายโลกแล้ว
　　　　　　——《ในใจ...ไกลกว่าสายตา》(*Sound of Colors*)

这里出现的排比句增强了盲人女孩无奈与绝望的感觉，烘托出故事的发展与变化，而译者在翻译时，根据句子的升华，选择了不同的词语进行翻译。比如：同一意思的"有时候"选用了三个词语"บางครั้ง，บางครา，บางเวลา"。

【例10】原文：要打电话给她吗？还是画一张小卡片？
或是干脆直接去找她？她会被我吓一跳吗？
她会打电话来吗？她会想我吗？她会写信给我吗？
还是她根本就不在乎我？
花儿为什么不香了？风为什么不吹了？
我为什么老是感到心神不宁？
难道她真的不想我吗？要打电话给她吗？
还是画一张小卡片？
还是……
　　　　　　　　——《你们我们他们》

译文：จะโทรหาเธอดีไหมนะ หรือว่าจะเขียนการ์ดดี
หรือจะเดินดุ่ยตรงดิ่งเข้าไปหาเธอเลย เธอจะตกใจหรือเปล่านะ
เธอจะโทรมาไหมนะ เธอจะคิดถึงเราไหมนะ
เธอจะเขียนจดหมายให้เราไหมนะ
หรือว่าที่จริงเธอไม่ได้แคร์เราเลย
ดอกไม้ทำไมไม่หอมแล้วนะ ลมทำไมไม่พัดแล้วล่ะ
เราทำไมจิตใจไม่สงบสักทีเลย
หรือว่าเธอไม่ได้คิดถึงเราจริง ๆ จะโทรหาเธอดีไหมนะ
หรือว่าจะเขียนเป็นการ์ดดี

หรือว่า.....

——《ความรักเจ้าขา》(Something about love)

这里有 14 个问句,连续出现的问句无形中增添文字的力度与疑问的强度,渲染了对爱情世界的疑问与迷茫,但这平凡的反问却又是爱情男女之间常有的疑问,译者选用简单的词语和口语化的词语和句式使得译文简洁却又紧贴读者爱情思想。

(二)绘本泰译策略

结合理论分析逐步深入,发现绘本翻译的确存在许多难处,包括如何平衡和处理图文关系,如何针对各年龄层次读者的理解差异而准确选用翻译词语,如何融入作者选用的主角口吻去叙述故事等,这些因素均需译者在翻译过程里做出权衡和处理,笔者针对几米绘本泰译总结了以下绘本翻译策略:

1. 绘本的文字衔接连贯性远不如纯文字文本作品,大部分译者在翻译绘本都局限在语际翻译范畴,容易忽视图画在绘本内容叙述中的地位与作用,忽视图文关系的重要性。文字和图画之间的关系存在三种情况:详述、扩展和加强。[①]为了实现文字和图画两种模态的互动契合,译者需要采取不同的翻译策略,以达到原作的审美价值和艺术整体。

【例 11】原文:不晓得从什么时候开始,家里变得好安静好安静。

——《星空》

译文:ไม่รู้ว่าเริ่มตั้งแต่เมื่อไหร่ ที่บ้านกลายเป็นสถานที่ที่เงียบสงัดเหลือเกิน

—— The Starry Starry Night

继 Kress & Leeuwen(1996)提出视觉语法后得到显著发展是由 Clare Painter, Jim Martin, Len Unsworth 三位著名系统功能语言学者在《解读视觉叙

---

① 张婷. 认知视角下多模态文本的翻译研究:以儿童绘本翻译为例 [D]. 成都:四川外国语大学,2017:2.

事：儿童图画书的图像分析》一书里提出以图像、文字为组件的多模态叙事语篇中图像具有概念意义、人际意义、组篇意义的建构。其中图像的人际意义由聚焦系统（包括互动和视角，比如图像与读者是否有眼神接触），情感系统（包括鉴赏、移情和个体，比如读者面对图像是否投入情感），氛围系统（包括色度、色调和自然度，比如未激活情感氛围的黑白色和已激活情感氛围的彩色）三类系统组成。[①]

《星空》以一位不爱说话的女孩出发，讲述一类无法和世界沟通的孩子，从对社会的恐慌、逃避到逐步认识自我的过程。原文中的图像采用了黑色冷色调作为背景墙，女孩和爸爸并无任何交流和眼神接触，无眼神接触的客观视角，让读者有一种距离感，因此在翻译"好安静好安静"时，选用了"เงียบสงัดเหลือเกิน（寂静，万籁无声）"一词，进一步拉长图像人物与读者间的情感距离，加强"女孩"的孤独感。

【例12】原文：这个窗户可以看见最灿烂的夕阳。
这个厨房可以听到最欢乐的笑声。
——《星空》
译文：หน้าต่างบานนี้มีภาพพระอาทิตย์อัสดงที่งดงามที่สุด
ห้องครัวนี้มีเสียงหัวเราะที่เปี่ยมด้วยความสุขที่สุด
—— The Starry Starry Night

不爱说话女孩逃离冷清的家来到小时候和她一起生活的爷爷奶奶的房子，她出现了幻想，根据图像选用的温暖黄色和人物的快乐表情，在翻译"听到最欢乐的笑声"这句时，并没有直译"听到"，而采用与上一句译文对应的句式，译为"มีเสียงหัวเราะที่เปี่ยมด้วยความสุขที่สุด"让厨房"充满"最欢乐的笑声，这也恰当地强调了女孩心中的快乐温暖感受。

---

① 张婧娴. 视觉环境下的多模态叙事语篇的元功能意义建构：以几米绘本《时光电影院》为例［J］. 文艺材料，2017（30）：239.

2. 在汉译泰这一语言转换过程里，应注意文字的总体语境。语言的理解需要依靠上下文，正确把握汉语词汇在绘本文字中的意义定位显得尤为重要，应对上下文确切理解和对所描绘图画仔细推敲才能准确表达作者所述，使译文达到最大程度把握绘本整体内涵。

【例 13】原文：我在危机四伏的城市里，随时准备挥手告别。
但世界的惊奇与美丽，仍让我依恋不舍。
——《地下铁》

译文：ฉันอาศัยอยู่ในเมืองที่พลุกพล่านสับสน ฉันพร้อมจะโบกมือลาจากไปทุกเมื่อ
แต่ความงามและความแปลกใหม่บนโลกใบนี้ยังทำให้ฉันอาลัยอาวรณ์อยู่
——《ในใจ...ไกลกว่าสายตา》(*Sound of Colors*)

盲女对于在城市里感觉到"危机四伏"，更多是因为听到城市里急忙混乱的声音而产生内心的恐惧，译者准确把握词汇的定位，以主角的感受出发，选用"พลุกพล่านสับสน"一词，把静止的危险状态刻画为动态的画面，更好地把盲女的心境展露。

【例 14】原文：我在这个城市里，常常受伤。
幸好我复原得很快。
——《地下铁》

译文：อาศัยอยู่ในเมืองนี้ ฉันพลาดพลั้งเจ็บตัวบ่อย ๆ
โชคดีที่ฉันฟื้นตัวได้เร็ว
——《ในใจ...ไกลกว่าสายตา》(*Sound of Colors*)

译文中"受伤 พลาดพลั้งเจ็บตัว"是衔接上一段"或许我们也可以像小鸟一样地自由飞翔"的内容，盲女在天上自在飞翔，但结果却是掉落地面受伤，译者结合上下文进行准确推敲，"พลาดพลั้ง"指失足，在文字上实现强化"受伤"的效果。

3. 鉴于几米绘本所针对的是成人和儿童两类读者，应考虑到绘本翻译内容当中的特殊认知能力，译者在翻译过程中应采取有效的翻译策略提高译本在目的语中的可读性，避免译文过于书面化、文学化。

【例 15】原文：但这世界上谁没有受过伤呢？
他坚持最痛的地方要用最美丽的方式包扎。
——《童年下雪了》

译文：มีใครบ้างไหมไม่เคยเจ็บปวดมาก่อน
เขายืนยันมั่นใจ เจ็บปวดที่สุด ณ จุดใด
ต้องทำแผลให้สวยที่สุดตรงจุดนั้น
——《ความปวดร้าวอันงดงาม》

原句"他坚持最痛的地方要用最美丽的方式包扎"包含了两个定语，如果完全按照原来的结构翻译出来，难免会造成理解上的困难，因此译者在翻译时改变了句式,使句子自然流畅,简单易懂。

【例 16】原文:每个人都抢着要和董事长合影,
渴望索取他的签名。
董事长总是和颜悦色地满足大家的要求,
他从来没让任何人失望过。
——《幸运儿》

译文:ทุกคนอยากถ่ายรูปด้วย
และอยากได้ลายเซ็นของเขา
ท่านประธานมักทำตามโดยดี
เพราะไม่เคยทำให้ใครผิดหวัง
——《เรื่องเล่าของชายผู้โชคดี》

译者把"和颜悦色地满足大家的要求"这句话译为"ทำตามโดยดี",采用简单词汇和精练句式,使译文简洁明快,避免死译现象。

4. 绘本具备丰富多元的艺术特性,译者在翻译的过程中需要结合自己的生活经验和主观情感来体会,抓住文本主题的内涵美,对其中画面和文字进行综合感知,翻译择词要往美好积极的方向靠拢,只有清楚文字表达里的程度、效能与张力,正确把握翻译过程的文字表达,才能将原文里的内涵和绘本主题的延伸融合在译文的方寸之间。

【例 17】原文:叉叉熊虽然受尽苦难,
他仍相信世界上有真正的幸福,
不管眼前多么暴烈残酷,
他总会看到隐藏在背后的祥和与美丽。
——《童年下雪了》

译文:แม้ลำบากรันทดเพียงใด
หมีกากบาทยังมั่นใจ
ว่าโลกใบนี้ยังมีความสุขแท้จริงเหลืออยู่
แม้โลกเบื้องหน้าจะโหดร้ายเพียงใด
เขายังแลเห็นความสงบงามซุกซ่อนไว้เบื้องหลังเสมอ
——《ความปวดร้าวอันงดงาม》

原文用转折关系和条件关系的关联词组成的句子说明人生的内涵美,译者统一用"แม้...ยัง..."的句型,使译文文字清晰表达出作者的感知,有时候为了使句子流畅,翻译时会把词性转换,比如:把"受尽苦难"译为"ลำบากรันทดเพียงใด",这恰恰能和下文的"多么暴烈残酷"的译文句型"โหดร้ายเพียงใด"相呼应,使译文的结构简单化、意义明确化。

【例 18】原文:多年以后,
谁会记住这个令人丧志的黄昏呢?

他们将会看见，
我们如阳光般灿烂的笑容。
　　　　　　——《照相本子》

译文：หลายปีผ่านไปแล้ว
จะยังมีใครจำผลการพ่ายแพ้อันแสนรันทดในวันนั้นได้อีก
เห็นจะมีก็แต่เพียงรอยยิ้มอันสว่างสุกใสของพวกเราอย่างในรูปนั่นแหละ
　　　　　　——《ภาพแห่งชีวิต》

这本作品是借着一张张照片描述人生记忆中的片段，由此折射出照片背后的故事或人生哲理。译者把"令人丧志的黄昏"译为"ผลการพ่ายแพ้อันแสนรันทดในวันนั้น"，暗示人生必然会经历失败，但最后将只会留下"阳光般灿烂的笑容 รอยยิ้มอันสว่างสุกใส"，译文把作者对人生的感悟充分呈现出来了。

总结

绘本翻译过程是一项特殊的文学翻译过程，笔者认为，译者应从绘本文学的特殊性出发，基于图文交互的多模态话语分析等理论，遵循绘本翻译选词时的简洁平易性、形象童趣性、图文互动性、语境相符性和诗意音乐性的原则，选择适度的翻译策略，最大限度地再现绘本原文的审美元素和文学价值，从而将汉语绘本更好地往对象国传播。

参考文献

[1] 陈翠虹. 翻译研究新领域：绘本翻译：《绘本翻译：为儿童读者重新表达文字、视觉和听觉元素》评介[J]. 湖州职业技术学院学报, 2018（4）：49—52.

[2] 贾佳, 龚晓斌. 多模态话语分析视阈下题画诗《画鹰》的英译研究[J]. 语文学刊·外语教育教学, 2015（10）：50—52.

[3] 刘敏. 成人绘本研究：以几米绘本为例[D]. 武汉：华中师范大学, 2008.

[4] 彭懿. 图画书这样读[M]. 北京：接力出版社, 2018：17.

[5] 松居直. 我的图画书论[M]. 长沙：湖南少年儿童出版社, 1997：78.

[6] 许宏. 童心课堂：基于儿童文化的小学品德生本课堂[M]. 杭州：浙江教育出版社, 2013：69.

[7] 张婧娴. 视觉环境下的多模态叙事语篇的元功能意义建构：以几米绘本《时光电影院》为例[J]. 文艺材料, 2017（30）：238—239.

［8］张婷. 认知视角下多模态文本的翻译研究：以儿童绘本翻译为例［D］. 成都：四川外国语大学，2017.

［9］朱永生. 多模态话语分析的理论基础和研究方法［J］. 外语学刊，2007（5）：82—86.

［10］Kress G, Theo Van Leeuwen. *Reading Images: The Grammar of Visual Design* [M]. 2nd ed. London: Rouledge, 2006: 47.

［11］Ketola, Anna, Garavini, etc. *Translating Picturebooks: Revoicing the Verbal, the Visual and the Aural for a Child Audience* [M]. New York: Routledge, 2018.

［12］Mounin G. *Les problèmes théoriques de la traduction* [M]. Paris: Gallimard, 1963.

［13］Nikolajeva M, Carole Scott. *How Picture Books Work* [M]. London and New York: Routledge, 2006.

［14］Painter C, Martin J R, Unsworth L. *Reading Visual Narratives: Image Analysis of Children's Picture Books* [M]. London: Equinox, 2013.

国别区域研究

萨珊与罗马在也门的博弈及其与中国史、当代中东政治的一些比较
——基于《塔巴里史》和《巴拉米史》[①]

上海外国语大学　程　彤

【摘　要】本文主要基于《塔巴里史》和《巴拉米史》的对同一段历史的记载，揭示古代发生在也门的萨珊和罗马之间的博弈。在博弈的关键阶段，古代西亚战例战术与古代中国战例战术有一些惊人的相似性；而审视博弈的整个过程，不禁使人联想到与当今中东地区的冲突也存在一定的相似性。

【关键词】萨珊；罗马；塔巴里史；巴拉米史

萨珊与罗马的争斗从萨珊王朝建立到萨珊王朝的灭亡（公元 224—651 年），持续了四百多年。作为当时世界上的两大超级大国，双方的国王为了开疆扩土，追逐财富[②]，在政治、经济和宗教等领域进行全面的博弈。两个帝国博弈最直观和最激烈的地域就是从高加索、亚美尼亚向两河流域延伸，直至阿拉伯半岛南部地区。两国沿着这条接触带，进行了长期的间歇性的战争，直到最后精疲力竭，被崛起于阿拉伯半岛的阿拉伯人所击败。从高加索到两河流域地区，双方的博弈体现在双方直接的军事和政治对抗与妥协，而在阿拉伯半岛地区则是两国的代理人之间的战争。

本文主要基于《塔巴里史》和《巴拉米史》的对同一段历史的记载，揭示当时发生在也门的双方的博弈，在博弈的关键阶段，古代西亚战例战术与古代中国战例战术有一些惊人的相似性；而审视博弈的整个过程，不禁使人联想到与当今中东地区的冲突也存在一定的相似性。

《塔巴里史》原名《先知与帝王史》（Tārikh-o-rasl-o-molok）由穆罕默德·本·贾里尔·塔巴里（约 838—923 年）撰写，[③]《巴拉米史》是《塔巴里

---

① 此文为 2018 年国家社科基金教育学国家重点项目"'一带一路'沿线关键土著语言文化通识课程体系建设研究"（项目号 AFA180013）阶段性成果。

② "通过肥沃的新月地区，把欧洲和印度联系起来的巨大陆路，是安息国和罗马帝国之间无穷摩擦的主因"．希提．阿拉伯通史：上册［M］．马坚，译．北京：商务印书馆，1979：36．

③ 《塔巴里史》是一部编年体的世界通史巨著。全书共 13 册，7500 页。其内容从古

史》节选的翻译。翻译工作最早始于伊斯兰阴历 352 年（公元 962 年）。两本史书都有关于也门的记载，其中特别提到波斯萨珊的势力如何进入也门。《巴拉米史》①关于这段的记载，是将《塔巴里史》的几种记载进行综合，并在细节上更丰富。

罗马人从公元前 24 年第一次远征阿拉伯开始，试图"夺取南方阿拉比亚人所独占的运输路线，并且开发也门的资源，以增加罗马的财富"②。公元 525 年，受拜占庭罗马皇帝的指派，阿比西尼亚王派军队（埃萨俄比亚人）横渡红海，战胜了阿拉伯半岛南部的希木叶尔王朝的最后一个国王。③那次战役的统帅艾卜赖海当上了也门的国王。希木叶尔王族的阿布·穆拉赫的妻子被艾卜赖海所霸占，于是他出走也门向拜占庭皇帝和萨珊国王求救，结果得不到帮助而客死他乡。后来他的儿子塞弗·本·迪·雅赞·希木叶尔知道自己的身世之后也向罗马皇帝和萨珊国王阿努希尔旺请求救兵，帮助他们复国④。罗马皇帝以阿比西尼亚人也信仰基督教为由，拒绝出兵帮助。而萨珊国王在其宠臣的劝说下，则命令一个叫作瓦赫拉兹的年迈将军率领八百名弓箭手帮助赛义夫回也门复国。最终，这支波斯军队获得了胜利，赛义夫也当上了国王。后来赛义夫被阿比西尼亚奴隶谋杀，瓦赫拉兹再次受命征服也门，于是也门正式成了萨珊的属国。⑤

代创造世界的传说讲起，到公元 915 年为止。以阿拉伯-伊斯兰教历史为主兼及其他各民族的历史。书中记述了真主创造天地万物的传说，古代东方各国史，古代阿拉伯各部族的酋长、古代先知及穆罕默德的生平，伊斯兰教历史上各朝代帝王的事迹和有关历史事件，直到萨曼王朝各代君主的本纪。所记伊斯兰教先知穆罕默德的事迹尤为详细，主要根据圣门弟子及再传弟子的传述和麦地那学者考证而得的资料。该书参考了当时保存的大量文献，而且搜集大量口碑新资料，内容丰富，文字优美。这部巨著为阿拉伯史学树立了划时代的里程碑，对后来的伊斯兰教史学家影响很大。该书先后被译成波斯语、土耳其语、拉丁语、德语、英语和法语等。

① 这部作品介绍了前伊斯兰时代到穆罕默德预言的各个帝王和朝代，以及早期伊斯兰的历史。残卷正面的前两页文字包含一段较长的赞美辞，颂扬真主、真主的力量以及真主的创造。接下来是一段阿拉伯文赞美辞，称赞了作者的赞助人呼罗珊和特兰索夏尼亚的萨曼王朝统治者曼苏尔·本·努赫·本·艾哈迈德·本·伊斯梅尔（al-Mansur b.Nuh b.Ahmad b.Isma'il），巴拉米正是受他所托将此作品译成波斯文。作者在序言的结语中指出："我们在这部作品中介绍了世界历史，涵盖有关天文学家以及索罗亚斯德教教徒、基督徒和犹太人的一切资料。"

② 希提. 阿拉伯通史：上册[M]. 马坚, 译. 北京：商务印书馆, 1979：29.
③ 希提. 阿拉伯通史：上册[M]. 马坚, 译. 北京：商务印书馆, 1979：38.
④ *The history of al-Tabari (Vol.5): the Sāsānids, the Byzantines, the Lakmids, and Yemen* [M]. Translated by C. E. Bosworth. New York: The State University of New York Press, 1999: 236.
⑤ *Tabari's history of prophets and kings (Vol.2): A 963 AD Persian translation attributed to Bala'mi* [M]. Edited, with an introduction and notes, by Mohammad Rooshan. Tehran: Soroush

在《巴拉米史》和《塔巴里史》记载波斯军队和阿比西尼亚人军队的较量中，他们的战例战术与古代中国的战例战术非常相似：

一则是破釜沉舟：当波斯军队到达也门的时候，因为遇到风浪，沉没了两艘。原有的八艘船和八百名弓箭手只剩下六艘船和六百名弓箭手。然而他们要面对的是以逸待劳、号称十万的阿比西尼亚军队。于是这位波斯将军做出这样的举动：他下令烧掉船只和多余的衣物，扔掉余下的食物，这样将他的士兵置于绝境，逼迫他们绝处求生。

当离停战结束还有一天的时候，瓦赫拉兹下令把运载他们到此的船烧掉，还有他们带来的多余的衣物。接着他下令把带来的粮食都拿出来，并命令手下："把这些食物吃掉！"于是他们都吃了。接着，他站出来说道："我把你们的船烧了，我要你们明白你们已经回不去了。想想我烧掉的你们的衣服，一旦阿比西尼亚人战胜你们，这些东西就会落到他们的手中，这将激起我的愤怒。我已将你们的食物扔到了海里，我不指望你们中的任何一个人可以多活一天。如果你们是愿意随我战斗，忍受战斗的烈火的人，那现在就表现出来。如果你们不想这么做，那么我就拔剑自尽，因为我从未想被阿比西尼亚人活捉。所以想想你们的处境吧。因为我，你们的指挥官，为自己选了这条路。"他们回答："好，我们与你并肩作战。要么战斗到最后一个人，要么获胜。"①

这类似于中国秦朝末年楚霸王项羽破釜沉舟的故事：

项羽已杀卿子冠军，威震楚国，名闻诸侯。乃遣当阳君、蒲将军将卒二万渡河，救巨鹿。战少利，陈馀复请兵。项羽乃悉引兵渡河，皆沉船，破釜甑，烧庐舍，持三日粮，以示士卒必死，无一还心。于是至则围王离，与秦军遇，九战，绝其甬道，大破之，杀苏角，虏王离。②

第二则是擒贼先擒王或者说斩首行动：当两军对阵的时候，瓦赫拉兹命人指给他看也门的国王，他张弓搭箭一箭将其射死，紧接着波斯弓箭手也一阵齐射。敌人因群龙无首便四散奔逃。

当休战结束的那天早晨，瓦赫拉兹列队开战，大海就在他们的背后。他走

Press, 2004: 722-735.

The history of al-Tabari: the Sāsānids, the Byzantines, the Lakmids, and Yemen [M]. Translated by C. E. Bosworth. New York: The State University of New York Press, 1999: 235-251.

① *Tabari's history of prophets and kings (Vol.2): A 963 AD Persian translation attributed to Bala'mi* [M]. Edited, with an introduction and notes, by Mohammad Rooshan. Tehran: Soroush Press, 2004: 730.

The history of al-Tabari: the Sāsānids, the Byzantines, the Lakmids, and Yemen [M]. Translated by C. E. Bosworth. New York: The State University of New York Press, 1999: 247.

② 司马迁. 史记·项羽本纪 [M]. 北京：中华书局，2011：261.

到他们面前，鼓励他们在战斗中坚守，告诉他们有两种可能：要么战胜敌人，要么光荣地去死。他下令他们张弓搭箭。他说："当我下令射箭，就五发齐射。"也门人在此之前没有见识过。马斯鲁戈率领大军，坐在战象上，头戴王冠，额头上镶着一颗鸡蛋大小的红宝石。他除了胜利，什么都看不到。瓦赫拉兹因为年纪原因眼睛发花。他说："把他们的首领指给我看。"他被告知，"那个骑在象背上的就是。"但是不久马斯鲁戈就下来骑上一匹马。于是他们喊道："他现在骑着一匹马。"瓦赫拉兹说："把我的眼皮撑开。"因为他年纪太大了，所以他的眼皮都耷拉下来了。他们用带子固定住他的眼皮。他拿了一支箭，搁在弓的中央说："把马斯鲁戈指给我看。"他们照此做了。他确认之后，下令放箭。他自己拉弓，到拉满弓时就放出箭。箭射出后就像一根拉长的绳子，扎入马斯鲁戈的前额。他从马上摔了下来。许多人也被箭雨射死。当他们看到指挥官摔到地上后，他们的前排就乱了，所以只能逃跑。①

当两军正要开始厮杀时，瓦赫拉兹说："把他们的国王指给我看。"他们告诉他："你看到那个骑在大象上的人吗？"他说："是的。"他们告诉他："他就是他们的国王。"他说："现在别管他。"他们等了很长的时间。接着他说："他骑什么？"他们回答："他已经骑上马了。"他说："别管他。"他们又等了一段时间。他说："现在他骑什么？"他们回答："他骑一头骡。"瓦赫拉兹说："驴崽子！他太软了，他的国家也一样。你们听得清我说的吗？我要射他。如果你们看到他的卫兵站在周围没动，你们就坚守，等我的命令再进攻。因为我可能没射中他。但如果你们看到敌人的军队聚在他周围，死死围着他，我就射到他了，那就向他们发起进攻。"于是他将弓挂上弦，据说只有瓦赫拉兹有力气这么做。他眼皮一眨不眨，把箭搭在弦上，拉满弓，放箭。箭射中马斯鲁戈前额的红宝石，射入他的脑袋，从后颈穿出来。马斯鲁戈从骡子上向后倒下，阿比西尼亚人紧紧簇拥着他。波斯人向他们冲去，阿比西尼亚人就被打败了。②

中国唐代诗人杜甫的《前出塞·其六》这样写道：

挽弓当挽强，用箭当用长。

射人先射马，擒贼先擒王。

---

① *The history of al-Tabari: the Sāsānids, the Byzantines, the Lakmids, and Yemen* [M]. Translated by C. E. Bosworth. New York: The State University of New York Press, 1999: 247-248.

② *The history of al-Tabari: the Sāsānids, the Byzantines, the Lakmids, and Yemen* [M]. Translated by C. E. Bosworth. New York: The State University of New York Press, 1999: 240-241.

Tabari's history of prophets and kings (Vol.2): A 963 AD Persian translation attributed to Bala'mi [M]. Edited, with an introduction and notes, by Mohammad Rooshan. Tehran: Soroush Press, 2004: 731.

杀人亦有限，列国自有疆。
苟能制侵陵，岂在多杀伤。①

以上两则内容所体现的是最激烈的博弈形态和最关键的阶段——战争。第一个事例展现的是勇气；第二个展现的是策略。通过这两个事例，使人感到要在博弈关键阶段取得胜利，最主要的是要具备勇气和策略两个条件。

此外，通过萨珊和罗马在也门的博弈的整个进程，我们还可以发现与当代中东地区冲突的要素的相似性。这些要素包括大国介入地区冲突的深层原因、大国介入冲突的名义和划分联盟的标志、引发冲突的诱因和介入冲突的方式。

一、大国介入地区冲突的深层原因在于大国对该地区物产和财富的欲求。罗马希望掌控也门的财富，并对乳香、没药、香胶、香木等香料有大量的需求，而这些却被阿拉伯人所垄断，同时作为另一个的中间商阿比西尼亚人也想从中得到更多的好处。

在普林尼时代，罗马市民已怨声载道，因为南方的阿拉比亚人高抬物价，而罗马又没有什么物产可以和他们交换，日用必需的货物，都要用现金购买。阿比西尼亚人显然也不满意于他们东方的邻人所分给他们的利益，现在他们殷勤地向罗马要求联盟。②

萨珊国王也对财富颇感兴趣。当希木叶尔王族向霍斯鲁搬兵时，就以归属萨珊和当地的财富为代价。③当波斯人赶走阿比西尼亚人后，波斯国王不但收取了进贡的财富，而且指示每年上缴定额的人头税和土地税。④也门也成了波斯的属国。

当今世界上的大国对中东地区的物产和财富同样存在欲求，另外中东的地缘战略重要性也激发了大国对该地区的控制欲。众所周知，当今中东地区最重

---

① 杜甫. 杜诗镜铨：上册 [M]. 上海：上海古籍出版社，1980：49.
② 希提. 阿拉伯通史 [M]. 马坚，译. 北京：商务印书馆，1979：36.
③ 杜·雅赞回答说："国王啊，黑人从我们手中夺取了我们国家的统治权，他们的所作所为令人发指，出于对国王您的尊敬，我羞于启齿。如果一个国王不经我们的正式请求而给予我们帮助，这对他来讲是应该的，因为他比其他君主优秀、高贵和卓越。然而为什么他不这样呢，当我们来到他这里，对他满怀期待，希望神消灭我们的敌人，帮助我们抗击他们，让我们向他们报仇？如果国王想让我们的话成为现实，实现我们的愿望，就派一支军队随我回去，把敌人从我们的土地上赶走，他可以将其并入自己的国家。那是最富饶的土地之一，物产丰富，不像他的帝国边缘的阿拉伯半岛的区域。他可以做到这些。"*The history of al-Tabari: the Sāsānids, the Byzantines, the Lakmids, and Yemen* [M]. Translated by C. E. Bosworth. New York: The State University of New York Press, 1999: 243.
④ "他把财富交给了霍斯鲁。霍斯鲁写信给他，要求他立塞弗·本·迪·雅赞为也门和它的属地的统治者，并向他征收人头税和土地税。这每年都有定额交给霍斯鲁。"*The history of al-Tabari: the Sāsānids, the Byzantines, the Lakmids, and Yemen* [M]. Translated by C. E. Bosworth. New York: The State University of New York Press, 1999: 241-242.

要的物产就是石油和天然气资源。这些是人类社会所需能源的极其重要的来源。中东的一些国家也从中获取了令世人羡慕的巨额财富。因此，掌控中东的物产和财富依然是某些大国所梦寐以求的愿望。更有甚者通过以货币与石油价格挂钩，以长期的全球金融霸权，获取源源不断的全球财富。为此，世界上的一些大国为满足他们的欲求，比过去任何时代都更深入地介入地区冲突。

二、大国以宗教的名义介入冲突和划分冲突的对立联盟。联盟因为相同的信仰而施以援手，不同的联盟因为不同的信仰而大打出手。在希木叶尔王朝晚期（公元4—5世纪），基督教和犹太教相继被传入也门。① 公元365年，东罗马帝国派遣了一个基督教代表团进入也门。② 据传说两个拉比最早将犹太教带入也门。③ 直接冲突方则以宗教为双方区分站队的标志。罗马皇帝在回答也门时说：

"但是你的国家离我们很远，我们的军队到那里太远了。但我会替你写封信给阿比西尼亚的国王，因为它也是一个基督徒。他比我们离你们近，因此能帮助你们，保护你们。替你向那些迫害你们、屠杀你们和你们的同道者的人报仇。"④ "同时罗马因为宗教而不帮异教徒。当赛义夫向罗马皇帝求助时，就被拒绝。"⑤

而在当地，信仰基督教的阿比西尼亚人与也门的多神教徒和犹太教徒对峙。民族的界限与宗教的界限重合。阿比西尼亚人占领也门之后，建教堂，发兵进攻麦加克尔白，强制阿拉伯人改宗，引发强烈不满。⑥

同样，审视当今大国介入中东冲突的名义，我们依然会看见宗教以及其他的一些价值观的展示，或者以宗教作为文明冲突的标识。亨廷顿关于文明冲突学说潜移默化地影响着西方一些大国的政治家的言行与决策，给人感觉基督教文明与伊斯兰教文明的冲突不可避免。中东国家不同的宗教乃至宗教内部的教派矛盾通常使冲突的对立面愈加明显。宗教极端主义在中东的猖獗，也成为大

---

① 希提. 阿拉伯通史：上册 [M]. 马坚，译. 北京：商务印书馆，1979：37.
② 希提. 阿拉伯通史：上册 [M]. 马坚，译. 北京：商务印书馆，1979：37.
③ The history of al-Tabari: the Sāsānids, the Byzantines, the Lakmids, and Yemen [M]. Translated by C. E. Bosworth. New York: The State University of New York Press, 1999: 172.
④ The history of al-Tabari: the Sāsānids, the Byzantines, the Lakmids, and Yemen [M]. Translated by C. E. Bosworth. New York: The State University of New York Press, 1999: 207.
⑤ "但是他没有从拜占庭皇帝那里得到需要的帮助，并发现他们的立场是一致的，因为他们有共同的宗教信仰。" The history of al-Tabari: the Sāsānids, the Byzantines, the Lakmids, and Yemen [M]. Translated by C. E. Bosworth. New York: The State University of New York Press, 1999: 244.
⑥ The history of al-Tabari: the Sāsānids, the Byzantines, the Lakmids, and Yemen [M]. Translated by C. E. Bosworth. New York: The State University of New York Press, 1999: 217-235.

国介入中东冲突的最好理由。另外,更常见的是大国打着自由、民主和人权的旗号,占领道德制高点来压制反对方,而对于同盟成员国内与其标榜的旗号向左的现实却视而不见。

三、冲突的诱因通常是当地部族和个人恩怨触发宗教对立,引发教派冲突。萨珊与罗马在当地冲突爆发的事件起因是来自基督教徒聚居区的犹太人因为他的儿子被杀,求助于同样是犹太教徒的希木叶尔王杜·努瓦斯。于是希木叶尔王征讨了基督教徒聚居区。从那里逃脱的人到罗马宫廷告状,遂引发阿比西尼亚人的介入。[1]"南部阿拉比亚人,对于新近传入的这两种一神教,有改宗这教的,有改宗那教的,互相竞争,遂引起激烈的仇恨。"[2]

中东地区部族间的矛盾、教派间、社会阶层间的矛盾冲突从古到今从未停止过。尤其是在当今全球媒体的作用下,往往个人的冲突会迅速引发蝴蝶效应,急剧扩大到部族和教派,乃至国家,继而导致大国的介入。阿拉伯之春、叙利亚的化武事件、也门的教派冲突、巴林的内乱,都有一些引发矛盾冲突的共性。

四、由于当时的大国距离冲突的发生地较远,介入冲突通常采取的是挑起代理人之间的战争。但最后关头,大国还是有直接干预的可能。罗马皇帝让阿比西尼亚人出面干涉,因为他们与罗马信仰相同,且与也门距离较近。[3] 而萨珊国王也曾一度考虑到路途遥远而放弃提供救助。萨珊国王霍斯鲁说:"你们国家离我们很远,你们国家除了骆驼和羊,资源贫乏,对我们没用。我不会派一支波斯军队去阿拉伯的地方,那样做毫无道理。"[4] 于是最后挑选了八百名囚犯,并从中挑选出一名老迈退役的将军。[5] 这场冲突最终在阿比西尼亚军队和萨珊由囚徒组成的雇佣军之间展开。再后来,霍斯鲁还是直接派遣正规军进入

---

[1] *The history of al-Tabari: the Sāsānids, the Byzantines, the Lakmids, and Yemen* [M]. Translated by C. E. Bosworth. New York: The State University of New York Press, 1999: 204-207.

[2] 希提. 阿拉伯通史:上册 [M]. 马坚,译. 北京:商务印书馆,1979:38.

[3] "恺撒派达乌斯捎信给阿比西尼亚国王,信中提到给予达乌斯道义上的帮助,和他与他的同道者所忍受的煎熬。恺撒命令阿比西尼亚的国王向达乌斯提供救助和向那些迫害他和其他基督徒的人实施报复的手段。" *The history of al-Tabari: the Sāsānids, the Byzantines, the Lakmids, and Yemen* [M]. Translated by C. E. Bosworth. New York: The State University of New York Press, 1999: 207.

[4] *The history of al-Tabari: the Sāsānids, the Byzantines, the Lakmids, and Yemen* [M]. Translated by C. E. Bosworth. New York: The State University of New York Press, 1999: 238.

[5] *The history of al-Tabari: the Sāsānids, the Byzantines, the Lakmids, and Yemen* [M]. Translated by C. E. Bosworth. New York: The State University of New York Press, 1999: 238.

Tabari's history of prophets and kings (Vol.2): A 963 AD Persian translation attributed to Bala'mi [M]. Edited, with an introduction and notes, by Mohammad Rooshan. Tehran: Soroush Press, 2004: 728.

也门，使也门彻底成为萨珊的属国。

今天这种代理人的战争在叙利亚战场上，在也门的冲突中表现得非常明显。在叙利亚，我们看到受俄罗斯和伊朗支持的政府军、受到沙特支持的叙利亚自由军和受美国支持的库尔德武装。最后俄罗斯和伊朗直接出兵干预，支持阿萨德政权。而在也门，逊尼派总统哈迪受到沙特的支持。沙特还直接率领联军直接干预，而敌对的什叶派胡塞武装则受到同是什叶派的伊朗的支持。

希提对罗马在南阿拉伯地区博弈的这段历史做了一个总结："阿拉比亚的两边，各有一个强国——信奉祆教的波斯和信奉基督教的阿比西尼亚（以拜占庭为后盾）——这两个强国都想继承他们的邻国——新近灭亡的南方阿拉比亚王国，故彼此竞争。信奉基督教的阿拉比亚人同情于拜占庭，故招致了阿比西尼亚的干涉，犹太教和多神教徒倾向波斯，故予波斯以可乘之机。北方的叙利亚-阿拉比亚沙漠阻拦着世界强国，南方的阿拉比亚却变成那些强国进入这个半岛的通路。"① 最后，经过赛义夫短暂的统治，他周围的阿比西尼亚奴隶将其刺杀，波斯国王再次派瓦赫拉兹将军前去镇压，并留在也门担任总督，至此，也门成为了波斯的属国。②

从上述这段历史中，我们可以发现这样一个过程：两个大国在一个地区范围内的疆域和财富的长期争夺中，地区的小国内部的分歧被牵连到宗教和价值观的分歧乃至对立，从而引发更大的分歧与冲突，或许那些对立的宗教和价值观还是从外部，甚至是从大国被引入的。大国们又以宗教和价值观为旗号，掩盖其追求土地和财富的真实目的，通过其代理人，最后甚至是自己介入其中，直至将其并入自己的政治版图和势力范围。而这种过程似乎在当今的中东还在被不断重复。在这整个博弈过程中，勇气和策略是不可或缺的，尤其是在最激烈的博弈阶段——战争中最为明显。

参考文献

[1] *Tabari's history of prophets and kings (Vol.2): A 963 AD persian translation attributed to Bala'mi* [M]. Edited, with an introduction and notes, by Mohammad Rooshan. Tehran: Soroush Press, 2004.

---

① 希提. 阿拉伯通史：上册 [M]. 马坚，译. 北京：商务印书馆，1979：75.
② *The history of al-Tabari: the Sāsānids, the Byzantines, the Lakmids, and Yemen* [M]. Translated by C. E. Bosworth. New York: The State University of New York Press, 1999: 251.
Tabari's history of prophets and kings (Vol.2): A 963 AD Persian translation attributed to Bala'mi [M]. Edited, with an introduction and notes, by Mohammad Rooshan. Tehran: Soroush Press, 2004: 734-735.

［2］*The history of al-Tabari (Vol.5): the Sāsānids, the Byzantines, the Lakmids, and Yemen* [M]. Translated by C. E. Bosworth. New York: The State University of New York Press, 1999.

［3］希提. 阿拉伯通史：上册［M］. 马坚，译. 北京：商务印书馆，1979.

［4］杜甫. 杜诗镜铨：上册［M］. 上海：上海古籍出版社，1980.

［5］司马迁. 史记·项羽本纪［M］. 北京：中华书局，2011.

中世纪伊斯兰"异闻书"内容特点浅析
——以12—13世纪波斯语异闻书为例

上海外国语大学 王 诚

【摘 要】"异闻书"是中世纪波斯语、阿拉伯语的伊斯兰文献中的一类特殊题材。这类作品具有"百科全书"式的分类体系,内容涉及自然学科和人文学科的各个领域。这种体裁的作品主要特点包括:内含大量"迷信""精怪传说"的内容、注重各类食物对人类的裨益以及借鉴了大量的科学类著作。本文通过对比12—13世纪的几部较为知名的波斯语"异闻书"的整体内容,找出其在内容上的共性,并继而指出,这类"异闻书"作品内容可以反映当时的科学发展水平,同时可以使今人了解当时人们对科学的分类方法,以及对各个领域认识的广度和深度。

【关键词】中世纪波斯语;"异闻书";内容特点

一、伊斯兰"异闻书"的含义

在中世纪波斯语、阿拉伯语的伊斯兰文献中,有一类特殊题材的书籍,被当代学界[①]称为"异闻书"('Ajāyibnāma)。这类作品所涵盖的内容通常十分丰富,涉及自然学科领域(天文、地理、博物、化学、医学等)和人文学科领域(符号、巫术、相术、占卜、民俗逸闻等)的诸多内容。这类作品的内容既源于在公元9—10世纪被译成波斯语或阿拉伯语的古代伊朗或希腊的百科全书或博物志,也反映了当时伊朗、阿拉伯地区社会流行的各种神怪传说,奇闻异志以及民间迷信,可以说是对上述内容的整合。

关于"异闻书"的明确定义,目前学界尚未给出明确的答案。本文所指的"异闻书",往往也被划入"古代(自然)百科全书/博物志(Dānishnāma)"的范畴[②]。尽管在当时被冠以"百科全书"之名作品的内容往往只是作者根据自己所见所闻所进行的记录,很多内容在今人看来毫无科学根据甚至只是"迷信",但考虑到在特定时代,人们对"科学"的认识受到当时的认知水平和社

[①] 此处的"学界"主要是指伊朗和西方学界。
[②] 详见:Vesel Z. *Dāyira al-Ma'ārif-i-Fārsī* [M]. translated by Amir-Moezzi M A. Tehran: Intishārāt-i- Tūs, 1368SH.(本文引注中涉及的伊斯兰阳历纪年法,采用SH进行标记。)

会条件制约，具有一定的局限性。因此，不能以今天的观点来评判这些作品的学术价值。因此，将这类"异闻书"归入"百科全书"或"博物志"的范畴是合理的。但是，笼统地将这类掺杂了大量奇闻逸事、精怪传说的书籍同各种探讨某一（或多个）领域严肃议题的百科全书归为同一类作品，却又无法体现这类作品的特点，因此以新的名称"异闻书"来定义这类作品则相对恰当。

但是，依上文所述，如何判定一部作品是否是"异闻书"，当今学界尚未给出统一的标准。有学者认为，这类作品中大部分的标题都有"奇闻"（'Ajāyib）或"异闻"（Gharība）等词汇，因此，"含有上述二词"可作为判断一部作品是否是异闻书的标志[①]。此说法虽然也有道理，但仍显得片面。判断一部作品是否为"异闻书"，还应从内容入手，找出这类作品的共性。

通过对比一些常见的被学界认为是"异闻书"的作品，可以得知其具有如下共同点：从内容广度来说，各类"异闻书"主要包括这两大类内容：其一是对自然界和人类社会万物以及对其特性的描述，其二则是对各种"奇异之术"及"奇异之闻"进行介绍，包括炼金术、符咒、相面术、占卜术、魔术戏法以及民间流传的逸闻传说等内容。通过查阅其章节目录可以得知，这类作品内容往往十分广泛，涉及各个领域而非拘泥于某个领域或学科。从内容深度来说，由于这类作品辐射的领域较广，故没有对某一领域专业的学术问题进行深入探讨，涉及的内容更多反映了"大众化、通俗化的文化"[②]，同时带有幻想、魔幻的色彩。[③]从章节结构上来说，这类作品并非天马行空，所有内容被砸揉在一起，而是有分明的分类体系，每个章节涉及一个领域，且有明确的标题。尽管每部作品章节排列的顺序有所不同，但其所涵盖的范围却基本相同。从语言上来说，以波斯语写作的"异闻书"作品的语言通常相对简单，没有复杂晦涩的语句，这也反映了这类作品"平民化"的特点。

依上所述，倘若一部作品符合上述条件，则可以称之为"异闻书"。下文将以 12—13 世纪著成的几部被学界称为"异闻书"的作品为例，对这类作品内容上的共同特点进行进一步的分析。

---

① Hees S. *The Astonishing: A Critique and Re-Reading of 'Aǧā'ib Literature* [J]. Middle Eastern Literatures, 2005, 8 (2): 103.

② Sultānī A. *On the Books of Strange Items and Categories: Azari Toosi Akram Soltani* [J]. Journal of the Humanities, 1385SH, 13 (2): 131, 133-134.

③ Horri A. *'Ajāyibnāmah ba Mazila-yi-Adabiyyāt-i-Vahmnāk* [J]. Naqd-i-Adabī, 1390SH, 4 (15): 131, 141-142.

二、波斯语典型"异闻书"作品内容及其共同点

(一)《奇闻珍宝》(Tuḥfat al-Gharāib)

《奇闻珍宝》是伊斯兰历 5 世纪数学家、天文学家穆罕默德·本·艾尤卜·塔巴里(Muhammad bn Ayyūb Tabarī,逝于 485/1092 年[①])的作品。全书分为 37 各章节,内容可分为如下四部分:

(1)各种事物的性状(包括外观、声音、气味、味道等)和特性(khāssiyyat)。

(2)世间奇闻,包括陆地、海洋、河湖、山川、城镇等。在描绘各种事物和现象时,着重说明它们的"特性",特别是这些事物对人的作用和益处。例如在《动物的血肉》这一章中,着重指出每种动物身体中的各个器官在治疗疾病、操控人心(使他人服从自己或爱慕自己)上的作用。[②]

(3)戏法和诡计,包括辨人的方法(如如何在人群中辨别小偷)、魔术、幻术、各种神奇工具的制造方法(如密码箱的制造方法)[③],以及公共场合的各种猜谜游戏等。

(4)动物生产及分类方法、医学原理以及其他日常事务,如制造墨水、刀具的方法。

《奇闻珍宝》作为波斯语"异闻书"的代表作品,广为后世作者所参考。如沙赫马尔丹·本·艾比尤希尔·拉齐(Shahmardān bn Abī al-Khayr Rāzī)的《高贵的喜悦书》(Nuzhatnāma-yi-'Alāyī,成书于 490—495/1097—1102 年)、沙姆素丁·穆罕默德·杜乃希里(Shams al-Dīn Muhammad Dīnsarī)在《霎时之逸闻与勇敢者之杰作》(Navādir al-Tabādur lituhfat al-Bahādir,成书于 669/1271 年)中、扎克里牙·本·穆罕默德·加兹温尼(Zakaryā bn Muhammad Qazvīnī)的《造物之奥妙和现存事物之神奇》('Ajā'ib al-Makhlūqāt va Gharā'ib al-Mawjūdāt,成书于 678/1280 年),上述作品均"点名或不点名地"提到了对此书的引用。[④]

[①] 本文涉及历史文献及作者所在的年份采用伊斯兰历和公历两种纪年方法表示,记录方式为"XX(伊斯兰历)/XX(公历)",下文不再赘述。

[②] Muhammad bn Ayyūb Tabarī. Tuḥfat al-Gharāib [M]. edited by Matīnī J. Tehran: Intishārāt-i- Mu'īn, 1371SH: 189-208.

[③] Muhammad bn Ayyūb Tabarī. Tuḥfat al-Gharāib [M]. edited by Matīnī J. Tehran: Intishārāt-i- Mu'īn, 1371SH: 174-175.

[④] Muhammad bn Ayyūb Tabarī. Tuḥfat al-Gharāib [M]. edited by Matīnī J. Tehran: Intishārāt-i- Mu'īn, 1371SH: 前言部分 23-32.

（二）《高贵的喜悦书》

《高贵的喜悦书》为伊朗 11 世纪天文学家沙赫马尔丹·本·艾比尤希尔·拉齐（生于约 420—425/1030—1034 年）的作品。全书分为两部分，第一部分为人类、动物（猛兽、野兽和牲畜）、鸟类、爬行动物与昆虫、植物、矿物与宝石的特性及裨益；第二部分则讲述算术、天文学的特点及裨益、星相学入门以及与工艺、技术相关的故事和逸闻。

在第一部分中，作者在对自然界万物进行了描述，其除了对各种事物的性状、动植物的习性做了介绍外，将重点放在了"特性"上，即各种事物对人类的裨益及其影响。在第二部分中，作者也将目光放在各种学科与人的关系上。作者在对算术、天文和逻辑学等知识进行简要介绍后，将重心放在了地理、城镇特点、相面术、幻术、炼金术、符咒术以及制造刀具、香料的技术上。此外，作者在第二部分还收录了古代伊朗帝王英雄的传说，如鲁斯坦姆（Rustam）、凯·霍斯鲁（Kaikhusrū）等人的故事。作者在写作本书时也参考了同时代或之前学者的科学类著作，如伊本西拿（Abū 'Alī Sīnā）的《高贵的百科全书》(*Dānishnāma -yi-'Alāyī*)、伊朗 10—11 世纪哲学家米斯卡瓦伊（Abū 'Alī Miskavaya）的哲学著作《道德的完善》(*Tahzīb al-Akhlāq*)、伊朗 10 世纪科学家比鲁尼（Abū Rayhān al-Birūnī）的数学、天文学和占星学著作《占星学入门解答》(*Al-Tafhīm*)等。①

（三）图西的《造物之奥妙和现存事物之神奇》

本书是 12 世纪伊朗学者穆罕默德·本·马哈茂德·艾哈迈德·图西（Muhammad bn Mahmūd bn Ahmad Tūsī）写于 556—573/1161—1178 年间的作品。这部作品涉及十个部分的内容，其标题如下：

（1）天文异闻：包括天体运行、星座、南北极以及天使的特点。

（2）天空及大地异闻：主要涉及气象学内容，包括雷电、彩虹、风、云、火等自然元素，在讲述"火"的部分，作者也介绍了对火的崇拜。

（3）地貌、河流、山川异闻：主要涉及自然地理学内容，包括地区划分、河流、泉、井、山川、岩石奇观等内容。

（4）城镇及寺院异闻：主要涉及人文地理学内容。作者在本章根据首字母的顺序记录了著名的城市、清真寺以及其他宗教的寺院，此外，还介绍了一些自然灾害，如塌陷、地震及暴风等。

（5）植物异闻：（按首字母的顺序）

---

① Shahmardān bn Abī al-Khayr Rāzī. *Nuzhatnāma-yi-'Alāyī* [M]. edited by Jahānpūr F. Tehran: Mu'asisa -yi- Mutāri'āt va Tahqīqāt, 1362SH: 62-63.

(6）碑铭异闻：包括先知和王公陵墓的异闻。

（7）人的异闻：主要包括四部分内容。其一，介绍了人的天性，包括精神和理智的特点以及五种知觉，在此基础上，还介绍人身体器官的特性和功能、人的阶层、女人和太监、人在不同时间突发的特性等。其二，介绍了种族的特点，涉及突厥人、乌古斯人和印度人。其三，介绍了先知的特质，包括先知的高贵之处、先知与伪先知的区别等内容。其四，为医学、炼金术、食物特性、权力、梦境以及生与死方面的内容。

（8）精怪异闻：包括民间传说中流传下来的各种妖怪、死尸以及魔鬼的异闻。

（9）鸟类异闻。

（10）动物异闻：包括牲畜、野兽、海兽、爬虫、昆虫的特性、其自我治疗的方法以及治疗动物的物质。①

通览全书可以发现，本书的架构十分庞大，涉及各种学科领域，但作者写作的立足点仍在"人"，即各种事物对人的作用。这一点在描述"植物""动物"和"人"的部分更为突出。例如，在讲述动物和植物的部分，图西除了描绘各种动、植物外观和性状，还重点讲述每种动植物的各个肢体或部分对人类疾病的治疗效果，从而使这本书对人们的生产和生活的实用性得以增强。

（四）《吉祥之书》（Farukhnāma）

本书由 12 世纪伊朗青年学者阿卜贝克尔·穆塔哈尔·贾马里-亚兹迪（Abūbikr Mutahhar bn Abī al-Qāsim bn Abī Sa'd Jamālī Yazdī）于 580/1185 年著成，其亦是一部"百科全书"式的异闻书。全书共分为 16 个章节，依次为人和牲畜的裨益，鸟类和昆虫的裨益，树木、香料和蔬菜的裨益，大麻与草类，宝石，药物，药油和相面术，占星术，巴列维语词汇注释，金、珍珠和云母的熔化，毒物、鸦片及其奥秘，戏法和诡计的异闻，戒指嵌石与星体的关系及其对人类福祸的影响，向星体祷告的祷文，向星体祷告的仪式等。②

纵览本书章节结构可以发现，本书的最大特点即是实用性和普适性。首先，这部作品舍去了以往"异闻书"中普遍收录的较为深奥的天文、数学及逻辑学相关的内容，而大幅增加了各类占卜、相术、巫术和戏法的篇幅（约占全书一半）。尽管这类内容在今人看来具有"伪科学"或"迷信"的色彩，但是在当时社会均应是有实际需求的实用知识。其次，在讲述自然界万物（人、动

---

① 详见：Muhammad bn Mahmūd bn Ahmad Tūsī. *'Ajā'ib al-Makhlūqāt va Gharā'ib al-Mawjūdāt* [M]. edited by Sūtūda M. Tehran: Intishārāt-i- 'Ilmī va Farhangī, 1382SH.

② 详见：Abūbikr Mutahhar Jamālī Yazdī. *Farukhnāma* [M]. edited by Īraj Afshār. Tehran: Intishārāt-i- Farhang-i-Īrānzamīn, 1346SH.

植物、矿物、金属以及药物）的部分，作者同样也着重强调了各种事物的"特性"。如在"人和牲畜裨益"的章节，作者在描述完每种动物的外观、生活方式和习性后，都会对这种动物身体各个器官在治疗疾病和操控人心（使人服从或爱慕自己）上的作用进行着重介绍。而在植物、矿物、油料和药物的部分亦同。最后，本书中有一章内容是巴列维语词汇和习语的收录。表面看来，这一章内容的插入似乎略显突兀，但是作者在这章的开始指出："在所有的波斯语文献中都需要这些词汇。"① 由此看来，作者还是出于"实用性"的考虑收录此章。因此，此章内容与本书的整体的"实用性"风格无异。

作者在本书序言部分已明确指出：这本书的原本是沙赫马尔丹的《高贵的喜悦书》，是对此书的完善和修订。② 除此之外，这本书关于戏法和诡计的章节与《奇闻珍宝》中的对应章节内容大体一致。有理由认为，这本书在写作时也借鉴了这部作品。③ 此外，作者还借鉴了拉齐（Muhammad bn Zakaryā Rāzī, 251—304 / 865—925）、伊本西拿、比鲁尼、欧麦尔·海亚姆（'Umar Khayyām, 440—536 / 1048—1131）等作者同时期或先于作者生活时代的伊斯兰科学家、哲学家的作品。可以说，这本书也是作者整合前人成果的产物。

（五）《霎时之逸闻与勇敢者之杰作》

《霎时之逸闻与勇敢者之杰作》是 13 世纪伊朗学者沙姆素丁·穆罕默德·杜乃希里所著的异闻书，成书于 669/1270 年。原书共分为 12 个门类，大体可以分为实用学科（'Ulūm-i-'Amalī）和理性学科（'Ulūm-i-'Aqlī）两大类。实用学科包括：医学、宝石学、相面学、特性学（'Ilm-i-Khāss）和农学；理性学科则包括：逻辑学、神学、生理学、算术、几何、天文学和占星学的部分内容。④

同其他的"异闻书"类似，本书的描述重心也放在各种事物"特性"上，即事物对人生产和生活的作用及裨益。例如在讲述"宝石学"的章节中，作者除了讲述各种矿石的外形及优、缺点，也对它们的功能、对人的益处做了描

---

① Abūbikr Mutahhar Jamālī Yazdī. *Farukhnāma* [M]. edited by Īraj Afshār. Tehran: Intishārāt-i- Farhang-i-Īrānzamīn, 1346SH: 309.

② Abūbikr Mutahhar Jamālī Yazdī. *Farukhnāma* [M]. edited by Īraj Afshār. Tehran: Intishārāt-i- Farhang-i-Īrānzamīn, 1346SH: 4.

③ Abūbikr Mutahhar Jamālī Yazdī. *Farukhnāma* [M]. edited by Īraj Afshār. Tehran: Intishārāt-i-AmīrKabīr, 1368SH: 26.

④ 详见：Shams al-Dīn Muhammad Dīnsarī. *Navādir al-Tabādur lituhfat al-Bahādir* [M]. edited by Īraj Afshār. Dānishpajhūh M. Tehran: Pajhūhishgāh-i-'Ulm-i-Insānī va Mutāri'āt-i-Farhangī, 1387SH.

述；^①在"农学"的章节中，作者对能够保存各种作物或催熟果实的物质的"特性"也做了介绍。^②此外，与其他"异闻书"不同的是，本书专门用了一章来讲述"特性学"的内容。此章共分为六个小节，依次为"人类的裨益""野兽、猛兽和牲畜的裨益""鸟类的裨益""爬虫和昆虫的裨益""树木与果实的裨益""植物与毒物的裨益"，内容均为对各种动植物的身体、器官等在治疗和达成人们愿望上的作用。

依上文所述，本书作者在写作中参考了塔巴里的《奇闻珍宝》。除此之外，作者在本书的最后还提到，其在写作时还参考伊本西拿、比鲁尼和沙赫马尔丹等学者的作品。^③由此可见，这本书也是整合了各家之言的作品。

纵览典型波斯语"异闻书"的内容可以发现，尽管这类"异闻书"在内容编排、组织结构上有所不同，但具有如下共同点：

（1）这类作品都具有"百科全书"式的层次分明的章节划分体系，其内容基本上都有应用类（物质类）和理性类两个部分。应用类主要包括各种自然界和人类社会的现象、各类占卜、戏法和诡计等。理性类则主要包括逻辑学、数学、天文学、神学等内容。其中，各种占卜术、相术、魔术和戏法占异闻书的篇幅比重较大。

（2）注重各类事物的"特性"，即其给人类带来的益处，如在治疗疾病、满足人的意愿上的作用。这些益处往往也具有"惊奇"的效果，如使用某些物品可以令使用者达到操控人心，使他人臣服或爱慕自己等目的。这也体现了这类书籍的实用色彩。

（3）各时期的"异闻录"作者在写作时往往会参考、引用前人的类似题材的作品，以及各个学科领域的学术著作。这一方面使得各个"异闻书"作品内容近似，另一方面也表明，"异闻书"的作者对同时期或作者生活年代前问世的各个学科领域的重要作品都有所了解。尽管这类作品的内容有很大一部分在今人看来有"迷信"或"伪科学"的成分，但是，这类作品大量进行引用学术著作这一现象本身也可以说明，这类作品并非通过作者凭空想象、臆造而成，其内容可以反映当时社会的科技水平及人们的认知程度。这在客观上提升了这

---

① Shams al-Dīn Muhammad Dīnsarī. *Navādir al-Tabādur lituhfat al-Bahādir* [M]. edited by Īraj Afshār. Dānishpajhūh M. Tehran: Pajhūhishgāh-i-'Ulm-i-Insānī va Mutāri'āt-i-Farhangī, 1387SH: 153-163.

② Shams al-Dīn Muhammad Dīnsarī. *Navādir al-Tabādur lituhfat al-Bahādir* [M]. edited by Īraj Afshār. Dānishpajhūh M. Tehran: Pajhūhishgāh-i-'Ulm-i-Insānī va Mutāri'āt-i-Farhangī, 1387SH: 258-265.

③ Shams al-Dīn Muhammad Dīnsarī. *Navādir al-Tabādur lituhfat al-Bahādir* [M]. edited by Īraj Afshār. Dānishpajhūh M. Tehran: Pajhūhishgāh-i-'Ulm-i-Insānī va Mutāri'āt-i-Farhangī, 1387SH: 278-280.

类作品在学术上的价值。

三、结语

一直以来,"异闻书"这类作品由于含有大量被认为是"迷信"或"伪科学"的内容,其学术价值通常被学界所忽视。但是,关于这类作品仍有很多值得研究的议题,其内容特点便是其中之一。通过纵览典型"异闻书"的内容,可以发现,尽管各部作品的内容有所不同,但都具有分类全面且鲜明、思维性和实用性并存、注重事物特性的特点,并且其内容结构已经形成比较完整的体系。除此之外,各类"异闻书"作品均参考了大量同时期或之前时代的学术著作,因此其内容直接反映了当时人们对科学的认知水平。由此可见,通过分析"异闻书"的内容结构,可以了解当时人们对科学的分类方法,以及对各个学科领域的知识认识的广度和深度。

参考文献

［1］Abūbikr Mutahhar Jamālī Yazdī. *Farukhnāma* [M]. edited by Īraj Afshār. Tehran: Intishārāt-i- Farhang-i-Īrānzamīn, 1346SH.

［2］Abūbikr Mutahhar Jamālī Yazdī. *Farukhnāma* [M]. edited by Īraj Afshār. Tehran: Intishārāt-i-AmīrKabīr, 1368SH.

［3］Hees S. *The Astonishing: A Critique and Re-Reading of 'Ağā'ib Literature* [J]. Middle Eastern Literatures, 2005.

［4］Horri A. *'Ajāyibnāmah ba Mazila-yi-Adabiyyāt-i-Vahmnāk* [J]. Naqd-i-Adabī, 1390SH, 4 (15): 131.

［5］Muḥammad bn Ayyūb Tabarī. *Tuḥfat al -Gharāib* [M]. edited by Matīnī J. Tehran: Intishārāt-i- Mu'īn, 1371SH.

［6］Muḥammad bn Maḥmūd bn Aḥmad Tūsī. *'Ajā'ib al-Makhlūqāt va Gharā'ib al-Mawjūdāt* [M]. edited by Sūtūda M. Tehran: Intishārāt-i- 'lmī va Farhangī, 1382SH.

［7］Shams al-Dīn Muḥammad Dīnsarī. *Navādir al-Tabādur lituḥfat al-Bahādir* [M]. edited by Īraj Afshār, Dānishpajhūh M. Tehran: Pajhūhishgāh-i-'Ulm-i-Insānī va Mutāri'āt-i-Farhangī, 1387SH.

［8］Sultānī A. *On the Books of Strange Items and Categories: Azari Toosi Akram Soltani* [J]. Journal of the Humanities, 1385SH, 13 (2): 131, 133-134.

［9］Vesel Z. *Dāyira al-Ma'ārif-i-Fārsī* [M]. translated by Amīr-Mu'izza M A. Tehran: Intishārāt-i- Tūs, 1368.SH.

极限突围：美国极限施压下伊朗的防范与应对

信息工程大学　黄宇豪

【摘　要】 极限突围是伊朗针对美国极限施压战略的反制措施，该策略最大限度地维护了伊朗的国家利益。在伊朗最高领袖哈梅内伊的领导下，伊朗在经济、外交、军事和核战略方面采取了应对措施，建立了一套较为完备的防御体系：以发展抵抗型经济为支柱，辅以硬软结合的外交手段，以较强的军事力量为保障，辅以突破核协议的威胁恫吓。面对美国极限施压战略，极限突围收获了明显的成效。目前，美国与伊朗在博弈过程中形成了一种僵持的敌对，以长远的角度来看，这种对峙还将继续延续，但美国和伊朗之间爆发有限冲突的可能性也依然存在。

【关键词】 伊朗美国关系；战略措施；国家安全

一、极限施压：伊朗的安全威胁

在战略层面上，伊朗官方并没有出台相应的国家安全战略，但是在战术层面上，伊朗已经基本构建起较为完备的安全防御体系。不论从战略还是战术层面探讨伊朗的安全举措，首先都必须确定其所面临的国家安全威胁。就目前来讲，伊朗面临的威胁来自国际、地区、国内三个方面。本文重点针对伊朗目前最主要的安全威胁展开论述，即来自国际方面的美国极限施压。

极限施压（Maximum pressure）战略于 2017 年 3 月首次提出，是一种以严厉制裁和军事威胁等手段迫使对手改变行为为目的的战略[①]。极限施压最初目的是解决朝鲜半岛问题，后来特朗普将此战略应用到对伊朗与中国的外交战略上。

美国针对伊朗实施的极限施压战略，其期望和诉求可以分为三个层面：最高目标是以较低成本实现伊朗政权的更迭，中等目标是推回伊朗之前在地区扩张中获得的优势成果，最低目标是让伊朗长期遭受经济制裁的痛苦[②]。以目前的状况来看，美国已经实现最低目标，全面制裁下伊朗里亚尔持续疲软，通货膨胀严重。根据伊朗统计中心的数据，伊历 1398 年 1 月伊朗通胀率为

---

① Tabatabai A. *Maximum pressure yields minimum results* [EB/OL]. (2019-03-06) [2019-08-10]. https://foreignpolicy.com/2019/03/06/maximum-pressure-yields-minimum-results/.

② 王雷. 透视特朗普政府对伊朗新战略［J］. 当代世界，2018（9）：44.

30.6%。伊历 1398 年伊朗 10 岁以上人口失业率为 12%，同比增长 0.1%。德黑兰的失业率为 12.6%；其中 15—24 岁之间的年轻人失业率最高，高达 27% 左右[1]。极限施压战略对伊朗的国家安全构成了严重威胁，经济上的极大压力已使伊朗民众苦不堪言。由民生问题产生的社会矛盾极易转化为对现政权的不利因素，这也正是特朗普极限施压战略的基本逻辑。

二、极限突围：伊朗的安全举措

极限施压战略对伊朗国家安全产生了严重威胁，面对严峻的国内外环境，伊朗也针锋相对地采取了必要的安全措施。伊朗官方虽没有发布"对美大战略"，但是为了应对美国威胁，伊朗已经构建了全方位的"极限突围"策略。安全政策一直以来都是伊朗国家政策的重点。针对极限施压战略，伊朗积极运用国家战略资源消除威胁，力图维护国家安全。

（一）经济方面

为激发国家潜力，降低石油依赖度，伊朗最高领袖哈梅内伊宣布伊历 1396 年（2017 年 3 月 21 日至 2018 年 3 月 20 日）为"抵抗经济：生产—创业年"（اقتصاد مقاومتی: اشتغال- تولید），伊历 1397 年（2018 年 3 月 21 日至 2019 年 3 月 20 日）为"支持国货年"（حمایت از کالای ایرانی），伊历 1398 年（2019 年 3 月 21 日至 2020 年 3 月 19 日）为"生产繁荣年"（تولید رونق），政府继续执行 2013 年以来的"抵抗型经济"方针[2]。由于伊朗特殊的教法学家监护体系，在权力架构上，伊朗最高领袖位于三权之上，宗教领袖制定的大政方针有着极强的执行力度，对伊朗的经济建设有着巨大的指引作用。

石油产业作为伊朗的支柱产业，受极限施压的影响最大。伊朗为了规避石油减收影响，采取了多种应对方式：降低石油出口价格，提供免费"石油运输"、为运输商船提供保险等[3]；伊朗与俄罗斯正在实行一项"以油换物"的策略，俄罗斯购买伊朗石油，并且将这些石油以俄罗斯的名义出售[4]；石油运输

---

[1] 韩建伟. 美国极限施压对伊朗经济、全球经济及资本市场的影响[N]. 第一财经日报，2019-06-03（A11）.

[2] 中国驻伊朗大使馆经济商务参赞处. 伊朗建设"抵抗型"经济的要点[EB/OL].（2014-06-30）[2019-07-30] http://ir.mofcom.gov.cn/article/ztdy/201406/20140600644541.shtml.

[3] Natasha T. *India may not be able to cut Iranian oil imports, despite U.S. sanctions demands* [EB/OL]. (2018-09-07) [2019-07-30]. https://www.cnbc.com/2018/09/07/india-may-not-be-able-to-cut-iranian-oil-imports-despite-us-sanctions-demands.html.

[4] *Russia studying possible oil-for-goods deal with Iran: Novak* [EB/OL]. (2018-07-13)

过程中，关闭石油船只的追踪系统、更改旗帜和船名躲避卫星追踪。

外汇来源是伊朗维持经济的另一关键，伊朗中央银行多次调整货币政策，正在建立避开美元的支付机制。目前伊朗分别与俄罗斯、中国和欧洲协调创新货币支付方式。俄罗斯正和伊朗试图创立一项全新的支付网络，该网络内包括所有前苏联加盟共和国，土耳其也有意向参与其中①。中国是伊朗的第一大贸易伙伴，2019年2月伊朗议长拉里贾尼访华，伊朗代表团与中方就建立双方货币直接结算机制进行了讨论和磋商。事实上，伊朗央行已经正式用人民币替代美元，并把人民币和欧元列为伊朗主要的外汇货币。欧洲方面，欧盟拟打造一个"特殊支付渠道"（SPV），该渠道将成为继SWIFT支付体系之后的另一大支付方式。德国、法国、英国于2019年1月31日发表联合声明称，为维护"联合全面行动计划"，三国宣布创建名为"支持贸易往来工具"（Instrument for Supporting Trade Exchanges，简称INSTEX）②的商贸结算机制。除此之外，伊朗国内有大量的比特币用户，政府默许人们使用比特币和其他虚拟货币，伊朗中央银行也正在起草一项关于虚拟货币作为外贸方式的草案③。另外，伊朗还有其他一些渠道获取外汇。2018年4月，巴林未来银行被曝暗中帮助伊朗进行对外贸易，该银行通过伪造文件隐藏伊朗与其他国家的交易记录来帮助伊朗获取外资。在该银行的帮助下，伊朗已经与其他国家进行了价值700万美元的交易④。另一家名为彼拉多（pilatus bank）的马耳他私人银行利用委内瑞拉房地产项目，向伊朗输送了超过1亿1500万美元⑤。伊朗在伊拉克还开设有私

[2019-07-30]. https://www.reuters.com/article/us-russia-iran-novak/russia-studying-possible-oil-for-goods-deal-with-iran-novak-id USKBN1K30ZB.

① Motamedi M. *Russia-led regional payment network could blunt US sanctions on Iran* [EB/OL]. (2018-08-21) [2019-07-30]. https://www.al-mon-itor.com/pulse/originals/2018/08/iran-russia-regional-payment-network-sanctions-pressure.html.

② INSTEX 系统以欧元结算，是欧盟成员国建立的一个法律实体，用以合法地与伊朗进行金融交易，从而让欧洲的企业可以继续与伊朗贸易往来。欧盟出口商向伊朗进口商提供货物，欧盟进口商从伊朗出口商获取货物。欧盟进、出口商分别向 INSTEX 提供交易数据，伊朗进口商、出口商分别向伊朗对应实体提供交易数据，INSTEX 和伊朗对应实体就交易数据进行沟通协调。INSTEX 将根据交易数据，协调欧盟进口商通过其在欧盟的银行的账户向欧盟出口商支付货款，而无需向伊朗出口商支付货款。

③ Gogo J. *Bitcoin Mooned Temporarily In Iran After Government Okayed Mining* [EB/OL]. (2018-09-05) [2019-07-22]. https://news.bitcoin.com/bitcoin-hits-24000-in-iran-after-government-okays-mining/.

④ Mekhennet, Souad, Joby W. *Billion-dollar Sanctions-busting Scheme Aided Iran, Documents Show* [N/OL]. Washington Post, 2018-04-03 (1) [2019-07-30]. https://www.washingtonpost.com/world/national-security/billion-dollar-sanctions-busting-scheme-aided-iran-documents-show/2018/04/03/37be988a-3356-11e8-94fa-32d48460b955story.html.

⑤ O'murchu C. *The Maltese connection with Iran sanctions busting* [N/OL]. Financial

人银行，而这些银行由伊拉克人、黎巴嫩人和叙利亚人经营①。一些诸如圣基茨和尼斯、科摩罗群岛和安提瓜岛的小国成了伊朗逃避制裁的保护所，伊朗人办理这些国家的护照，开设银行账户、注册公司。以科摩罗群岛为例，这个小小的非洲群岛国家中，竟然有超过 1000 名登记注册的伊朗人②。阿富汗和伊拉克两个邻国成了伊朗获取美元的最佳场所，伊朗里拉尔通过陆路和地洞的方式被大量运往阿富汗，在阿富汗被兑换成美元和黄金，这也导致了阿富汗自身出现经济问题，由于美元大量外流，目前阿富汗出现了外汇短缺的情况③。

（二）外交方面

虽然美伊之间实力差距悬殊，但是伊朗作为实力较弱的一方，在外交方面也有自身应对之策，即"第三方外交"。伊朗第三方外交的对象主要有两大类：非美国盟国的大国与美国盟国。

俄罗斯是非美国盟国中的重要大国，是伊朗化解美国极限施压压力的重要角色。特朗普上台后，对俄罗斯采取了严厉的制裁，并希望拉拢欧洲国家孤立俄罗斯，美俄竞争愈演愈烈。而俄伊关系正向战略伙伴关系迈进，主要体现在以下三个方面：第一，在美国制裁和威胁的背景下，伊俄双方战略立场保持一致，彼此相互支持。俄罗斯在叙利亚问题、也门问题、伊朗核协议上，甚至伊朗加入"上合组织"问题上都坚定支持伊朗。比如，2019 年 2 月，俄罗斯在联合国安理会否决了关于伊朗违规向也门胡塞武装提供武器的决议草案。第二，伊俄双方在安全领域开展了一系列合作，包括军事合作与情报协调沟通等高级别合作，展现了双方战略合作的广度和深度。2019 年 7 月 29 日，伊朗海军司令汗扎迪（حسینخانزادی）在接受媒体采访时表示，伊朗武装部队已经和俄罗斯国防部签署了扩大双边关系的谅解备忘录。在伊俄关系史上，签订军事领域的备忘录尚属首次。汗扎迪还透露，俄伊两国将在近期进行更加深入的军事合作，包括在霍尔木兹海峡举行海军联合军演。另外，在 2019 年 7 月 29 日召

Times, 2018-04-05 (1) [2019-07-30]. https://www.ft.com/con-tent/14f961b6-3281-11e8-b5bf-23cb17fd1498.

① Khorramiassl N. *Iraq makes sanctions against Iran ineffective* [N/OL]. Guardian, 2012-01-27 (1) [2019-07-30]. https://www.theguardian.com/commentis-free/2012/jan/27/iraq-sanctions-iran-ineffective.

② Hassanzade-Ajiri D. *Iranian in name only: Dual nationals hide Iran ties to avoid US sanctions* [EB/OL]. (2018-09-07) [2019-07-29]. https://www.france24.com/en/20180830-iranian-dual-nationals-hide-iran-us-sanctions-ali-sadr-hasheminejad-malta-galizia.

③ Pandey A. *Afghanistan: Iran sanctions, dollar smuggling add to currency woes* [EB/OL]. (2018-08-08) [2019-07-10]. https://www.dw.com/en/afghanistan-iran-sanctions-dollar-smuggling-add-to-currency-woes/a-45138915.

开的联合国安理会例会上,俄常驻联合国副代表萨夫龙科夫正式提交了俄方的《波斯湾地区集体安全构想》,主要内容包括提议波斯湾地区以外的国家放弃在该地区永久驻军,建立一个由俄、美、中、印、欧盟和其他有关各国组成的安全组织。第三,俄伊双方还加强了油气和金融合作在内的经贸合作。在油气领域,2017年11月俄伊签署了伊朗石油天然气战略项目的实施计划,双方将共同投资一项投资总额达300亿美元的石油天然气项目。2018年3月,俄罗斯扎鲁别日石油公司(ZarubezhneftOil)与伊朗签署了一份价值7.42亿美元的油田开发协议,除油气开采外,双方还提出将在技术人才培训、炼油厂现代化改造等方面展开合作。

中国是非美国盟国的另一大国,也是伊朗制衡美国的合作对象。2017年以来,面对中国的快速崛起,美国加快了战略重心转移,将中国列为主要战略竞争对手。2018年美国对华发动贸易战,意图通过征收关税等方式打压中国高新技术产业。美国重启制裁之后,伊朗高层多次访华,2018年5月,伊朗外长扎里夫对华进行工作访问;2018年6月,伊朗总统鲁哈尼来华出席上合组织青岛峰会并进行工作访问;2019年2月,伊朗议长拉里贾尼访华;2019年5月和8月,伊朗外长扎里夫两次访华。伊朗政府高层频繁访问中国释放了希望得到中国支持的信号。中国在美伊对峙上的确为伊朗提供了不少帮助,首先中国是"伊核协议"坚定的维护者,中国始终坚持维护"伊核协议"并切实履行协议内容。2019年5月,美国取消了8个国家或地区进口伊朗石油的临时豁免,伊朗原油出口大幅缩减。中国作为伊朗最大的石油出口国,一直坚持进口伊朗石油。据路透社报道,中国天津港和锦州港2019年6月一共卸下67万吨伊朗原油,锦州港和惠州港2019年7月一共卸下43万吨伊朗原油[1]。中国一直反对美国的长臂管辖,在伊朗石油问题上,对伊朗给予了足够的支持,美国想要将伊朗石油出口降低到零的可能性也微乎其微。

伊朗还积极利用美国与盟友之间的嫌隙,分化制裁压力。在伊朗核问题上,美欧之间一直存在分歧,欧洲希望通过核协议约束伊朗,支持伊朗和平利用核能,并且开拓伊朗市场,打开石油贸易通道。伊朗也希望通过欧洲制衡美国,为了绕开美国制裁,伊朗与欧洲三国在政府层面建立了SPV支付机制,但是在实施层面却面临困境,美国利用其主导的国际金融体系,对全球范围内与伊朗存在经济及金融联系的实体发出威胁和警告,绝大部分欧洲跨国企业如道达尔、标致、雷诺等已撤离伊朗。尽管如此,伊朗方面仍然认为欧洲国家是挽救"伊核协议"最主要的合作对象。俄罗斯与中国虽然可以在道义上给予伊

---

[1] 李爽,徐文焰,杜明霞. 中国7月继续进口伊朗原油,不顾美国制裁举措[EB/OL].(2019-08-09)[2019-08-11]. https://jp.reuters.com/article/china-july-iran-oil-import-0809-idCNKCS1UZ08Q.

朗坚定支持，但是其在经济援助方面只能发挥短时作用。真正的脱围之举是要与欧洲建立长期支付体制，从根本上解决国家的外汇来源问题。极限施压过程中伊朗多次将美国制裁压力推向欧洲，伊朗与美国之间的对峙渐渐转变成为欧洲与美国之间的博弈。虽然伊朗对于欧洲维护协议的作为不太满意，但是并不表示欧洲没有做出努力，欧洲已经在尽量不违反美国制裁的框架下为伊朗提供了部分经济补偿，包括为伊朗农业部门和环保部门提供资金等等。伊朗在转移矛盾和分化美国盟友的同时，也收到了一定的经济成效。

（三）军事方面

军事手段是维护国家安全的保底手段，是保持国家稳定的坚实后盾。1979年伊斯兰革命成功后，周边逊尼派国家虎视眈眈，国内保皇派和共和派势力此起彼伏，新政权尚未立足根基。因此，霍梅尼决定在保留前国王军队的同时，创立革命卫队维护革命成果，保卫新政权。在伊斯兰共和国成长的40年期间，伊朗经历了8年两伊战争和多次战争威胁，革命卫队和军队在其中都发挥了不可替代的作用。在被制裁的状态下，伊朗独立地发展了自己的核工业体系、航天、军工、制药和纳米技术等，其国防水平在中东地区名列前茅，国防力量不容小觑。作为伊朗"极限突围"策略的重要组成部分，强有力的军事手段从以下两个方面维护了伊朗国家安全：较强的军事能力和有力的军事执行方式。

就军事能力而言，伊朗军队和革命卫队战斗力较强，在近些年的代理人战争中经历了实战的检验，军事综合素质较强。目前伊朗最先进的武器装备和核心技术大都掌握在革命卫队手中。据英国《军事平衡》年鉴披露，截至2018年，伊朗武装部队总兵力为54万人，其中革命卫队为17万左右，革命卫队主力是陆军，拥有超过12个机械化旅的兵力，善于进行不对称作战。革命卫队海军主要装备近岸舰艇，主力是10艘"中国猫"级攻击快艇、40艘瑞典造"伯格哈姆"级巡逻艇、34艘武装渔船、10艘微型潜艇等，擅长利用"蜂群"战术打击海上目标，总体实力能在波斯湾水域对美国第五舰队构成威胁。伊朗革命卫队空军注重发展弹道导弹力量，伊朗已经掌握导弹自主研发技术，目前拥有250—300枚"流星-1"导弹，射程为285—330千米；200—450枚"流星-2"导弹，射程为500—700千米[①]。"流星-3"导弹的射程达到了1350千米，具有携带非常规弹头的能力。著名的"阿尔-哈迪德旅"拥有5个导弹营，装备15枚伊朗最先进的"流星-3"系列中程弹道导弹，能打击美国在中

---

① 丁工. 从伊朗核问题看伊朗的地区大国意识[J]. 阿拉伯世界研究，2010（4）：47.

东的所有军事基地①。从武装力量的人数、装备的质量以及作战经验上看，伊朗军事力量相较于海合会国家而言是最为强大的。

伊朗的地区代理人是伊朗军事力量的另一重要组成部分，其代理人包括主权国家和地区组织。近些年伊朗在地区的影响力和话语权明显上升，基本上构建了从波斯湾到地中海的什叶派新月弧，培育了诸多地区代理人。伊朗的中东代理人对美国造成的是实际的军事威胁，尤其是对美国中东驻军的人身威胁。比如，2019年5月19日晚，一枚"卡秋莎"火箭落在伊拉克首都"绿区"的无名战士雕像附近，距美国大使馆不到2千米。伊朗的地区代理人不仅对美军发起直接威胁，还对其地区盟友发动了攻击。2019年5月23日，也门胡塞武装出动无人机部队，成功轰炸了沙特战斗机机库和"爱国者"导弹基地，给即将入驻沙特基地的美军极大震慑。8月20日美军 MQ-9 无人机在也门扎马尔省上空被胡塞武装地空导弹击落②。这是胡塞武装近3年来击落的第4架 MQ-9 无人机。不仅如此，伊朗还视以色列为美国的利益代表，支持巴勒斯坦人民的独立斗争，为哈马斯和真主党提供无偿援助，支持其反美反以活动。目前，美国在中东有诸多军事基地，譬如土耳其的因斯里克空军基地、以色列的防空军事基地、科威特的萨利姆空军基地、巴林的海军基地、卡塔尔的乌代德空军基地等等，伊朗利用其复杂的代理人网络，给美国的中东驻军造成了实际威胁。在特朗普宣布革命卫队为恐怖组织之后，伊朗地区代理人与美军发生直接冲突的可能性又大大提高。可以说，伊朗的地区代理人成了伊朗"极限突围"战略的重要棋子，为伊朗争取了更大的周旋和谈判空间。

国家的国防实力不仅包括军事装备和作战能力，还包括国家面对外来威胁时所采取的应对方式。就军事执行方式而言，伊朗在应对极限施压时，一直保持强硬态度。伊朗政府清楚地意识到只有进行强硬抵抗才能维护国家安全。伊朗前总统内贾德谈及美国时曾指出："如果这个问题解决了，美国就会提出人

---

① The International Institute for Strategic Studies. *The Military Balance 2018* [R/OL]. (2018-01-14) [2019-08-02]. https://www.iiss.org/-/media/images/comment/military-balance-blog/2018/february/documents/the-military-balance-2018-press-statement.ashx.

② واکنش آمریکا به سرنگونی پهپادش در یمن: حمایت ایران از حوثی‌ها برای امنیت خطرساز هستند [EB/OL]. (2019-08-21) [2019-08-27]. https://farsi.alarabiya.net/fa/middle-east/2019/08/21/%D9%88%D8%A7%D9%83%D9%86%D8%B4-%D8%A2%D9%85%D8%B1%DB%8C%DA%A9%D8%A7-%D8%A8%D9%87-%D8%B3%D8%B1%D9%86%DA%AF%D9%88%D9%86%DB%8C-%D9%BE%D9%87%D9%BE%D8%A7%D8%AF%D8%B4-%D8%AF%D8%B1-%DB%8C%D9%85%D9%86-%D8%AD%D9%85%D8%A7%DB%8C%D8%AA-%D8%A7%DB%8C%D8%B1%D8%A7%D9%86-%D8%A7%D8%B2-%D8%AD%D9%88%D8%AB%DB%8C-%D9%87%D8%A7-%D8%A8%D8%B1%D8%A7%DB%8C-%D8%A7%D9%85%D9%86%DB%8C%D8%AA-%D8%AE%D8%B7%D8%B1%D8%B3%D8%A7%D8%B2-%D9%87%D8%B3%D8%AA%D9%86%D8%AF.

权问题。如果人权问题解决了,他们可能又提出动物权问题。"2019年6月20日革命卫队在伊朗南部沿海省份霍尔木兹甘省击落了一架美国MQ-9无人侦察机。事后,特朗普取消了原本计划的打击方案。从结果来看,"冒险突围"的方式一定程度上维护了伊朗国家的安全与稳定,向外界展示了抵御侵略的实力和意志。此次事件后,伊朗还收到了实际性的石油红利,打下美国无人机后,国际原油价格应声上涨3%。

霍尔木兹海峡也是伊朗"极限突围"策略的一张重要筹码。伊朗总统鲁哈尼于2018年12月4日在伊朗塞姆南省发表讲话称,如果美国妄图阻止伊朗的石油出口,那么伊朗将封锁霍尔木兹海峡①。霍尔木兹海峡是伊朗的撒手锏,号称中东海上咽喉,是伊朗南部连接波斯湾和阿曼湾的航运要道,海峡内有很多岛屿、暗礁和浅滩,伊朗利用岸基火力和导弹就能轻易控制海峡,利用水面布雷和沉船设障的方法也能有效地阻塞航道。全球约三分之一的海上石油贸易需取道霍尔木兹海峡,其对全球能源供应具有战略影响,也成为伊朗抵御极限施压的一张王牌。

(四)核战略

核战略是"极限突围"重要的作战方式,也是其牵制极限施压的利器。21世纪初,保守派总统内贾德上台,伊朗在核问题上态度强硬,伊朗核危机愈演愈烈。2015年包括美国在内的6国与伊朗签订了"伊核协议",希望通过核协议来限制伊朗发展核武器。但是特朗普上台之后认为"伊核协议"不符合美国利益,随即退出"伊核协议",意图迫使伊朗达成一项有利于美方的新协议。

然而,核力量是伊朗的核心国家利益。一方面,核武器会大幅提升伊朗的战略地位,给中东地区的安全和秩序带来深刻的变化。另一方面,拥核的伊朗会对美国盟友以色列造成更加直接的威胁,其弹道导弹可携带核弹头,打击范围覆盖以色列全境,也会极大助长反以势力。目前伊朗强调加强核利用,其目的并非追求核武器,而是希望通过适度突破协议,利用核威胁向协议各方施压,增加与美国博弈的筹码。2019年7月1日,伊朗外长扎里夫表示,低丰度浓缩铀存量已突破"伊核协议"所规定的300千克上限。7月7日,伊朗政府宣布伊朗正在提高浓缩铀生产丰度,将突破"伊核协议"规定的3.67%丰度

---

① روحانی غرب را به بستن «تنگه هرمز» تهدید کرد؟ [EB/OL]. (2018-07-03) [2019-08-06]. https://jamehirani.ir/fa/201807034030/%d8%b1%d9%88%d8%ad%d8%a7%d9%86%db%8c-%d8%ba%d8%b1%d8%a8-%d8%b1%d8%a7-%d8%a8%d9%87-%d8%a8%d8%b3%d8%aa%d9%86-%d8%aa%d9%86%da%af%d9%87-%d9%87%d8%b1%d9%85%d8%b2-%d8%aa%d9%87%d8%af%db%8c%d8%af/.

限制。伊朗领袖的高级顾问暗示，伊朗可能着手将浓缩铀丰度提高至 5%[①]。9月 7 日伊朗原子能组织发言人卡迈勒万迪表示，伊朗已经启动多台高级离心机，并且开始重启 20%丰度浓缩铀的生产，正在向新一代离心机注入铀气体。突破协议的一系列举动展现了伊朗拒绝妥协的强硬立场和维护自身权益的决心，适度的"打破限制"有利于伊朗在未来的谈判中扩大议价空间，为进一步"破局突围"奠定基础。

三、"极限突围"的评价与展望

"极限突围"是美国极限施压下的被动措施，该策略在一定程度上使极限施压战略陷入困境。但不可忽略的是，美伊之间绝对实力差距较大，"极限突围"并没有使美攻伊防的局面出现反转。全面分析伊朗的"极限突围"策略需要从该策略的特点和发展前景着手。

（一）特点：全面性、针对性、非对称性和冒险性

第一，全面性。伊朗伊斯兰革命后，一直饱受美国制裁，虽然制裁在"伊核协议"签订后有短暂缓和，但是也并未完全解除。伊朗经历了四十年的制裁，已经探索出一套完备的应对体系，不论是包括军事安全在内的传统安全还是包括经济安全在内的非传统安全，伊朗都有着自身的防御体系。在应对极限施压时，伊朗政府采取各种策略来规避、抵消或减轻其对伊朗经济造成的影响，使得极限施压难以奏效。伊朗在内政方面的应对措施包括进行经济改革、大力推进民用核计划、增强军事实力等；外交方面则包含了较为丰富多样的应对策略，如分化美国制裁同盟、寻求石油出口和进口商品替代国、构建全方位外交格局，提高外交影响力等[②]。

第二，针对性。伊朗历史是短暂辉煌史和长期屈辱史的结合史，它培育了波斯民族独有的双面性格：民族自豪感与悲情意识相互交织。捍卫独立自主是伊朗国际战略的基本目标。伊朗人极为珍视独立自主，为捍卫独立自主不惜代价和牺牲。此外，伊朗的宗教文化强化了伊朗不畏强敌的民族性格[③]。什叶派教义也带有强烈的反暴政、反强权、反传统意识[④]。因此，伊朗在面对极限施压时从来没有屈服，反而是采取针锋相对的回击措施。2019 年 4 月 8 日，特朗普宣布将伊朗革命卫队列为恐怖主义组织，4 月 16 日，伊朗议会通过一项

---

① آژانس بین المللی انرژی اتمی: ذخایر اورانیوم غنی شده ایران از ۳۰۰ کیلوگرم عبور کرد [EB/OL]. (2019-07-01) [2019-08-04]. https://www.radiofarda.com/a/iran-has-exceeded-enrichment/30030361.html.
② 罗凯. 伊朗应对美国核制裁的实践研究 [D]. 西安：西北大学，2018.
③ 田文林. 伊朗对外行为的战略文化分析 [J]. 阿拉伯世界研究，2016（4）：80.
④ 刘中民. 伊朗为什么是伊朗 [N]. 东方早报，2010-04-02（3）.

法案，将美军的中东驻军和中央司令部也列为"恐怖组织"。2019 年 6 月 1 日，美国派出亚伯拉罕·林肯号航空母舰、多架战斗机和直升机，以及一架 B-52 战略轰炸机在阿拉伯海进行联合演习。紧接着，伊朗罕见展示了地下导弹库，鼓舞民心的同时也对美国进行了毫不示弱的回应。

第三，非对称性。在美伊博弈中，伊朗的优势是拥有优越的地理位置、丰富的油气资源以及地区宗教、代理人网络；短板是经济严重依赖能源出口、金融体系脆弱、国内政治斗争激烈以及潜在的区域过度扩张[1]。相对于美国强大的经济、金融霸权，伊朗在经济领域难以抗衡。但是伊朗善于利用扬长避短的战略逻辑，利用不对称作战手段，牵制美国的极限施压。例如，在面对美国强大的军事威慑时，伊朗致力于发展弹道导弹等非常规武器。弹道导弹威力大、速度快，可打击远距离目标，对美国中东驻军和盟友构成极大威胁。伊朗在地区战斗力投射能力上也优于美国，伊朗利用其复杂的代理人军事网络弥补美伊之间的绝对实力差距，代理人战略直接牵制了美国的施压进程。重启离心机、提高铀储量等反向施压措施也属于非对称作战方式，这些非对称作战使极限施压的效益下降。

第四，冒险性。从无人机事件到英伊油轮互扣事件，伊朗展现出了强硬的态度，通过全方位的"极限突围"，基本上维护了伊朗的政治安全和社会稳定。但是伊朗的反制举措也有一定的冒险性质，例如，无人机事件发生后，特朗普先批准了对伊军事打击方案，命令美国航班绕行海湾，但是在进行打击伤亡评估之后，特朗普取消了该方案。虽然极限施压只是一种攫取利益的讹诈手段，美伊对峙下发生大规模军事冲突的可能性不大。但是，伊朗兵行险棋的安全举措也包含一定的冲突风险，从内外两方面来讲伊朗与美国的博弈形式都可能转化为热冲突。从内部来讲，两国政府在战略方式的选择上都存在内部分歧。美国方面，虽然特朗普自身不希望与伊朗发生直接战争，但是特朗普政府内存在蓬佩奥这样鹰派人物，其对伊朗态度强硬，影响着特朗普政府的外交决策。伊朗方面，伊朗内部对美极限施压也存在着分歧，伊朗革命卫队前司令贾法里公开表示，"我个人祝贺美国这个恶魔退出核协议，这个国家此前就不值得信任"[2]。从外部来看，美国的地区盟友视伊朗为最大威胁，希望通过极限施压打压伊朗甚至故意营造战争环境。6 月份油轮遇袭事件发生后，以色列、沙特跟随美国立场无端指责伊朗，使海湾地区紧张再度气氛升级。

---

[1] 王雷. 透视特朗普政府对伊朗新战略［J］. 当代世界，2018（9）：46.
[2] Homaeefar M. *Top Iranian Generals Welcome U.S. Exit from JCPOA* [N/OL]. Tehran Times, 2018-05-09 (1) [2019-09-02]. http://www.tehrantimes.com/news/423392/Top-Iranian-generals-welcome-U-S-exit-from-JCPOA.

（二）"极限突围"的前景探析

在美国施压背景下，伊朗的强硬态度不会有大的改变，伊朗的"极限突围"策略将会长期持续，并且可能再度加强。在未来，伊朗将会继续秉持"以超强硬对待强硬"的"极限突围"策略与美国博弈。以下三个方面决定了伊朗强硬的对美政策。

第一，波斯顽强不屈的民族特性。波斯民族历史上虽屡遭外族欺凌，但仍然保留了自身独特的身份认同、文化自豪感和独立世界观，是人类历史上为数不多保持文明延续性的民族。伊朗的宗教文化强化了伊朗不畏强敌的特征，琐罗亚斯德教主张善恶二元对立、光明与黑暗相互制衡，认为经过长期斗争，善良最终会战胜邪恶[①]。伊朗人顽强的民族性格决定了他们不会如朝鲜一样，与美国进行谈判或是妥协。维护民族尊严在伊朗外交政策的制订上扮演重要角色。

第二，历史因素造就受害者心理。伊朗早在 20 世纪初就开始了反帝制的立宪运动，当时美国中情局暗中插手，中断了时任首相摩萨台的石油国有化运动，伊朗现代化受到严重打击。2003—2005 年改革派总统哈塔米执政时期，伊朗曾暂停核研发两年，主动配合美国打击阿富汗恐怖势力，但未换得任何回报，相反还被列为"邪恶轴心"之一。2015 年 7 月以来，伊朗认真遵守与国际社会达成的核协议，但特朗普上台后单方面退出核协议，重启严厉制裁。这些受害者经历会加重伊朗对美国的不信任心理，激发伊朗更加强烈的反抗意识。

第三，国际斗争经验的启示。以色列空袭摧毁了伊拉克、叙利亚的核反应堆，卡扎菲主动放弃了研发核武器，失去了抵抗的终极武器，最终被推翻。朝鲜与伊朗的境况相似，在长期的制裁下，朝鲜政府面对国际压力仍然坚持进行斗争，最终拥有核武器的朝鲜避免了政权更替，在美朝博弈中夺取了更多的筹码。

基于以上三点，在极限施压不减的情况下，伊朗的安全防线将会长期处于警戒状态，"极限突围"策略将会与极限施压相伴同行。美伊对峙"斗而不破"的局面将长期存在。

四、结语

伊朗的安全举措具有全面性、针对性、非对称性和冒险性，对牵制美国极限施压战略发挥了很重要的作用。实际上，在伊朗"极限突围"的全面抵御

[①] 埃尔顿·丹尼尔. 伊朗史[M]. 李铁匠，译. 上海：东方出版中心，2010：33.

下，美国的施压战略收益性已经不如实施初段。可以说，伊朗正是靠顽强而灵活的突围措施才将美伊博弈拖入战略对峙阶段，而恰恰如今的美伊对峙与《论持久战》里中日战略相持阶段非常类似。但是美国又不同于日本，一方面美国的综合国力远在日本之上，美伊绝对实力相差较大。美国的国家战略虽是撤出中东，但美国仍然是中东地区唯一主导性的大国，其军事投射能力、经贸往来能力、文化软实力，都是其他大国所无法比拟的。另一方面极限施压不同于军事侵略，道义上优劣势并不明显。

综上，美伊之间的博弈已经进入战略相持的第二阶段，但是伊朗不具备进行第三阶段战略反攻的执行能力，美伊之间的对峙将会长期持续，只要美国极限施压不做改变，伊朗强硬的"极限突围"安全措施也不会更改。在对峙情况下，决定伊美战略对抗时长的并不是伊朗政府的抗争意志，而是伊朗国内的经济来源和战略供给储备。

参考文献

［1］埃尔顿·丹尼尔．伊朗史［M］．李铁匠，译．上海：东方出版中心，2010：33．

［2］韩建伟．美国极限施压对伊朗经济、全球经济及资本市场的影响［N］．第一财经日报，2019-06-03（A11）．

［3］常巧章．军事变革中的新概念：解读200条新军事术语［M］．北京：解放军出版社，2004．

［4］陈翔，熊燕华．沙特与伊朗在地区博弈中的代理人战略［J］．阿拉伯世界研究，2019（1）：16—28，118．

［5］陈万里，杨明星．伊朗"第三国外交"战略的历史考察［J］．国际论坛，2005（5）：74—78，81．

［6］丁工．从伊朗核问题看伊朗的地区大国意识［J］．阿拉伯世界研究，2010（4）：44—52．

［7］何玉阳．内贾德执政以来的伊朗国家安全战略研究［D］．兰州：兰州大学，2011．

［8］姬瑞聪，冀开运．论伊朗在波斯湾的地位与作用［J］．商洛学院学报，2018，32（1）：61—68．

［9］罗凯．伊朗应对美国核制裁的实践研究［D］．西安：西北大学，2018．

［10］宋芳，洪邮生．特朗普执政以来欧美关系新变化［J］．国际论坛，2019，21（5）：52—70，156—157．

[11] 唐志超. 俄罗斯与伊朗：战术"联盟"还是战略伙伴？[J]. 世界知识, 2018 (9): 42—44.

[12] 田文林. 伊朗对外行为的战略文化分析 [J]. 阿拉伯世界研究, 2016 (4): 76—86, 120.

[13] 王雷. 透视特朗普政府对伊朗新战略 [J]. 当代世界, 2018 (9): 44—47.

[14] 杨涛, 张立明. 伊朗概论 [M]. 广州：世界图书出版广东有限公司, 2016.

[15] Hassanzade-Ajiri D. *Iranian in name only: Dual nationals hide Iran ties to avoid US sanctions* [EB/OL]. (2018-09-07) [2019-07-29]. https://www.france24.com/en/20180830-iranian-dual-nationals-hide-iran-us-sanctions-ali-sadr-hasheminejad-malta-galizia.

[16] Homaeefar M. *Top Iranian Generals Welcome U.S. Exit from JCPOA* [N/OL]. Tehran Times, 2018-05-09 (1) [2019-09-02]. http://www.tehrantimes.com/news/423392/Top-Iranian-generals-welcome-U-S-exit-from-JCPOA.

[17] Mekhennet, Souad, Joby W. *Billion-dollar Sanctions-busting Scheme Aided Iran, Documents Show* [N/OL]. Washington Post, 2018-04-03 (1) [2019-07-30]. https://www.washingtonpost.com/world/national-security/billion-dollar-sanctions-busting-scheme-aided-iran-documents-show/2018/04/03/37be988a-3356-11e8-94fa-32d48460b955story.html.

[18] Motamedi M. *Russia-led regional payment network could blunt US sanctions on Iran* [EB/OL]. (2018-08-21) [2019-07-30]. https://www.al-mon-itor.com/pulse/originals/2018/08/iran-russia-regional-payment-network-sanctions-pressure.html.

[19] Natasha T. *India may not be able to cut Iranian oil imports, despite U.S. sanctions demands* [EB/OL]. (2018-09-07) [2019-07-30]. https://www.cnbc.com/2018/09/07/india-may-not-be-able-to-cut-iranian-oil-imports-despite-us-sanctions-demands.html.

[20] O'murchu C. *The Maltese connection with Iran sanctions busting* [N/OL]. Financial Times, 2018-04-05 (1) [2019-07-30]. https://www.ft.com/content/14f961b6-3281-11e8-b5bf-23cb17fd1498.

[21] Pandey A. *Afghanistan: Iran sanctions, dollar smuggling add to currency woes* [EB/OL]. (2018-08-08) [2019-07-10]. https://www.dw.com/en/afghanistan-iran-sanctions-dollar-smuggling-add-to-currency-woes/a-45138915.

［22］Tabatabai A. *Maximum pressure yields minimum results* [EB/OL]. (2019-03-06) [2019-08-10]. https://foreignpolicy.com/2019/03/06/maximum-pressure-yields-minimum-results/.

［23］The International Institute for Strategic Studies. *The Military Balance 2018* [R/OL]. (2018-01-14) [2019-08-02]. https://www.iiss.org/-/media/images/comment/military-balance-blog/2018/february/documents/the-military-balance-2018-press-statement.ashx.

土耳其公立中小学教师资格制度解析

上海外国语大学　韩智敏

【摘　要】 发展教育，教师为本。教育质量的高低很大程度上取决于教师，特别是基础教育阶段教师的素质。为了实现教育的平稳快速发展，从"入口处"保证基础教育阶段教师的质量，土耳其高度重视该阶段主体教育机构公立中小学的教师选拔，制定了严格的公立中小学教师资格制度。本文从资格标准和资格审定两方面详细解读土耳其公立中小学教师资格相关制度，分析其特点，阐述其不足，指出该制度对于我国相关政策的启示。

【关键词】 教师资格制度；土耳其教育；国别研究

　　教育活动需要人、财、物等多种资源的投入，而人是其中最重要的资源。"百年大计，教育为本。教育大计，教师为本。"[1]教师是教育工作的实际承担者，是直接从事教育教学活动的专业人员，对教育的发展具有重要意义，可以说是教育成败的关键因素。从教育的实际过程来看，教师是学校的主体，在不断提高学校的教育、教学质量上具有重要作用。不管教育方针、教育政策制定得多么正确，教学计划、教学大纲、教科书编写得多么完善，要取得教育教学的成功，取得培养人才的成功，首先取决于教师、取决于教师的水平。[2]中小学教育阶段是教育过程中最为重要的基础阶段和普及阶段，其教师的素质和水平对于该阶段教育的成败，乃至整体教育的成败起着至关重要的决定作用。为了实现教育的平稳快速发展，从"入口处"保证基础教育阶段教师的质量，世界上大多数国家都高度重视该阶段主体教育机构公立中小学的教师选拔和任用，对于教师的任职资格做出专门的规定。

　　土耳其公立中小学教师的资格制度发端于19世纪中叶，其历史演变大致经历了四个阶段：奥斯曼帝国后期是制度的初步形成阶段，国家初步确立起公立中小学教师属于国家公务人员、应接受专门的教育、具备应有的专业知识和从业技能的基本原则；土耳其共和国成立后的最初50年是制度的调整发展阶段，在基本原则不变的基础上，公立中小学教师的任职资格标准逐步提高；20世纪70年代至90年代是制度的稳步推进阶段，土耳其将公立中小学教师的学历要求提升到本科以上，同时开始探索通过全国统一的公开考试来审核教师资格，确认合格的教师人选；近20年是制度的系统规范阶段，公立中小学教师任用相关的法律法规日益健全，教师资格审定等程序日趋规范。

20 世纪 80 年代以前，土耳其中小学教师一直以师范院校的毕业生为主，学生从师范院校毕业即取得担任教师的资格，接受国民教育部的派任就可以成为公立中小学教师。1982 年开始，土耳其的中小学教师职前教育在各大学进行，开始实行非定向型的教师培养制度，非师范专业的学生修完相应的教师资格课程，取得证书，也可以成为教师。在候选人员范围扩大的背景下，基于教师职业的专业性特点，为保证教师的质量，土耳其逐步提高公立中小学教师的资格要求，特别是学识方面的要求，建立起较为系统全面的公立中小学教师任职资格标准体系。[3]

一、土耳其公立中小学教师资格的相关法律法规

共和国成立后，先后颁布的多部法律法规都涉及公立中小学的教师资格要求，当前实行的资格标准主要依据以下三部法律法规制定：

1.《国家公务员法》（*Devlet Memurları Kanunu*）；
2.《国民教育基本法》（*Milli Eğitim Temel Kanunu*）；
3.《国民教育部教师派任和岗位调动条例》（*Milli Eğitim Bakanlığı Öğretmenlerinin Atama ve Yer Değiştirme Yönetmeliği*）。

土耳其公立中小学教师属于国家公务人员，享有国家干部身份，行政关系隶属于国民教育部，基于这样明确的身份和行政隶属关系，上述三部法律法规从不同的角度对公立中小学教师的资格标准进行了具体规定。《国家公务员法》第41条、第48条规定了从事教师工作的国家公务人员应满足的基本条件，《国民教育基本法》第43条规定各级各类教育机构的教师必须接受高等教育，《国民教育部教师派任和岗位调动条例》第11条则依据上述两部法律从学识、道德品质、健康状况等方面对公立中小学教师的资格标准做出了详细的规定。

二、土耳其公立中小学教师资格标准

基于教师职业的公务性，教师的任用制度中通常会有国家行政权力的介入，其突出的表现之一就是国家对于教师的任职资格标准做出具体规定，即国家规定从事教师工作的人员应当满足的基本职业要求。分析土耳其相关的法律法规，不难看出该国当前实行的公立中小学教师资格标准主要包含基本要求、学识要求和职业特殊要求三方面的内容。

（一）基于国家公务人员身份的基本要求

土耳其公立中小学教师属于国家公务人员，享有国家干部身份，行政关系隶属于国民教育部，任职的基本条件遵从《国家公务员法》第 41 条和第 48 条

对于从事教育教学工作的国家公务人员基本任职条件的规定，主要包括以下三点：

1. 必须是土耳其公民；
2. 年满 18 周岁；
3. 接受过高等教育，拥有本科以上学历。[4]

（二）高标准的学识要求

与世界上大多数发展中国家不同，土耳其对于各级各类教师的学历要求相对较高，1973 年颁布的《国民教育基本法》规定"所有教师必须接受高等教育"[5]。公立中小学教师须具有本科以上学历，同时必须受过一定的教育专业训练。

根据其主管机构国民教育部的定义，公立中小学教师需要在高等教育机构接受过全面的文化、专业领域和师范教育。按照《国民教育部教师派任和岗位调动条例》第 11 条的规定，担任公立中小学教师需要满足以下学识条件之一：

1. 所学教育相关专业是国民教育部教育教导委员会（Talim ve Terbiye Kurulu）认定的中小学教师专业；
2. 非教育专业本科毕业生，接受相关培训，拥有以下证书之一：在小学或初中担任课程教师所需的师范教育证书或英语教师证书、担任小学班级教师所需的小学班级教师证书、培养高中课程教师的无毕业论文要求的硕士学位证书（Orta Öğretim Alan Öğretmenliği Tezsiz Yüksek Lisans Sertifikası）；
3. 毕业于国家承认学历的国外高等教育机构的教育相关专业。[6]

自 1982 年开始，土耳其的中小学教师职前教育在各大学进行。目前，普通中小学教师的主要培养机构是各全日制大学下属的教育学院和文理学院等其他院系，中等职业技术教育教师的培养机构是各大学下属的职业技术教育学院。获得以下高等教育机构相关专业的毕业证书和学位证书是成为公立中小学教师的必要条件之一：

1. 教育学院：
1）小学、初中教师教育：学士学位，学制 4 年，最长修业年限 7 年；
2）高中教师教育：无毕业论文要求的硕士学位，学制 5 年，最长修业年限 8 年；
3）音乐、美术、外语、体育等科目中小学教师教育：学士学位，学制 4 年，最长修业年限 7 年；

2. 其他学院（文理学院等）：
学士学位之后，培养高中科学、数学、社会科学学科教师的教育：无毕业论文要求的硕士学位，学制 1 年，最长修业年限 3 年；

3. 职业教育学院、技术教育学院：

职业技术教师教育：学士学位，学制 4 年，最长修业年限 7 年。

根据土耳其《国民教育基本法》第 43 条的规定，中小学教师教育相关专业的课程包括通识课程、学科课程和教育专业课程三方面的内容。三类课程的比例分配大致为：通识课程占 15%—20%，学科课程占 50%—60%，教育专业课程占 25%—30%。各专业开设的具体课程大部分由中小学教育主管机构国民教育部与国家高等教育主管机构高等教育委员会共同决定，各大学的教育学院只能自行设置 25%的课程。各种课程中，教育专业课程全部为必修课，选修课只设置在通识课程、学科课程中。此外，作为必备技能类课程，计算机应用、外语、特殊教育和有效交流等课程也是各专业的必修课程。

土耳其中小学教师培养的主要模式是并行模式，即各类课程的学习同时进行。此外，对于文理学院为主的其他学院毕业生，也采取连续培养模式，即在本专业获得学士学位后，再完成教育专业课程的学习。

中小学教师教育专业的学生在修业年限内取得毕业所需的学分，并通过实践课程的考核后可以获得相应的毕业证书。一般来说，从学制 4 年的专业毕业至少需要 128 个学分，获得无毕业论文要求的硕士学位还要再学习至少 10 门课程，获得最少 30 个学分。[7] 4 年制教师教育专业毕业生可以获得学士学位。文理学院为主的其他学院毕业生，获得学士学位后，完成相关的教育专业课程学习可以获得担任高中课程教师必需的无毕业论文要求的硕士学位。

除了上述中小学教师教育相关专业外，高等教育机构其他专业的毕业生可以选择参加专门的师范教育证书、小学班级教师证书或英语教师证书课程学习，成绩合格者可以获得相关证书，达到成为公立中小学教师的学识要求。

（三）职业性质决定的其他要求

根据《国民教育部教师派任和岗位调动条例》第 11 条的相关规定，除上述基本要求和学识要求外，成为公立中小学教师还需要满足一些特殊职业条件，主要包括以下几点：

1. 健康状况满足在全国各地各种气候条件下胜任教师职责的要求；

2. 首次提出任职申请时年龄在 40 岁以下；

3. 未受过任何种类和级别的应被解除教师职务的惩戒，根据《中小学教师晋升和处罚相关法》（İlk ve Orta Tedrisat Muallimlerinin Terfi ve Tacziyeleri Hakkında Kanun）第 27 条的规定，教师如在校内外有与其教师身份不符的行为，或者鼓动学生不服从学校管理将受到解除教师职务的处罚。

4. 有犯罪记录者以及因犯罪而被终止职务者要成为教师，必须通过档案审查委员会（Sicil Kaydı İnceleme Komisyonu）的认可。

5. 参加国家公务人员考试（Kamu Personeli Seçme Sınavı，简称 KPSS）中的教师录用考试，成绩在国民教育部公布的录用分数线之上。[6]

上述各项要求中，第 1 条和第 2 条体现了公立中小学教师需在全国范围内履行职责的特点，第 3 条和第 4 条则主要针对教师应当具备的职业道德和个人品格。

（四）对土耳其公立中小学教师资格标准的解读

土耳其公立中小学教师的资格标准包含基本要求、学识要求和职业特殊要求三方面的内容，从不同的角度反映了国家对于公立中小学教师身份属性和职业特性的认同。

从事教育教学工作的国家公务人员是土耳其公立中小学教师明确的身份，其任职自然需要满足国家对于公务人员基本任职条件的规定，公立中小学教师任职的三点基本要求反映了国家对其公务人员身份的认同。

学识要求则是从教师职业的专业特性出发，反映了国家对于公立中小学教师知识水平和专业技能的要求。从上文对于学识要求的详细说明可以得出这样的结论：土耳其对于公立中小学教师的学识要求达到了相对较高的水平。首先，所有公立中小学教师必须受过高等教育，拥有学士以上学历，其中高中课程教师必须拥有无毕业论文要求的硕士学位，这一标准高于一般的发展中国家，已达到发达国家的平均水平。其次，要求公立中小学教师必须受过一定的教育专业培训，在科学知识之外，还应具备从业必需的专业知识和技能，要达到专业要求，公立中小学教师必须接受过定向或非定向的师范教育。

教师职业是培养人的特殊职业，自身应具有良好的个人品德和职业道德。职业特殊要求中"有犯罪记录者以及因犯罪而被终止职务者要成为教师，必须通过档案审查委员会的认可"，以及"未受过任何种类和级别的应被解除教师职务的惩戒"的规定反映了土耳其对于公立中小学教师个人品德和职业道德方面的要求。对于教师健康状况和年龄的规定则是基于公立中小学教师在全国范围内派任而土耳其各地气候差异较大的实际情况所做的规定，同时这样的规定也有助于维护教师队伍的整体稳定。

教师的素质在很大程度上决定着教育质量的高低，这一点是世界各国普遍认同的观点。基于这一观点，为保证教师的质量，许多国家都对教师任职的资格标准做出明确规定。作为教师任用制度的重要内容，教师任职的资格标准是国家对承担教师工作人员的基本要求，体现了一个国家教师任用制度的规范化和科学化程度，同时也是教育发展水平的反映。通过上文的归纳整理和分析解读，可以看出土耳其对于公立中小学教师任职资格标准的规定较为系统全面，兼顾了教师职业的专业性和特殊性，体现了该国较高的教育发展水平。

三、土耳其公立中小学教师资格审定

（一）录用考试审定方式

为确保教师符合资格要求，必须对教师候选人进行资格审定。由于教育发展水平的不同，教师人事行政制度的差异，各个国家的教师资格审定方式也各不相同。

20世纪80年代中期之前，土耳其师范专业的毕业生毕业后即具备教师资格，教育主管部门确定公立中小学教师人选只是考察候选人的教育背景，符合条件的候选人员都予以录用。伴随着教育的发展，同时也顺应国际上教师任用制度的发展趋势，1985年国民教育部开始尝试通过"教师能力考试"来审定教师候选人能否胜任公立中小学教师工作。尽管在90年代初，由于私立中小学教育的迅速发展，以及教师教育本科化造成中小学教师教育专业短期内缺乏毕业生等因素的影响，教师能力考试一度停办，但是以考试来审核确认公立中小学教师资格的方式已被社会各界所接受。

20世纪末，由于国家"非定向的师范教育"政策的有效实施，曾经长期存在的中小学教师备选人员不足的问题得到彻底解决，以更加严格的标准、通过更加规范的程序选拔合格人员担任公立中小学教师的条件完全成熟。1998年，土耳其确立了通过录用考试审核确认公立中小学教师资格的制度，开始每年在全国范围内统一组织实施公立中小学教师录用考试。教师候选人参加录用考试，达到录用分数，其教师资格即被确认，可以申请到公立中小学任教。

通过上文的简要梳理可以看出，土耳其对于公立中小学教师资格的审定方式经历了教育背景审核到考试审核的变化过程，录用考试审定方式的确立是国家整体教育水平不断提高的结果，反映了该国公立中小学教师任用制度逐步实现规范化和科学化的发展。

（二）录用考试组织机构和考核对象

土耳其当前实行的公立中小学教师录用考试是国家公务员选拔考试的一个组成部分，由中小学教育主管机构国民教育部与"考核、选拔和录取中心"（Ölçme, Seçme ve Yerleştirme Merkezi Başkanlığı，简称ÖSYM）共同组织。考核、选拔和录取中心成立于1974年，原来名为"大学学生选拔与录取中心"（Üniversitelerarası Öğrenci Seçme ve Yerleştirme Merkezi，简称ÜSYM），最早隶属于当时的全国高等教育管理和协调机构大学联合会（Üniversitelerarası Kurul），仅负责全国高等教育本专科学生的统一选拔和招收工作。1981年

ÜSYM 更名为"学生选拔与录取中心"（Öğrenci Seçme ve Yerleştirme Merkezi），归属新成立的"高等教育委员会"（Yükseköğretim Kurulu）管理。2011 年，该机构再次更名为"考核、选拔和录取中心"，开始负责包括国家公务员考试在内的土耳其所有的全国性统一考试。

土耳其公立中小学教师录用考试成绩有效期为一年。凡在考试申请日期内已经达到或在成绩有效期内可以达到公立中小学教师学识条件的相关人员都可以报名申请参加考试。

（三）资格申请与审核

考核、选拔和录取中心每年在其网站上公布公立中小学教师录用考试指南、报名申请表格，符合条件的人员可以按照相关流程申请参加全国统一的录用考试。

申请的大致流程可以归纳如下：

申请人在规定的时间段内按照指定方式交纳考试费，并携带填写完整的报名申请表、身份证/护照等有效证件前往考核、选拔和录取中心在土耳其全国各地设立的报名中心报名、拍照。此前年度曾在考核、选拔和录取中心存有有效照片和完整个人信息的申请人也可以通过中心的网站进行网上报名。如申请人在规定时间内因服兵役、疾病等各种原因无法前往报名机构报名，也可以通过邮寄资料的方式报名。

申请人在报名手续完成后如需修改报名信息，可向考核、选拔和录取中心提出申请，并在规定的时间内完成修改。考核、选拔和录取中心统一审核申请人的资格，安排符合条件的申请人参加考试。

（四）录用考试的时间、形式和内容

公立中小学教师录用考试一般在每年 7 月举行，共包括三场考试：综合能力与知识考试、教育知识考试和教师学科知识考试。考试形式为笔试，考试时间为 3 个半天。基本能力与知识考试考核考生的文字、逻辑思维、运算等方面的能力和土耳其历史、地理、法律、土耳其和世界文化、社会经济等方面的知识，由 60 道考察综合能力的题目和 60 道考察综合知识的题目共 120 道选择题组成，考试时间 120 分钟。教育知识考试考核教育心理学、教育原则与方法、班级管理等方面的内容，由 80 道选择题组成，考试时间 100 分钟。教师学科知识考试考核考生的学科知识和学科教学能力，由 50 道选择题组成，考试时间 75 分钟。学科知识考试按照不同的科目分为不同的场次，具体考试科目由国民教育部按照教师派任的需要决定。以 2014 年的学科知识考试为例，考试科目就有土耳其语、小学数学、历史、地理、物理、化学、生物、高中数学等

15种。

参加公立中小学教师录用考试的考生可以选择参加两场或全部三场考试。综合能力与知识考试、教育知识考试两场考试是所有考生必须参加的考试，教师学科知识考试，考生可以根据自己的具体情况选择不参加或参加其中一个科目的考试。

表1 公立中小学教师录用考试必考内容 [8] 28

一、综合能力考试		
	考试内容	分数比例
1	文字部分	50%
2	数字部分	50%
二、综合知识考试		
	考试内容	分数比例
1	历史	45%
2	土耳其地理	30%
3	公民基本知识	15%
4	土耳其和世界文化、社会经济知识	10%
三、教育知识考试		
	考试内容	分数比例
1	教育心理学	20%
2	成长心理学	15%
3	考核和评估	15%
4	心理辅导和特殊教育	15%
5	教学原则和方法	20%
6	课程发展	5%
7	班级管理	5%
8	教学技术和材料设计	5%

（五）分数评定方式

土耳其公立中小学教师录用考试的试卷由考核、选拔和录取中心统一组织机器阅卷。中心随后在其网站公布标准答案和考生的最终成绩，供考生查询。根据考试科目种类和权重的不同，土耳其国家公务人员考试的分数有许多种，其中 KPSSP10 分数和 KPSSP121 分数用于公立中小学教师的录用。KPSSP10 分数为参加两场考试考生的最终考试成绩，KPSSP121 分数为参加全部三场考试考生的最终考试成绩。两种分数的计算方法和步骤可以归纳如下：

（1）计算考生各场考试的原始分数，计算方法是答对试题数目减去答错试题数目的四分之一；

（2）根据当年全部考生原始分数的算术平均数和标准差将考生各场考试的原始分数转换成标准分数。

（3）按照不同的权重要求将考生各场考试的标准分数转换成一种权重分数。KPSSP10分数各部分考试的权重分配为综合能力考试和综合知识考试各占30%，教育知识考试占40%。KPSSP121分数中各部分考试的权重分配为综合能力考试和综合知识考试各占15%，教育知识考试占20%，学科知识考试占50%。

（4）根据当年全部考生权重分数的算术平均数和标准差，计算出考生最终的KPSS分数，计算公式为：KPSS分数 = 70 + 30[2(ASP–X)–S]/[2(B–X)–S]。其中ASP为该考生的权重分数，X为当年全部考生权重分数的算术平均数，S为当年全部考生权重分数的标准差，B为当年最高的权重分数。[8]15

（六）对土耳其公立中小学教师资格审定方式的评述

对教师资格进行审定是确定教师候选人能否胜任工作的重要环节，审定方式是否科学有效直接决定未来教师的水平，进而对国家的教育质量产生影响。通过上文对于土耳其公立中小学教师资格审定方式确立过程和具体内容的梳理，可以看出该国为完善审定方式所做的努力。但是，笔者认为目前的录用考试审定方式仍然不尽合理，其不足之处主要表现在以下两个方面：

1. 由于考试内容无法涵盖所有科目，按照目前的制度，所学专业未列入学科知识考试科目的教师候选人只参加综合能力与知识考试、教育知识考试，其专业知识水平无法考核，而专业知识水平恰恰是教师资格需要审核的核心内容。

2. 只将录用考试成绩作为教师资格审定的唯一标准不够合理，单次笔试成绩很难真实反映教师候选人的综合能力，特别是口头表达和实际教学能力。教师是从事教学工作的人员，工作对象是具有思维能力的学生，在教学过程中教师与学生的互动必不可少，良好的心理素质、较高的语言表达和临场发挥能力是教师的必备素质。土耳其公立中小学教师资格标准中规定教师必须接受过一定的教育专业训练，反映了国家对于公立中小学教师实际教学能力的要求，但是目前的录用考试还无法审核教师候选人是否达到这方面的资格要求。

很多土耳其学者针对录用考试的研究成果也支持了笔者的上述观点。例如，菲亚特·格克切（Feyyat Gökçe）对来自12个不同专业的52名录用考试培训班学员和2012—2013学年土耳其乌卢达大学教育学院14个专业的60名4年级学生进行问卷调查，结果显示60%以上的受访者认为学科知识考试十分必要，接近85%的受访者认为目前的录用考试不能充分审核候选人员的职业水平；[9]艾辛·阿塔武（Esin Atav）和苏赞·森迈兹（Suzan Sönmez）对土耳其9所大学14个教师教育专业的300名学生所做的调查结果显示73%的受访者认为目前的录用考试内容不能审核教师候选人的实际教学能力，赞同在考试中增加口试环节。[10]

综上所述，对于公立中小学教师的任职资格，虽然土耳其教育主管部门确定了明确系统的录用考试审定方式，但该方式存在缺陷，需要改进和完善。

四、结束语

对于外国教育制度进行研究的主要目的一是了解其具体情况以利国际间的交流与合作，二是分析其优劣以获得启示，服务于本国相关政策的制定与实施。我国中小学教师资格相关制度目前正处于转变和完善的过程之中，对其他国家的相关制度进行研究，借鉴和参考有益的经验，规避不足之处，对于改进和完善我国教师任用制度具有积极意义。

遵从上述指导思想，在结束本文的核心问题——土耳其公立中小学教师资格制度的相关研究之后，本文再将该制度对于我国相关政策的启示归纳如下：

1.进一步完善相关法制建设，建立公开规范的相关程序。

土耳其公立中小学教师资格制度的相关经验表明，建立完善健全的法律法规和公开规范的程序，可以保障主管部门和社会各界对于相关制度的实施进行管理和监督，有利于相关制度的持续健康发展。当前，我国中小学教师资格相关制度正处于转变和完善的过程之中，相关法律法规有所滞后、制度程序不够规范在所难免，但是有关部门应始终将相关法制建设放在首位，努力探索建立公开规范的制度程序。

2.尽快实行全国统一的公立中小学教师资格标准和定期审核制度。

依据国务院1995年颁布的《教师资格条例》和教育部2000年颁布的《〈教师资格条例〉实施办法》，我国部分省市在2001年开始实施教师资格认证工作。但是对于公立中小学教师的任职资格标准，目前我国不同省份和地区还存在差异，造成各地师资水平高低不等，不利于国家基础教育的整体均衡发展。土耳其的相关经验表明，实行全国统一的公立中小学教师任职资格标准有助于消除不同地区间教师平均水平的差距，有利于促进各地教育的均衡发展和国家基础教育整体水平的提高。

对于公立中小学教师的资格审定，土耳其实行一次考试通过则终身有效的政策，但这一做法导致教师不思进取，影响教育质量的持续提高。我国教育部于 2013 年印发《中小学教师资格考试暂行办法》《中小学教师资格定期注册暂行办法》，在河北、上海、浙江等部分省市试行 5 年一周期的教师资格定期注册制度。吸取土耳其的相关教训，笔者认为教师资格的定期审核制度应尽快在全国推广。

3. 重视教师资格考试可能的负面影响，避免出现新的应试教育。

土耳其很多学者针对该国公立中小学教师的录用考试的研究显示该考试已出现一些负面效果，例如有意愿成为教师的在校高年级学生只专心应考而忽视学校的日常课业，各类针对录用考试的培训机构和培训课程大量出现，造成教师职业的就业成本提高，等等。我国目前的教师资格考试也有类似的消极影响出现，对此应予以足够重视，采取相应的有效措施消除考试的负面影响，建议将候选人在校期间的学业成绩以一定比例列入录用考试成绩以引导学生重视在校期间的学习。

参考文献

［1］习近平. 做党和人民满意的好老师［N/OL］. 人民日报，2014-09-10（02）［2019-01-15］. http://politics.people.com.cn/n/2014/0910/c1024-25629312.html.

［2］陈孝彬，高洪源. 教育管理学［M］. 北京：北京师范大学出版社，2008：234—235.

［3］韩智敏. 土耳其公立中小学教师任用制度的历史演进［J］. 教育教学论坛，2016，2（5）：15—19.

［4］Türkiye Büyük Millet Meclisi. *Devlet memurları kanunu* [EB/OL]. (2008-08-01) [2018-12-05]. https://khgmstokyonetimidb.saglik.gov.tr/TR,43128/657-devlet-memurlari-kanunu-resmi-gazete-tarihi-23071965sayisi-12056.html.

［5］Türkiye Büyük Millet Meclisi. *Milli eğitim temel kanunu* [EB/OL]. (2019-07-05) [2018-12-05]. https://www.mevzuat.gov.tr/MevzuatMetin/1.5.1739.pdf.

［6］Milli Eğitim Bakanlığı. *Milli eğitim bakanlığı öğretmenlerinin atama ve yer değiştirme yönetmeliği* [EB/OL]. (2010-05-06) [2018-12-05]. https://www.resmigazete.gov.tr/eskiler/2010/05/20100506-3.htm.

［7］Eğitim Bakanlığı Strateji Geliştirme Başkanlığı. *Milli eğitim istatistikleri örgün eğitim 2013/14* [M]. Ankara: T.C. Milli Eğitim Bakanlığı, 2014: 165-170.

［8］Ölçme, Seçme ve Yerleştirme Merkezi Başkanlığı. *2014 Kamu personel seçme Sınavı (KPSS) lisans kılavuzu* [EB/OL]. (2013-12-09) [2019-01-10]. http://

dokuman.osym.gov.tr/pdfdokuman/2014/KPSS/2014KPSSLiSANSKiLAVUZU02052014.pdf.

[9] Feyyat G. *Lisans öğrencileri ile formasyon programına devam eden kursiyerlerin KPSS konusundaki görüşleri* [J]. Hacettepe üniversitesi eğitim fakültesi dergisi, 2013 (özel Sayı 1): 46-61.

[10] Esin A, Suzan S. *Öğretmen adaylarının kamu personeli seçme sınavı (KPSS)'na ilişkin görüşleri* [J]. Hacettepe üniversitesi eğitim fakültesi dergisi, 2013 (özel Sayı 1): 1-13.

越南中文门户网站在南海问题上的舆论造势及其影响

上海外国语大学　卢珏璇

【摘　要】 通过研究越南的中文门户网站在南海问题上的舆论造势，分析其现状及影响，对我国媒体在领海主权问题的舆论导向提出应对的措施和建议。

【关键词】 越南媒体；南海问题；传播学

越南一直以来十分重视海洋权益的保护和发展，越媒在南海问题上开展了大量的宣传工作。目前已有越南电视台、越南通讯社、越南人民报、越南之声广播电台，共四家越南中央媒体在北京设立常驻机构。加上越南媒体中文新闻网数量一直处在一个增长的趋势，不断向中文读者宣传越南对待南海问题的立场和态度，面对越南在南海问题上的种种"积极攻势"，这对我国外宣部门而言是一个新的挑战。

一、越南党和国家重视海洋发展

越南具有狭长海岸线的优势，近年来越南党和国家出台了许多政策以大力推动海洋经济发展。将发展海洋经济与保卫海洋、岛屿主权相结合，为越南民族创造生存与发展环境。2007年1月，越共十届四中全会首次把海洋战略作为党的中央全会的主要内容做了专题研究部署。此次会议讨论通过了《至2020年越南海洋战略》（即越共中央2007年第9号决议），正式明确地提出了"靠海致富"、建设"海洋强国"的战略目标。这次全会的召开和决议表明，越共的海洋意识不断深化，制订整体、全面和较长时期的海洋发展战略，已经上升为越南党和国家的意志。十届四中全会制定的海洋战略，其内容的广度和深度，都超越了过去越南政府一些部门的专项发展战略，成为一种面向未来的越南民族全面的海洋发展战略规划。[①] 自越共十届四中全会以来，在海洋战略的指引下，有计划地推进对南海"主权"的舆论宣传工作，将海洋经济发展与国

---

① 于向东. 革新开放以来越南共产党海洋政策主张的发展［J］. 边界与海洋研究，2017，2（5）：87—99，2.

防安全保障紧密结合，对内提高民众海洋权益意识，对外通过国际合作形式，争取更多的海洋权益，达到海洋强国、海洋富国的目的。

越共十一大于 2011 年 1 月召开，在十一大的政治报告中海洋战略得到重申与肯定，报告中指出："要落实十届四中全会通过《至 2020 年越南海洋战略》规定，大力发展沿海地区、海域和海岛经济，合理建设海港系统，各大工业区、经济区、沿海城市区要与船舶建造修理工业、油气开采加工工业、海洋运输业及海洋旅游紧密联合发展；大力发展海岛经济，将远海海产开发与航海搜救工作、维护国家海上主权相结合；推进一些重要海洋资源的基本调查工作迈上一个新台阶。"① 同时十一大政治报告对海岛舆论宣传工作还特别做出了指示："做好弘扬爱国主义精神，增强民族意识，保卫国家主权，国家利益和国防安全的宣传和教育工作，让人们深刻地认识到高科技战争在军事领域广泛应用、海岛、领空主权争议不断等新形势下保卫祖国所面临的重大挑战。"②

2012 年 6 月 21 日，越南第十三届国会第三次会议通过的关于南海争议地区的立法，越南国会以 495 票赞成通过《越南海洋法》，公然将我国南沙群岛和西沙群岛纳入其版图之中，通过海洋立法，企图为越南对南海非法主张披上"合法"外衣，为落实越南海洋战略提供重要工具。该法声称"是根据 1982 年《联合国海洋法公约》来确定越南的海域范围"③，企图为阻挠中国在南海的正常活动提供"法律依据"，为推动南海问题国际化创造法律环境。在海洋国际合作这一条款中指出要"加强与各个国家、各种国际和地区组织在海洋方面的国际合作"④。这对未来南海争端进一步国际化埋下了导火索，使得南海问题变得日益复杂化。就内容而言，《越南海洋法》是一部综合性、具有基本法性质的法律，是在以往越南海洋立法基础上对保卫其主权和海洋权益做出更为系统的规定，同时还着重对发展海洋经济、加强海洋管理和保护以及展开国际海洋合作等做出了全面的规定。就性质而言，这部《越南海洋法》的正式出台，是越南加紧推进既定海上战略的重要步骤和一种必然的结果，是越南海洋大国梦膨胀的一种具体体现。⑤

---

① ［越］越南共产党. 第十一次全国代表大会文件集［G］. 河内：国家政治出版社，2011：203.

② Báo cáo chính trị của Ban Chấp hành Trung ương Đảng khoá X tại Đại hội đại biểu toàn quốc lần thứ XI của Đảng [EB/OL]. (2011-01-12) [2019-10-08]. http://chinhphu.vn/portal/page/portal/chinhphu/NuocCHXHCNVietNam/ThongTinTongHop/noidungvankiendaihoidang?categoryId=10000716&articleId=10038382.

③ 米良. 越南海洋法［J］. 南洋资料译丛，2015（2）：1.

④ 米良. 越南海洋法［J］. 南洋资料译丛，2015（2）：2.

⑤ 成汉平. 越南海洋法对南海争端的影响与我对策思考［J］. 世界经济与政治论坛，2013（1）：30—43.

2016 年 1 月越共十二大召开，延续越共代表大会和中央会议重视海洋的政策，继续加强落实十届四中全会确定《至 2020 年越南海洋战略》，主张要认清国内外的形势，对发展海洋经济，保卫国家海岛"主权"和海洋权益提出了新的要求。在十二大通过的政治报告①中，认为"包括东南亚在内的亚洲太平洋地区依旧充满活力，一些大国在这里展开角逐，具有重要地缘政治经济战略意义，同时也存在许多不稳定的因素，领土争端、海洋资源争夺和海洋主权纷争的问题日趋激烈"，在总结近年来越南外交和对外宣传工作时，认为越南的国际影响力日益增强，呼吁"全国人民要正确认识到当今世界和区域地区的局势发展，党和国家在国家民族利益的基础上有着正确的指导方针，包括在'东海'②问题在内的诸多复杂问题的主张与解决办法已经在党和人民群众中形成了高度共识，并得到了国际舆论的支持。敦促各方根据国际法的基本原则，按照 1982 年《联合国海洋法公约》规定促进解决海岛争端问题"。

越共十二大政治报告对发展海洋经济做出了特别的指示，清晰地指出了重视海洋经济发展的目的，即"快速推进发展海洋经济，充分挖掘国家经济内在潜力，保卫海洋和岛屿主权"，海洋经济发展主要内容包括以下两个方面：首先是重视海洋经济部门的发展，尤其是油气工业、远洋捕捞和渔业加工、航海经济（海港经营服务、船舶建造与修理、海洋运输）、海洋海岛旅游业的发展；其次是要加强机制和制度建设，形成海洋经济结构性转变和增长的突破性机制。从而进一步加大吸引各方面的投资资金以促进经济的发展，保护环境，应对气候变化的要求，走可持续性地开发海洋与海岛资源的道路。

总而言之，尽管在中越睦邻友好合作方面，越南共产党和政府也表现出一些灵活的姿态，不断推进高层互访增进互信，共同探寻海上合作的可能性。但对越南共产党全国人民代表大会审议通过的历届政治报告进行分析可见：今后很长一段时间内越南将会延续坚持在南海涉及海洋、岛屿主权的一贯主张，不会有任何让步。尤其是在对内和对外的宣传口径上，没有丝毫松口的迹象，其中越南主流官方媒体的中文门户网站便是一个最好的证明。

---

① Báo cáo chính trị của Ban Chấp hành Trung ương Đảng khóa XI tại Đại hội đại biểu toàn quốc lần thứ XII của Đảng [EB/OL]. (2016-03-24) [2019-10-08]. https://nhandan.com.vn/chinhtri/item/29115302-bao-cao-chinh-tri-cua-ban-chap-hanh-trung-uong-dang-khoa-xi-tai-dai-hoi-dai-bieu-toan-quoc-lan-thu-xii-cua-dang.html.

② 越南将中国的南海称之为东海，"黄沙群岛"即中国西沙群岛，"长沙群岛"即中国南沙群岛。下同。

二、越南主流中文门户网站

（一）越媒中文门户网站

与资讯发达的西方国家相比，越南媒体的中文网在数量上毫不逊色。美国只有《纽约时报》《华尔街日报》等知名媒体开通中文网；英国比较著名的媒体中文网也只有《金融时报》、BBC 中文网等，据不完全统计①，开通有中文网站的越南主流媒体共十家，具体如下表：

越南主流媒体中文网站名称	网址	网站语言种类
越南人民报网	http://cn.nhandan.com.vn/	越文、英文、法文、俄文、西班牙文、中文
越南共产党电子报	http://cn.dangcongsan.vn/	越文、英文、法文、中文
越南社会主义共和国中央政府门户网站	http://cn.news.chinhphu.vn/	越文、英文、中文
越南通讯社网站	http://zh.vietnamplus.vn/	越文、英文、法文、西班牙文、中文
越南之声对外广播电台网	http://vovworld.vn/zh-CN.vov	越文、英文、俄文、德文、法文、西班牙文、日文、印度尼西亚文、柬埔寨文、韩文、老挝文、泰文、中文
越南人民军队报网	http://cn.qdnd.vn/	越文、英文、老挝文、柬埔寨文、中文
越南共产主义杂志	http://cn.tapchicongsan.org.vn/	越文、英文、老挝文、中文
越南全民国防杂志网	http://tapchiqptd.vn/zh/default.html	越文、英文、中文
越南对外通讯杂志	http://cn.ttdn.vn/	越文、英文、中文
越南对外通信局	http://cn.vietnam.vn/	越文、英文、中文
越南时代网	http://shidai.thoidai.com.vn/	越文、英文、俄文、中文

（二）开辟"海岛主权"专栏

随着越南广播、电视台、报纸、杂志等主要官方媒体均已在中国设立代表机构，这为促进中越友谊，开展友好合作关系，对中国民众了解越南政府的政策法规和越南风土人情贡献了一份力量。但细心观察，在这些官方媒体的明显位置都报道了大量关于南海问题的不实言论，十分巧妙地将越南在南海地区做出的各种举动和政治意图传递给广大中文读者，以企图达到误导中国民间舆论

---

① 统计和检索日期：2019 年 10 月 8 日。

对南海问题认识的目的。在以上列出的媒体中,有七家中文网站上设有"越南海洋海岛主权"相关内容,以下就具体网站进行介绍和梳理。

1. 越南共产党电子报中文网

越南共产党电子报是越南中央共产党的党报,是党中央的"喉舌",起到了重要的政治宣传作用。主要提供越南共产党对内、对外的政策方针路线和越共党建工作的政治新闻。全面报道越南共产党、中央委员会、政治部、书记处、国家与党的主要活动。网站标题栏上分为新闻、高层动态、对外、经济、越中关系等 12 大版块。不可否认的是"越中关系"版块中细分了"中国人在越南""越南人在中国"和"新闻"这三大栏目,积极报道了中越高层和各部门领导互访、展开合作交流,中越企业合作等有关中越合作交流的新闻报道,无疑这对增进中越两国之间的友谊起到了正面的作用。但在网站页面中部明显位置,开辟了"心系家乡海洋海岛"专栏①进行海岛"主权"的宣传工作,此类报道具有更新及时、内容丰富、新闻数量多等特点。

2. 对外通讯杂志中文网

对外通讯杂志由越共中央对外通讯指导委员会和越共中央宣教部机关杂志社主办,越共中央宣教部是负责越共中央主管意识形态方面具体工作的主要部门,主要起到负责引导社会舆论,指导协调中央的各新闻媒体做好新闻宣传工作,搞好舆论宣传的作用,同时还负责对党的政策和指导方针提出研究指导意见,参与编写中央政治局、秘书处在宣传领域的指示和决议。网站标题栏上分为时政、经济与投资、政策与法律、越南风土人情和越南海洋群岛等 11 大版块。该网站与越南共产党电子报中文网所不同之处在于,直接堂而皇之在网站最上方的标题栏醒目位置开辟"越南海洋海岛"专栏②展开海岛"主权"宣传工作。

3. 越南之声广播电台国家对外广播频道(VOV5)中文网

越南之声对外广播中文网于 2012 年 1 月 16 日正式上线,越南之声对外调频广播共有 12 个广播节目,每天节目总时长为 51 个小时,使用越文、英文、俄文、德文、法文、西班牙文、日文、印度尼西亚文、柬埔寨文、韩文、老挝文、泰文、中文共 13 种语言播出,越南之声网页已把这 13 种语言广播节目文

---

① 越南共产党电子报中文网站"心系家乡海洋海岛"专栏的网址:http://cn.dangcongsan.vn/bien-dao.html(检索日期:2019 年 10 月 8 日)。
② 对外通讯杂志中文网站"越南海洋海岛"专栏的网址:http://cn.ttdn.vn/vietnam-island(检索日期:2019 年 10 月 8 日)。

字内容刊登在网站上,方便读者边听边看新闻,同时还可在线收听即时节目和前 7 天节目音频。越南之声作为党、政府、人民的主流大众媒体和越南中央主要外宣媒体,肩负着传播越南声音的任务。越南之声中文网站标题栏上分为新闻、越南之窗、越南文化等 10 个版块。网页中间位置右方"越南海洋海岛主权"专栏[①],虽然内容更新速度不是很及时,但越南之声对外广播同时用 12 种语言来宣示自己对南海的"主权",其目的不想而知。

4. 越南通讯社中文网

越南通讯社(简称:越通社)是越南政府直属机关和越南社会主义共和国的官方信息机构。作为越南全国唯一一家通讯社,越通社履行国家通讯社职能,负责对外发布越南党和国家的官方信息和文件,根据党的领导和国家管理的需求提供信息;通过各种媒体类型收集和发布信息,为国内外组织和个人提供服务。越通社是一个全媒体集团,直属单位 32 个,在越南全国 63 个省市开设代表机构,在 5 大洲的 30 个国家(地区)设有记者站点,并对越南全国和世界主要热点地区进行报道,这也是越通社在越南媒体中所具有的无可比拟的优势。越通社针对不同的读者提供不同的服务,对越南国内方面,在履行国家通讯社的职能外,越通社还通过 20 种新闻报纸和杂志直接向广大越南人群众提供服务。包括越通社电视频道、《信息报》、《体育文化报》、《民族与山区画报》、《科学技术报》、Vietnamplus 电子报、通讯出版社等;作为国家一流的对外新闻宣传机构,除了向国外通讯社和媒体机构提供新闻服务之外,越通社还有诸多直属机构以多种语言直接向国外客户发布信息。这些机构包括:对外新闻编辑部(既是其他媒体的信息来源,又直接向广大群众报道信息)、《越南画报》、《越南英文新闻日报》(*Viet Nam News*)、《法文新闻报》(*Le Courrier du Vietnam*)、《越南英文法律与法学论坛杂志》(*Vietnam Law & Legal Forum*)、《越韩时报》等。可以说越通社是越南官方消息来源,利用最先进的技术制作电视和多媒体节目,越通社投资建立了现代信息网络系统。它发布的消息涵盖各行各业,向世界传达越南的真实面貌,并将世界其他国家的信息传达给越南国内的读者。其中文网站标题栏分有包括东盟、东海、气候变化、党建在内的六大板块内容,"东海"专栏[②]显著置于标题栏内,越通社充分发挥了在世界各地设有记者站点的极大优势,在南海问题报道上有国际化的倾向,通过大量报

---

① 越南之声中文网站"越南海洋海岛主权"专栏的网址:https://vovworld.vn/zh-CN/event/%E8%B6%8A%E5%8D%97%E6%B5%B7%E6%B4%8B%E6%B5%B7%E5%B2%9B%E4%B8%BB%E6%9D%83/590.vov(检索日期:2019 年 10 月 8 日)。

② 越南通讯社中文网站"东海"专栏的网址:http://zh.vietnamplus.vn/topic/%E4%B8%9C%E6%B5%B7/130.vnp(检索日期:2019 年 10 月 8 日)。

道国外领导人对南海问题的观点和看法，企图获得国际舆论支持。

5. 越南对外通信局中文网

越南对外通信局中文网是越南通信传媒部对外通信局的网站，同样在其中文网站标题栏上设有"领土主权"专栏①，与其他中文网不同的是在"领土主权"这一专栏里细分了包括"新闻""法律文件""国际法""资料库"四大子专题，在报道越南在南海问题上的时事新闻同时，"法律文件"专题里深入分析中国"独占东海的动机和野心"，控诉中国"伪造了东海主权证据"，对"东海主权诉求十分模糊且没有法律依据"，还谬称"中国在该海域所宣称的权利"并没有得到国际法承认的强烈情绪已在中国广泛流行"；"国际法"专题里用各种国际法律依据来证明"黄沙与长沙"的主权；"资料库"专题从古籍、地图和新史料等角度来证明主权的"历史依据"，还用学术文章来证明"中国历史上承认'长沙'和'黄沙'群岛归属越南领土"等等。可以说通过搜集各种"史料、证据"来宣示对南海的"主权"，是该网站舆论造势的最大特点。

6. 越南时代报中文网

时代报是越南友好组织联合会的机关报，主要报道越南政治社会和民间对外友好合作交流工作。该报的使命是让国际友人和世界人民充分、正确了解越南风土人情、越南党和国家政策路线以及革新事业和融入国际社会等方面的情况。网站顶端标题栏里包括政治、经济、越中关系、热爱祖国在内的9大板块内容。由于该报主要是宣扬友好合作为主题，所以在"越中关系"栏目中细分了"越中友好协会""越中合作""越中贸易"三大栏目，不乏大量对越中友好协会所组织的活动、越南与中国各省市展开城市合作等有利于促进中越友谊的活动正面报道。正是因为这是一个着重于报道中越友谊的网站，所以在设置"东海专题"栏目②时非常"别具匠心"，仅在网站右下方布置了一幅越南海军手持枪、站在海浪托起的越南国旗的宣传画，在该宣传画上连"长沙群岛"这几个越文字体也写得特别模糊，通过点击宣传画图片可以进入该专栏。

此外，越南人民军队报中文网站虽然在首页设有越中友谊专栏，其中也与上述中文网一样在首页醒目位置，通过"越南海洋群岛"图片链接进入该专题，不乏就"黄沙群岛"相关问题推出系列连载的文章，阐述越南的"正义"

---

① 越南对外通信局中文网站"领土主权"专栏的网址：http://cn.vietnam.vn/sovereignty-over-sea-islands（检索日期：2019年10月8日）。

② 越南时代报"东海专题"栏目的网址：http://shidai.vn/%E6%94%BF%E6%B2%BB/%E4%B8%9C%E6%B5%B7%E4%B8%93%E9%A2%98_t113c4（检索日期：2019年10月8日）。

立场，揭示中国的"无理"等等。除了越南官方媒体之外，还有"东海研究"①这样的民间媒体网站同样设有中文门户，主要是从学术研究的角度来对南海问题争端展开激烈的讨论。

三、宣传策略

在越南大力推动海洋战略，发展海洋经济的背景下，越方无论是官方媒体还是民间媒体，对南海问题敏感度与关注度日益提高。总体而言，越南除了对国内民众加强海岛主权展开各种形式的宣传之外，还向中文读者和世界各国友人宣扬自己的立场。通过对以上越南官媒中文门户网站内容进行分析，可以看出在南海问题的舆论造势上越南主要采取以下三大举措：

（一）抗议中国在相关领域的活动

此类新闻主要涉及越南政府部门对中国在南海的活动提出抗议性的报道。最常见的抗议方式是越南外交部发言人就中国在相关领域进行的活动，通过回答记者提问的形式来表达越南政府的反对意见。类似的报道有抗议中国在南海7个人工岛礁上部署武器系统；反对中国海军纪念收复"长沙""黄沙"群岛70周年的活动；反对中国在三沙市选举人大代表；要求中国撤回南沙群岛人工岛礁部署导弹和军事设备；针对中国农业部继续发布关于调整海洋伏季休渔制度的通告，其中涉及越南部分海域时强调：反对和坚决驳斥中国这一单方面的行为；越南信息与传媒部反对中国发行侵犯越南海洋岛屿主权的邮票等等。越南外交部对中国在南海的行为提出的抗议，通过报道越南党、国家政府部门在解决海上争议领域和海岛"主权"的政策主张，不断加大对岛屿"主权"的宣传力度，实现政府部门和新闻媒体机构密切配合的机制。

（二）举行资料图片展

报道"黄沙、长沙归属越南：历史证据和法律依据"资料图片在越南各地巡回展出的具体情况，展出的内容一般有：汉喃字、越南语和法语等语种的文件和资料的复制版；越南和其他国家的地图集和资料；英国、德国、澳大利亚、加拿大和美国等国所出版的证明"黄沙"和"长沙"位于越南领海范围内的4本地图集；越南共和国从1955年至1975年期间所收集的"黄沙群岛归属越南"的系列文件等等。通过资料、地图集、实物、印刷品来充分证明越南对"黄沙"和"长沙"两个群岛拥有主权的历史证据，目的是进一步提高全国各

---

① 越南"东海研究"网站的网址：http://nghiencuubiendong.vn/cn/（检索日期：2019年10月8日）。

阶层人民尤其是青少年，捍卫越南对"东海"的"黄沙"与"长沙"两个群岛拥有"主权"的意识，并增强其"团结精神"和"历史责任感"，达到民众一心捍卫海岛"主权"的目的。此类图片展除了在越南国内举行之外，还走向了世界，通过全球各地的越南人协会和越南留学生协会在国外举行越南海洋岛屿图片展，企图在世界范围内赢取更多的同情心和支持。

（三）举办"东海"问题国际研讨会

越南积极报道在国内外举办"东海"问题国际研讨会的召开情况。第一次"东海"国际研讨会由外交学院于 2009 年举行，截至本文发稿一共举办了十次。最近一次是 2018 年 11 月 8 日举行的第十次"东海"国际研讨会，以"东海：合作共促地区安全与发展"为主题，由越南外交学院（DAV）、东海研究协助基金会（FESS）及越南律师协会联合举办，吸引 220 名国内外代表，其中包括 89 名国际学者和外国驻越南代表机构代表出席。该研讨会共设 8 场讨论会，围绕着"东海——印度洋、亚洲、太平洋地区的中心""东海焦点——十年回顾""各方的立场和主权诉求：延伸和调整""各大国：干预还是不干预？""东海的力量建设""建立互信、预防性外交和解决争端""可能引发东海不确定性的新因素""东海秩序和东海的不稳定性：回顾过去和展望未来"等主题内容。

除了在越南国内举行国际研讨会之外，还赴国外组织召开类似的"东海问题研究"学术会议。例如，2016 年 12 月 3 日在印度国际中心（IIC）举行了题为"东海：战略演讲，国际法和经济角度"的研讨会。会上印度政治战略研究家和学者的演讲都集中对南海局势及其对地区影响进行分析和评价。此外还有同年 10 月 7 日在俄罗斯科学院东方学研究所举行主题为"海牙常设仲裁法院仲裁庭裁决后的东海局势"的学术研讨会；2017 年初在波兰亚洲研究中心、华沙大学下属越南科学与文化研究院联合越南黎贵惇俱乐部共同围绕南海局势和南海主权争端现状等问题展开研讨；2018 年 3 月 19 日在捷克首都布拉格举行题为"越南——东海海边国家"研讨会；甚至还有意大利都灵市越南研究中心学者用意大利语出版《金色沙滩，越南及东海各群岛》的学术书籍，这位学者还表示，此书让意大利读者对于"东海"历史问题有更加全面的了解，此外都灵市已经和正在收集证明越南对"黄沙"和"长沙"两个群岛拥有主权的相关历史证据等等。越南广泛吸收各国专家学者为其出谋划策，在国际舆论上加强与各国学界的交流，将许多类似于印度、捷克、意大利、俄罗斯等与南海问题毫无相关的国家拉拢进来研讨南海问题，企图通过联合多国学术研究路线来争取话语权，使得南海争端日益多边化、国际化。

（四）成立越南"东海"研究基金会（FESS）[①]

"东海"研究基金会（FESS）于2014年3月27日在河内越南外交学院正式成立。该基金会的活动宗旨是推动国内外越南人对南海问题进行研究。由越南外交学院与两位前外交高官联合创立，资金总额达到五十亿越盾。"东海"研究基金会是非利润的社会基金会。该基金会管理委员会主席、越南外交学院院长邓廷贵博士表示："其运作目的是通过向各位专家学者、大学生、研究生及为维护越南祖国海洋海岛主权事业作出实力与智慧贡献的国内外人士等提供帮助与资助，促进东海研究工作；增强维护东海地区的和平、稳定与合作的各项措施。"

东海研究基金会发起的"东海研究奖"评选活动，协助国内外人士研究并撰写关于南海问题的文章。参选的作品涵盖政治、经济、法律、传媒、新闻报道、教育、历史、政策决议等多个领域。参赛作者大多是正在国内高校就读的大学生和研究生以及英、美、德、俄等国外研究院的青年学者。通过此类评选活动，东海研究基金会广泛吸收国内外学者的积极参与，从而从年轻的学者着手，达到进一步巩固海洋岛屿主权基础研究理论，维护越南在南海主权的教育宣传目的。

东海研究基金会有助于扩大和提高越南对南海问题研究的规模和质量，并将这些研究项目与全球研究项目挂钩，丰富"东海"资料库，争取在国际上获得政治支持，让世界了解越南对南海问题的立场，同时协助他们开展政治和外交活动，从而捍卫越南海洋海岛的"主权"。

越南主流媒体除了报道以上主要内容之外，还有组织全民领土领海知识竞赛、摄影展、歌唱比赛、越南海洋与岛屿周、庙会、组织佛教等宗教人士对在争议岛屿上牺牲的爱国战士举行超度法会等一系列与海岛主权宣传相关的文化艺术和宗教活动展开报道。极力邀请世界各地的越侨慰问南海受争议岛屿，并在海岛上举行缅怀英雄烈士的纪念活动，旅居海外越南人国际委员会号召越侨为改善驻岛战士的生活进行募捐活动，让广大侨胞一直心怀祖国，与军民一起捍卫国际海洋岛屿决心；此外越南地图展还走出了越南国门，在2018年柏林国际旅游展上积极宣介越南国土人情，向国外游客展出越南地图，增进国际友人对越南旅游和越南对"黄沙"和"长沙"群岛主权的了解；越南还联合法国邮政集团，在法国发行越南海岛风光的邮票，并在联合国教科文组织总部举行隆重的邮票发布仪式，邀请法国友人参观海洋岛屿摄影展等活动……纵观越方各种宣传活动可谓是样式繁多，五花八门。对象涉及国外友人和国内民众，其中特别关注老干部、退伍军人、海外侨胞、知识分子、宗教人士、文艺界人

[①] 越南东海研究基金会官网：https://fess.vn/（检索日期：2019年10月8日）。

士、青年、学生等，进而不断强化国民对海岛的"主权"意识，煽动国内民众情绪。

四、对策和建议

越南在南海问题上的舆论造势可谓多层次、全方位，形成了民间与政府之间相呼应，国内外联合互动的宣传模式，使得公众对南海问题的思维定式在国际社会范围内逐渐形成统一看法，这样下去势必造成这样的一种后果：越南、菲律宾等国是主张通过和平方式解决争端，坚持谈判对话或者愿意通过国际调解等和平方式来捍卫主权及解决问题，有法理的依据。越南政府主导的对华误导性的宣传在其国内取得了显著效果，煽动了民族主义情绪，在世界范围内频频发声，通过广泛地在全世界举办各种宣示"主权"的活动，一定程度上博取了国际同情，加深了国际社会对中国及中国南海政策的误解，相当程度上使中国的国际地位、国际形象和威信受到损害。为了应对越南在海岛主权宣传上的攻势，对策和建议如下：

（一）利用大众媒体加强主权宣传

通过对越南媒体进行梳理不难发现越南在宣传上不是弱国。相比之下，越媒体包括中文网站在内的多语种网站数量上不仅占有优势，而且开设专栏来对海岛主权进行宣传。通过中文网站来拉近与中文读者的距离，在报道中越友好的同时，把越方对南海的政治主张堂而皇之地嵌在其中，若中文读者对此问题了解不深，会产生负面的影响，达到直接影响中国民间舆论的目的。反观国内央媒中只有一个国际在线[1]设有越南文网站[2]，鲜有相关的报道，中国官方媒体能被越南普通民众直接获知信息的渠道则并不多。这体现出两国对同一问题的重视程度的差别，对中国外交和外宣部门提出了新的挑战。

媒体作为宣传教育的重要介质，通过报刊、网络、电视和手机传媒等方式，报道关于领海主权方面新闻让国人了解到当前南海局势和最新时政消息，同时也能普及国内民众对领海和主权等方面常识。在媒体外宣工作方面，首先，要有效地利用新媒体传播的特点，充分地利用各种新闻媒介的载体，全方位报道中国对南海问题的政治主张和立场。其次，把对内和对外信息紧密结合，加强多语种网站尤其是越文网站的建设工作，加大对多语种人才的培养，开辟专栏来对中国领海局势进行跟踪报道。再者，着重培养具有现代化专业技

---

[1] 国际在线网站的网址：http://www.cri.cn/（检索日期：2019年10月8日）。
[2] 国际在线越文网站的网址：http://vietnamese.cri.cn/（检索日期：2019年10月8日）。

能的对外宣传队伍，知己知彼，熟谙国际社会现代沟通语言和舆论技巧，起到正确引导舆论导向的作用。

同时做好对外宣传设计，在合适场合努力创造发言机会，夺回支配性话语权，驳斥不属实的报道，努力抑制中国威胁论在国际上的泛滥。

（二）加强对南海问题研究的支持力度

增设专门研究机构，加大相关研究资助力度，成立南海问题研究基金会。从理论、法理和地缘政治等角度全方面研究我国领海主权问题；通过设在世界各地的孔子学院，向国外友人宣传我国的领海主权的主张和立场。同时应有专员对越南在此问题的学术研究动向做跟进研究，增强预判能力。在国内外组织召开国际研讨会，让专家和学者替政府发声，积极主动向国际社会充分阐述和展示中国对南海诸岛拥有主权的历史依据和法理依据，并且要积极主动向国际社会揭露当前南海局势持续紧张的真正原因。缓解国家相关执法部门的压力，通过召开国际研讨会，更多地认识国外解决领海主权纠纷的理论，换位思考"为我所用"，在分歧中找到最大的公约数。

（三）展开领海主权教育活动

纵观中小学教科书中的历史地理文化的课程，对中国南海知识的普及可谓少之又少，"西沙群岛和南沙群岛自古以来就是中国的领土，这不仅有古今中外翔实的历史和地理资料作证，而且也曾为世界许多国家和广泛的国际舆论所认可"，这是多数人从教科书上得到对南海的认识。在义务教科书的设计上，应多选取我国领土领海史事，增强青少年的主权意识。此外在国内和国际上组织结合南海地图、照片、影像资料展，让领海主权知识的普及更为生动和直观，易于接受。出版针对不同读者的相关书籍，普及我国的海洋群岛知识，增强民众捍卫国家主权独立、领土完整、安全统一和稳定的意识。

参考文献

[1] 成汉平. 越南海洋法对南海争端的影响与我对策思考 [J]. 世界经济与政治论坛，2013（1）：30—43.

[2] 米良. 越南海洋法 [J]. 南洋资料译丛，2015（2）：1—14.

[3] 于向东. 革新开放以来越南共产党海洋政策主张的发展 [J]. 边界与海洋研究，2017，2（5）：87—99，2.

柬埔寨参与澜湄合作的进展及其角色与作用

信息工程大学 卢 军

【摘 要】 澜湄合作是首个由流域内六国共同创建的新型次区域合作机制，是中国与中南半岛五国共商共建"一带一路"的重要平台。自2016年3月首次领导人会议宣告澜湄合作机制正式启动以来，柬埔寨高度重视澜湄合作。作为2017—2018年的共同主席国，精心筹办各项会议规划发展方向，积极推动各项合作建设命运共同体。在澜湄合作机制中，柬埔寨不仅发挥了拥护者的响应支持作用，践行者的示范引领作用，而且起到了合作者的协同配合作用，以及协调者的桥梁融合作用，有力推动了澜湄合作机制的培育与成长，并将为建设中柬命运共同体奠定坚实基础。

【关键词】 澜湄合作；柬埔寨；角色作用

澜沧江-湄公河发源于青藏高原，在我国境内称作澜沧江，从云南出境流入中南半岛后称为湄公河，依次流经缅甸、老挝、泰国、柬埔寨及越南，流入中国南海。澜沧江-湄公河全长4880千米，是世界第七大河流，也是亚洲最重要的跨国河流。湄公河流域面积79.5万平方千米，流域内生活着3.26亿民众，中南半岛五国GDP总量超过6000亿美元，年平均增速约7%，是亚洲乃至全世界最具发展潜力的地区之一。[①] 澜沧江-湄公河沿岸六国山水相连，地缘相近，人文相通，利益相融，因此建立澜沧江-湄公河合作机制（以下简称为"澜湄合作机制"）是六国推动区域合作的共同愿景。

一、澜湄合作机制概述

澜湄合作机制是澜沧江-湄公河沿岸六国——中国、柬埔寨、老挝、缅甸、泰国、越南在中国-东盟合作框架下共同发起和建设的新型次区域合作平台。在2014年11月第17次中国-东盟领导人会议上，李克强总理提出建立澜沧江-湄公河对话合作机制的重要倡议，获得湄公河五国的积极响应。2015年11月12日，澜湄六国首次外长会议在云南景洪举行，通过了《澜湄合作概念文件》和《首次外长会联合新闻公报》，确立了澜湄合作目标、原则、重点领

---

① 关于澜沧江-湄公河合作 [EB/OL]. 澜沧江-湄公河合作网，（2017-11-14）[2019-04-10]. http://www.lmcchina.org/gylmhz/jj/t1510421.htm.

域和机制框架等内容，同意尽快实施一批早期收获项目。

2016年3月23日，澜湄六国首次领导人会议在海南三亚举行，澜湄合作机制正式启动。各方共同确认了"3+5合作框架"，即坚持政治安全、经济和可持续发展、社会人文三大支柱协调发展，优先在互联互通、产能、跨境经济、水资源、农业和减贫领域开展合作。会议发表了《首次领导人会议三亚宣言》和《澜湄国家产能合作联合声明》，通过了《早期收获项目联合清单》，包含涉及互联互通、水资源、卫生、减贫等领域的45个项目。①

此后，2016年12月23日在柬埔寨暹粒举行了第二次外长会议；2017年12月15日在云南大理举行了第三次外长会议；2018年1月10日在柬埔寨金边举行了第二次领导人会议；2018年12月17日在老挝琅勃拉邦举行了第四次外长会议。经过三年多的建设与发展，澜湄合作机制在促进地区经济发展、改善各国民生、保护自然环境、密切人文交流等领域发挥了积极作用，正从培育期快速迈向成长期。澜湄合作在各领域取得的成绩，是六国共同努力的成果。柬埔寨作为澜湄合作重要的参与方，密切与中国的协调与合作，并在澜湄合作机制建设与发展中扮演了重要角色，发挥了积极作用。

二、柬埔寨参与澜湄合作情况

柬埔寨王国政府高度重视澜湄合作机制，自该机制正式启动以来，柬埔寨便积极参与，并在2017—2018年与中国一同担任澜湄合作会议共同主席国期间，组织举办了各项重大会议。同时，在利用澜湄合作专项基金发展建设本国相关领域方面取得了丰硕的成果。

（一）政府高度重视澜湄合作

1. 在首次澜湄合作领导人会议期间，柬埔寨首相洪森便发表了主题为"分享河流、分享未来"的讲话，并与各国领导人共同签署了《澜沧江-湄公河合作首次领导人会议三亚宣言》和《澜沧江-湄公河国家产能合作联合声明》，认同澜沧江-湄公河合作"早期收获"项目联合清单。②

2. 2017年9月28日，全球湄公河研究中心及全球湄公河研究中心（柬埔寨中心）在金边成立，柬埔寨合作与和平研究所主席诺罗敦·施里武亲王出席了成立大会，该所执行主任布·索提拉主持会议并表示，全球湄公河研究中心

---

① 澜湄合作科普贴［EB/OL］．澜沧江-湄公河合作网，（2016-12-07）［2019-04-10］．http://www.lmcchina.org/lmwsj/t1517505.htm．

② 李涛，李福军．2016年柬埔寨形势及对澜沧江-湄公河合作的参与［G］//澜沧江-湄公河合作发展报告：2017．北京：社会科学文献出版社，2017：163．

的成立是澜湄合作的一项重要成果。澜湄合作需要各方努力增进互信，缩小发展差距，并与包括"一带一路"倡议在内的区域各项倡议相互协作。他期待中心成立后，为澜湄合作的发展积极献计献策。该中心的成立将构建起澜湄合作的智库交流与合作平台，为澜湄合作更好更快发展贡献智慧。①

3. 2017 年 10 月 10 日，澜沧江-湄公河合作柬埔寨国家秘书处在金边正式成立。柬埔寨国务秘书兼外交与国际合作部大臣布拉索昆、中国驻柬埔寨大使熊波，以及其他澜湄合作成员国驻柬外交使节出席了成立仪式。布拉索昆称澜湄合作是重要的次区域合作机制，把澜湄区域六国的命运紧紧相连，将从五个优先方向推动合作发展。熊波在致辞中则表示，中方愿同柬方和有关各方加强合作，携手努力推动澜湄合作健康成长，将六国友好关系不断推上新水平，为建设澜湄国家命运共同体，进而打造中国-东盟和亚洲命运共同体做出应有贡献。②该秘书处的成立显示了柬埔寨政府积极推进澜湄合作的意志与决心，对促进澜湄合作机制的发展具有重要意义。

（二）举办多项会议和会展

1. 2017 年 7 月 13 日，柬埔寨商务部与中国贸促会共同主办的"2017 澜沧江-湄公河国家经济技术合作展览会"在金边开幕，展会为期 4 天，以深化产能合作为主题，汇集了包括中国和柬埔寨等湄公河沿线国家的 135 家企业，涉及基础设施、高速铁路、能源电力、轨道交通、通信、机械设备等多个领域。此次展览会既是为了落实第二届澜湄合作外长会的重要共识，也是为 2018 年在柬埔寨举行澜湄领导人会议做铺垫。展会对深化澜湄国家间的经贸交流，推动各国务实合作具有重要意义。③

2. 2017 年 7 月 26 日，澜湄合作减贫合作联合工作组第二次会议在柬埔寨暹粒举行，会议就工作组《一般性原则》和五年行动计划等进行了讨论。

3. 2018 年 1 月 10 日至 11 日，澜湄合作第二次领导人会议在金边举行，会议的主题是"我们的和平与可持续发展之河"，会后发表了《澜湄合作第二次领导人会议金边宣言》，为澜湄合作机制指明未来十年发展进程。作为会议的共同主席国，柬埔寨再次吸引了世界的目光。洪森首相在会议期间称，澜湄合作是全方位的合作机制，他确信澜湄合作机制将促进澜湄六国快速前进，迈

---

① 黄耀辉. "全球湄公河研究中心"在柬埔寨成立［EB/OL］. 中国新闻网，（2017-09-28）［2019-04-15］. http://www.chinanews.com/gj/2017/09-28/8343009.shtml.

② 毛鹏飞. 澜湄合作柬埔寨秘书处正式成立［EB/OL］. 新华网，（2017-10-10）［2019-04-10］. http://www.xinhuanet.com/world/2017/10/10/c_1121782513.htm.

③ 黄耀辉. 2017 年澜湄国家经济技术展在金边开幕［EB/OL］. 中国新闻网，（2017-07-13）［2019-04-15］. http://www.chinanews.com/gj/2017/07-13/8277253.shtml.

向将澜湄合作变为充满未来、和平与共同繁荣区域的目标。

4. 2018年1月10日，澜湄合作成果展在柬埔寨首相府开幕。作为澜湄合作第二次领导人会议的开场活动，澜湄合作成果展以"同饮一江水，命运紧相连"为主题，集中展示了澜湄合作机制成立两年以来取得的重要成果，涉及基础设施、能源、物流、互联网等领域。所展示的成果都具有很强的代表性，不仅介绍了澜湄合作机制建设情况，以及在水资源、贸易投资、人文交流、政治安全等方面取得的成果，还展现了澜湄合作的广阔未来。①

（三）收获颇丰的成果

2016年3月中国在澜湄合作首次领导人会议上提出设立澜湄合作专项基金，承诺在5年内提供3亿美元支持澜湄六国提出的中小型合作项目。

1. 2017年12月21日，中国驻柬埔寨大使熊波和柬埔寨外交与国际合作部大臣布拉索昆共同出席了第一批澜湄合作专项基金签约仪式。柬埔寨签约16个项目，共获得730万美元资金的援助，项目包括：

表1　柬埔寨获批的第一批澜湄合作专项基金项目

序号	项目名称	负责部门
1	湄公河沿岸国家小乘佛教发展合作项目及管理有效性研讨会	宗教事务与宗教部
2	澜沧江-湄公河培训师培训（TOT）研讨会及东盟社区旅游（CBT）标准的出版	旅游部
3	通过可持续土地管理解决土地退化问题并改善当地生计	农林渔猎部
4	森林恢复与促进东南亚森林可持续利用	
5	促进有效的区域战略，打击在湄公河流域进行非法、未报告及未登记（IUU）捕鱼，确保湄公河地区可持续渔业管理	
6	湄公河-澜沧信息与通信技术（ICT）志愿者	邮电与通信部
7	增强柬埔寨与老挝、缅甸及中国的航空连接研究	柬埔寨国家民航秘书处
8	加强澜沧江-湄公河流域合同农业研究与对话	柬埔寨发展资源研究院（CDRI）
9	加强中国-湄公河研究与政策对话计划	
10	湄公河沿岸综合社区发展	农村发展部
11	通过柬埔寨农村经济发展减贫	

---

① 澜湄合作成果展在柬埔寨举办［EB/OL］. 中国国际贸易促进委员会，（2018-01-11）［2019-04-15］. http://www.ccpit.org/Contents/Channel_3434/2018/0111/947715/content_947715.htm.

（续表）

序号	项目名称	负责部门
12	澜沧江-湄公河中小型文化企业研讨会	文化与艺术部
13	防止通过澜沧江-湄公河流域进行盗窃，秘密挖掘，非法进出口文化财产	
14	湄公河主流水质监测系统及信息中心安装	环境部
15	柬埔寨三种典型的媒介传播热带病，即登革热、血吸虫病和管圆线虫病的风险评估、监测和预警的联合研究和技术开发	卫生部

2. 2019年2月，第二批澜湄合作专项基金签约仪式在柬埔寨外交部举行，此次柬埔寨签约19个项目，共获得766万美元资金援助，项目包括：

表2　柬埔寨获批的第二批澜湄合作专项基金项目

序号	项目名称
1	为贫困学生赴华学习通信工程提供奖学金的支持项目
2	关于重点优先领域的项目管理和部门发展的湄公河-澜沧江合作培训计划
3	通过柬埔寨农村经济发展减贫第二阶段
4	湄公河沿岸综合社区发展第二阶段
5	关于湄公河沿岸国家可持续和平与发展的宗教间的对话（湄公河-澜沧江合作）
6	澜沧江-湄公河以提升导游质量与使游客满意为导向诠释自然和文化遗产
7	在澜沧江湄公河流域加强合作预防事故
8	在柬埔寨、老挝、缅甸及越南实施高等教育国家资格框架（NQF）和质量保证（QA）能力建设
9	加强澜沧江-湄公河次区域国家实施国家保护区战略管理计划和REDD+框架的能力建设
10	通过澜湄合作建设数字经济能力
11	澜沧江-湄公河网络安全论坛与网络演练
12	柬埔寨和越南边境地区以社区为基础的跨界水资源和相关资源管理以及向柬埔寨和老挝边境地区推广经验
13	澜沧江-湄公河文化合作框架研讨会
14	假新闻的有害影响和政府对假新闻的处理
15	澜沧江-湄公河国家可持续森林管理能力建设
16	社区渔业共同管理：能力建设和分享湄公河区域成员国的经验和教训
17	为质量管理体系培训培训师和主任审核员（ISO 9001：2015）
18	湄公河流域的水外交：走向共同繁荣的流域

(续表)

序号	项目名称
19	建立高等教育创新区域伙伴关系

在两批澜湄合作专项基金中，柬埔寨共获得35个项目，1496万美元的资金援助，涵盖农业、旅游、电信、教育、文化交流等多个领域。这些项目的顺利实施，将提高柬埔寨人民的生活水平，并在教育、健康、旅游等领域为柬埔寨带来诸多益处。

三、柬埔寨的角色与作用

在澜湄合作机制中，中国发挥的领导角色与主导作用自不用多言，同时也需要其他五国的大力支持与通力配合才能使澜湄合作更加深入、更加高效。作为中国的全面战略合作伙伴，柬埔寨为了加速发展本国经济，实现在区域合作中的倡议权和规则制定权，同时提升在区域和国际舞台上的地位与影响力，柬埔寨在澜湄合作机制中发挥了拥护者的响应支持作用，践行者的示范引领作用，以及合作者的协同配合作用。

1. 作为拥护者的响应支持作用

中柬建交60多年来，尤其是新世纪以来，两国在涉及对方核心利益问题上始终相互支持、相互帮助，结下了深厚的友谊。这种政治上的高度互信使柬埔寨自然而然地支持澜湄合作机制，事实也证明，柬埔寨是澜湄合作机制中积极的拥护者与响应者。2016年3月首届澜湄合作领导人会议在海南三亚召开，洪森首相在与李克强总理会面时表示，柬埔寨将积极支持建设澜湄国家命运共同体，并对柬中关系发展深感满意，感谢中方对柬埔寨的支持与帮助，欢迎中国企业扩大对柬基础设施建设、农业等领域的投资。李克强总理也称赞中柬是相互信赖的好朋友，应加快发展战略对接，推进产能与投资合作，加强经贸、农产品加工、基础设施建设、文物保护等领域合作，让两国民众从合作中更多受益。①2018年1月，在出席澜湄合作第二次领导人会议并访问柬埔寨前夕，李克强总理在柬埔寨主流媒体《柬埔寨之光》《高棉时报》和《柬华日报》发表了题为《为澜湄合作与中柬友好架桥铺路》的署名文章，获得柬埔寨社会各界的广泛赞扬。

柬埔寨在2017年9月和10月便分别建立起全球湄公河研究中心及全球湄公河研究中心（柬埔寨中心）和澜沧江-湄公河合作柬埔寨国家秘书处，来协

---

① 李克强会见柬埔寨首相洪森［EB/OL］. 中国政府网，（2016-03-23）［2019-04-15］. http://www.gov.cn/guowuyuan/2016-03/23/content_5056911.htm.

调和处理澜湄合作事务，成立这两个机构表现出柬埔寨政府积极支持及推进澜湄合作的意志与决心。此外，柬埔寨政府官员在各个场合都表示对澜湄合作的支持。洪森首相多次在公众演讲时驳斥"中国威胁论""中国入侵论"和"中国在柬埔寨投资别有用心论"，向人民大众解释中国的投资是为了帮助柬埔寨建设国家，改善人民生活，使他们打消对中国的疑虑。柬埔寨副首相兼外交与国际合作部大臣布拉索昆也在发文祝贺2019年"澜湄周"启动时表示澜湄合作有利于地区和平发展，柬埔寨非常荣幸在澜湄合作机制启动之初就发挥了积极的作用。柬埔寨也一如既往地认为，该倡议对柬埔寨及正在致力于巩固和平、可持续发展和共同繁荣的湄公河流域国家将产生重要影响。[①]

2. 作为践行者的示范引领作用

自"一带一路"倡议提出以来，尤其是澜湄合作机制建立之后，柬埔寨加速融入澜湄区域经贸合作，主动将国家"四角战略"与《2015—2025工业发展计划》与澜湄合作三大支柱和五个优先领域相对接，取得了令世人瞩目的成果。据柬埔寨华文报纸《华商日报》报道，根据柬埔寨商业部公布的数据，2016年柬埔寨的总出口额突破100亿美元，其中增长最快的几个出口市场都是澜湄区域国家，其中对中国出口增长50%、对泰国出口增长21%、对越南出口增长24%。相比之下，2016年柬埔寨对美国的出口仅21.47亿美元，增长仅0.49%；从美国进口仅1.73亿美元，同比下降了24.38%。目前，中国是柬埔寨最大的贸易伙伴和投资国。据我国商务部统计，2016年，中柬双边贸易额47.6亿美元，增长7.4%。2017年，中柬双边贸易额57.9亿美元，增长21.7%。2018年，中柬双边贸易额73.9亿美元，增长27.6%。其中，中方出口60.1亿美元，增长25.7%，进口13.8亿美元，增长36.7%。而截至2017年底，中国企业对柬直接投资存量54.5亿美元。2018年对柬新增非金融类直接投资6.4亿美元，增长17.6%[②]，为柬埔寨国民经济和社会发展做出了重要贡献。得益于近年来经济的快速增长，柬埔寨已于2016年正式脱离最不发达国家行列，成为中等偏下收入国家。

中国驻柬埔寨大使王文天也表示，澜湄合作机制成立以来，在次区域合作中的影响日渐扩大，受到各方广泛瞩目。连续两年，柬埔寨获批的澜湄合作专项基金项目都是最多的，体现出柬埔寨对澜湄合作的积极态度和参与热情。下表为前两批澜湄合作专项基金项目概况。

---

① 澜湄合作有利于地区和平发展［EB/OL］.经济日报网，（2019-03-23）［2019-04-10］.http://paper.ce.cn/jjrb/html/2019-03/23/content_387026.htm.

② 商务部亚洲司.中国-柬埔寨经贸合作简况［EB/OL］.（2019-02-02）［2019-04-12］.http://yzs.mofcom.gov.cn/article/t/201902/20190202833046.shtml.

表3 澜湄流域五国2017年、2018年获批澜湄合作专项基金一览表

2017年度	柬埔寨	老挝	缅甸	泰国	越南
签署时间	2017年12月21日	2018年1月3日	2018年1月5日	2018年4月	N/A
签署项目	16个	13个	10个	4个	N/A
项目金额	730万美元	350万美元	240万美元	N/A	N/A
2018年度	柬埔寨	老挝	缅甸	泰国	越南
签署时间	2019年2月23日	2019年2月15日	2019年1月23日	N/A	N/A
签署项目	19个	21个	19个	N/A	N/A
项目金额	766万美元	450万美元	737.8万美元	N/A	N/A
合计	35个，1496万美元	34个，800万美元	29个，977.8万美元	N/A	N/A

由江苏太湖柬埔寨国际经济合作区投资有限公司与柬埔寨国际投资开发集团有限公司，在柬埔寨西哈努克省共同开发建设的国家级经贸合作区西哈努克港经济特区，不仅是"澜湄合作"早期收获项目，也是"一带一路"上的标志性项目，得到了中柬两国领导人的高度肯定。2016年10月，习近平主席在出访柬埔寨期间，在署名文章中特别指出"蓬勃发展的西哈努克港经济特区是中柬务实合作的样板"。截至2017年底，西港特区首期5平方千米区域内已完成五通（通路、通电、通水、通信、排污）一平（平地），成为柬埔寨当地生产、生活配套环境完善的工业园区之一，并引入了来自中国、欧美等国家和地区130多家企业入驻，解决当地就业近2万人，逐渐成为"一带一路"国际合作共赢的样板。

柬埔寨作为澜湄合作中的积极践行者及典范，短短三年取得的丰硕成果将吸引区域内其他国家更好地加入澜湄合作之中。因此，柬埔寨的示范引领作用将对全面推进澜湄合作机制发展、构建中国与柬埔寨命运共同体，以及中国与澜湄国家命运共同体具有重要意义。

3. 作为合作者的协同配合作用

在澜湄合作中，柬埔寨不仅仅发挥出支持者和践行者的作用，而且作为澜湄合作机制重要的合作方，柬埔寨以主人翁的积极姿态，发挥了协同配合的作用。在2017年12月柬埔寨首批澜湄专项基金协议签署仪式上，柬埔寨外交与国际合作部大臣布拉索昆便表示，柬埔寨是第一批澜湄合作专项基金框架下获批项目最多的国家，项目涵盖旅游、农业、通信等多个领域，柬方将认真落实这些项目，也有信心办好这些项目。他感谢中国政府和人民对柬埔寨的支持，柬方作为当年的澜湄合作共同主席国，将具体协调这些项目顺利实施，有信心

把澜湄合作机制变成务实高效的区域合作机制。柬埔寨王国政府顾问、澜湄事务高级官员索希潘那博士则表示，柬埔寨很荣幸成为澜湄合作机制的首任共同主席国。希望在《三亚宣言》和第一届领导人会议的基础上，进一步推进澜湄合作，为这项机制带来新的发展动能和势头。[①]

2018年1月，作为澜湄合作中的亲密合作者，柬埔寨密切配合中国，组织筹备了澜湄合作第二次领导人会议，会议上通过了《澜湄合作五年行动计划》和《澜湄合作第二次领导人会议金边宣言》两份重要合作文件，并发布了"澜湄合作第二批项目清单"和"澜湄合作六个优先领域联合工作组报告"，取得了一系列开创性成就。2018年8月，中国驻东盟大使黄溪连在会见柬埔寨政府顾问、澜湄合作高官索西帕纳时高度赞扬柬埔寨作为首任共同主席国为澜湄合作机制发展做出的突出贡献，以及在促进机制中发挥的重要作用。索西帕纳也表示今后将与中方保持密切配合，在澜湄合作机制框架下开展更多务实合作，进一步完善机制建设，加强澜湄合作和中国-东盟合作的对接。[②]

四、未来展望

澜湄合作机制的快速发展，将惠及当下与今后的中柬合作。柬埔寨势必通过澜湄合作机制不断巩固和提升中柬全面战略合作伙伴关系，积极落实两国领导人达成的合作共识，扎实推动双方在贸易投资、基础设施、农业、产能等领域的合作。2019年4月28日，《中华人民共和国政府和柬埔寨王国政府关于构建中柬命运共同体行动计划（2019—2023）》在北京正式签署，标志着中柬全面战略合作伙伴关系达到了历史新高度，具有战略意义的中柬命运共同体的建设将在新甲子开创两国关系发展的全新局面。同时柬埔寨将进一步加深与澜湄流域其他各国的合作，在打造澜湄流域经济发展带，建设澜湄国家命运共同体过程中，发挥更为积极主动的作用。

参考文献

［1］关于澜沧江-湄公河合作［EB/OL］.澜沧江-湄公河合作网，（2017-11-14）［2019-04-10］. http://www.lmcchina.org/gylmhz/jj/t1510421.htm.

［2］黄耀辉. 2017年澜湄国家经济技术展在金边开幕［EB/OL］.中国新

---

① 蒋天. 中柬首批"澜湄合作"专项基金项目签约［EB/OL］.中青在线，（2017-12-21）［2019-03-03］. http://news.cyol.com/yuanchuang/2017-12/21/content_16800413.htm.

② 外交部. 驻东盟大使黄溪连会见柬埔寨政府顾问澜湄合作高官索西帕纳［EB/OL］.（2018-08-24）［2019-04-22］. https://www.fmprc.gov.cn/web/zwbd_673032/wshd_673034/t1588028.shtml.

闻网，（2017-07-13）[2019-04-15]. http://www.chinanews.com/gj/2017/07-13/8277253.shtml.

[3] 黄耀辉. "全球湄公河研究中心"在柬埔寨成立[EB/OL]. 中国新闻网，（2017-09-28）[2019-04-15]. http://www.chinanews.com/gj/2017/09-28/8343009.shtml.

[4] 蒋天. 中柬首批"澜湄合作"专项基金项目签约[EB/OL]. 中青在线，（2017-12-21）[2019-03-03]. http://news.cyol.com/yuanchuang/2017-12/21/content_16800413.htm.

[5] 澜湄合作科普贴[EB/OL]. 澜沧江-湄公河合作网，（2016-12-07）[2019-04-10]. http://www.lmcchina.org/lmwsj/t1517505.htm.

[6] 澜湄合作成果展在柬埔寨举办[EB/OL]. 中国国际贸易促进委员会，（2018-01-11）[2019-04-15]. http://www.ccpit.org/Contents/Channel_3434/2018/0111/947715/content_947715.htm.

[7] 澜湄合作有利于地区和平发展[EB/OL]. 经济日报网，（2019-03-23）[2019-04-10]. http://paper.ce.cn/jjrb/html/2019-03/23/content_387026.htm.

[8] 李克强会见柬埔寨首相洪森[EB/OL]. 中国政府网，（2016-03-23）[2019-04-15]. http://www.gov.cn/guowuyuan/2016-03/23/content_5056911.htm.

[9] 李涛，李福军. 2016年柬埔寨形势及对澜沧江-湄公河合作的参与[G]//澜沧江-湄公河合作发展报告：2017. 北京：社会科学文献出版社，2017：163.

[10] 毛鹏飞. 澜湄合作柬埔寨秘书处正式成立[EB/OL]. 新华网，（2017-10-10）[2019-04-10]. http://www.xinhuanet.com/world/2017-10/10/c_1121782513.htm.

[11] 商务部亚洲司. 中国-柬埔寨经贸合作简况[EB/OL].（2019-02-02）[2019-04-12]. http://yzs.mofcom.gov.cn/article/t/201902/20190202833046.shtml.

[12] 外交部. 驻东盟大使黄溪连会见柬埔寨政府顾问澜湄合作高官索西帕纳[EB/OL].（2018-08-24）[2019-04-22]. https://www.fmprc.gov.cn/web/zwbd_673032/wshd_673034/t1588028.shtml.

泰国媒体中的"一带一路"[①]

广西民族大学　余东平　覃秀红

【摘　要】本论文收集了泰国主流媒体关于"一带一路"的相关报道,按报道时间、报道主题、报道内容、报道倾向等进行分类以及统计,结合国际形势、双边关系、泰国国情等因素,借鉴框架分析法分析报道的特征与原因。最后,探讨"一带一路"倡议在泰国传播的过程中所面临的机遇与挑战。研究发现,泰国主流媒体关于"一带一路"的报道中,以中立居多,以经济议题为主,不乏正面报道,但是其中也暗藏些许偏见,需要我们采取有针对性的措施来解决,从而实现"一带一路"倡议的民心相通。

【关键词】"一带一路";泰国媒体;报道分析

2013年末,习近平主席提出了"一带一路"倡议,已有五年时间。在这五年里,"一带一路"建设由点到面,在发展中不断向前,在合作中不断成长。"'一带一路'建设立足于古代丝绸之路的土壤,以亚欧非大陆作为合作重点,同时对所有友好国家开放。不论来自美洲、非洲,还是欧洲、亚洲,都是'一带一路'建设的合作伙伴。"[1] 目前"一带一路"倡议的建设已经驶入了不断加速的"快车道",为世界经济复苏注入了一股源源不断的强大动力。

"一带一路"倡议作为国际社会的关注焦点,虽然获得了许多国家的支持,但是在国际社会上仍然存在许多对"一带一路"的偏见与过度解读。例如外国一些媒体将"一带一路"称为中国版的"马歇尔计划"。还有一些媒体则认为中国希望通过与丝绸之路沿途国家加强经济关系、结成"命运共同体",掌握亚洲外交的主导权。[2]

泰国是"一带一路"沿线重要国家之一,自1975年中泰建交以来,两国关系一直稳定向前发展,2015年底,中国已经成为泰国第一大贸易伙伴。受1997年亚洲金融危机和国内政局动荡的影响,泰国经济下行趋势明显,经济增长率由1987—1995年的年均9.9%下降到1997—2016年的年均3.1%。因此泰国政府于2017年提出了"泰国4.0"计划,试图以"泰国4.0"优化产业结构,提振成长动能,避免掉入中等收入陷阱,在先进制造业、高科技产业、旅

[①] 本文是广西民族大学校级重点研究基地"中国文化对外翻译与传播研究基地"成果之一。

游业等多个领域面临投资需求。在此背景下，恰逢"一带一路"倡议的实施并且泰国政府也表态会充分支持"一带一路"建设，中泰合作前景广阔。要想推动"一带一路"倡议顺利实施就必须充分了解泰国相关舆情。而媒体的报道对舆情不仅有着重要的影响，还能反映出相关的民众态度。

本论文以泰国主流媒体《泰叻报》（*Thairath*）、《国家报》（*Banmuang*）的网站上自 2013 年 10 月 1 日到 2019 年 2 月 1 日期间的报道中与"一带一路"相关内容为研究样本，从时间分布、报道主题、报道倾向三个方面对报道样本进行系统分类，进而深入分析泰国媒体对"一带一路"的态度。

一、报道样本分析

（一）样本时间分布

为了方便考察泰国这两家媒体对"一带一路"关注的变化趋势，笔者收集了《泰叻报》《国家报》这两家报纸 2013 年到 2018 年每年的"一带一路"相关报道并进行统计，如图 1。

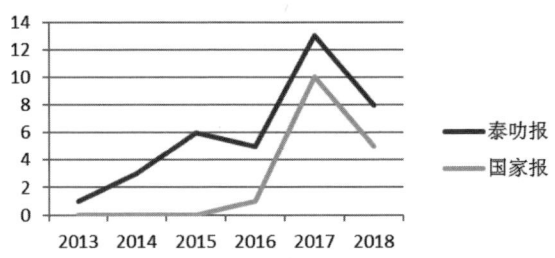

图 1 2013—2018 年"一带一路"相关报道数量统计

从图 1 中可以发现，2013 年到 2018 年，《泰叻报》对"一带一路"倡议的关注程度明显高于《国家报》。无论是《国家报》还是《泰叻报》对"一带一路"的相关报道数量都呈现出总体上升的趋势。2015 年由于中泰建交 40 周年的影响，《泰叻报》"一带一路"相关报道出现大幅增长，在 2016 年报道数量出现小幅的回落。同样的情况发生在 2017 年，《国家报》与《泰叻报》关于"一带一路"报道数量大幅增加，2018 年开始回落，但仍然高于 2016 年的报道数量，这与中国当年 5 月 14 日到 5 月 15 日举办的"一带一路"国际合作高峰论坛密不可分。如果仅从报道量来看的话，"一带一路"高峰论坛的举办，成功提升了"一带一路"的国际传播影响力。

（二）报道主题

研究发现，在样本时间段内，《泰叻报》的"一带一路"相关报道一共有

38 篇,其中有 16 篇是直接将"一带一路"作为主题进行专题报道,其余的则是将"一带一路"放置在其他的议题中简要提及或者将议题放在"一带一路"背景下进行报道。例如 2018 年 12 月 21 日的报道《商务部:泰国 11 月出口额负增长 0.95%,已是今年第二个月负增长》中,其主要描述泰国面临的出口总额下滑问题,并分析原因,在最后给出解决措施时才提及"一带一路",认为泰国应该注重对"一带一路"沿线的非洲国家的出口。又例如在 2015 年 5 月 8 日的报道《应该到有机会的国家去》中,主要描述"一带一路"背景下中亚地区的发展,并强调了中国高铁计划的重要性。

《国家报》的专题报道则相对较少,在 16 篇报道中,只有两篇专题报道,例如 2017 年 9 月 5 日的报道《泰中已签高铁合作协议》中,以中泰两国正式签订高铁协议为背景,详细介绍了"一带一路"倡议中的中泰高铁计划。《国家报》其余的非专题报道也与《泰叻报》一样将"一带一路"放置在其他的议题中简要提及或者将议题放在"一带一路"背景下进行报道。

在这 54 篇报道中,按照报道主题可以将其分为政治、经济、军事、文化四类,具体报道量如图 2。

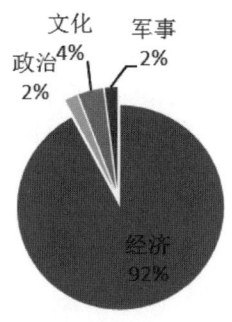

图 2 《泰叻报》与《国家报》"一带一路"相关报道主题占比

从图 2 可以看出,经济类报道占了相关报道的绝大部分,其中经济类报道中也掺杂有一些政治、文化方面的描述,但是其主题依然还是以经济为报道的主要内容。例如在《泰叻报》2017 年 5 月 1 日的报道《丝绸之路,挺进"一带一路"》中虽然也提到了"一带一路"倡议对中泰两国文化发展与交流的促进作用,但是其报道主题仍然还是"一带一路"政策对泰国经济的促进作用。

军事主题的报道方面,《泰叻报》2016 年 10 月 18 日的报道《众强国围攻吉布提》中以中国和日本在吉布提建立基地来反映中国和日本在非洲扩大影响力。政治主题的报道方面,《泰叻报》2017 年 9 月 5 日的报道《世界超级大型项目》,简要概述"一带一路"倡议并与美国总统特朗普的"美国优先"政策进行对比,认为中国政治影响力在不断扩大。文化主题的报道方面,《国家报》2018 年 5 月 13 日的报道《赵昆通猜大师为孔子学院帕纳空皇家大学分院揭牌》中报道新孔子学院成立，并介绍了其在"一带一路"背景下的积极作用。

（三）报道倾向

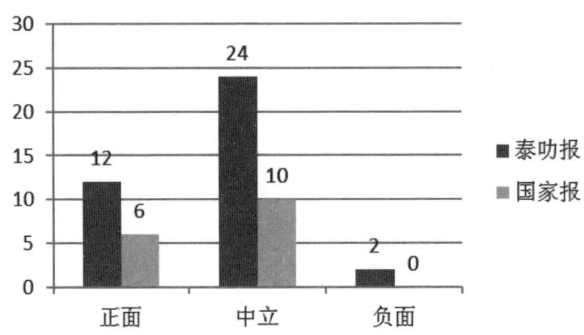

图 3 《泰叻报》与《国家报》报道倾向数量统计

从报道数量上看，2013 年到 2018 年，《泰叻报》与《国家报》的"一带一路"相关报道中，正面、中立、反面报道数量如图 3。

可以看出在《泰叻报》与《国家报》的"一带一路"相关报道中，中立的占绝大多数，负面报道数量极少，正面报道的数量也十分可观。中立报道中除了介绍性报道外，也有描述"一带一路"倡议实施过程中所面临的机遇与挑战。例如《泰叻报》2017 年 4 月 16 日的报道《丝绸之路会议即将召开——中国有信心获得成功》中说明了"一带一路"倡议既有国家支持（俄罗斯等），也有国家反对（德国等），并且分析了一些欧洲国家不参与的原因。除此之外，中立报道也有很大一部分是关于"一带一路"国际合作高峰论坛的，主要报道了会议的主要内容、进程、参加国、规模等。

正面报道则主要说明了"一带一路"对泰国的重要性，例如《泰叻报》2017 年 4 月 16 日的报道《在丝绸之路上寻找泰国的位置》，主要介绍"一带一路"倡议及其进程，认为"一带一路"倡议对泰国的发展起着极大的促进作用，并呼吁推动中泰铁路项目进程，担心泰国错过这次发展机遇。又如《国家报》2018 年 12 月 19 日的报道《King Wai Group 集团涉足泰国商业与投资业》中，介绍了在"一带一路"背景下成都某集团对泰国的投资与合作，认为"一带一路"对周边国家有利，对成都某集团的投资也给予正面评价。

负面报道如 2017 年 4 月 18 日《泰叻报》的《中国领导人唤醒新丝路》中认为，中国提出"一带一路"倡议的目的只是缓解中国经济增长的下行风险，指出中国将是中泰铁路项目的最大受益者，但泰国却承担了主要的建设费用。并且认为中国在借此扩大影响力，暗示中国威胁论。

除此之外，所有相关报道中的高频词也在一定程度上反映出了"一带一路"倡议相关报道的倾向。通过笔者统计发现，除了"一带一路"和地名、国名、人名外（如曼谷、清迈、中国、泰国、习近平等），使用频率较高的词汇有"扩大影响力""不透明""战略""创造利益""投资""科技""高铁""旅游""获得利益""发展""合作""创新""机遇""提供便利""促进联通""基础设施建设""EEC""泰国4.0"等。从中不难发现这些高频词中既有充满情感倾向的词语，也有一些特定领域的中性动词与名词，具有一定的政治经济考量和话语引导与议程设置作用，也是泰国媒体对于"一带一路"倡议的重点关注内容。

二、报道特点

通过报道样本时间分布、报道主题、报道倾向的系统分类统计，笔者发现这两家媒体的"一带一路"相关报道主要具有以下几个特征：

（一）数量及议题特点

通过对这两家媒体"一带一路"相关报道的纵向分析，不难发现其报道数量呈总体上升趋势，在重要时间节点还会出现报道数量的激增，这与重大政治事件密切相关。例如，2017年5月，中国举办"一带一路"国际合作高峰论坛，不仅全球舆论持续聚焦，还让这项历史性盛举引起世界回响，彰显了中国的行动力、感召力和影响力。[3] 泰国媒体围绕该议题的报道数量不断飙升，在2013年到2018年全部54篇相关报道中，以本次峰会作为议题的报道就高达11篇。在这11篇里面报道形式丰富多样，既有简单的峰会流程、规模等介绍性报道，峰会的细节报道分析，也有以本峰会为背景详细阐述与分析"一带一路"倡议。又例如，在2015年7月，中泰建交40周年，也有两篇以此为议题的相关报道，占2015年报道量的20%。

（二）报道倾向及框架

通过对报道倾向以及报道关键词的统计分析，笔者发现在中立报道中有约73%的报道属于介绍性报道，比如介绍某次会议，或者简要介绍"一带一路"倡议，其余的则分析了"一带一路"倡议给泰国带来的机遇与挑战，但并未直接得出倾向性的结论。例如《泰叻报》2018年11月21日的报道《China Digital Silk Road 通过网络世界扩大影响》较为详细解读了"一带一路"倡议，但同时对中美贸易战表示担忧，认为泰国应该对"一带一路"倡议保持谨慎态度。

正面报道数量占全部报道的比例高达 33.3%，并且多以支持、期望、合作框架进行议程设置。主要内容包括：

1. 积极评价"一带一路"国际合作高峰论坛

2017 年 5 月在北京举行的"一带一路"国际合作高峰论坛使得泰国媒体当月对"一带一路"的报道数量激增，除了详细介绍了本次会议，还希望泰国能乘上"一带一路"倡议的快车，使泰国尽快摆脱经济不景气的现状，促进经济发展。

2. 认为"一带一路"倡议与泰国国家发展战略相契合

EEC（东部经济走廊）项目是泰国实施改革的转折点，也是吸引全球投资泰国的重要机制。《国家报》在 2017 年 5 月 8 日的报道《泰国-香港-上海，与中国丝绸之路联通》中指出泰国的 EEC 项目与中国的"一带一路"倡议有着十分巨大的合作潜力，特别是在基础设施建设方面。《泰叻报》在 2017 年 10 月 28 日的报道《泰-中加强经济合作，颂奇牵手合作发展新农业》中指出"一带一路"倡议能促进中国"泛珠江三角洲地区"的 11 个省份与泰国的交流，能极大地推动泰国 EEC 项目的建设与发展。

3. 重点阐述中泰铁路建设对泰国的积极作用

在"一带一路"倡议相关报道中，两家媒体都对中泰高铁项目表现出了格外的关注，大多数报道都给出了积极的评价。《国家报》在 2017 年 7 月 14 日的报道《马云建议泰北发展基础设施建设》中指出泰国北部将能从中泰高铁项目中获得发展机遇。《泰叻报》2017 年 10 月 23 日的报道《新时代的丝绸之路》中指出中泰高铁计划不仅有利于促进曼谷与廊开府的互联互通，还对未来泰国成为地区交通枢纽有重要作用。

（三）泰媒体对"一带一路"的认知仍存在偏颇

尽管两家泰国媒体对于"一带一路"倡议的负面报道相对较少，但在大多数报道中仍然将"一带一路"看成战略而非倡议，并且在目的分析中都提到中国的目的是扩大自己在国际上的政治、经济与文化的影响力，与美国争夺霸权。

（四）不同的媒体报道数量差异较大

通过报道样本分析可以发现《泰叻报》不仅在相关报道数量上多于《国家报》，比《国家报》的两倍还多出一些，而且报道主题涉及的方面也多于《国家报》,《国家报》相关报道仅涉及了经济与文化方面,但《泰叻报》涉及了政治、经济、文化、军事方面。

(五)报道内容单一且民心相通方面报道缺失

报道内容主要还是以经济、会议报道、政府交流为主,缺少文化交流、媒体合作、民间交流、旅游合作等主题。

三、报道特点原因分析

根据上述报道特点,本论文将结合泰国国情、中泰关系、泰国民众心理等因素对报道特点形成的原因进行深入分析,以便得出有利于"一带一路"倡议在泰传播的启示。

(一)中泰关系持续升级

尽管泰国与美国长期以来一直保持盟友关系,但是一直也与中国保持着密切的战略合作。2012年4月,中泰建立全面战略合作伙伴关系。由于2014年泰国发生军事政变,美国开始冷落泰国,美国暂停了对泰国470万美元军事援助以及取消了部分与泰国的军事合作项目。例如,缩小了2015年与泰国军方的"金色眼镜蛇"军事演习的规模,减少了美方军事人员派遣数量。2017年,美国总统特朗普宣布美国退出TPP(跨太平洋战略经济伙伴协定),也在一定程度上削弱了美国对东南亚的经济影响力。这使得泰国与中国的关系更为紧密,巴育总理曾表示,泰方正在探索符合国情的民主发展道路,希望同中方交流互鉴,深化合作,特别是借助"丝绸之路经济带"和"21世纪海上丝绸之路"建设,推进农业、铁路合作,促进地区互联互通,扩大泰国农产品对华出口,促进民间交往,加强人才培训。[4]可以看出自"一带一路"倡议提出以来中泰两国关系不断升级以及泰国政府对中泰关系的重视。

经济方面,中国是泰国最大贸易伙伴。2016年中泰双边贸易额658.3亿美元,同比增长1.6%。2016年,中国对泰非金融类直接投资新增8.3亿美元,同比增长88.3%。中国企业在泰新签对外承包工程、劳务合作和设计咨询合同额38.4亿美元,完成营业额29.4亿美元,同比增长4.5%。[5]泰国前商务部长差猜·沙里卡耶曾在中泰建交40周年之际接受采访时表示,通过推进海上丝绸之路建设,中国和泰国、越南、柬埔寨、马来西亚等东盟各国,乃至世界各国将因此受益。泰国位于东盟的中心,是区域的交通枢纽,陆路运输和水路运输都非常方便。泰国可以很好地成为中国-东盟国家海上运输的连接点。[6]可见泰国也深刻意识到"一带一路"倡议对促进本国经济发展,提高自身在地区、国际的经济政治地位有巨大作用。

(二)"一带一路"倡议与泰国国家战略高度契合

泰国在 2017 年提出了"泰国 4.0"战略，旨在以科技创新实现经济的可持续发展，在先进制造业、高科技产业、旅游业等多个领域有投资需求，中泰合作前景广阔。而 EEC 即"东部经济走廊"，作为"泰国 4.0"战略性的引擎项目，目标是使"东部经济走廊"成为东盟最先进的经济发展中心、高科技产业集群区、东盟海上交通中心和世界级旅游胜地。[7]基础设施建设是泰国国家战略的优先建设领域，这包括了轨道交通、港口与机场建设，这与"一带一路"促进地区互联互通的宗旨相契合，推动泰国重点基础设施建设项目特别是高铁项目与中国进行合作，发挥中国基础设施建设的优势，有利于加快提升地区互联互通，有效地促进泰国经济社会的发展。

在贸易方面，"泰国 4.0"也强调了要依托其在东南亚的地缘优势建立"亚洲商业中心之一"，这也与我国"一带一路"倡议的发展自由贸易的理念相通。

在高技术产业方面，中泰两国都十分重视人工智能、生物技术、汽车制造产业的发展，两国也在技术交流与合作上有着广泛的合作空间。除了这些方面，两国在金融、文化、旅游等方面的合作空间也十分广泛，在"一带一路"的推动下，这些方面的合作也将更加深入与全面。

(三) 泰国媒体与政治的关系

法尔曾将泰国媒体角色介于追随者与监督者之间，监督者是政治活动中重要的独立力量，它作为监督者而发挥维护公众利益的作用；追随者则是政府利用这种顺从的媒体制造出社会、政治价值观一致的假象和支持它的政权。[8]这种微妙的政治关系，使得泰国主流媒体在一定程度上愿意帮助政府宣传有利于公众利益的事情，而"一带一路"倡议毋庸置疑会对泰国政治、经济产生正面积极的影响，所以会自发地进行正面、中立报道，但是由于政策误解或者西方负面宣传等原因，也不可避免出现少量负面报道。

(四) 国家识别冲动因素影响

社会识别理论认为社会识别是个人与群体之间的整体感知。人们会因为各种社会标准来将自己与其他人进行归类区分，如同学关系、地域关系、血缘关系，乃至性别和年龄等标准，这种归类的标准取决于他人或群体的典型特征。[9]在主流媒体对"一带一路"倡议的相关报道中，泰国记者也不可避免地遇到了强化身份识别的情况，因此他们将不自觉地通过报道来传达对中国人身份偏见的冲动。而国家识别就是泰国记者对中国的偏见之一。因此，在国家识别冲动的影响下，中国形象就呈现出泰国媒体所愿意呈现出来的特征。例如，泰国媒体普遍认为中国是借"一带一路"来提高中国国际影响力，与美国争霸，这与国际上经常宣传的"中国威胁论"的影响密不可分。

（五）泰国主流媒体与中国交流、合作程度的影响

泰国不同主流媒体对"一带一路"倡议的报道数量与主题的较大差异除了报纸发行量的原因外，也与其和中国交流合作的程度密不可分。早在改革开放初期，《泰叻报》便与中国《人民日报》展开过广泛地交流合作，《新闻战线》在 1985 年第 4 期中发表了《访泰国最大的报纸——泰叻报》一文，介绍了《人民日报》职员来访泰叻报社，简单介绍了《泰叻报》历史，并对《泰叻报》给予了正面评价。在 2014 年 5 月 15 日，时任中国驻泰国大使宁赋魁走访了泰叻报社，表示愿意为《泰叻报》进一步加强与中国媒体交流合作提供协助，《泰叻报》总裁英乐女士也表示高度重视涉华报道，愿意与大使馆以及中国媒体加强交流与合作。而《国家报》与中国交流合作的新闻与报道很难找到，中国网络对《国家报》的提及还是停留在对新闻的引用方面。

四、泰国媒体对"一带一路"倡议报道的启示

（一）适时地举办具有影响力的国际会议与活动

从报道的统计结果来看，泰国媒体对于"一带一路"倡议的相关报道在 2017 年 5 月中国举办"一带一路"国际合作高峰论坛之前一直处于较少的状态，论坛举办后报道量激增，可见"一带一路"国际合作高峰论坛成功地吸引了国际媒体的聚焦，为全世界人民了解、认识"一带一路"倡议提供了良好的契机。这说明，通过举办一些有影响力的国际活动与会议能够有效地促进"一带一路"倡议的国际传播。

（二）注重人文交流与文化传播

在泰国主流媒体"一带一路"倡议相关报道中，文化与民间交往的相关报道微乎其微，经济仍然是泰国主流媒体报道的焦点，在"一带一路"倡议所提倡的"五通"中，民心相通尤为关键。这一点的缺失不仅会让泰国普通民众缺乏了解"一带一路"倡议的兴趣，而且还会在一定程度上加剧普通民众对"一带一路"倡议的误解。中泰两国的孔子学院与佛教文化交流所取得的显著成果表明，文化、民间的交流能够有利地促进民心的相通，在未来，中国应该更加注重与泰国的文化与民间交流。

（三）加强与泰国媒体的交流与合作

从两家媒体的报道数量与主题的较大差别我们可以看出，加强与泰国主流媒体如《泰叻报》《国家报》的合作，有利于减少国家识别冲动因素所造成的负面报道，让泰国人民对"一带一路"能有更全面、深刻的认识，从而推动"一带一路"倡议的顺利进行。

五、结语

研究发现泰国主流媒体关于"一带一路"的报道数量总体呈逐年上升趋势，具有阶段性特点，报道倾向中以中立居多，以经济议题为主，不乏正面报道，但也存在报道议题单一，对"一带一路"倡议认知存在偏颇等问题。这些均受到中泰关系的不断升级、泰国国家发展战略的需要、泰国媒体与政府的关系、两国媒体的合作交流程度以及国家识别冲动因素等的影响。

虽然泰国媒体关于"一带一路"倡议的报道相对于其他西方国家来说总体上较为温和，但是其中也暗藏许多风险与有待提高的地方，需要我们采取有针对性的措施来解决，包括适时地举办具有影响力的国际会议与活动；注重人文交流与文化传播；加强与泰国媒体的交流与合作等措施，从而实现"一带一路"倡议的民心相通。

参考文献

[1] 马若虎. "一带一路"五年成就辉煌 [EB/OL]. (2018-08-17) [2019-02-19]. http://www.xinhuanet.com/politics/2018-08/17/c_1123287186.htm.

[2] 于洋, 于国政. 国际社会对"一带一路"倡议的关注与评价 [J]. 山东农业工程学院学报, 2017 (1): 41—44.

[3] 俞懋峰, 刘丽娜. 述评：搭合作平台，促世界发展 [EB/OL]. (2017-05-16) [2019-02-19]. http://www.xinhuanet.com/world/2017-05/16/c_1120983616.htm.

[4] 米惠惠, 杨牧. 泰国巴育政府及其对华关系 [EB/OL]. (2015-04-09) [2019-02-19]. http://world.people.com.cn/n/2015/0409/c1002-26821169.html.

[5] 中华人民共和国驻泰王国大使馆. 中泰关系简况 [EB/OL]. (2017-05) [2019-02-19]. https://www.fmprc.gov.cn/ce/ceth/chn/ztgx/gxgk/.

[6] 姜木兰. 泰国积极融入"一带一路"建设 [N]. 广西日报, 2015-07-20 (006).

[7] 郑恳, 郭建民. 泰国 4.0 战略对接"一带一路"研究 [J]. 中国产经, 2018 (6): 50—52.

[8] Thitinan Pongsudhirak. 泰国媒体是谁的监督者？[J]. 南洋资料译丛，2002（1）：93—102.

[9] 印凡，刀国. 泰国媒体中国报道特征及影响因素分析[J]. 新闻研究导刊，2017（7）：8—9，154.

泰北华人与"澜湄合作": 优势、路径与对策

云南师范大学 张露文 夏玉清

【摘　要】泰国华人数量庞大,经济实力也较为雄厚,是促进"一带一路"倡议和澜湄合作的枢纽和桥梁。泰北华人一般指定居于泰国"金三角"地带的华裔族群,他们在缅甸、老挝、中国云南有着丰富的人际关系网络,经济实力较为雄厚,中国地方语言文化保留较好,具有参与澜湄合作的天然优势。本论文系统梳理泰北华人参与澜湄合作的优势和作用,分析泰北华人参与澜湄合作的路径和问题,并提出相应的对策和建议。

【关键词】泰北华人;澜湄合作;优势;路径;对策

澜湄合作是首个由流域六国共商共建的新型次区域合作机制,是"一带一路"的区域发展平台,深化澜湄合作对澜湄六国共同发展和繁荣以及构建澜湄国家命运共同体具有重要意义。为进一步将澜湄合作打造成为以项目说话、接地气的新型区域合作机制,《澜沧江-湄公河合作五年行动计划(2018—2022)》计划将 2018 年到 2019 年作为奠定基础阶段,重在加强各领域合作规划,推动落实中小型合作项目。2020 年至 2022 年为巩固和深化推广阶段,重在加强"3+5+X 合作框架",完善合作模式,逐步探讨大项目合作。①自 2014 年李克强总理在第 17 次中国-东盟领导人会议上提出以政府引导、多方参与、项目为本模式运作的澜湄合作倡议以来,早期各领域相关合作项目有序推进并完成或取得实质性进展。要继续推进和深化澜湄合作进程,除了政府的引导以外,需要多方参与进来,共同促进各领域相关项目的构建、实施及完成,将澜湄合作高效务实的理念落实。澜湄合作的推广除了在国家官方层面进行,还需要民众的参与与响应,澜湄国家的海外华人有必要也有机会成为促进澜湄合作进程的一股强大社会力量。其中泰国华人经济实力较为雄厚,政治参与度较高,文化融合度较好,如果参与得当,将发挥积极作用。而分布在泰国北部区域的华人群体更为特殊,他们大多为云南籍华人,长期定居于泰国"金三角"地带,在缅甸、老挝、中国等澜湄国家有着丰富的跨国关系网络,能在融入当地社会文化的同时保留中国地方传统文化,做到"同而不化",在促进澜湄国

---

① 澜沧江-湄公河合作五年行动计划:2018—2022［EB/OL］. 澜湄合作官网,(2018-01-11)［2018-03-10］. http://www.lmcchina.org/zywj/t1524906.htm.

家经济发展及社会人文方面都极具优势。若能利用其独特优势参与到澜湄合作中来，将能有效促进澜湄合作的广泛、深入发展。

一、泰北华人社会的形成与现状

泰北地区的文化较为多元与包容，这一地区华人的来源比较广泛，有潮州、海南、福建等中国沿海地区，但主体是来自云南的华人。历史上中国人的移入大致分为水路和陆路两种方式，通过水路移居泰北的中国人迁入时间较早，大多来自中国的潮汕地区，在古代由于帆船贸易等多种因素，他们通过水路逐渐移入泰国南部的港口，之后定居泰国，再由于生存和经商的需要再日渐北上，向泰国中部、东北部、北部等地区迁移。如今来自潮汕地区的华人及其后裔遍布泰国各府，在清迈、清莱等泰北地区形成了自己的华人社群。由于这批华人迁入泰国的历史较为悠久，在当地娶妻生子扎根泰国，如今其后裔许多已经不会说中文了，但他们仍然传承和保留着其父辈留下的一些中国传统文化风俗，并且知道自己的祖父或祖母是中国人。移入泰北地区的另一部分华人来自中国云南，他们通过陆路的方式从云南的边境经过缅甸或老挝到达泰北地区，如今这部分华人占到很大的比例。相对来自潮州等地区的华人来说，来自云南的华人移入泰北的时间虽然相对较晚，但他们在泰北地区形成了自己的村落和社会，主要分布在清迈、清莱、夜丰颂府等。泰北地区约有108个华人村，村子里讲云南方言，随处可见中国文化因子，保留着云南饮食习惯，进入村子里仿佛置身云南一般。通过陆路方式迁入泰北的云南人主要分为两类，一类是通过边境贸易的方式迁移至此，主要为云南马帮回民，其先民大量迁入泰北的时间大概是在元代以后。[①]另一类是在1949年国共内战末期，国民党战败，从云南边境撤退到老挝和缅甸，几经辗转最后定居泰北山区，在当地形成自己的华人社群，如今已有了第三代或第四代后裔，并仍然保留着云南方言文化。如今，泰北每一个华人村都有至少一所华文学校，有的华人村里有两三所华文学校。村子里的学生白天在泰文学校学习，晚上在华文学校学习。泰北山区华人村的华文教育开展较好，华人的中文水平相比泰国其他地区的华人普遍强一些。在日常生活中，当地华人使用的语言就是中文，泰语是他们的第二语言，村民只有在泰文学校或与泰国人交往时才会使用泰语。当地每个华人聚集区都有观音庙，而且这里文化包容性较好，有的地方甚至将观音庙、泰式寺庙和伊斯兰寺庙建在一起。当地华人也有收看华文电视节目和阅读华文报纸的习惯，中华日报、世界日报、星暹日报等华文报刊在当地很常见。华人社团也比

---

① 何平. 泰国北部的云南人[J]. 云南民族学院学报（哲学社会科学版），1996（4）：48.

较多,如云南会馆、云南同乡会、中华总商会等等,华人会定期聚集在一起开展社团活动。当地华商的经商能力也较强,只不过受到地理环境的限制,交通不太发达,在泰北山区的云南籍华人较清迈清莱市区的潮汕籍华人经济实力要弱一些。泰北的许多村落比较闭塞,有的华人有身份,有的华人没有身份,不能随意出入村落,限制了村民的发展,因此村子比较贫困落后,学习中文也成了当地村民谋生的技能,比如到大城市当中文导游等等。澜湄合作的提出对于泰北华人的发展来说是机遇但也存在很多挑战,泰北华人参与澜湄合作极具优势,若能搭乘澜湄合作的顺风车参与进来将能极大改善村落贫困落后的问题,助推澜湄合作进程。

二、泰北华人参与澜湄合作的优势

分布在泰国北部的华人大多来自中国云南,于 20 世纪 50—60 年代流散于泰国北部地带,或随马帮的跨境贸易迁徙至此。如今,在泰国北部地区已形成了成熟的华人村落,有华人社团、华文学校、华人集市等社会组织形态。泰北华人作为民间群体参与澜湄合作主要具备以下三点优势:

(一)具备区域地缘优势

泰国北部与老挝和缅甸接壤,以湄公河作为天然分界线,依次将中国、老挝、缅甸、泰国联系起来,从中国云南边境可乘船经老挝、缅甸到达泰北并可前往柬埔寨和越南。泰国北部,尤其是泰北"金三角"地带为泰北华人的跨境交流提供了天然的便利条件。从前,泰北华人大多从中国云南经过老挝和缅甸步行或并乘船至此,并逐渐形成自己的社群,繁衍生息,如今已发展到第三代或第四代。他们在此生活定居已长达半个世纪,从事各行各业,推动了泰国北部的社会经济文化发展。若泰北华人参与到澜湄合作中来,凭借区域地缘优势,搭乘澜湄合作的顺风车,将在澜湄合作提倡的跨境经济可持续发展和人文交流中有所作为。

(二)跨国关系网络丰富

回顾泰北华人的发展历程,在其迁徙至泰北定居的过程中,为生存所迫他们需在途中不断进行边境贸易以维持生计,在老挝、缅甸等澜湄国家之间逐渐建立起了跨境经济网络,熟悉边境贸易,有着丰富的边境贸易资源。"金三角"独特的地理位置为泰北华商提供了发展空间,泰北侨商长期游走于泰国、缅甸、老挝及中国之间,对各国的经济政治以及文化较为了解,通常能说泰语、汉语,有的还会当地少数民族的语言,并有着敏锐的经商头脑,经济实力较为雄厚。再加上他们在云南老家还有亲戚，在缅甸和老挝也有亲朋好友，跨国关系网络丰富，为其在澜湄国家之间进行跨境经贸合作和人文交流提供可靠的支撑。泰北华人参与澜湄合作可推动澜湄国家间经济合作和人文交流，促进澜湄国家共同繁荣和发展。

（三）中国地方语言文化保留较好

泰北华人在当地定居需与泰国人交往，进行文化的交流和融合。泰北华人群体既有效地融入了泰国文化，同时也较好地保留了其传统文化，做到了"同而不化"。由于泰北有的云南华人村寨较为封闭，泰国政府对其有限制，部分村民没有身份不得随意出入，也使得云南文化得以较好地保留和传承下来，同化现象不是很明显。在泰北云南村落中云南文化因子随处可见，走进泰北云南村仿佛置身于云南一般，他们将云南文化传播到泰北地区，包括清迈等重要城市。如今部分泰北云南村落已被开发为旅游景点，使泰国人在泰国也能够了解和感受中国云南文化。此外，由于经商和贸易等需要，部分泰国云南籍华人华侨与缅甸人和老挝人经常往来，在与不同国家种族的交往过程中，也促进了文化的交流和传播。"民心相通"是各国之间政治经济往来的基础，而泰北华人可作为澜湄国家之间文化交流的载体，参与到澜湄合作中，促进中国文化在澜湄国家的传播与发展，促进中国在澜湄国家文化软实力的构建。

三、泰北华人参与澜湄合作的路径

泰北华人社会发展较为成熟，有华人村落、华人社区、华商、华工、侨眷、侨乡、侨社、侨团、侨领等各华人阶层和华人社会组织。泰北华人作为澜湄国家的地域社群，可利用自身优势，根据当地实际情况，在相关政策的引导下参与澜湄合作，促进澜湄合作的深化。

泰北华商以投资的形式助力澜湄合作。泰被华商以合作共赢、互利互惠的形式，通过投资带动澜湄国家，尤其是泰北地区普通百姓共同富裕，促进澜湄国家经济共同发展。澜湄合作的推广和深化，除了澜湄国家间政治领袖商议、制定相应互惠政策并提供指导外，更需要普通民众百姓积极参与，以响应澜湄国家间政府的号召，才能将澜湄合作各项目实施并完成，真正将澜湄合作共同推进落实。泰北华人以其独特的优势，在推进澜湄合作过程中将能够发挥一定作用并有所作为，澜湄合作需要泰北华人这一特殊社群的参与，同样澜湄合作也为泰北华人的发展提供了新机遇、新平台。泰北华商若能抓住机会搭乘澜湄合作的顺风车参与到相关合作项目中，利用自身优势将各相关项目落实，合作成果将为泰北华人各方面的发展带来看得见的利益，同样也将使澜湄合作得到进一步的深化和推广。而泰北华商在华人当中有引领作用，他们大多经济实力雄厚，经贸资源与跨国关系网络丰富。在《澜沧江-湄公河合作首次外长会联合新闻公报》中，外长们一致同意，澜湄合作项目的资金来源由相关国家政府间商议决定，澜湄合作中各项目的启动并不排斥社会组织及个人提供资金资助。① 华商能够以投资的方式，共同分享澜湄合作项目的利润和成果，并将带动大批地区民众共同富裕，共同发展。

泰北华人以工作的形式参与澜湄合作。澜湄合作需要具有跨国交往的人才，尤其是高水平人才，泰北华人在跨国交际中有自己的优势。澜湄国家间共商共建的澜湄合作项目涉及面广，涵盖基础设施建设、农业发展、公共卫生、扶贫、水资源管理、科技、人员交流等领域的合作，为澜湄流域的民众提供了就业机会。其中泰北华人大多从小生活在华人村落，白天与泰国土著人一起在泰国普通学校接受教育，晚上还会到华人学校学习中国语言文化，他们的成长环境使其精通中文和泰文。相对泰国人而言，泰北华人除了掌握两门语言的优势，他们大多还在管理、农业、建筑业、制造业、旅游业等领域拥有一技之长，在澜湄合作中有突出优势。如泰北华人村的村长、华人社团领袖、华文学校校长等政治精英、经济精英、教育精英等可参与项目的策划、组织和指导工作，华人群众以其掌握的职业技能参与澜湄合作各项目中，为各项目进展提供有效的劳动力。

泰北华人参与文化交流，传播中国文化。社会人文是澜湄合作的三大支柱之一，李克强总理在《澜沧江-湄公河合作首次领导人会议》的讲话中提到，中国愿同湄公河国家在教育、科技、文化、旅游、青年等领域开展形式多样的人文交流，共同构建澜湄国家间人文交流的桥梁。目前在澜湄国家和社会各界的共同努力下，澜湄社会人文交流活动的开展初见成效，活动领域涵盖较广，活动形式多种多样，活动频率逐渐增加。泰北华人以自身作为人文交流的载体，在交流过程中潜移默化地传播中国文化，促进中国在澜湄国家区域软实力的构建。例如，目前已开展的澜湄文化节、湄公河中外青年友好交流活动、澜湄大学生友好运动会、湄公河媒体合作峰会、澜湄六国佛教领袖对话等人文交流活动中，都邀请泰北华人群体参与到活动中来，增加泰北华人与澜湄国家其他民间群体交流。

四、泰北华人参与澜湄合作所面临的问题

泰北华人作为一个特殊社群在促进澜湄合作的进程中具有较大优势，但要真正参与到澜湄合作中来也面临着许多问题与挑战。

---

① 澜沧江-湄公河合作首次外长会联合新闻公报［EB/OL］．澜湄合作官网，（2015-11-12）［2018-03-10］．http://www.lmcchina.org/zywj/t1511257.htm．

(一) 澜湄合作的宣传力度有待加强，民众认知不够

虽然澜湄合作的初期推广工作已取得初步成效，但不少民众对澜湄合作仍不太了解，对澜湄合作的认知不足，持观望态度。澜湄合作倡议是 2014 年 11 月第 17 次中国-东盟领导人会议上被提出来的，属于"一带一路"的区域发展战略，目的是要构建澜湄国家命运共同体、实现共同发展和繁荣。但是该观念还需要进一步宣传和推广，要让它深入民心，要让澜湄国家民众了解澜湄合作是什么，澜湄合作是为了什么，澜湄合作要做些什么，澜湄合作的发展方向等。提高社会群体对澜湄合作的认知，才能加强社会群体对澜湄合作的参与度。

(二) 各界对泰北华人与澜湄合作的关注度还不够

泰北华人参与澜湄合作具有比较优势，参与得当必能有所作为，对促进澜湄合作的推广和深化发挥积极作用。但澜湄国家和社会各界对泰北华人的关注和研究还有待加强。泰北华人丰富的跨国关系网络、较强的文化包容性以及独特的区位优势，均未得到应有的重视和开发。同样，澜湄合作的成果也将带动泰北华人的发展，部分泰北华人居住在山区，较为贫穷落后，泰北华人在澜湄框架下实现脱贫也有助于泰北区域的整体减贫，实现澜湄国家共同繁荣和发展，构建澜湄国家人类命运共同体。

(三) 泰北华人自身缺乏情感归属，需相关政府部门带动和引导

由于部分泰北华人原先是国民党军队及其后裔，身份尴尬，在中国政治变革和国际形势的动荡当中背井离乡，成了"流民"。有的在"金三角"参与过贩毒，泰国政府对其保持谨慎的态度，大部分泰北华人已加入泰国国籍，也有少部分人没有身份，不能自由活动。虽然过去已成为历史，如今的泰北华人勤劳努力、积极上进，不少人已走出泰北村落，到清迈和曼谷等地发展，有的以其卓越的经商才能发家致富并造福一方，取得了不少成就。可外界仍对其存在偏见，使他们没有归属感。若相关政府部门引导和带动泰北华人参与澜湄合作，让其认识到澜湄合作是不错的机会，搭乘澜湄合作的顺风车参与进来，可帮助其更好地发展，实现自身价值，找到情感归属。

(四) 泰北华人村落较为封闭，许多青少年缺乏远大抱负

由于泰北华人村的青少年平时在村里用云南方言交流，白天在泰文学校上课，晚上到华文学校补习，因此他们的中文和泰文都很流利，从小就精通两门语言。而在中泰两国的政治、经济、文化交流中需要大量高质量的语言人才，

如泰国的中资企业、与中国有商业往来的泰国公司、各类学校的中文教师等,泰北华人具有竞争优势。但由于长期生活在山区的华人村落,与外界交流较少,信息较为封闭,使得他们未能看到自己的优势及工作机会。村子里不少青少年初高中毕业就出去打工了,由于学历的限制他们只能从事较为底层的工作,如服务员、收银员、公交车司机等。他们的人生理想很多也仅仅只是当个导游,因为听说出去当导游能赚很多钱。村子里的青少年许多因为贫困和生活的需要,并没有读大学或继续深造的理想,而是想尽早出去赚钱解决生活所需,他们缺乏长远的打算和发展的眼光,未能对自身进行更好的职业规划。如果他们能够接受更高层次的教育,继续读大学甚至读研,他们在泰国社会中会有更好的工作选择,而不是从事最底层的工作。

五、关于促进泰北华人参与澜湄合作的对策和建议

针对泰北华人的特点及其参与澜湄合作所面临的问题,分别从政治安全、经济和可持续发展以及社会人文三个方面提出相应的对策和建议。

(一)政治安全方面

和平稳定是国家及区域发展的前提,是当地百姓安居乐业的基础。澜湄各国要增加区域政治安全方面的合作与交流,携手共建一个和平稳定安全的澜湄命运共同体。中泰双方国家安全等相关部门要加强合作,共同打击泰北区域如"金三角"地区的贩毒、走私、偷渡、贩卖人口等跨国犯罪。若在泰北边境地区出现跨国犯罪,中泰双方的安全部门要加强联系与合作,共同维护澜湄区域的和平与稳定。如联合培养澜湄国际警察,加强各国司法部门的交流与合作。长期以来泰北地区的安全问题一直是阻碍泰北华人发展的一个重要因素,维护好泰北地区和平与稳定,才能促进泰北华人更好地发展。

(二)经济和可持续发展方面

澜湄国家政府加强合作,坚持政府指引、项目为本、多方参与的导向,多方位多层次鼓励泰北华人参与澜湄经济发展合作项目。可采取的措施有:第一,中国与泰国政府协商共建泰北华人山区减贫示范项目,鼓励当地社会组织和其他非政府组织参与减贫项目合作。因地制宜,根据泰北山区的特点和情况进行指导,提供技术支持,定期举办培训和交流活动,帮助其利用自身优势脱离贫困。第二,中泰双方共同协商经济扶持政策,减少对中小型跨国企业的关税,加大对减贫项目的资金投入,设立小额招标项目。由政府出资鼓励泰北华人集思广益,献言献策,由专家组织评审和评估,对有发展潜力的项目进行资

金支持。指导小额招标项目的实施,监督相关项目的进展。第三,定期举行招商引资活动,加强澜湄合作的宣传工作,鼓励华商参与澜湄合作,进行项目投资。让华商了解澜湄合作的相关政策、政府合作导向、项目发展前景等。如农产品贸易及电力市场等方面投资前景广阔。政府要采取行动让泰北华商认识到澜湄合作背景下跨国经济合作项目的投资机会与发展潜力。

(三)社会人文方面

第一,政府及相关社会组织采取措施,鼓励泰北华人群体参加澜湄合作社会人文交流的相关活动,支持泰北村级华人社团等华人社会组织举行澜湄人文交流活动。例如,在澜湄文化交流活动中邀请泰北华人村民、华文学校老师与学生、华人社团成员等参与,泰北华人村长可组织村民自发准备一些具有中国文化特色的表演参与到其中,让更多的澜湄国家民众了解中国文化。同时华人社会组织也可自行举办相关文化交流活动,邀请各界群体深入泰北华人村落,感受和学习中华文化。第二,中泰两国政府采取措施帮助泰北华人村解决难民问题,目前还有部分华人没有身份,不能自由出入中泰两国。对于没有身份的村民,相关部门要采取措施,为泰北华人提供回乡的机会。泰北华人村落中许多老兵很想念家乡,却一直没有机会回去看一看。对于有身份的村民,政府可举办相关活动帮助他们带上在泰国的亲朋好友回家乡走访,感受中国的变化与发展,让其后代重新认识中国。第三,泰国政府接纳泰北华人村落中没有身份的村民,给予其身份,允许其自由出入华人村落,帮助泰北华人村的发展,帮助泰北华人找到情感归属,让他们怀着感恩之心,感谢泰王国给予他们的恩惠并为泰王国的发展做出自己贡献。第四,泰文学校和华文学校的教师在传授知识的同时也要重视对学生的人生指导和职业规划引导,让村子里的青少年认识到自己的优势所在,不要把眼光局限在尽快赚钱养家方面,要走出去多看看外面的世界,要有长远的打算和规划,努力学习使自己成为社会的栋梁,努力成为泰国社会的精英。老师是学生成长路上的引路人,对学生的影响是潜移默化的,要多鼓励村里的学生认真学习,好好努力,未来将有很多好的机会以供选择。泰北孔子学院和华文学校也要加大对公派教师和汉语教师志愿者的培养,填补泰北山区对汉语教师的需求,加强泰北华文教育的系列工作。国家要加大对泰北山区华人的教育资金支持,设立奖学金为泰北山区的优秀青少年提供来华学习或进修的机会,让泰北山区华人村里的青少年有更多的机会接受到高等教育,将其培养为能够促进中泰两国发展与交流、深化澜湄合作的优秀人才。

六、结论

泰北华人大多聚居于山区,形成了许多华人村落,形成了较为成熟的华人社群，村子里华人的中国语言文化保留较好，精通中文和泰文。不少村民长期从事边境贸易，有着丰富的跨国资源网络。再加上泰北是泰国与老挝和缅甸的边境地区，天然的地理位置和地缘优势为泰北华人参与澜湄合作提供便利，泰北华人作为泰国社会中一股独特的社会力量在参与和深化澜湄合作及中泰两国发展和交流当中极具优势。但澜湄合作进程中和促进泰北华人参与澜湄合作的过程中仍面临许多问题和挑战，要采取措施努力解决好目前所面临的问题，发挥泰北华人的优势参与到澜湄合作中来，为澜湄合作提供人力、物力和资金支持。泰北华人的参与将能促进澜湄合作的深化，澜湄合作也为泰北华人提供发展的机会，搭乘澜湄合作的顺风车，实现互利共赢，共同富裕。

参考文献

［1］段颖．泰国北部的云南人：族群形成、文化适应与历史变迁［M］．北京：社会科学文献出版社，2010．

［2］澜沧江-湄公河合作首次外长会联合新闻公报［EB/OL］．澜湄合作官网，（2015-11-12）［2018-03-10］．http://www.lmcchina.org/zywj/t1511257.htm．

［3］李克强．李克强在澜沧江-湄公河合作首次领导人会议上的讲话［EB/OL］．新华网，（2016-03-23）［2018-10-19］．http://www.xinhuanet.com/world/2016-03-23/c_1118421752.htm．

［4］李克强．李克强在澜沧江-湄公河合作第二次领导人会议上的讲话［EB/OL］．新华网，（2018-01-10）［2018-10-23］．http://www.xinhuanet.com/2018-01/11/c_1122240871.htm．

［5］何平．泰国北部的云南人［J］．云南民族学院学报（哲学社会科学版），1996（4）：47—53．

［6］夏玉清．泰国华侨社会的变迁与经济本地化研究：十九世纪中期—二十世纪末［D］．昆明：云南师范大学，2006．

［7］นิศาชล กระบวนรัตน์. วิถีชีวิตกับการเปลี่ยนแปลงของคนไทยเชื้อสายจีน [J]. วีระศิลษ์, 2011.

［8］ชวน เพชรแก้ว. ชาวไทยเชื้อสายจีนในจังหวัดสุราษฎร์ธานี [J]. มะลิวัลณ์, 2007.

［9］พรพรรณ จันทรโนนานนท์. ชาวจีนในไทย [J]. ศิลปวัฒนธรรม, 2007, 28 (2).

基督教在泰北阿卡族中的传播研究
——以清莱府联华村为例

云南师范大学　张　娜

【摘　要】 泰国北部的阿卡族在漫长的历史发展进程中创造了独特的物质文化、制度文化和精神文化。这些文化在人类文明的进程中也是弥足珍贵的。但是基督教传入泰北后，在较短的时间内，阿卡人的社会文化发生了剧烈的变迁。本论文以清莱府清孔县联华新村为例，分析研究基督教传播对泰北阿卡族生活的影响。

【关键词】 基督教；阿卡人；传播；影响

基督教于公元1世纪中叶产生于古罗马帝国时期的西亚巴勒斯坦和小亚细亚，是世界三大宗教之一。基督教是指尊崇《新旧约》为经典，并按照其中的文字为一切行为指导的宗教。"在欧洲，基督教的影响曾达到鼎盛，形成了以其精神为核心的西方文化形态。可以说，基督教自诞生之日起，就与西方近代社会政治及其思想文化的发展变迁息息相关。"[①]因其历史悠久，基督教在复杂的流传进程中演化为许多派别，主要有天主教、东正教、新教三大派别，以及其他一些影响较小的派别。在中国，基督教有狭义和广义之分，广义的基督教指包括信奉耶稣为救世主的所有教派，而狭义的基督教则是指16世纪时欧洲宗教改革中产生的新的教派。结合近年来中国学术界使用习惯和联华新村信仰的实际，本文中的"基督教"主要是指新教。

清莱府回所镇联华新村坐落在举世闻名的金三角地区，离湄公河河岸不到一小时的车程，是一个规模较大的多民族村庄。该村属回所镇第十组，全村共316户，人口估计1800—2000人。1976年之前，居住在联华新村的只有几户拉祜族居民，1976年后，当地政府安排居住在县城的云南华人搬迁到此进行开垦。

一、联华新村基督教历史回顾

联华新村的基督教至今已有四十余年历史，经过多年发展，联华新村的基

[①] 卓新平. 基督教知识读本 [M]. 北京：宗教文化出版社，2000：1.

督教教会已经很成熟。联华新村现有 83 户华人，其中有两三户华人家庭已经是基督教家庭，因为人数不多就只在家中做礼拜。1980 年前后，村子里建成了一栋有三个房间的礼拜场所。有六七户华人，也就是二十人左右开始固定到这里聚会，唱歌，自发分享各自对《圣经》的理解，交流内心世界的感想。再后来，华人们建起了自己的教堂——永沐堂，并且有了自己的牧师。

在村子的发展过程中，其他民族也因各种原因逐渐定居联华新村。1980 年开始，阿卡村民人数开始缓慢增长。阿卡人因为政治原因从缅甸、老挝进入泰国北部，分散于清莱各个村落。联华新村也就从那时开始逐渐有阿卡村民。到现在，阿卡村民接近全村人口的 50%。这些定居联华村的阿卡族有一些从缅甸迁入的时候就已经信仰基督教，另外有些受到其他村民和附近村子传教士影响也慢慢转向信仰基督教。因为初来乍到，阿卡人没有自己的教堂，这些信仰基督教的阿卡人就到华人礼拜的屋子参加聚会，继而到永沐堂礼拜。当时永沐堂讲道使用的都是中文，因为语言不通，牧师就找了专门的翻译向阿卡人传教，并向阿卡儿童教授中文以方便传教。2000 年，由于阿卡族基督教徒数量已经很大，便有一部分阿卡人独立出来建了自己的教堂，有了自己的阿卡人牧师，并在阿卡教堂里举办所有基督教仪式。但仍有部分阿卡人继续在华人教堂侍奉。在阿卡人教堂建立的这一年，永沐堂来了新的牧师（杜光耀）。通过教会和村里基督徒的捐助，永沐堂在 2003 年重建了大教堂，并且在曼谷办了分会以方便在曼谷打工的年轻人参加基督教活动，目前分会的基督徒已经发展到了 40 多人。

二、联华新村基督教现状

（一）阿卡教徒现状分析

表 1　参加周日礼拜的阿卡人数据

性别	1—10 岁	11—20 岁	21—30 岁	31—40 岁	41—50 岁	50—60 岁	60 岁以上
男	5	13	2	3	1		
女	9	7	5	1	9	9	7
全部	14	20	7	4	10	9	7

从上表的数据和笔者的实地考察中可以分析出联华村阿卡基督教徒的一些特点：

1. 教徒多

根据笔者的调查，联华村现共有 300 余户，其中 150 余户为阿卡人。阿卡人中，有 60 户信仰佛教，90 多户信仰基督教。从户数上来看，信仰基督教的占到总户数的 60%。为什么会有如此多的教徒呢？一方面，基督教借助西方国家的先进科技和文明，给阿卡村民许多实惠。另一方面也有阿卡族社会环境的原因。在泰国北部，很多山地民族的生活贫困，阿卡族也是一样的，疾病、贫穷、情感受挫、事情不如意等往往使其产生强烈的自卑心理，非常需要周围人的同情、帮助、支持和共鸣。传教士们灵活运用各种方式向村民提供物质的帮助、心理的支持，以此树立耶稣基督万能、慈爱、公正、完美的形象。村民们将需求和愿望都寄托于无所不能的上帝是村中阿卡基督徒逐渐增多的根本原因。

笔者采访的很多阿卡人提起自己改变宗教信仰的重要原因有两个。一是阿卡人的传统宗教，仪式复杂、程序烦琐，需要的投入比较多，仪式中的每一道程序都得宰杀家畜，而且无论做什么都会有财物支出。这些投入往往使得并不宽裕的村民手头更加拮据。二是村子中熟知阿卡人传统宗教仪式的人几乎已经没有了，传统仪式要求很苛刻，步骤烦琐还要投入较多的财物，普通的阿卡人不能掌握。

2. 青少年基督徒数量日渐增多

参加周日礼拜的 20 岁以下的青少年教徒很多，占总数的 50%，在曼谷教会还有一部分青少年。当然，成年人较少可能因为农活较忙、在外务工等因素。村中的教堂很注重从儿童时期就培养阿卡族儿童的宗教感情。无论父母是不是基督教徒，很多孩子都会被教堂的娱乐活动所吸引而变相地到教堂中接受基督教影响。这种影响持续多年，再加上村中大氛围的影响和教会学校减免学费、提供奖学金等因素。联华村中已经有了稳定的一批青少年基督徒，而且他们对基督教有很深的认同，对自己传统文化的认识反倒比较粗浅。

3. 女性多

从表中的数据看，女性基督徒 47 名，占参加周日礼拜总人数的 65%，约是男性教徒的两倍。这不是联华新村的特有现象，"综观人类历史，与男性相比，女性更容易受宗教吸引。对宗教的信奉程度也更积极和虔诚。造成这一现象的除了女性的心理原因，还有很多社会方面的原因。"[①]

在联华新村，阿卡妇女信教主要是因为现实和精神两方面的困苦造成的。因为阿卡族人的经济情况比华人要差很多，经济压力使得阿卡族妇女也要和男子一起赚钱谋生。除此之外，还要操持家务、捻线织布，劳动时间和强度有时

---

① 白庆侠. 鲁南农村基督教信仰考察研究：以山东临沂苍山县白庄村为个案 [D]. 北京：中央民族大学，2006.

还会超过男子，所以他们比男人有更多苦恼。在信仰基督教的阿卡族妇女看来，上帝一直无微不至地照顾着她们，除了在经济上的扶持，还在心理上给予她们贴心的安慰和依靠，不离不弃。

（二）宗教生活分析

表2　联华村阿卡人基督教教会一周宗教活动

	07:00—08:30	08:00—09:00	9:00—12:00	19:00—20:00	20:00—21:30
周三（祷告会）				祷告、分享	
周六（小组聚会）				唱歌	
周日（礼拜）	未成年人主日学、跳灵物、唱圣歌	成人主日学、唱圣歌	牧师布道、结束后募款、祈祷	家庭礼拜	

相比其他的基督教村庄，联华新村阿卡人的基督教生活有自身的一些特点：

1. 基督教生活组织严密

"理论上讲，基督徒的生活可被分解为宗教生活和世俗生活两部分。宗教生活与信仰对象紧密相关。"[①] 为标志教徒宗教信仰的身份，系统地向教徒灌输宗教意识，各地教会对此都有自己相对固定的安排。

与其他阿卡族村庄相比，联华村的阿卡教会对教徒的要求比较严格。一切都是按照教会安排，有条不紊地进行。阿卡基督徒每周日很早就起床，到教堂参加主日学。而且每次学什么，怎样学习都有相对严格的安排。

"礼拜是在基督教的主要崇拜活动，以表示教徒们对上帝的顶礼膜拜。一般包括祈祷、读经、唱诗、讲道、祝福等内容。"下面是一次周日礼拜的观察记录。

未成年人敬拜：未成年人7点开始进入教堂。这些孩子一共30多个，其中年龄最小的才四岁，年龄最大的是17岁。教堂里有两个十七八岁的年轻女孩带领这些未成年人做敬告。祷告之后他们便一起学唱诗歌学跳舞，寓教于乐，唱的歌词简单，伴奏动听，孩子们都很喜欢。

敬拜结束之后，所有未成年的孩子就要学习主日学。联华村阿卡教会的主日学很严格。有专门的老师将未成年人按级别分班带领学习。以前阿卡教堂为

---

① 白庆侠. 鲁南农村基督教信仰考察研究：以山东临沂苍山县白庄村为个案[D]. 北京：中央民族大学，2006.

未成年人设立的主日学班有三个，因为老师不够，现在只有两个班：高级班和初级班。老师根据孩子们的年龄和学习《圣经》的程度将他们分开，然后因材施教教授《圣经》课程。上课的时候先念《圣经》，然后给孩子们讲解经文里面的故事，然后再解释经文里暗示的教徒需要做到和遵守的准则。整个过程并不枯燥，因为老师们结合游戏，提问，让孩子们充分参与到整个主日学过程中去。

年龄小的孩子们，很多不明白《圣经》的内容，但是很喜欢到教堂里来做敬拜。因为教堂的这些集体活动使大家有机会聚到一起玩乐，而父母因为没有时间来带孩子也很乐意让他们到教堂去。教堂很注重培养未成年人的宗教感情，很早就开始向他们传授主日学，提供助学金。等这些未成年人长大之后自然而然也就成了基督徒。

成人敬拜：10点开始，成人陆续到教堂。脱鞋进入教堂，坐到凳子上。等人大概到齐之后，这些阿卡基督徒就开始在吉他手的伴奏之下，用阿卡语唱圣歌，一边唱还一边有节奏地拍手。唱过四五首歌之后大家就开始祷告。在吉他声缓慢的伴奏下，所有的基督徒都紧闭双目，大声地念出自己的祈祷文，然后又开始唱歌。

奉献：唱歌结束之后，从前排传来一个红色带十字架的袋子，教堂里的有些村民就自愿奉献，十铢到二十铢不等。奉献结束之后，牧师就说希望捐钱的人得福，然后会把钱用到该用的地方。

讲经：牧师开始讲经。讲的内容是缅甸、中国的阿卡人重新去寻找和信仰阿卡人的传统宗教。现在的世界混乱，出现很多假先知，很多基督徒的内心不稳定，大家应该坚定信念。然后开始讲道。

献诗：七个阿卡族妇女自发上台，在吉他手的伴奏、带领下充满感情地唱诗，为大家祈祷。

报告：讲经之后教堂的吉他手开始总结和安排工作。告诉大家教堂上一周的开销，安排下周谁负责打扫卫生，整理教堂。然后就问礼拜结束之后的周日晚上，有没有人想在自己家里做敬告。有的话想去参加的人就可以去参加。然后问有没有人想带祷告。可以把自己的问题说出来然后大家一起祷告解决。

之后有一个40多岁的男子站起来讲述自己追随耶稣基督的经历。之后吉他手也开始带祷。他说的问题大多是清迈、清莱附近村庄的。比如说凑钱建教堂、美斯乐（泰北的一个县）教会内意见不合，然后请大家一起为姐妹兄弟祈祷。每说完一个问题大家就祷告一次。祷告的时候教堂里所有的基督徒都会站起来祷告，一起唱歌。然后静静听完一个问题再次祷告，唱歌，如此反反复复一共17次。而且在这个过程中吉他手都是紧闭双目，充满感情地说话和唱歌。

服装：大部分到教堂参加周日礼拜的阿卡人都穿着便服。只有三个四十多岁的妇女穿着阿卡族的马甲,因为传统阿卡服的穿着不方便。但是使用阿卡传统手工单肩挎包的人很多。

使用语言:牧师传道使用的是阿卡语,大家祈祷和交流使用的也是阿卡语。

《圣经》版本,歌本:使用的《圣经》和歌本都是使用阿卡语写成。

可以看出联华村阿卡族教会的宗教生活是比较严密的。

2. 基督教与世俗生活紧密联系

(1) 婚礼

联华村中阿卡基督徒的婚礼要求很严格。

1) 婚礼在教堂举行。要求男女双方在结婚之前没有性行为(双方要自觉诚实,不能有欺瞒)。要求结婚的男女双方都是经过洗礼的基督徒,未经过洗礼是不能在教堂里面举办婚礼的。"洗礼是基督教的主要圣礼之一,也就是入教仪式,也有人称其为圣洗。基督徒认为洗礼是耶稣基督立定的圣事,不仅是信徒正式入教的仪式,而且象征着入教者的原罪和本罪得到赦免,是其接受圣灵和恩宠的证明。"① 虽然在平日生活之中受洗的和未受洗的并没有什么区别,但在基督徒们看来,未受洗就不能算是真正的基督徒。

2) 新人入场。一旦新郎新娘、会众和婚礼相关人员进入会场,由牧师宣告婚礼开始。然后按照基督教婚礼的程序先询问参加婚礼的人中有没有人不同意两个新人的结合。再以询问的方式让新郎新娘在上帝、牧师及亲友的见证下做结婚起誓,表示永远忠于对方。之后以祷告的形式祈求上帝认同并赐福新人。

3) 婚宴上不许喝酒。新郎、新娘穿着西式礼服或者阿卡人传统服装或者两套服装轮换穿着。

(2) 丧葬

生老病死是不可抗拒的自然规律,是人类历史进程中产生的一种社会仪式。因其能体现一个人在生前的地位、荣誉等,自古以来都受到人们的重视。而且从古至今各个民族的葬礼都与其宗教信仰有关。

联华新村中阿卡基督徒和非基督徒的葬礼有很大区别:村子中基督徒和非基督徒的墓地都是分开的。但是死者都是土葬而不经过火化。每个基督徒的墓前都会立一个十字架。基督徒葬礼程序如下:

1) 家人或者亲戚会给死者净身。

2) 其他基督徒会一起祈祷,然后唱歌并安慰死者家人。接下来就安排计

---

① 卓新平. 基督教知识读本 [M]. 北京:宗教文化出版社,2000:51.

划第二天的葬礼事宜。

3）死者会在家中停放 2 或 4 天。村中每个阿卡基督徒家庭都会来参加葬礼，并送礼金 50 铢或 100 铢（约合人民币 10—20 元）。送葬队伍的人都不许跪拜。

4）到墓地之后，村民们会按基督教葬礼的方式将死者安埋，然后牧师会按照《圣经》念一些安息词。以此告慰死者，安慰生者。之后送葬的人会一起唱诗。

5）阿卡基督徒会在每年的复活节前一天到死者的墓地扫墓。主要是除草、打扫卫生和献花。

三、传教手段分析

基督教传教手段多样化，简单地划分可以分为直接布道和间接布道。

（一）直接布道

直接布道，指的是传教士、牧师在教堂或其他合适的场所宣讲《圣经》、教授诗歌教义、举办活动和分发与宗教相关的材料。这是传教士们常用的方法。

1. 在教堂中做礼拜

联华新村目前有三个教堂：一个阿卡基督徒教堂、一个中国基督徒教堂和一个苗族基督徒教堂。教徒们的宗教生活主要集中在村内的三个教堂里。这三个教堂都是村中较新较好的建筑，全部使用砖块和水泥建成。阿卡教堂的房子是长方形，屋顶为红色的人字形，地板上涂了油漆。台上有麦克风和平铺着红色桌布的讲台，讲台后面的红色幕布上挂了一个白色的十字架。布道台上还有些架子鼓和乐器，用来伴奏。牧师在这里讲经。教堂所需的经费大部分是由教会支持，部分由村里的教徒自愿捐赠。传教士为了吸引更多的人参与布道会，除了直接宣讲之外，往往采取比较有趣的、寓教于乐的传道方式。

（1）寓教于歌

唱诗这种歌唱形式，除了包含丰富的内容，还有优美灵动的音乐。领唱者一遍遍细心地教授带领，吉他声节奏悠扬，基督徒们能在这样的氛围中找到安静平和。唱歌比起讲读经文也更有乐趣。阿卡基督徒们，尤其是小孩子也更喜欢这样的方式。唱歌不仅能吸引他们的注意力，还能教会他们很多教义。在联华村儿童基督徒（3—10 岁）和青少年基督徒（11—20 岁）都使用泰语唱圣歌，因为他们的阿卡语都不熟练。成年人基督徒（20 岁以上 50 岁以下）及老年人基督徒（50岁以上）都使用阿卡语唱圣歌。大多数歌曲都是全世界广泛传唱的，从其他语言版本翻译成阿卡语，只有几首歌曲是阿卡基督徒自己写的。

在基督教宗教生活中，诗歌的影响是比较大的。联华新村的基督教会也充分而灵活地使用这种方式。村中各个教堂都有专门的吉他手，并且都在积极组建唱诗班。每周礼拜或家庭聚会等都以唱诗歌开始，以唱诗歌结束。在各种节日或活动的时候也有专门的唱诗表演。这种方式使得基督教义简单易学，并且丰富了日常生活，深受教徒们的喜欢。

（2）寓教于舞

联华新村教会宗教活动除了唱诗歌外，还有跳舞，尤其是青少年基督徒教授集体舞蹈。

吉他手在场地中间伴奏。孩子们先是分成3列坐在地上。在另一个女孩子的带领下，孩子们都站起来跳舞。有自己一个人跳的，也有两个人相互将脚对着跳的。他们以相同的节奏和步幅慢慢地踩着一种简单的舞步：左右脚分别前后左右，往左边伸三次然后往右跳一步，往右边伸三次然后往左跳一步。

教徒们在音乐的伴奏下，彻底放松自己的身体，用肢体语言表达出内心的感受，并和一起跳舞的同伴们交流了感情。他们都很享受这个过程。

2. 在教徒家中做礼拜

除了在教堂之外，每个星期，阿卡教会都安排两个晚上到教徒家中布道。除了周日礼拜和主日学外，每周三、周六的家庭礼拜也是有紧密安排的。教会里都有时间安排和程序。下面是联华新村阿卡教会2010年8月20日（星期六）晚在一教徒家中礼拜活动的记录。

18:30 有三个基督徒的孩子先到，年龄都是十岁以下。她们和礼拜家庭的人说话要零食吃。

19:00 开始，有阿卡基督徒陆陆续续脱掉鞋子进到家里。大家都席地而坐。互相打招呼，聊天。

19:30 人来得差不多了，估计有十三四个人，其中还有两个十岁左右的男孩，大家自动组合。之后，女主人和她的女儿将一些简单的糕点、饮料、零食端到草席上面。大家品尝之后就开始在吉他手的伴奏之下唱歌。很多歌曲他们不看书就能熟练地唱，有几个唱的声音比较高，大部分跟着和。之后他们翻开新买的阿卡语基督教诗歌集学唱了一首新诗歌。等歌曲结束后，吉他手就开始带祷。其他人也都在他的带领下闭目、自由地向上帝呼求、感谢，流露他们对上帝的感激、崇拜、信赖之情。并且偶尔会听到他们呼喊"神啊""上帝啊"。大约3—4分钟后，吉他手又开始领唱，唱完之后齐声诵祷告词，以阿门结束。

20:00 祷告完毕，牧师就开始念《圣经》里的一段经文。当这段经文全部念完后，他就开始逐字逐句地讲解经书中蕴含的寓意。通过询问教徒和举例子的方式来教育大家。

21:00 左右，讲经结束，齐唱了一首歌。然后，女主人开始说自己的遭遇。她告诉大家自己有很严重的胃病，医生也查不出来。疼痛的时候她只能自己忍着，希望不是癌症。然后参与家庭聚会的另一个女孩子也为自己的学业祈祷，希望自己家庭的经济情况能够好转。还有另一个老人说自己脚痛，希望会好。之后大家就一起为她们祷告。然后一起很开心地吃糕点、零食，直到10点钟，大家才离开，并在离开之前相互很有礼貌地握手说，"主耶稣祝福你"。

（二）间接布道

"间接布道，是指除了在教堂和讲经等宗教活动外，教会以兴办教育、开办医院或参与其他社会活动为媒介，来吸引教徒入教的方式。"[①]

除了在教堂和教徒家中布道之外，联华村的基督教会还新办学校和慈善组织，积极参与社会活动。利用这些公众参与的活动来扩大基督教的影响。

1. 教会学校

离联华村3千米的地方有一个基督教会的学校。目前村里有30多个阿卡小孩到那里去上学。在这个教会学校还没开办的时候，大部分的阿卡小孩都是和村里的华人孩子在村里的公立小学接受教育。因为学校里开设中文课，很多曾在公立小学接受教育的阿卡孩子都有一定中文基础。但是在教会学校开办之后，联华村大部分的阿卡村民都选择把孩子送到离村子有一定距离的教会学校念书。因为教会学校受教会资助，不用交学费。而且还对家庭困难、成绩优秀的孩子提供奖学金。因为离村子较远，在教会学校上课的阿卡小孩都寄宿在学校，放假才能回家。

教会学校里开设的大部分课程都和其他学校一样，特殊的地方就是除了一般课程之外还开设《圣经》课程。每周一次，向学生教授有关基督教的知识。培养学生的宗教感情。

2. 慈善组织——"新生命"福音戒毒中心

除了山下的教会学校之外，同样坐落在山上离村子2千米的地方还有一所"新生命"戒毒学校。这所学校的校长是台湾人，同样也是个基督徒。这个戒

---

① 颜白瑜. 近代福建基督教传教策略的转变探析 [D]. 福州：福建师范大学，2008.

毒中心很出名。因为它的建立是为了帮助那些有毒瘾的青少年戒除毒瘾。附近很多村子的家长都会把自己家染上毒瘾的孩子送到这里来。学校对家庭困难的学生免收学费，要求所有入校的学生都寄宿，实行严格的军事化管理。开设的课程也和教会学校一样，除了平常的科学文化类基础课程之外还开设了《圣经》课。

3. 参与社会活动

一种新的文化传入异域时，总免不了和当地的文化发生碰撞融合，改变自己原本的一些特质。只有"入乡随俗"，新的文化才能在所到之地立足。

笔者在做调查时发现，联华新村阿卡基督徒的世俗生活与基督教已经很紧密地结合在一起了。从某种程度上说，联华村的阿卡族正逐渐失去他们的传统文化。在联华村，阿卡人传统的节日都是没有庆祝活动的，但是教堂和基督徒会花很多精力和心思来庆祝基督教节日和举办基督教仪式。

（1）新年

联华村村民们会在每年的 12 月 31 日至 1 月 3 日庆祝新年。4 天的时间，举行送旧年迎新年的仪式，这种迎新年的习俗从古代就一直延续至今。为了迎接新年的到来，阿卡族还要重新修葺房屋。在举行送旧年迎新年的仪式中，主要用鸡来做祭祀品。各地聚来的小商贩到村子里摆摊、做生意；非基督徒会聚众参与赌钱；村长会主持宴席，请其他村的重要人物来吃饭。这两天村子里会很热闹，所以教堂不会举办很隆重的庆祝活动。

基督徒们会在 12 月 31 日这一天聚在一起就餐、聊天、跳灵舞。然后在 1 月 1 日这一天玩游戏、拿些小奖品并且召开会议。在会议上所有的基督教徒都会参与和商讨教会事宜。总结过去的一年有哪些不足，需要怎样改进。然后计划来年的教会事宜。

（2）复活节

复活节是耶稣死后复活的节日，是基督教的第二大节日，也称主复活节，是村里基督徒们必庆祝的重要节日之一。复活节的这一天，基督徒村民们会举行隆重的纪念活动。在这一天早晨的 5 点就起床，遇到同伴后的第一句话就是"主复活了"。他们会自觉地聚到教堂里做敬告、准备食物。日出时，他们会聚到一起面朝太阳唱复活节赞美诗。之后就分开回家，10 点到 12 点的时候再做一次敬告，庆祝耶稣基督的复活。下午的时候会举办藏蛋、找蛋的游戏。偶尔教堂还会举办晚会，但不是每年都有。

（3）父亲节、母亲节

父亲节和母亲节本来不是基督教徒必须庆祝的节日。但是村子里的教堂会在这两天举办隆重的活动。在泰国的母亲节（皇后生日）和父亲节（国王生日）那一天，教堂会邀请很多孩子和自己的父母来参加活动（大多数是非基督徒）。在活动上布道、宣传福音、表演节目。教育孩子们孝敬自己的父母，帮父母做祷告。以此使父母觉得基督教使人向善，愿意自己的孩子到教堂来学习做礼拜。父母自己也有可能愿意多了解基督教。

（4）感恩节

感恩节在每年11月的第四个星期四，是村里基督徒们必庆祝的重要节日之一。教徒们通过这个节日来感谢上帝对他们的保护和恩惠。感恩节这一天，基督徒村民举办很多活动。其中最重要的活动是吃新米。村里的基督徒认为耶稣庇佑风调雨顺，才会有谷物的大丰收。所以这一天他们要准备饭菜，吃新米并且向耶稣奉献鲜花、果品和鸡鸭。这些敬献的贡品在庆祝活动的最后会被拍卖。拍卖得到的钱就归教堂所有。

（5）圣诞节

圣诞节是纪念耶稣基督诞生的节日。也是村中基督教徒隆重庆祝的节日之一。圣诞节的活动从每年12月24日夜，即"圣诞夜"开始。村中的教堂会组织丰富多彩的活动。圣诞夜晚上会表演很多有关基督教的节目，包括唱诗、跳舞、话剧、送小礼品等。12月25日白天，教堂会举办盛大的活动，有隆重的崇拜仪式。牧师会邀请村长、"新生民戒毒学校"的负责人和很多非基督徒来参加，之后便一起聚餐。以此扩大基督教在村中的影响。

四、总结

基督教在联华新村的历史接近40年，近20年以来获得迅速发展，接近60%的家庭中有人皈依了基督教。经过近30年的发展，联华新村基督教会已经很成熟。传教士们采用多样的布道手段，直接或间接向阿卡村民们传播基督教，形成了该村独特的现象：信众多、青少年蓬勃发展、女性多、寓教于乐。该村的教会宗教生活严密，较为排斥阿卡人的传统文化。在经济、语言、教育、风俗、行为规范、意识等各方面对泰北阿卡族有广泛而深刻的影响。

但是，一旦超出日常生活的范围，基督教在泰北阿卡族中的传播和影响就表现出了社会、文化、民族、政治等等多种因素相互交织的特点。研究基督教在泰北阿卡族中的传播和影响，我们应当根据不同的研究目的，比如民族团结、经济发展、文化传承等，在不同的层面上研究和解决问题。

泰国军人频繁干政的原因

信息工程大学　熊　韬

【摘　要】 泰国是军人干政最严重的国家之一，从1932年确立君主立宪制到2019年的87年时间里，泰国军人集团共发动了19次军事政变。泰国现代政治的发展史基本上是一部军事政变和军人统治的历史。泰国军人干政如此频繁是内因与外因、历史与现实、政治与经济等多种因素综合作用的结果。本文试从经济因素、政治因素、文化因素和军人内部因素四个方面对泰国军人频繁干政的原因进行分析。

【关键词】 泰国；政治；军事政变

所谓军人干政（military intervention）是指军人介入政治，以暴力或以暴力相威胁参与政治资源分配、影响政治决策的方向、改变或中断按照宪法和法律规定的政治运作程序的活动与过程。军人干政的主要表现形式是军事政变。军人政权（military regime）是军人干政的最高表现形式，从本质上说是以军事手段控制政治、以军人统治与管理国家及社会的一种方式，从形态上说是军人以其政策和人员替代文官政府的政策和人员的一种政体。[①] 军人集团、军人干政、军人政权和还政于民是军人政治的基本内容。军人干政有着悠久的历史，世界上许多国家和各个时期都可以找到军人干政的实例。但总体看来，军人干政在发展中国家是大量的、普遍的，而且呈现恶性循环的趋向，继发性频率较高。因此，当我们述及军人干政与军人政权，主要是指发展中国家而不是西方工业国家或社会主义国家，在后面两类国家中，前者有较发达的公民社会和代议制度，后者有较坚强的执政党及党治体制，它们均是遏阻军事独裁主义关键的制度性因素。[②] 泰国政治既缺乏较发达的公民议会和代议制度，又缺少较坚强的执政党和党治体制，导致军人干政的现象频繁发生。

[①] 陈明明. 所有的子弹都有归宿：发展中国家军人政治研究 [M]. 天津：天津人民出版社，2003：2—3.

[②] 陈明明. 所有的子弹都有归宿：发展中国家军人政治研究 [M]. 天津：天津人民出版社，2003：3.

一、现代泰国军事改革和军队政治地位的变化

现代泰国军队是在封建王朝军队的基础上发展起来的。为保卫国家,防止西方列强的武装入侵,自拉玛四世以来,泰国历任统治者都十分重视军事方面的改革。在泰国统治者对军事进行改革后,军队的地位获得了很大的提高。

拉玛四世在 1851 年继位后就开始尝试在泰国建立西方式的现代化军队。他按照欧洲现代化军队的模式先后组建了连级和团级单位,建立了步兵团、炮兵团和海军陆战队,这是泰国军队现代化的开端。

拉玛五世在军事上致力于改革军队建制、提高军队装备、加强士兵的素质训练。在拉玛五世以前,泰国没有常备军,直到 1888 年,他建立起一支初具规模的现代化常备军。从 1905 年开始,泰国实行义务兵役制。为了提高军队的素质,实现军队的现代化,拉玛五世聘请外国顾问训练泰国军队,派军官到国外接受军事训练,更新军队装备,创办军事院校大力培养军官。1885 年,他在曼谷创办了陆军学校,在其开办的四十年间,培养了近千名军官。他于 1904 年创办的陆海军学校,在其开办的头二十年间就培养了大批军官,军事院校成为泰国军队培养军官的摇篮。

拉玛六世在位期间十分重视泰国空军的发展,陆海军的现代化程度也得到进一步加强。此外,他还建立了颇具规模的猛虎团,担任维持社会治安的任务。1918 年泰国派出一支远征军抵达法国,加入协约国对德作战,战后获得了战胜国的待遇。

通过拉玛四世、拉玛五世和拉玛六世在军事方面的改革,泰国军队从建制、装备到军官培养等方面都取得了很大的进步,逐步实现军队现代化。军队的地位也得到很大提升,在社会、经济落后的泰国,军人集团逐渐成为人数最多、最有组织的一支政治力量。此外,泰国军事人才的培养方式也使军官们有更多机会接触到新思想,西方近代资产阶级民主政治思想在 19 世纪末 20 世纪初期传入泰国后,中下级军官阶层最先接受西方的民主思想。在泰国封建君主专制下,王室贵族霸占着国家的高级职位,即使在军队,按照 1910 年的规定,也只有王室成员才有资格被授予中将以上的军衔。而中下级军官阶层大都出身于中产阶级,他们没有王室的血统,因此很难晋升到较高的职位,从而引起他们的强烈不满。他们希望国家能够实行像西方一样的共和制或君主立宪制,能凭借他们的能力进入权力的最高层,这是促使泰国军人集团 1932 年 6 月 24 日发动军事政变,推翻泰国封建君主专制政体,建立议会内阁制君主立宪政体的诱因。

二、泰国军人干政的历史溯源及特点

在战后东南亚的政治发展进程中，军人一直有着十分重要的作用，不少国家的中央政权都是直接或间接由军人集团掌控和操纵，军队往往通过自身的特殊地位对国家的内外政策发挥影响，甚至在一些国家中，军队会通过直接发动军事政变来表达自身的政治诉求。泰国是军人干政的典型，自泰国君主立宪政体确立后，泰国政治的发展史可以说是一部军事政变和军人统治的历史。从1932年以来的77年中，军事政变和军人政权构成了泰国政治生活的主要组成部分。军队在政治中的特殊作用使泰国成为世界上军事政变最多、权力交替最频繁的国家之一。自1932年军队发动第一次军事政变以来，泰国共经历了19次军事政变。[①] 泰国军人干政呈现出以下五个特点：

（一）军事政变发生的频率高

泰国从20世纪30年代到60年代，军事政变比较频繁，主要是由于泰国陆军于1932年发动军事政变推翻泰国君主专制统治之后，军人集团和政党作为新兴的政治力量出现，打破了过去稳定的政治格局。权力的诱惑使人的私欲膨胀，军人集团与政党之间关于国家统治权力的分配，军人集团内部的权力角逐，是30年代至60年代泰国政变不断、政权更迭频繁的主要原因。进入60年代以后，以沙立为代表的军事强人集军、政、警大权于一身，废除了所有的西式民主机制，政党活动被禁止，议会形同虚设。他提出了"泰式民主"思想，将国家稳定和经济发展作为第一要务，泰国政局出现暂时稳定的局面。沙立去世后，70年代的泰国政局再次陷入混乱之中，军队共发动了四次军事政变。1973年10月13日，25万民众在曼谷民主纪念碑前集会，形成了泰国历史上规模空前的反军政府示威，最后在国王的干预下才化解了此次政治危机。80年代以后，以江萨和炳为代表的军人总理在内政外交方面实行温和、宽松、开明的政策，在军内努力协调各种势力之间的平衡，泰国政局重新稳定下来，军事政变发生的次数逐渐减少。90年代以后，泰国政治民主化进程加速，走上了较为稳定的议会民主政治道路。但好景不长，由于国内政局动荡，泰国军方于2006年发动了针对前总理他信的军事政变，之后又于2014年发动了针对前总理英拉的军事政变。

---

① 文中笔者对由泰国军人集团主导的军事政变的统计主要取材于张锡镇编著的《当代东南亚政治》（广西人民出版社1995年版），中山大学东南亚史研究所编《泰国史》（广东人民出版社1987年版），以及贺圣达、王文良、何平合著的《战后东南亚历史发展》。

（二）军事政变的成功率较高

泰国军队在20世纪30年代发动了两次针对封建王权的军事政变，成功地推翻了泰国的封建君主专制政体，建立了议会内阁制的君主立宪制政体。40年代的泰国发生了四次军事政变，其中两次是军人集团针对文人政府的军事政变，均取得成功，军人集团开始执掌政权；另两次军事政变是由于军人集团内部的利益冲突所致，均被时任总理的军事强人披汶所粉碎。50年代的泰国再次发生了四次军事政变，第一次是海军校级军官发动的反对总理披汶的军事政变，被披汶粉碎；第二次是披汶为控制议会发动的自我政变，取得成功；第三次是昔日披汶的得力助手沙立发动的推翻披汶政权的军事政变，取得了成功；第四次是沙立取代他侬的军事政变，成功后建立了独裁政权。60年代的泰国在以沙立-他侬政府的统治之下，国家稳定，经济发展，鲜有军事政变发生。70年代的泰国政局再次陷入动荡之中，在这十年间共发生了四次军事政变，一次是由他侬总理发动的旨在削弱警察势力、巩固军人势力的自我政变，取得成功；两次是军人集团推翻文人政权的军事政变，均获成功；还有一次是军人集团内部由于利益分配不均所导致的军事政变，只持续了6个小时就被粉碎。泰国军队中的不同派系在80年代发动了两次针对军人总理炳·廷素拉暖的军事政变，均以失败告终。1991年和2006年泰国军队发动的两次针对文人政府的军事政变均获成功。从表1中可以看出，泰国军队从1932年发动第一次政变取得成功后，在以后87年的18次军事政变中，只有6次失败，其余政变都获得成功，成功率较高。

（三）军事政变的目的复杂

泰国军人集团在1932年和1933年发动的两次军事政变是为了推翻泰国的君主专制统治，此后泰国军人集团发动军事政变既有针对文人政权的，如1947、1948、1976、1977、1991、2006、2014年七次政变，也有针对军人政权的，如1948、1949、1951、1957、1977、1981、1985年的政变。这一类的政变由军队内部派系斗争所引起，多数以失败告终。在泰国还有一类特殊的政变，即针对自己领导的政府本身，称作自我政变。这种政变的特点是，政变成功后一般不更换政府的主要领导人，只是军事当局宣布废除宪法，解散国会，实行军管，其主要目的是削弱政党在政治中的影响，加强军队对政权的控制，或者打击排斥某一具有威胁性的军事派别，1951、1958、1971年的政变就属于自我政变这一类。

(四) 陆军高级军官是军事政变的主角

泰国大多数政变都是由陆军发动的，而获得成功的也往往是陆军。在泰国三军中，陆军的战斗力最强、影响力最大，陆军司令也较海军司令、空军司令更具实权，这是泰国大部分军事政变多由陆军将领发动的重要原因。陆军司令一职成为泰国军人通向最高权力的必然阶梯，以致泰国社会上曾流传过这样的说法：要想当总理，必须当上陆军司令。

表1　泰国历次军事政变发起人的军衔或职务（1932—2014年）

顺次	政变时间	政变者身份	政变结果
1	1932.6.24	陆军校官	成功
2	1933.6.20	陆军校官	成功
3	1947.11.8	陆军将官	成功
4	1948.4.6	陆军将官	成功
5	1948.10.1	陆军将官	失败
6	1949.2.26	海军校官	失败
7	1951.6.29	海军校官	失败
8	1951.11.29	武装部队最高司令	成功
9	1957.9.16	陆军司令	成功
10	1958.10.20	陆军司令	成功
11	1971.11.17	总理（陆军将官）	成功
12	1976.10.6	武装部队最高司令	成功
13	1977.3.26	前陆军副司令	失败
14	1977.10.20	国防部长	成功
15	1981.4.1	陆军副司令	失败
16	1985.9.9	前武装部队最高司令	失败
17	1991.2.23	武装部队最高司令	成功
18	2006.9.19	陆军司令	成功
19	2014.5.22	陆军司令	成功

(五) 军事政变中很少出现流血事件

虽然泰国发生军事政变的次数频繁，但在政变中流血的情况比较少见。在泰国军队发动的19次军事政变中，没有一次政变导致被推翻的总理遇害。泰国的军事政变中极少出现流血事件，政变成功后，新上任的统治者也很少对被推翻者进行镇压和惩罚，人民所受的影响也不大，政治局势恢复比较快。

三、泰国军人频繁干政的原因

在许多西方学者看来，西欧的贵族传统阻塞了军人干政的动机，对贵族军人而言，他的政治观就是超越政治观。而在发展中国家，军官的录用排斥了贵族传统，意味着也排斥了军人不干政的精神品质。军人出身的贫贱使他们对上层阶级缺乏强烈的效忠感，他们把投身军队看作是变换社会身份的途径，因此保留了对政治的批评与独特看法。① 通往权力最高层的欲望是促使泰国军人发动军事政变的主要原因之一，但泰国军人干政如此频繁不是单一因素的结果，而是内因与外因、历史与现实、政治与经济等多种因素综合作用的结果，本文试从经济因素、政治因素、文化因素和军队内部因素四个方面对泰国军人频繁干政的原因进行分析。

（一）经济因素：经济不发达，生产力水平低

泰国确立君主立宪政体后，代表民主派的文人集团和军人集团曾进行了反复的斗争，但直到 1992 年以前，都是军人集团控制着国家的政权，虽然其间也偶尔被文人政权所打断，但是时间十分短暂。造成泰国军人长期执掌政权，民主政治难以为继的根本原因，在于泰国的社会经济落后，生产力水平低。马克思主义认为，政治的产生和变迁都要受一定的社会物质生产方式的制约，各种政治现象和政治事件的发生，归根结底是由经济原因决定的。② 塞缪尔·亨廷顿曾对政变发生与经济发展之间的关系发表过一些看法，他认为：个人平均国民所得高于 3000 美元的国家不会有政变企图，介于 1000—3000 美元之间的国家会有不成功的政变发生，而在 500 美元以下的国家会有成功的政变发生。因此一个国家经济发展的程度有可能成为军人是否会发动政变的重要借口。经济发展程度越高，政变发动的动能相对越低，反之亦然。

从二战结束到 60 年代，泰国仍然是一个落后的农业国。据 1947 年泰国的人口调查表明，从事农业的人口占全部就业人口的 84.77%。农业中自然经济占很大比重，耕种方式原始，田间作业主要靠手工劳动，生产力低下。1962—1963 年泰国的农村贫困人口占农村总人口的 61%。工业中最发达的部门是初

---

① 陈明明. 所有的子弹都有归宿：发展中国家军人政治研究[M]. 天津：天津人民出版社，2003：48.

② 孙关宏，胡雨春，任军锋. 政治学概论[M]. 上海：复旦大学出版社，2003：19.

级产品的生产部门。虽然泰国在 2002 年人均国民生产总值已达 1857 美元，但由于国内存在严重的城乡收入剪刀差和贫富不均的问题，泰国农村地区大部分下层民众依然还在贫困线上挣扎。据统计，泰国在 2002 年仍有农村人口 3500 多万，占全国总人口的 60%以上，农村人口中近 1800 万人的日收入还不足 2 美元，其中 400 多万人日收入甚至不足 1 美元。泰国东北部部分地区的山民甚至还在从事刀耕火种的原始农业生产，靠天吃饭，艰难度日。由于广大下层民众生活艰难，受教育的水平也就很低。20 世纪 50 年代泰国文盲占总人口的 70%。虽然 2000 年泰国文盲率已不到 6%，小学入学率也已高达 91%，但中学、大学的入学率却仅为 65.7%和 22%。可见泰国中高等教育的普及工作发展滞后，人民接受教育的水平仍然比较低。而且受过高等教育的群体又大多聚集于以曼谷为代表的中心城市，使得广大农村地区的文化程度远远低于全国的平均水平。现代民主政治权利的自觉行使和维护无法离开较高的文化水平，要想行使和维护自身的民主政治权利，就必须先透彻地了解自身拥有的权利，以及在权利受到侵犯时如何通过行政或司法途径寻求有效的保护。但复杂的现代行政和司法体系以及专业的术语像一扇无形的大门，将不具备相应文化水平的普通民众隔在民主政治的围墙之外，使现代民主政治思想很难被大多数泰国民众所理解。

  泰国经济的落后是军人集团能长期实行专制统治的基础。经济不发达意味着生产力和生产关系还没有形成与现代社会相适应的水平，在这样的国家里，资产阶级的力量还不够强大，没有足够的力量来执掌国家政权。而军人集团因为手中握有武器，就成了最有权力的阶层，通过发动军事政变夺取政权并维持政权，以资产阶级为代表的文人集团却软弱无力，无法与其抗衡。泰国经济的落后意味着还不具备实现民主政治的条件。发展民主政治的社会条件主要包括两方面：一是物质条件，即民主政治要求建立在社会化大生产的基础上，自然经济在国民经济中所占的比重很小，生产和生活都已达到现代化的程度，大众传播工具、交通通信工具等都已比较发达。二是发展民主政治所必需的公民自身条件，即公民要具备较高的素质和能力以及从事政治活动的时间，其中包括公民普遍接受教育的程度较高，有议政、参政、评政的能力。以上两个条件只有在经济较发达的国家才具备。在泰国这种经济状况下，很难期望广大贫困的下层民众能主动参与泰国民主政治的建设。泰国人民总是习惯于把这些民主形式看成是少数政治权贵和军事强人之间的政治把戏，在他们看来，政府由谁来管理都是无关紧要的，只要不严重损害他们的利益。因此有的学者指出："贫穷落伍是独裁政治的温床，富有与进步才是民主政治的良伴。"[①]

---

 ① 陈秉章. 政治社会学［M］. 台北：台湾三民书局，1985：190.

(二) 政治因素：政党与军人集团之间的政治实力悬殊

从 1932 年泰国确立君主立宪政体以来，三大政治势力军人集团、政党和王室在泰国政治生活中都具有重要的作用，而扮演非常重要角色的不是政党而是军人集团。军人集团参与政治的主要形式是发动军事政变，建立军人政权。政党与军人集团之间政治实力的悬殊使政党无力与军人集团相抗衡，而文人政权的软弱与腐败屡次成为军人集团干预政治的口实。

1. 军人集团

泰国军队缺乏"超政治"的价值观念，素有凌驾于政治之上的传统。亚非国家的军队，按其性质，可分为四类：一是殖民地按照宗主国的军队模式组建和训练的军队，后来这种军队由民族主义的政权所继承；二是在民族解放运动中建立起来的军队；三是民族主义国家建立后成立的军队；四是由传统的封建社会旧军队逐步现代化演变而来的军队。泰国的军队就属于第四类军队。第一类按照西方模式建立起来的军队，一般都继承了西方"文官至上"的价值观念，像马来西亚的军队。而第二、三、四类军队，就少有这种价值观，军人广泛地参与国家政治生活，他们不仅仅是国家政策的执行者，而且也是决策者。泰国军队从未接受西方"文官至上"的军人价值观，而认为军队是政治的参与者，是民主的保卫者和推动者，泰国要实现民主只能依靠军队。当时的军事强人阿铁和差瓦立都强调，只要国家的制度没有实现完全的民主，陆军就应该成为民主的建设者，而不仅仅是一个守卫者。[①]泰国军人总理江萨也曾经说过：军人同其他政治集团应该是平等的，应该有管理国家的权力。[②]泰国军队的现代化改革也为军队干预政治提供了有利的前提条件。在朱拉隆功改革时期，泰国军队现代化稳步推进，特别是他把军队置于国家行政机关之上的地位，极大地提高了军队的政治地位和社会地位。朱拉隆功把他的五个儿子送往西方接受陆海军的军事训练，他自任最高司令直接控制着军队，其他王室成员控制着军队的高级职务。1932 年泰国的政体改变后，王权和军权被分离了，国王和王室的实际权力下降了，而军队的威望和地位仍然处于顶峰。军队的这种由传统保留下来的优势地位就自然使它凌驾于政治之上，军队干预政治也就成了顺理成章的事情。

此外，泰国军人还拥有强大的经济实力，成为独立的社会政治力量。从披汶执政开始，就为军人集团发财致富创造了有利的条件。披汶为推行民族主义

[①] 刘宏. 第三世界国家军人干预政治的背景及其根源 [J]. 亚洲探索，1995（48）：17.

[②] 马胜荣. 军事政变为何在泰国频频发生？ [J]. 环球，1992（6）：8.

的经济政策，在重要的经济部门创办由政府官员直接管理的国营企业，所有的高级官员、军人、警察都兼任了国营公司的重要职务，控制了国家的经济命脉。军人集团还利用手中的权力，以"董事""顾问"的名义，在私营企业中做无本生意，而商人也愿意让他们无偿占有一部分股份，因为他们可以从与军队的合作中获得好处，可以在军队的保护下从事更为有利可图的经济活动。因此很多大公司常常主动邀请军人加入他们的董事会，以确保他们的经济利益和安全。沙立-他侬时期，军人加强了对经济活动的参与，沙立本人就控制了最有利可图的彩票局、亚洲银行、力士达有限公司、东方有限公司和许多工厂企业，担任了大约 21 个公司的董事长。沙立去世时，其个人资产约 1.4 亿美元。①他侬及其副手巴博开办和插手的公司也大约有 60 家，经营范围包括大米、牲畜、出口、食品、建筑器材进口、石油运输和批发、银行、保险、房地产、交通运输等，每年可获上十亿铢。上行下效，军人从事经济活动在泰国是非常普遍的现象，军队的上层变成了大企业家，军人的财力大大超过了私人工商业者。据统计，沙立-他侬时期，统治泰国的上流社会只占全国人口的 1%—2%，并且基本集中在曼谷，处于最高层的有 10—15 人，他们都是军人集团的成员。②

泰国军队在民间也拥有广泛的群众基础，享有强大的社会政治职能和实质力量，这些是军队问鼎政坛的绝对优势。20 世纪六七十年代，剿共成了陆军的主要军事和政治任务。为了完成这一任务，军队发动了群众的力量，在广大的农村建立了三个由陆军领导的群众组织。一是"国民防务志愿队"，其主要任务是协助军队消灭泰共武装力量，维持社会治安，为救灾和农村经济的发展提供服务。此外，他们还接受军队的政治教育和军事训练。二是"发展与自卫自愿村"，其任务是在军方的帮助下防止泰共的渗透，提高自卫能力。三是"国家安全后备军"，这个组织完全由预备役人员组成。他们除了肩负促进农村经济和文化事业发展的任务以外，特别注意发挥政治作用，他们在各地设立活动中心"民主会馆"，向村民宣传民主观念，鼓励村民行使选举权利，讲解选举程序和政党知识。这三个组织都是直接受陆军领导，这样军队就和群众建立起了某种联系，这些组织的成员成了军队在农村的支持者。军队在长期组织和发动群众的过程中，还建立了庞大的大众传播媒介，拥有自己的电台和电视台以宣传他们对政治、经济和社会问题的观点和主张，加强了军队和人民之间的联系。军队的这些优势是任何政党都无法望其项背的，正是这种压倒性的优势

---

① 贺圣达，王文良，何平. 战后东南亚历史发展［M］. 昆明：云南大学出版社，1995：242.

② ［苏］格·伊·米尔斯基. 第三世界：社会、政权和军队［M］. 北京：商务印书馆，1980：293.

使泰国军队能够频繁地干预政治。

2. 政党

与军人集团强大的政治实力相比，政党的政治实力显得十分弱小。泰国的政党从诞生之日起就一直在夹缝中生存，以军人为首的政府一直在通过操纵立法来制约政党的生存空间。从 1932 年到 1996 年，泰国共颁布了 15 部宪法。1932 年宪法是泰国历史上的第一部宪法，同年又通过了宪法修正案，这两部宪法中都没有任何关于政党的条款。直到 1946 年颁布的第三部宪法中才有了关于成立政党的条款。此后只有在 1952 年（第六部）、1968 年（第八部）、1974 年（第十部）、1978 年（第十三部）和 1991 年（第十五部）宪法中有关于政党的条款。也就是说，在泰国颁布的 15 部宪法中，只有 5 部有关于政党的条款。此外，在 1959 年（第七部）、1972 年（第九部）两部宪法中取消了政党条款，加上 1976 年、1991 年两次政变宣布禁止政党活动，时间总共长达 24 年。如果算上 1932—1946 年宪法中无政党条款的 14 年，在 1932 年至 1996 年总共 64 年时间里，竟有 38 年政党处于非法状态，政党在完全合法状态下生存的时间仅仅有 26 年。[①]

不仅如此，政党的活动依据应当是政党法，但是在 1946 年宪法中第一次述及政党条款以后，直到 1955 年 9 月才颁布了泰国历史上第一部政党法。此后 5 部有政党条款的宪法颁布后，除了 1974 年宪法在颁布之后一周就随之颁布了政党法之外，其余全部都是在数月甚至数年之后才颁布政党法。在 1932 年到 1996 年 64 年时间里，政党活动的真正合法时间只有大约 15 年的时间。

泰国政党和政党制度最突出的特点是软弱和不成熟。泰国的政党实际上并没有实现制度化，没有成为政治社会化和广大人民实现政治参与的工具。正因为如此，泰国的政党成了军人集团蔑视的对象，这也常常是军人干预政治的主要根源之一。由于政党制度不成熟，也就不可能建立稳定的政府。在泰国所有的议会大选中，很少有一个单独的政党能够赢得议会的多数席位。泰国很多届政府都是多党联合组阁，由于内阁是由多个利益相互冲突的政党组成，因而造成文人政府极不稳定。

泰国政党的软弱和不成熟主要表现在以下五个方面：

1）泰国大多数政党的历史都很短，缺乏长期连续的发展建设。很多政党仓促组建，不久便消失。据泰国内政部统计，从 1932 年至 1995 年的 63 年间，泰国正式申报组建的政党总数为 155 个（不包括民党），而到 1996 年 11 月大选前，政党仅存 13 个，其中还有两个是为了参选而临时组建的政党。到

[①] 任一雄. 东亚模式中的威权政治：泰国个案研究[M]. 北京：北京大学出版社，2002：61.

1998年，政党又增至 16 个。选举前临时组党的情况在泰国政党历史上是很常见的，如 1974 年 4 月选举前共有政党 39 个，为选举而申请注册的政党就有 12 个之多。在现存的政党中，只有民主党、泰国党、社会行动党是除了因党禁而中断活动以外，能基本延续至今的政党。由于缺乏连续的发展建设，政党难以通过长期的自我完善建设成为一个强大的政党。

2）泰国绝大多数政党缺乏明确的政治纲领。除了极个别的政党以外，泰国大多数政党缺乏意识形态的基础，提不出明确的切合实际的政治纲领。党员的联合基础不是纲领、主张和意识形态，而往往取决于该党的领导人是谁，取决于这个党能够给他们带来多大的利益。几乎所有政党都把赢得大选，参加联合政府，问鼎国家权力作为其目标。因此政党活动最活跃的时期往往是每次大选前后，此后政党的活动就成了几个领导人的事情。由于许多政党成立的目的就是为了参加大选，而无明确的政治纲领，因此泰国各政党的政策都十分相似。无论是大党还是小党，其政策在大选时是一回事，在大选后又是另一回事，制定的政策与所执行的政策也不相同，政党的政策根据利益和需要不断地变化。

3）泰国大多数政党缺乏群众基础，带有明显的利益集团性质。泰国大多数政党一般都代表某个或某些经济集团，党的领导人多数是同某些经济集团有联系的退役将军、议员和职业党魁，而成员则是有着共同利益的工商界大小头目。这样的政党缺乏广泛的社会联系，没有广大人民的支持和参与。因此这些政党的社会权力基础十分薄弱，社会动员能力也很低。泰国政党主要是利用乡土关系或行业关系发展党的势力，没有一个可以称得上是全国性的政党，基本上是以一个地区为主发展党的势力，形成各占一方的割据局面。

4）泰国大多数政党的组织不完善，无有效的基层组织，大多数政党只有一个总部。泰国政党缺乏严密的从中央到基层的组织机构和领导系统。政党的最高权力掌握在以党主席为首的少数人手里，而党的中央委员会则听命于党主席。在党的中央委员会之下，许多政党都没有设立党的地方机构，普通党员不到选举期间几乎没有任何活动，党员大都徒有虚名。政党的命运维系于个别领导人身上，而下层党员往往处于涣散和不稳定的状态，大大削弱了政党的战斗力。

5）泰国政党内部矛盾尖锐，派系斗争严重。由于大多数政党不是建立在共同的政治纲领上，而是建立在集团利益和人身依附关系上的，所以党内矛盾尖锐，内讧的现象常有发生。在竞选过程中，政党上下是团结的，而一旦获得了议会的相对多数取得组阁或入阁权，政党的领导人之间就开始明争暗斗，争夺内阁政府职位，致使政党分裂或解体。现仍在活动的政党都存在着党内纪律松弛、拉帮结派现象严重的问题。泰国大选中买卖选票的现象十分突出，竞选者可以通过发红包、宴请、慈善捐款等各式各样的方式拉选票。政党的领导权主要掌握在几个核心人物手里，财力越强，在党内就拥有越大的发言权。因此泰国政界常常有贪污受贿、营私枉法的行为被披露。

从以上的分析可以清楚地看到，泰国的政党还远远没有成为在政党政治中应该扮演的角色，远远没有成为真正意义上的政治力量。泰国政党政治的虚弱，导致了军人对政党和政治领袖的不信任。泰国文人政府的先天不足，在社会出现动荡和危机时，往往难以克服政治或经济危机以保持社会的稳定，这给军人集团干预政治提供了机会，国家安全是军人以政变形式介入政治的最佳理由，而政府官员的腐败，几乎成了每次政变的导火索。纵观泰国军人干政的整个过程，从某种程度上来说，正是由于政党自身的弊病为军人集团频繁干政铺好了一条路。正如塞缪尔·亨廷顿在分析军人干政与政党的关系时所指出的：一种政治制度遭受军人干涉的概率正与其政党的力量成反比……军事政变本身并不会灭掉政党，它只不过证实政党肌体已经腐朽而已。①

3. 王室

虽然泰国自1932年建立君主立宪政体以来，国王不直接发挥政治作用，而是通过国会行使立法权，通过内阁行使行政权，通过法院行使司法权，与其他君主立宪制国家一样，泰国国王只是名义上的国家元首，并不掌管政务，但是由于王室特别是普密蓬国王在泰国人民心中的崇高威望以及传统文化对泰国政治和社会的影响，他历来都是泰国政治生活中的主要力量，在泰国政治和社会中起着非常重要的作用。国王不但象征着国家统一，更因为其政治的中立性与非政党性，所以也是国家安定的象征。国王在人民心中的地位是无法取代的，他是人民心中的神，是所有政治体系运作中的最高指导原则。普密蓬国王继位以后，直接或间接地见证了18次军事政变，在每次军事政变中，他和军事政变领导人之间的互动和相处方式变成了一种重要的经验。他在历次政变中都扮演着"调和者"与"仲裁者"的角色，他的言行是影响泰国政治巨大的无形力量，他发表的政治性谈话或采取的某些暗示行动，往往成为化解政治僵局和社会危机的利器。如果军方想要实现政变，那么他们必须得到国王的认可。国王一般都是通过发表电视公开讲话，表明自己对政变的态度，万一国王表示不支持政变，从历史上来看，发动政变的军方高官就不得不流亡国外，宣告政变失败。由于没有任何军方高官能够反对国王的决定，国王的态度也就成了军事政变成败的关键因素之一。

作为泰国政坛上最重要政治力量的普密蓬国王并不推崇政党政治，他将政党政治视为一种分化国家团结的制度，他强调保守主义，强调团结性和纪律。

---

① Samuel P. Huntington. *Political Order in Changing Societies* [M]. New Haven and London: Yale University Press, 1968: 409.

他曾在自己的传记中表示:"我们泰国不需要任何形式之外的外国民主,且须设法去创造属于我们泰国形式的民主。我们有足够的理由来支持这项决定,因为我们拥有自己国家的文化。"① 由此可见,普密蓬国王视政党政治和民主为外来产物,主张建立具有本国特色的"泰式民主"。英国学者凯文·海文森是研究泰国政治体系学者的代表,他提及普密蓬国王时写道:泰国国王对民主具有保守心态,他认为政党就是导致国家分裂的一大主因,使人们无法团结起来,由此可见威权政治对国王有着强烈的吸引力。② 普密蓬国王经常表现出对政治辩论的厌恶,他认为政党政治不利于泰国的团结,威权主义反而是更好的统治方式。他甚至在一个场合中曾提到:假如独裁者是个好人的话,他也可以为人民做许多好事情,如同墨索里尼,他就为意大利人民做了许多好事情。③ 国王对宪法威权的冷漠、对政党政治的厌恶、对军事政变的暧昧,以及对威权政治的支持,从某种程度上来说进一步助长了军人集团干预政治的热情。

(三)文化因素:泰国传统政治文化的影响

传统是一个社会的文化遗产,是人类过去所创造的种种制度、信仰、价值观念和行为方式等构成的表意象征,它使代与代之间保持了某种连续性和同一性,构成了一个社会创造与再创造的文化密码,并且给人类的生存带来了秩序和意义。④ 一个社会的政治制度必然有其相应的政治文化作为基础。所谓政治文化是指社会成员在长期的政治社会化和政治实践的过程中形成的,直接影响人们政治行为的,相对稳定的心理过程和心理特征。它包括政治认知、政治信念、政治情感、政治态度和政治价值等,深刻地影响着社会成员的政治行为。⑤ 泰国传统政治文化的突出特点是权威崇拜。

成熟于素可泰王朝兰甘亨大帝时期的父-子家长式统治模式,是泰国政治文化的一个重要而独特的组成部分。当时的父-子家长式统治分为四个层次:

---

① King Bhumibol Adulyadej. *Collection of Royal Adress and Speeches During the State and Offical Visits of Their Majesties the King and Queen to Foreign Countries, 1959-1967* [Z]. Bangkok: Office of His Majesty's Principal Private Secretary, 1974. 原文英译为:We Thais… need not follow any kind of foreign democracy and should try instead to create our own Thai style of democracy, for we have our own national culture and outlook and we are caoable of following our own reasoning.

② Kevin Hewison. *Political Change in Thailand: Democracy and Particpation* [M]. New York: Routlsdge, 1997: 68.

③ Kevin Hewison. *Political Change in Thailand: Democracy and Particpation* [M]. New York: Routlsdge, 1997: 68. 原文为:If… a dictator is a good man, he can do many good things for the people. For a short while, Mussolini did many good things for the Italian People.

④ E. 西尔斯. 传统论 [M]. 北京:上海人民出版社,1991:译序 3.

⑤ 杨光斌. 政治学原理 [M]. 北京:中国人民大学出版社,1998:92.

国王兰甘亨称为一国之父,以下依次为一城之父、一村之父和一家之父。国王作为一国之主,应当像一个家庭中的父亲爱护自己的子女一样爱护他的臣民,治理他的国家,以他的恩德泽被众生,使之丰衣足食。战时则是这个大家庭的最高统帅,带领他的臣民保卫这个大家庭。而臣民则应绝对服从国王的权威。这种统治模式把一个国家比作一个家庭,君权是父权的延伸,国家是家庭的扩展。这种理念和实践,对素可泰王朝以后甚至泰国的现代政治都产生了深刻的影响。在这种理念的管理下,泰国人民逐渐形成权威崇拜的价值观,体现在实际生活中就是等级分明。在这种等级制观念的影响下,泰国社会特别强调服从和恭敬这两种行为。在家庭、学校,特别是寺庙,从小就向人们灌输服从和恭敬的习惯,人们的官职、年龄、出身、地位、财富、资格等都是享有尊严的依据。这种观念在政治等级方面表现得尤为突出,任何一级官员要绝对尊敬和服从他的上级。虽然在1932年革命后来自西方的民主价值观念对泰国传统的等级观念有所冲击,但并没有从根本上动摇它在泰国人民心目中的地位。1932年以后的泰国基本上是以军人政府为主,军官几乎就是权力的象征。

  佛教的宿命论和和平忍让思想,使泰国人民易于接受政变频繁发生的现实,客观上促使军人集团发动政变时有恃无恐。佛教在泰国的社会生活中占有十分重要的地位,全国95%以上的人口信仰上座部佛教。佛教渗透了泰国社会的各个方面,泰国人的日常生活,从婚丧嫁娶到生老病死,无一不与佛教有关,社会政治生活也是如此。从素可泰王朝至今,佛教对人们的思想意识、道德观念和国家政治等都有着巨大的影响。佛教认为,一个人是富有还是贫穷,全是他前世所积累的功德所决定,是一种非人力所能改变的自然因果关系,因此,当一个人在官僚阶层中崛起,前途似锦时,大家便认为他有阴德,竞相投奔在他的门下。一旦他失势了,基于同样的理由,便认为他阴德用尽了,一哄而散,大家不必为某种抽象的意念拼得你死我活。①佛教的"因果轮回说"告诫人们今世的痛苦、不幸、贫穷都是由于自己前世没有积德行善。由于受佛教的影响,人们强调"温良恭俭谦让",与人为善,反对冲突、流血,屈从于命运,这是泰国军事政变频繁发生而人民能够保持异常平静的主要原因。而从泰国军人干政的历史来看,大多数军事政变都没有受到民众的强烈反抗,发动政变的军人也基本上没有受到过审判或制裁。

  虽然泰国很早就学习西方的发展模式,从西方引进了选举、议会、政党等民主机制,然而这些"舶来品"从未成为泰国政治观念的一部分,人民也从未认真地理解和运用过这些民主权利,民主意识对泰国百姓来说是十分陌生的。而长期以来对上级和统治者的恭顺和服从的传统等级观念以及佛教思想的深刻影响,导致人们对政治的冷漠和消极。泰国人民不关心政治,人民的政治参与

---

① 江炳伦. 亚洲政治文化个案研究[M]. 台北:五南图书出版公司,1989:96.

程度极低。在一般人看来，政治是与己无关的事情，政府由谁来管理都是无关紧要的。此外，在泰国人民眼中，政治都明显地带有谋取私利的烙印，认为政客们总是运用各种合法的或非法的手段去争权夺利。每当政变发生时，人们会这样认为：政变的原因是政客们导致混乱，带来麻烦，阻碍了政府行政的平稳进行。很多民众甚至将军人干政看作是稳定政治局势、整治政坛不正之风的必要举措，因而对军人干政持默许、认可甚至欢迎的态度。民众对政治的漠然，也是泰国军人能够频繁干预政治、长期执政的原因之一。

（四）军队内部因素：军人集团内部的权力之争

在泰国发生的军事政变，有些是因为军人集团的政治权力和地位受到文官政府的威胁所致，而有些军事政变纯粹是由于军人集团内部不同派系之间对权力的争夺所引起。从 1932 年到 2006 年 9 月，泰国军队发动的 18 次军事政变中，针对军人政权发动的政变就多达 10 次（含自我政变在内）。

陆军是泰国军事政变的主力军，是军人集团的中坚力量，但也不是铁板一块。泰国陆军派系林立，这些派别中有些是军事学院的同届学员，有些是由于有共同的经历，有些通过联姻关系，有些则是与同一个经济集团有联系而形成的。但在更多数的情况下，军内的派系是通过保护与被保护的关系建立的，每一个接近权力顶峰的军事强人一般都要拉帮结派，以建立自己的权力基础，而中下层军官要打通自己的晋升之路，一般也要在高层将领中寻找自己的保护人。这样，在陆军司令部和武装部队最高司令部往往出现不同派系的将军进行权力的角逐，这种角逐有时以政变而告结束。20 世纪 70 年代以前，以各种军事强人为山头的派系斗争所引起的政变比较常见。

70 年代中期以后，军人集团内部派系的冲突与权力斗争更趋激烈。冲突的原因除了各派系的个人野心之外，也源自不同派系对军队角色认知的分歧。泰国军人集团数十年来执掌政权，实行独裁统治，导致军队内部贪污盛行，裙带成风，战斗力不强。一批中级军官开始觉醒，希望军队进行改革，使军队更加专业化。1973 年底，毕业于泰国皇家陆军军官学校第七期的六名校级军官决定组织一个秘密团体，自称为"青年军官团"，一般称为"少壮派"，他们的主要理念是为国家和国王效命，不计较个人得失。第二个派系是与"少壮派"同时出现的"民主军人派"。1973 年 10 月学生运动后，许多军官关心国家安全、政治稳定而组织此团体，成员大多为政治军事教官和参谋军官。他们批判选举，建议从不同职业中遴选任命议员。"民主军人派"对民主的主张主要是为了合理化军人干预政治的目的，他们对民主的界定不被人们普遍接受。第三个派系是由泰国皇家陆军军官学校第五期的毕业生组成，素金达担任指挥以对抗"少壮派"。第五期与第七期毕业的"少壮派"对于 1992 年政变之后总理的人选曾爆发过激烈的冲突。

四、结语

从拉玛四世开始，泰国历任统治者都十分注重军事改革。他们进行军事改革的初衷是抵御外侵、巩固封建王权的需要，但客观上却为封建王权的瓦解埋下了伏笔。泰国军队进行现代化改革后，军人的地位获得了很大的提升，但陈旧的封建官僚体制仍然束缚着中级军官向高级军官的晋升。这支既接受了西方民主思想又具有高效率的政治力量希望能凭借他们的能力进入权力的最高层，直接领导了推翻封建王权的革命。泰国实行君主立宪政体后，由于文人集团政治力量弱小，无力与军人集团抗衡，军人集团逐渐成为一支左右泰国政局方向的政治力量。在泰国民主化进程中，军人集团频繁干预政治的原因是政治与经济、历史与现实、内因与外因等多种因素互动综合作用的结果。军人集团以军事政变的方式积极参与政治成为泰国政治舞台上的重要角色，在泰国政治舞台上留下了深深的印记。

参考文献

[1] 陈明明. 所有的子弹都有归宿：发展中国家军人政治研究[M]. 天津：天津人民出版社，2003.

[2] 任一雄. 东亚模式中的威权政治：泰国个案研究[M]. 北京：北京大学出版社，2002.

[3] 塞缪尔·亨廷顿. 变革社会中的政治秩序[M]. 北京：华夏出版社，1988.

[4] 张锡镇. 当代东南亚政治[M]. 南宁：广西人民出版社，1994.

[5] 涂晓敏. 泰国军人政权研究[D]. 昆明：云南师范大学，2000.

[6] E. 西尔斯. 传统论[M]. 上海：上海人民出版社，1991.

[7] 江炳伦. 亚洲政治文化个案研究[M]. 台北：五南图书出版公司，1989.

[8] 杨光斌. 政治学原理[M]. 北京：中国人民大学出版社，1998.

[9] [苏] 格·伊·米尔斯基. 第三世界：社会、政权和军队[M]. 北京：商务印书馆，1980.

[10] 马胜荣. 军事政变，为何在泰国频频发生？[J]. 环球，1992(6).

[11] 李文. 东南亚：政治变革与社会转型[M]. 北京：中国社会科学出版社，2006.

［12］孙关宏,胡雨春,任军锋. 政治学概论［M］. 上海：复旦大学出版社, 2003.

［13］陈秉章. 政治社会学［M］. 台北：台湾三民书局, 1985.

［14］贺圣达,王文良,何平. 战后东南亚历史发展［M］. 昆明：云南大学出版社, 1995.

［15］Kevin Hewison. *Political Change in Thailand: Democracy and Particpation* [M]. New York: Routlsdge, 1997.

［16］Samuel P. Huntington. *Political Order in Changing Societies* [M]. New Haven and London: Yale University Press, 1968.

缅甸民族源流及其与中国的关系

信息工程大学 钟智翔

【摘 要】 缅甸共有 135 个民族。从语言谱系分类上看，可以分为讲汉藏语言的民族群、讲南亚语系孟高棉语的民族群和讲南岛语系古马来语的民族群三类。这三类民族群在族源上与上古时期我国的氐羌、百越、百濮民族集团有关。在华夏族形成之前，我国氐羌、百越、百濮民族集团中的一部分族群，分别沿着中国境内形成的丁字形民族走廊南下缅甸，在融合当地土著民族之后，发展形成现今缅甸的各个民族。

【关键词】 民族起源；中缅民族；相互关系

文化是人类活动的产物，具有强烈的社会性，而人类依照文化结构的不同又可以划分为不同的民族。世界上的文化是多元的，民族也是繁杂的。当今缅甸的地域文化源于现今各民族先民在 1000 多年以前甚至更为久远的年代所创造的古代文明。作为缅甸地域文化的创造者，缅甸各民族先民的源流十分复杂。他们均为外来迁徙民族，与古代中国的西南民族集团有着十分密切的关系。

一、缅甸民族的分类

缅甸是个多民族的国家，共有 135 个民族[①]，尽管史料缺乏，无法断定缅甸各民族是否曾有过共同的来源，但语言发生学还是从一个侧面为我们划分缅甸民族的类型提供了一条线索。语言发生学认为语言的发生分类与语言的共同来源有关，亲属语言必然源于共同的始祖语，从语言间的相互关系可以探知语言的历史渊源。同样，操相近语言的民族群体肯定也会有某种历史上的渊源关系。我们认为缅甸的民族从古到今有着必然的历史延续性，历史上的民族与现今的民族既有联系又有区别。从语言的谱系分类来看，缅甸现今的各个民族可以分为三类：（甲）讲汉藏语言的民族，包括操藏缅语、壮侗语、苗瑶语的各个民族；（乙）讲南亚语系孟高棉语的民族；（丙）讲南岛语系古马来语的民族。其中讲藏缅语的民族有缅、若开、钦、克钦、克伦、克耶、刀都、达努、

---

① 见《缅甸新光报》（缅文版），2015-07-23（5）。

刀尤、土瓦、茵莱、阿昌、傈僳、拉祜、那加等族，占全国总人口的 90%；讲壮侗语的民族有掸族等，占总人口的 7%；讲苗瑶语的民族有苗族和瑶族，占总人口的 0.05%；讲孟高棉语的民族有孟、瓦、布朗、克木等族，占总人口的 2.8%；讲南岛语的有摩钦族，占总人口的 0.05%。^①除讲苗瑶语的民族是近一两百年从中国迁入的外，其他各族在缅甸都有了上千年的历史。史学界认为缅甸几乎所有的民族都是从中国迁入的。占缅甸人口 99%以上的藏缅语支民族、壮侗语支民族、孟高棉语支民族的先民与古代生活在我国西南地区的民族集团有着历史上的渊源关系。

二、缅甸各民族的先民与古代中国西南的民族集团

汉代以前我国典籍中就已有了对古代西南民族的记载。"西南夷"作为西汉时分布在中国西南地区众多少数民族的概称也见诸史乘。历史上的西南夷与现代中国西南地区的少数民族有着不可分割的历史传承关系，也与现今缅甸的民族有着千丝万缕的联系。中国学者在对古代西南民族的研究中从语言的谱系出发，结合历史资料把历史上的古代民族分为三大族系：（甲）属藏缅语群的氐羌系，（乙）属壮侗语群的百越系，（丙）属南亚语群孟高棉语的百濮系。研究表明古代中国西南三大民族集团所操语言正好是当今缅甸 99%的人口所操语言。二者之间具有语言上的一致性。因而，可以认为缅甸境内的民族是中国古代西南少数民族在缅甸境内的延伸和发展，而云南在中缅古代民族的关系中地位也十分重要。

关于古代云南地区的民族和文化分布状况，我国学者李昆声在研究了云南不同类型的新石器文化系统后认为：滇西北地区的新石器文化系统乃氐羌先民创造的原始文化；洱海地区和金沙江中游地区的新石器文化是氐羌文化和百越文化结合的产物，其中氐羌文化因素占主导地位；滇池地区、滇东北、滇东南及西双版纳地区新石器文化为百越的先民所创造，同时滇池、滇东北地区也有氐羌先民居住；澜沧江中游地区新石器文化的主人是百濮先民。新石器时期民族迁移的特点是"百越北上""氐羌南下"，汇合于云贵高原形成各自的文化系统。^②笔者认为形成这种文化的地域虽以云南为主，但也极有可能辐射到了其他邻近的区域。西南地区的新石器文化与两汉时期西南夷文化有着必然的联系。先秦时期氐羌系民族早已开始南迁，抵达滇西北滇西地区，且仍然保持着南下的势头。氐羌的继续南下就形成了其在缅甸境内的支系，如骠人集团。百越系民族居滇东、滇南，在北上的同时也会有西进，如滇越的跨境而居。百濮

---

① 贺圣达，孔鹏. 列国志：缅甸[M]. 北京：社会科学文献出版社，2018：22.
② 李昆声. 云南原始文化族系试探[J]. 云南社会科学，1983（4）：76—83，75.

混居于其他族群之中,并缓慢南移。如此种种都有可能涉及缅甸的民族分布。考古发掘证实缅甸中部的骠国遗址具有氐羌文化特征,而云南沧源岩画与缅甸掸邦西部新石器时代的皮达林洞岩画有某种相似之处。这都表明缅甸各民族的先民与中国古代西南地区的民族集团有着某种特殊的关系。

三、缅甸各民族先民的来源

史前时代,缅甸境内生活着旧石器时代的原始居民。20世纪以来考古工作者分别在伊洛瓦底江流域及掸邦高原等地先后发现了大批旧石器时代原始居民的生产生活用具。① 与东南亚其他地区的原始居民一样,他们进化缓慢,后来逐渐为其他古代民族所取代。

在中国有史记载之前,从中国往缅甸和东南亚其他地区的民族迁移早就开始了。缅甸史学家波巴信认为最先进入缅甸境内的民族是息銮-马来人。他们从北方进入缅甸,给缅甸的原始居民带来了新石器时代的文明。② 息銮-马来人为原始马来人部落。王任叔认为原始马来人是混合人种,与我国的濮越民族集团有关。③ 原始马来人原来居住在中国云南到越南北部一带。其南迁分东西两路,其中西路从云南沿萨尔温江、湄公河、红河进入中南半岛。在沿西路南迁的部落群中一部分人沿萨尔温江抵达掸邦高原和伊洛瓦底江流域。这些人被称作息銮-马来人。他们进入缅甸的时间可能在公元前17—前15世纪。新来的息銮-马来人的文明高于缅甸境内的原始居民,故他们同化了大部分的原始居民,使缅甸境内的民族进入到了新石器时代。其后由于濮系民族的西移和南迁,息銮-马来人在缅甸境内停留了三四个世纪之后,顺马来半岛南下,进入马来半岛和南洋群岛。息銮-马来人只在缅甸德林达依沿海岛屿中有少量遗留,这些人后来发展成为缅甸的摩钦族。④

随后进入缅甸的民族是濮系的孟高棉人。苏联考古学家在对中南半岛上的考古发掘进行充分研究后认为,公元前2000年左右曾有大批原住在中国西南地区的孟高棉部落南迁中南半岛。⑤ 由于其南下的时间在夏朝华夏族形成初期,地处中原的华夏族对远处西南的濮人分支尚不了解,故对西南濮人无过多

---

① 缅甸社会主义纲领党中央党部. 缅甸政治通史:第一卷[M]. 缅文版. 仰光:图书出版发行公司,1983:76—77.
② 波巴信. 缅甸史[M]. 陈炎,译. 北京:商务印书馆,1965:11.
③ 王任叔. 印度尼西亚古代史:上册[M]. 北京:中国社会科学出版社,1987:8,10.
④ 缅甸百科全书:第四卷[M]. 缅文版. 仰光:文学官出版社,1960:129.
⑤ 斯·伊·布鲁克. 印度支那半岛各国的民族成分和人口分布[J]. 民族问题译丛,1956(4).

记载。其实早期的濮人应是多个具有共同文化特征的民族的泛称。先秦时期，我国濮人在冀、鲁、豫、川、鄂、滇等地均有分布，西南地区更是濮人聚居的重要地区。从语言上看濮系民族操孟高棉语。西南地区濮人部落中最南的一支在史前时期就业已进入中南半岛了。他们以湄南河流域为中心，在湄公河、湄南河流域创造了辉煌的古代文明。①这支讲孟高棉语的民族是东南亚稻作文化的先驱，其进化程度远高于邻近的其他民族。由于人口的增加、技术的先进，在新石器时代的后期孟高棉人就开始了扩张。他们一部分人沿湄公河到达今老挝、柬埔寨境内，成为古吉篾人的先民，另一部分往西越过多纳山脉在公元前10世纪左右进入萨尔温江三角洲地区成为古孟人的先民。而居留于滇西南的濮人则从先秦到近代一直没有大规模的迁移，只是偶尔在局部有所扩散，进入到缅甸境内，成为跨境民族如佤、德昂、克木等族的先民。②

先秦时期，缅甸北部和中国西南地区活跃着不同于百濮的一支民族。《史记·大宛列传》云"昆明之属无君长，善寇盗……然闻其西可千余里有乘象国，名曰滇越"。滇越是百越最西的一支，以腾冲为中心。滇越可能是华夏族形成壮大之后原来东进至中国东南沿海的百越部落西移，与西南地区当地的土著民族融合发展而成的一支民族。滇越在汉武帝时代（公元前2世纪）就被认为是一个国家了，其形成年代不应晚于公元前3世纪。滇越形成之初可能就是一跨境民族了。东汉时史籍中不再有"滇越"之称，而代之以掸。掸就是滇越。掸是印度和缅甸北部邻近民族对"永昌徼外"掸人的称呼，其后由各民族一直沿用至今。当时掸国以缅北为中心，地跨中缅印三国，成为一强大的部落联盟。魏晋以来掸人又被称为僚、鸠僚、骆、濮或闽越。唐宋时又被称为金齿、银齿、茫蛮、白衣等。方国瑜认为掸在公元6世纪有较大发展。10世纪末他们建立了以今瑞丽江地区为中心的勐卯国。③当时掸人已遍及伊洛瓦底江上游和掸邦高原了。1283年随着元军在江新的胜利，掸人从高原山地开始散布于伊洛瓦底江两岸，进入平原地区。古掸人部落后来发展成为今掸、老、泰、傣、阿洪等民族。

缅甸现今民族中讲藏缅语的民族占缅甸总人口的90%。这一系民族来源于我国古代的氐羌族群。氐羌是中国上古三大族群之一，源于青海河曲。滇中氐羌南下时间甚早。邓廷良在研究了凉山彝中的古候等家支族谱后认为古羌人在公元前10—前5世纪就已开始南下。④而史书所载氐羌大规模南迁则在战国

---

① 缅甸社会主义纲领党中央党部. 缅甸联邦少数民族传统文化习俗：孟族卷[M]. 缅文版. 仰光：图书出版发行公司，1977：21.
② 秦钦峙，赵维扬. 中南半岛民族[M]. 昆明：云南人民出版社，1989：326.
③ 本书编写组. 傣族简史[M]. 昆明：云南人民出版社，1985：53.
④ 邓廷良. 丝路文化：西南卷[M]. 杭州：浙江人民出版社，1995：27.

时期。"秦献公初立（公元前 384 年）……忍季父卬畏秦之威，将其种人附落而南"。不同时期南下的氐羌部落相会于云贵高原，发展成为今藏缅语民族的核心。《后汉书·西羌传》载汉代羌人已是"凡百五十种"。比较大的羌人集团有河湟羌、牦牛种越嶲羌、白马种广汉羌、参狼种武都羌、蜀汉徼外羌等。这一时期先缅人亲属民族如纳西、阿昌等的先民和先缅人开始从羌人集团中分化出来，并与其他部落相融合。其中蜀汉徼外羌的最南支可能在公元前 2 世纪就已越过滇越地区进入伊洛瓦底江流域了。1958—1963 年间，缅甸考古工作者在马圭省东敦枝镇对古代骠人遗址毗湿奴进行了 6 次发掘，获得了大量的一手材料。① 据碳 14 测定，毗湿奴城建于公元 1 世纪。② 吴佩貌丁对骠文进行研究后认为骠语是一种藏缅语。③ 这说明古代氐羌人在西汉时就已活跃于缅甸境内了。而缅甸主要民族缅族的先民此时仍在川西牦牛羌中，其亲属民族则包含于叟、昆明夷等部中。南北朝时期，缅系亲属民族开始从昆明夷中分化成祈鲜、寻传、裸形蛮、磨些、顺蛮、施茫等部落。隋唐以后这些部落先后进入缅甸境内，成为钦、阿昌、载瓦、那加、纳西、傈僳等缅系亲属民族的先民。汉时先缅人部落白狼夷已开始有别于其他牦牛羌部了。④ 南北朝以后先缅人部落被史家归并于"乌蛮"之中，唐初"乌蛮"七部之"匈邓"可能就有先缅人成分。唐蕃之战、唐-南诏天宝之战后，先缅人部落——白狼夷离开了其原在川西雅州一带的家园，沿民族走廊南下。9 世纪时到达怒江、澜沧江、伊洛瓦底江上游一带。9 世纪中叶先缅人通过恩梅开江和萨尔温江之间的地带在骠国灭亡后出现在缅甸中部叫栖地区。⑤ 后在向全缅推进的过程中先缅人部落又发生了分化与融合。形成缅、若开、刀尤、茵达、土瓦、墨吉、达努、依喔等缅系民族。

四、缅甸各民族形成的脐带——民族走廊和西南丝路

民族走廊是指古代部族来回往复迁徙的道路。在华夏族形成之前的石器时代，中国境内就已形成了一个丁字形民族走廊。活跃在这条走廊上的主要是氐羌集团。他们以河湟为中心东进中原、西入西域，南下川滇。通过这个丁字形走廊，氐羌族群影响到了华夏文化和缅甸文化。特别是丁字形走廊的南北向部

---

① 吴昂道. 毗湿奴古城考古报告 [M] //缅甸古都. 缅文版. 仰光：宣传部报刊发行局，1993：2.
② 吴昂道. 毗湿奴古城考古报告 [M] //缅甸古都. 缅文版. 仰光：宣传部报刊发行局，1993：59.
③ 吴佩貌丁. 语言论 [M]. 缅文版. 仰光：缅甸翻译协会，1958：35.
④ 钟智翔. 缅甸语言文化论 [M]. 北京：军事谊文出版社，2002：211.
⑤ 霍尔. 东南亚史：上册 [M]. 北京：商务印书馆，1982：186.

分山川河流相互交织，为古代中国民族文化的传播与缅甸民族的形成提供了良好的环境。缅甸大多数民族的起源都与这条走廊息息相关，与古羌人的活动紧密相连。这条从河西走廊到西南横断山脉的走廊一直为人类学家和历史学所看重。在这条民族走廊的沿线有 30 多个民族生活繁衍，他们绝大部分是古代氐羌族群的后裔。[1]这条民族走廊的南端活跃着另一民族集团百越。横断山脉是这两大族群的交汇之所。早在新石器时代这条民族走廊就已为古代民族所用。考古证实甘青地区的彩陶文化通过这一走廊传播到了川滇。[2]自氐羌南下以后它的影响就一直存在。民族走廊南段又与西南丝路相合，一直往南延伸到达缅甸、印度和中亚其他地区。史学家证实，这条从成都经云南到缅甸、印度的通道最迟在公元前 4 世纪就已存在了。[3]远古之蜀身毒古道经秦汉多代帝王的经营，始成郡县相连、驿路相接的通道。西汉时西南丝路已完全形成了规模。其国内部分有僰道、五尺道、牦牛道、永昌（博南）道。特别是汉代牦牛道和永昌道对缅甸各民族先民的南迁影响深远。西南丝路通往缅甸的主线有：（1）由永昌越高黎贡山至滇越再越高黎贡山入缅；（2）由滇越沿盈江（太平洋）到达伊洛瓦底江；（3）由永昌渡怒江经芒市至瑞丽沿瑞丽江入伊洛瓦底江。[4]西南丝路的畅通有两个重要时期：西汉时期和隋唐南诏时期。这两个时期正是缅甸各民族先民形成和南迁的重要时期。民族走廊形成于新石器时代而盛于秦汉，西南丝路兴于先秦而畅于两汉。这两条通道时间上有先有后，方位上自北而南，道路上首尾相重。这样的时空条件为分段式民族迁徙提供了可能。民族走廊和西南丝路相重地区除了氐羌，还有百越与百濮相杂而居，呈现出了多彩的民族交汇局面。[5]

由黄河到伊洛瓦底江的通道可能经历了成千上万年的岁月才最后形成。这条通道无论在古代还是在现代对中缅文化的交流和缅甸民族先民的南迁立下过汗马功劳。通过这条通道，中国的石器文明传到了缅甸，中国的古代民族从遥远的内地进入到缅甸并融合分化发展，最后形成了现代缅甸的各个民族。

五、结束语

氐羌、百越、百濮三大民族集团作为中华民族的直接族源在我国民族发展史上起过重要的作用。氐羌的东支华夏族后来发展成为中华民族的主体——汉族，其南支成为西南藏缅语言少数民族的先民。南支的延伸部分在缅甸发展成

---

[1] 邓廷良. 丝路文化: 西南卷[M]. 杭州: 浙江人民出版社, 1995: 6.
[2] 张云. 丝路文化: 吐蕃卷[M]. 杭州: 浙江人民出版社, 1995: 96.
[3] 陈炎. 海上丝绸之路与中外文化交流[M]. 北京: 北京大学出版社, 1996: 231.
[4] 邓廷良. 丝路文化: 西南卷[M]. 杭州: 浙江人民出版社, 1995: 25.
[5] 邓廷良. 丝路文化: 西南卷[M]. 杭州: 浙江人民出版社, 1995: 36—39.

为缅甸民族的主体——缅系民族和缅系亲属民族。百越、百濮的西南分支也分别发展成为南方壮侗语支、孟高棉语支少数民族。这三大民族集团在缅甸境内分布广泛，占总人口的比重达到了 99%，成为现代缅甸民族的绝对主体。中缅民族之间的相同源流证明了这样一个传说：中缅两国是胞波（同胞）。而民族通道和西南丝路就是连接两个胞波的血脉之路。

印度莫迪政府的印太认知

信息工程大学　纪志鹏

【摘　要】 印度几年来的快速崛起使得印度在印太地区事务中的影响力上升，同时印度洋和太平洋被当作一个整体看待，致使"印太"概念在各国战略界和政界兴起。印度政府逐步形成了其印太认知和"印太观"，其印太认知主要在莫迪政府期间成形，并指导其在印太地区的行动。印度政府的印太认知与日本等国的"印太战略"有一定的趋同之处，但是也有其自身特点，印度政府的印太认知保持着印度坚持战略自主性的传统，印度在与日本等国进行战略对接的同时也避免完全附和或跟随日美等国。

【关键词】 印度；印度洋印太认知；印太战略

"印太"（Indo-Pacific）概念的兴起是近几年国际政治舞台上最引人瞩目的变化。这一概念先是在美国、印度、澳大利亚等国的学术界和战略界悄然兴起，之后许多国家的政府也开始使用"印太"这一术语。①

"印太"之所以能够取代"亚太"（Asia-Pacific），正是因为它能更准确地反映现实。正如澳大利亚学者罗里·梅德卡夫（Rory Medcalf）所言，"印太"并不是地区的新名称（region's new name），而是新地区的名称（name of new region），所以它并非亚太地区的新叫法，而是客观反映了经济体、战略行为和外交机构的变化。②

印太概念兴起并且能够取代"亚太"所反映的一个重要现实就是印度的快速崛起。印度国家实力的提升使印度在地区甚至全球事务中的影响力提升，再

---

① 各国政府接受并开始使用"印太"的情况大致如下：2012 年 10 月，澳大利亚在《亚洲世纪中的澳大利亚》白皮书中开始正式使用"印太"。2012 年 12 月，印度总理曼莫汉·辛格（Manmohan Singh）在印度-东盟峰会上首次使用"印太"。2013 年 5 月，印度尼西亚外长马蒂·纳塔莱加瓦（Marty Natalegawa）在美国智库发表题为"印度尼西亚对印太的看法"的讲话，论述了印尼的"印太"观。日本政府则经历了原型（"两洋交汇"与"扩大的亚洲"）、雏形（"亚洲民主安全菱形"与"印太"话语）和成形（"自由开放的印太战略"）这三个过程。美国也在 2017 年底正式用"印太"取代"亚太"。另外，有国外学者认为，虽然中国不曾使用过"印太"，但是它近些年提出的"一带一路"倡议正是接受"印太"概念并进行"印太"实践的具体表现。

② The National Interest. The Indo-Pacific: What's in a name? [EB/OL]. (2013-10-10) [2019-04-13]. https://www.the-american-interest.com/2013/10/10/the-indo-pacific-whats-in-a-name/.

加之印度位于印度洋中心位置的天然地缘战略优势，使得印度成为印太概念中最关键的要素之一。因此有必要考察印度的印太认知并探析其特点。由于印度政府的印太认知和"印太观"主要是在莫迪政府期间发展成形，因此本文将主要探析莫迪政府的印太认知。

一、印度政府印太认知的缘起

印度政府在其官方文件中没有提出过其自身的印太战略，因为在"印太"这一概念逐渐兴起的同一时期，印度已经有了"东向"战略（Look East）以及后来的升级版"东进"战略（Act East）。但是这并不影响印度政府对于"印太"这一新兴地缘概念形成自己的认识。事实上，印度作为印度洋上的关键性大国，是"印度洋-太平洋"概念的天生获益者，印度政府必然不会让自己置身事外。近年来，印度政府的印太构想逐步清晰。

印度政府提出"印太"概念是在以国大党为首的统一进步联盟执政期间，不过辛格政府在对外表述其印太构想时表现得较为克制。[①] 2007 年 8 月安倍晋三（Shinzo Abe）访印时在印度国会发表了题为"两洋交汇"的演讲，向印度政界兜售其印太构想。安倍在演讲中称，太平洋和印度洋正在作为自由和繁荣的海洋连接在一起，在这两大洋的汇聚下一个更大的亚洲正在形成。[②] 安倍的这次演讲，是日本印太构想的雏形，其在印度国会造成了多大的影响，笔者无从考究，但是印度政界势必受到了一定的影响和触动，印度政府的印太构想或多或少从安倍这里得到了一定启发。2012 年 2 月，时任印度外交秘书兰詹·马塔伊（Ranjan Mathai）在美国战略与国际研究中心（CSIS）做了名为"构筑融合：深化印美战略伙伴关系"（Building on Convergences: Deepening India-U.S. Strategic Partnership）的演讲，他指出："印美伙伴关系对建立一个稳定、繁荣和安全的亚太地区——或者正如有些人所称的印太地区，是非常重要的。"[③] 这是印度政界首次使用"印太"概念。2012 年 12 月，印度总理辛格（Manmohan Singh）在印度-东盟伙伴关系 20 周年纪念峰会上明确称："一个稳定、安全、繁荣的印太地区对我们自身的发展与繁荣至关重要。"此后，"印太"概念在印度政界得到广泛关注和使用。

---

① 王丽娜. 印度莫迪政府"印太"战略评估 [J]. 当代亚太, 2018（3）: 94.

② H. E. Mr. Shinzo Abe. *"Confluence of the Two Seas" Speech by H. E. Mr. Shinzo Abe, Prime Minister of Japan at the Parliament of the Republic of India* [EB/OL]. (2007-08-22) [2019-04-13]. https://www.mofa.go.jp/region/asia-paci/pmv0708/speech-2.html.

③ Ranjan Mathai. *Speech by FS at the Center for Strategic and International Studies on "Building on Convergences: Deepening India-U.S. Strategic Partnership"* [EB/OL]. [2019-04-13]. http://www.mea.gov.in/Speeches-Statements.htm.

莫迪（Narendra Modi）领导的印度人民党政府上台以来，其印太构想更加清晰和明确。印度总理莫迪 2018 年 5 月底至 6 月初对东南亚三国——印度尼西亚、马来西亚和新加坡进行了访问，6 月 1 日，莫迪出席了在新加坡举行的第 17 届香格里拉对话，并在当晚的开幕式晚宴上发表了主旨演讲。莫迪在主旨演讲中首次公开阐述了他对于印太地区（Indo-Pacific Region）的认知。莫迪在这篇 3300 余字的演讲稿中，阐述了印太地区的基本内涵、印太地区的重要性、印度介入印太地区的路径、印度介入印太地区的期望与目标等关键内容。①

二、印太地区的基本内涵

莫迪在演讲中阐述了印太地区的地理范围、印太地区的中心与核心，以及其对印太地区的定位与理解，构成了印太地区这个概念的基本内涵。

莫迪在演讲中明确表示，"印太是一个自然区域"。印太地区的地理范围就是"从非洲东海岸向东延伸至美洲西海岸的广阔区域"。这块区域包括了印度洋和太平洋两大洋，美国、俄罗斯、中国、日本、韩国、东南亚国家、非洲国家、太平洋岛国均在印太地区的范围之内。莫迪在演讲中分别阐述了印度与上述印太域内国家之间的关系与合作情况。不过，莫迪在演讲中还称："印太地区包括该地理范围内的所有国家以及在该区域有相关利益的域外国家。"可见，莫迪十分强调印太的包容性，对于印太地区包括的国家的定义是十分宽泛和广义的。

莫迪在演讲中，突出了东盟十国之于印太地区的中心地位。莫迪称："东南亚 10 国在地理上和文明上连接了印度洋和太平洋两大洋。东南亚是印太地区的中心。并且，东盟已经是并将继续是印太地区未来的中心。这一观点将继续指导印度在该地区寻求合作建立一个和平与安全的框架。"显然，莫迪认为东盟处于印太地区的中心位置，是印太地区的心脏地带。而莫迪此次出访的三个东南亚国家——印度尼西亚、马来西亚和新加坡则可以说是中心之中的核心。这三个国家处于东南亚的核心位置，马六甲海峡、巽他海峡、望加锡海峡等印太海上航运要冲均处于这三国附近海域，可以说，印度尼西亚、马来西亚和新加坡三国是整个印太地区的咽喉。而在这三国之中，新加坡占据着印太地区最为核心的位置，也与印度的关系最为密切。莫迪称："对于印度来说，新加坡有着特殊的意义。新加坡这个伟大的国家向我们展示了当海洋是开放的、

---

① Narendra Modi. *Prime Minister's Keynote Address at Shangri La Dialogue, Ministry of External Affairs, Government of India* [EB/OL]. (2018-06-01) [2019-04-20]. https://www.mea.gov.in/Speeches-Statements.htm?dtl/29943/Prime+Ministers+Keynote+Address+at+Shangri+La+Dialogue+June+01+2018.

安全的，国家之间是相连通的，法治盛行，地区稳定的时候，国家不论大小都能作为主权国家繁荣发展。新加坡还证明了当国家奉行原则而不是强权的时候，就能赢得世界的尊重，并在国际事务中享有发言权。新加坡是印度接触东盟的跳板。几个世纪以来，新加坡一直是印度东向的大门。"莫迪抵达新加坡当天对新加坡的印度侨民发表讲话时称："当印度向世界开放并转向东方时，新加坡成了印度的伙伴以及印度与东盟之间的桥梁。印度和新加坡之间的政治关系是印度外交关系中最热情的和最紧密的之一。两国之间没有竞争、没有索求，也没有疑问。"可见，莫迪将新加坡作为印度与东盟接触的桥梁和"示范点"，新加坡在印太地区占据着最为核心的关键位置。

莫迪在演讲中称："印太地区代表了一个自由、开放和包容的地区，它在追求进步与繁荣这个共同目标的过程中接受我们所有人。"他还称："印度不把印太地区看作是一个战略或者一个由有限成员组成的俱乐部。印度也不把印太地区看作是一个寻求主导权的集团。印度绝不把印太地区看成是针对任何国家的。一个像这样的地理定义不能被看成这样。因此，印度对于印太地区的看法是一个积极的看法。"由此可见莫迪不倾向于将印太看作是一个有着明确对手的集团，而是将印太看作一个自由、开放和包容的地区，更多地将印太视为一个"地理定义"或者说是上文提到的"自然区域"，各方可以在这个地理范围内寻求发展。

莫迪在演讲中反复强调了印太地区之于印度的重要意义。莫迪称："印太地区是印度在全球最关注的地区。并且印度这样做有着充分的理由。海洋在印度人的思维中一直占有重要的地位。印度相当一部分历史都是由印度洋塑造的。印度洋是我们未来的关键。印度洋承载了印度 90% 的对外贸易和能源来源。在东方的太平洋上，马六甲海峡和南海连接了印度与它的大部分主要伙伴国，包括东盟、日本、韩国、中国和美国。印度在该地区的贸易正在迅速增长。印度海外投资的一大部分都在这一方向上流动。东盟就占到了印度海外投资额的 20%。印度在印太地区有着广阔的利益，并且印度的参与是深度的。"可见，莫迪同时认识到了印度洋和太平洋对于印度的重要性，他将印度洋视为印度未来的"关键"，而太平洋则承载着印度的主要海外利益。因此，包含这两大洋的印太地区自然对于印度有着特殊的重要性，受到了印度极大的关注。

印度对于印度洋和太平洋地区的重要性有着清醒的认识。20 世纪 90 年代印度总理拉奥颁布了"东向政策"，开始寻求与临近区域内的东南亚国家建立广泛的经济和战略关系，连接印度洋与太平洋的东南亚国家开始受到印度的重视。2014 年莫迪上台后将印度已经实施了二十多年的"东向政策"强化为"东进政策"，继续强化与东盟国家的关系，同时发展与美国、俄罗斯、日本、澳大利亚和非洲国家等印太地区国家的关系。印度洋-太平洋地区得到了印度的充分重视，是印度国家战略"东进政策"的关键实施区域和主要着力点。

三、印度介入印太地区的路径

莫迪在演讲中阐述了印度介入印太地区的路径选择,主要包括政治、经济和安全防务三条路径。

第一条路径是在政治上寻求在印太地区建立基于价值观和利益的伙伴关系,同时借助地区论坛、峰会等形式的多边机制积极参与印太地区事务。

莫迪称:"印度在印太地区有很多这样的伙伴关系。寻求建立基于共同价值观和利益的伙伴关系是正常的。我们将与这些伙伴国家一道,通过双边、三边或者多边的形式,为该地区的稳定与和平努力。但是,我们的伙伴关系不是遏制他国的结盟关系。我们选择支持原则、价值观、和平与进步,而不是分歧或者别的什么。"莫迪在演讲中先后评述了印度与东南亚、日本、韩国、澳大利亚、新西兰、其他太平洋岛国、俄罗斯、美国、中国和非洲之间的双边或多边关系,莫迪对这些关系都给予了积极的和肯定的评价。

莫迪在点评印度与各方关系时指出:"印度与东盟在 25 年间从对话伙伴关系发展成了战略伙伴关系。印度与日本的关系已经发生了完全的转变,现在具有巨大实质内容和远大目标的印日关系是印度东进政策的一个基石。印度与韩国的合作有着良好的势头。并且印度与澳大利亚、新西兰的合作有着全新的动力。印度-太平洋岛国合作论坛(FIPIC)的会议使我们通过共同的利益与行动跨越了地理上的距离。印度与俄罗斯之间的战略合作伙伴关系已经日趋成熟,发展为了享有特权的特殊战略合作伙伴关系,这是印度战略自主性的一个衡量标准。印度与美国的全球战略伙伴关系已经克服了历史的疑虑并在继续深化。印美关系在这个变革的时代呈现出了新的重要意义。印中两国之间强有力和稳定的关系是世界和平与进步的一个关键因素,当印度和中国携手互信,相互理解对方的利益,亚洲和世界将会有一个更好的未来。印非论坛峰会这样的机制在推动着印非关系前进。"

关于印度对于地区多边机制的参与,莫迪提到:"印度是东盟领导的多个多边机制的积极参与者,包括东亚峰会、东盟防长扩大会议(ADMM-Plus)以及东盟地区论坛(ARF)。"

第二条路径是在经济上通过双边和多边的区域经济合作协议和机制来拓展与印太地区国家的经贸关系,同时积极推进印太地区连通性基础设施建设,加大对印太地区的投资。

莫迪指出:"我们通过环印度洋区域合作联盟(Indian Ocean Rim Association)来全面推动区域合作。印度是环孟加拉湾多领域经济技术合作组织"(BIMSTEC)和湄公河-恒河经济走廊(Mekong-Ganga Economic Corridor)的组成部分。这条走廊是连接东南亚和南亚之间的桥梁。印度与新加坡、日本和韩国签署了全面经济伙伴关系协定。印度与东盟和泰国签订了自由贸易协定。并且印度现在正在积极参与地区全面经济伙伴关系协定的收尾工作。在印太地区有很多连通性倡议。如果这些倡议想要取得成功,我们不仅必须要建设基础设施,还要建立信任的桥梁。为了实现这一点,这些倡议必须基于尊重主权和领土完整、磋商、良好的管理、透明度、可行性和可持续性。这些倡议必须赋予国家能力,而不是把国家置于不切实际的债务负担之下。这些倡议必须能够促进贸易,而不是引发战略竞争。基于这些原则,我们准备与各方共同努力。印度正在发挥它的作用,不论是通过印度自己还是通过与日本等其他伙伴国家的合作。这些伙伴国家来自印度洋、非洲、西亚以及更远的地区。并且我们是金砖国家新开发银行和亚洲基础设施投资银行的重要出资方。"

第三条路径是积极推进地区安全防务合作,参与双边和多边的联合军演。

莫迪称:"印度武装部队,尤其是印度海军,正在印太地区建立伙伴关系,以促进地区和平与稳定,并致力于人道主义援助和救灾。印度军队在该地区进行训练,执行友好任务。例如在新加坡,我们进行了持续时间最长的不间断海上演习,已经是连续 25 年进行了。我们将很快与新加坡开启一个新的三边演习,并且我们希望将其扩展至其他东盟国家。我们与越南这样的伙伴国家合作来建立海上共同能力。印度与美国和日本定期进行马拉巴尔海上军演。很多地区伙伴加入到环太平洋军事演习中。印度积极参与亚洲打击海盗及武装抢劫船只的地区合作协定(ReCCAP)。"

总之,印度在该地区不断拓展和巩固与区域内国家的伙伴关系,深化与区域内国家的经济和防务合作,积极参与和建设区域多边机制,以最大限度发挥印度的影响力,为印度的"东进政策"服务。莫迪称:"印度的未来要通过深度的全球参与来实现。印度在印太地区的投入将比对其他任何地区的投入都要大。在印太,印度的国际关系将得到深化,印度的存在将得到增强。印太地区所有国家的安全与经济增长是印度大力推动的东进政策的信条。"这深刻凸显了印度介入印太的国际关系(伙伴关系)、经济合作与安全合作这三条路径。

四、印度介入印太地区的期望与目标

莫迪对于印度在印太地区的"深度参与"有着自身的期望与目标。

第一,莫迪希望印太地区是一个自由、开放和包容的地区,进步与繁荣是区域内国家的共同目标。莫迪称:"印太地区代表了一个自由、开放和包容的地区,它在追求进步与繁荣这个共同目标的过程中接受我们所有人。"

第二,莫迪希望印太地区能够有一个基于规则的共同秩序,促进多边主义和区域主义,建立国家间信任,避免少数大国的强权政治。莫迪称:"我们认为,我们共同的繁荣与安全要求我们通过对话为印太地区发展出一个基于规则的共同秩序。并且，该秩序必须平等地应用于所有相关国家以及全球公共领域。这样的一个秩序必须承认主权和领土完整，所有国家不论大小强弱一律平等。这些规则与规范应该建立在所有国家的共同认可之上，而不是少数国家的强权。做到这一点就必须基于对对话的信任，而不是对武力的依赖。这还意味着当国家做出国际承诺的时候，它必须信守承诺。这是印度对于多边主义和区域主义的信仰的基础，并且是我们恪守法治的基础。"

第三，莫迪希望印太地区实现航行自由，确保海上航线安全和依据国际法和平解决争端。莫迪称："我们所有国家应该都能够平等地依据国际法使用海洋和空中的公共空间，这要求实现航行自由、商业畅通以及根据国际法和平解决争端。当我们各国同意按照这一准则共处，我们的海上航线将变成通向繁荣与和平的通道与走廊。我们还将能够携手阻止海上犯罪，保护海洋生态，预防灾害和实现蓝色经济繁荣。"

第四，莫迪希望印太地区有一个开放和稳定的国际贸易机制，确保良好的贸易环境，避免保护主义。莫迪称："印太地区以及我们所有国家都已从全球化中获益。印度食物是最好的例子。但是保护主义正在增长，解决方法无法在保护主义的高墙后寻得，而要在接受变革中获得。我们寻求的是一个针对各方的公平竞争环境。印度支持开放和稳定的国际贸易机制。我们还将支持印太地区基于规则的开放、平衡和稳定的贸易环境，这将使所有国家在贸易和投资的大潮中获益。这也是我们对于区域全面经济伙伴关系的期待。区域全面经济伙伴关系必须是全面的，正如它的名字和原则预示的。它必须在贸易、投资和服务三者间有一个平衡。"

第五，莫迪希望印太地区内能够实现互联互通。莫迪称："连通性是非常关键的，比加强贸易和繁荣要有更大的作用。它能够把一个地区团结起来。几个世纪以来印度一直处于十字路口处。我们了解连通的好处。"关于连通性建设的内容在上文印度介入印太地区的经济路径中已经有所体现。莫迪已经与日本首相安倍晋三共同推出了"亚非增长走廊"倡议，意图建设高质量基础设施，促进区域互联互通。

总之，自由、开放和包容，基于规则的共同秩序，航行自由，贸易自由以及互联互通是莫迪对于印太地区的基本期待，是印度深度介入印太的总体目标。

五、印度的印太认知的特点

（一）突出印太地区的"东盟中心性"

莫迪明确表示了东盟在印太地区的中心地位和引领性作用。莫迪在演讲中指出："东盟对于印太地区的稳定未来是必要的。我们应该支持东盟。我已经参加了四次东亚峰会。我坚信东盟可以促使更广阔的印太地区实现融合。在很多方面,东盟已经在引领这一进程,东盟已经为印太地区这一概念奠定了基础。东亚峰会和地区全面经济伙伴关系这两个东盟的重要倡议,接受了印太这一地理概念。包容、开放和东盟中心性以及团结这四点处于新印太的心脏地位。"

莫迪着重突出东盟在印太地区的中心地位,甚至称东盟为印太这个概念"奠定了基础","东盟正在引领印太实现融合",而将中国和美国这两个印太地区最主要的两个大国置于旁侧,这对于印度有着特殊的意义。首先这有助于进一步深化印度与东盟的战略伙伴关系,推进其"东进政策"。2018 年正值印度和东盟建立对话伙伴关系 25 周年、领导人层面会晤建立 15 周年和战略伙伴关系建立 5 周年,因此莫迪借机趁势推高东盟在印太地区的地位,推崇东盟的中心性,为印度-东盟关系的进一步发展造势。其次,由于东盟毕竟只是一个区域合作组织,其实力较之中国或美国这样的大国仍显逊色,因此在一个以东盟作为心脏和中心的印太地区,印度可以有更广阔的作为空间,能够更大地发挥印度的影响力。相比之下,在一个由中国和美国主导并占据核心地位的印太地区之中,印度将会感到被动和掣肘,被中美所牵制,印度可能只能扮演一个"跟随者"或者"参与者"的角色,而无法站到印太这个舞台的中心,而这显然不是追求战略自主性的印度所能够接受的。

(二)与日美"印太战略"协调的同时仍保持战略自主性

提到印太认知,就不能不提日本和美国的"印太战略"以及澳大利亚的"印太观"。相较于印度政府的印太认知或者"印太观",日本和美国则直接将这种认知提升至国家战略的高度。2016 年 8 月日本首相安倍晋三在第六届东京非洲发展国际会议(TICAD)上正式提出了日本的"自由、开放的印太战略",美国特朗普政府在 2017 年 12 月公布的《国家安全战略报告》中对美国的"印太战略"进行了阐述。澳大利亚政府也形成了其"印太观",并在 2017 年 11 月发布的《澳大利亚国防白皮书》中阐述了澳大利亚将如何致力于实现一个安全、开放和繁荣的印太。[①] 日本和美国的各自的"印太战略"以及澳大利亚的"印太观"都给予了印度极高的地位和重视,都意图拉拢印度。同时,印度的印太认知与日美各自的"印太战略"和"澳大利亚"的"印太观"有趋同之处,这些趋同之处也促成了美日印澳四国之间合作和协调的加深。其中印度与日本在印太上的协调最为明显。

---

① 许少民. 澳大利亚"印太"战略观:内涵、动因和前景[J]. 当代亚太,2018(3):115-156,159-160.

2015年12月,印度总理莫迪与到访的日本首相安倍晋三联合发表了题为《日印2025年愿景:特殊的全球战略伙伴关系,携手创造印太地区和世界的和平与繁荣》的宣言。宣言直接以"创造印太地区的和平与繁荣"为名,在宣言中,两国总理重申他们坚定地致力于在印太地区以及更广的范围内实现一个和平、开放、平等和基于规则的秩序。日本和印度维护主权和领土完整,和平解决争端,坚守民主、人权、法治,开放的全球贸易机制以及航行和飞越自由等原则。两国总理承诺为2025年印太地区在上述原则的支撑下实现和平、安全和发展而合作。两国决定扩大他们与其他伙伴的合作来加强印太地区的连通性。欢迎日本定期参加印美"马拉巴尔"(Malabar Naval Exercise)海上联合军演,以增强三方应对印太地区海上挑战的能力。宣言还提到了日美印三国外长对话、日印澳三边对话等对话机制有利于在印太地区实现一个开放的、包容的、稳定的和透明的经济、政治和安全的体系结构。[①]这是莫迪首次在首脑级别宣言中使用"印太"概念,该宣言清晰阐述了莫迪政府印太构想的主要内容,即在印太地区构建和平、开放、平等和基于规则的国际秩序,追求开放的贸易机制和航行、飞越自由等,以实现地区繁荣。2016年11月11日,莫迪访问日本,与日本首相安倍晋三举行印日年度峰会,两人在会谈后发表的联合声明中同意推进安倍提出的"自由开放的印太战略",并就协调印度的"东进政策"与日本的"自由开放的印太战略"达成一致,两国的国家大战略开始对接。该声明称:"两国总理强调了印太地区作为世界繁荣关键引擎的重要性越来越强。他们强调了民主核心价值观、和平、法治、容忍和尊重环境以实现印太地区多元的和包容性的发展。安倍首相对印度通过其'东进政策'积极参与该地区事务表示赞同,并向莫迪总理介绍了'自由开放的印太战略'。莫迪总理对日本在这一战略下更广泛地参与印太地区事务表示赞同。他们对日印双边合作获得更深发展的潜力和'东进政策'与'自由开放的印太战略'之间的协同表示认可。他们进一步强调了提升亚洲和非洲之间的连通性对于实现印太地区的繁荣来说至关重要。两国总理强调了印日合作对于实现21世纪印太地区繁荣的潜能。"[②]2017年9月13日,安倍晋三对印度进行其第二次执政以来第三次正式访问。9月14日安倍与莫迪进行了战略对话,安倍在此前已经与莫迪就推行印太战略达成一定共识的基础上,继续与莫迪就印太战略进行沟通,

---

[①] Ministry of Foreign Affairs. *Japan and India Vision 2025 Special Strategic and Global Partnership Working Together for Peace and Prosperity of the Indo-Pacific Region and the World* [EB/OL]. (2015-12-12) [2019-04-20]. https://www.mofa.go.jp/s_sa/sw/in/page3e_000432.html.

[②] Ministry of External Affairs, Government of India. *India-Japan Joint Statement during the visit of Prime Minister to Japan* [EB/OL]. (2016-11-11) [2019-04-20]. https://mea.gov.in/bilateral-documents.htm?dtl/27599/IndiaJapan+Joint+Statement+during+the+visit+of+Prime+Minister+to+Japan.

双方发表了题为《面向一个自由、开放和繁荣的印太》的联合声明。声明称："两国总理确认他们致力于在两国基于价值观的伙伴关系基础上实现一个自由、开放和繁荣的印太地区，主权和国际法得到尊重，通过对话解决分歧，地区内所有国家，不论大小，都享有航行和飞越自由、可持续发展和一个自由、开放的贸易和投资体系。两国总理强调印度和日本能够在维护和加强这样的基于规则的国际秩序中发挥中心作用。为了达成这一目的，两国承诺加强两国在以下六个方面的合作。第一，对接日本的'自由开放的印太战略'和印度的'东进政策'，途径包括加强海上安全合作，提升印太地区的连通性，加强双方与东盟的合作，推动两国战略家和专家的对话；第二，加强防务和安全合作与对话，包括马拉巴尔海上军演和其他联合军演，防务装备和技术合作；第三，通过日印投资促进伙伴关系确保两国经济繁荣方面的伙伴关系，加速关键基础设施项目的实施，推进在能源、科技等领域的合作；第四，加强两国间人文交流；第五，共同应对全球挑战；第六，加强两国与美国、澳大利亚等国的三边合作框架。"[①] 通过莫迪与安倍的这三次联合声明可以看出，莫迪政府的印太构想与日本政府的"自由开放的印太战略"有重合之处。莫迪政府印太构想的形成，与日本三番五次的兜售与拉拢分不开关系，但是莫迪政府的构想显然不会完全被日本所左右，追求战略自主的印度对于印太这一概念有着自己的认知和构想。

莫迪在 2018 年 6 月一次的演讲中对日本或美国的"印太战略"只字未提，并明确指出"印度不把印太地区看作是一个战略或者一个由有限成员组成的俱乐部"，有意弱化印太的集团性和针对性，凸显出莫迪对日本和美国的"印太战略"存有疑虑，不愿全面拥抱日本和美国的"印太战略"。

日本与美国的"印太战略"与印度的利益诉求并不完全重合。莫迪很清楚日美拉拢印度制衡中国的战略意图，而莫迪显然不认为印中之间是"零和博弈"的关系，莫迪很清楚印中合作带来的成效以及印中关系的重要性。因此莫迪在乐意借日美"印太战略"之势扩大自身影响力和平衡中国的同时，又很难全面接受日美的"印太战略"，而是选择在印太地区寻求与包括中国在内的各方的合作，维系印度自身的"战略自主性"，并争取实现印度的全球大国地位。

（三）"放眼印太"是为了"立足国内"

莫迪在演讲中描述了一个"自由""开放""包容""团结""没有大国对

---

① Ministry of Foreign Affairs. *India-Japan Joint Statement Toward a Free, Open and Prosperous Indo-Pacific* [EB/OL]. (2017-09-14) [2019-04-20]. https://www.mofa.go.jp/files/000289999.pdf.

抗"的印太地区，其出发点和立足点是国内经济的发展及其执政基础的巩固。印度作为目前经济增长速度最快的新兴大国，迫切需要一个稳定和平的周边环境与开放自由的贸易环境来确保自身的持续发展。同时，印度与区域内各国关系的发展，合作的深化，周边环境的稳定与和平，对于即将于2019年迎来大选考验并试图获得连任的莫迪及印度人民党来说是十分重要和必要的。

莫迪在演讲中向印度国内的民众做出了承诺："在印度国内，我们的主要任务是在2022年之前，也就是印度独立75周年之际，把印度转变为'新印度'。我们将维持经济年增长率在7.5%到8%之间。随着我们经济的增长，我们的全球和地区融合将加快。一个拥有超过8亿青年人口的国家明白它的未来将不仅仅通过印度的经济体量来获得保障，还要通过深度的全球参与来实现。我们寻求建立的未来需要一个稳定的和平环境作为基础，而这还远未实现。"这反映出莫迪期望印度能够通过对印太地区的深度介入来获得一个有利的外部环境以实现经济持续发展。

六、结语

印度政府的印太认知和"印太观"是塑造印太地区秩序的重要推手，我国应该从印度政府印太认知的内涵和特点出发，寻找我国"一带一路"倡议与其印太认知的交叉之处，从而发掘两国在印太地区的合作潜力，并尝试与印度进行战略对接，促使印度的印太认知更加偏离美日澳三国印太认知中针对中国的部分，从而创造出对我国更加有利的印太地区环境。

参考文献

［1］王丽娜．印度莫迪政府"印太"战略评估［J］．当代亚太，2018（3）：90—114，159．

［2］许少民．澳大利亚"印太"战略观：内涵、动因和前景［J］．当代亚太，2018（3）：115—156，159—160．

［3］徐金金．特朗普政府的"印太战略"［J］．美国研究，2018（1）：70—82，6．

［4］杨瑞，王世达．印度与"印太战略构想"：定位、介入及局限［J］．现代国际关系，2018（1）：46—52，63．

［5］Joshy M. Paul. *India-Japan Security Cooperation: A New Era of Partnership in Asia* [J]. Maritime Affairs: Journal of the National Maritime Foundation of India, 2012, 8 (1): 31-50.

［6］Natsuyo Ishibashi. *Japan's policy toward India since 2000: for the sake of maintaining US leadership in East Asia* [J]. The Pacific Review, 2017, 31 (3): 1-18.

［7］Ramanand Garge. *The India-Japan strategic partnership: evolving synergy in the Indo-Pacific* [J]. Australian Journal of Maritime & Ocean Affairs, 2016, 8 (3): 257-266.

［8］Ramanand Garge. *AUSINDEX – Mid-power bonhomie in the Indo-Pacific* [J]. Australian Journal of Maritime & Ocean Affairs, 2015, 7 (4): 231-240.

坦桑尼亚、肯尼亚旅游业发展比较研究

上海外国语大学　宁　艺

【摘　要】 坦桑尼亚、肯尼亚在物理环境、社会经济特征、殖民历史和文化等方面有诸多共同点，自独立以来的发展历程却大相径庭。虽然坦桑尼亚的自然资源更为丰富，其旅游业发展自独立初期便远落后于肯尼亚。本文将从自然资源、经济体制转型、旅游政策、市场营销策略等方面对坦桑尼亚、肯尼亚的旅游业进行比较研究，阐述阻碍坦桑尼亚旅游业发展的主要因素，探求非洲国家旅游业的可持续发展路径，也为中国在非投资提供新的思路。面对消除贫困与可持续发展带来的矛盾冲突，非洲国家面临的主要问题是如何以人为本，寻求需求与发展的平衡。

【关键词】 坦桑尼亚；肯尼亚；旅游政策；比较研究

　　位于坦桑尼亚西北部与肯尼亚西南部的交界处，坐落着占地面积达30,000平方千米的塞伦盖蒂平原。作为世界十大自然旅游奇观之一，这里栖息着约70种大型哺乳类动物和500种珍稀鸟类。这片30,000平方千米的平原由坦桑尼亚、肯尼亚边境线划分为两个野生动物自然保护区，分别是南部的塞伦盖蒂国家公园（The Serengeti National Park）和北部的马赛马拉国家保护区（The Maasai Mara）。从占地面积来看，塞伦盖蒂国家公园面积约14,750平方千米，是占地面积仅1510平方千米的马赛马拉国家保护区的近10倍。而从营业利润来看，早在2006—2007年间，马塞马拉国家保护区的营业收入就已高达7.5亿美元，与塞伦盖蒂国家公园同期7.2亿美元的营业收入旗鼓相当[①]。两大自然保护区的竞争与经营情况从侧面反映了坦桑尼亚与肯尼亚旅游业的发展现状。

　　尽管坦桑尼亚、肯尼亚在物理环境、社会经济特征、殖民历史和文化等方面有诸多共同点，自独立以来的发展历程却大相径庭。根据世界银行2019年最新数据统计，肯尼亚2018年国内生产总值（GDP）达到879.08亿美元，人均国民生产总值（GDP per capita）较2017年增长3.896%。坦桑尼亚2018年

---

① *Tanzania tourism revenues from national parks total increases* [EB/OL]. (2009-03-09) [2019-10-08]. https://www.tanzaniainvest.com/tourism/tanzania-tourism-revenues-from-national-parks-total-increases.

国内生产总值达 574.37 亿美元，人均国民生产总值较 2017 年增长 2.115%[①]。虽然两国的人均国民生产总值的差距正在逐渐缩小，但是后者的生产总值估计值要低得多，坦桑尼亚旅游业的滞后发展是造成肯坦两国经济发展差距的重要原因之一。通过住宿税、餐饮税、交通税、收入税等，旅游业每年可为当地政府提供数亿美元的税收。在创造外汇收入、商品出口及就业机会的同时，旅游业的发展还刺激了国家对基础设施的投资，其中机场、道路、港口设施的修建，文化古迹的修复以及博物馆等文化中心的建设可以极大地改善旅客及当地居民的生活条件。本文将从自然资源、经济体制转型、旅游政策、市场营销策略等方面对坦桑尼亚、肯尼亚的旅游业发展进行比较研究。

一、坦桑尼亚的自然资源优势

坦桑尼亚国土面积约 94.5 万平方千米，位于非洲东部、赤道以南地区，大陆海岸线全长 1424 千米。东部沿海地区和内陆部分低地属热带草原气候，西部内陆高原属热带高地气候，平均气温约 21—25℃。被称为"非洲最高峰"的乞力马扎罗山，位于坦桑尼亚东北部，海拔 5895 米。坦桑尼亚共有八大世界遗产，分别是桑给巴尔岛石头城、孔多阿岩画遗址、塞伦盖蒂国家公园、塞卢斯禁猎区、乞力马扎罗国家公园、恩戈罗恩戈罗自然保护区，以及濒临灭绝的基尔瓦基斯瓦尼遗址、松戈马拉遗址。坦桑尼亚的自然资源尤为突出，全国共有 16 个国家公园，约有 38%的陆地被划分为自然保护区，除此之外仍有许多未经开发的野生动物栖息地。每年的 11 月至 3 月是野生动物孕育新生命的季节，丛林和草地上都是悠然的初生牛羊，随处可见斑马、瞪羚等动物。踏入 5 月，雨水北移，野生动物开始向北迁移，形成动物大迁徙的震撼场面。

肯尼亚国土面积约 58.1 万平方千米，位于非洲东部，东临印度洋，赤道横贯中部。东非大裂谷自北向南将其分为两半，恰好与横贯中部的赤道相交叉，肯尼亚因此又被称为"东非十字架"。全境位于热带季风区，沿海地区湿热，高原气候温和，全年最高气温约 26℃，最低气温约 12℃。受季风气候的影响，肯尼亚没有温度凸显的四季，只有雨季和旱季的区别。位于中部的肯尼亚山主峰海拔 5199 米，山顶常见积雪，是肯尼亚最高峰及非洲第二高峰，也是肯尼亚国名的由来。成立于 1946 年的内罗毕国家公园，是肯尼亚的第一个国家公园，游客可以在此观赏到种类繁多，数目庞大的野生动物。肯尼亚文化融合了斯瓦希里文化、西方文化、伊斯兰文化及印度文化，不同的部族相处融

---

① *World bank open data* [EB/OL]. (2019-10-02) [2019-10-08]. https://data.worldbank.org/indicator/NY.GDP.MKTP.CD?locations=TZ&view=chart.

洽，至今保留着古老的婚丧嫁娶及成人礼仪式。肯尼亚共有六大世界遗产，分别是图尔卡纳湖国家公园、肯尼亚山国家公园和肯尼亚东非大裂谷三大世界自然遗产，以及拉姆老城、米吉肯达圣林、蒙巴萨耶稣堡三大世界文化遗产。

虽然坦桑尼亚和肯尼亚都被赋予了优渥的自然资源和文化资源，但无论从景观稀缺程度、野生动物数量、自然保护区面积还是世界遗产的种类来看，坦桑尼亚都更胜一筹。

二、独立初期：发展差距的逐步形成

奉行独立政策后，坦桑尼亚领导人意识到野生动物是继钻石和剑麻之后的另一种潜在的外汇收入来源，尽管如此，可促进外汇流通的旅游业在当时并没有受到应有的重视。主要原因如下：（1）1967年坦桑尼亚摒弃了殖民统治时期的市场经济体制转而实行国有化和计划经济，开展"乌贾马"（Ujamaa）社会主义运动，因受到政治体制变革的影响，1970年代至1980年代经济发展严重滞后；（2）国内反对者称旅游业作为一种消费升级产业是当时社会的"奢侈品"，与坦桑尼亚独立初期的发展现实不符，政府不应当将有限的国家资源投入到旅游资源的开发中去；（3）认为旅游业的发展需要以基建设施的发展及储蓄水平的提高作为前提，否则将刺激非生产性消费升级，进一步扩大贫富阶层的差距；（4）发展旅游产业需要依赖别国提供的航空、交通等基础建设服务，反对者认为这些领域可能存在着内外结盟，威胁国家利益的风险。

反观肯尼亚，独立后不久政府便通过重新修建内罗毕（Nairobi）、肯尼亚山（Mount Kenya）、纳库鲁湖（Nakuru Lake）国家公园，和新建埃尔贡山（Mount Elgon）、马萨比特（Marsabit）、鲁道夫湖（Rudolf Lake）国家公园促进本国旅游业的发展。海滩开发也受到了高度重视。由于肯尼亚政府致力于航空运输建设，海外市场的拓宽促进了本国旅游业的进一步发展。蒙巴萨以北150千米的海岸线两旁排列着专为旅行团设计的海滩酒店，早在1997年该地区的营业利润就达到了全国旅游业收入的一半①。鉴于不断增长的旅游需求，同时为了降低旅游产业的开发成本，肯尼亚政府主动拓展包括私营企业在内的海外合作伙伴，大大降低了游览路线开发及住宿区建设的资金成本及时间成本，在有限时间内获得了十分可观的利润。此外，肯尼亚在独立初期就有意识地在海外市场投入资金展开营销，甚至借助坦桑尼亚的旅游资源吸引海外游客，其中一个典型的营销策略是将塞伦盖蒂平原及乞力马扎罗山宣传为肯尼亚的独有资源，指出肯尼亚是通往乞力马扎罗山及塞伦盖蒂平原的不二之选。

---

① Olindo P. *The old man of nature tourism: Kenya* [M]// Rovinski Y, Whelan, Tensie, et al. *Nature tourism: managing for the environment*. Washington, D.C.: Island Press, 1991: 23-38.

与坦桑尼亚的封闭式发展不同，肯尼亚邀请了大量的旅游专家提出优化改善建议。通过将大型自然保护区与小型生态园相连接，带动旅游景区的全面发展。政府还成立了专门的禁猎区（the Game Department），负责处理违禁狩猎等问题，维护野生动物安全，保护生态环境。内罗毕市还开发了城区小型动物园，为前来经商的外国商人提供旅游服务。鉴于肯尼亚多元化的经营及营销策略，20世纪70—80年代期间，肯尼亚的旅游业发展远超同期的坦桑尼亚。

然而，肯尼亚旅游业也并非一帆风顺。由于野生动物保护管理部门（Wildlife Conservation Management Department）的不善经营及管理缺失，肯尼亚的野生动物资源极速退化[1]，大象和犀牛的数量分别减少了85%和97%。由此造成的影响是肯尼亚旅游业经历了近15年的发展缓滞期，直至1987年肯尼亚政府重新审查野生动物保护政策，成立肯尼亚野生动物服务局（Kenya Wildlife Service，简称KWS），这一问题才得以改善。KWS因不受政府的直接管控其经营策略较为灵活，主要职能是保护肯尼亚境内的世界遗产及自然环境，实现野生动物保护区的可持续性发展。这一举措取得了显著成效。肯尼亚的游客人数从1955年的36,000人增加到1991年的863,400人，同期旅游收入也从900万肯尼亚先令增长到118亿先令。早在1987年，旅游业就已超过咖啡和茶叶成为肯尼亚最大的外汇收入来源。

三、20世纪80年代：坦桑尼亚旅游业的崛起

20世纪70年代，坦桑尼亚一直致力于发展农业、教育、医疗保障及供水服务，未将旅游业列入国家重点发展产业。在此期间，旅游产业的所有管控工作均由政府成立的坦桑尼亚旅游公司（Tanzania Tourist Corporation，简称TTC）进行宏观管控。在独立初期的国有化经济体制下，银行的外汇储备受到严格控制，媒体的意识形态也以国家立场作为主要导向。简而言之，独立初期坦桑尼亚的经济发展一直处于闭塞而又滞后的不良状态。与此同时，70年代中期的欧派克危机（The OPEC Crisis）导致的燃油价格飞涨，出口经济作物（剑麻、咖啡、茶和腰果）的价格下跌，以及1978—1979年间与乌干达独裁者伊迪·阿明（Idi Amin）发生的战争等，使得坦桑尼亚原本就不景气的旅游业更加雪上加霜。

80年代中期，通过引入多党制和自由市场经济，实行经济结构调整（Structural Adjustment Programs，简称SAP），坦桑尼亚迎来了经济发展的重要转折点。SAP要求债务国在维护国内经济秩序的同时对外开放市场，促进了坦桑尼亚从计划经济向市场经济的转型。随后TTC于1992年解散，国有旅馆

---

[1] Kenya Wildlife Service. *Annual Report* [R]. Nairobi: KWS, 1990.

成立独立董事会并以商业形式运营，后于 2005 年实现酒店私有化。由坦桑尼亚旅游局（Tanzania Tourist Board，简称 TTB）取代原 TTC 的职能，负责市场营销和国内外旅游事务的推进。1991 年政府制定了国家旅游政策（The National Tourism Policy），并在 1999 年进一步完善。其主要内容包含吸引外商投资、旅游产品多元化、提升服务水平、加大营销力度等等。重点发展酒店、餐饮、通信系统及交通设施，关注私营企业及本土产品的推广，将传统观念中的野生动物保护区的单一运营模式拓展至坦噶–姆特瓦拉（Tanga-Mtwala）海岸线，与内陆地区的鲁阿哈国家公园（Ruaha national park）和塞卢斯禁猎区（Selous game reserve）进行整合。

经济体制改革后，坦桑尼亚旅游业取得了显著发展：1995—2017 年间入境游客数量从 28.5 万增至 127.5 万（详见图 1），国际旅游收入从 5.02 亿美元增至 22.84 亿美元，涨幅约 3.5 倍（详见图 2）[①]。

图 1　坦桑尼亚、肯尼亚国际入境游客数量[②]趋势图（1995—2017）

数据来源：世界银行，2019，https://data.worldbank.org.cn/indicator/ST.INT.ARVL?view=chart。

尽管独立初期的发展滞后使得坦桑尼亚的旅游业一直大幅落后于肯尼亚，自 20 世纪 80 年代坦桑尼亚经济转型后，二者的差距日益缩小，并在 2013 年

---

① *World bank open data* [EB/OL]. (2019-10-02) [2019-10-08]. https://data.worldbank.org.cn/indicator/ST.INT.RCPT.CD?view=chart。

② 国际入境游客（过夜游客）是指到一个非惯常居住国旅行、脱离其惯常环境、旅行时间不超过 12 个月、旅行的主要目的不是在所访问的国家从事获取报酬的活动的游客数量。在无法获得游客人数的数据时，将使用访客人数（包括游客、一日游旅客、邮轮乘客和船员）来代替。各国采用的入境数据来源和数据采集方法有所区别。

实现反超。世界银行国际旅游收入数据（International Tourism Receipt US$）表明，2013年肯尼亚国际旅游收入达18.29亿美元，坦桑尼亚达19.39亿美元，反超1.1亿。此外，2010—2017年间肯尼亚国际旅游收入年均增长率为5.407%，坦桑尼亚增长率则高达8.795%[①]（详见图2）。

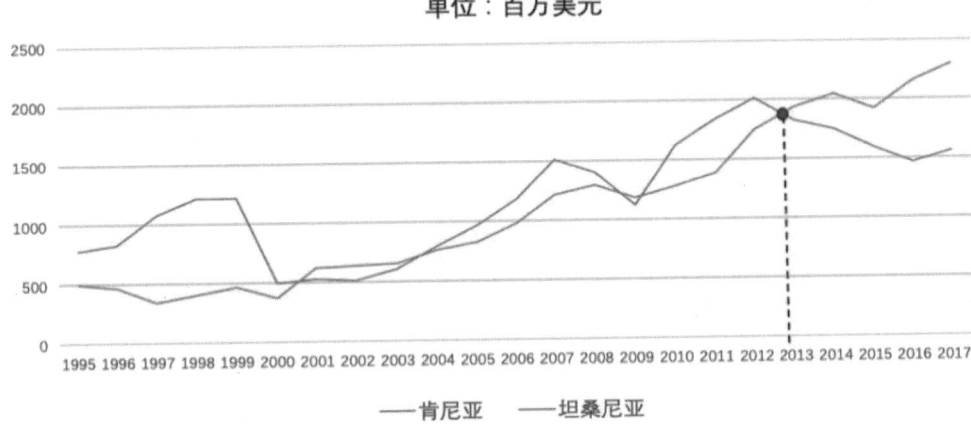

图2　坦桑尼亚、肯尼亚国际旅游收入[②]趋势图（1995—2017）

数据来源：世界银行，2019，https://data.worldbank.org.cn/indicator/ST.INT.RCPT.CD?view=chart。

四、可持续发展的经验及启示

所谓可持续发展，是指经济增长不能以对自然环境等不可再生资源的过度损耗作为代价，是在保护环境的条件下既能满足当代人的需求，又不损害后代人需求的发展模式。虽然可持续发展在短期内可能造成消费不足的障碍，但从长远角度出发，是实现人类文明长期永续发展的必要条件。对于发展较为落后的非洲国家而言，需在消除贫困和环境退化间寻求一个发展与需求的平衡点。

坦桑尼亚及肯尼亚的旅游业可持续发展面临的主要挑战有非法狩猎、过度垂钓、海洋生态环境破坏、海岸侵蚀和濒危物种灭绝等。野生动物保护区作为两国旅游产业的核心，极易受到生物多样性破坏及生态环境恶化的影响。因非

---

① *World bank open data* [EB/OL]. (2019-10-02) [2019-10-08]. https://data.worldbank.org/indicator/ST.INT.RCPT.CD?locations=TZ&view=chart.

② 国际旅游收入是指国际入境游客的支出，包括支付给本国承运人的国际运输费用。此项收入包括为在旅游目的地（国）获得货物或服务而支出的任何其他预付款。此项收入可包括一日游收入，但其重要程度表明应单独分类的情形除外。有些国家未计入客运项目的收入。数据按现价美元计。

法狩猎及自然环境的破坏导致的野生动物资源受损，会导致以之为核心的整个旅游产业链的溃败，对经济发展造成重挫。

肯尼亚旅游业发展初期也曾因管理不善造成野生动物资源退化[①]及经济发展停滞。基于坦桑尼亚、肯尼亚的旅游业发展现状，可从如下几个方面进行探讨：如何寻求发展与需求的平衡点，制定生物多样性和物种保护法的合理性和可操作性，游客行为的不确定性及管控措施，如何有效地应对非法狩猎、过度垂钓、海洋生态环境破坏、海岸侵蚀和濒危物种灭绝等问题。为了使发展计划具有可持续性，可以从以下三个层面维护发展平衡：（1）生物层面，维持生物多样性及遗传性；（2）经济层面，满足基本经济需求的同时兼顾可再生商品的生产；（3）社会层面，确保文化多样性和机构的可持续性。以上是基于现阶段存在的问题提出的可持续发展的理论性框架及改善建议。

世界银行在 1989 年关于撒哈拉以南非洲的报告中提出，非洲国家的经济增长目标是消除贫困的同时避免对环境造成威胁的极端发展手段，这与《布伦特兰报告》(*Brundtland Commission*) 中提出的"改变增长质量"的理论不谋而合。在发展落后地区，可持续发展面临的最大挑战是经济学家和环保主义者未能以民众（尤其是穷人）的发展现状作为起点。"以人为本"应当成为重新审视经济发展问题的一种方式。

在众多问题当中，寻求发展与需求的平衡点是重中之重。从以人为本的角度出发，政府需明确：坦桑尼亚和肯尼亚民众的福利可否通过旅游业得以提升并实现保障，如若可行应制定哪些政策来实现这一目标。这一问题可从以下几个方面推进：（1）将优化旅游生态环境视作刺激游客消费的必要条件；（2）坦桑尼亚继续加大宣传力度以改善对外形象；（3）两国作为可替代市场通过产品绑定开展联合营销；（4）坦桑尼亚继续加大基础设施投资；（5）将旅游政策与政府总体政策相结合，避免矛盾冲突；（6）实现旅游业收入的公平分配，将利润投入到基建设施、医疗保障、基础教育等可使民众切实受益的项目中去。

事实上，早在 1998 年，坦桑尼亚政府就曾颁布《坦桑尼亚野生动物保护法》(*Tanzania Wildlife Act*)，试图通过成立野生动物管理区（Wildlife Management Areas，简称 WMA）实现利润的公平分配和资源的可持续性利用。根据《坦桑尼亚野生动物保护法》规定，WMA 有义务将旅游业收入用于社会基础设施的建设，为本地家庭提供学费支持或津贴补助。目前坦桑尼亚共有 38 个 WMA，大多数 WMA 的年收入约在 0.2 万美元至 9 万美元之间，这一利润水平尚不足以支付其运营成本，仅位于塞伦盖蒂自然保护区的 Ikona 野生动物管理区（Ikona Wildlife Management Area，简称 IWMA）可实现约 45 万美元的年收入，成为坦桑尼亚野生动物管理区的创收标兵。通过考察

[①] Kenya Wildlife Service. *Annual Report* [R]. Nairobi: KWS, 1990.

IWMA 的收入分配情况发现：2007—2014 年间 IWMA 辖属的 5 个成员村庄分别获得了 3.29 亿坦桑尼亚先令的旅游收入分配（约合 14.3 万美元/村），共计 71.5 万美元，占 IWMA 整体利润收入的 20%。其中有超过 50%的收入用于学校、药房和水循环系统等基础设施的建设，修复和维护。①（详见图 3）因坦桑尼亚的野生动物管理区（WMA）未正式公开其收入分配情况，上述数据由坦桑尼亚农业大学的研究人员前往成员村庄通过问卷形式收集，其准确性及资金用途的真实性仍有待考量。基于当前现状，为实现真正的"以人为本"，当地政府可从以下几个方面进行改革：（1）建立透明的收入管理和评估机制；（2）针对中长期的基建项目成立专门的督查组，跟踪施工进度；（3）建立点对点帮扶政策，为贫困家庭提供直接资金援助；（4）提升居民受教育程度，创造本地就业机会。

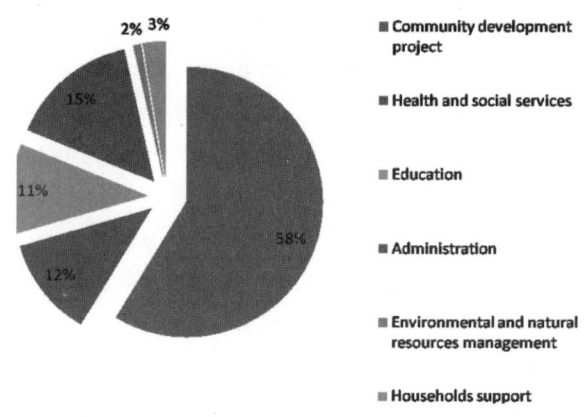

图 3　IWMA 旅游收入分配图（2007—2014）

数据来源：Nawabu Stanley, 2016, http://www.suaire.suanet.ac.tz:8080/xmlui/bitstream/handle/123456789/1569/NAWABU%20STANLEY.pdf?sequence=1&isAllowed=y.

综上所述，只有保障国民利益的旅游策略，才能行而有效地推进可持续发展，这一共同目标也为境外投资及跨国合作创造了机遇。相较于独立初期的发展竞争关系，坦桑尼亚和肯尼亚的发展路径已日趋成熟，之后可从资源共享、降低开发成本、维护生物多样性和保护生态环境等诸多方面开展合作。这一举措不但可以为其他国家或地区提供可持续发展的合作范式，也为包括中国在内的合作伙伴提供了对非投资的新思路。

---

① Nawabu S. *Economic welfare analysis on tourism revenue distribution in Serengeti district, Tanzania* [D]. Morogoro: Sokoine University of Agriculture, 2016.

参考文献

［1］Cyril A C. *Sustainable tourism development: a comparison between Tanzania and Kenya* [D]. Edmonton: University of Alberta, 2002.

［2］Elkan W. *The relation between tourism and employment in Kenya and Tanzania: tourism in Africa and the management of related resources* [J]. Development studies, 1974, 11 (2): 83-91.

［3］Nawabu S. *Economic welfare analysis on tourism revenue distribution in Serengeti district, Tanzania* [D]. Morogoro: Sokoine University of Agriculture, 2016.

［4］Simon N N G. *Tourism in Kenya, Tanzania, and Uganda: grounded theory development* [D]. Minneapolis: Walden University, 2007.

［5］Kenya Wildlife Service. *Annual Report* [R]. Nairobi: KWS, 1990.

［6］Ibrahim A M. *An overview of tourism policy and plans for tourism* [R]. Dar es Salaam: UNWTO regional seminar on tourism policy and strategies, 2011.

［7］Olindo P. *The old man of nature tourism: Kenya* [M]// Rovinski Y, Whelan, Tensie, et al. *Nature tourism: managing for the environment*. Washington, D.C.: Island Press, 1991: 23-38.

［8］*Tanzania tourism revenues from national parks total increases* [EB/OL]. (2009-03-09) [2019-10-08]. https://www.tanzaniainvest.com/tourism/tanzania-tourism-revenues-from-national-parks-total-increases.

［9］*World bank open data* [EB/OL]. (2019-10-02) [2019-10-08]. https://data.worldbank.org.cn/indicator/ST.INT.RCPT.CD?view=chart.

［10］*World bank open data* [EB/OL]. (2019-10-02) [2019-10-08]. https://data.worldbank.org/indicator/ST.INT.RCPT.CD?locations=TZ&view=chart.

非通用语教学研究

浅谈我国中东欧非通用语教育规划

北京外国语大学　董希骁

【摘　要】 本文简要描述了我国中东欧非通用语教育的历史和现状，在此基础上总结出一些带有典型性或普遍性的问题，并提出了加强新建专业论证、灵活配置教学资源、科学构建复语模式等建议。只有瞄准国家战略需要，优化资源使用效率，兼顾学生个人发展，做到国家、院校、学生三者利益的统一，我国的中东欧非通用语教育方能实现可持续健康发展。

【关键词】 中东欧；非通用语；教育规划

我国正在从"本土型国家"向"国际型国家"转变（李宇明，2010），给国家外语能力建设提出了新的要求，外语教育规划也因此成为学界关注的焦点。很多学者（李宇明，2010；胡文仲，2011；束定芳，2013；周谷平、阚阅，2015；文秋芳，2016）都在论著中提到语种数量不足、结构失衡等问题。这些问题与非通用语教育规划密切相关，但以往的研究大多只提出了增加语种数量、确立关键语言等宏观建议（张治国，2011；高健，2014；张天伟，2015），较少针对具体语种、国别、区域的特点和差异展开探讨。特别是从事非通用语教学的一线教师作为政策的执行者与服从者，主体意识和责任意识还相对比较淡薄，参与政策制定的主动性较低（曹迪，2012），其关注点多集中在教学实践，而非教育规划。

本文对我国中东欧非通用语教育的历史和现状加以梳理，旨在从中发现一些具有典型性或普遍性的问题，以问题为导向进行探讨，进而给出参考和建议。之所以将中东欧非通用语教育规划作为研究对象，主要出于以下原因：首先，中东欧处于东西方文明交汇碰撞之处，地缘位置重要。中东欧国家曾长期实行与我国相似的社会制度，相关语种的教学在我国起步较早。在全球化背景下，这一地区的重要性再次凸显，2012年"中国–中东欧合作"（或称"16+1合作"）机制[①]正式启动，2013年提出的"一带一路"倡议更是将整个中东欧地区纳入其中，对相关语种人才的需求持续攀升。其次，我国对相关语种人才的实际培养能力已经覆盖了该地区所有对象国，但一些"老专业"已有超过

[①] 2019年4月，希腊正式加入这一机制，"16+1合作"也因此升级为"17+1合作"。本文从语言教学的角度出发，暂不涉及希腊和希腊语。

60 年的历史，个别"新专业"尚处在摸索阶段，各种新老矛盾有较为集中的反映。再次，笔者拥有在教学第一线长期工作的经验，近年来也参与了对一些语种的规划论证，对相关问题有一定了解。

一、历史回顾和现状概述

中东欧地区现包括波兰、捷克、斯洛伐克、匈牙利、罗马尼亚、保加利亚、阿尔巴尼亚、塞尔维亚、克罗地亚、斯洛文尼亚、波黑、黑山、北马其顿、爱沙尼亚、拉脱维亚、立陶宛 16 个国家。20 世纪 50 年代，我国高校开始开设一些前东欧社会主义国家的语种，这不仅是出于培养外事干部的现实需要，且体现了建国之初"一边倒"的外交工作方针，具有重要的象征意义。1954 年，波兰语和捷克语专业在北大俄语系设立，并于 1956 年调整至北京俄语学院。同年，北京外国语学院（北京外国语大学的前身，以下简称"北外"）建立了罗马尼亚语专业。1959 年北京俄语学院与北外合并组建了新的北外，波捷罗语系也随之诞生（丁超，2009）。1961 年，波捷罗语系更名为东欧语系，并增设阿尔巴尼亚语（1961）、保加利亚语（1961）、匈牙利语（1961）、塞尔维亚语（1963）四个专业，基本实现了对前东欧社会主义国家（除苏联外）的全覆盖。在此后 40 余年间，随着语种的扩充，北外东欧语系于 2002 年、2007 年先后更名为欧洲语言系、欧洲语言文化学院（以下简称"欧语系"和"欧语学院"），但始终是全国开展中东欧非通用语教育的最主要单位。2001 年，该校"东欧语种专业"被教育部列入"国家外语非通用语种本科人才培养基地"。

东欧剧变导致当地的地缘政治格局发生重大变化，随着民族联邦制国家的解体和诸多新民族国家的产生，语言格局也随之变化。鉴于此，北外欧语系 2003 年新建了斯洛伐克语专业，并于 2006 年将塞尔维亚语-克罗地亚语专业拆分为两个专业。2009 年，北外欧语学院在语种建设上迎来了一次高潮，增设爱沙尼亚语、拉脱维亚语、立陶宛语三个波罗的海沿岸国家语言专业，以及斯洛文尼亚语专业。2015—2016 年，为贯彻《教育部关于加强外语非通用语种人才培养工作的实施意见》精神，北外对新建马其顿语、黑山语、波斯尼亚语、摩尔多瓦语[①]等语种进行了深入调研和充分论证，决定采用更为灵活的模式按需培养相关人才。

从专业布点上看，除了北京第二外国语学院（以下简称"北二外"）曾在 1965—1972 年间一度开设相关课程外，北外在中东欧语种教学方面长期处于

[①] 摩尔多瓦虽然不属于中东欧国家，但与罗马尼亚有着极深的渊源，下文中将针对该国语言进行介绍。

"垄断"地位。直至 2007 年中国传媒大学开设匈牙利语专业，2010 年、2013 年，哈尔滨师范大学和广东外语外贸大学先后开了波兰语专业，才打破了这一局面。2015 年，各高校对开设中东欧语种的兴趣出现"井喷式"增长，仅北二外就同时开设了波兰语、捷克语、匈牙利语、拉脱维亚语 4 个专业。此外还有上海外国语大学、四川外国语大学开设了匈牙利语专业，石家庄经济学院开设了捷克语专业。此后，相关语种的建设速度持续飙升，截至 2018 年，中东欧非通用语种本科专业布点总数已达 71 个（详见图 1、图 2）。

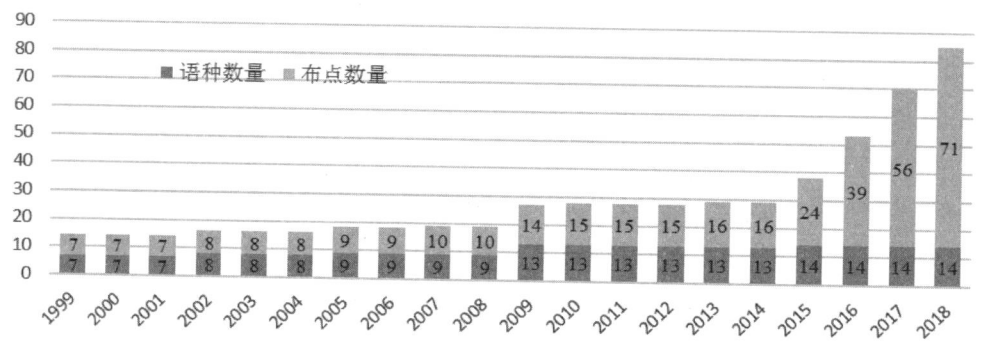

图 1　新世纪我国高校开设的中东欧语种数量和布点数量变化趋势[①]

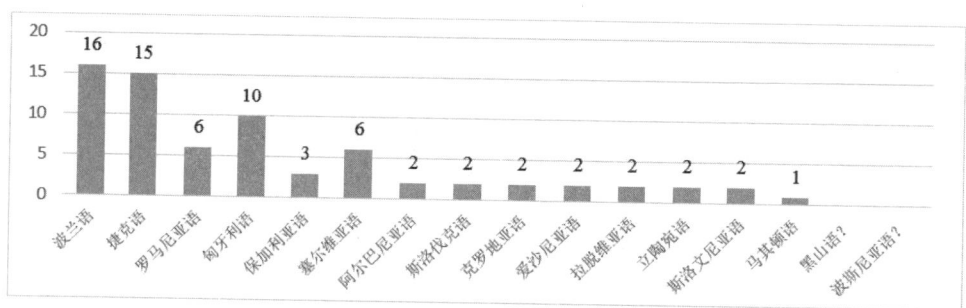

图 2　中东欧各语种在我国高校的布点数量（2019）[②]

二、中东欧非通用语教育规划面临的主要问题

从上图可以看出，进入新世纪后，我国的中东欧语种教育在专业结构上日趋完备，"中国-中东欧合作"机制的建立和"一带一路"倡议的提出更是激发了各高校开设相关语种的热情，特别是对波兰、捷克、匈牙利这三个经济表现较好的中欧国家表现出极大兴趣。笔者认为，在肯定良好发展前景的同时，应持谨慎乐观的态度，理性看待人才需求的增长。首先，长期稳定的用人需求仍

---

① 以教育部 2020 年 3 月公布的数据为准。
② 是否开设黑山语和波斯尼亚语仍需进一步论证。

集中在国家部委和教育、传媒等事业单位。由于在京单位编制紧缩等原因，近年来进人数量甚至有所收缩。其次，企业对相关语种人才的需求往往以项目为依托，缺乏长期性和稳定性，很多企业"只想用人不愿养人"。即使出于人才储备的目的招收了相关语种毕业生，也可能因为一时无用武之地导致其语言能力退化，不得不对自身职业规划做出调整。例如，北外 2016 年有大批中东欧语种毕业生进入各大银行工作，但短短三年后，由于无法"学以致用"，仍留在银行系统者屈指可数。一些企业虽然在中东欧地区的项目开展顺利，但更倾向于聘用精通汉语的本地人才，这样做既可以节约成本，也便于依照对象国相关法规解决当地就业问题（文秋芳，2016）。

说到供需关系，人们往往在第一时间想到"应该培养多少人"。但笔者认为，中东欧非通用语教育规划面临的更关键问题在于"应该培养什么样的人"，这不是依靠增加语种、布点、招生数量可以解决的。因此，在考虑提升数量的同时，还必须对以下这些概念性、结构性的问题加以思考。

（一）开设新语种的标准问题

很多学者都指出我国目前开设语种数量过少，但鲜有人对"语种"这一概念本身提出过质疑。我国目前通行的做法是，将对象国公布的官方语言（或国语）默认为必须开设的语种。因此，相关高校纷纷把"开齐欧盟/东盟/非盟国家官方语言""覆盖'一带一路'沿线国家和地区的官方语言"或"开齐与我国建交的所有对象国的官方语言"作为建设目标。语言是国家和民族身份的象征，但国家、民族、语言的边界有时并不完全重合。各国政府对其"官方语言"的地位规划可能是出于对民族认同、国家认同的考量，与学术意义上的"独立语言"存在差异。此类现象在中东欧地区并不鲜见，下面仅举三个例子。

例 1：捷克虽然没有通过任何显性的政策规定其官方语言，但捷克语在该国的通用语地位毋庸置疑，可以被认作是一种隐性的官方语言。因此，我国在 1954 年就设立了这个语种，多年来为国家输送了大量优秀人才。随着中捷关系的发展，捷克语专业布点数量也不断增长。

例 2：南斯拉夫解体后历经重组，最终分化为 6 个国家，并宣布了各自的官方语言，分别为塞尔维亚语、克罗地亚语、黑山语、波斯尼亚语、马其顿语、斯洛文尼亚语[①]。前四种语言的本体差别不大[②]，我国现有的塞语、克语专业可基本满足人才需求。国家急缺的是全面了解前南斯拉夫各国的人才，如将

[①] 科索沃未被我国承认，当地通行塞尔维亚语和阿尔巴尼亚语。
[②] 塞尔维亚语和克罗地亚语的书写方式不同，前者使用西里尔字母，后者使用拉丁字母，但近年来塞语也出现了拉丁化倾向。

语种专业过度细化，反而与这一需求背道而驰。如今塞语和克语同时开设，已有重复建设之嫌，不仅分散了教学资源，也带来了较大的就业压力。如再增设黑山语和波斯尼亚语这两个近似语种，势必使现有的矛盾雪上加霜。在语言民族主义因素的干扰下，开设相关语种也具有一定的政治风险（详见董希骁，2019）。

例3：摩尔多瓦对国语名称的认定长期存在争议。该国大部分地区在历史上曾是罗马尼亚的一部分，主体民族也与罗马尼亚人同宗同源。从语言学角度看，所谓摩尔多瓦语与罗马尼亚语毫无差别。1991年，摩尔多瓦共和国的《独立宣言》赋予了罗马尼亚语国语的地位，但1994年颁布的《摩尔多瓦共和国宪法》又规定国语为"基于拉丁字母书写的摩尔多瓦语"。直至2013年12月，摩宪法法院才裁定两者在语义上等同，且《独立宣言》的法律效力高于《宪法》，事实上肯定了罗马尼亚语的国语地位。语言名称问题实际上体现了摩国内两大政治势力间的博弈：亲俄派倾向于使用"摩尔多瓦语"的说法，亲欧派则主张称其为"罗马尼亚语"，甚至希望与罗马尼亚实现再统一。如果贸然将其作为一个新语种开设，可能会带来不可预知的外交风险（详见董希骁，2017a）。

（二）专业命名和院系设置问题

鉴于非通用语专业学生能力结构单一，就业面狭窄，相关院校纷纷提出了培养复合型、复语型人才的目标。然而名不正则言不顺，现行的专业和院系命名方式限制了这一目标的实现。我国的外语专业多以语种命名，各语种外语专业作为二级学科，归属于外国语言文学一级学科之下。在综合性大学中，各语种专业常归属于一个外国语学院，与其他人文、社科专业界限分明（李欣然、赵蓉晖，2014）。这样可能导致专业名称与人才需求脱节。以上文提到的摩尔多瓦为例，该国处于俄欧交锋的前沿（西邻欧盟成员国罗马尼亚，其东部的德涅斯特河左岸地区是俄罗斯实际控制飞地），地缘位置非常重要，但我国既懂对象国语言（罗马尼亚语）又了解其政治、经济、文化的人才却极为匮乏。此类人才需求可以通过开设"摩尔多瓦研究"之类的专业解决，而相关院校却不得不为语种名称纠结。

非通用语专业由于教学规模较小，无法独立成系，往往被按照地缘关系整合到某个院系中（如北外的欧语学院、亚非学院），甚至不得不"依附"于某个通用语种。这样做会不可避免地涉及地缘归属问题，如过于随意，可能带来不利的影响。例如有的院校将匈牙利语专业设在俄语系，就有失妥当：首先，两种语言的对象国在地理上并不相邻。其次，匈牙利语属于乌拉尔语系的芬兰-乌戈尔语族，俄语则属于印欧语系的斯拉夫语族，在谱系上相去甚远。再次,1956年匈牙利事件后两国几乎"反目成仇",如今两国在许多问题上的立场大相径庭。如前文所述,非通用语专业的开设具有象征意义,处理稍有不慎可能释放出错误的政治信号,或者给教学活动的开展造成困扰。

(三) 对复语型人才的认识问题

很多人将"复语"理解为"非通用语(主修专业)+英语"。在笔者看来,这仅能被看作是最低要求的复语。如今,英语已经在事实上成为国际通用语,是当代大学生必须掌握的基本技能。对外语专业的本科生而言,除了学好作为"第二外语"的英语外,还应该将目光投向"第三外语"。欧盟自1996年起贯彻"1+2"的语言政策,建议欧洲人除了学习母语外,还要学习另外两种欧洲语言(Byram,2016)。对于外语的专业学生而言,学习两门外语更是成为最基本的要求,这种复语属性直接体现在专业名称中。

在我国,外语专业学生的复语之路存在三大阻碍:首先,由于中小学阶段的外语教育结构单一,学生缺乏多语学习的经验和基础。李宇明教授在"2016语言政策及语言规划学术研讨会"上指出,我国的非通用语种教育普遍存在大龄化现象。研究表明,二语习得的最佳年龄段在2—12岁左右,即青春期结束之前(赵靓,2010)。学界对最佳年龄段的认定也许尚存争议,但要在进入大学后(约18岁)才开始接触全新的外语(主修专业),年龄显然过大了。如果在巩固和提高英语的同时还要学习第三外语,更是难上加难。其次,由于专业设置僵化,院系间壁垒分明,各院系对"优质资源"敝帚自珍,可供学生选择的第三外语课程过少。以外语教学资源最为丰富的北外为例,可供选修的语种往往是那些刚刚起步,尚无能力招收本科生的新建语种,而非真正有助于学生提升就业竞争力的"热门语种"。此外,学生对第三外语的选择缺乏引导,存在盲目性和随意性。例如有主修中东欧语种专业的学生选修非洲的阿姆哈拉语,并坦言是为了"凑够学分"。虽说"技多不压身",但在语种选择上也应兼顾效率和产出。

三、参考和建议

上面提到的这三个方面的问题,简言之就是"教什么?""在哪儿教?""怎么教?"的问题,涉及我国中东欧非通用语教育的宏观设计、中观布局、微观操作,现结合相关院校近年来所做的尝试提出以下参考和建议。

(一) 求真务实,加强新建专业论证

由于高校外语教育政策的过程不明晰,论证不充分,难免遇到实际操作的

挫折和失误（沈骑，2010）。因此，外语教育政策在推进过程中，应该提升专家参与，以语言学家等方面的学者的研究为基础，树立语言教育规律的第一性原则，所制定的外语教育政策要符合语言发展的规律（杨志勇，2015）。

是否增设一个语种，首先要对对象国的语言政策和语言生活状况有深入了解。近年来，我国学界对国别语言政策的关注度日益提升，相关论著纷纷面世，其中不乏对中东欧国家语言政策的介绍（例如周庆生，1999；戴曼纯、刘润清，2010；董洪杰、李琼，2014；何山华，2015；董希骁，2017b、2019）。但真正发挥学术研究的咨政服务功能，让学者的声音"上达天听"，仍然任重而道远。

在我国高等院校、科研院所、外交部门、新闻机构中，不乏既精通对象国语言，又了解对象国国情的人才。只有各领域专家集思广益，方能制定出最符合国家利益的非通用语教育规划。例如 2015 年，北外欧语学院在接到教育部下达的新语种增设任务后，立即召集本校及外交部、中联部、社科院、新华社、中国国际广播电台等单位的专家进行论证，体现了严谨的学术精神和负责的政治态度。

如条件允许，还需赴对象国进行实地考察，了解语言政策的执行情况，以及语言的实际使用状况。例如黑山语虽然是《黑山共和国宪法》中规定的官方语言，且于 2017 年 12 月正式获得 ISO 代码，但笔者赴黑山调研后发现，该国对官方语言的本体规划极为滞后，至今尚无黑山语释义词典，书店中出售的所谓"黑山语图书"绝大部分是贝尔格莱德出版的塞尔维亚语图书。这充分说明，如将黑山语作为本科专业开设，连最基本的教学资料都不具备。

（二）解放思想，灵活配置学科资源

在学科和院系设置方面，发达国家有很多经验可供借鉴。例如李欣然、赵蓉晖（2014）在考察了八所美国常春藤高校后发现，除法语、德语等传统语种仍延续语言文学专业教育的特色，其他语种大多以跨学科为特色。以汉语等东亚语言为例，哈佛大学、耶鲁大学、宾夕法尼亚大学、普林斯顿大学、布朗大学的专业名称都为 East Asian Studies，康奈尔大学为 Chinese and Asia-Pacific Studies，哥伦比亚大学为 East Asian Languages and Cultures。只有达特茅斯学院采用了单独以语种命名的专业名称 Chinese，但该校提供另一个跨学科专业 Asian and Middle Eastern Studies，下设 East Asia 方向。外语类专业的跨学科特色在常春藤八校的专业名称上得以充分体现。

在我国现行体制下，要在短期内大幅调整外语学科设置和命名方式并不现实。但高校对校内资源的配置拥有较大的自主权，可以因地制宜，按实际需要进行院系调整或跨院系合作，进而实现学科融合，达到培养复合型人才的目的。例如北外通过对本科人才培养方案的修订，新增了许多学校平台课和院系平台课，极大丰富了课程类别。该校欧语学院与法学院合作，于2019年正式招收欧洲非通用语复合法学特色班，旨在培养既懂外语，又有法学背景的复合型人才。又如北外全球史研究院正在申报"外国语言与外国历史"本科专业，计划在全校完成一年级课程的非通用语专业学生中择优选拔，在强化原有外语教学的同时，从事外国历史专业的学习。

在谈到非通用语人才培养时，我们常常会陷入思维定式，将开设本科专业作为唯一的方案。事实上，我们完全可以将目光延伸到研究生教育和通识教育层面，实现非通用语人才培养的"高中低搭配"。1998年，国务院学位委员会就批准北外设立"欧洲语言文学"二级学科硕士点和博士点，将所有中东欧语种涵盖在内，目前在博士阶段已设立了"中东欧研究"和"巴尔干研究"方向。

在非通用语通识教育层面，北大的做法可圈可点。该校从2015年秋季学期正式启动了"一带一路"课程项目，涉及语种只要有3人以上选修即可开课，目前已吸引了3000余名学生（马燕，2015；王晓珊，2016）。尽管有学者质疑这种做法能否确保语言教育质量（文秋芳，2016），但它至少为我们打开了思路。我们从中认识到，在培养复合型人才的进程中，非通用语专业固然需要其他专业"雪中送炭"，但它们本身也是为其他专业"锦上添花"的宝贵资源。

（三）夯实基础，科学构建复语模式

培养复语型人才，最理想的做法是从基础教育阶段做起。胡文仲教授（2011）认为，我国的师资条件和其他条件决定了我们不可能在中小学开设过多的外语供学生选择，但是，在城市中小学提供俄语、日语、韩语、法语、德语课程的可能性是存在的。随着城市中产阶级的不断壮大，现在已经出现了一些中英双语家庭，对外语教育的需求也逐渐多样化，很多家长通过社会培训机构让孩子学习除英语外的其他外语。掌握一些较为通用的语种，可以给非通用语学习带来莫大的帮助。以中东欧语种为例：有俄语基础的学生比较容易掌握波兰语、捷克语、塞尔维亚语、保加利亚语等斯拉夫语族语言；学过法语的学生则在学习同属罗曼语族的罗马尼亚语时占有优势；中东欧虽然没有属于日耳曼语族的语言，但德语在捷克具有很大的通用性，同时掌握德语和捷克语的人才未来将拥有极大竞争优势。2015年，北外在非通用语专业招生时采用了综合评价模式（综合高考和北外组织的外国语言文化能力测试两方面的成绩录取考生），其中将掌握第二外语作为加分项之一，就是出于这样的考虑。

在本科阶段，学校应提供尽可能多的外语选修课程。截至2018年，北外

已开设101个外语语种，北大、上外、北二外、广外也拥有较丰富的语种资源。但除了北大广泛开设非通用语选修课外，其他院校对非通用语教学资源的开发均不够充分。因此，有必要通过增设选修课对已有语种教学资源进行发掘。在目前阶段，非通用语专业学生学习第三外语并非义务，而是权力，应以培养兴趣、开阔眼界为主。因此，对第三外语的学习效果不必像对待主修专业那样求全责备，只需按个人实际需求掌握听、说、读、写中的"部分能力"（傅荣，2009）即可。

人的精力是有限的，在给学生提供更多选择机会的同时还应结合其主修专业特征，通过课程描述、选课名额调配等方式加以引导，避免其一窝蜂地选择"热门语种"或盲目选择"无关语种"。笔者认为在选择第三外语时，有以下原则可供参考：首先是谱系相近原则，即选修与主修专业属于同一语族的语言，建议优先考虑中等通用语种。例如罗马尼亚语专业的学生选修法语、西班牙语；波兰语专业的学生选修俄语，等等。加上对英语的巩固和提高，可以实现个人语种结构的"大中小"搭配。其次是地域通用原则，即选修在对象国或相关地区广泛使用的其他语言。例如有志于从事摩尔多瓦研究的罗马尼亚语专业学生可以选修俄语；保加利亚语专业或阿尔巴尼亚语专业的学生如果能够互相选修对方的语种，毕业后就能够很快适应在北马其顿的工作（马其顿语和保加利亚语十分接近，阿尔巴尼亚族则是该国最大的少数民族）。此外还有人文通识原则，即以提升人文修养为主要目的而选修的课程。例如拉丁语、古希腊语、古冰岛语虽然都是丧失现实交际功能的"死语言"，却是诸多现代欧洲语言的鼻祖，具有重大的人文价值。选修这些语种，不仅有助于了解欧洲古代文明和语言发展史，对学习某些现代欧洲语言也不无裨益。学生的个人兴趣和理想千差万别，应尊重其自主选择权，绝不能将上述引导作为强制规定。因此，关键仍在于丰富课程资源，使得有兴趣的学生可以"得偿所愿"，有天赋的学生能够"脱颖而出"。

四、结语

世界上的语言数以千计，其中绝大多数都属于"非通用语"的范畴，制定非通用语教育规划是一项异常复杂艰巨的任务。当前，我国外语政策的价值导向还不甚清晰、外语的需求和人才分布不均，使得我国很难用统一的标准做出一以贯之的语种规划，开展多层面的语种规划十分迫切（赵蓉晖，2014）。本文基于对中东欧非通用语教育状况的分析，针对新建语种论证、学科资源配置、复语模式构建等问题展开探讨，并大致形成了以下观点：首先，在规划制定阶段要充分调研，真正做到"一国一策"和"一语一策"，切忌"一刀切"。其次，在规划执行阶段应解放思想，因地制宜，在现有的制度框架内发掘已有资源，给学生提供更多选择机会，并加以科学引导。此外，由于一些语种开设时间不长，还需"摸着石头过河"，因此要重视对规划执行情况的监测和评估，及时发现问题并做出调整。

无论具体情况有多么复杂，都必须坚持瞄准国家战略需要，优化资源使用效率，兼顾学生个人发展的基本原则。只有做到国家、院校、学生三者利益的统一，我国的非通用语教育方能得到可持续的健康发展。

参考文献

[1] Byram M. 欧洲地区与少数民族语言保护概况 [J]. 语言战略研究，2016（3）：52—53.

[2] 曹迪. 全球化时代我国的外语教育政策研究：国家文化利益的视角 [J]. 西安外国语大学学报，2012（4）：71—74.

[3] 戴曼纯，刘润清. 波罗的海国家的语言政策与民族整合 [J]. 俄罗斯东欧中亚研究，2010（4）：17—24.

[4] 丁超. 回望·思考·前行 [G] //回顾与展望：纪念改革三十年北外教学改革研究论文集 [J]. 北京：外语教学与研究出版社，2009.

[5] 董洪杰，李琼. 阿尔巴尼亚语言政策及教育现状与汉语推广策略 [J]. 宝鸡文理学院学报（哲学社会科学版），2014（1）：89—91.

[6] 董希骁. 俄欧博弈背景下的罗马尼亚和摩尔多瓦语言政策平行论 [J]. 宁夏社会科学，2017a（1）：215—219.

[7] 董希骁. 语言政策研究对中东欧语种教育的启示：以摩尔多瓦共和国为例 [J]. 语言政策与规划研究，2017b（1）：19—28.

[8] 董希骁. 从语言名称争议看中东欧语言民族主义新动向 [J]. 国际论坛，2019（1）：143—154.

[9] 傅荣.《欧洲语言共同参考框架》要点述评及其对我国高等学校专业外语教育的借鉴意义 [J]. 中国外语教育，2009（3）：34—42.

[10] 高健. 新"丝绸之路"经济带背景下外语政策思考 [J]. 东南大学学报（哲学社会科学版），2014（4）：125—128.

[11] 何山华. 中东欧转型国家语言权利与小族语言保护研究 [D]. 北京：北京外国语大学，2015.

[12] 胡文仲. 关于我国外语教育规划的思考 [J]. 外语教育与研究，2011（1）：130—136.

[13] 李欣然，赵蓉晖. 美国常春藤高校外语类专业及课程设置比较研究 [J]. 当代外语研究，2014（9）：48—77.

[14] 李宇明. 中国外语规划的若干思考 [J]. 外国语，2010（1）：2—

8.

[15] 马燕. 北京大学与20多国合作打造"一带一路"系列课程[EB/OL]. 中国新闻网,（2015-09-015）[2020-05-09]. http://www.chinanews.com/sh/2015/09-15/7525347.shtml。

[16] 沈骑. 我国高校外语教育政策的全球化取向[J]. 现代教育管理, 2010（1）: 32—34.

[17] 束定芳. 关于我国外语教育规划与布局的思考[J]. 外语教育与研究, 2013（3）: 426—435.

[18] 王晓珊. "一带一路"战略带动北大非通用语种学科建设[EB/OL].（2016-01-06）[2020-05-09]. http://paper.i21st.cn/story/107267.html。

[19] 文秋芳. "一带一路"语言人才的培养[J]. 语言战略研究, 2016（2）: 26—32.

[20] 杨志勇. 我国外语教育政策的演变、反思与战略变革[J]. 现代教育管理, 2015（6）: 67—70.

[21] 张宏莉, 赵静. 摩尔多瓦语言政策及相关问题分析[J]. 俄罗斯研究, 2015（4）: 89—103.

[22] 张天伟. 我国关键语言战略研究[J]. 中国社会科学院研究生院学报, 2015（3）: 92—96.

[23] 张治国. 中国的关键外语探讨[J]. 外语教学与研究, 2011（1）: 66—74.

[24] 赵靓. 浅析二语习得关键期假说中最佳起始年龄假设[J]. 福建教育学院学报, 2010（4）: 88—90.

[25] 赵蓉晖. 中国外语规划与外语政策的基本问题[J]. 云南师范大学学报（哲学社会科学版）, 2014（1）: 1—7.

[26] 周谷平, 阚阅. "一带一路"战略的人才支撑与教育路径[J]. 教育研究, 2015（10）: 4—9.

[27] 周庆生. 魁北克与爱沙尼亚语言立法比较[J]. 国外法译评, 1999（1）: 90—100.

越南语外文网站建设与复合型课程改革探索
——兼论外文网建设与中越人文交流

上海外国语大学 冯 超

【摘　要】本文结合高校多语种网站建设，探讨越南语外文门户网站建设如何与课堂教学、专业实践等人才培养环节相结合，提出"专业核心课程+复合型课程（包括新闻、法律、金融、翻译等）+外文网站实践平台"三位一体的课程模式，利用现有网站建设进行个案分析，摸索非通用语人才培养的路径，有利于提高本科教学效果。从传播功能看，外文网报道题材凝练特色，通过介绍中国、介绍上海、介绍上外，给越南语使用者提供一个了解中国、了解上海、了解上外的窗口，为促进中越人文交流增光添彩。

【关键词】外文网；"多语种+"；人才培养；人文交流

在本文中，笔者尝试在"多语种+"理念下将专业核心课程、复合型课程与外文网结合起来，三者互为补充，探讨"专业核心课程+复合型课程+外文网实践平台"三位一体的线上第二课堂模式，同时尝试从微观层面用对象国话语方式阐述中国故事，发出中国声音。

一、上外越南文网站的双重定位

当今互联网的飞速发展对高等教育领域内传统教学模式提出诸多新挑战。学生就业、创业、升学及出国等不同发展规划及个性化发展呈现多样化需求，社会上各口径用人单位对于非通用语专业特色复合型人才的规格也水涨船高。以上种种因素促成传统课堂教学模式需与时俱进，及时跟上信息技术的迅猛发展，适应新知识获取方式的改变。随着近年来慕课等新兴教学手段方兴未艾，互联网资源参与传统课堂教学的融合教学模式越来越成为学校各专业尝试丰富课堂形式的选项之一。

自 2013 年始，随着上外外文网站上线后，外文网建设为探索现行"多语种+"卓越人才培养与复合型课程改革提供了实践平台，另一方面，现有课程体系也为外文网建设提供了导入路径。从教学属性来说，外文网实践环节本身属于第二课堂，该课堂模式采取多维手段实现实践教学，是第一课堂的有益补充。该实践教学可拓宽学生的专业知识面，创造语言实践的交互环境，提供知识向能力转化的场所。

高校外文网站建设是向世界传播和实践中国话语体系的窗口，也是对外话语体系建设的一部分。讲好中国故事是对外话语体系建设的重要环节，也是国际话语权竞争的关键因素。用受众喜闻乐见的方式和语言介绍自己，才有影响力、吸引力和感染力，从而有利于构建融通中外的话语体系，对传播中国声音、展示中国形象有重要意义。

基于此，上外越南语网站具有双重定位，一是课程实践平台的定位；二是传播中国声音的定位，其传播对象定位于越南各大高校和科研机构的青年受众群体，因此越南语网站作为上外外文门户网站集群子网更适合向越南教育机构传播上外的学术信息、上外人的故事、中国梦、"一带一路"等叙事背景下的微观阐释与精准传播，培养学生运用跨学科知识处理信息发布的能力。

二、上外"多语种+"发展战略对越南语专业人才培养的要求

学生个性化成长需求呼唤宽口径而特色鲜明的"小微"专业培养模式。上外越南语专业恢复设立于2008年，实行"越南语（副修英语）"培养模式，至今已培养两届毕业生，是名副其实的"小微"专业。就业率均达到100%，就业质量逐步提升。从已毕业的学生就业去向来看，工作岗位分布呈现多元化特点，国外求学深造比例攀升。首届毕业生去向，主要从事外事、商务、国有商业银行、外企咨询人力等相关岗位。其中公务员就职比例为16.7%，考研和出国读书的占25%，其余为国内企业就职，岗位需求覆盖管理、财务等多个行业领域。学生的个性学习需求较为广泛。第二届毕业生就业质量继续提升，主要签约去向为8人出国留学深造，就读硕士专业的国外高校多为欧美知名大学，1人考取国内一所"985"高校攻读硕士学位，1人考取上海市公务员，2人签约普华永道等外资企业，1人签约国内创新型企业。越南语网站为融合多学科知识和技能的学生提供了难得的实践平台。这两届学生都参与了上外多语种网站的建设，从学生反馈来看，大部分同学认为，他们的知识储备受益于学校打破院系壁垒设立的诸多"多语种+"人才培养实验班，从职业发展来看，参与网站建设运营的学生大都拥有基础新闻学、法学、金融学等多学科背景知识，毕业生受到用人单位的青睐。尽管成效显著，但也存在一些问题。例如有学生反映，复合型课程的"两张皮"现象还没有从根本上解决，课堂讲授内容和课外实践的一致性和有效性有待进一步改进。因此在本科人才培养方案，笔者设计了"越南网络信息"等选修课，将越南语网站建设与"越南语写作""汉越翻译理论与实践"等现有课程做适度套嵌式应用。

三、越南语网站与"多语种+"人才培养理念的有机结合

我国越南语专业的发展需要从粗放型到集约型、特色型转变,现有大数据和信息化时代的潮流,彻底改变了大水漫灌式的教学模式,而是增加专业知识背景的模块。上外越南语专业顺应各方面需求,在现有"专业副修英语"的基础上,尝试提出"专业核心课程+复合型课程+外文网实践平台"人才培养方案,该特色人才培养体系是指依据学生兴趣和职业规划,搭配一门新闻课程、经贸课程或国际关系课程,该复合型课程可以是学生在全校公选课系统选择的课程,或者是学生在外校或校内其他院系的辅修专业课程,实现相对的个性化人才培养。基于此,笔者认为一方面,越南语外文网站建设探索需与特色课程设置相融合,着眼点在于创新人才培养模式。越南网站建设团队可依托学校多语种新闻人才培训班、涉外卓越法律人才实验班等卓越人才培养平台,摸索融合本专业教学大纲中的大类平台课等课程模块,如"越南网络信息""越南概况""越南法律""东南亚历史文化"等课程,课程设计中要求学生就某些专题采写越南语原创文章,丰富学生专业背景的同时,突出课外实践性训练环节。在学校"多语种+"培养体系下,越南语专业学生进入多语种新闻人才培训班等选修新闻学或其他专业理论和技能,经过专门化训练,在新闻素材选取、提炼和加工过程中,教师作出适当指导。教师再将"越南语写作"课程讲授中的内容分解成若干专题,布置学生在课下完成 PPT 文本,课上同学展示,师生充分互动,对相关内容进行讨论,最后由教师做总结点评。课后学生整理好修改后的提纲,将内容提炼为一篇稿件,由教师修改,然后上网发布。针对性地修改语病、拼写不规范等问题,通过总结学生行文中的偏误规律,检验课堂教学效果,查漏补缺,这些看似传统的教学内容往往是知识强化和巩固的必然过程。同时,指导其在阅读文献和撰写读书报告中增强问题意识,提升学生国别区域研究的理论素养。另一方面,将越南语外文网站建设成为提升学生专业外语水平和复合型知识的实践平台。从现代信息技术应用于网络教学的发展趋势和学生涉猎知识的偏好综合来看,传统课堂教学需要教师和学生面对面地进行交流和学习,在时间和空间上是一致的,教与学的双方会受到一定的限制。而将课程教学与网站实践平台结合起来,并运用学校课程中心网上教学平台相互补充,可以运用现代信息技术打破时空界限,实现在不同时空下师生之间的共同交流和共享学习。

从传播功能上说,越南语网站建设的意义在于不仅与课程讲授有机结合,促进教学改革,而且有利于传播中国文化,从某些视角出发,向越南传达一个真实而鲜活的中国形象。经改版后的越南文网站动态内容将由 4 个及时更新的内容版块组成,分别为中国故事、校园新闻、观点聚焦和学术讲座。重点聚焦校园新闻、上外人的故事等专题,以小见大,诠释当代中国人的精神风貌,不

定期推送上海故事系列、缤纷中国等系列特色报道，团队设计了"上海名胜"和"中国传统节日"两个系列专题，宣介"中国传统文化"和上海城市精神，让外国友人从一个侧面直观而深入地观察中国，了解上海，同时提高学生对中国传统文化的认同度，寓教于学，寓学于行。

四、越南语网站建设与中越人文交流

从目前国内包括高校外文网站在内的大多数外文门户网站的运行状态来看，大多都存在"信息更新缓慢、服务功能匮乏、互动交流薄弱、语言翻译欠准确"等方面的突出问题，这些网站正处在"中国人用不上，外国人用不了"的尴尬境地。从功能定位上讲，高校外文门户网站滞后于高等教育国际化需求、滞后于文化繁荣发展的需求[1]。有研究指出，国内高校外文网站作为学校对外宣传的重要网络媒体，也承担着用无声的网络表达向外籍人士讲述好中国大学故事、传播好中国大学文化、引导他们准确理解中国精神的重要使命和责任[2]。

作为中国的近邻，越南骨子里认同中国文化情结很深，中越两国文化体系实则相通、相近，彼此认知过程不存在跨文化交际中"文化鸿沟"等问题，然而，对外传播中应提防"单向灌输式传播"。以"一带一路"等为代表的经济类题材往往容易引起越南受众的抵触和警惕。出于各种原因，越南普通民众心中的中国国家形象认知，大都来自越南媒体，而非我国主流媒体，我国新闻传播机构和媒体对越渗透力弱，对越传播能力差，缺乏接地气和精准对接的宣传内容。经过对近年来的报道分析，笔者发现越南媒体对于中国报道视角多从其本国立场出发，越南媒体涉华报道在指向性内容上呈现出截然不同的态度。受到主流意识形态的影响，越南官办媒体在一定程度上代表了政府的声音，因此在很多外交事务上都持较为谨慎的态度，报道趋于中性，并未过多表述自身观点。相反，在涉及南海问题或"一带一路"的相关报道中，无论是主流媒体，还是行业大众媒体均呈现了较为明显的负面态度，其中也不乏较为激进的批判性报道。有政府背景的综合性报纸在报道中越关系敏感问题上刻意回避评论性内容，其笔调较为冷静，例如报道"一带一路"倡议的新闻除了基于越南立场诠释其内涵外，重点关注其对中越政治、经济等关系的影响。专业性报纸报道的角度多偏向政治影响，强调消极因素为多。而行业媒体对相关报道较有深度，评论更加直接，观点也更加鲜明。可以说，在越南媒体的话语体系中，中

---

[1] 衣永刚. 高校外文门户网站建设现状分析及改进策略［J］. 思想理论建设，2015（5）：78.
[2] 曹文泽. 如何提升高校外文网站的影响力［N］. 中国教育报，2014-09-19（6）.

国形象是矛盾而复杂的，正面、中性与负面形象并存[①]。

人文交流如涓涓细流，直入人心，有利于拉近不同国家民众的心理距离。越南深受中国文化的浸润，两国人民的传统价值观念相似，近代以来的民族解放运动休戚与共，政体、国体相同，近年来两国都在各自改革开放的征程中推进现代化建设之路，摸索的成功经验可相互借鉴。以往中越人文交流不可谓不广，层级不可谓不高，往往是自觉行为，仍未上升为国家间的定期交流机制。单向度的"小、散、弱"传播和接受不易获取完整的国家宏观形象和人物、事件等微观形象，而且容易受到突发事件等外部因素影响。人文信息内容往往是中越两国人民都十分关注的"心灵相通"类报道题材。越南人熟悉中国影视剧等流行文化，在互联网时代来临之前，很多人了解中国都是通过影视剧里的内容间接获知的。中国古典四大名著同名改编的《西游记》《水浒》《三国演义》和《红楼梦》古典影视剧深受越南人民的喜爱，特别是金庸等系列武侠剧在越南上映热度不减，屡次重播，《神雕侠侣》《射雕英雄传》等剧目更是被越南人翻拍成 MV，在年轻人中间尤其备受青睐。《还珠格格》《情深深雨蒙蒙》《上海滩》《渴望》《情满珠江》等不同时代、不同类型的影视剧均在越南获得了很高的收视率。因此，给越南受众讲述中国故事，需要正确把握越南人的阅读习惯，以内容为王，了解当时当地受众的观念、情感和利益所在，使用契合越南语语境的对外话语策略，才能更好地引发受众的情感共鸣。中国国际广播电台越南语部在官网平台上开辟的《文化大观园》栏目就是一个成功的案例，该栏目从中国文化内涵本位出发，让越南民众了解一个立体、真实而逼真的中国。从受众的反馈来看，传播效果不错。而越南语网站推出的《中国优秀传统文化精粹》系列文章，介绍京剧、围棋等国粹和传统棋类运动，也是基于对外话语传播，遵循语言本地化原则下对传播内容进行翻新的尝试。

人文交流是外交关系的延续，中国驻越大使馆文化参赞刘三振先生曾表示，尽管中越两国人文交流稳步升温，但与预期相比尚存一定差距，在力度和深度上都有进一步加强的空间[②]。而高校外文网站作为"永不谢幕"的全时在线平台在加强国际人文交流方面具有更大的优势。正如习近平主席所指出的，国之交在于民相亲，民相亲在于心相通。虽然中越同属社会主义国家，历史上两国文化交流源远流长，更有学者称中越两国是"同文""同种""同志"的三同关系[③]。但是彼此之间密切的人文交流并未消除越南在自身文化构建过程中

---

① 冯超. 越越动听：越南媒体生态盘点及涉华舆情分析［G］//姜峰."媒"力世界："一带一路"沿线国家媒体生态调研. 上海：上海人民出版社，2016：179.

② 综述：人文交流促中越民众心相连［EB/OL］.（2015-11-04）. http://news.xinhuanet.com/world/2015-11/04/c_1117041882.htm.

③ 越南社会科学院中国研究所前所长阮辉贵教授在不同场合发表此观点，例如 2011 年接受《环球时报》等媒体采访时发表此话。

呈现出"去中国化"倾向，竭力撇清中国传统文化对越南文化体系的影响，强调越南文化本色。笔者搜集了越南各大媒体网站就中国传统节日和中国旅游两个主题的报道，发现报道的视角和内容选择偏好均有所不同，报道主体多为旅游公司，甚至广告公司。在撰写介绍中国传统节日端午节的文章时，经查阅越南关于端午节来历的资料，才发现有必要重新厘清中越两国端午节的渊源关系。越南网络广告媒体在一篇推广文章中指出，端午节并非来源于中国[①]，当代越南人并不认同中越两国端午风俗的诸多相似之处，而是强调其特有风俗和文化意蕴。维基百科越南语版对端午节的来历也不完全认同来自中国[②]。细究该文，发现并非站得住脚。元代旅居中国的安南人黎崱所撰《安南志略》最早记录了越南端午节赛舟的风俗，"端阳节，江中构阁，王坐观竞渡"[③]。越南学者武光仲经考证，陈朝时期端午节赛龙舟、祭屈原的风俗传入越南，恰与《安南志略》"王坐观竞渡"资料相符。因此在组稿时，既辩正了中越两国端午节的渊源关系，又梳理了越南媒体对端午节的认知观点，拿越南的端午节与我国各地的端午风俗做了比较。

五、越南语网站建设与中越人文交流的几点思考

越南精英阶层不同领域的人士对华认知虽有所不同，但其将文化传播都视为重要软实力，十分警惕外来文化对越南产生的诸多影响。最为典型的观点出自越南学者阮氏秋芳和梁文计的研究，在这些越南知识分子眼中，中国以相同意识形态和政体为由吸引越南走"中国发展模式"的道路，中国力图构建一个中国式地区主义的秩序屋顶，实际上与越南保持了一种"不对称的地缘政治关系"。中国之所以对越经济援助常采用修建铁路、水电厂和造船工业，是因为中国试图打着"合作共赢"的旗号将区域经济纳入自己的发展轨道中。尽管他们承认儒家的入世精神、法家的法制思想、道家的无为思想已经深深植入越南人的思想意识中。中国的礼仪、饮食和医药文化也被广泛接受，并在普通民众的日常生活中被越南化，他们更乐于强调本民族的文化本色。中国在越南举办的各种人文交流活动如孔子学院、汉语桥比赛和越中友谊宫投资建设项目都被越南打上中国展示软实力的标签。他们建议越南有关主管部门应限制进口和传播中国文化产品，尤其是在电视和网络媒体上；加强对华进行中文和英文广播宣传[④]。

---

① http://us.24h.com.vn/am-thuc/nguon-goc-va-y-nghia-tet-doan-ngo-c460a633792.html.
② https://vi.wikipedia.org/wiki/Tết_Đoan_ngọ.
③ 黎崱. 安南志略[M]. 武尚清, 点校. 北京：中华书局, 2000：42.
④ 阮氏秋芳. 中国软实力的崛起以及对越南提出的问题和挑战[M]. 河内：百科词典出版社, 2013；梁文计. 认清中国的软实力和越南的应对策略[J]. 政治理论（胡志明

中越人文交流还有待深化，在某些领域还有盲点。不可否认，越南对中华文化的认知不可谓不熟悉，但民间层面对华认知仍然失真，这与媒体的舆论引导是分不开的。而与此同时，越南媒体对华宣传正在加大中文版面的建设力度。与此形成反差的是，目前我国高校只有为数不多的几家院校①建有越南语网站，大多仅限于用外语介绍本校概况，内容单一，更新缓慢。笔者认为，作为一家高校外文网，如果能为中越人文交流做些力所能及的实事，不妨从以下几方面着力：

1. 立足我们的话语体系，用越南人民耳熟能详的语言风格诠释中国、介绍上海，介绍中越两国经济和人文交流的佳话，实现文化上的包容、相互促进，和谐共生。

2. 利用在沪越南留学生资源发布他们的留学感悟，以异域之眼观察上海城市发展的历程。

3. 引导学生赴越留学期间，发布留学手记系列报道，重点聚焦越南当地风土人情，并就中越文化异同做对比分析。

4. 邀请驻沪领馆和越南在华企业共同举办代表性的文化交流活动，加深彼此的亲和力。

国家政治学院），2014（4）.

① 据笔者统计，国内高校中只有北京外国语大学、上海外国语大学和广西民族大学三所高校办有越南语网站。

"越南概况"课程线上线下混合式教学模式初探

信息工程大学 兰 强

【摘 要】 针对越南语本科学生越南国情知识体系建构的课程，洛外的"越南概况"经历了由多门越南语课程到一门汉语课程，再到网络课程，最后到线上线下混合式课程的转变。混合式教学以网络课程作为知识获取的主渠道，以课堂研讨、讲评作为知识运用、知识拓展的渠道，逐渐建立起以问题为中心的课堂组织模式和学生、教师"双中心"的讲授模式，不断提升学生提出问题、分析问题、解决问题的能力，较好地激发了学生对越南研究的兴趣。然后再以兴趣为驱动，促进学生更加主动学习越南国情知识，取得了较好的学习效果。

【关键词】 越南概况；混合式教学；知识获取；课堂组织

引言

近年来，随着互联网技术与教育行业的深度融合，产生了大量新型的教学模式，比如慕课、微课等，以及在此基础上推出的各种在线课程，使得知识获取既便捷又低廉。但是对于强制性的知识学习而言，完全靠学生自主学习，难以取得理想的效果，还需要教师某种程度的介入，作为学习内容的解析者、学习过程的监督者、学习效果的评估者、学习兴趣的引导者等。基于此，线上线下混合式教学模式应运而生。所谓混合式教学，我理解是将在线教学和传统教学的优势结合起来，将学习引向深度学习的一种模式。以下是洛外"越南概况"课程线上线下混合式教学的一些实践和探索。

一、"越南概况"混合式教学的确定

对于外语学习者而言，对象国知识是本科阶段不可或缺的知识模块。洛外的国情类课程大致经历了以下几个阶段。

20 世纪 90 年代初，洛外没有明确的国情类课程，国情知识的获取主要依托泛读、时文课程和知识竞赛等第二课堂。当时，中越关系刚刚恢复，两国交往，尤其是民间交往还处于较低水平，对越南语人才的要求基本停留在"懂语言、会翻译"。

进入21世纪，随着越南融入国际社会的步伐加快和中国加入WTO，两国政治、经济、文化交往快速增长，相应地，对越南语人才的要求进一步提高，不仅要懂语言，还要熟悉越南国情——在交往中能发挥更大的作用。为了适应这一形势，洛外对越南语教学进行了探索和改革。主要做法就是在本科三、四年级，广泛开设越南国情课程，每门课程对应一个国情知识领域，课程教材均用越南语编写，用越南语讲解，其目的就是在学习语言的同时学习越南的国情知识。当时开设的课程有"越南政治"、"越南外交"、"越南历史"、"越南地理"、"越南经济"[①]、"越南军事"、"越南法律"、"越南文化"、"越南科技教育"等。该教改项目自2000年左右开始启动，到2005年左右，教材已经全部编写出来，然后全面推行。推行过程中，发现了一些问题。第一，课时较多，9门课程平均分摊，每个学期也至少要增加2门课程，在总课时难以大幅度增加的情况下，很难实现与传统课程的平衡。第二，这些课程究竟应该采取泛读教学模式以提高阅读技巧，还是应该按知识类课程讲授以获取越南国情知识？第三，越南语的特点是"大词"[②]多由汉越词充当，国情类教材中，汉越词占比很高，就语言难度而言，与低年级相比，没有明显的提高。也就是说，课时增加较多的情况下，语言能力难以同步提高。同时，因为需要记忆的知识点很多，体系也比较庞杂，学生容易陷入知识细节，影响整体认知的建构。

为了解决上述矛盾，2010年前后，洛外对越南语专业本科课程又进行了一轮调整，整合国情类课程。经过整合，形成了"越南政治与外交""越南文化""越南军事概况"和"越南概况"四门核心课程。前三门课仍然在高年级阶段开设，用越南语讲授，"越南概况"放到第二学期，用中文讲授。将"越南概况"定位为知识类课程，将之前压缩掉的多门课程的学习内容整合到该课程，目的是在入学第一年为越南语本科学生构建一个知识框架。据此理念，我们编写出版了普通高等教育"十一五"国家级规划教材《越南概况》作为主干教材。

对于"越南概况"课程的设置及课时安排，我们也有一段探索的历程。设课之初，因为课时超标，又是用汉语授课，所以将其设为网络课程，依托校园网数字教学平台，让学生自学，然后再通过在线答疑、考核等方式进行自我评估。经过三年的建设，网络课程"越南概况"投入使用。但是，在使用过程中，也出现了较多问题。首先是学生的学习行为难以监控；其次，在线答疑模

---

① 以笔者主编的《越南经济》为例，编写的内容包括越南经济简史（包括史前时期、郡县时期、自主时期、殖民时期、南北越时期、社会主义共和国时期）、经济条件（禀赋）、经济制度、经济管理、经济动力、经济发展前景等模块。

② 所谓"大词"是借鉴英语的说法，指那些政治、经济、哲学、文化等上层建筑领域的书面语。

块，永远是那么几个学生在提问，知识性问题教师懒得回答，思辨性或真正的问题又不是三言两语能说清楚的，这就使得在线答疑逐渐虚化，无法实现有效的交流；再次，考核流于形式，因为技术的原因，很难监控替人答题的现象；最后，数字教学平台界面不太友好。

针对上述情况，从 2015 年开始，我们再次进行了调整。将"越南概况"定位为线上线下混合式教学课程，从最初的到堂 6 节课、12 节课，最后确定为到堂 18 节课（隔周到堂 2 节课）的模式。线上解决知识问题，线下组织问题研讨。

洛外"越南概况"授课模式的变迁源于对该课程的认识不断深入：开始将其作为语言课程的内容进行建设，关注点是语言基本功；然后认识到需要从一开始就建构国情知识体系，关注点是知识；接着又进一步认识到国情知识是"越南认知"[①]的基石，要以认知为引领进行建设。

二、"越南概况"混合式教学的基本做法

"越南概况"线上线下混合式教学的基本模块包括任务布置、线上自学、问题收集、问题甄别、问题解析（课堂讲授）、分组发言和讨论讲评、成绩考核（形成性评估+结课考试）。其中线下部分以问题为中心，以认知建构为目标，包含问题的发现、收集、甄别、解析、讲评等环节。

表1 "越南概况"课程课时安排表（每次课含两节，共 90 分钟）

课序	1	2	3	4	5	6	7	8	9
内容	课程导入	问题确定	示范解析1	线上自学1	线上自学2	示范解析2	线上自学3	线上自学4	示范解析3
课序	10	11	12	13	14	15	16	17	18
内容	线上自学5	小组解析1	线上自学6	小组解析2	线上自学7	小组解析3	线上自学8	小组解析4	课程总结

第一堂课，教师首先要讲清课程设置的初衷、授课模式、考核方式以及该课程的地位和作用。其次，引导学生获取网络课程资源，包括授课录像、电子教案、电子教材和授课课件等，要求学生自己安排时间学习。第三，布置考试，考试由两部分组成，形成性评估占 30%，主要根据学生的课堂表现、问题解析进行评估；结业考试以课本知识为考试内容，组织闭卷笔试，占

[①] 比如，我们知道越南的国土面积是 32.9 万平方千米，其中平原约占 1/4，山地高原约占 3/4，人口 9600 万，那么这些数据意味着什么？对这些数据的解读，以及建立在解读基础上对越南的认识才是更重要的学习内容。

70%。第四,根据学生人数进行分组,一般按平均的原则分为 4—5 个小组,确定每个小组的召集人。第五,布置问题,要求全班学生利用一周的时间思考与越南有关的问题,每人至少提出两个问题,在第二次课之前提交,然后组织讨论、投票以甄别问题的真假和价值并确定本学期需要讲授的问题。第六,确定问题之后,分配问题,每个小组领一个问题作为本小组的解析主题,剩下的 2—3 个问题作为教师示范解析的主题。

(一)问题意识的培育

第一堂课,除了要对课程进行整体的说明和安排,还要重点讲讲什么是问题,什么是学问,如何发现问题,如何训练问题意识,何为好的学问。这其中首要的是问题意识。所谓问题意识,我理解,大致就是能从表象或者一个"认知"开始,逐层设问的能力。比如,我们说到越南,一般都会想到"小""穷""脏""胡志明""越南新娘"等等,就以"小"作为例子。第一个问题,越南小吗?小的标准是什么?谁有资格制定这个标准?我能从哪里去查找这个标准?这个标准是全球统一的还是有好几种方案?哪个方案更切合实际或者更符合我们对小国的理解?按照这个标准,越南的数据是怎么样的(国土面积、人口、资源禀赋、政治治理、经济生产、国防力量等等)?从哪里可以查到这些数据?根据这些数据,越南属于小国吗?在全球舞台,小国一般具有什么样的行为特征?越南的特征与之相符吗?如果不相符是为什么?也就是说,探究越南是否是"小国"这个问题,需要不断地回答因之而起的各种问题。在寻找答案的过程中还会提出更多的问题,由此,我们对越南的理解就从一个点逐渐扩展开来,向深度和广度迈进。

当然,在设问的过程中,还应当警惕琐碎,要逐渐学会分辨哪些是信息,哪些是数据,哪些是知识。信息和数据是为认知服务的,是形成知识或新知识的材料,还不是完全的知识。换言之,我们还要从信息、数据中跳出来,追问这些信息和数据的认知指向。比如,所有数据和信息都表明越南不是一个典型的小国,而是一个具有小国特征的中等规模国家。那么这样的国家一般具有什么样的目标设定和行为逻辑?在这样的目标和行为逻辑之下,它会做什么?它会向哪儿走?

(二)问题确定——甄别和筛选

第二堂课,列出学生们提出的问题,然后逐个辨析。第一步,确定它是否是个真问题。比如,有学生提出:"越南和中国都是社会主义国家,为什么还会打起来?"提出这个问题的学生,他脑子里有一个设定——社会主义国家之间是不应该或者不必打起来的。可以发现,这个设定是站不住脚的,是错误的，社会主义国家之间打起来的多了。但是，中国和越南为什么打起来却是一个真问题。这个问题有人研究过吗？他们提供的解释能解答你对该问题的困惑吗？如果不能，还有哪些地方值得深入研究？这些尚未解答清楚的部分就是有价值的部分。

通过辨析，将有价值的问题或者问题中有价值的部分挖掘出来，再组织全班投票，然后优先把得票靠前的 7 个问题作为讲授内容，其中 4 个问题由 4 个小组讲授，剩下的问题由老师讲授。

对各小组的主题发言提出具体要求：50 分钟左右的主题讲解并制作 PPT。讲解内容必须包括：界定研究对象、评析既往研究、选择研究方法、确定研究思路，问题分析的几个角度或者时段，结论，尚未解决的问题等。确定各小组课堂讲授的时间。

（三）问题解析——教师示范

示范解析不仅要讲清楚问题，更要讲清楚解析的脉络。比如这学期讲解了一个"越南新娘"的专题。首先，要界定"越南新娘"的概念，我们可以通过百度、知乎等网络知识库得到一个概念，再通过中国知网等学术文献数据库获得不同的解释，再进行整合，结合自己的理解，得出自己的界定。其次，通过知网等文献数据库，进一步搞清楚中国对该问题的研究大致是一个什么状况；再看看越南对该问题的研究，形成自己的评析。最后，对问题进行拆分或者动力分析，"越南新娘"之所以能成为一种社会现象，一定具有规模并产生了较大的社会影响，一定是多种力量推动的结果。[①]

接下来，逐一分析，越南有剩余的适婚女青年吗？答案是"有"。为什么有？非常重要的原因是越南战争对男丁的消耗太大，据不完全统计，1980 年代初，越南适婚女青年剩余超过 200 万；其次，越南最根深蒂固的信仰是祖先崇拜，它要求每个家庭都必须有男丁传续香火，每个家庭都必须生出至少一个男孩，这使得不少家庭在生出男孩之前生出了更多的女孩。接下来，越南女性愿意嫁到国外吗？答案是"愿意"。越南贫困地区的农村年轻女性有改变自己命运的愿望。因为贫穷，她们很难受到良好教育，也难以在附近村庄寻找到理想的婚配对象，所以多数愿意以婚姻作为改变生活的筹码赌一把。

---

① 比如：（1）越南是否有剩余的适婚女青年而且有嫁到国外的意愿？（2）越南周边各国是否存在男性娶妻难的问题并且对越南女性有较高的认同度？（3）操作条件是否具备？越南推行革新开放政策，打开了国门，涉外婚姻的制度壁垒彻底被打破。（4）除了难婚，还有什么原因使得越南年轻女性愿意远嫁异国？越南整体处于相对落后的状态而且女性社会地位较低。（5）社会舆论对该现象的评价如何？先期嫁出去的女性，如果她们的生活还不错，往往会在其本乡形成巨大的示范效应。

以此类推，越南周边各国购买越南新娘的男性的状况分析又可拆解为：国家或地区分析，需求分析，条件分析，示范效应等。革新开放推行之后，越南政府对涉外婚姻的态度和政策，具体如何？越南国家经济状况如何，女性地位如何？幸福涉外婚姻的传播及影响。

资源获取，在分析这些具体的问题时，一定需要数据、信息的支撑。那么可以从哪些渠道获取呢？搜索引擎、知网数据库、越南国家统计局官方网站、越南政府官方网站、世界银行网站、亚洲开发银行网站、研究性著作等等。还可以通过相关研究文章的脚注和参考文献拓展数据来源。

对问题或驱动力进行拆解，然后搜集数据和信息进行分析和解答，整个问题也就逐渐清晰了。结论之后还应对该问题的未来进行研判，而研判的依据是上述各种动力或因素的变化。

（四）问题解析——学生实践

每个小组选出的一名成员主讲。按照研究准备、问题分析、结论三个部分展开。研究准备应包括问题界定、文献综述、研究方法、信息获取等；问题分析要求有两到三个模块，或从角度入手，或从构成入手，或从时间入手，不一而足。结论必须是在分析基础上的归纳和总结。

讲解之后，组织讨论。首先对研究脉络、研究角度、研究方法、数据获取进行评估，也就是方法评估；其次是针对讲解内容的质疑或者提出新问题；实践证明，学生讲解的课堂总是最活跃的，质疑和新问题被不断地提出，主讲者往往难以应付。

（五）总结讲评——提出新问题

总结讲评是每堂课的最后环节。教师肯定有价值或创意的分析，指出存在的问题以及解决这些问题的方向或路径。实践表明，该环节与其说是总结，不如说是新问题提出的过程。这些不断被提出的新问题又促使学生去寻找解答，从而在某种程度上实现了自我驱动学习。

按照线上线下混合式授课的模式，我们已经推行了三年，大致建立起了线上自学、线下研讨并向第二课堂延伸的模式。线下研讨部分[①]又分为问题提出、问题甄别、教师解析、学生解析、课堂研讨、总结讲评的课堂模式。再通过国情知识竞赛等第二课堂将学习延伸到课堂之外，有效地激发了学生学习越南国情知识的动力，取得了较好的学习效果。

---

① 线下部分（9次课）又按照课程导入、问题选定、7个专题、1个总结的方式展开。其中的7个专题由教师负责3个专题的示例讲解，4个专题由学生分小组完成。

三、对"越南概况"混合式教学的再思考

虽然"越南概况"线上线下混合式教学的探索取得了一定的成效,但是也存在一些不足。如果能够进行针对性的弥补,学习效果将会更好,更有助于推进本科学生对国情知识的深度学习。就本课程的实践而言,还存在以下可以改进的地方。

(一)网络课程的微课化、精品化改造

现有的"越南概况"网络课程是按照 18 次课进行讲授设计的,每一课的内容都很多,讲授视频一般长达 80 分钟。查看网络课程的记录,可以发现,(1)大多数学生每次观看视频的时间不会长于 30 分钟;(2)教育、科技、文学、艺术这些课程内容的点击率很低;(3)外交、经济、政治、地理、历史、民俗等模块的点击率较高;(4)在线答疑形同虚设,学生基本不提问。此外,教学视频是根据网络课程的要求进行录制的,可视性有待提高。

针对这些问题,应将网络课程进行微课化、精品化改造,对知识模块进行重构,尽量使得每个授课视频的长度控制在 15 分钟左右。如此,学生点开教学视频时不需要过多考虑时间问题,碎片时间也可以看完一个授课视频。针对在线答疑的沉默,笔者曾经采用过"钓鱼式"激励,也有一些效果。所谓"钓鱼式"激励就是先在答疑教室抛出一个问题——"鱼饵",然后看谁呼应,呼应者可以得到 1 分形成性评估成绩,然后再接着第一个问题不断抛出与之相关的新问题,从而形成鱼群追随鱼饵的效应。但是这样做也有巨大的时间成本,还要了解学生是否处于自习状态,很难坚持。最后,提高授课视频的可观看度,比如,可以加一些表演的场景,从电影、电视剧或纪录片等素材里剪辑一些与课文内容相关的影像到授课视频当中,增加学生的直观感受。相信微课化和精品化改造之后,学生主动点击学习的积极性会增加。

(二)考核方式的革新

结课笔试部分考察学生背记教材内容的情况,是课程的基本要求,是刚性的。对于形成性评估这 30 分,则可以进一步放权。我现在的做法是将其中的 20 分下放给各组的组长,因为只有组长最清楚本组主题讲解中谁的贡献最大。具体做法如下。

如果一个小组是四个人,那么满分就是 80 分。当该小组讲解结束之后,组织班上其他学生对该讲解打分。根据学生人数,取消一到两个最高分,取消一到两个最低分,然后将其他成绩视为有效成绩,取平均分。假设该小组得到了 68 分,那么该小组的组长有权对这 68 分如何分给组员制定方案,然后再组

内公示，最后上报给教师。这种第三方评价、内部协调的评分机制是比较公平而且具有操作性的。也有助于每个组员对本组主题讲解的参与，实际上驱动了其学习的积极性。

（三）将课程延伸到第二课堂

洛外第二课堂活动一直有传统。除了口语角、演讲比赛、书法比赛、朗诵比赛、配音比赛、歌唱比赛、毕业演出，近年来又增加了国情知识竞赛、越南大讲堂等项目。以国情知识竞赛为例，竞赛试题主要选自《越南概论》《越南》等参考书籍，参赛选手先参加笔试，再选取笔试成绩较好的 6—8 名同学参加决赛，有效地促进了学生对越南知识的复习和巩固。此外，越南大讲堂也是以问题为中心，每期讲清楚一个问题，由一名同学或者一个团队承担，活动结束后可以记一个科研学分[①]。

此外，洛外的学生社团中有"国情社"，越南语专业的学生也有不少加入了这个社团，定期有对象国国情问题研讨、展示等活动。学生可以借此更多地了解别的国家，还可以向社团成员展示自己的"越南研究"成果。笔者受邀参加过几次国情社的活动，总体感觉是个不错的学习展示平台，有助于学生们的思想碰撞，也有助于越南语专业的学生将学习成果转化为认知能力。

（四）课堂讲授内容的成果化构想

因为课堂讲授是以问题为中心展开，包含对该问题的来龙去脉以及个人对它的思考，不少思考是既往研究中没有的，具有一定的学术价值。同时，讲授又是以一般学术研究的范式展开的，符合研究规范。因此，我常常鼓励学生将主讲内容按学术论文的规范进行整理，然后投稿到国内的学术期刊、集刊或论文集。如此，就形成了"问题提出——信息、数据搜寻——主题讲解——学术论文"这样完整的知识生产链条。

此外，洛外长期都有固定的本科生科研项目供本科生开放申请。2018年，越南语专业学生中了三个本科生科研项目，其中有两个是他们上"越南概况"时的主题讲解。他们再按照项目要求对主讲的内容进一步完善，到结项时又比主讲时更加成形。

最后，笔者还设想将学生主讲的问题和内容文本化，经过数年的积累，加以修订，可以编撰成书。这样就使得课程的效益进一步放大。

但是，本科生毕竟还是缺乏足够的学术训练，上述想法在实施的过程中也

[①] 我院要求每名本科学生必须要有两个科研学分才能毕业，因此，该活动也得到学生的积极响应，有的小组将课堂主讲的内容完善之后在全院展示，有的则选取新的问题进行讲解。

遇到很多问题。因为，将一个有见地的想法"证实"实际上是非常艰苦的，需要大量的数据准备和烦琐的逻辑过程，这些似乎都不是本科生能够胜任的。笔者只是觉得这应该是个方向，至少能够培育他们的研究意识和研究规范。

四、结语

洛外越南语专业本科学生的越南国情知识课程经历了多门越南语课程——一门汉语课程——网络课程——线上线下混合式课程的转变，形成了"线上自学获取知识、线下研讨掌握方法"的模式。该模式有效地激发了学生的问题意识和研究意识，发现了一些关于越南的真问题，给出了有创见的解释，有效地提高了学生的学习积极性。而结课考试的压力也促使所有学生观看授课视频或背诵教材，确保其对越南国情有基本的了解。

现在，洛外的"越南概况"课程还存在一些不足，比如，授课视频时间较长、录播视频清晰度和吸引力有待提升、考核方式有待进一步改进。如何向第二课程延伸？如何实现课堂讲授内容的成果化等都还没有十分成熟的实践。首先，很难保证所有的学生都不偷懒；其次，很难保证每个学生的收获均衡；再次，很难保证所有学生的参度均衡。

就教学的本质而言，知识获取、兴趣激发、路径探索、知识运用、认知习得是人文社科类课程的一般路径。"越南概况"课程也是循着这个路径进行的尝试，就授课效果而言，比传统的课堂知识讲授和通过网络自学要好一些，值得进一步探索。

参考文献

[1] 陈玉琨，田爱丽. 慕课与翻转课堂导论 [M]. 上海：华东师范大学出版社，2014.

[2] 冯晓英，王瑞雪，吴怡君. 国内外混合式教学研究现状述评：基于混合式教学的分析框架 [J]. 远程教育杂志，2018（3）：13—24.

[3] 陆生. 培养面向东南亚的复合型语言人才 [J]. 云南民族学院学报（哲学社会科学版），2000（4）：93—96.

[4][美] 迈克尔·霍恩，希瑟·斯特克. 混合式学习：用颠覆式创新推动教育革命 [M]. 聂风华，徐铁英，译. 北京：机械工业出版社，2015.

[5] 王逢贤. 学与教的原理 [M]. 北京：高等教育出版社，2000.

[6] 夏正江. 重考教学活动的本质 [J]. 教育研究，2000（7）：71—77.

[7] 杨晓京，佟加蒙. 中国非通用语人才培养现状及发展对策研究 [J]. 世界教育信息，2008（5）：58—62.

任务型分组教学法在老挝语口语教学中的运用

云南师范大学 周 梅

【摘　要】 随着国际社会对老挝语国际化人才的需求大增，培养高质量的老挝语复合型、应用型人才成为老挝语专业人才培养的目标，提高老挝语课堂教学质量和教学效果则是老挝语教学的重中之重。本文以老挝语口语教学为切入点，以提高老挝语口语课堂教学质量为目的，展开对老挝语口语教学中实施任务型分组教学法必要性的探索研究。

【关键词】 老挝语；口语教学；任务型；分组教学模式

随着中国-东盟自由贸易区建设和大湄公河次区域经济合作的不断深化和发展，及中国"一带一路"倡议的全面推进和实施，中国和东南亚国家之间的合作日益紧密，国际社会对东南亚小语种人才需求增多。在这样的时代大背景下，高质量的老挝语复合型、应用型人才的需求量大增。虽然学校重视老挝语国际化人才的培养，但由于小语种语言环境的特殊性，传统的、单一的老挝语口语教学模式已不能有效提高学生的老挝语口语能力，不能满足国际社会对老挝语人才的需求，因此必须在老挝语口语教学中不断更新具有时代性的话题，采用多种教学法提高课堂教学效果，有效提升学生的老挝语口语水平和老挝语语言运用能力。对老挝语口语课任课教师来说，采用多元化与多样性的课堂教学模式，有效管理课堂教学活动，营造良好的老挝语语言学习环境，提高学生的学习效果就显得更为重要。经过近五年的教学实践及学生反馈，我们发现：任务型分组教学是老挝语口语课堂教学中能有效提高学生学习能力的教学模式，有助于提升学生的学习主动性，增加学生课堂参与的积极性，提高学生的学习兴趣，进一步提高学生老挝语口语能力，为培养高质量的老挝语复合型、应用型人才打下坚实的基础。

一、老挝语口语教学现状分析

老挝语口语教学中存在的问题主要体现在以下两个方面：

（一）从学校教育角度分析

1.传统的考核方式使学生更重视书面知识的学习，忽视口语的重要性。由于受传统考核方式的影响,在语言学习中,学生更重视期末的卷面考试,学习过程中更倾向于语法、词汇的学习,对口语的学习与训练不够重视。老挝语口语的实际运用能力还有较大的提升空间。2. 教师口语水平差异大。老挝语口语课任课教师在口语水平和教学经验方面的差异会直接影响对学生的指导效果。3. 教学模式单一。传统课堂教学填鸭式的教学方式,老师一言堂,学生参与度差,口语课堂中单一的模仿训练,无法激发学生的学习兴趣,学生被动学习,学习效果差。4. 缺少语言环境,由于老挝语语言的特殊性,学生除了课堂就很少有机会进行语言训练,对语言的掌握及运用程度相对差。

(二) 从学生学习角度分析

1. 学生基础知识薄弱。学生老挝语基础知识薄弱,造成课堂上学生的语言接受能力各有差异,对同一教学内容有不同的接受能力,间接影响老挝语口语的学习效果。2. 学生学习动力不足,学生对老挝语学习存在畏难心理,缺乏学习的积极主动性。

二、提高老挝语口语教学的对策

(一) 提升课堂外的学习保障

1. 从学校教育角度重视老挝语口语课程设置,根据人才培养模式,适当增加老挝语口语课的学时,语言类课程期末考试平衡书面考试与口语考试的比重,加大对口语课程的重视。2. 加强老挝语教师队伍建设,提供教师进修机会,举行教师教学经验交流会,全方面提升教师的教学能力。3. 举办老挝语角、老挝语演讲比赛等课外活动,为学生营造良好的语言学习氛围。4. 成立老挝语多媒体资料室,为学生提供课外学习平台。

(二) 提升课堂教学效果和教学质量

课堂是大学教学的重要环节,教学质量的提高,关键是课堂教学质量的提高,课堂教学是实现人才培养目标的基本途径。提高教学质量,关键在教师,主体在学生。教师的业务学识,教学方法和手段的合理运用,教学内容的优化直接关系到课堂教学质量。学生的学习态度是影响学习质量的决定性因素,只有明确学习动机,积极主动学习,师生在课堂上相互配合,营造良好的学习氛围,才能够提高学习效果。

本文旨在在多年语言教学实践的基础上,针对老挝语口语课程教学中存在的问题,从课堂教学的主导者——教师的角度出发,以老挝语口语课堂教师的教学方法和教学手段为主要研究点,研究任务型分组教学法在老挝语口语课堂中的应用及其积极作用。

三、任务型分组教学法概述

（一）概念

任务型教学模式（Task-Based Teaching Approach）是在20世纪80年代基于"交际教学法"（Communicative Teaching Approach）发展起来的，它以任务为中心，把语言应用的基本理论转化为具有实际意义的课堂教学模式；以完成任务为目的，让学生通过完成活动来学习语言，使语言学习和语言运用达到高度的统一，体现了教室中的教学与实际运用相结合的理论。它是目前在世界上相当流行的外语教学法。任务型教学法以任务组织教学，在任务的履行实践中，以参与、体验、互动、交流、合作的学习方式，充分发挥学习者自身的认知能力，调动他们已有的目的语资源，在实践中感知、认识、应用目的语，在"干"中学，在"用"中学，体现了较为先进的教学理念，是一种值得推广的外语教学方法。

任务型分组教学法将任务型教学与分组教学有机结合在一起，在课堂上采用分组合作学习的形式来进行任务型教学，旨在建立以学生为中心的新型教学模式，将学生合理分组，以小组活动为单位开展教学活动，提高学生的学习积极性，发掘学生的自主能动性，重视生生互动、师生互动，充分体现课堂上学生的主体地位，发扬互助合作精神及发挥教师的指导作用。为用而学，在学中用，在用中学，学了就用，立足于学生本身，把学生作为教学的主体，从学生角度设计各种教学活动，通过使学生完成各种教学任务的方式提高课堂教学效果，进而达到教学目的。

（二）类型

1. 任务前（Pre-task）：教师引入任务。教师通过实物、图片及电脑多媒体呈现的形式，导入课堂讨论主题，并向学生布置有关的任务或者小组讨论话题。任务可以是面向全班的，也可以分别向各小组布置不同的话题任务，通常可以将各个任务写在小纸板上发给各小组，也可以用多媒体呈现，让各小组自选一个任务。教师根据教学内容及学生的语言水平，结合实际情况，设置具有启发性的任务话题。

2. 任务环（Task-cycle）：学生通过看、听、读等方式感受语言材料，通过猜、问、讨论等途径熟悉语言内容，再通过查、阅、发表见解来形成任务的结果。针对老挝语口语课堂，学生根据任务话题，分组编写对话，设置场景，情景再现。

3. 任务后（Post-task）：在各组形成任务的结果之后，各组选派一人向全班报告其成果。这时学生既可证实本小组的成功，也可分享其他小组的成果，还可通过录音分析其他各组执行任务的情况，并在教师指导下练习有关语言的难点。

（三）优势

1. 充分体现学生的主体地位。自主学习一直是学习过程中学习效率最高的一种方式，以往的教学都是老师督促学生学习，学生被动学习、接受知识。在任务型分组教学中，教师转变教学模式，由传统的老师教，变成学生主动学，让学生开口说老挝语，学生之间互相交流，积极参与到教学活动中来。学生在整节课中始终以饱满的热情，在老师的指导下，自主完成有关语言及语言以外的任务。

2. 能更好地培养学生的交际能力。通过规定学生必须用老挝语进行课堂交流，完成学习任务，发现自身不足，及时和老师沟通，掌握正确的老挝语口语表达，建立良好的师生互动关系。小组之间的任务话题合作，能提升学生的集体荣誉感，提高学生之间的沟通合作能力。学生主动学习使学生的语言交际能力在完成任务过程中得到最有效的提高。

3. 学生在完成任务后所获得的成就感及他们的参与意识能最大限度地提高学生对老挝语口语课堂的兴趣，激发他们参与活动的热情。只要学生有了探索知识的兴趣，就不难把老挝语学好。在愉悦的学习氛围中，老挝语学习能力及老挝语口语应用能力都得到了提高。

四、任务型分组教学在老挝语口语教学中的应用

在老挝语口语课堂教学中采用任务型分组教学模式的前提是将老挝语班级的学生进行合理分组，让每个同学都有参与到小组讨论与学习中来的机会，在讨论学习中不断提升老挝语口语能力。根据男女生比例、学习成绩、性格特点等进行分组，在每一组中，可以自荐产生小组长，也可以指定组织能力较好的、具有责任心的同学担任小组长，为提升学生的合作意识和集体向心力，培养学生的合作精神，组员可以设计自己的小组名称。

（一）任务前阶段

在老挝语口语课堂上，教师根据教学内容设计一个与课程相关的教学任务或需讨论的话题，教学任务的设置是任务型分组教学的核心部分，具有一定层次性、趣味性和可操作性的话题任务，才能够提高学习效果。设计任务或者话

题的三原则是：有明确的设计目的，有可操作的设计内容，有注重学生综合能力培养的设计目标。教师根据老挝语班级学生学习的实际情况，设计学生能理解的，通过自己的努力能解决的启发性问题给学生，让学生在小组之间进行讨论。通过话题的训练，学生能掌握相关的老挝语词汇和常用的经典句型，提高学生的老挝语口语水平，有效促进学生老挝语学习的快速进步。

（二）任务实践阶段

在课堂教学实践中，教师需要将课前设计的任务带到课堂上，根据课堂的实际教学进度把任务分配到各小组，对任务进行有效的实施。在此阶段，教师需要为学生营造良好的口语情景，降低任务的难度，让学生能够快速地融入到口语情景中，这样才能有效提高学生的学习质量，在以后的教学中，可以根据学生的实际语言水平，有层次地提高话题难度。例如：可根据学生即将出国留学的实际，设置在机场会遇到的一系列问题，让学生根据这一情景进行角色扮演，小组成员扮演机场工作人员、空姐、海关工作人员、乘客等角色，从坐飞机到过海关会遇到的情景进行老挝语会话的编写。教师对会话内容中的语法问题进行指导，并通过小组合作呈现会话内容，用老挝语的思维进行小组间的对话练习，增加学生使用老挝语口语的机会，提高学生的老挝语实际运用能力。组织并鼓励学生积极地投入到话题讨论中去，在活跃的课堂氛围中学习老挝语知识。其他小组成员认真观看，并记录会话小组中的大概内容及难点，提升自己的听力理解能力。教师记录学生在老挝语会话中应注意的老挝语发音、语法及口语习惯表达等问题，为点评工作做准备。在此阶段，教师还应该鼓励学生进行小组间的合作，通过组别合作、相互讨论、相互交流观点，将任务中有一定难度的话题通过合作的方式解决掉。只有这样，才能在最大范围内提高学生的老挝语口语水平，实现老挝语能力综合提升的目标。

（三）任务后阶段

当所有小组成员会话结束之后，教师组织各小组进行讨论并进行合理的评价，可以采取自我评价、组内评价和教师评价的结合。评价环节是任务型分组教学在老挝语口语教学中不可或缺的一个重要环节。因为学生在完成任务的过程中，或多或少会出现这样那样的问题，而这些问题就是学生在老挝语学习中应注意的问题，比如发音问题和语法问题，包括一些老挝语口语中的习惯表达等问题。学生可以根据会话中记录的内容进行小组间讨论，相互提问答疑。教师在评价的时候，内容可包括学习积极性，对话内容的丰富性及语言的准确性等方面。要及时指出学生在语言表达方面的问题，如果没有及时指出这些问题，会影响学生老挝语口语水平的提高，影响课堂教学效果的提高。教师要注意评价主体的多元性与评价方式的多样性。对学生的口语表现给予肯定，并给出有效建议，使学生了解到自身存在的问题，才能够及时改正，确保学生在每一堂老挝语口语课中，学习能力和语言能力都得到提升，口语中的一些问题在老师的指导下得到改正，学习效率得到提升，有助于学生语言学习的长远发展。采取组内评价，培养学生发现问题、解决问题的能力。在实际的会话交流中，交流词汇和句法的学习，提升老挝语实际表达能力。

五、任务型分组教学法在老挝语口语教学实践中的几点体会

（一）分组的重要性

在老挝语口语课堂上，由于课程时间和人数的因素，很难让每一位学生都有开口练习老挝语的机会，因此要形成"人人参与完成任务活动"的形式，对全班进行分组就显得尤为重要。分组的重要性还体现在有助于促进同学之间的交流、互助、讨论与合作，从而提高学习能力。在分组的过程中，考虑到男、女生的搭配，老挝语基础知识扎实与老挝语基础知识薄弱的搭配，学习积极性高和学习积极性差的同学搭配等，在上课时各组成员坐在一起，组成学习小组，合作完成学习任务。

（二）引入任务的技巧

引入任务的形式多种多样，教师可通过复习有联系的旧课来引入新课的主题，也可以通过多媒体呈现有关的图片或小电影来引起学生的兴趣，还可以通过讲故事，展示实物、列举身边发生的实例等来创设情景，也可以根据教学进度及教学内容，适当安排一两次学生来定自己感兴趣的话题，提高学生的积极主动性，营造良好的课堂气氛。针对老挝语专业二年级开设的老挝语口语课程，可以结合学生的学习生活实际，设置一些与大三出国留学相关联的话题，比如围绕到老挝之后的外币兑换、学校生活、购物、看病、旅游等情景设置话题，从实际需要的角度出发，使学生学以致用，提高学习的有效性。学生对此类话题也更感兴趣，也有助于学生老挝语学习积极性的提高。

（三）调动学生的积极性的方法

1. 鼓励学生开口说老挝语

学生经过多年的传统课堂教学模式，已经习惯了"只听不说、只记不问"的学习方式，这种学习方式不利于语言的学习，尤其是老挝语口语的学习。老

挝语属于非通用语，国内使用范围有限，缺乏语言使用环境，在这样的大环境下学习的老挝语只能是哑巴老挝语，因此，要转变学生的学习习惯，要不断鼓励学生开口讲老挝语。能用老挝语表达的尽量使用老挝语来表达，即使错了也没关系，错了就改正，这样才会有提升和进步。哪怕是搞笑或与课堂主题无关的，也不应该制止，要多加鼓励，营造一个敢讲敢说的老挝语课堂，学生才能在轻松的课堂环境中，克服老挝语学习中的畏难情绪，只有这样才能使课堂气氛活跃，在一个轻松的课堂氛围中学习老挝语，学着用老挝语表达自己的想法与观点，鼓励开口讲老挝语，大胆用老挝语表达自己的观点。

2. 帮助学生开口说老挝语

每位学生老挝语的基础知识扎实程度不一样，语言能力参差不齐，老挝语基础扎实的同学口语表达能力较好，而老挝语基础知识薄弱的同学却会不敢讲老挝语，想表达的意思不知道用老挝语怎么说，出现"有口难开"的情况。这时教师应根据每一位同学不同的学习情况，因材施教，及时给予帮助，以启发的形式让学生开口说老挝语，使老挝语口语交流活动得以继续进行。

3. 学生间的互助学习

在小组的话题合作中，在交流过程中，基础知识扎实的同学可以帮助基础差的同学进行表达，如提供词汇、纠正句型的语法错误等，而老挝语基础差的同学也会自然而然地纠正基础好的同学的疏忽或提供其他方面的信息帮助，在这个过程中，学生的词汇量得以丰富，表达能力也得到提高和巩固，整体上学生在老挝语口语课堂上都能够获得成就感，形成双赢的学习氛围，达到最佳的班级学习氛围。

4. 对任务的评价

（1）对任务的评价不仅要根据学生完成话题任务的完整性与准确性，而且要看学生完成任务的过程；既要正面评价学生积极参与的程度，也要评价学生运用老挝语交流的准确度与流利程度。

（2）评价必须客观、公正、切合实际情况，摒弃传统单一的评价模式，开展多种评价模式，学生互评和教师评价相结合，对组员的任务配合态度，合作效果等给予评价。应做到既能鼓励老挝语基础差的同学有开口说老挝语的勇气，又能激发基础好的同学的学习热情，使学生在任务型分组学习中，获得老挝语学习的成就感和继续学习新知识的动力。

（3）评价要有常规性，一般每节课都要根据学生的任务完成情况及学习成效等，给学生记平时分，对学生的表现给予评定，并在学期末根据每节课的得分进行总评，作为学生整学期的平时成绩。

5. 正确处理语言知识和交际能力的关系

在老挝语学习中，重视词汇、语法的学习，重视阅读能力、纠错能力的培养，也要注重老挝语交际能力的培养，注重老挝语说的能力。老挝语口语能力的提升，对老挝语学习具有促进作用，并且口语能力是学生老挝语能力的最直接的表现形式。因为在任务型分组教学中，学生通过老挝语口语实践，感受语言环境，探究语言现象，表达观点，了解语言知识，并在交流、讨论中实际运用老挝语进行交流，这样能够比以往更加牢固地掌握所学的老挝语语言知识，提高老挝语的综合能力，才能更好地满足国际社会对复合型、应用型老挝语人才的需求。才能更好地服务于我国"一带一路"建设，促进中老两国的政治、经济、文化交流。

6. 如何组织和指导学生进行任务型课堂学习活动

（1）尽力为交际过程创设有利的情景，营造良好的课堂气氛。教师是整堂课的总导演、总指挥者，同时又是学生任务型学习活动的帮助者；既是学生积极性的调动者，又是小组活动的协调者，教师只有扮演好这几个角色，才能成功地组织教学；任务型分组教学对教师提出了更高的要求，对课堂的把控能力，对学生特点的了解程度，都是对教师教学能力的考验，任务型分组教学模式的应用，有助于提高课堂教学质量，有助于学生老挝语口语能力的提升，也有助于教师教学水平的提升。

（2）教师既可以向全班进行语言目标的导入和设疑，对任务进行总结和评价，也可参与到各个小组的讨论当中；在小组的情景会话环节中的词汇和语法难点及口语表达给予指导，使学生老挝语口语能力在实践中得到提升。

（3）对完成任务有困难的小组，教师应及时给予提示、指导，可根据实际情况降低难度，使学生能融入到老挝语口语表达的学习氛围中，慢慢提升口语表达水平；对用老挝语交流有困难的学生，教师应适当给予鼓励、提示，以帮助学生克服畏难情绪，解决语言表达难点。

活跃的课堂学习氛围魅力无穷，置身于轻松、积极的学习氛围中时学生的语言学习潜能是巨大的。要开发出来就要靠老师把握好方向，放开学生的手脚才能最大限度地开发学生的智力，发展其潜在的语言学习与表达能力，全班每位同学都最大限度地展示其内在的潜能，争取在每一次的小组任务中，都能够脱稿用老挝语来表达各自的角色，会用流利的老挝语表达自己的思想和观点，使老挝语学习和实际的语言应用交际能力得到提升，激发学生老挝语学习的热情与兴趣，使之真正体验到学习老挝语的喜悦。

六、结语

任务型分组教学打破传统教学模式，使学生在老挝语课堂上能够找到自己的语言兴趣点，提升老挝语口语学习的积极性，主动融入课堂教学中去，自信大方地用老挝语进行日常会话交流。任务型分组教学在老挝语口语课堂上的应用，体现了语言教学从重视老师教向重视学生主动学的转变。学生不再是知识的被动接受者，而是语言知识学习的主动者。教师教学观念和角色也发生了变化，教师不再是老挝语口语课堂的填鸭式教学的操作者，而成为发掘学生潜能、指导学生开展自主学习的促进者，是课堂的管理者和引导者。学生轻松、愉悦的学习心态有助于营造良好的老挝语学习环境，良好的生生互动、师生互动教学模式有利于建立良好的师生和同学间的关系，使老师能及时发现学生存在的问题，学生之间也能取长补短，改进学习方法，提高自主学习的能力，能提高教学效果以及学生学习的积极性和主动性，有助于提高学生的老挝语口语水平，进一步提升老挝语综合应用能力。

参考文献

[1] 胡静芳, 安翠英. 大学英语口语教学中任务型教学法运用分析[J]. 新校园（上旬刊）, 2017（8）: 61.

[2] 姚驰. 从任务项目型教学视角谈高校英语教学思变求新[J]. 才智, 2019（21）: 127.

[3] 严欢, 付蛟蛟, 王鑫. 任务型语言教学中"任务"的定义及其教学原则[J]. 教育进展, 2018, 8（6）: 711—717.

[4] 张蜜. 基于任务型教学法的英语口语课堂设计[J]. 海外英语, 2019（2）: 113—114.

[5] 贾静懿. 任务型教学法在高校英语口语教学中的运用分析[J]. 中外交流, 2019, 26（13）: 70.

[6] 王力伟. 探究任务型教学法与大学英语口语教学[J]. 青春岁月, 2018（26）: 187.

[7] 杜秋兰. 浅谈经贸汉语口语教学的分组教学方式：以越南河内国家大学所属外国语大学的三年级学生为例[J]. 语文课内外, 2019（7）: 252, 332.

[8] 顾建芹. 谈英语课堂小组合作的评价[J]. 考试周刊, 2016（38）: 86.

[9] 袁晓雪. 浅谈英语课堂小组合作学习模式下的学困生问题[J]. 兰州教育学院学报, 2014（2）: 127—128, 131.

［10］任燕．任务型教学法在英语语法教学中的运用探索［J］．海外英语，2018（11）：12—13．

［11］刘萍．任务型教学法在高校英语口语教学中的运用［J］．知识经济，2018（22）：169—170．

［12］王思茗．大学口语课堂任务型教学设计研究［J］．科学大众（科学教育），2018（7）：171—172．

［13］韦成茂．浅析任务型教学模式在英语口语中的应用［J］．文理导航，2017（19）：45．

［14］马虹．评述任务型教学及其相关研究［J］．求知导刊，2018（27）：78．

［15］许蕴莹．任务型教学法在商务英语口语教学中的任务设计探究［J］．现代职业教育，2017（28）：164—165．

文化学的文学观与泰国文学史教学

广东外语外贸大学 吴圣杨

【摘　要】 泰国文学史教学，在国内有一个共同之处，即以泰国王朝史时代的文学作品为主要教学内容，存在视野局限、思想片面、没有体现泰国文学的自身发展史的问题。文化学的文学观与文学史教学探索，是从泰民族精神文化发展变迁的历史，探讨文学的发展和解读文学作品，尝试把泰国文学按照泰民族精神文化发展变迁分为 4 个阶段，即：（1）上古文学时代（史前—15 世纪早期）；（2）中古文学时代（15 世纪中期—19 世纪后期）；（3）近代文学时代（20 世纪初—80 年代）；（4）现当代文学时代（20 世纪 90 年代至今）。秉持文化学的文学观设计泰国文学史教学方案，应该根据学生的语言和知识水平、课程设置和教学目的，适当调整内容和侧重点，以期在一定程度上使学生对泰国文学有一个较为总体的把握。

【关键词】 文化学文学观；泰国文学；文学史教学

一、问题的提出

国内各泰语教学院校有关泰国文学史的教学存在一个共同的特点，即讲义的编写、教材或教参大都以栾文华先生的《泰国文学史》（1998）、《泰国现代文学史》（2014）或泰国学者布朗·纳纳空（เปลื้อง ณ นคร）的《泰国文学史》（ประวัติวรรณคดีไทย）等为重要的参考。后者目前是泰国国内关于泰国文学史研究与编写的主要成果之一，也是现在中学乃至大学使用的主要文学教参或教材之一，对泰国文学基础教育产生重要的影响。布朗·纳纳空的《泰国文学史》的编写是按 700 多年泰国王朝更替的时间进行历史分期，以素可泰王朝（1238—1438 年）的兰甘亨石碑碑文（ศิลาจารึกพ่อขุนรามคำแหง）作为泰国第一部文学作品开始编写，到曼谷王朝（1782 年至今）1932 年君主制变革为民主制初期的作品为止，依序梳理编写各朝代重要的文学作品，主要介绍社会背景、作者生平、创作目的、内容、文体、语言和价值等，并选取作品片段进行分析。这种编写模式其实早在 1941 年出版的丹拉·纳蒙代的《泰国文学评论》（ปริทรรศน์แห่งวรรณคดีไทย）中就已体现，后来的帕拉沃拉威西（พระวรเวทย์พิสิฐ）、瓦查利·若恩亚农（วัชรี รมยานนท์）以及布朗·纳纳空等人都受其影响，在泰国文学史编写中沿用，现在泰国教育部组织编写和出版的《泰国文学史》（ประวัติวรรณคดีไทย）亦如此，因此以布朗·纳纳空的《泰国文学史》为代表的这种模式编写泰国文学史课程教材、讲义和教学活动是泰国学界较为认可的，而且已有一段较长的历史了。栾文华先生的《泰国文学史》的编写参考了布朗·纳纳空的《泰国文学史》，风格与之类似，因此，国内的泰国文学史课程教学与泰国学校在相关方面的教学思路基本一致，只是国内的学习者由于泰语为非母语关系，学习内容与泰国学生相比有较大不同，在研读作品数量上大大减少，在难度上大大降低。

然而，不管是国内还是泰国，这门课程教学效果都存在不足，通常表现在：（1）学生只是了解了泰国历史上的一些著名文学作品，而对于泰国文学自身的发展脉络，仍然无法全面掌握或了解不深；（2）学生对泰国文学史形成一个视野局限、思想片面的认知。由于泰国文学史相当于是王朝史时期的宫廷文学（或称"古典文学"วรรณกรรมราชสำนัก），创作者多为国王、贵族或大臣，作品内容以颂扬王威、宣扬传统礼教道德为主，有利于王权统治，因此属于王权主义文学史，而丰富多彩的神话传说、地方文学、近现代各种体裁作品等没有进入泰国文学发展史编撰者的视野中。国内虽然有栾文华先生的《泰国文学史》中的现代部分，后来经作者修订成为2014年出版的《泰国现代文学史》，研究和编撰范围拓展到20世纪的小说、诗歌和影视文学等，在学术观念、研究方法到话语使用等方面都有所创新，但有的评论脱离了泰国社会文化语境，常站在批判封建王朝和礼教的立场分析，观点与泰国学界相悖，值得商榷，且作者也未将泰国现代文学纳入泰国文学发展的历史中考察。

总之，泰国文学史教学存在的问题，涉及泰国文学史的研究和重编，泰国学者在这方面已做了一定的探索和积累，笔者在这门课程的教学中也有一些思考，试从文化学的文学观出发，做出一些尝试，望与学界同仁交流。

二、泰国学者的探索和积累

泰国学者业已意识到泰国文学史研究和编撰存在问题，到目前为止，已为解决问题做了一定程度的贡献。

（一）有关泰国文学史研究与编撰的视野问题

目前已有不少泰国学者对泰国文学史某些方面做了专题研究，如素吉·翁特（สุจิตต์ วงษ์เทศ）的《暹罗语言和文学中的社会文化史》（ประวัติศาสตร์สังคมวัฒนธรรมของภาษาและวรรณคดีในสยามประเทศ）（2003）从宗教发展的角度揭示了史前湄南河流域的暹罗社会发展在文学中的反映，作者比较研究了多个台-泰民族的神话、民间故事和早期暹罗个别古典文学作品，虽以社会文化史为研究主题，但有早期文学发展史的论述，他超越了把泰国文学史设定在泰民族王朝史框架中的观点，被不少学者认可；萨西·炎纳达的《泰语佛教文学》（วรรณคดีพุทธศาสนาพากย์ไทย）（2002）对泰国佛教文学有简要的梳理；薇帕·恭格楠（ศักดิ์ศรี แย้มนัดดา）的《泰国小说的生成》（กำเนิดนวนิยายในประเทศไทย ประวัติวรรณคดีไทยสมัยใหม่）（2018）系统论述了泰国小说在西方文学文化影响下的早期发展史；德里信·本卡君（ตรีศิลป์บุญขจร）的《长篇小说与泰国社会：1932—1957》（พัฒนาการนวนิยายไทยพ.ศ.2475-2500:การศึกษาความสัมพันธ์ระหว่างนวนิยายกับสังคม）（1952）；吉·蒲米萨（จิตร ภูมิศักดิ์）和沙田·詹提玛吞（เสถียร จันทิมาธร）的《为人生的文学潮流》（สายธารวรรณกรรมเพื่อชีวิต）（1970）等对近现代泰国小说的发展有较为深入的研究，等等。

（二）有关泰国文学发展脉络的问题

从 20 世纪 70 年代开始，曾出现非王权主义思想的文学史研究思路。吉·蒲米萨和萨田·占缇玛吞的《为人生的文学潮流》，从马克思主义思想的视角评论 1949—1958 年的泰国文学；尼缇·姚希翁（นิธิเอียวศรีวงศ์）的《羽毛笔与帆船》（ปากไก่และใบเรือ）（2012）指出，18 世纪初以降，中产阶级发展壮大，他们对文学发展的影响应纳入文学史研究中；泽德纳·那卡瓦查拉的《文学历史图景和社会文化转换：以泰国为例》（Literary historiography and socio-cultural transformation: The case of Thailand），提出一个新的分析框架，以"自我"的发现、批评和认知为发展脉络进行研究，但他把个人和民族国家混为一谈；缇拉育·汶米（ธีรยุทธ บุญมี）在接受"西巫拉帕文学奖"时的讲话稿《泰国文学史新视角：泰国文学与失去的半个世纪》（มุมมองใหม่ประวัติศาสตร์วรรณกรรมไทยวรรณกรรมไทยกับกึ่งศตวรรษที่หายไป）中提出类似后西方主义的研究视角。但总体上，上述观点并未引起泰国文学界关于文学史研究的进一步探索，有的甚至被认为跟风西方，引用的西方理论不适用于泰国，受到不同程度的抵制。

总而言之，泰国学术界关于文学史脉络的研究，学术观念、研究方法和理论运用方面与现有的中西方学者关于某些国家、地区或东、西方文学史研究相比明显落后，而且，泰国社会对文学史研究重视还不足，到现在还没有一部真正的研究性的而不是作品选读式的文学通史。

（三）关于泰国文学史研究中文化学的文学观——"泰性"问题

目前，在泰国学界有一个较为突出的术语，即"泰性"（ความเป็นไทย Thainess），该词到 20 世纪才出现在泰语中，意指泰民族特性，包含表层的民族文化特性和内在的思想意识、价值观信仰、民族性格等，但通常指内在层面的含义。"泰性"观念伴随民族主义意识产生和民族国家建立不断强化。国内学界一般译为"泰国性",笔者认为,该词译为"泰民族特性"更为贴切,从发音紧凑考虑,本文简称为"泰性"。

泰国文、史学界已有不少关于泰国文学与"泰性"建构的研究。泰国学者有的从具体的文学作品,有的从现有的文学史书的编写,阐释和总结"泰性",例如清迈大学的历史学家赛春·萨达亚努拉(สายชล สัตยานุรักษ์)的思想史巨著《暹罗十哲》(*10ปัญญาชนสยาม*),通过分析 19 世纪末到 20 世纪末的泰国十大思想家的文论,揭示"泰性"的内涵经历百年演变,其核心仍体现王权崇拜(或等级社会思想)与佛教信仰;法政大学的文学教授楚萨·帕塔拉君瓦尼(ชูศักดิ์ ภัทรกุลวณิชย์)曾撰文《文学史与"泰性"建构》(*ประวัติวรรณคดีกับการสร้างความเป็นไทย*),指出泰国文学史把"泰性"的王权主义特性建构起来,等等。

民族文学是民族精神文化的载体,泰国文史学界的研究显示,把"泰性"作为泰国文学史研究中秉持的文化学的文学观确实可行,然而,笔者认为,泰国文、史学界的"泰性"观是不全面的。"泰性"名称的产生虽历史不长,但其内涵即泰民族精神文化形成的历史悠久,远远早于泰民族国家的建立,换言之,"泰性"自古有之。更重要的是,"泰性"并非固定不变。伴随泰民族社会发展,民族精神文化和表层的民族特性一样,一直处在既保持本土优秀因子又吸收外来有利因素的文化发展模式中。"泰性"的本原(相对来说)、不稳定性以及多元复杂性,未见文、史学界系统的研究。现有的研究基本上指向王朝史时代的文学与"泰性"关系,以及当代文学作品研究中,不少学者探讨"泰性"的模糊淡化,如帕塔纳·吉迪拉萨(พัฒนา กิติยารส)以及西方学者 Rachel V. Harrison 对泰国影视文学研究揭示,"泰性"在全球化时代具有不确定性,泰国人对自身文化身份产生焦虑,然而,从"泰性"发展的视角看,这是必然现象,影视文学所反映的各种价值观思想也是"泰性"发展的体现,现在泰国繁荣发展的文学仍是一个在文化上有内在联系的有机整体。

三、泰国文学史教学的探索

民族文学与民族精神在历史发展中互动,笔者对泰国文学史的教学设计着眼于"泰性"的发展变迁如何影响文学的创作和发展。

笔者将史前东南亚大陆的孟-高棉神话传说、台-泰族神话和民间故事、王朝史时期京都宫廷诗人的作品、地方文学(如东北和南部)、近现代小说、诗歌,以及 21 世纪以来在中国影响较大的影视文学和在国际上频繁获奖的泰国广告等都纳入考察视野,根据泰国历史的特点把泰国文学史分为上古、中古、近代和现当代编,每一编的教学设计,首先论述社会文化发展状况,民族精神文化的表现,文学创作概况,然后选取同类型或同一作家有代表性的作品进行分析，其余则简要概述；注意考察作品的渊源和彼此之间的相互影响，梳理作家之间的传承、借鉴和突破等各种关系；考察文学体裁、艺术形式、叙事方式、表现手法、修辞手段、语言风格的发展演变；概述某些重要的研究观点。笔者尝试的泰国文学史教学框架设计具体如下：

（一）上古编：原始信仰的文学时代（史前—15世纪早期）

导论：早期传统农耕社会追求和谐生存发展，泰国人形成万物有灵的思想，这种原始思想既有本土的，也有印度早期文明的影响。较为原初的"泰性"表现为个体追求灵肉和谐统一的鬼神信仰，群体体现为追求秩序的权威崇拜。创世故事、民间女鬼故事、那珈传说以及各种安魂、诅咒、祭祀仪式上使用的祭语等，成为原始文学，安抚个体身心，维护母系社会的族群秩序和统一。女性位高权重，是文学中的主角。末期，男性地位上升，佛教开始受到统治者支持，但未占正统地位。

这部分内容分为两大部分：（1）口头文学。内容涵盖东南亚大陆孟-高棉地区的创世神话、台-泰民间稻作文化相关的神鬼故事、那珈传说、建国传说、祭语、咒语和熟语等。（2）书面文学。内容涵盖素可泰碑铭概述与《兰甘亨石碑》、《三界论》、佛本生故事传播概况与本土本生故事《清迈五十本生》等。

（二）中古编：王权主义文学时代（15世纪中期—19世纪后期）

导论：阿瑜陀耶八世王到曼谷王朝拉玛四世时期，暹罗王国政权面临内、外（与周边王国的战争以及中、西方文化冲击）压力。为巩固王权，统治者弘扬佛教，改革传统政治统治制度萨迪纳制，使之成为政治、经济和文化制度，四百多年的实行使暹罗形成特色鲜明的传统文化，王权主义的"泰性"得以建构，核心表现为有选择地继承传统文化的王权崇拜与佛教信仰，即王权崇拜含有原始女性王权思想，佛教信仰也包含了印度教和原始信仰。文学创作人员主要为王族、贵族，作品关怀的对象也是他们自身。佛教与世俗相互影响，文学的政治特征明显，表现王权崇拜或佛教信仰，或者二者合一。

这部分内容分为三大部分：（1）宫廷（古典）诗歌。内容涵盖克隆体、律律体、堪銮体、卡普体、禅体、记行诗和混合体的代表作品分析。（2）散文体作品。内容涵盖法律文书的发展、王朝史书和早期翻译文学作品分析。（3）戏剧文学。内容涵盖宫内戏和宫外戏。

（三）近代编：民族主义与泰式民主思想的文学时代（20 世纪初—80 年代）

导论：此阶段为泰民族传统社会转型为现代社会的初期。20 世纪初，萨迪纳制度解体，平民从徭役中解放出来，拉玛五世西化改革，现代教育开始发展。西方殖民势力威胁与民主思想渗透，统治者构建和巩固民族国家意识强烈，王权民族主义思想特征凸显；民主思想也在上层萌芽，1932 年民主政体建立后到 20 世纪中期，大泰民族主义思想广为宣扬；20 世纪中后期民主政体不稳定，"为人生"文艺思潮产生，但王权崇拜与佛教信仰仍为"泰性"核心。文学创作队伍从社会上层拓展到中层人员，作品体现对传统等级社会思想的继承，也开始更多地关怀中下层人（阿瑜陀耶中、后期文学关怀的对象已开始转向下层），出现探讨社会平等的发展趋势。受西方影响，小说大量涌现，取代诗歌成为主要文学体裁。佛教的说教与等级社会礼教结合紧密，对文学创作的影响，仍以反映人与人、人与社会问题为主。

这部分内容分为三大部分：（1）王权民族主义作品；（2）大泰民族主义作品；（3）"为人生"文学代表性作品。前两部分作品的选取参考赛春·萨达亚努拉的《暹罗十哲》研究中涉及的文学作品。

（四）现当代编：思想多元化的文学时代（20 世纪 90 年代至今）

导论：民主政体进一步巩固、市场繁荣、教育迅速发展、民族融合同化、国际交往频繁、传播途径拓展等因素导致社会迅速发展。"泰性"呈现多元复杂状态，既吸收融合外来优秀思想，也有基于本土文化自觉地对王权民族主义思想的坚持，更有本原"泰性"——个体与族群追求和谐和秩序——的思想回归或在佛教哲学影响下的提升。文学创作者与受众多元化，各种思潮促进文学创作百花齐放。文学的政治特征淡化，反映人性趋善的伦理，在国际上产生共鸣，辅以外层的民族文化特征，成为民族文学走向世界的创作导向。

这部分内容以小说为主，影视文学为辅，通过个案深入分析。小说以获东盟文学奖作品或多次再版的小说和短篇小说为分析重点。影视文学以多次重拍及网络传播广泛的作品为主。

总而言之，文化学的文学观，即从泰民族精神文化即"泰性"形成与发展变迁的历史，解读文学的发展。从原始社会开始，民族文化在民族社会自身的发展与异族文化的冲击中发展变迁，既保持原有的优秀因子，也吸收新的有利于个体与族群和谐发展的思想，影响文学创作。及至今日，"泰性"有多元融合的特征，或体现吸收融合外来优秀思想，或基于本土文化自觉对王权民族主义思想的维护，或回归原初追求灵肉合一，或体现探索佛教哲学人生真谛，等等。文学创作和阅读群体多元化，思想发展促使文学创作繁荣。笔者认为，民族精神文化视角中的泰国文学史，与世界文学特别是东方由农耕社会发展而来的国家的文学，呈现相似的发展脉络，由于地理环境、自身发展和外部因素影响不同，发展速度及细节状况与他国不尽相同。

四、结语

国内涉及泰国文学史的教学，本科和硕士阶段均有，但并非每个教学点都开设，教学侧重点也不同。本科阶段教学中，由于大多数教学点的课程设置偏向语言技能训练，其他类型课程包括文学课程的学时占比较少。以广东外语外贸大学泰语专业为例。从 2015 年修订的最新版本科教学计划来看，语言技能训练课程占据绝大多数，在专业必修与选修课共 89 学分中，有关泰国文学的课程为"泰国文学作品选读1—2"，共 5 学分。研究生阶段，文学史教学在泰语语言文学方向有了重要地位，开设了"泰国文学概论""泰国古典文学名著导读"和"泰国近现代文学作品研究"等与泰国文学相关的必修或选修课程。

我们不能否认，中国学生在泰国文学的学习中因受到语言的制约，学习效果远远不如泰国学生，特别是本科阶段，由于泰语属于零起点教学的语言，此阶段文学教学面临学生阅读能力偏低的问题，加上学时少，因此基本上只能选读几篇著名作品的片段。实际上对于国内一般的硕士研究生来说，对象国语言的水平与本科生相比也并非有质的飞跃，阅读速度也仍是一个关键问题。因此无论对于本科生还是硕士研究生来说，在提高语言水平加快阅读的同时，合适的教学指导显得尤为重要。

笔者认为，建立"泰性"视角的文化学文学观可以很大程度解决泰国文学学习的问题。无论是本科生的文学作品选读，还是硕士研究生的各门相关的课程，从文化学文学观的视角考察泰国文学史，对于本科或硕士研究生各门文学课程的学习都能起到事半功倍的效果，可以使作品的研读做到零而不散，既见树木，又见森林。

论泰语作为第二语言教学中的委婉语教学

云南师范大学 段召阳

【摘　要】 委婉语是各民族语言中普遍存在的语言替代现象。因其具备避讳、礼貌、掩饰和褒扬等功能而被作为一种交际策略广泛地运用在人们的日常生活之中。在泰民族中，委婉语的使用具有悠久的历史。泰语中的委婉语反映了泰民族的民族心理、价值观念、风俗习惯、思维方式和传统文化，也是进行得体交际的重要手段，因此能否恰当地运用委婉语进行交际成为衡量泰语使用者能力水平的一项重要指标。然而，在当下泰语作为第二语言教学中，委婉语的教学一直未能引起足够的重视，相关的研究成果几乎还是一片空白。有鉴于此，笔者结合目前国内二语习得中泰语委婉语教学的问题和不足，提出了泰语委婉语教学的策略。

【关键词】 泰语；二语习得；委婉语

一、引言

　　委婉语是各民族语言中普遍存在的语言替代现象，是人们在交际的过程中，出于种种考虑，对一些不便或不能直说的话语，用含蓄曲折而又能传达本意的词语代替，这种具有曲折特点的词语就是委婉语。因委婉语具备避讳、礼貌、掩饰和褒扬等功能而被作为一种交际策略广泛地运用在人们的日常生活之中。在泰民族中，委婉语的使用具有悠久的历史。泰语中的委婉语反映了泰民族的民族心理、价值观念、风俗习惯、思维方式和传统文化，也是进行得体交际的重要手段，因此能否恰当地运用委婉语进行交际成为衡量泰语使用者能力水平的一项重要指标。然而，在当下泰语外语教学中，委婉语的教学一直未能引起足够的重视，相关的研究成果几乎还是一片空白。

　　我们知道，泰语作为第二语言教学或对外泰语教学的目的是培养泰语非母语的学习者运用泰语进行交际的能力，而"交际能力（communicative competence）"包括两方面的内容：一是合语法性，即合乎语法；二是可接受性，即在文化上的可行性，在情境中的得体性和实现性。委婉语的正确使用是交际中可接受性的一个重要表现。委婉语是人类使用过程中的一种普遍现象，不同的民族、不同的团体、不同的语言集合，都会使用委婉语来使自己的语言表达得更加委婉。委婉语的正确使用，是社会交际正常进行的重要保证。人们也可从委婉语的使用中发现其反映出来的有关语言或者社会的规律，以此来促进泰语教学或者其他相关学科的发展。泰语委婉语教学在泰语教学中占据着非常重要的地位，因为语言与文化是不可分割的整体，语言是文化的载体。人们在进行任何语言学习的时候，都不能将其与当地的文化分割开来。

对于泰语学习者而言，通过委婉语可以进一步了解泰民族的社会心理、价值观念、风俗习惯和思维方式，以及博大精深的传统文化，提高他们运用泰语进行交际的能力。因此，在泰语教学中，委婉语的教学具有重要的意义。

二、委婉语在泰语教学中的现状

（一）对委婉语的关注度不够，相关科研成果几乎为零

委婉语教学在泰语教学中的关注度不够，进行泰语教学的中国教师对委婉语教学不够重视，课堂上对委婉语的讲解甚少甚至忽略，委婉语的复杂性和含蓄性成了学习者的阻碍；学习者对词汇的刺激程度、委婉语的使用条件不够了解，对各种委婉表达方式的语用功能也不清楚。另外，根据笔者的调查，知网中关于中泰委婉语的研究和论文只有寥寥几篇，几乎都是学习汉语的泰国留学生或者学习汉语国际教育的中国学生的论文，他们对泰语的理解深度不够，或者汉语水平还有待加强，所以对汉泰委婉语的研究不够全面或者表达不够准确，而把泰语作为外语教学的中国教师甚至没有发表过一篇与汉泰委婉语相关的研究论文。因此，在二语习得过程中，针对泰语委婉语的教学与研究都非常薄弱。

（二）教材和词典中缺乏对泰语委婉语的介绍

在目前国内市场正式出版的泰汉或汉泰词典，以及出版的各类泰语教材内，没有一部词典或一套教材中明确标注出哪些词属于委婉语。教材中只是零星涉及包括"死亡""排泄""生理现象""身体部位和器官"等方面的词语，但是并没有进行系统的介绍，有一些词汇如 ขี้（屎）、หี（阴户）、ไข่（睾丸）、ควย（阴茎）等在拼读练习时还全班集体朗读。上述这些词语，如果教材编写者在编写的过程中能注明，并由老师进行补充性介绍，学习者将会在二语习得的过程中注意使用范围，从而在跨文化交际过程中正确地使用。

（三）学生对委婉语不甚了解，导致跨文化交际中的错误或偏差

随着中泰两国间友好往来的日益增进，越来越多的中国学生学习泰语，目前，在全国高校中开设泰语专业的院校有 50 多所。通过笔者对所在学校泰语专业地调查发现，由于中泰两国不同的文化背景和风俗习惯，低年级的同学对

委婉语几乎一无所知，而高年级的同学只了解部分委婉语，但是对委婉语背后深层的文化内涵只是一知半解，比如应该说"男性隐私部位"，却说成了"阴茎"；应该说"胸部"，却说成了"奶"；应该说"方便一下"，却说成了"拉屎"；应该说"盲人"，却说成了"瞎子"；应该说"残疾人"，却说成了"瘸子"，等等，最终在跨文化交际过程中发生了很多令人尴尬或不悦的言语失误。

因此，通过对泰语委婉语教学现状的分析，结合教育学、心理学和二语习得的基本理论，可以认为，从事泰语委婉语的教学是必要的，其教学策略的选择是多样性的。

三、泰语委婉语教学策略

（一）教师在教学中应具有强化意识，多种教学方法并用帮助学生掌握委婉语

教师在教学过程中对委婉语的教学应具有强化意识，因为委婉语能反映一个民族的民族心理、价值观念、风俗习惯、思维方式和传统文化。正确恰当地使用委婉语，能在跨文化交际过程中达到有效交际的目的。因此，教师在教学过程中，使用串联教学法把语言教学和文化教学相结合，帮助学生正确学习和使用委婉语。

串联法教学是二语习得常用的教学方法。教师在教学过程中通过比较、分析词与词之间的语义关系，把具有同一个意思的词串联起来进行教学，将会使学生比较容易掌握。比如在讲授泰语"死亡"委婉语时，可以把跟"死亡"这一语义相关的词找出来，然后通过跟汉语委婉语对比中找到语言之间的共性和差异，进行串联加对比式的教学。如 ไป 这个词，本义是"去、往、赴"，还可以做趋向动词，意思是"去"，从词义来看和"死亡"一词没有太大关系，但是，由 ไป 组成的和死亡有关的委婉语有很多，如：ไปสบายแล้ว（去舒服去了），ไปดีแล้ว（走了），ไปสวรรค์แล้ว（去天堂了），ไปสู่สุคติแล้ว（去天堂了），ไปพักผ่อนแล้ว（去休息去了），เสียไปแล้ว（去世了）；再如 สิ้น 这个词，本义是"完、尽、终、绝"，从词义来看和"死亡"一词没有太大关系，但是，由 สิ้น 组成的和死亡有关的委婉语也有很多，如：สิ้นใจ（气绝、断气、停止呼吸），สิ้นชนม์（绝命、寿终），สิ้นชีพ、สิ้นชีวิต（毙命、丧命、丧生），สิ้นชีพตักษัย、สิ้นชีพิตักษัย（薨、去世，用于 หม่อมเจ้า 即国王之孙 พระองค์เจ้า 之子），สิ้นชื่อ（名声失尽、名誉丧尽、死亡），สิ้นบุญ（天数已尽、阳寿已尽），สิ้นปราณ（气绝、气尽、停止呼吸），สิ้นพระชนม์（薨、逝世，用于 พระองค์เจ้า，即庶出的王子 พระองค์เจ้า 之子），สิ้นลม（气绝、断气、停止呼吸），สิ้นเวร, สิ้นเวรสิ้นกรรม（业报

终结、罪孽到头），สิ้นสังขาร（生命告终）。因此，教师在教学中明确了 ไป 和 สิ้น 的词义之后，把由 ไป 和 สิ้น 组成的与死亡有关的词串起来，在二语习得者的大脑中就很容易形成整体记忆。

归类教学法也是第二外语教学中常用的教学方法，比如和性有关的委婉语归为一类，如：มีเพศสัมพันธ์（有性关系），มีอะไรกัน（有什么了、那个了），ร่วมเพศ（交媾），มีเซ็กซ์、มีสัมพันธ์ทางเพศ（有性关系），เมคเลิฟ、ทำรัก、ร่วมรัก（做爱），ทำการบ้าน（做家庭作业），สังวาส（性交、交媾、共处、同居、房事），ร่วมกิจสำคัญ（做重要活动），ขึ้นเตียง（上床），ขึ้นสวรรค์（上天堂），เริงร่วมกัน（共同快乐），ทำลูก（造人），สงครามแห่งความรัก（爱的战争），ประเวณี（交媾、性交），ตีหม้อ（交媾），เอากัน（做爱）等。通过归类教学后，学生就能系统掌握某一类词语的委婉语，在跨文化交际的过程中正确地使用。

（二）通过中泰语言文化对比的教学方法，引导学生掌握委婉语

通过中泰语言文化的对比，把语言教学和文化教学相结合，有针对性地增加中泰语言文化中关于委婉语的对比，将会使学生更容易掌握委婉语。

我国封建社会历史悠久，在数千年的时间里封建社会的等级制度不断发展和巩固，封建等级的观念渗透到生活的方方面面。封建等级制度强调贵贱有序、长幼有别，凡事兼有定制，任何人不可逾越。在这样一个以差序格局为基本建构的社会里，死的代名词也因人的社会地位和身份而异。众多关于"死亡"的委婉语很好地反映了这一根深蒂固的观念。《礼记·曲礼》中提到了"死亡"的委婉表达运用在社会各阶层的专门表达，"天子死曰崩，诸侯曰薨，大夫曰卒，士曰不禄，庶人曰死"。

泰国受婆罗门教等级观念及"君权神授"的观念和佛教"因果报应"观念的影响，高低等级观念也渗透到泰国社会文化的方方面面，王室和僧侣在泰国享有特殊的地位，通过泰语里的皇室用语和佛教用语关于死的代名词也因人的社会地位和身份而异，这也属于委婉语的范畴。如国王和王后驾崩，用 สวรรคต，王太子薨叫 ทิวงคต，庶出的王子（拍翁昭）薨叫 สิ้นพระชนม์，僧王因其特殊的地位，因此僧王圆寂一词和庶出的王子薨的用词一致。皇亲国戚薨叫 สวรรคาลัย，国王之孙、拍翁昭的儿子薨叫 สิ้นชีพิตักษัย，普通的和尚圆寂用 มรณภาพ，也和普通老百姓死亡的用语不一样。

（三）泰语教师引导学生收集整理委婉语，构建泰语委婉语的词汇网络系统

泰语教师需要引导学生收集整理委婉语。首先，泰语教师应该知道委婉语的分类，只有知道委婉语的分类，才能引导学生进行分类。委婉语的分类，不

一样的分类标准就会产生不一样的分类结果。常用的委婉语分类标准是规约性标准、婉指对象标准、语义标准、语用功能标准。按照规约性标准，委婉语被分为"规约性委婉语"和"非规约性委婉语"；按照婉指对象标准，委婉语分为"死亡""疾病""老人""分泌与排泄""性爱与生理现象""身体部位与器官""身体缺陷与缺点""相貌与职业""同性恋""贫穷与失业""社会问题""经济"等；按照构成手段标准，委婉语分为"语音类委婉语""语义类委婉语"和"语法类委婉语"；按照语用功能标准分为"避讳功能""礼貌功能""掩饰功能""褒扬功能"。

如按照婉指对象分类标准划分，身体部位与器官，男性生殖器的就有二十多种表达法，如 น้องชาย（小弟弟），ไข่（蛋），นกเขา（斑鸠），มังกรยักษ์（大龙），ปลาช่อน（乌鱼），กล้วย（香蕉），ไส้กรอก（香肠），ปืน（枪），อาวุธ（武器），จรวด（火箭），กระบี่สั้น（短剑），ลำกล้อง（管子），เป้า（目标），กล่องดวงใจ（心脏盒子），เจ้าโลก（地球的主人），หนอนชาเขียว（绿茶虫），ตัวเดียวอันเดียว（一个），องคชาติ（阳物），พวงสวรรค์（睾丸），แท่งอมฤต（不倒棒），บิ๊กจู๋（大鸡鸡），ลึงค์（阴部），องค์ที่ลับ（阴部），อวัยวะเพศชาย（男性生殖器），สัญลักษณ์ความเป็นชาย（男人的象征）。涉及女性生殖器的也有二十多种表达法，如 น้องสาว（小妹妹），จิ๋มจิ๋（小洞洞），จิ๋ม（小洞洞），โม๊ะ（小洞洞），จุ๋มจิ๋ม（小洞洞），ถ้ำ（小洞洞），หอย（贝壳），เต่า（乌龟），ส่วนล่าง（下面），ของลับ（私处），ของสงวน（私密部位），สามเหลี่ยมทองคำ（金三角），เนินวาสนา（宝地），เนินสวรรค์，เนินสวาทหาดสวรรค์（蓬莱仙境），คฤหาสน์หยก（玉宅），เนินเนื้อ（肉包包），จุดยุทธศาสตร์（战略要点），จุดซ่อนเร้น（隐秘部位），จุดพิเศษ（特别的点），อวัยวะเพศหญิง（女性生殖器），ลึงค์（阴部）。通过教师引导学生收集整理委婉语，把这些词汇建立为一个词汇网络系统，对委婉语的学习又更深入和系统。

（四）在改编的教材中标注出委婉语

在改编的教材中标注出委婉语，不仅可以让教师清楚地向学生解释委婉语，也能使学生更加容易掌握委婉语。如 ถ่ายเบา（解小便），ไปเบา（去放松一下），ถ่ายปัสสาวะ（解小便），ไปห้องเล็ก（去小厕所），都是 เยี่ยว（撒尿）的委婉语；อึ（解大便），ถ่ายหนัก（解大便），ไปทุ่ง（去野外），ถ่ายปัสสาวะ（解小便），ปล่อยระเบิด（放炸弹），ปลดทุกข์（释放痛苦），ปล่อยข้าศึก（释放敌人），都是 ขี้（拉屎）的委婉语；ผายลม 排气，是 ตด 放屁的委婉语；ยิงกระต่าย 本义射兔子，婉指男性在野外方便，เด็ดดอกไม้ 本义摘花，婉指女性在野外方便；โสเภณี（妓女），หญิงขายบริการ，หญิงขายบริการทางเพศ（出卖服务的女人），หญิงอาชีพพิเศษ（特殊职业的女人），นางโทรศัพท์（电话女郎），ผีขนุน（菠萝蜜鬼），

สาวไซค์ไลน์（沙滩女郎），นางงามตู้กระจก（玻璃柜里的美女），ผู้หญิงโคมเขียว（绿灯女郎），หมอนวด（按摩女郎），是 กระหรี่（妓女）的委婉语，คนพิการทางสายตา（视力障碍者），คนตาบอด（盲人），ผู้บกพร่องทางสายตา（视力有缺陷的人），ผู้สายตาพิการ（视力残疾的人），ผู้พิการทางสายตา（眼睛失明的人）等，是 ไอ้บอด（瞎子）的委婉语，คนพิการทางหู（听力障碍者），คนหูหนวก（听力障碍者），ผู้บกพร่องทางได้ยิน（听力有缺陷的人），ผู้พิการทางการได้ยิน（耳朵失聪的人）等，是 ไอ้หนวก（聋子）的委婉语。通过教材的标注和教师的讲解，在跨文化交际的过程中，学生才能根据语境选择正确的委婉语来表达自己的想法。

（五）设置相关语境，让学生主动思考

教师在课堂教学中进行的交际教学，应该注重从语言功能出发，因为教学的内容最终是要应用于真实交际的过程中。教师在教学过程中可以设置一定的交际情景，让学生能够把自身代入到相关的语言环境中，主动思考自己应该清楚的语用目的，选择哪种表达最为恰当，鼓励学生积极进行交际练习。而另一方面，由于这种模拟交际的真实性，可能会使同学们出现很多不同情况的偏误。因此，任课教师可以抓住时机对同学们出现的问题进行纠正和解释，使同学们对这些易出现偏误的委婉语加深印象，加强理解，帮助同学们克服母语负迁移的影响。

在日常生活中，同学们扮演的社会角色还是基于泰语作为第二语言学习者这一特定的社会背景，而生活中语言交际的复杂性，往往给同学们带来不同于课本内容的交际挑战，这就要求教师在教学过程中应当注重培养学生在真实的环境中应用语言的能力，在交际过程中出现错误使用禁忌语的情况时，有一定灵活应变的能力，恰当地使用委婉语以使交际能顺利进行。

另外需要注意的是，为了避免学生产生依赖心理，应培养学生独立思考的能力。在做课堂模拟交际练习时，教师应该鼓励学生脱离课本，发散思维，摆脱固定的思维模式，锻炼学生自身组织语言，运用语言的能力。因为在实际生活中语言环境的复杂性，不可能有现成的书本可供参考，所以要求学生在学习使用语言的过程中，掌握尽可能多的委婉语，学会灵活应变。同时，在学生出现偏误时，教师应避免打断学生的交际过程，在恰当的时候根据实际情况，适当地做出相应的指导或点评。

教师在教学中解释泰语委婉语时，需提供必要的语境，如提供对话语境，让母语是非泰语的学习者进行情景练习。这样，通过在真实的语用环境中掌握的委婉语，能长时记忆，还生动形象，方便可行。加强委婉语在日常交际中的使用频度，不断总结经验教训，总结出最合适的泰语委婉语教学之路。

四、结语

综上所述,在二语习得过程中,在教学过程中,教师应强调学习委婉语的重要性,通过语言文化对比教学法、串联教学法等方法促进学生对委婉语的学习。同时,还应注重交际实践应用,加强委婉语在具体语境中的练习,让学生在跨文化交际中不断学习和总结。作为泰语学习者,应该养成自主学习的良好习惯,主动积累知识,及时总结错情并予以改正,努力克服母语的负迁移,最终达到在语言交际中真正掌握并能正确使用泰语委婉语。

参考文献

［1］陈望道．修辞学发凡［M］．上海:上海教育出版社,2001．

［2］陈原．社会语言学［M］．北京:商务印书馆,2000．

［3］龚颖元．汉语土耳其语委婉语对比研究［D］．北京:中央民族大学,2017．

［4］何兆熊．新编语用学概论［M］．上海:上海外语教育出版社,1999．

［5］刘纯豹．英语委婉语词典［M］．南京:江苏教育出版社,1993．

［6］冉永平,张新红．语用学纵横［M］．北京:高等教育出版社,2007．

［7］邵军航．委婉语研究［D］．上海:上海外国语大学,2007．

［8］邵军航,樊葳葳．委婉语的分类研究［J］．信阳师范学院学报,2002(1):61—65．

［9］束定芳．委婉语新探［J］．外国语,1989(3):30—36．

［10］束定芳,徐金元．委婉语研究:回顾与前瞻［J］．外国语,1995(5):17—22,80．

［11］王德春．语言学概论［M］．上海:上海外语教育出版社,1997．

［12］张拱贵．汉语委婉语词典［M］．北京:北京语言文化大学出版社,1996．

目的语与非目的语环境下泰语学习者的泰语使用对比

云南师范大学 刘娟娟　　曲靖一中麒麟学校 颜玉玲

【摘　要】在"一带一路"沿线语言文化研究中，我国泰语学习者的泰语使用研究也逐渐成为备受关注的研究内容。本文以中国云南省某高校泰语学习者为调查和访谈对象，对比分析我国泰语学习者在目的语环境和非目的语环境下泰语使用情况，并针对两种语境下的泰语教学提出相应的教学建议，以期对我国泰语学习者的培养有参考价值。

【关键词】目的语环境；非目的语环境；泰语学习者；泰语使用状况

中国云南省地处中国西南边陲，面向中南半岛中部的泰国。因为中泰两国没有地缘利益冲突，也没有历史矛盾，因此两国在政治、经济、甚至军事上都保持着友好联系。作为东盟的重要组成国，泰国在我国"一带一路"倡议、"文化走出去"战略的实施和云南省"桥头堡"战略的推进过程中占有重要地位。近年来，我国与泰国的合作日益加深、日益扩宽，社会对泰语人才的需求也日益增加。可是，据"国家外语人才资源库"高校外语专业招生情况统计表明，目前我国"一带一路"重大战略面临小语种人才匮乏的瓶颈。"一带一路"沿线国家和地区的官方语言超过四十种非通用语，我国 2010—2013 年高校外语专业招生的语种只覆盖了其中的二十种（文秋芳，2014）田立新表示，"一带一路"建设是国家的重大战略，但"语言不通则不能人心相通"，许多学者也纷纷呼吁，"一带一路"的建设必须要语言铺路，语言人才先行（沈骑，2015；张日培，2015；魏晖，2015；赵世举，2015）可见，语言通畅已经成为我国"文化走出去"和"新丝绸之路"的瓶颈之一。因此，对我国泰语学习者多语境下的泰语使用亟待开展。

一、核心概念界定

高晓博、曹梅（2014）将语言使用定义为一种语言行为，用于人们彼此交流。在社会语言学中，语言使用是社会个体或团体利用超过一种以上的语言进行交流的过程。仇鑫奕（2010）认为，目的语环境是指学习者在以目的语为母语的国家所拥有的学习环境。以此推知，非目的语环境就是指学习者在非目的语为母语或官方语言的国家所拥有的学习环境。

二、研究设计

（一）研究目标

本研究目标在于解答以下三个问题：一是，泰语学习者在目的语环境和非目的语环境下的泰语使用情况如何？二是，两种语言环境下泰语学习者的泰语使用有何异同？三是，语言生态环境对泰语学习有何影响？

（二）研究对象

本研究以云南某高校泰语学习者为研究对象。研究对象为云南昆明市某高校 2012 级、2013 级和 2014 级的泰语学习者，共计 163 人。其中 2014 级学生无泰国留学经历只在中国非目的语环境下学习过泰语，而 2012 级和 2013 级学生在泰国目的语环境下留学。

（三）研究工具

在借鉴前人研究的基础上，笔者编制了本次目的语和非目的语环境下的调查问卷。问卷由四个部分组成：第一部分为调查对象基本信息，比如性别、年龄、年级等；第二部分调查对象泰语掌握情况；第三部分调查对象泰语使用情况。本研究的调查问卷发放于 2016 年 1 月，总共发放问卷 163 份（2012 级发放 82 份，2013 级发放 13 份，2014 级发放 81 份），回收 155 份，回收率约为 88%，其中有效问卷 136 份，有效率约为 88%。为了比较分析，笔者从大样本中随机选取了目的语环境下的被试样本 62 份，非目的语环境下的被试样本 62 份，共计 124 份样本进行比较分析。

（四）数据的统计和处理

调查数据采用 Spss20.0 软件统计后，采用描述统计法进行分析讨论。

三、数据分析及讨论

（一）调查总体情况

表 1 显示，被试者女性人数远远高于男性被试者。这与女性在语言学习方面比男性人数更多的普遍现状基本一致。在年级分布方面，大二的被试者与大

三和大四的分布数量接近，即大二被试者有 63 人，而大三和大四的被试者有 62 人。大三与大四的被试者面临泰国实习和就业问题，因此，愿意参与本研究的人就相对有限。

表 1　被试基本情况表（N=124）

项目		样本数（人）	比例（%）
性别	男	12	9.67
	女	112	90.32
年级	大二	63	50.80
	大三	13	10.48
	大四	49	38.71
年龄	18—20 岁	58	46.77
	21—23 岁	66	53.23
泰语水平	初级	71	57.26
	中级	53	42.74

18—20 岁的被试者占总人数的 46.77%，而 21—23 岁的被试者占 53.23%。可见，被试者年龄符合接受大学本科教育的年龄。在泰语水平方面，57.26%的被试者认为其泰语水平属于初级阶段，而 42.74%的被试者认为其泰语水平属于中级。这些数据与年级分布所反映的信息一致，即多数被试者处于大二、大三泰语学习阶段，泰语水平还处于初中级水平。有趣的是一些大四的被试者也自认其泰语水平处于"初中级水平"。可见，本科泰语培养还不能让被试者的泰语水平达到"高级"，被试者认为还需进行研究生或进一步的深造才能达到高级水平。

（二）泰语学习情况

学习时间、学习目的和课外学习方式的选择可以反映出被试者泰语学习的投入情况，如图 1、2、3、4 所示。

图 1 和图 2 显示，在 124 名被试者中，学习两年的被试者居多。两种语境下，每天学习泰语 1 小时以下的人数最多，其中目的语环境下每天学习 1 小时以下的人数比非目的语环境下的约多出 10%。然而，两种语境下每天学习 4 小时以上的人最少，其中非目的语环境下的被试者比目的语环境下的每天学习 4 小时以上的人数约多出一倍。

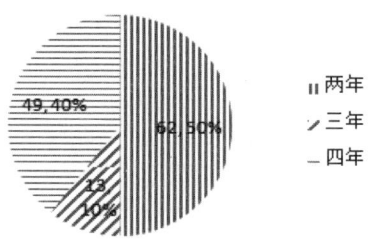

图 1　调查对象学习泰语时间

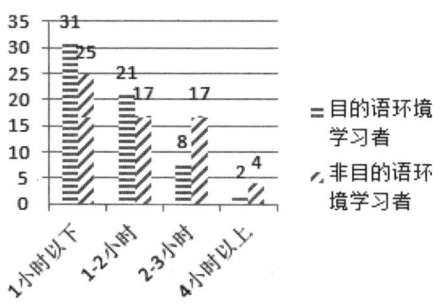

图 2　调查对象每天学习泰语时间

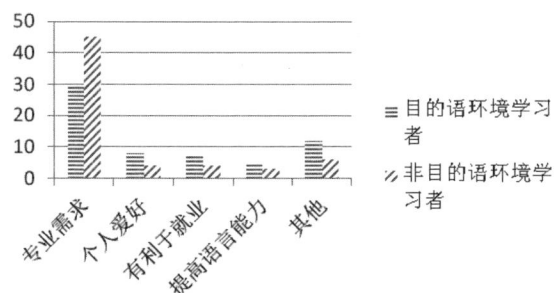

图 3　调查对象泰语学习的目的

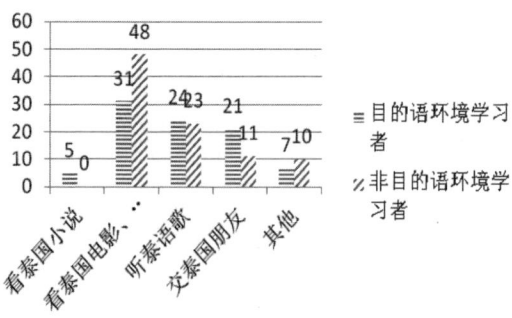

图 4　调查对象课外学习方式

非目的语环境下每天学习 2—3 小时的被试者，比目的语环境下的约多出

15%。可见，非目的语环境下的被试者每天花在泰语学习上的时间比目的语环境下的多。语言环境对泰语学习者的泰语学习时间的投入有一定的影响。目的语环境下的学习者在泰国的学习环境较为宽松、多样，学习任务少，课后自主学习时间自然会减少。但是，非目的语环境下的被试者每天花 1 小时以下的人数较高，显示出被试者学习动机、学习态度的不足，而每天花 4 小时以上学习泰语的非目的语环境下的被试者则体现出较强的学习动机和学习兴趣。这一现象应该引起泰语教师的高度重视。

图 3 显示，两种语境下，大部分被试者的学习目的均是"专业需求"。可见，语言环境对被试者的泰语学习目的影响不大。影响中国泰语学习者学习目的的因素主要是就业市场对泰语专业的需求情况。但是，除专业需求外，目的语环境下的被试者在另外四个方面——个人爱好、有利于就业、提高语言能力、其他的选择均高于非目的语环境下的被试者，分别高出 6.45%、4.84%、3.22%、9.67%。由此也可见，目的语环境更能体现被试者人性化、个性化的特征，而非目的语环境则更体现市场化的特征。

图 4 显示，两种语境下的被试者都喜欢采用"看泰国电影"的方式学习泰语，其中非目的语环境下的被试者比目的语环境下的被试者的选择率高出 27.42%。此外，两种语境下的被试者都不喜欢采用"看泰国小说"来提高泰语水平，其中在非目的语环境下，没有任何一位被试者选择课余时"看泰国小说"提高泰语。在课余采用"听泰语歌曲"学泰语方面，两种语境下被试的情况差不多，仅相差 1.61%。可见，两种语境下，被试者都喜爱"多媒体"形式学习泰语，其中非目的环境下的被试者因受语言环境的制约，表现出更喜爱多媒体形式学习泰语的态势。

两种语境下的被试者对学习传统文学作品的热情都不高。这种喜恶现象虽然对泰语听说技能的训练有益，但是对泰语正式文体的读写却非常不利。此外，目的语环境下的被试者比非目的环境下的被试者表现出爱结交泰国朋友的特征，高出 16.13%，而非目的语环境下的被试者比目的语环境下的被试者则更会通过"其他"渠道去寻求课后泰语学习的机会。可见，被试者在不同语境下都会积极适应学习环境，寻找各类方式克服学习环境的局限性。

（三）泰语能力

图 5 和图 6 考察了被试者最擅长和使用最多的泰语技能情况。在目的语环境下，被试者使用最多、最擅长的技能是"听"和"说"，而非目的语环境下，使用最多的是"写"、最擅长的技能是"读"。在目的语环境下，"写"的使用最低，仅占 3.23%。可见，语言环境对被试者的语言技能有很大影响。在目的语环境下，被试者常常需要利用"听"和"说"的技能，故这两种技能就

成为该语境下被试者常常使用且最擅长使用的技能。非目的语环境下，由于被试者受环境局限所致——很少有机会与操泰语者进行交际，故"读""写"这种无声的技能就成了他们常使用且擅长的技能。

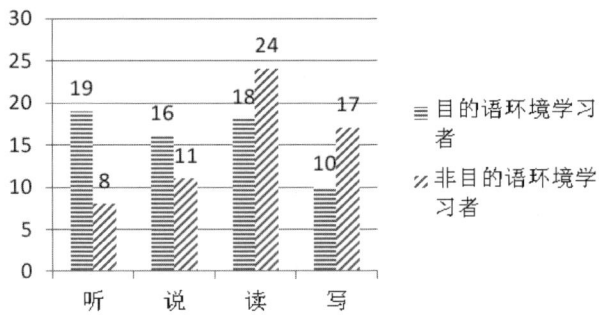

图5　调查对象最擅长的技能

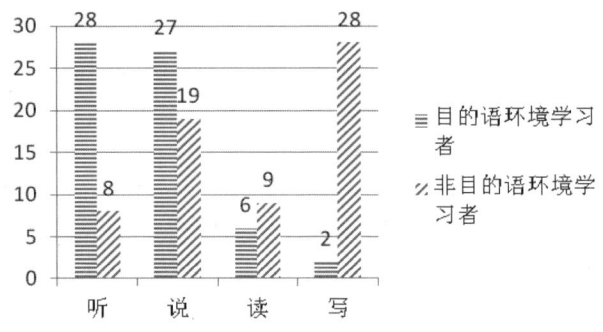

图6　调查对象使用最多的技能

晁正蓉、王新华（2014）认为，语言难度调查，是语言使用调查的一个重要的组成部分，人们认为某种语言难于掌握就会失去学习并使用该语言的兴趣。这一规律同样在"泰语学习难点"的选择上得以体现。

图7显示，两种语境下的泰语学习者都认为"词汇"最为难学。这是因为泰语词汇种类较多，而且有高级和低级之分，有男性用语和女性用语之分等。在使用泰语词汇时，人们要根据具体的情况来选择合适的词语，且很多词汇比较特殊，书写和读音不同，所以泰语学习者会觉得词汇比较难于掌握。这跟学习者的母语——汉语的用法差别较大。因此，学习者觉得较难掌握。除了两种语境下被试者都认为词汇难掌握外，"语音"是目的语环境下被试者难掌握的部分，而"语法"则是非目的语环境下的被试者难掌握的。分析其原因是，目的语环境下被试者须与泰国人进行口头言语交际，对语音的要求较高，故他们认为语音更难掌握。然而，非目的语环境下被试者几乎很少有机会进行口头交际，而须进行书面交际，对正式用语、语法的要求更高、更多，因此他们认为

"语法"较难。

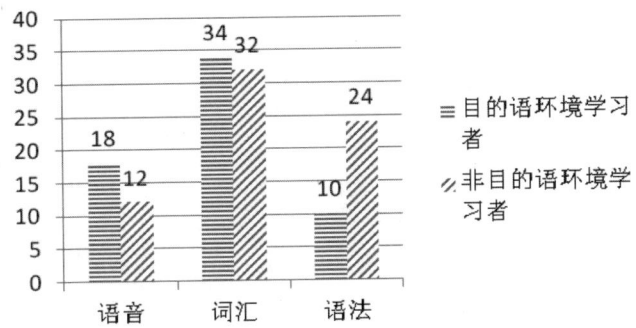

图 7 调查对象泰语学习难点比较情况

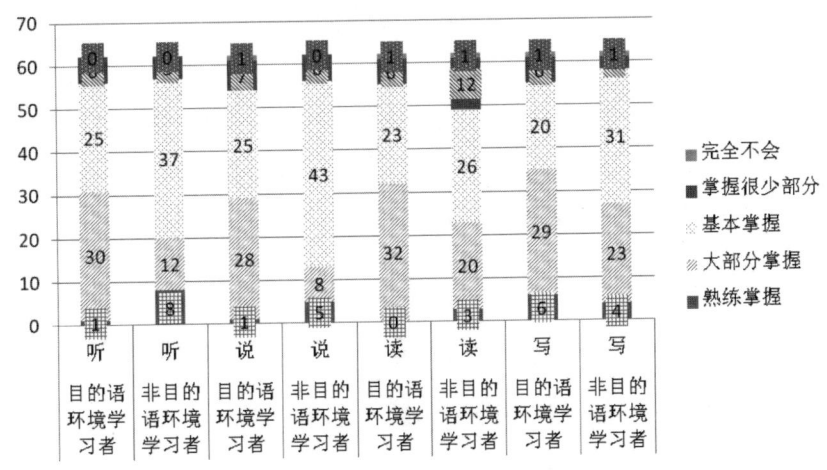

图 8 调查对象泰语各技能使用能力比较情况

被试者两种语境下"听、说、读、写"四个方面的掌握情况能在一定程度上体现被试者的语言能力。由图 8 可知,目的语环境下的被试者在"听、说、读、写"四个技能方面都比非目的语环境下的被试者掌握得好,即"目的语环境下"表示"大部分掌握"的被试者比非目的语环境下表示"大部分掌握"的被试者多。可是,"非目的语环境下"的被试者在"听、说、读、写"四个技能方面都比目的语环境下的被试者掌握得好,即非目的语环境下表示"基本掌握"的被试者比目的语环境下表示"基本掌握"的被试者多。在"听""说"技能方面,两种语境下的被试者都没有人表示"完全不会"这两项技能,而在"读""写"技能方面则有一两个被试者表示"完全不会"此两项技能。再有,目的语环境下在"读"的技能方面,没有被试者表示"熟练掌握"此技能,而在非目的语环境下,全部被试者都表示"熟练掌握"了"读"的技能。可见,非目的语环境下的被试者比目的语环境下的被试者在"熟练掌握"四项技能方面表现出更多的自信。

（四）泰语使用

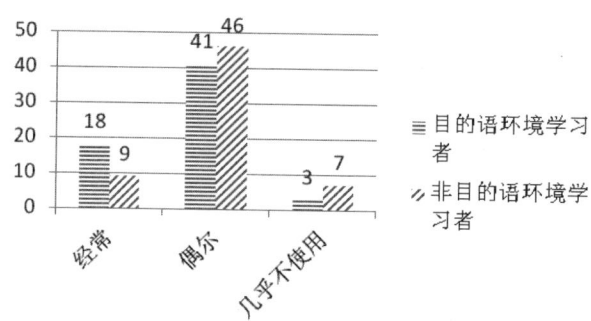

图 9　调查对象使用泰语频率

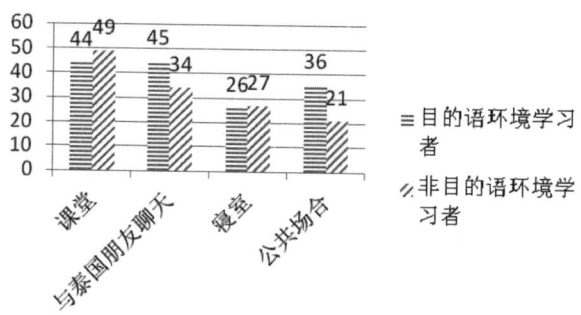

图 10　调查对象使用泰语的情况

图 9 和图 10 反映出被试者泰语使用频率和使用语域的情况。图 9 显示，被试者在两种语境下都"偶尔"使用泰语，但是目的语环境下的被试者的泰语使用频率比非目的语环境下的被试者低 8.06%。可见，在目的语环境留学实习期间，被试者们比较喜欢和其他中国人"抱团"说汉语，而非经常使用泰语。但是目的语环境下泰语的使用频率仍高于非目的语环境下的使用频率。这说明目的语环境确实能给被试者提供更多使用泰语的机会，同时这也证明目的语这样的语言环境会"逼迫"学习者为适应生存而使用泰语。

卫岭（2004）说，语域（register）是语言随着场合或使用环境的不同而区分的变体。不同的交际场合，有不同的语言需要，所以泰语学习者在各个场合使用泰语的情况各不相同。与泰国朋友聊天时，目的语环境下的被试者比非目的语环境下的高 17.74%，在公共场合下，目的语环境下的被试者比非目的语环境下的高 24.19%。但是，在课堂和寝室，两种语境下的被试者使用泰语的情况很接近，非目的语环境下的分别比目的语环境下的略高出 8.06%、1.61%。可见，在目的语环境下，被试者更偏向与泰国朋友聊天或在公共场合使用泰语，在宿舍和教室则使用得少些，而在非目的语环境下，被试者则更偏向于在课堂和寝室使用泰语。由此看来，两种环境下，不同的语域对被试者的泰语使用也有影响。因此，笔者又进一步调查了被试者在校园内交际、网络交际、参与活动与记录信息方面的泰语使用情况。

1. 校园交际泰语使用情况

安超（2011）认为，校园生活包括课堂环境和课外环境，课堂环境作为学校教学环境的重要组成部分，是学生使用和学习语言的重要场所。课堂语言是指学生在上课过程中回答老师问题、向老师提问以及学生之间进行讨论时所使用的语言。

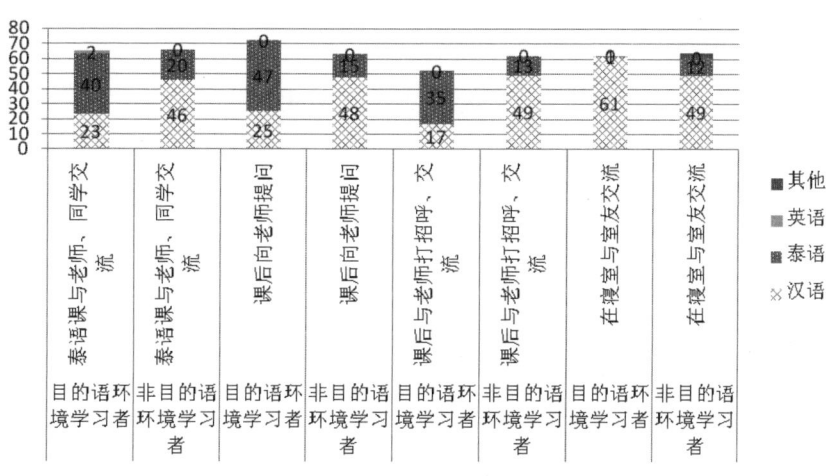

图11 调查对象在校内使用语言统计

图11显示，目的语环境下，除了在寝室与室友交流使用汉语外，被试者在其他场合下使用泰语的频率都比非目的语环境下的高。虽然身在泰国目的语环境下，但是被试者在寝室几乎完全使用汉语交流，并且目的语环境下被试者使用汉语的比例还比非目的语环境下的高出19.36%。这是因为在实习期间泰国实习接待单位为了方便管理等原因会把被试者们安排在同一宿舍，而被试者回寝室后因为都是中国人，因此都会使用汉语进行交流，并不会使用泰语。可是，除了寝室外，由于身处目的语环境，被试者都会有意识或无意识地采用泰语以便融入目的语环境。

再有，在目的语环境下，对于学生而言，教师是严肃、崇高的象征，加之泰国老师大多不会汉语，故被试者与泰国老师交流时会首选泰语为交际语言。这也是语言与权力关系的体现。当身处非目的语环境时，虽然被试者在四种场所都会为练习泰语而适当采用泰语进行交际，但是"课堂"仍是非目的语环境下被试者使用泰语最多的场合。

2. 网络交际泰语使用情况

调查显示，在目的语环境下实习过的 82.26%的被试者都有泰国朋友，而在非目的语环境下 75.81%的被试者也拥有来华留学的泰国朋友。除面对面的交际外，年轻的被试者们更擅长于通过"网络"进行交际。

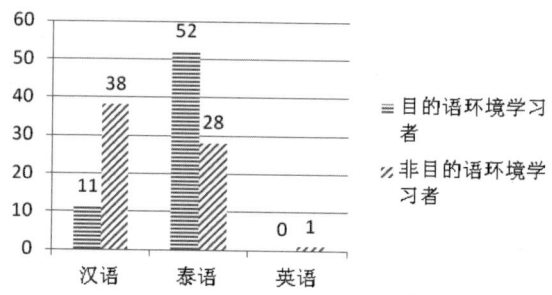

图 12　网络交往中语言使用统计

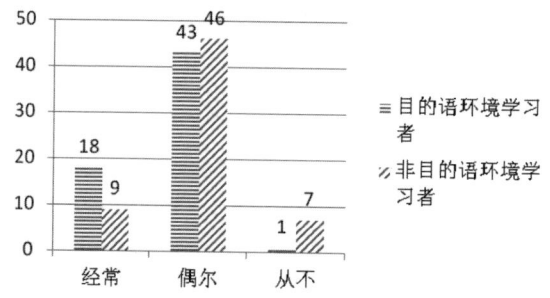

图 13　文体活动中语言使用统计

图 12 显示，在使用 QQ、微信或 Line 等软件和泰国朋友网络聊天时，泰语是大部分目的语环境下的被试者的首选，占总人数的 83.87%，而汉语则是大部分非目的语环境下的被试者的首选，占总人数的 61.29%，其余 45.16%的被试者则选择泰语进行练习。语境对被试者的网络语言使用有较大影响。

3. 文体活动泰语使用情况

文体活动也是泰语学习者学习泰语的途径之一。图 13 显示，在参加需要使用泰语的文体活动方面，两种语境下的被试者都表示"偶尔"会参加，其中非目的语环境下的被试者比目的语环境下的被试者参加泰语文体活动还少。在"经常"参加泰语文体活动的被试者中，目的语环境下的人数比非目的语环境下的多一倍左右，而"从不"参加泰语文体活动的被试者以非目的语环境下的被试者居多，占 11.29%。可见，大部分被试者并未充分认识到"课外文体活动"对泰语练习的重要性。鉴此，泰语教师可以对其进行科学引导。

4. 记录信息泰语使用情况

日常记录各类信息的语言选择也能反映出被试者的语言使用情况，因此本次调查调查了被试者是否选用泰文写日记的情况。在问到"您常常用泰文写日记吗？"这一问题时，非目的语环境下的泰语学习者中，有 17.74% 的被试者回答经常使用泰语写日记，4.84% 的被试者表示偶尔会写泰语日记，但有 77.42% 的被试者都从不使用泰语写日记。在给老师或学泰语的同学留言时，非目的语环境下的泰语学习者使用汉语的人数占总人数的 58.06%，使用泰语的占总人数的 38.71%，使用英语的占 1.61%，其他的占 3.23%。可见，由于缺乏目的语环境，非目的语环境下的被试者仍主要使用母语记录信息。到目的语环境后，仍有 80.65% 的被试者表示使用汉语写日记，只有 8.06% 的被试者会使用泰语写日记，4.84% 的被试者使用英语写日记。可见，两种环境下的泰语学习者都倾向于使用汉语来写日记、写信或留言。究其缘由，汉语是被试者的母语，而泰语是其学习的外语，因此在记录信息时被试者为了使用方便仍旧选择最为熟悉、最为方便且不用担心表达错误的汉语进行记录。

四、结论

在大量的数据调查基础上，本文对泰语学习者在目的语环境及非目的语环境下的泰语使用情况做了对比分析，并对数据分析进行了归纳总结。两种语境下的学习者在泰语学习时间、学习目的、课外学习方式、学习难点和泰文书法等方面较为相似或相同：两种语境下的泰语学习者每天学习泰语的时间主要集中在 1—2 小时，其中泰语学习时间在 1 小时以下的学习者人数最多；学习泰语的主要目的都是专业需求，且大部分学习者都喜欢学习泰语，学习的积极性较高；最受泰语学习者欢迎的课外学习方式是看泰国电影、泰国电视剧；他们都认为泰语词汇最难学，人数所占比例最高；他们对泰文的书写难度及对自己的泰文书写的评价大致相同，即语言环境对泰文书写没有太大影响，大部分被试者都认为书写泰文不难，但是要写得漂亮则不易。

两种语境下，泰语学习者除了表现出一些相同或相似之处外，还存在一些不同之处，它们主要表现在：一是，在目的语环境下泰语学习者泰语听说技能的使用频率高于非目的语环境下的学生，而在非目的语环境下，泰语学习者读写技能的使用频率又高于目的语环境下的学生。可见，目的语环境利于培养泰语学习者的听说技能，而非目的语环境则利于培养学生的读写技能。两种语境各有千秋，因此泰语本科采用"2+2"的泰语学习模式有利于从泰语"读、写"到"听、说"强化学生。再有，目的语环境下的泰语教学应该加强学生泰语"读、写"的能力，例如开展报刊阅读、学术写作等课程，而非目的语环境下的泰语教学则应该强化学生泰语"听说"的能力,例如开展泰国电视剧配音比赛、话剧表演、新闻听记比赛等活动。

二是,不同语境下,泰语学习者的泰语听说读写四大技能使用不平衡,即目的语环境下大部分泰语学习者能全面、较好地使用四大技能,而非目的语环境下大部分泰语学习者不能全面且较好使用四大技能。也就是说,目的语环境下的学生基本能听懂泰语,能用泰语交谈,能读懂泰语书籍或报刊的大意,并且能写泰语文章,然而非目的语环境下的学生只能听懂一些日常用语,不太能读懂泰语原著,只能写一些简短的句子或段落。可见,在目的语环境下迫于交际需要,学习者的四大技能使用较多,且进步快速。因此,非目的语环境下的泰语教学需要加大学生课余泰语第二课堂的教学任务以促进学生泰语学习第一课堂的延伸。

三是,目的语环境下泰语学习者课余时间泰语使用范围比非目的语环境下的广而多。在目的语环境下,泰语学习者在校内、网络上、校外公共场所等地方都倾向于使用泰语,可是非目的语环境下,泰语学习者在校内、网络上、公共场所等地方却都倾向于使用汉语。除了语言环境因素的影响外,学习者的语言使用意识强弱也对学生泰语使用有所影响。因此,在非目的语环境下,非通用语教育可与汉语国际教育相结合,安排泰语学习者与泰国留学生结成学习伙伴加强泰语学习者的课余泰语交际渠道,可邀请泰国留学生到泰语课上实习交流,可与泰国留学生开展各类利于泰语学习者学习的文体活动。总之,借汉语国际教育泰国留学生之力能有效提高非目的语环境下泰语学习者的泰语交际使用范围、频率等。

参考文献

[1] 戴庆夏. 云南里山乡彝族语言使用现状及其演变[M]. 北京:商务印书馆,2009.

[2] 丁石庆. 莫旗达斡尔族语言使用现状与发展趋势[M]. 北京:商务印书馆,2009.

[3] 高晓博,曹梅. 浅谈语言使用和语言态度相关定义的发展[J]. 山东工业技术,2014(12):173—173,186.

[4] 仇鑫奕. 目的语环境优势与对外汉语教学的新思路[M]. 北京:世界图书出版北京公司,2010.

[5] 周薇. 语言态度和语言使用的相关性分析:以 2007 年南京城市语言调查为例[J]. 语言教学与研究,2011(1):89—96.

[6] 晁正蓉,王新华. 新疆哈萨克大学生语言使用状况调查[J]. 新疆职业大学学报,2014(4):68—70.

[7] 沈骑. "一带一路"倡议下国家外语能力建设的战略转型 [J]. 云南师范大学学报（哲学社会科学版），2015（5）：9—13.

[8] 曹梅. 浅谈语言使用和语言态度相关定义的发展 [J]. 山东工业技术，2014（12）：173—173，186.

[9] 安超. 民族杂居地区中小学生语言使用情况调查 [D]. 北京：中央民族大学，2011.

[10] 魏晖. "一带一路"与语言互通 [J]. 云南师范大学学报（哲学社会科学版），2015，47（04）：43—47.

[11] 文秋芳. 亟待制定"一带一路"小语种人才培养战略规划 [G] // 成果要报：第96期. 国家哲学规划办，2014.

[12] 王建勤. 第二语言习得研究 [M]. 北京：商务印书馆，2014.

[13] 卫岭. 语域分析：理论与实践 [J]. 山东外语教学，2004（2）：22—26.

[14] 张日培. 服务于"一带一路"的语言规划构想 [J]. 云南师范大学学报（哲学社会科学版），2015，47（04）：48—53.

[15] 贡贵训. 湘南地区中小学生语言使用与语言态度调查 [J]. 语文学刊，2015（6）：8—10，162.

[16] 赵世举. "一带一路"建设的语言需求及服务对策 [J]. 云南师范大学学报（哲学社会科学版），2015，47（04）：36—42.

[17] Xu Daming, Chew Cheng Hai, Chen Songcen. *A Survey of Language Use and Language Attitude in the Singapore Chinese Community* [M]. Nanjing: Nanjing University Press, 2005.

[18] ชนิกา คำพุฒ. *การศึกษาการใช้ภาษาไทยของนักศึกษาจีนวิชาเอกภาษาไทยชั้นที่ 4 สถาบันชนชาติยูนนาน สาธารณรัฐ ประชาชนจีน* [D]. เชียงใหม่: มหาวิทยาลัยเชียงใหม่, 2002.

[19] นิภา กู้พงษ์ศักดิ์. *ปัญหาการใช้ภาษาไทยของนักศึกษาต่างชาติ กรณีศึกษานักศึกษาจีน มหาวิทยาลัยกรุงเทพ* [J]. วารสารรามคำแหง, 2012 (1): 123-139.

[20] "一路一带"重大战略小语种人才严重匮乏 [EB/OL]. 中国教育在线网，（2015-10-19）[2019-05-20]. http://gaokao.eol.cn/news/201510/t20151019_1327614.shtml.

"基础缅甸语"课程教学问卷调查与思考
——以云南师范大学为例

云南师范大学 高 萍

【摘 要】 "基础缅甸语"系列课程是缅甸语专业学科的必修课程,教学贯穿缅甸语专业一、二年级,是缅甸语专业学生学习的第一门专业必修课程,是大学四年专业学习的根基,对该系列课程的问卷调查研究以及反思改进显得尤为重要。问卷调查凸显学生对目前缅甸语课堂教学的满意程度,集中反映出学生在学习过程中遇到的问题,以及最迫切需要的教学形式。为老师今后课堂教学设计、教学重点难点的把握以及教学方法的改进提供最真实最直接的理论指导。

【关键词】 基础缅甸语;课程教学;问卷调查;教学反思

近些年,随着非通用语教学规模的日益扩大,我校缅甸语专业的学生也日益增多,对缅甸语课堂教学的调查显得尤为重要,在第一时间了解课堂教学取得的成效的同时,也需要掌握学生在学习缅甸语过程中难以掌握的重难点,以及学生对之前教学活动中给予肯定的教学方法和提出修改意见的教学方法,这些都值得我们教学一线的老师重视,特别是随着网络技术的发展,能够适用于缅甸语的教学方法也日益丰富起来,从早期教学资源仅仅只局限于纸质材料,到现在教材配套的语音材料和多种缅甸语相关的软件平台、缅甸语广播资源以及便携的手机翻译软件,这就要求我们老师要不断地更新教学方法及教学思路,丰富语言教学形式,不断满足学生的学习需要,更好地为缅甸语教学服务。

一、问卷调查简介

(一) 调查对象

此次调查研究的对象为云南师范大学国际汉语教育学院在校的 2016 级缅甸语专业的全体学生,共 30 位学生,填写问卷的时间为学生在校学习的大二下学期。所有调查对象学习缅甸语的时间为每学年每周不少于 8 个学时,且其中 29 人在接触缅甸语本科全日制教学之前都是缅甸语零基础,只有 1 人是边境华侨家庭长大的学生，该生在接触缅甸语本科教学之前已经具备缅甸语口语交流能力。

（二）问卷设计

问卷设计有 22 个题目，其中 18 题为单选题，4 题为主观题。单选题的设计宗旨是需要得到具体的数字，计算百分比，能够直观地帮助分析；主观题的设计宗旨为不设有备选答案，不局限学生的回答范围，多为实际情况概述题，例如具体建议之类的主观回答。

（三）问卷发放

此次共发放问卷 30 份，为集中发放集中收回的调查形式，并且在发放之前以及问卷备注中都已经强调了此问卷为不记名问卷，且不作为对任何个人和组织的考察考核的依据，要求被调查人如实填写即可。

（四）问卷汇总

此次收回问卷 30 份，其中有效问卷 25 份，无效问卷 5 份，通过对 25 份有效问卷客观题进行汇总之后，情况如下：

表1　问卷客观题汇总表

问题	答案
1.您觉得缅甸语难学吗？	难（24%）　一般难（72%）　不难（4%）
2.和英语相比，缅甸语更难吗？	觉得差不多。（36%） 难，缅甸语难。（20%） 不，英语更难。（44%）
3.觉得缅语学习哪一部分较难？	词汇记忆（60%）　　语法（20%） 发音（16%）　　　　书写（4%）
4.最难发音的缅甸语字母是？	（最多可填两个） 无（56%）　　有（44%）
5.最难发音的元音系统是？	鼻化元音（60%）　　复辅音（20%） 促元音（20%）　　　基本元音（0）
6.最难发音的缅甸语元音是？	（最多可填两个） 无（52%）　　有（48%）
7.缅甸语的四个声调中最难发音的是？	短促调（84%）　　低平调（8%） 高降调（4%）　　　高平调（4%）

（续表）

问题	答案	
8. 自己预习过的课程量占课程总量的	<30%（0） ≥30%且<70%（28%） ≥70%（72%）	
9. 最喜欢课堂教学的哪一部分?	语法讲解（24%） 课文精讲（20%） 教师缅语问答（12%）	对话练习（28%） 单词讲解（16%） 单词听写（0）
10. 觉得单词听写对自己的单词记忆有多大的帮助?	非常有帮助（76%） 没有帮助（0）	一般（32%）
11. 您希望老师在课堂教学中使用汉语、缅语双语教学吗?	非常希望（68%） 不希望（0）	一般（32%）
12. 您认为在汉缅双语课堂教学中，缅甸语使用量多少为最佳?	50%（56%） ≥60%（44%） ≤40%（0）	
13. 您觉得老师以哪种方式开始教学最好?（如果没有可选答案，请写下您的建议。）	适当的缅甸语口语对话（68%） 直接讲解课程（4%） 先概括讲解当堂课程的重难点（24%） 我的建议是：（4%）	
14. 哪种类型的课文内容最能调动您的阅读积极性?	风俗文化（64%） 寓言故事（8%） 历史（0）	场景会话（16%） 国情介绍（12%）
15. 您喜欢老师在课堂上与您进行缅甸语互动吗?	非常喜欢（36%） 最好不要（0）	还好（64%）
16. 在语音教学阶段，您喜欢老师亲自带读，还是录音带读?	老师带读（24%） 一样一半（75%）	录音带读（4%）
17. 您认为哪种类型的单词最好记忆?	日常用语（56%） 拼读简单（20%）	书写简单（16%） 外来词汇（8%）
18. 您认为哪种类型的单词最难记忆?	发音与书写不一致（76%） 叠词（24%） 国名（0）	
19. 能让您很快记住一个语法项的方法是?	背一个例句（44%） 自己用语法项造句（40%） 用公式法记忆语法项（4%）	直接记忆（12%）
20. 希望在今后的缅甸语课堂中，加强哪部分的学习?	听力能力（48%） 翻译能力（12%） 阅读能力（8%）	会话能力（20%） 写作能力（12%）
21. 对缅甸语的课堂教学满意吗?	满意（100%） 不满意（0）	一般满意（0）

(续表)

问题	答案
22.如果您对我们的课堂教学有任何意见或者建议,请在旁边空白处畅所欲言,再次感谢您的回答!	无(76%) 有(24%)

二、问卷调查分析

本问卷设计之初就是想从学生对缅甸语学习的认知、对缅甸语词汇的学习、对缅甸语语音的学习以及缅甸语课堂教学等几个方面入手来调查,通过我们对上述客观题各个选项百分比的整理之后,从以下几个方面做出分析:

(一)学生对缅甸语学习的认知

从问卷的汇总可以看出,学生通过近两年的缅甸语学习之后,24%的学生认为缅甸语难,72%的学生认为缅甸语的学习难度适中,4%的学生认为缅甸语的学习不难,我们进一步将学习缅甸语的难易程度同学习英语的难易程度进行对比时,36%的学生认为两者差不多,20%的学生认为缅甸语较难,44%的学生认为英语更难。进一步研究学生在缅甸语学习过程中究竟哪一部分容易造成困扰的时候,有20%的学生选择了语法,16%的学生选择发音,4%的学生选择了书写,然而选择词汇记忆的同学竟有60%,这一点与调查之前的想法有出入,以往教学之初,认为学生在学习缅甸语的过程中,缅甸语的发音和书写会是比较困难的部分,但在调查中发现,认为缅甸语发音较难的为16%,而认为缅甸语书写较难的仅有4%,这一数据为我们后续在进行反思以及有效教改的过程中提供了理论的依据。就学生对缅甸语学习主动性一项的调查结果是令人满意的,在所有学过的课程当中,自己预习过的课文超过课程总量70%的学生占比高达72%,自己预习过的课文超过课程总量30%(含30%)且小于70%的学生占比为28%,自己预习过的课文少于课程总量30%的学生占比为0。

(二)缅甸语词汇

针对上一部分学生对缅甸语学习的认知调查中,我们发现选择词汇给学习缅甸语造成困扰的学生人数多达60%,故在进一步分析关于词汇记忆的相关调查中我们发现,学生认为最好记忆的词汇类型为日常用语,最难记忆的词汇类型为发音和书写不一致的词汇,"写作一个样,读作一个样"是缅甸语词汇的一大特点,这主要与缅甸语词汇发音中存在很多规则以及不规则的变音现象有关,常见的变音现象有:元音弱化、清辅音变浊及重叠字符发音等,例如:

光是在清辅音变为浊辅音这一类别中，就有至少 5 种的变音规则。

（三）缅甸语语音系统

在对缅甸语发音系统的调查中，我们主要分辅音、元音和声调三个部分来进行。

1. 在对辅音字母相关的问题汇总分析之后我们可以看出，56%的同学认为没有最难的辅音字母，剩下 44%的学生认为有最难的辅音字母，并且详细写下了自己认为最难的两个字母，对这些字母分析后我们得出下表：

表 2 最难发音的辅音字母汇总表

最难发音的辅音字母	c	ဖ	သ	ဌ	ရ	ဂ	၌
所占比重	35%	18%	12%	12%	12%	6%	5%

2. 在对与元音系统相关的问题进行汇总分析的过程中我们发现：在问到最难的元音系统时，60%的学生选择了鼻化元音组，剩下 40%的学生选择了促元音和复辅音各占一半，没有人选择基本元音。当进一步问到最难发音的元音具体到哪两个的时候，52%的同学选择"无"，剩下 48%的学生回答写下了自己认为最难发音的两组元音，具体情况总结如下：

表 3 最难发音的元音汇总表

最难发音的元音	အွန်	အယ်	အိုင်	အတ်	အဲ	အို	အေ
所占比重	30%	20%	10%	10%	10%	10%	10%

3. 在对缅甸语中与声调相关的问题进行汇总的时候我们发现，在缅甸语的四个声调中，学生认为最难的是短促调（84%），其次是低平调（8%），最后是高降调（4%）和高平调（4%），在对比了汉语和缅甸语四个声调的调值及各自的发音部位、发音方法之后，我们得知：选择短促调最难发音的学生人数较多其原因与短促调的调值及发音部位发音方法与汉语的四个声调相比之下较为特殊；而同理可看出选择高平调的最少，也与高平调的调值与汉语中阴平调调值相似有直接的关系。

表 4 汉语缅甸语声调调值对比（五度制标调法）

汉语	阴平调 55	去声调 51	上声调 2114	阳平调 35
缅甸语	高平调 55	高降调 53	低平调 11	短促调 44

（四）缅甸语课堂教学

针对课堂教学系统提出的问题可看到，问卷的第九个问题"最喜欢课堂教学的哪个部分？"一题中，28%的学生选择了对话练习，24%的学生选择了语法讲解，20%的学生选择课文精讲，16%的学生选择单词讲解，12%的学生选择教师缅语问答，"单词听写"这一选项的百分比竟然是 0，由此可知同学们并不喜欢用听写的方式来加强自身的词汇记忆。但是在第十题"觉得单词听写对自己的词汇记忆有多大帮助？"中，选择非常有帮助的有多达 76%的学生，选择没有帮助的为 0，从这里我们可以看出，强迫式的词汇记忆方式就目前来讲对学生记忆词汇是有敦促作用的，但是这始终是一种被动式的学习方法。这就要求教师要在词汇记忆这一教学部分中做更多的努力，以帮助学生提高词汇记忆的主动性和持久性。

在对目前的课堂教学形式进行调查中我们发现，学生对现行教学方法"非常满意"这一选项的选择占比为 100%，但是同时也期待有更加灵活的、多元的以及更有实践性的课堂教学，这一点从以下几个方面可以看出：

1. 在对中缅双语教学的调查中，68%的学生非常希望双语教学，选择不希望的学生为 0，而在问到"双语教学中缅甸语使用量多少为佳？"这一问题中，更有 56%的学生希望是汉语和缅甸语各一半，44%的学生希望缅甸语的使用量要大于 60%，可以看出，就大二下学期的学生而言，已经完全能够适应课堂教学中大量使用缅甸语教学的教学方法，并且迫切地需要缅甸语的使用量加大，这给我们的教师提出了硬性的要求。

2. 在对课堂组织相关问题的分析中可以看出，学生喜欢互动性强、带入性强以及更多能够锻炼到视听说的课堂组织形式。在问题 14 中，64%的同学选择了与"风俗文化"相关的课文内容最能调动自己的学习积极性，其次是与"场景会话"相关的，选择与"历史"相关的最少。在问题 15 中，问到"是否喜欢老师在课堂上与你进行缅甸语互动？"这一问题时，64%的学生选择"还好"，36%的学生选择"非常喜欢"，选择"不喜欢"的学生为 0。在问到"希望在今后加强对哪一部分的学习？"时，选择"听力能力"的最多，选择"阅读能力"的最少。在问题 13 中问到"老师以哪种形式开始课堂教学最好？"这一问题时，我们看到最多的同学（68%）希望在适当的缅甸语口语对话之后再开始正式教学，极少的学生（4%）希望每堂课是以直接讲解课程的形式开始的，还有 4%的学生给出了自己的建议，现如实地公布如下：

（1）适当的缅甸语口语、听力练习穿插到课程中。

（2）先对与课文有关的风土人情、经济状况等有一些简介了解，再讲课文。

（3）课本内容与课外拓展结合，时事新闻等。

另外，在第 22 题请学生对课堂教学提出意见和建议时，有 24%的同学写下了自己的想法，现如实公布如下：
（1）日常打鸡血，多多的好。
（2）我觉得之前看的《你好，中国》视频，边看边听写，能了解到文化部分，对书写听力也有提高。
（3）希望老师可以增加板书的书写，增加课堂上对缅甸文化、语法的扩展。
（4）希望能多穿插介绍缅甸的相关情况。
（5）一个月放一次缅语电影或通过学歌来学习缅甸语，听写也可以换一种方式，比如：把歌词当中的某些词去掉，通过听歌曲来填词。

三、反思以及有效建议

（一）对课堂教学前的反思

课前的教学设计以及教案准备，对课堂教学质量的高低起到关键的作用，在我校新一版教学大纲的撰写中，将学习目标细化到认知类目标、过程与方法类目标以及情感、态度、价值观类目标这三维目标中，这就要求教师在课前备课中需要就上述三维目标来完成教案的设计。以下是几点建议：

1. 通过问卷分析我们看出，学生学习缅甸语的困难制约并不是传统意义上所认为的缅语字体书写以及语音发音，而是缅甸语词汇长期有效地记忆，这就要求我们在课堂教学前，在设计教案的过程当中重视与词汇含义讲解、词汇有效记忆方法传授有关的内容，尤其针对发音与书写不一致的词汇，在课前准备中要引起重视，在备课中将这一类的词汇做总结归纳，与变音规则结合讲解，力求做到精、准、详、效。

2. 鉴于 68%的学生希望教师在课堂中采用汉缅双语的教学；同样 68%的学生希望以适当的缅甸语口语对话开启教学；以及在询问"最喜欢课堂教学的哪一部分时？"，对话练习这一选项的占比最高；综上所述，这就要求教师在课前备课之时就要加大课堂教学中缅语的使用量，选用互动性好的语境教学法，给学生更多开口实践的机会。

3. 鉴于学生选择最能调动阅读积极性的课文类型为风俗文化（64%），以及在语音教学中希望教师亲自带读与录音带读各占一半（75%），故在课程设计教材选择的时候，需考虑到上述两点。

（二）对课堂教学过程的反思

课堂教学过程是将课前准备、教学设计付诸实践的重要环节，在这每一节课 45 分钟内，向学生传达课程的目标，完成教学难点及重点，每一个步骤都决定学生的学习效果。此次调查中，对课堂教学满意程度这一选项中，选择满意的学生数量为 100%，首先是学生对我们前期教学方法、教学模式的肯定，同时也激励着我们在现有的基础上依照问卷的数据，不断进取做到更好。以下是几点建议：

1. 鉴于学生在选择能让自己快速记住一个语法项的方法时，最多的同学选择了背一个例句，因此我们在课堂教学中针对各语法项所含例句的讲解时务必要做到准确、详尽，也可考虑按照语法规则，再增加一至两个例句，或内容贴近日常生活或语法规则更加显现的例句，供学生选择记忆。

2. 鉴于学生希望今后在课堂教学中需要加强学习的依次是听力能力（48%）、会话能力（20%），以及鉴于学生最喜欢的课堂教学部分为对话练习（28%），故之前课堂教学中采用的针对段落、课文内容进行问答的环节将加重比例，这一环节设计为：先由 A 学生针对已经讲解过的课文内容进行随机提问，再由 B 同学进行回答，这样的课程环节可有效地锻炼并提高学生在二语习得中输入和输出的能力；其次，在问答过程中，课程所涉及的词汇以及语法点将会多次被重复，这也有助于语言的输入及学生对词汇和语法点的有效记忆。

3. 鉴于 68%的学生非常希望教师在课堂教学中使用双语教学，以及选择缅甸语的使用量占 50%为最佳的最多，占总人数的（56%），故在后续的课堂教学中，将依据年级以及学生的实际能力情况加大课堂教学中缅甸语的使用量。

四、结语

综上所述，通过此次问卷调查，我们了解到现有课堂教学的优缺点，了解到学生在缅甸语学习过程中对于缅甸语课堂教学的评价，也较为真实直观地了解到学生内心的想法以及需要解决的困难。我校开设的"基础缅甸语"系列课程是受到学生的肯定的，我们需要做的是将已经成熟的课程设计以及教师们较好的授课方法继续保持下来，且要吸纳学生们的建议以及重视学生们容易出现困难的领域，将迫切需要解决的问题快速解决，为我校缅甸语专业的学生提供更好更生动的课堂教学。

参考文献

［1］钟智翔. 缅甸语言文化论［M］. 北京：军事谊文出版社，2002.

［2］夏纪梅. 现代外语课程设计理论与实践［M］. 上海：上海外语教育

出版社,2003.

[3] 汪大年. 缅甸语汉语比较研究 [M]. 北京: 北京大学出版社, 2012.

[4] 熊川武. 说反思性教学的理论与实践 [J]. 上海教育科研, 2002 (6): 4—9.

[5] 王德仙. 缅甸语教学情况的问卷调查与统计分析: 立足于保山学院的缅甸语教学调查 [J]. 保山学院学报, 2010 (1): 74—76.

"双一流"背景下意大利语专业文化类课程设置的几点看法

上海外国语大学 王建全

【摘　要】处在全新历史时期的外语教学面临着与之前完全不同的问题，这体现在教学主体、教学环境等各个方面，这对外语教学提出了全新的要求，尤其是在"双一流"的大背景之下，如何改进课程设置是外语教学中首要解决的一个问题。本文主要针对意大利语专业教学方面的内容，以上海外国语大学为例，对于意大利语专业文化类课程的设置提出了一些看法，探讨这一类课程设置方面的问题，以期能够引起外语教师在这一方面的一些思考。

【关键词】意大利语教学；课程设置；"双一流"建设

上海外国语大学意大利语专业成立于 1972 年，是国内较早开设的意大利语专业。随着时代的发展，在全新的历史时期，尤其是当今"双一流""双万计划"的大的教育政策的背景之下，我校意大利语专业在课程设置方面，虽然依旧能够体现出比较好的教学优势和教学效果，但是也在很多方面表现出与时代的不适应，有很多值得改进的地方。本文将以我校意大利语专业课程设置为例，谈一谈在新的背景下可以做哪些改进，和各位同行共同探讨。

一、上外意大利语专业现有的文化类课程设置情况

上海外国语大学意大利语专业的课程设置有着自己的特点，跟全国同专业以及其他非通专业的设置情况相比，相信也会有异同，也肯定能够引起各位同行的共鸣。

我们在本科的四年当中，在前两年把课程设置的重点几乎全部集中在语言基础训练方面。在一年级几乎只有基础意大利语 I 一个课型，也就是传统上说的意大利语精读课。在教学计划方面我们是 180 个课时，但是我们上课通常会每周多上两个课时，会让外教来负责对于学生语音方面的纠正。到了一年级第二学期会开设会话课程。所以除了零星的在精读课堂上和绘画课上对于意大利文化知识的渗透之外，文化课内容几乎为零。到了二年级，精读课和会话课依旧保持了一年级的课时量，然后再开设了一年的泛读课程，作为对于精读语法

课的补充，以及二年级第二学期一个学期的现代意大利课程。这其中，现代意大利是最开始的较为体系化的文化类课程，是让学生对于意大利文化各个层面，包括社会、工商业、人口、历史、地理有一个最基本和简单的把握。而另一门选修类课程泛读课则主要还是文学类的内容，是对于语法的深化。

因此前面两年主要的教学内容是围绕着语法操练，在两年当中，学生会通过非常集中的课时和课堂训练完成意大利语基本的语法单项的学习，为以后的时态搭配、文化类课程、写作课等打好基础。

文化类课程主要都是集中在三年级和四年级，包括意大利文学作品选读、文学史、意大利历史、意大利艺术史、意大利语经贸文选、意大利语报刊选读等。相应的语言训练类课程，会有视听说、意大利语翻译理论与研究、意大利语写作。

这是现有的专业的课程设置情况。

我们可以看出其中几个比较突出的优点：

1. 任务明确：对于语言训练用了比较多的课时，让学生有比较厚的语言基础，同时借助外教以及多媒体的教学手段，让学生能够通过会话课、泛读课这些基本的语言训练搭配课程，来开启对于意大利文化知识直接和间接的接触，为以后的系统文化课学习打下基础；而高年级，随着精读课主要语法的学习完成，语言训练类课时相对减少，文化课成为主要课型，学生能够通过更多的课时，更加系统地学习不同层面的文化知识，同时借助视听说、写作课等辅助课程，将文化和语言训练结合，加深自己文化修养的同时，进一步提升自己的语言能力。

2. 相辅相成：按照培养计划，意大利专业的主要课型可以大致分为三类：语言训练类课程、文化类课程、辅助类课程。语言训练类课程主要是培养方案中的专业核心必修类课程，主要包括基础意大利语、高级意大利语和意大利语翻译理论与研究，也就是精读课和翻译课；文化类课程是专业选修类课程，课时一般为每周两个课时；另外如会话课程、视听说、写作，这些可以归纳为辅助类课程，是让学生链接语言训练类课程和文化类课程的桥梁类别的课程，是锻炼学生语言使用的重要辅助课程。通过不同的学年，搭配不同的三类课型，应该说取得的效果还是不错的。

二、主要问题和改进的建议

通过上述分析，我们可以看到虽然意大利语课程设置基本能够满足现有的教学情况，而且也取得了不错的教学效果，但是到了全新的时代背景之后，在对于外语类人才有了更新更高的要求之后，这一课程设置，尤其是文化类课程的设置，在某些时候会体现出它的一些弊端，值得我们讨论。

主要的问题是：

1. 在低年级开设的文化类课程还是相对较少：现阶段我们在前面两个学年只有现代意大利一门纯的文化类课程，教学内容也是涉及方方面面，包括政治、工业、商业、农业、地理、人口等，教学的一个目的是通过阅读比较简单的意大利原文文献让学生对于意大利文化概况有一个最基本的把握。除了这一课型之外，我们只有通过精读课堂的文化渗透，还有会话课的不同主题的选择，以及泛读课通过泛读内容解读，去向学生变相地教授一些文化的常识。虽然这样为打下语言基础留出了比较多的时间，但是在全新的时代背景之下，尤其是对外交流如此深化的今天，这种文化学习缺乏的情况无论是对接国外教学还是多元培养都很不利。

2. 文化类课程教学内容过多，缺乏深入和体系：比如我们在大三开设的历史课，这是最重要的一门全面介绍意大利历史的课程，开设一学年，每周两个课时，但是教学内容涉及从古罗马一直到第二次世界大战。相对于这漫长的意大利历史，这些课时就显得太少了，教学方面也只能对每一个文化时期进行简单的介绍而无法进行深入，对于那些最有意义的历史阶段，这样的效果是很消极的。这也普遍存在于其他的文化课程教学当中，这主要是受限于课时。

3. 文化类课程应更加与时俱进：这主要体现在对于意大利现代社会和文化的教学内容的增加。这可能也是普遍存在于意大利国家文化教学的普遍问题，基础是这个国家过去历史的辉煌和现代文化的相对没落。顺应现在外语教学区域国别研究的趋势，与对应对象国现代国家文化的研究，再加上课程思政，对于中国和外国文化比较，等等，所有的这些新情况新时代的新要求，意大利语的文化类课程完全将注意力集中在古罗马、文艺复兴等中世纪和古代文化学习的这种特点，有些不能顺应时代要求了。

针对以上的一些问题，我想提出以下个人的改进的建议，以及已经在做的一些课程设置上的尝试：

1. 适当在低年级教学阶段增加内容浅显的文化基础类课程，以及增加辅助类课程当中的文化渗透内容。比如可以将现代意大利课程设置成一个学年的课程，将内容进行深化和扩充；同时在会话课中加入更多以文化相关的主题来进行语言操练，诸如饮食、旅游、体育等方面；在泛读课程当中，也是针对类似的文化相关主题进行材料的甄选，将语言的训练和文化的基础学习融合在一起。这也是为了高年级对接国外教学做一个必要的准备。

2. 将高年级的文化课程进行细化和深入。比如在保留历史课程的基础上，可以开设意大利中世纪史、当代史等细分课程，能够针对某一时期去进行细化学习，同时对于宗教、政党、经济等比较讲求学科知识的文化课程开设基础文化课程的学习。这对于培养高级的意大利语人才是必要的一些准备。

3. 注重实际，注重课程思政。对于当代文化、国情概况类的文化课程可以增加比重,让学生对于国家文化比较和国家现状有更深入的把控,符合现阶段区域国别研究的整体要求。

  4.适当减少高年级必修类语言训练课程,而增加文化类课时。这个就需要从大局来把握培养方案的设置了。在三四年级,精读和翻译的课时在现阶段来讲还是比较多的,笔者认为,为了满足上面提到的一些要求,可以进行适当的缩减,更加注重以实际带操练,在文化学习中训练语言的技能。可以通过开设讲座来丰富文化课程的内容,这是我们在培养方案中留下的比较重要的可变的因素,也是方便我们文化类课程设置和内容变化的举措,教师可以根据所长来在大四一个学年之内开设关于文化的某一主题的课程,我们已经开展过的就是意大利电影赏析。这种带有变化性的课程设置突破了课程内容方面的局限,使教师能够按照每一年度的不同教学情况来选择教学内容,同时也能够发挥教师的主观能动性,对于某一文化主题进行更深入和全面的文化教学。

后 记

2013年9月7日和10月3日，习近平主席分别在哈萨克斯坦和印度尼西亚提出了共建"丝绸之路经济带"和"21世纪海上丝绸之路"的倡议。"一带一路"倡议提出6年来，在全世界获得了广泛的支持。随着"一带一路"倡议的进一步推进，国家对外语非通用语人才培养更加重视，政策层面上给予了更多的支持。各高等学校开办外语非通用语专业的积极性空前高涨，办学规模屡创新高。

为了加强全国外语非通用语专业学科建设、从国家战略整体高度合理规划外语非通用语专业的学科布局、完善外语非通用语人才的培养目标和培养方式、提高非通用语教育的整体效益，中国非通用语教学研究会于2019年6月13日至15日在上海外国语大学召开了第18次学术研讨会。这次研讨会以"'双一流'背景下的外语非通用语学科建设"为主题进行了大会交流。同时，还按学科方向进行了语言文学与翻译、课程思政与教学、国别与区域研究3个分论坛的交流，取得了圆满成功。这次会议共收到论文52篇，涉及非通用语学科建设和非通用语语言、文化、国别研究等多个方面，本书就是在这次会议论文的基础上择优而成的。

本书能得以顺利出版，首先要感谢中国非通用语教学研究会常务理事会以及编辑委员会各位委员的大力支持，感谢各位匿名评委和编辑部钟智翔教授、程彤教授、唐慧教授、何朝荣教授、谢群芳教授、兰强教授、廖波教授、王昕教授、龚晓辉老师、程兰涛老师、杨绍权老师、帅洪福老师的辛勤工作，感谢上海外国语大学的慷慨解囊，感谢中国出版集团世界图书出版公司的鼎力相助。

今后，中国非通用语教学研究会将继续在"自主创新、沟通发展、搭建平台、引领未来"的16字方针的指引下，努力促进全国外语非通用语种的专业建设与科研发展，增强各会员单位之间的交流与合作，实现共赢发展。本会将继续宣传"小语种大视野""小语种大舞台"和"小语种大作为"的理念，为"一带一路"建设、为推动我国外语非通用语教育事业的全面发展做出外语非通用语学界应有的贡献。

中国非通用语教学研究会秘书处
2020年6月1日 于洛阳